사분율 비구니 계상표해

봉녕율학총서 1

사분율 비구니 계상표해

四分律 比丘尼 戒相表解

승 우 편저
중산혜남 감수
금강율학승가대학원 편역

봉녕사출판사

修行佛子戒爲師하야 不缺一勤精進하라
不忘初心勤行時에 卽得安心立命處하리라

수행하는 부처님 제자들이여! 계로써 스승을 삼아서
계상戒相 하나하나 결함 없이 부지런히 정진하라
처음 발심한 때를 잊지 말고 부지런히 행할 때
곧 안심입명처를 얻으리라

이번 봉녕사 금강율학승가대학원에서 『비구니계상표기』를 우리말로 알기 쉽게 번역하고 주해를 달아 『비구니계상표해』를 세상에 내어 놓은 것은 가뭄에 감로의 비와 같이 불교계에 재생의 꽃을 피웠으니 참으로 다행스런 일이 아닐 수 없다.

아무쪼록 부처님의 제자로 팔만세행八萬細行을 고루 갖추어 중생의 귀감이 되고 미몽迷夢을 구제하여 원만성불케 하여지이다.

불기 2559년 12월 10일
대한불교 조계종 단일계단
전 전계사 고산혜원 씀

　　戒律是一切善法功德的根本,『涅槃經』云:「欲見佛性證大涅槃, 必須深心修持淨戒, 若持是經而毀淨戒, 是魔眷屬, 非我弟子.」佛制比丘尼六夏前須專精律部, 若不學戒, 猶如無足欲行, 無翅欲飛, 欲開悟證果而一無是處. 故經云:「戒是正順解脫之本」,「微塵菩薩眾, 由是成正覺」.

　　奉寧寺的重創者, 妙嚴長老尼, 持戒精嚴, 一生弘揚戒法不遺餘力. 其門徒秉師遺志, 繼續籌辦「戒律研習營」. 今乃翻譯「比丘尼戒相表記」, 並作輯錄註解, 行將付印流通, 以報師恩, 請余過目. 余見其條理分明, 淺顯易懂, 持犯有據, 便利初學者研讀, 是難得可貴的教材, 非常隨喜讚嘆! 祈願其風行教內, 人手一冊, 信受奉行, 以令三業無染, 定慧圓明, 僧團和合, 正法久住矣! 是樂之為序.

臺灣 臺中 南普陀寺 本因

2015. 10. 14.

계율은 모든 선법과 공덕의 근본이다. 『열반경』에, "불성을 보고 대열반을 증득하려면 반드시 깊은 신심을 가지고 청정하게 계를 지켜야 한다. 만일 이 경전을 수지하면서 청정한 계를 훼손하는 이가 있다면 마구니의 권속이지 나의 제자가 아니다"라고 하였다.

부처님께서 비구니는 6년 동안 오로지 정밀하게 율장을 공부하라고 말씀하셨다. 계율을 배우지 않으면서 깨달음을 얻고 과위를 증득하고자 하는 것은 마치 발 없이 걷고자 하며 날개 없이 날려고 하는 것처럼 불가능한 일이다. 그러므로 경전에 "계는 해탈의 근본"이요, "사바세계의 보살들은 계율로 인해 정각을 이룬다"고 하였다.

봉녕사를 중창하신 묘엄화상니는 계를 청정하게 수지하고 일생 동안 계법을 널리 전하는 데 온 힘을 쏟았다. 이제 그 문하의 제자들이 스승의 유지를 받들어 계율 연구에 대한 교육의 장을 지속적으로 마련하고 있다. 이번에 금강율학승가대학원에서 『비구니계상표기』를 한글로 번역하고 연기와 주석을 보충하여 출판·유통시켜 스승의 은혜에 보답하고자 한다며 나에게 한 번 읽어보라고 하였다. 살펴보니 조리가 분명하고 뜻이 명료하게 드러나서 이해하기 쉬우며, 지범持犯에 근거가 있어서 계율을 열람하고자 하는 초학자에게 큰 도움이 될 것이다. 이것이야말로 얻기 어려운 귀한 교재이니 진심으로 수희 찬탄하는 바이다.

바라건대 한국불교의 수행가풍 안에 있는 이는 누구나 한 권씩 지니고 받들어 행함으로써, 삼업이 청정해지고 정혜가 두루 밝아지며 승단이 화합하여 정법이 오랫동안 머물기를 기원하며 기쁜 마음으로 격려사를 대신한다.

대만 남보타사 본인

2015. 10. 14

■『四分律比丘尼戒相表解』 출판을 축하하며

팔만대장경이라고 불릴 만큼 방대한 분량의 불전이 있지만 그 요점을 말하면, 계戒를 의지하여 정定을 얻고 정을 의지하여 혜慧를 얻어 일체의 근심 걱정을 없애고 편안한 열반을 얻기 위함이다. 그러므로 고인古人이 말씀하시기를 "계기戒器가 온전하여야 정수定水가 고이고 정수가 고여야 혜월慧月이 나타난다"고 하였다.

신라에 계율을 크게 홍포하신 호법보살 자장慈藏율사는 『四分律羯磨私記』를 저술하였고 황룡사에서 보살계본을 강의한 후 보살계를 설했으며, 함께 귀국한 원승圓勝은 『梵網經記』를 저술하였다. 이것으로 보아 이때부터 우리나라에서는 『四分律』에 의하여 비구와 비구니가 지녀야 할 구족계를 설하고, 중생구제의 대원을 성취하기 위하여 보살계를 함께 설하였음을 추론할 수 있다. 그러나 후대에 단박에 깨달음을 이루겠다는 돈오사상의 진실한 뜻을 잘못 이해하여 큰 코끼리는 토끼들이나 다니는 좁은 길로 걷지 않듯이, 큰 깨침은 자질구레한 잔소리나 늘어놓은 작은 절개에 구애받지 않는다는 생각으로 계율을 소홀히 여기는 풍조가 만연하였다.

최근에 이르러 이러한 풍토에 대한 자성의 목소리가 높아져 전국에 많은 율원이 생겨 계로써 스승을 삼으려는 발심납자가 많아지고 이를 교육하는 율원도 늘어나고 있다. 이에 힘입어 학덕이 높으신 지관대종사께서 총무원장으로 재직하실 때 전국의 승려들이 겨울과 여름 안거 때는 한 번 이상 의무적으로 포살법회를 시행하도록 하셨다. 그러나 대부분의 본사에서는 보살계 포살만 하고 구족계 포살을 하는 곳은 드물었다.

이러한 때에 비구니계의 큰스님이셨던 묘엄妙嚴명사의 유지에 따라 봉녕사 금강율학승가대학원에서 『四分律比丘尼戒相表記』를 번역하여 『四分律比丘尼戒相表解』를 출판하게 되었다고 하니 경하해 마지 않는다. 『四分律』은 부파불교시대에 담무덕부曇無德部에서 나왔고, 요진 삼장姚秦三藏 불타야사佛陀耶舍가 축불념竺佛念과 함께 한역한 율장으로 현재 중국과 우리나라 남산율종의 소의율전이다. 여기에 대한 많은 해석서가 있으나 도선道宣율사의 『四分律行事鈔』를 으뜸으로 여겼다. 『四分律比丘尼戒相表記』는 북경北京 통교사通敎寺 승우勝雨비구니가 도선·독체讀體·홍일弘一율사 등 선대의 연구에 힘입어 하나하나의 계목마다 제정한 뜻, 죄상罪相 등에 대하여 설명하고 필요에 따라 표로써 일목요연하게 정리하여 이해를 도왔다.

그러나 인도와 중국과 한국이 말이 다르고 풍속이 달라 이해하기 어려운 것이 많은데, 금강율학승가대학원 연구과정 스님들이 꼼꼼하게 아주 잘 번역하였다고 생각한다. 이 책이 계율연구와 교육자료로 널리 유통되어 지계정신을 고취하여 승풍을 떨치고, 나아가 범죄 없는 세상을 만드는 계기가 되어 미래제가 다하도록 법륜이 항상 굴러가기를 빈다. 아울러 이 책을 번역한 비구니스님들의 노고를 치하하며 앞으로도 더욱 더 노력하여 대성하기를 바라마지 않는다.

불기 2559년 11월 좋은 날
영축총림 통도사 전계사 중산혜남 씀

■『四分律比丘尼戒相表解』편역본을 출간하면서

본사 석가모니 부처님께 귀의합니다.

이 땅에 부처님의 정법正法이 들어온 인연에 감사드립니다.

오늘날 불법의 생명인 계법戒法을 연찬할 수 있는 승가에 회향합니다.

승가의 청정과 화합은 계율정신에 달려 있다. 계율을 공부하는 것은 단순히 금계禁戒 학습만을 뜻하는 것이 아니라 학처學處를 배움으로써 승가의 전통성을 확인하고, 승단의 제도와 의례에 반영하여 수행의 토대로 삼기 위함이다. 이러한 사상을 잘 담고 있는 대표적인 율장이 『四分律』이다. 특히 현재 중국·대만·말레이시아 등의 중화권에서 널리 교재로 사용되고 있는 『四分律比丘尼戒相表記』(이하 『比丘尼戒相表記』라고 한다)는 『四分律』을 공부할 때 계법을 이해하는 데 중요한 참고서가 된다. 먼저 『四分律』의 성립배경과 유통, 그리고 구성을 살펴봄으로써 『比丘尼戒相表記』의 이해를 돕고자 한다.

1. 『四分律』의 성립배경

계법戒法은 수행에 필요한 규범이며 성불의 중요한 인因 가운데 하나이다. 그래서 부처님께서는 출가하여 율을 먼저 익히고 나서 경을 배우라고 말씀하셨다. 그러므로 출가자가 마땅히 익혀야 할 것은 다름 아닌 율장이다.

불교교단이 처음 형성되었을 때는 대중이 청정하여 7불통계게七佛通戒偈만으로도 교단의 기강을 유지할 수 있었다. 그러나 부처님께서 성도하신 후 12년이 되자 수제나須提那비구로 인하여 최초로 계를 제정하시게 된다. 그 후 부처님의 가르침에 따라 수행하던 제자들이 어떤 일이 발생할 때마다 부처님께 사뢰면, 반드시 사실 여부를 직접 확인하시고 나서 그렇게 해서는 안 되는 이유를 말씀하시고 율을 제정하셨다. 즉 제자들 가운데 누가 허물을 일으키거나 교단에 문제가 생길 때마다 계율을 한 가지씩 제정하게 된 것이다.

이와 같이 불교에서 계율은 처음부터 여러 조문이 일시에 제정된 것이 아니라 수범수제隨犯隨制의 정신에 따라 제정된 것이다. 즉 바르지 못한 행동을 경계하여 수행자로서 개개인의 청정성을 유지하고 대중들이 화합할 수 있도록 승가의 공동생활에 필요한 규칙들을 제정하신 것이다.

부처님께서 열반하신 그 해 여름안거를 마친 후 법의 유실을 막고 교단의 질서를 유지하기 위하여 왕사성王舍城 칠엽굴에서 결집하게 되었다. 이때 아사세阿闍世왕의 후원으로 가섭迦葉존자가 상수가 되고 500명의 비구들이 모여, 우바리優婆離존자가 먼저 율장을 송출하고 아난阿難존자는 경장을 외우면서 법과 율이 나누어지게 된 것이다.

제1결집 후 율장은 우바리존자를 거쳐 제5조 우바국다優婆國多존자까지 잘 전승된다. 그런데 부처님께서 입멸하신 100년 후, 우바국다의 다섯 제자들이 인도 각지에 흩어져 불법을 홍양하는 과정에서 5부율로 나누어지게 되었다. 그 가운데 담무덕존자가 상좌부의 근본율에서 자신의 견해에 맞는 것을 뽑아서 4분分으로 나누어 완성한 것이 『四分律』이다.

그 이후 『四分律』은 소승 20부파 가운데 하나인 법장부法藏部에서 전승된다. 이어서 5세기 초 후진後秦의 불타야사가 『四分律』을 암기하여 중국에 가져와서 축불념과 함께 410년에서 412년 사이에 장안長安 중흥사中興寺에서 번역하였다. 도선율사의 남산율종 확립 이후 후대의 수많은 저술들이 『四分律』을 저본으로 하여 성립되었기 때문에 북방불교권에서 가장 중시하는 율전이 되었다.

2.『四分律』의 유통

1) 중국

불타야사와 축불념이 『四分律』을 번역한 후 오대산 법총法聰율사(464-559)가 처음으로 강설하였고, 그의 제자 도부道覆율사가 비로소 『四分律疏』 6권을 썼으며, 그 후 광통光統(468-537)율사 혜광慧光이 『四分律疏』 10권을 지어 사분율종의 기초를 세웠다. 그의 문하에 도운道雲율사가 『四分律疏』 9권을 지었고, 또 그의 문하에 도홍道洪율사가 나와 사분율종의 분파가 시작되었다. 그리고 도홍의 문하에서 지수智首(567-625)율사가, 지수의 문하에서 도선(596-667)율사가 나와 사분율종을 대성시켰다. 도선율사는 율장을 연구하면서 『四分律』을 위주로 하되, 다른 부部의 율이 가진 장점을 받아들여 남산율종을 이루었다. 도선의 찬술로서 『四分律刪繁補闕行事鈔』, 『四分律含註戒本疏』, 『四分律隨機羯磨疏』를 남산삼대부南山三大部라 한다. 도선율사는 또한 『四分律拾毘尼義鈔』, 『四分律比丘尼鈔』를 저술하였는데 모두가 『四分律比丘尼戒本』 연구에 많은 도움을 준다.

또 『四分比丘戒本』과 『四分僧戒本』은 『四分律』 중에서 비구계율의 조문만 따로 모은 것으로 내용이 거의 같다. 이역본異譯本으로 『四分比丘戒本』과 비구니 계율 조문만을 모은 『四分比丘尼戒本』이 있다. 그리고 구나발마求那跋摩가 유송劉宋 431년에 양도楊都의 기원사祇洹寺에서 『四分比丘尼羯磨』 1권을 번역하여 중국 비구니 계법의 전승이 가능하게 되었다.

2) 한국

신라의 지명智明율사는 585년(진평왕 7)에 진陳나라에 가서 율학 등을 두루 수학하였다. 그 뒤 17년만인 602년에 귀국하여 『四分律羯磨記』 1권을 저술하였다는 기록이 있다. 이러한 상황으로 보면, 신라 때 『四分律』에 의한 수계작법이 봉행되었을 것으로 추정할 수 있다. 이어서 자장慈藏율사가 636년(선덕여왕 5) 당나라에 들어가 율을 공부하고 643년에 귀국하여 황룡사皇龍寺에서 보살계菩薩戒를 설하였으며, 그 후 대국통大國統으로 추대되어 통도사를 창건하고 금강계단金剛戒壇을 설립하여 율종을 선양하였다. 계율에 관한 저서로는 『四分律羯磨私記』 1권, 『十誦律木叉記』 1권, 『諸經戒文』 등을 남겼지만 전하는 것은 없다. 자장율사는 보살계도 아울러 설하였지만 남긴 저서로써 유추해 보면, 출가자에 대한 계율사상은 『四分律』에 기반을 두고 있다는 것을 알 수 있다.

한편 『三國遺事』의 『憬興遇聖條』에 의하면 신라 신문왕(681-691)때의 경흥憬興율사는 당시 중요한 경·율·논에 대한 주석서를 40여 종 270여 권이나 저술하였다. 그 가운데에 『四分律羯磨記』 1권이 있다고 하나 현재는 전해지지 않는다.

그 후 1011년 고려 현종 2년에 발간하여 1087년(고종 19)에 완성한 고려초조본高麗初雕本 『四分比丘尼羯磨』는 일본 남선사南禪寺에 목판본으로 소장되어 있다. 1232년에 재조대장경再雕大藏經을 재조할 때, 북송본 『四分比丘尼羯磨』 1권이 소실된 것을 거란본으로 대체하여 번각한 것이 전한다.

불교의 암흑기였던 조선시대에도 수계의 맥은 겨우 이어져 오다가 일제 강점기를 거치면서 청정승가의 계율관이 완전히 피폐되었다. 이때 용성龍城(1864-1940) 율사의 수법受法제자인 자운慈雲(1911-1992)율사는 계율을 복원하기 위한 대원大願을 세운다. 율사는 5부율장과 『四分比丘尼戒本』을 손수 필사하며 연구하였고, 비구니(묘엄·묘영·묘희)들에게 『沙彌尼律儀』·『四分比丘尼戒本』·『梵網經』 등의 율서를 가르쳤다.

이어서 자운율사는 1981년에 비구니 묘엄(1932-2011)율사에게 필사본 『四分比丘尼戒本』을 전하며 계맥을 전승하였다. 율사의 이러한 계율에 대한 교육의 목적은 곧 비구니구족계 이부승제도를 복원하기 위한 준비였다고 할 수 있다. 왜냐하면 1982년에 율사는 이부승제도를 조계종 종회에 건의하였고, 그 해 6월에 조계종단은 『四分律』에 의한 비구니 이부승 구족계 제도를 종법으로 제정하였다.

그후 지관智冠(1932-2012)율사는 『한국불교계율전통』에서 삼국시대와 고려를 거쳐 조선에 이르기까지 구족계를 받은 많은 스님들의 기록이 남아 있는 『祖堂集』, 『佛祖統記』, 『東師列傳』, 『朝鮮金石總覽』, 『韓國金石全文』, 『韓國古代佛敎思想史』, 『韓國高僧碑文總集』 등의 전적을 참고하여 한국불교계법韓國佛敎戒法의 자주적 전승을 확인하였다. 이상과 같은 배경에서 볼 때 한국불교 승가존속의 정체正體는 『四分律』에 의하여 계체상속戒體相續이 이루어져 왔음을 알 수 있다.

3. 『四分律』의 구성과 내용

『大正藏』 제22권에 의하면 다음과 같은 내용으로 구성되어 있다. 『四分律』 전체 60권을 크게 네 부분으로 나누었다고 하여 『四分律』이라 한다.

제1분은 제1권에서 제21권까지이며, 계율을 제정한 목적과 비구 250계법에 관한 내용이다. 즉 4바라이법波羅夷法, 13승잔법僧殘法, 2부정법不定法, 30사타법捨墮法, 90단타법[單提法], 4제사니법提舍尼法, 식차가라니법式叉迦羅尼法[百衆學法], 7멸쟁법滅諍法 등의 계법을 제정하게 된 목적과 인연 및 계상계상戒相 등을 10구의句義의 정신에 입각하여 설하고 있다. 제2분은 제22권에서 제36권까지 해당된다. 이 가운데 전반부의 제22권부터 제30권까지는 비구니 348계법에 관한 것이다. 즉 8바라이법, 17승잔법, 30사타법, 178단타법, 8제사니법, 식차가라니법 등을 설한다. 후반부는 제31권에서 제36권까지로 수계건도受戒犍度, 설계건도說戒犍度, 안거건도安居犍度, 자자건도自恣犍度(上)에 대한 내용이다.

제3분은 제37권부터 제49권까지이다. 자자건도自恣犍度(下), 피혁건도皮革犍度, 의건도衣犍度, 약건도藥犍度, 가치나의건도迦絺那衣犍度, 구담미건도拘睒彌犍度, 첨파건도瞻波犍度, 가책건도呵責犍度, 인건도人犍度, 복장건도覆藏犍度, 차건도遮犍度, 파승건도破僧犍度, 멸쟁건도滅諍犍度, 비구니건도比丘尼犍度, 법건도法犍度에 관하여 설한다. 건도는 비구·비구니가 승가에서 행해야 할 일상행법의 갈마羯磨 등에 대하여 규정한 것이다. 제4분은 제50권부터 제60권 끝부분까지다. 여기에는 방사건도房舍犍度, 잡건도雜犍度, 집법비구오백인集法比丘五百人, 칠백집법비니七百集法毘尼, 조부調部, 비니증일毘尼增一 등으로 구성되어 있다.

본 표해본表解本에서는 『四分律』의 내용 가운데 특히 제2분의 비구니 계법에 한정하여 번역하고 주해하였다.

4. 『比丘尼戒相表記』의 연기와 특징

『四分律比丘尼戒本』은 불타야사와 축불념이 번역한 후, 송대宋代 원조元照 율사가 수정하고 청나라 독체율사가 율장에 의거하여 거듭 간행하였다. 그 후 근대 홍일율사(1880-1942)가 계율을 강설하면서 학인들의 이해를 돕기 위하여 율장의 여러 전적들을 참고하여 일목요연하게 표를 만들고 편집하여 『四分律比丘戒相表記』(이하 『比丘戒相表記』라고 한다)라고 하였다. 홍일율사는 1921년에 시작해서 여러 번 수정을 거쳐서 1924년에 완성하였다. 율사는 본래 근본유부根本有部의 율전을 공부하였으나 일본에서만 전해오던 도선율사의 남산삼대부를 보고 나서 남산율을 중심으로 계율을 홍양하기를 발원하고 『比丘戒相表記』를 만들었다.

『比丘戒相表記』의 특징은 각 계목에 대해 계문戒文, 범연犯緣, 죄상罪相, 경상境想, 병제併制 및 개연開緣 등의 과목으로 나누어서 설명하고 있는 점이다. 즉 범연犯緣은 계를 범하는 조건, 죄상罪相은 죄를 범하는 상황과 죄의 경중을 판별하는 것이고, 경상境想은 대상에 대해서 일으키는 생각에 따라 죄의 경중을 가리는 근거를 밝힌 것이다. 그리고 병제併制는 각 계목에서 함께 적용되는 범례를 설명한 것이고, 개연開緣은 설사 계를 어겼더라도 범함이 되지 않는 경우 등에 대하여 명료하게 밝힌 것이다. 뿐만 아니라 『比丘戒相表記』는 『四分律刪繁補闕行事鈔』와 『四分律刪繁補闕行事鈔資持記』의 내용을 주로 인용하여 계율에 대한 신심을 일으키게 하고 부끄러운 마음을 내게 하여 계를 잘 지키고 위의를 단정히 할 수 있도록 하였다. 특히 도계盜戒부분을 중요하게 생각하여 『摩訶僧祇律』, 『根本說一切有部律』 등을 참고하여 상세하게 표해를 만들어 일목요연하게 보여주고 있다.

그 후 북경 통교사의 승우비구니는 자주慈舟율사가 『比丘戒相表記』를 강설하는 것을 듣고 환희심이 나서 비구니 대중들을 위해 『比丘戒相表記』를 저본으로 하여 율장과 『行事鈔』, 『比丘尼鈔』, 『資持記』, 『四分律疏』 등의 율부에서 비구니계에 해당되는 부분을 수집하여 추가하고 제의制意를 덧붙여서 편집하여 『比丘尼戒相表記』를 완성한 것이다.

5. 『比丘尼戒相表解』 연기

금번에 다행히 『比丘尼戒相表記』를 열람할 수 있는 인연을 만나게 되었는데, 비구니계를 이해하는 데 중요한 자료라고 여겨졌다. 그래서 금강율학승가대학원 연구과정의 교재로 선정하여 연찬하는 과정에서 연구원스님들이 여러 율장들을 비교 검토하며 번역하게 되었다. 여기에 『大正藏』『四分律』의 연기를 보충하고 주석을 더하여 제목을 『四分律比丘尼戒相表解』라고 하였다. 한국유통의 선행연구가 없던 상황에서 대한불교조계종 단일계단 전 전계사 고산 혜원율사와 통도사 전계사 중산 혜남율사의 가르침과 격려로 용기를 낼 수 있었다. 그러나 번역하는 과정에서 시대적·문화적 차이로 이해하기 어려운 부분에 대해서는 대만의 율종도량인 남보타사南普陀寺 본인本因율사와 의덕사義德寺 비구니 교수사 스님들과 여항스님의 도움으로 완성하여 출간하게 되었다.

본 편역에 연구과정 설오·원광·혜원·정원·성담·우담·초은스님이 신심과 원력으로 혼신을 다하여 자료를 찾아 보완하고 주석하여 오늘에 이르러 완성을 보게 된 노고에 찬사를 보낸다. 아울러 봉녕사 대중을 이끌어주시는 율주 도혜스님과, 가람수호와 대중외호에 전념하시는 주지 자연스님을 위시하여 모든 대중스님들께 감사드린다.

『比丘尼戒相表解』의 출간 인연으로 각 계목의 계상과 범하는 조건, 죄상 등을 명확하게 이해하게 되어 부처님의 자비로운 가르침을 더욱 가까이 느낄 수 있었다. 본 편역본을 일독하는 공덕으로 일상 행주좌와에 신구의 3업을 잘 단속하고 위의를 지킴으로써 계체를 밝고 맑게 하여 선정과 지혜를 두루 갖춘 수행자가 되기를 바란다. 아울러 부처님께서 계율을 제정하신 근본 목적이 어디에 있는가를 다시 한 번 상기하고, 부처님 법을 이어가야 하는 출가사문의 사명이 지계 청정에 근본을 두고 있음을 각인하는 계기가 되기를 간절히 발원한다.

불기 2559년(2015년) 12월 3일
금강율학승가대학원장 심인적연 記

■ 서문

여래가 열반한 뒤에 믿을 이 없다고 하지 말라.

내가 말한 이 계경은 위없는 법이니라.

나는 가도 계법은 그대로 남을 것이니

이 경을 나를 대하듯 받들어 수행하면,

계법이 오래 오래 머물러 불법이 창성하고

무상도를 얻으리라. (『佛遺教經』)

   부처님께서 열반하시면서 마지막으로 제자들에게 남긴 말씀입니다. 이를 볼 때, 부처님 제자라면 반드시 배우고 지켜야 하는 것이 바로 계율입니다. 계율은 승단을 보호하는 울타리와 같아서 정법이 오래 머물 수 있게 하는 기반이 될 뿐 아니라, 긴 밤의 어둠을 밝히는 등불처럼 무시이래의 무명인 탐·진·치를 소멸시킵니다.

   근간에 계율의 중요성을 인식하고 배우고자 하는 스님들이 조금씩 늘어나고 있는 것은 참으로 반갑고 희망적인 소식입니다. 그러나 안타깝게도 계율 관련 연구물이나 우리말로 된 계율관련 서적이 턱없이 부족한 것이 현실입니다. 특히 한국불교 비구·비구니 수계의 근거로 삼아 온 『四分律』 주석서의 번역과 연구는 매우 드뭅니다. 이에 함께 공부하는 스님들이 아쉬움을 느끼던 중, 『四分律』의 비구니 계상戒相에 대해서 간단하면서도 체계적으로 정리한 『四分律比丘尼戒相表記』를 접하고 이 책이 번역되면 계율을 공부하는 이들에게 많은 도움이 될 것이라는 확신을 가지게 되었습니다. 물론 율문을 잘못 번역하여 보급하는 누를 저지를까 염려도 했으나, 처음 시작은 어렵지만 그것을 바탕으로 고쳐나가기는 쉬울 것이라는 믿음으로 긴 여정의 공동번역작업을 시작하였습니다.

번역을 하다 보니 시대와 환경의 차이로 인해 이해할 수 없는 부분들이 많이 있었고, 또한 계율을 면밀히 지키지 않으면 알 수 없는 내용들도 있어 부족함을 느끼기도 했습니다. 이해가 어려운 부분은 도선율사의 남산삼대부와 대만 과청 율사의 『四分律比丘尼戒本講記』, 본인율사의 『四分比丘尼戒相表記講義』, 중국 보수사 여서스님의 『四分律比丘尼戒相表記淺釋』 등을 참고하여 주해를 달았습니다. 초역으로부터 3년간의 작업 동안 여러 차례 검토를 거쳤지만 식견이 부족하여 혹여 미진한 부분이 있을까 염려스럽습니다. 세심히 보셔서 잘못된 부분이나 개선할 점을 지적해주시면 바로잡도록 하겠습니다.

　이 책이 나오기까지 많은 분들께서 도와주셨습니다. 본 번역작업이 더욱 빛날 수 있게 해주신 고산혜원 큰스님과 세밀히 감수해주시고 따뜻한 격려를 해주신 통도사 율주이신 중산혜남스님, 늘 아낌없는 지원과 배려를 해주신 봉녕사 주지스님, 언제나 격려와 응원으로 힘이 되어주셨던 율주스님, 그리고 번역을 꼼꼼하게 지도해 주신 율원장스님께 깊은 감사의 말씀을 드립니다. 특히, 매년 봉녕사 계율 연수의 강의를 위해 멀리 대만에서 오셔서 계율과 수행에 대한 귀한 가르침을 주시며, 언제나 열린 마음으로 자문에 응해주신 본인율사스님께 감사드립니다.

　끝으로, 열반하신 후에도 봉녕사의 800년 된 향나무처럼 늘 우리 곁에 계신 것만 같은 그리운 세주묘엄명사 스승님께 이 책을 바칩니다.

불기 2559년(2015년) 11월
봉녕사 금강율학승가대학원 연구원 일동 삼가 씀

■ 차례

치사 5

격려사 6

출판을 축하하며 8

편역본을 출간하면서 10

서문 17

일러두기 33

8바라이법

1 음계婬戒 42

2 도계盜戒 53

3 살인계殺人戒 95

4 대망어계大妄語戒 103

5 남자와 만지고 접촉하는 계摩觸戒 110

6 여덟 가지 행위를 하면 바라이가 되는 계八事成重戒 117

7 다른 비구니의 바라이죄를 숨겨주는 계覆他重罪戒 122

8 대중이 세 번 충고해도 거죄당한 비구를 따르는 것을 버리지 않는 계隨擧三諫不捨戒 126

17승가바시사법

1 중매하는 계媒嫁戒 136

2 근거 없이 바라이죄를 범했다고 비방하는 계無根重謗戒 143

3 다른 근거로써 바라이죄라고 비방하는 계假根謗戒 149

4 관청에 가서 사람을 고발하는 계詣官言人戒 152

5 도둑 여인에게 구족계를 주는 계度賊女戒 156

6 세 가지 일로 거죄 당한 비구니의 죄를 계 밖에서 임의로 풀어주는 계界外輒解三擧戒 160

7 네 가지를 혼자 하는 계四獨戒 163

8 염오심을 가진 남자에게 옷과 음식을 받는 계受染心男子衣食戒 173

9 염오심이 있는 남자에게서 옷과 음식을 받으라고 권하는 계勸受染心男子衣食戒 177

10 화합승가를 깨뜨리고 충고를 어기는 계破僧違諫戒 180

11 화합승가를 깨뜨리는 것을 돕고 충고를 어기는 계助破僧違諫戒 186

12 재가자를 오염시켜서 쫓아내자
    대중들을 비방하고 충고를 어기는 계汙家擯謗違僧諫戒 189

13 나쁜 성품으로 대중을 거부하고 충고를 어기는 계惡性拒僧違諫戒 200

14 염심으로 서로 친근하게 지내면서 충고를 어기는 계習近住違諫戒 206

15 대중을 비방하며 친근하게 지내기를 권하고
    충고를 어기는 계謗僧勸習近住違諫戒 210

16 화가 나서 삼보를 버리겠다고 하면서
    대중의 세 번 충고를 어기는 계瞋心捨三寶違僧三諫戒 214

17 네 가지 쟁사를 일으키고 대중을 비방하면서 충고를 어기는 계發起四諍謗僧違諫戒 217

30니살기바일제법

1 여분의 옷을 받고 기한을 넘기는 계長衣過限戒 224

2 5의를 떠나 숙박하는 계離五衣宿戒 232

3 옷감을 받고 한 달 기한을 넘기는 계一月衣戒 240

4 친척이 아닌 거사에게 옷을 구하는 계從非親里居士乞衣戒 245

5 만족할 줄 모르고 지나치게 옷을 받는 계過知足受衣戒 249

6 옷값을 더하라고 권하는 계勸增衣價戒 253

7 두 집의 옷값을 합하라고 권하는 戒勸二家增衣價戒 256

8 횟수를 초과하여 재촉해서 옷값을 요구하는 戒過限忽切索衣價戒 258

9 돈이나 보물을 받는 戒畜錢寶戒 262

10 금전을 거래하는 戒貿寶戒 271

11 물건을 판매하는 戒販賣戒 273

12 발우를 지나치게 구하는 戒乞鉢戒 278

13 실을 걸구하여 친척이 아닌 직공에게 짜도록 시키는 戒乞縷使非親織戒 282

14 직공에게 실을 더하도록 권하는 戒勸織師增衣縷戒 285

15 다른 이에게 주었던 옷을 강제로 빼앗는 戒與他衣強奪戒 288

16 7일약을 기한이 넘도록 두는 戒畜七日藥過限戒 292

17 기한 전에 급시의를 받아서 기한이 지나도록 두는 戒過前受急施衣過後畜戒 298

18 대중에 보시하려는 물건을 돌려서 자기에게 오게 하는 戒迴僧物入己戒 303

19 소를 구했다가 기름을 구하는 戒乞酥油戒 308

20 설계당 지을 재물을 호용하는 戒互用說戒堂物戒 311

21 현전승의 음식값을 돌려서 5의를 짓는 戒迴現前僧食直用作五衣戒 314

22 방을 지으라고 시주한 재물을 호용하는 戒互用別房戒 315

23 현전승당을 위한 재물을 호용하는 戒互爲現前僧堂戒 316

24 여분의 발우를 모아서 기한이 넘도록 두는 戒畜長鉢過限戒 317

25 열여섯 가지 용기를 지나치게 모아 두는 戒過畜十六枚器戒 320

26 비구니에게 병의를 약속해 놓고 주지 않는 戒許病衣不與戒 323

27 비시의를 시의로 만들어서 받는 戒非時衣受作時衣戒 326

28 옷을 바꾸고 나서 강제로 빼앗는 戒貿易衣已後強奪戒 328

29 중의를 제한이 넘게 구하는 戒過乞重衣戒 331

30 경의를 제한이 넘게 구하는 戒過乞輕衣戒 334

178바일제법

1 소망어계小妄語戒 338

2 모욕하는 계罵戒 343

3 이간질하는 계兩舌戒 348

4 남자와 함께 숙박하는 계共男人宿戒 351

5 구족계를 받지 않은 사람과 3일 넘게 숙박하는 계共未受具人宿過三夜戒 356

6 구족계를 받지 않은 사람과 경을 독송하는 계與未具人同誦戒 360

7 구족계를 받지 않은 사람에게 비구니의 추악죄를 말하는 계向非具人說麤罪戒 364

8 실제로 도를 얻은 사람이 구족계를 받지 않은
   사람에게 과인법을 말하는 계實得道向未具者說戒 369

9 남자에게 제한을 넘겨서 설법하는 계與男人說法過限戒 371

10 땅을 파는 계掘地戒 374

11 생종을 망가뜨리는 계壞生種戒 379

12 딴소리를 하고 대중을 번뇌롭게 하는 계異語惱僧戒 384

13 대중의 소임자를 비방하는 계嫌罵僧知事戒 388

14 노지에 사방승의 와구를 펴놓는 계露敷僧臥具戒 391

15 방에 승물을 펴놓는 계覆處敷僧物戒 395

16 강제로 와구를 펴는 계强敷戒 398

17 다른 비구니를 승방에서 끌어내는 계牽他出僧房戒 401

18 다리가 빠지는 평상에 앉는 계坐脫脚牀戒 404

19 벌레가 있는 물을 사용하는 계用蟲水戒 407

20 세 겹을 초과하여 지붕을 덮는 계覆屋過三節戒 410

21 한 끼의 공양을 보시하는 곳에서 한도를 초과하여 받는 계施一食處過受戒 412

22 별중식을 하는 계 別衆食戒 415

23 시댁에 가져갈 음식과 상인의 음식을 받는 계取歸婦賈客食戒 419

24 비시식계非時食戒 423

25 음식을 남겨서 묵혔다가 먹는 계食殘宿戒 431

26 받지 않은 음식을 먹는 계不受食戒 437

27 같이 사는 비구니에게 부촉하지 않고 마을에 들어가는 계不屬同利入聚戒 441

28 부부가 사는 집에 억지로 앉아있는 계食家强坐戒 444

29 병처에 남자와 앉아있는 계屏與男子坐戒 448

30 혼자 남자와 함께 앉아있는 계獨與男人坐戒 450

31 동행하던 비구니를 마을에서 쫓아내는 계驅他出聚戒 452

32 기한을 초과하여 4개월 약청을 받는 계過受四月藥請戒 455

33 군진을 구경하는 계觀軍陣戒 458

34 인연이 있어서 군대에 갔다가 기한을 넘기는 계有緣軍中過限戒 461

35 군대가 전쟁하는 것을 구경하는 계觀軍合戰戒 462

36 술을 마시는 계飮酒戒 465

37 물에서 장난하는 계水中戲戒 470

38 간지럽히는 계擊攊戒 472

39 충고를 받아들이지 않는 계不受諫戒 475

40 비구니를 두렵게 하는 계怖比丘尼戒 478

41 보름마다 목욕하는 것을 어기는 계半月浴過戒 481

42 노지에서 불을 피우는 계露地然火戒 484

43 다른 이의 옷과 발우를 감추는 계藏他衣鉢戒 487

44 진실정시를 하고 나서 말하지 않고 취하는 계眞實淨不語取戒 490

45 새 옷을 괴색하지 않고 입는 계著新衣戒 492

46 축생의 목숨을 빼앗는 계奪畜生命戒 495

47 벌레 있는 물을 마시는 계飮蟲水戒 499

48 비구니를 의심하고 괴롭히는 계疑惱比丘尼戒 502

49 다른 비구니의 추악죄를 숨겨주는 계覆他麤罪戒 505

50 쟁사를 다시 제기하는 계發諍戒 509

51 도둑과 동행하기로 약속한 계與賊期行戒 513

52 악견으로 충고를 어기는 계惡見違諫戒 516

53 거죄당한 비구니를 따르는 계隨舉戒 520

54 멸빈된 사미니를 거두어 주는 계隨擯沙彌尼戒 524

55 계율을 배우도록 권하는 것을 거부하는 계拒勸學戒 528

56 비니를 훼손하는 계毀毗尼戒 536

57 거죄될까 두려워 먼저 말하는 계恐擧先言戒 551

58 함께 갈마하고 나중에 후회하는 계同羯磨後悔戒 555

59 위임하지 않는 계不與欲戒 557

60 위임하고 나서 후회하는 계與欲後悔戒 559

61 네 가지 쟁사를 엿듣는 계屛聽四諍戒 561

62 화가 나서 비구니를 때리는 계瞋打比丘尼戒 564

63 비구니를 때리는 시늉을 하는 계搏比丘尼戒 567

64 근거 없이 승잔죄를 범했다고 비방하는 계無根僧殘謗戒 569

65 갑자기 왕궁에 들어가는 계突入王宮戒 571

66 보물을 잡는 계捉寶戒 574

67 비시에 마을에 들어가는 계非時入聚落戒 577

68 평상 다리의 길이를 초과하는 계過量牀足戒 580

69 도라솜을 넣어 평상의 요나 방석을 만드는 계兜羅貯牀褥戒 582

70 마늘을 먹는 계食蒜戒 584

71 세 곳의 털을 깎는 계剃三處毛戒 587

72 뒷물할 때 지나치게 하는 계洗淨過分戒 590

73 아교로 남근을 만드는 계用胡膠作男根戒 592

74 함께 서로 두드리는 계共相拍戒 594

75 비구에게 물과 부채를 이바지하는 계供僧水扇戒 596

76 날곡식을 구하는 계乞生五穀戒 598

77 살아있는 풀 위에 대소변 하는 계生草上大小便戒 600

78 살피지 않고 대소변을 버리는 계不看棄大小便戒 602

79 기악을 구경하는 계觀伎樂戒 604

80 남자와 병처에 들어가서 이야기하는 계共男子入屛處共語戒 606

81 남자와 가려진 곳에 들어가는 계共男子入屛障處戒 609

82 동행한 비구니를 멀리 보내고 남자와
   병처에서 귓속말을 하는 계遣伴遠去與男子屛處耳語戒 611

83 재가자의 집에 앉아 있다가 주인에게

　　　말하지 않고 떠나는 계入白衣舍坐已不辭主人去戒 613

84 제멋대로 재가자의 평상에 앉는 계輒坐他床戒 616

85 재가자의 집에 제멋대로 묵는 계白衣舍輒宿戒 618

86 남자와 어두운 방에 들어가는 계與男子入闇室戒 620

87 말을 자세히 듣지 않고 다른 사람에게 말하는 계不審諦受語向人說戒 622

88 악한 마음으로 저주하는 계惡心呪詛戒 624

89 화가 나서 가슴을 치며 우는 계因嗔椎胸哭戒 626

90 각자 몸을 덮고 함께 평상에 눕는 계覆身同牀戒 628

91 한 요에 한 이불을 같이 덮고 눕는 계同被褥臥戒 630

92 고의로 객비구니나 먼저 머물던 비구니를 괴롭히는 계故惱客舊戒 633

93 함께 사는 비구니의 병을 돌보지 않는 계同活病不看戒 635

94 안거 중에 비구니를 방 밖으로 끌어내는 계安居中牽他出房戒 637

95 일없이 돌아다니는 계三時無事遊行戒 640

96 안거가 끝났는데 청한 기간을 알지 못하는 계安居竟不知請戒 643

97 변방의 위험한 곳을 돌아다니는 계邊界恐怖處遊行戒 645

98 경계 안의 위험한 곳을 돌아다니는 계界內有疑恐怖處遊行戒 647

99 친근하게 함께 머물면서 충고를 어기는 계習近住違諫戒 648

100 왕궁에 가서 구경하는 계往觀王宮戒 651

101 샘이나 도랑에서 몸을 드러내고 목욕하는 계泉渠水中露身洗浴戒 654

102 목욕의의 규격을 초과하는 계過量浴衣戒 656

103 승가리를 바느질하는데 5일을 초과하는 계縫僧伽梨過五日戒 658

104 5일이 지나도록 승가리를 돌보지 않는 계過五日不看僧伽梨戒 661

105 대중스님들에게 옷 보시하는 것을 말리는 계與僧衣作留難戒 663

106 마음대로 남의 옷을 입는 계輒著他衣戒 665

107 재가자나 외도에게 옷을 주는 계與俗人外道衣戒 667

108 대중이 옷 나누는 것을 막는 계遮僧分衣戒 669

109 대중이 공덕의 내놓는 것을 잠시 중지시키는 계停眾僧出功德衣戒 671

110 비구니 대중이 공덕의를 내놓지 못하게 막는 계遮比丘尼僧不出功德衣戒 673

111 다른 이의 다툼을 없애주지 않는 계不與他滅諍戒 675

112 재가자나 외도에게 음식을 주는 계與白衣外道食戒 677

113 재가자를 위해 갖가지 일을 하는 계爲白衣作使戒 680

114 자기 손으로 베를 짜는 계自手紡績戒 682

115 속인의 옷을 입고 함부로 재가자의 평상에 눕는 계着俗服輒在白衣牀臥戒 684

116 하룻밤을 묵고 주인에게 말하지 않고 떠나는 계經宿不辭主人去戒 686

117 스스로 주술을 외우고 익히는 계自誦呪術戒 689

118 사람을 시켜서 주술을 외우고 익히게 하는 계敎人誦習呪術戒 691

119 임신한 여인에게 구족계를 주는 계度妊身女人戒 692

120 젖먹이가 있는 부녀자에게 구족계를 주는 계度乳兒婦女戒 695

121 동녀를 제도하여 나이가 차지 않았는데 구족계를 주는 계度童女年不滿授具戒 696

122 2세 학계 갈마를 주지 않는 계不與二歲學戒羯磨戒 700

123 6법의 계상을 알려주지 않는 계不說六法名字戒 702

124 여러 가지 차난이 있는 여인을 출가시켜 구족계를 주는 계度受諸遮女戒 705

125 어린 나이에 결혼한 적이 있는 부녀자를 출가시켜
    12세가 되지 않았는데 구족계를 주는 계度少年曾嫁婦女知減十二授具戒 707

126 여러 가지 차난이 있고 결혼한 적이 있는
    부녀자에게 구족계를 주는 계度受諸遮曾嫁婦女戒 709

127 음녀를 출가시켜 구족계를 주는 계度婬女戒 710

128 두 가지 일로 제자를 거두지 않는 계不與二事攝弟子戒 712

129 2년 동안 화상니를 따르지 않는 계不二歲隨和尙尼戒 715

130 대중을 어기고 출가시켜 구족계를 주는 계違僧度人授具戒 717

131 법랍이 12년이 되지 않은 이가 구족계를 주는 계未滿十二夏度人戒 719

132 덕이 없는 이가 구족계를 주는 계無德度人戒 721

133 구족계 주는 것을 허락하지 않는다고 대중을 비방하는 계不聽度人謗僧戒 723

134 부모나 남편이 허락하지 않은 이에게
    마음대로 구족계를 주는 계父母夫主不聽輒度人戒 725

135 악행을 하고 화를 잘 내는 이에게 구족계를 주는 계度惡行喜瞋者戒 727

136 식차마나에게 구족계를 주지 않는 계不與學戒尼受具戒 729

137 옷을 받고 나서 구족계를 주지 않는 계受衣已不與授具足戒 732

138 여러 명의 제자를 출가시키는 계多度弟子戒 734

139 비구대중에 바로 가서 구족계를 받도록 하지 않는 계不卽往大僧求具戒 736

140 교수하는 날에 가서 듣지 않는 계敎授日不往聽戒 738

141 보름마다 교수사를 청하지 않는 계不半月請敎授師戒 740

142 비구대중에 가서 자자하지 않는 계不詣大僧自恣戒 743

143 비구대중을 의지하지 않고 안거하는 계不依大僧安居戒 745

144 비구 절에 알리지 않고 들어가는 계不白入大僧寺戒 747

145 비구를 모욕하는 계訶罵比丘戒 750

146 비구니 대중을 비방하는 계罵尼衆戒 752

147 대중에 알리지 않고 남자를 시켜 종기를 치료하는 계不白衆使男子治癰戒 754

148 공양청을 어기는 계背請戒 756

149 재가자의 집에서 질투심을 내는 계於家生嫉妬心戒 758

150 향을 몸에 바르고 문지르는 계用香塗摩身戒 760

151 깻묵을 몸에 바르고 문지르는 계以胡麻滓塗摩身戒 762

152 비구니를 시켜서 몸에 바르고 문지르게 하는 계使比丘尼塗摩身戒 763

153 식차마나를 시켜서 몸에 바르고 문지르게 하는 계使式叉摩那塗摩身戒 764

154 사미니를 시켜서 몸에 바르고 문지르게 하는 계使沙彌尼塗摩身戒 764

155 재가인 부녀자를 시켜서 몸에 바르고 문지르게 하는 계著貯跨衣戒 765

156 저과의를 입는 계著貯跨衣戒 766

157 부녀자의 장신구를 모아두는 계畜婦女嚴身具戒 768

158 가죽신을 신고 일산을 가지고 다니는 계著革屣持蓋行戒 770

159 병이 없는데 탈 것을 타고 다니는 계無病乘乘行戒 772

160 승기지를 입지 않고 마을에 들어가는 계不著僧祇支入村戒 775

161 해질 무렵에 재가자의 집에 가는 계向暮至白衣家戒 777

162 해질 무렵에 승가람 문을 여는 계向暮至白衣家戒 780

163 해가 지고 나서 승가람 문을 열고 나가는 계日沒開僧伽藍門戒 782

164 안거하지 않는 계不安居戒 784

165 병이 있는 여인에게 구족계를 주는 계度有病女受具戒 786

166 이형인에게 구족계를 주는 계與二形人受具戒 788

167 두 길이 합해진 사람에게 구족계를 주는 계與二道合人受具戒 789

168 빚이 있거나 병이 있는 사람에게 구족계를 주는 계與負債難病難人受具戒 790

169 주문을 외우는 것으로 생활하는 계誦咒爲活命戒 791

170 세속의 기술을 재가자에게 가르치는 계以世俗伎術敎授白衣戒 793

171 구빈을 당하고도 떠나지 않는 계被擯不去戒 796

172 비구에게 먼저 허락받지 않고 갑자기 질문하는 계先不請比丘輒問義戒 798

173 신업으로 다른 사람을 괴롭히는 계身業惱他戒 800

174 비구가 있는 절에 탑을 세우는 계在有比丘寺內起塔戒 803

175 100세 비구니가 비구를 공경하지 않는 계百歲尼不敬比丘戒 805

176 몸을 흔들면서 가는 계搖身趨行戒 808

177 부녀자처럼 치장하고 몸에 향을 바르는 계作婦女莊嚴香塗身戒 810

178 외도 여자를 시켜서 몸에 향을 바르게 하는 계使外道女香塗身戒 812

8바라제제사니법

1 소를 구해서 먹는 계乞酥食戒 816

2 기름을 구해서 먹는 계乞油食戒 819

3 꿀을 구해서 먹는 계乞石蜜食戒 819

4 흑석밀을 구해서 먹는 계乞黑石蜜食戒 820

5 우유를 구해서 먹는 계乞乳食戒 820

6 락을 구해서 먹는 계乞酪食戒 821

7 생선을 구해서 먹는 계乞魚食戒 821

8 고기를 구해서 먹는 계乞肉食戒 822

100중학법

1 속옷을 단정하게 입는 계齊整著涅槃僧戒 826

2 5의를 단정하게 입는 계齊整著五衣戒 830

3 옷을 뒤집어 말아 올리는 계反抄衣戒 831

4 옷을 뒤집어 말아 올리고 앉는 계反抄衣坐戒 832

5 옷을 목에 두르는 계衣纏頸戒 833

6 옷을 목에 두르고 앉아 있는 계衣纏頸坐戒 834

7 머리를 덮어쓰는 계覆頭戒 834

8 머리를 덮어쓰고 앉는 계覆頭坐戒 835

9 뛰어가는 계跳行戒 836

10 뛰어가서 앉는 계跳行坐戒 837

11 쭈그리고 앉는 계蹲坐戒 837

12 허리에 손을 얹는 계叉腰戒 838

13 허리에 손을 얹고 앉는 계叉腰坐戒 839

14 몸을 흔드는 계搖身戒 840

15 몸을 흔들면서 앉는 계搖身坐戒 841

16 팔을 흔드는 계掉臂戒 842

17 팔을 흔들면서 앉는 계掉臂坐戒 843

18 몸을 가리는 계覆身戒 843

19 몸을 가리고 앉는 계覆身坐戒 844

20 좌우로 두리번거리는 계左右顧視戒 845

21 좌우로 두리번거리면서 앉는 계左右顧視坐戒 846

22 조용히 하는 계靜默戒 846

23 조용히 앉는 계靜默坐戒 847

24 히히덕거리는 계戲笑戒 848

25 히히덕거리며 앉아 있는 계戲笑坐戒 849

26 주의하여 음식을 받는 계用意受食戒 850

27 발우에 넘치지 않게 음식을 받는 계平鉢受食戒 851

28 발우에 넘치지 않게 국을 받는 계平鉢受羹戒 852

29 국과 밥을 함께 먹는 계羹飯等食戒 853

30 차곡차곡 먹지 않는 계不次食戒 854

31 발우의 한가운데를 파서 먹지 말라는 계不挑鉢中央食戒 855

32 국과 밥을 요구하는 계索羹飯戒 856

33 밥으로 국을 덮는 계飯覆羹戒 857

34 옆 사람의 발우를 보는 계視比坐鉢戒 858

35 발우에 마음을 두고 먹는 계繫鉢想食戒 859

36 크게 뭉쳐서 먹는 계大搏食戒 860

37 입을 크게 벌리고 음식을 기다리는 계張口待食戒 861

38 밥을 입에 물고 말하는 계含飯語戒 862

39 멀리서 입에 던져서 먹는 계遙擲口中戒 863

40 밥을 베어먹는 계 遺落食戒 864

41 볼을 불룩거리면서 먹는 계頰食戒 865

42 밥을 소리내서 먹는 계嚼飯作聲戒 866

43 밥을 빨아들이듯이 먹는 계噏飯食戒 867

44 혀로 핥아먹는 계舌舐食戒 868

45 손을 털면서 먹는 계振手食戒 869

46 음식을 흘리면서 먹는 계把散飯戒 870

47 더러운 손으로 그릇을 잡는 계汚手捉食器戒 871

48 발우 씻은 물을 함부로 버리는 계棄洗鉢水戒 872

49 살아있는 풀 위에 대소변 하는 계生草上大小便戒 873

50 물에 대소변 하는 계水中大小便戒 874

51 서서 대소변 하는 계立大小便戒 875

52 옷을 뒤집어 말아 올린 사람에게 설법하는 계爲反抄衣者說法戒 876

53 옷을 목에 두른 사람에게 설법하는 계爲衣纏頸者說法戒 877

54 머리를 덮은 사람에게 설법하는 계爲覆頭者說法戒 878

55 머리를 싸맨 사람에게 설법하는 계爲裹頭者說法戒 878

56 허리에 손을 올린 사람에게 설법하는 계爲又腰者說法戒 878

57 가죽신을 신은 사람에게 설법하는 계爲著革屣者說法戒 879

58 나막신을 신은 사람에게 설법하는 계爲著木屐者說法戒 879

59 탈 것에 타고 있는 사람에게 설법하는 계爲騎乘者說法戒 880

60 불탑 속에서 자는 계佛塔中宿戒 880

61 불탑 속에 재물을 감추어 두는 계藏物塔中戒 883

62 가죽신을 신고 불탑 안에 들어가는 계著革屣入塔戒 884

63 가죽신을 들고 불탑 안에 들어가는 계捉革屣入塔戒 885

64 가죽신을 신고 불탑을 도는 계著革屣繞塔行戒 885

65 부라신발을 신고 불탑 안에 들어가는 계著富羅入塔戒 886

66 부라신발을 들고 불탑 안에 들어가는 계捉富羅入塔戒 886

67 탑 아래 앉아서 먹고 땅을 더럽히는 계塔下坐食戒 887

68 시체를 메고 탑 아래로 지나가는 계塔下擔死屍戒 888

69 탑 아래에 시체를 묻는 계塔下埋死屍戒 889

70 탑 아래에서 시체를 태우는 계塔下燒死屍戒 889

71 탑을 향하여 시체를 태우는 계向塔燒死屍戒 890

72 탑 사방 주위에서 시체를 태우는 계塔四邊燒死屍戒 890

73 죽은 사람의 옷과 평상을 가지고 탑 아래로 지나가는 계持死人衣及床塔下過戒 891

74 탑 아래에서 대소변 하는 계塔下大小便戒 892

75 탑을 향하여 대소변 하는 계向塔大小便戒 892

76 탑 사방 주위에서 대소변 하는 계繞塔四邊大小便戒 892

77 불상을 지니고 대소변 하는 곳에 이르는 계持佛像至大小便處戒 893

78 탑 아래에서 양치질하는 계塔下嚼楊枝戒 893

79 탑을 향하여 양치질하는 계向塔嚼楊枝戒 894

80 탑 사방 주위에서 양치질하는 계塔四邊嚼楊枝戒 894

81 탑 아래에서 코 풀고 침 뱉는 계塔下涕唾戒 894

82 불탑을 향하여 코 풀고 침 뱉는 계向塔涕唾戒 895

83 탑 사방 주위에서 코 풀고 침 뱉는 계塔四邊涕唾戒 895

84 탑을 향하여 다리를 뻗고 앉는 계向塔舒脚坐戒 896

85 불탑을 아래층에 두는 계安塔在下房戒 897

86 앉아 있는 사람에게 서서 설법하는 계人坐己立說法戒 898

87 누워 있는 사람에게 앉아서 설법하는 계人臥己坐說法戒 899

88 정좌에 있는 사람에게 정좌가 아닌 자리에서 설법하는 계人在座己在非座說法戒 899

89 높은 자리에 앉아 있는 사람에게 낮은 자리에 앉아서 설법하는 계人在高坐己在下坐說法戒 900

90 앞에 가는 사람에게 뒤따라가면서 설법하는 계人在前行己在後說法戒 900

91 높은 경행처에 있는 사람에게 낮은 경행처에서

　　설법하는 계人在高經行處己在下經行處說法戒 901

92 길에 있는 사람에게 길 아닌 곳에서 설법하는 계人在道己在非道說法戒 901

93 손을 잡고 길에 다니는 계携手在道行戒 902

94 나무에 올라가는 계上樹戒 903

95 지팡이에 발우를 묶어서 메는 계杖絡囊戒 904

96 지팡이를 가진 사람에게 설법하는 계爲持杖人說法戒 905

97 검을 가진 사람에게 설법하는 계爲持劍人說法戒 906

98 창을 가진 사람에게 설법하는 계爲持鉾人說法戒 906

99 칼을 가진 사람에게 설법하는 계爲持刀人說法戒 907

100 일산을 쓰고 있는 사람에게 설법하는 계爲持蓋人說法戒 907

7멸쟁법

1 현전법現前法 910

2 억념법憶念法 911

3 불치법不痴法 911

4 자언치법自言治法 912

5 다인어법多人語法 913

6 먹죄상법覓罪相法 914

7 초부지법草覆地法 915

일곱 부처님께서 간략히 설하신 계경七佛略說戒經 925

회향게結頌廻向 927

찾아보기 929

■ 일러두기

1. 본 편역의 저본은 『四分律比丘尼戒相表記』(臺灣: 正覺精舍 印行, 2010)이고, 『四分律』(大正藏22)과 과청果淸율사의 『四分律比丘尼戒本講記』(臺灣: 正覺精舍, 2010), 본인本因스님의 『四分比丘尼戒相表記講義』(臺灣: 南普陀佛學院, 2007), 여서如瑞스님의 『四分律比丘尼戒相表記淺釋』(中國: 普壽寺, 2008)을 참고하여 정리하였다.

2. 「私記」는 『四分律比丘尼戒相表記』를 저술한 홍일율사의 견해이다. 저본에는 「案」으로 표기되어 있다.

3. 율장이나 저서는 『 』를 사용하여 한자로 표기하고, 경전이나 저서 속에 나오는 편명篇名·장명章名 등은 「 」로 표시하였다. 한글과 같은 음의 한자가 들어갈 때는 작은 글자로 표기하였고, 한글로 풀고 한자를 덧붙일 때는 [ ]를 사용하였다. 저본에 두 줄로 부연 설명된 것과 본문의 이해를 돕기 위한 보조설명은 ( ) 안에 작은 글자로 표기하였다.

4. '계를 제정한 인연[緣起]'은 저본에는 수록되어 있지 않으나 이해를 돕기 위하여 『四分律』의 내용을 요약·정리한 것이다.

5. 저본에 내용이 많이 함축되어 있는 부분은 각주로 부연 설명하였고 인용부호는 생략하였다. 필요한 경우에는 인용한 내용을 번역하여 덧붙였다.

6. 본문에 인용된 글은 대부분 출처를 찾아서 각주에 표시하였다. 그러나 미처 출처를 찾지 못한 것은 다음 증보판에서 보충하기로 한다.

7. 저본의 과표는 도표로써 정리하였다.

8. 번역은 직역을 원칙으로 했으나 이해를 돕기 위해 의역을 한 부분도 있음을 밝혀둔다.

9. 영지율사의 해석 부분은 『資持記』에 나오는 영지율사의 견해이다.

10. 저본에 인용된 책명이 여러 가지로 표기된 경우가 있어서 책명을 통일하고 약칭으로 표기하였다. 정식 책명과 『大正藏』 및 『卍續藏經』의 책수冊數, 저자는 다음과 같다.

약 칭	책 명	비 고
大	『大正新修大藏經』	
卍	『卍續藏經』	
『四分』, 『律』	『四分律』	(大22)
『四分如釋』	『四分戒本如釋』	(卍40) 홍찬弘贊율사
「第二分」	『四分律』	(大22)
「第三分」	『四分律』	(大22)
「第四分」	『四分律』	(大22)
『五分』	『彌沙塞部和醯五分律』	(大22)
『僧祇』	『摩訶僧祇律』	(大22)
『十誦』	『十誦律』	(大23)
『多論』	『薩婆多毘尼毘婆沙』	(大23)
『伽論』	『薩婆多部毘尼摩得勒伽』	(大23)
『根本律』	『根本說一切有部毘奈耶』	(大23)
『有尼』	『根本說一切有部苾芻尼毘奈耶』	(大23)
『雜事』	『根本說一切有部毘奈耶雜事』	(大24)
『律攝』	『根本薩婆多部律攝』	(大24)
『善見』	『善見律毘婆沙』	(大24)
『母論』	『毘尼母經』	(大24)
『鼻奈耶』	『鼻奈耶』	(大24)
『四分律疏』	『四分律疏』	(卍65) 법려法礪율사 述
『行事鈔』	『四分律刪繁補闕行事鈔』	(大40) 도선율사 撰述
『行事鈔註』	『四分律刪繁補闕行事鈔註』	도선율사 述

『含註戒本』	『四分律比丘含註戒本』	도선율사 述
『戒本疏』	『四分律含註戒本疏』	도선율사 撰
『戒本疏科』	『四分律含註戒本疏科』	도선율사
『業疏』	『四分律隨機羯磨疏』	(卍40) 도선율사 撰
『比丘尼鈔』	『四分律比丘尼鈔』	(卍40) 도선율사 述
『資持記』	『四分律刪繁補闕行事鈔資持記』	(卍40) 영지靈芝율사 撰記
『行宗記』	『四分律含註戒本疏行宗記』	(卍40) 영지율사 述
『濟緣記』	『四分律隨機羯磨疏濟緣記』	영지율사 述記
『開宗記』	『四分律開宗記』	(卍66) 회소懷素율사 述
『僧羯磨註』	『四分僧羯磨註』	회소율사 述
『集要』	『重治毘尼事義集要』	(卍40) 우익藕益대사 彙釋
『毘尼止持』	『毘尼止持會集』	독체율사 撰
『尼戒會義』	『比丘尼戒會義』	덕기德基율사 輯
「私記」	『四分律比丘戒相表記』	홍일율사 集
『講錄』	『四分律刪補隨機羯磨隨講別錄』	홍일율사 撰
『尼表記』	『四分律比丘尼戒相表記』	승우비구니 編述
『名義標釋』	『四分律名義標釋』	(卍44) *大藏新纂 홍찬율사 輯

사분율 비구니 계본

담무덕부에서 나옴
요진 삼장 불타야사 · 축불념 공역共譯
보화산 전계비구 독체율사가 율장에 의거하여 중간重刊

부처님과 가르침과 비구스님들께 머리 숙여 예경합니다.

지금 비니법毘尼法을 설함은 정법正法이 오래 가게 함이로다.

계는 바다처럼 끝이 없고 보배와 같아서 구함에 싫증나지 않음이라.

부처님 법재물을 보호하려면 대중스님들 모여서 제가 설함을 들으소서.

8바라이법을 제거하고 승잔법을 없애며 30사타를 막고자 하면

대중들은 모여서 제가 설함을 들으소서.

비바시불, 시기불, 비사부불, 구루손불, 구나함모니불, 가섭불, 석가모니불,

모든 세존 대덕께서 우리들을 위하여 이 일을 설하셨노라.

제가 이제 잘 설하고자 하니 모든 현성들은 다함께 들으소서.

사람이 발을 다치면 걸어갈 수 없는 것과 같이

계를 훼손함도 이와 같아서 천상에나 인간에 날 수 없느니라.

천상이나 인간에 태어나고자 하는 자는

항상 발과 같은 계를 잘 보호하여 훼손치 말아야 하느니라.

마부가 험한 길을 갈 때에 비녀장을 잃어버리고 굴대가 부러질까 조심하듯이

계를 훼손함도 그와 같아서 죽을 때에 두려운 생각이 날 것이니라.

사람이 스스로 거울에 비추어 보아 좋으면 기뻐하고 추하면 싫어하듯이,

계를 설함도 이와 같아서 온전하면 기쁘고 훼손하면 근심되리라.

두 무리가 함께 싸울 때 용감하면 나아가고 겁이 나면 물러나듯이,

계를 설함도 이와 같아서 청정하면 편안하고 청정치 못하면 두려울 것이니라.

세간에서는 왕이 가장 높고 흐르는 물 가운데는 바다가 으뜸이며,

별들 중에 달이 제일이고 성인들 중에 부처님께서 가장 높나니라.

일체 율律 가운데 계경戒經이 최상이고,

여래께서 금계禁戒를 세우셨으니 보름마다 설하나이다.

물음 대중스님들은 다 모였습니까?

답　　다 모였습니다.

물음 화합합니까?

답　　화합합니다.

물음 구족계를 받지 않은 이는 다 나갔습니까?

답　　다 나갔습니다. (만약 있으면 말해서 내보낸다.)

물음 비구니 중에 위임이나 청정을 말하고 오지 않은 이가 있습니까?

답　　위임한 사람이 없습니다. (만약 있으면 위임 받은 이가 대중에 알린다.)

물음 스님들이 화합함은 무엇을 하기 위함입니까?

답　　계를 설하는 갈마를 하기 위함입니다.

　승단은 제 말에 귀 기울여 주십시오. 오늘은 보름(또는 그믐)이니(앞의 반월은 보름 [白月]의 15일이고 뒤의 반월은 그믐[黑月]의 15일이며, 달이 작을 때는 14일을 말한다), 대중스님들은 계를 설해야 합니다. 만약 스님들이 여기에 인정하시면 묵연함으로써 허락하소서. 화합하여 계를 설하기 위하여 이와 같이 아룁니다.

　대중스님들이여! 제가 이제 바라제목차계를 설하고자 하니, 모든 비구니들은 다 같이 한 곳에 모여 자세히 듣고 잘 생각해야 합니다. 만약 범한 것이 있는 이는 참

회해야 합니다. 범함이 없는 이는 묵연하십시오. 묵연함으로 스님들의 청정함을 압니다. 만약 다른 데서 묻더라도 사실대로 대답해야 합니다.

이와 같이 비구니들이 대중 가운데서 세 번 묻는데도 죄가 있음을 기억하면서 발로發露하지 않는 이는 '고의로 거짓말한 죄'까지 얻습니다. 부처님께서 "고의로 거짓말을 하는 것은 도법道法에 장애가 된다"고 말씀하셨습니다. 만약 비구니가 죄가 있는 줄 알고 청정을 구하고자 하면 참회해야 합니다. 참회하면 곧 안락을 얻습니다.

대중스님들이여! 제가 이미 계경의 서문을 설했습니다.

이제 대중스님들에게 묻습니다.

"이 가운데 청정합니까?"(이와 같이 세 번 묻는다.)

대중스님들이여! 여기에 청정하여 묵연하므로 이 일은 이와 같이 지녀야 합니다.

8
바
라
이
법

대중스님들이여!

이 8바라이법[1]을 보름보름마다 설해야 하니 계경에 있는 것입니다

바라이 염열燄熱지옥에 떨어져서 인간 수명으로 92억 1천6백만 년 동안 머문다.

비구계 제1과 같음, 대승공계,² 성계³   수제나, 발사자, 산에 사는 비구

1. 계의 조문 [戒文]

만약 비구니가 음욕심으로 부정행을 하되, 축생 등과 함께 하더라도 이 비구니는 바라이니 함께 머물지 못한다.⁴

2. 계를 제정한 인연 [緣起]

『四分』

1) 부처님께서 비사리毘舍離에 계실 때였다. 수제나須提那 비구는 가란타迦蘭陀 마을에서 부유하게 살았으나 신심을 굳게 가지고 출가하여 도를 닦았다. 그런데 당시 세상에는 곡식이 귀하여 걸식하기가 힘들었다. 수제나 비구는 '비구들을 데리고 가란타 마을에 가서 걸식하면 비구들이 나로 인해 크게 공양의 이익을 얻어서 청정한 행을 닦을 수 있고, 나의 친척들도 보시하여 복덕을 지을 수 있을 것

---

1. 『名義標釋』4(卍44, 431中), 波羅夷 義言無餘 若犯此戒 永棄淸衆 故曰無餘. 바라이란 '여지가 없다'는 뜻이다. 만약 이 계를 범하면 영원히 청정한 대중에서 버려지기 때문에 여지가 없다고 한다.

    『四分』1(大22, 571下), 云何名波羅夷 譬如斷人頭不可復起 比丘亦復如是 犯此法者不復成比丘 故名波羅夷. 무엇을 바라이라고 하는가. 비유컨대 사람의 머리가 잘리면 다시 살아날 수 없는 것처럼 비구도 이와 같아서 이 법을 범하면 다시 비구가 될 수 없다. 그러므로 바라이라 한다.

2. 대승계인 『梵網經』보살계에도 같은 내용의 계목이 있음을 뜻한다.

3. ①性戒: 본체가 이치에 어긋나므로 부처님께서 제정하셨든 안하셨든 위배되는 행을 했다면 반드시 인과의 규율에 따라서 괴로운 과보를 초래한다. 그래서 '性惡'이라고도 한다. 이런 까닭으로 부처님께서 계를 제정하여 방지하신 것이다. 만약 부처님께서 제정하지 않으셨다 해도 업은 삼악도의 결과를 맺을 것이며 인간계에 있지 않다.

    ②遮戒: 비교적 위의가 거친 상태여서 재가자들에게 신심을 일으키지 못한다. 성인께서 제정하기 전에는 죄가 성립되지 않는다. 부처님께서 제정하신 후에 만약 어긴다면 계를 범하는 것이다. 수행을 방해하고 세간의 비방을 초래하여 부처님께서 허락하지 않았기 때문에 '차계'라 한다.

이다'라고 생각하였다. 그래서 비구들을 데리고 가란타 마을로 갔다.

수제나 비구의 어머니는 아들이 비구들을 데리고 마을에 왔다는 말을 듣고 곧 찾아가서 "내가 혼자 있어서 재물이 관가에 몰수될까 두려우니 도를 버리고 환속하라"고 하였다. 하지만 수제나 비구가 거절하자 자식을 두어 대가 끊어지지 않도록만 해 달라고 하였다. 그래서 수제나 비구는 옛 부인과 세 차례 부정행을 하였다.

그 일이 있은 후 수제나 비구가 항상 근심과 걱정에 싸여 있어서 비구들이 물으니 사실대로 고백하였다. 그래서 비구들이 꾸짖고 부처님께 사뢰니 많은 방편으로 꾸짖으시고 "수제나 비구, 이 어리석은 사람은 최초로 계를 범하였다. 지금부터 비구들에게 계를 제정해주는 열 가지 목적[十句義]을 말하겠다. 첫째는 대중에 섭수하기 위함이고, 둘째는 대중들을 기쁘게 하기 위함이며, 셋째는 대중들을 편안하게 하기 위함이다. 넷째는 믿지 않는 자를 믿게 하기 위해서이고, 다섯째는 이미 믿는 자에게는 믿음을 증장하게 하기 위해서이며, 여섯째는 조복시키기 어려운 자를 조복시켜 따르게 하기 위해서이다. 일곱째는 뉘우치고 부끄러워하는 자를 편안하게 하기 위함이고, 여덟째는 현재의 잘못을 끊게 하기 위함이다. 아홉째는 미래의 잘못을 끊게 하기 위해서이며, 열 번째는 정법이 오래 머물게 하기 위해서이다. 계를 설하고자 하는 자는 '만일 비구가 부정행을 범하고 음행을 하면 이 비구는 바라이죄니 함께 살지 못한다'라고 설해야 한다"고 말씀하셨다.

2) 부처님께서 계를 제정하신 뒤, 발사자跋闍子 비구가 청정행을 좋아하지 않아서 근심하다가 집으로 돌아가서 옛 아내와 부정행을 하였다. 그리고는 '아내와 부정행을 했으니 바라이를 범한 것이 아닌가? 어떻게 해야 할까?' 고민하다가 같

---

4. 『四分』1(大22, 571下), 云何名不共住 有二共住 同一羯磨同一說戒 不得於是二事中住名不共住. 무엇을 불공주라 하는가. 2종의 불공주가 있으니 함께 갈마하고 함께 설계하는 것이다. 이 두 가지 일을 함께 하지 못하는 것을 '불공주'라 한다.

이 배우는 비구들에게 사실을 말하였다.

그래서 비구들이 부처님께 사뢰니 꾸짖으시고, "계를 바치지[捨戒] 않고 부정행을 하면 바라이죄니 함께 살지 못한다. 만일 어떤 사람이 청정행을 좋아하지 않으면 계를 바치고 집으로 돌아가는 것을 허락하겠으니, 만약 다시 불법에 들어와 청정행을 닦으려 하면 다시 출가하여 구족계를 받게 해야 한다"고 거듭 계를 제정하셨다.

3) 위와 같이 부처님께서 계를 제정해주셨는데 어떤 걸식비구가 숲속에 살면서 마을에서 걸식하여 먹고 남은 것을 원숭이에게 주었다. 그 후 원숭이는 점점 길이 들어 비구를 따르게 되었고 붙잡아도 달아나지 않으니 비구는 그 원숭이를 붙잡고 함께 부정행을 하였다. 그때 비구들이 살 곳을 찾다가 이 숲에 왔는데 원숭이가 비구들 앞에서 몸을 돌려 음행하는 시늉을 했다. 비구들이 의심이 생겨 몰래 숨어서 엿보니, 비구가 남은 음식을 원숭이에게 주고 함께 부정행을 하는 것이었다.

비구들이 곧 가서 꾸짖었으나 "부처님께서 제정하신 것은 남자가 여자를 범하는 것이지 축생을 규제한 것은 아니다"라고 답하였다. 이 말을 듣고 비구들이 부처님께 사뢰니, 부처님께서 걸식비구를 꾸짖으시고 "축생과 함께 부정행을 하는 것도 바라이죄다"라고 거듭 계를 제정하셨다.[5]

3. 제정한 뜻 [制意]

『四分律疏』

'음행을 허락하지 않는다'고 제정한 뜻은 음욕의 근본 성질이 비루하고 더러워 애욕의 번뇌로 마음이 얽매이고 미혹에 빠져서 버리기가 어렵기 때문이다. 이미 음행을 했다면 생사의 고통이 늘어나고 치성하여 끊을 수 없으니 3유有에 빠

---

5. (大22, 569下).

져 벗어날 수 없다. 도를 장애하는 근원은 음욕보다 더한 것이 없다. 번뇌의 근심이 깊으니 어찌 용납하여 금하지 않을 수 있겠는가! 이런 이유로 부처님께서 계를 제정하셨다.

4. 범하는 조건[犯緣]

『行事鈔』

스스로 음행하는 것[自婬]은 네 가지 조건을 갖추면 범함이 된다.

첫째, 해당 부위[正境]이고 (여자의 대변도, 소변도[陰道], 입)

둘째, 염심을 일으키고('범함이 아닌 경우'의 잠든 경우 등은 제외한다)

셋째, 방편[6]을 일으켜서

넷째, 상대의 해당 부위와 합하면

범한다.

『行事鈔』

강제에 의한 음행[逼婬]은 네 가지 조건을 갖추면 범한다.

첫째, 해당 부위이고 (원래 주註에는 '자의든 타의든 묻지 않고'라고 하였다.)

둘째, 원수에 의해 강제로 당하고

셋째, 상대의 해당 부위와 합하여

넷째, 쾌감을 느꼈으면

범한다.

---

6. 과청, 『講記』上, pp.419−420, 세 종류가 있다. ①遠方便: 만약 음행을 할 때 처음에 음욕심을 일으켰으나 몸과 입은 아직 동하지 않았을 때, 곧 그치고 음행을 하지 않으면 돌길라를 범한다. ②次方便: 몸을 움직여 상대방에게 가서 음행을 하면 中品투란차를 범하게 된다. ③近方便: 상대방의 신체 해당 부위에 이르렀거나 접촉했지만 몸에 아직 들어가기 전은 上品투란차를 범한다.

5. 범하는 상황[罪相]

사람	남자의	소변길을 (남근)	세 곳으로 받아들였을 때
비인非人[7]			
축생			
사람	이형二形[8]의		
비인			
축생			
사람	황문黃門[9]의		
비인			
축생			
깨어 있는 자의			
잠을 자는 자의			
죽은 형상이	아직 부패되지 않은 자의		
	많이 부패되지 않은 자의		
	반쯤 부패된 자의[10]		
	많은 부분이 부패된 자의[11]		

---

7. 지관 편저, 『伽山佛教大辭林』11, 가산불교문화연구원, 2005, p.1205, 인간이 아닌 것이다. 天, 龍, 야 차, 아수라·가루라·건달바·긴나라·마후라가, 지옥, 惡鬼, 축생 등 인간이 아닌 모든 것을 통틀어 서 일컫는 말. 일반적으로 귀신에 대한 총칭으로 쓰이는 경우가 많다.

8. 『名義標釋』4(卍44, 432下), 亦名二根 謂一身俱有男女二種根形 此二形人 佛不聽出家 若[巳>已]出家 即應驅擯 以此人 於佛正法中 不能生道根栽故. '二根'이라고도 한다. 몸은 하나인데 남녀 두 종류의 근을 모두 가지고 있는 것을 말한다. 부처님께서는 이형의 출가를 허락하지 않으셨다. 만약 이미 출

자기에게 음욕의 뜻이 있어서(세 곳으로)	털끝만큼이라도 받아들였으면		바라이
	방편으로 받아들였으나 행위가 이루어지지 않았으면		투란차[12]
원수에 의해 강제로 당하여 (세 곳으로)	스스로 타인을 받아들였을 때	만약 처음 들어올 때, 들어왔을 때, 뺄 때 한순간이라도 스스로 쾌감을 느꼈으면	바라이
	타인이 자기에게 들어왔을 때		

여근을 옷 등으로 가리고, 남근도 옷 등으로 가렸어도	바라이
여근은 옷 등으로 가리고, 남근은 옷 등으로 가리지 않았어도	
여근은 옷 등으로 가리지 않고, 남근은 옷 등으로 가렸어도	
여근을 옷 등으로 가리지 않고, 남근도 옷 등으로 가리지 않았어도	

| 만약 남근을 일부분이라도 받아들였거나 전부 받아들였으면 | 바라이 |

| 만약 (음행을 하고 난 후에) 남에게 말했거나 말하지 않았거나 | 바라이 |

가했다면 멸빈시켜야 한다. 부처님 정법에 道根을 심을 수 없기 때문이다.

9. 『名義標釋』4(卍44, 432下), 阿毗曇 譯爲閣人 以無男根故. 아비담에 "번역하면 '거세당한 사람'이다. 남근이 없기 때문이다"라고 하였다. ; 『名義標釋』19(卍44, 545中), 謂諸不能男者. 모든 남자 행세를 할 수 없는 사람을 말한다.

10. 비구의 경우만 해당되고 비구니에게는 해당되지 않는다.

11. 비구의 경우만 해당되고 비구니에게는 해당되지 않는다.

12. 『名義標釋』4(卍44, 431下), 善見律云 偸蘭名大 遮言障善道 後墮惡道 … 由能成初二兩篇之罪故也. 『善見律』 '투란'은 '크다'는 뜻이고 '차'는 '善道를 막아서 후에 악도에 떨어진다'는 뜻이다. … 이로 말미암아 처음 두 가지의 죄(바라이와 승잔)가 될 수 있기 때문이다.

『行宗記』

원수에는 두 가지가 있다. 예를 들면 왕이나 대신·악한 도적이 칼을 가지고 침범하여 핍박하는 것을 '강원强怨'이라 하고, 친척이나 세속의 옛 남편이 애욕심으로 비구니의 마음을 어지럽게 하여 흔들리게 하면 '연원輭怨'이라 한다.

「第四分」

술 취한 사람, 미친 사람, 화난 사람, 고통 속에 있는 사람(잠자는 사람과 같은 부류이니 모두 바라이다), 혹은 나무 형상이나 벽 위의 남자형상 등이다.[13](아교로 남근을 만들어서 하는 것과 같은 종류이다.)

6. 함께 제정함[併制]

·비구가 ·비구니가	비구니에게 시켜서	음행을 했으면	시킨 사람은	투란차
		음행을 하지 않았으면	시킨 사람은	돌길라[14]
·나머지 3중衆 (식차마나·사미· 사미니)이	비구니에게 시켜서	음행을 했으면	시킨 사람은	돌길라
		음행을 하지 않았으면		

『尼戒會義』

『僧祇』 만약 비구니가 염오심染汚心으로 남자를 보려고 했으면 마음으로 뉘우쳐야 하는[責心] 돌길라다. 만약 남자를 눈으로 보거나 소리를 들었으면 다른 사람

---

13. (大22, 973中).

14. 『名義標釋』4(卍44, 432上), 善見云 突者惡 吉羅者作 惡作義也 身犯者 名惡作 口犯者 名惡說 母論云 … 一者故心而作(對一人懺) 二者誤作(當自責心) 根本律云 … 或云越法罪 或云越毗尼罪. 『善見』 '돌'은 '惡'이요, '길라'는 '作'이다. '악작'의 뜻이다. 몸으로 범하면 '악작'이고 입으로 범하면 '악설'이다. 『母論』 첫째는 고의로 한 것이고(한 사람에게 참회한다), 둘째는 실수로 한 것이다(스스로 자책해야 한다). 『根本律』 '월법죄' 또는 '월비니죄'라고 한다.

에게 참회해야 하는[對首懺] 돌길라다. 남자의 벗은 몸쪽으로 향했으면 투란차다.[15]

『尼戒會義』

『僧祇』 비구니가 사미와 음행을 하면 바라이고, 사미는 쫓겨난다(곧 멸빈이다). 비구니가 잠을 자거나 미쳤거나 선정에 들었을 때, 어떤 사람이 위에 올라가서 음행을 하여 비구니가 세 때[16] 중에 한 때라도 쾌감을 느꼈다면 바라이고, 세 때 중에 한 때도 쾌감을 느끼지 않았으면 범함이 아니다.[17]

『僧祇』 '쾌감을 느낀다'는 것은 굶주린 자가 음식을 얻은 것과 같고 목마른 자가 마실 것을 얻은 것과 같다. '쾌감을 느끼지 않았다'는 것은 깨끗한 것을 좋아하는 사람이 갖가지 시체를 목에 두르는 것과 같고, 마치 종기를 터뜨려서 뜨거운 쇠로 몸을 지지는 것과 같다. 쾌감을 느끼지 않았다는 것은 이와 같은 것이다.[18]

자주慈舟 율사는 "비구니 음계에서는 일단 교합하면 바로 범함이 된다. 그러므로 대상에 대하여 어떻게 생각했는지의 가볍고 무거움은 구분하지 말아야 한다. 그래서 '대상에 대한 생각[境想]'은 나열하지 않는다"라고 하였다.

7. 범함이 아닌 경우[開緣]

만약 잠들어서 알아차리지 못했으면	범함이 아니다[19]
만약 쾌감을 느끼지 않았으면	
만약 일체 음행의 뜻이 없었으면	

---

15. (大22, 514下).

16. 과청, 『講記』上, p.433, 始入 入已 出時的三時當中 隨一時有受樂就是犯波羅夷. 처음 들어올 때, 들어왔을 때, 뺄 때의 세 때 중 한 때라도 쾌락을 느끼면 바라이를 범한다.

17. (大22, 514下).

18. (大22, 238上).

만약 최초라서 계가 제정되기 전이었으면
만약 미쳤거나, 마음이 혼란스러웠거나, 고통속에 빠져 있었으면

『戒本疏』

'잠들었다'는 것은 원수가 와서 핍박해도 알아차리지 못했기 때문에 열어두었다. '쾌감을 느끼지 않았다'는 것은 앞에서 말한 원수가 장차 강원強怨이나 연원輭怨의 상황으로 오더라도 스스로 마음을 제어할 수 있어서 염오심이 없었기 때문에 열어두었다. ('범하는 상황' 뒤에 나오는 「第四分」의 '미친 사람'은 비구니가 미친 사람한테 당하는 상황을 가리키고, 여기에서는 미친 상태에 있는 비구니가 직접 하는 상황과 당하는 상황 모두를 가리킨다.)

「私記」

'범함이 아닌 경우'를 나누면 두 종류가 된다. 뒤의 네 번째와 다섯 번째는 통연通緣이므로 모든 계에서 다 범함이 아니고, 앞의 첫 번째에서 세 번째까지는 별연別緣이어서 이 계에서만 특별히 범함이 아니다. 이하 모든 계는 별연만 나열하고 통연은 여기에 준하여 알 수 있으므로 중복해서 싣지 않는다.

『資持記』

심행心行은 미세하여 거친 생각으로는 알 수 없다. 그래서 비록 계를 어기는 줄 알더라도 제어하기 어렵다. 그렇다고 어찌 유유히 놓아두고 끝내 완전히 벗어나지 않는가?

현상경계를 일부러 불러들여서 스스로 생각하고 마음을 어지럽히거나, 이리저

---

19. 본죄인 바라이를 범한 것은 아니라는 뜻이다. 바라이를 범함은 아니지만 돌길라가 되든지 그 외의 죄를 범하게 된다. 그러나 '최초라서 계가 제정되기 전이었거나, 미쳤거나, 마음이 혼란스러웠거나, 고통속에 빠져 있었던 경우'는 전혀 죄를 범함이 아니다.

리 머리를 돌리거나 은근하게 눈을 들거나 소리를 듣고 대화하려고 하거나, 혹은 냄새를 맡고 몸의 형상을 생각하면 비록 몸을 합하지 않아도 이미 더러운 업이 이루어진다. 부처님께서 신중하게 제정하셨으니 믿고 헛되이 하지 말라. 진실로 이것은 모든 고통의 근원이며 도를 장애하는 근본이다. 이는 부정모혈父精母血에 의탁하여 몸을 이루고 온전히 염욕심으로 마음을 삼아서 생사의 바다에서 표류하는 것이니 어찌 돌이킬 줄 알겠는가?

6근根과 6진塵의 그물에 서로 얽혀서 진실로 빠져나오기 어렵다. 스스로 탄식하며 오직 힘써서 몸은 부정不淨하여 똥주머니라고 관찰하고 음근婬根은 대소변 길일 뿐이라고 살펴야 한다. 혹은 성인의 모습을 관상하거나 부처님의 명호를 염송하거나 진리의 경전을 독송하거나 신주神呪를 지송해야 한다. 오직 계체戒體만을 오롯이 생각하며 생각을 거두어서 마음에 두고, 생멸의 무상함을 보고 오직 식識으로 변한 것인 줄 알아야 한다. 마음이 이르는 곳을 따라서 힘써 그것을 다스려야 한다. 흘러가는 대로 맡겨두면 구제하기 어렵다.

『行事鈔』

음욕의 허물은 거칠게 드러나서 일반사람들도 다 그릇된 줄 안다. 범한 것을 토론하거나 묻는 상황이 되었을 때, 범했다는 것은 (털끝만큼이라도 들어갔으면) 중죄를 범한 것으로 결정해야 한다. 그러나 죄상을 기준하여 허물을 드러내주어도 귀로 들으려 하지 않고 비웃고 의심을 내며 의아해한다.

『善見』 법사가 "이 부정한 법을 말하면 이 말을 들은 이들은 놀라거나 의아해하지 말고 참괴심을 내서 뜻과 마음을 부처님께 두어야 한다. 무슨 까닭인가? 부처님께서 우리들을 불쌍히 여기셨기 때문이다. 부처님께서는 세간의 왕이요, 애욕에 물듦을 벗어나 청정처를 얻은 분이다. 우리들을 불쌍히 여겨서 이렇게 하기 어려운 말을 설하신 것은 이 계를 제정하기 위함이다. 또 여래의 공덕을 관하면 싫은 마음을 낼 수가 없다. 만약 부처님께서 이 일을 말씀하지 않으셨다

면 우리들이 어찌 바리이죄인 줄 알 수 있겠는가? 비웃는 자가 있으면 쫓아내야 한다"라고 하였다.[20]

영지율사의 해석

'죄상을 기준하여 허물을 드러내주어도 귀로 들으려 하지 않고 비웃고 의심을 내며 의아해한다'는 구절은 그 우매함을 기술한 것이다. 여기에는 네 가지 허물이 있으니 첫째, 싫어하는 마음을 내어서 들으려고 하지 않기 때문이다. 둘째, 존중함이 없어서 비웃기 때문이다. 셋째, 깊은 신심이 없어서 부처님께서 말씀하신 것이 아니라고 의심하기 때문이다. 넷째, 스스로 정견正見이 없으면서 이러한 부처님 말씀을 책망했기 때문이다.[21]

'참괴심을 낸다'는 것은 자기를 단속하면서 스스로 책망하는 것이다. 세간의 어리석은 사람들이 누가 돌이켜 비추어 볼 수 있겠는가? 자신의 행이 비루하고 더러우면서도 그릇됨을 반성할 줄 모르다가 부처님 교설을 듣고도 도리어 놀라고 의심하고 괴이하게 여기는 마음을 일으킨다.

그대들은 교설 듣기를 싫어하겠지만 어찌 음행하지 않는 것만 같겠는가? 그대가 이미 스스로 음행을 했다면 어찌 교설 듣기를 싫어할 수 있겠는가? 이것은 대자비심에서 비니장毘尼藏을 설한 것인 줄 알지 못해서이다. 온전히 이것은 중생의 악업을 가리킨 것이니, 만약 그대들이 악업인 줄 스스로 알 수 있다면 왜 다시 가르치겠는가? 슬프다! 중생이 어리석어서 미혹되고 전도됨이 이에 이르렀구나.

『濟緣記』

그러나 오탁악세五濁惡世는 장애가 심하여 습관을 끊기 어렵다. 초심初心이 약

---

20. (大24, 721下).
21. 과청, 『講記』上, p.444, 如同戒文裏 有這個不法的比丘比丘尼說 何用說此雜碎戒爲 就有這種話說.
예를 들면 같은 계문에서 법답지 않은 비구·비구니가 "이렇게 잡다한 계를 설해서 무엇하겠는가?"라고 말하는 것이다.

하여 보리심에서 쉽게 물러나기 때문에 반드시 미타정토에 나기를 기약해야 한다. 원종圓宗[22]의 삼취정계三聚淨戒는 상품上品의 3심心이다. 섭율의계攝律儀戒는 악을 끊는 것이니 곧 지성심至誠心이고, 섭선법계攝善法戒는 지혜를 닦는 것이니 곧 심심深心이며, 섭중생계攝衆生戒는 중생을 이롭게 하는 것이니 곧 회향발원심이다. 이미 3심을 갖추었으니 반드시 상품에 올라 무생법인을 얻어서 여러 생을 기다리지 않고 불보리를 이루어서 결코 물러나지 않을 것이다. 미타정토는 수행인이 구경에 머물러야 할 마음자리이다.

2 도계 盗戒

비구계 제2와 같음, 대승공계, 성계 　　　　　　　　　　　　　　　　단니가 비구

1. 계의 조문 [戒文]

　어떤 비구니가 마을이나 마을 밖의 사람이 없는 한적한 곳에 있으면서 주지 않았는데 훔칠 마음으로 물건을 취했다. 훔친 물건에 따라 왕이나 대신에게 잡혀서 죽임을 당하거나 결박되거나 나라에서 쫓겨나면서, "너는 도둑이다! 너는 어리석다! 너는 아는 것이 없다"라는 소리를 들었다. 만약 비구니가 이와 같이 주지 않은 것을 취하면 이 비구니는 바라이니 함께 머물지 못한다.

---

22. 과청, 『講記』上, p.457, 진실하고 원만한 교리를 의지한 종파로 천태종이나 화엄종 등을 가리킨다.

2. 계를 제정한 인연 [緣起]

『四分』

부처님께서 라열성羅閱城 기사굴耆闍堀산에 계실 때 옹기장이 출신인 단니가檀尼迦 비구가 있었다. 그는 초막을 짓고 살았는데 걸식을 다녀온 사이 나무꾼이 초막을 뜯어가 버렸다. 그래서 그는 옹기장이였을 때의 기술을 이용하여 나무와 쇠똥을 태워서 집을 지었는데 그 색이 마치 불같이 붉었다.

그때 부처님께서 기사굴산에서 내려오다가 이 집을 보고는 꾸짖으시고 비구들에게 단니가 비구의 집을 부수게 하였다. 부처님께서는 "나는 항상 여러 가지 방편으로 중생을 불쌍히 여기라고 하였다. 어리석은 사람이여! 어찌하여 스스로 벽돌집을 지으려고 나무와 쇠똥을 모아 태웠는가? 이제부터는 붉은색의 벽돌집을 짓지 말라. 지으면 돌길라다"라고 하셨다.

그러자 단니가 비구는 마갈타摩竭陀국 빔비사라왕의 목재를 지키는 사람에게 가서 "왕께서 목재를 주기로 하셨다"고 말하고 왕이 아껴둔 좋은 목재를 잘라서 가져갔다. 후에 대신이 와서 목재가 잘려지고 흩어진 것을 보고 말씀드리자, 왕은 "그런 기억이 없다"고 하였다. 그래서 단니가 비구를 붙잡아 와서 이유를 물으니, 단니가 비구는 "왕이 처음 왕위에 올랐을 때, '사문과 바라문은 주지 않은 것은 받아서 사용하지 못한다. 그러나 오늘부터는 초목과 물을 마음대로 사용하라'고 하셨습니다"라고 대답하였다. 이 말을 들은 왕은 "주인이 없는 물건을 말한 것이지 주인이 있는 물건을 말한 것이 아니다"라고 하였다. 그러나 "마땅히 죽을 죄를 지었으나 출가사문의 목숨을 끊을 수는 없다"고 하면서 풀어주니, 그때 라열성에 사는 삼보三寶를 믿지 않는 거사들이 모두 비난하였다.

비구들이 듣고서 단니가 비구를 꾸짖고 부처님께 사뢰니, 부처님께서 단니가 비구를 불러 꾸짖으셨다. 그리고 왕의 대신이었던 세속법을 잘 아는 가루迦樓비구를 불러서 "나라의 법에는 주지 않는 물건을 얼마만큼 훔치면 죽음의 벌을 받는가?"라고 물어보았다. 가루비구가 "만약 5전錢[23]을 훔치거나 5전에 해당하는

물건을 훔치면 죽음의 벌을 받습니다"라고 대답하자 이 말을 들으시고 부처님께서 계를 제정하셨다.[24]

3. 제정한 뜻[制意]

『四分律疏』

도둑질을 하지 말라고 한 것은 대체로 재물은 몸과 목숨을 돕는 근본이어서 이것이 아니면 빈곤이나 어려움에서 구제할 수 없으므로, 사람들이 귀중히 여기고 매우 좋아하고 집착하는 것이기 때문이다. 하지만 출가자의 행은 이치적으로 자신의 것을 버려서 중생을 구제해야 한다. 그런데 이제 도리에 맞지 않게 남의 것을 빼앗고 손해를 끼쳐서 번뇌롭게 함이 가볍지 않고 허물이 무거워서 성인께서 금지하셨다.

4. 범하는 조건[犯緣]

『行事鈔』

여섯 가지 조건을 갖추면 범함이 된다.

첫째, 주인이 있는 물건이고

둘째, 주인이 있다고 생각하면서

셋째, 훔치려는 마음이 있고

넷째, 귀중한 물건[重物](5전이나 5전 이상의 가치가 있는 물건)을

다섯째, 방편을 일으켜서

여섯째, 본래 장소에서 들어서 옮기면

범한다.

---

23. 『十誦』(大23, 51中)에는 "철, 동, 백랍, 납과 주석, 나무아교, 껍질, 나무 등" 7가지 종류의 돈이 기록되어 있다. ; 이지관, 『南北傳六部律藏比較硏究』, 가산불교문화연구원, 1999, p.74, "呼稱에 있어서도 四分에는 五錢, 五分에는 五闍利沙槃, 根本에서는 五磨灑(Masa)"라고 언급하고 있다. 그러나 그 가치에 대해서는 정확하게 알 수 없다.

24. (大22, 572中).

01 | 주인이 있는 물건은 세 가지로 나뉜다

(이하는 '범하는 조건'을 도표화한 것이다.)

1. 삼보의 물건을 훔침

1) 지사인知事人[25]이 될 수 있는 사람

성인	아라한
	수다원
범부	청정하게 계를 수지하고 업의 과보를 알 수 있는 사람
	후세의 죄를 두려워하고 부끄러워하며 참회하는 마음이 있는 사람

2) 삼보의 물건을 훔쳐서 사용하는 것을 구분함

(1) 도용盜用	① 부처님
	② 법
	③ 승물
(2) 호용互用	① 삼보의 물건을 호용
	② 해당부분[當分] 안에서 호용
	③ 주지삼보住持三寶와 이체삼보理體三寶를 호용
	④ 낱낱 물건을 호용
(3) 대출貸出	① 삼보를 서로 빌려 씀
	② 삼보출식出息[26]
	③ 삼보물을 개인에게 빌려줌

		출가자
(4) 첨대瞻待 (손님을 대접하는 것)		재가자

(저본에는 없지만 이해를 돕기 위해 편역하면서 덧붙인 것이다.)

(1) 도용盜用

① 부처님

부처님 물건	세상에 계실 때	5전이 되면 바라이를 범한다(부처님 자신이 주인이 되기 때문이다).
	입멸하신 후	부처님의 입장에서 볼 때 5전이 되면 무거운 투란차고, 5전이 되지 않으면 가벼운 투란차다.
		수호주나 시주자 입장에서 볼 때 모두 바라이다. 5전이 되지 않으면 투란차다.
		허용함이 없다(부처님을 대신해서 주관할 사람이 없기 때문이다).
불상 사리		조성하는데 사용된 품삯이 5전이 되면 바라이가 된다. 청정심으로 공양하면 범함이 아니다.

---

25. 사중의 일을 관장하는 사람의 총칭이다.
26. 과청, 『講記』上, p.470, 出利息: 이자를 받는 것이다.

57

② 법

법물	5전이 되면 바라이죄다.
법	경전을 훔친 것 (종이, 먹, 쓴 사람의 품삯을 계산하여 5전이 되면 바라이로 결정한다.)
	훼손하거나 망가뜨린 것 (태우면 투란차, 망가뜨리면 훼손함을 따라 범한다.)
	빌렸다가 돌려주는 것을 거부한 것 (주인에게 돌려주지 않지 않을까 의심하게 하면 투란차고, 주인이 잃어버린 것으로 결정하면 바라이다.)
	훔친 것(베껴쓰거나 도청한 것) 등은 가치를 계산하여 범함을 결정함 (상대방이 아끼고 보호하는 것이기 때문이다.)

③ 승물

㉠ 상황을 풀이함

상주상주 常住常住	사중의 온갖 도구, 은·돈 등의 귀중품, 꽃과 과실, 나무, 숲, 밭과 동산, 노비와 축생, 대중스님들의 주방과 창고, 식재료와 음식 등의 물건은 수호주가 있든지 없든지 동일하게 바라이죄로 결정한다.
시방상주 十方常住	예를 들면 매일 스님들에게 공양하여 일상적으로 먹는 것이다. 수호주가 있으면 바라이다(집사가 수호하고 관장하기 때문이다). 집사와 공동으로 훔치면 투란차다(집사가 허락했거나 주어서 사용해도 투란차다).
현전현전 現前現前	예를 들면 옷·약·와구臥具·음식 등이 시주 측에 있거나(물건이 시주자 손에 있는 것), 수호주 측에 있거나(물건을 집사에게 맡긴 것), 물건 주인 측에 있을 때(물건을 이미 나누어서 대중 손에 들어간 것), 모두 5전이 되면 바라이고 되지 않으면 투란차다.

시방현전 十方現前	죽은 5중衆(비구·비구니·식차마나·사미·사미니)의 소소한 물건이나 때[時]·때 아닌 때[非時]의 보시물은 아직 갈마하기 전이면 시방승 입장에서 투란차죄가 된다(사람수에 따라 나누면 5전이 되지 않기 때문이다). 이미 갈마를 마쳤다면 현전승 입장에서 바라이다. 죽은 사람이 부촉한 물건은 부촉받은 사람 입장에서 죄가 된다.

ㄴ) 구분

가) 명칭을 구분함

2가지 상주	장소를 국한해서 결정했기 때문에 동일하게 '상주'라고 한다. 단지 수용만 할 수 있는 것은 '상주상주'이고, 사람 수에 따라서 나누어 먹는 것은 '시방상주'이다.
2가지 현전	물건에 의거해서 나누므로 동일하게 '현전'이라고 한다. 사람 수에 제한이 있는 것은 '현전현전'이고, 사람에 정해진 제한이 없는 것은 '시방현전'이다.

나) 죄를 구분함

바라이가 됨	상주상주의 승물은 귀속된 곳이 영원히 정해져 있기 때문에 나누어 쓸 수 없다. 시방삼세의 일체 범승凡僧과 성승聖僧들이 모두 주인이 될 수 있기 때문이다. 한 터럭만큼이라도 손해됨에 따라 스님들 숫자만큼 죄가 된다. 스님들이 수없이 많지만 이치적으로 동일한 주인이 되기 때문에 하나의 바라이가 된다. 이것은 총체적으로 많은 스님들의 입장에서 봐야 하기 때문에 거듭 바라이를 얻는다.
	현전현전의 승물은 사람과 물건이 현전에 있다. 나누지 않았으면 수호주나 시주에게 속하고, 이미 나누었으면 스님들 개인에 속한다. 주인이 한 사람이기 때문에 물건을 옮겨서 5전이 되면 바라이다.

투란차가 됨	시방상주승물은 매일 먹는 일상의 음식으로 건추를 쳐서 알리고 대중이 모이면	계界 안에 있는 사람은 배부르게 먹거나 혹은 자기 몫을 얻을 수 있다.
	시방현전승물은 우연히 만난 것으로 갈마를 하기 전이어서 아직 제한을 두지 않았 <u>으므로</u>	계 안에 모인 사람 수에 따라 죄업을 나누면 5전이 되지 않기 때문에 모두 투란차가 된다.

(2) 호용互用

① 삼보의 물건을 호용	불물佛物·법물法物·승물僧物, 이 세 물건을 호용하는 것이다. 모두 율장의 가르침에 어두웠으므로 바라이다(이것은 좋은 마음으로 호용한 것이다. 혹 훔치려는 마음으로 호용한 죄는 앞의 과에 나열하였다). 불물과 법물은 호용할 수 없다. 불물과 법물의 주인 되는 사람이 없어서 물어볼 수 없기 때문이다. 만약 대중 물건을 스님이 필요한 곳에 사사로이 호용하거나, 승물을 불탑을 수리하는데 사용하거나 법보에 쓰려고 하면, 갈마를 해서 대중이 화합하면 쓸 수 있고 화합하지 않으면 쓸 수 없다.
② 해당부분 [當分] 안에서 호용[27]	부처님(불상과 불상)이나 법(대승경전과 소승경전)을 호용하여 조성하면 시주의 마음을 어긴 것이므로 호용한 돌길라죄가 된다. 만약 인과因果를 호용하거나[28] 진경眞經과 위경僞經을 호용하면[29] 뜻과 이치 둘 다 어긴 것이므로 바라이죄가 된다.

---

27. 과청, 『講記』上, p.494, 佛物跟佛物互用 法物跟法物互用 僧物跟僧物互用 叫作當分互. 正當佛法僧這 三部分他的一種裡頭互用的情形 叫作當分互. 불물과 불물을 호용하는 것, 법물과 법물을 호용하는 것, 승물과 승물을 호용하는 것을 '해당부분 호용'이라 한다. 바로 불·법·승, 각 한 종류 안에서 호용하는 상황을 '해당부분 호용'이라 한다.

28. 과청, 『講記』上, p.494, 부처님, 보살, 아라한은 수행의 인과가 각각 다른데 그들의 相을 호용해서

	승물에는 네 가지가 있는데, 같은 종류끼리(예를 들면 상주상주물과 상주상주물을) 호용하면 모두 돌길라다(단지 시주의 뜻만 어겼기 때문이다). 만약 상주상주물을 시방상주물과 좋은 마음으로 호용했으면 투란차고, 훔칠 마음으로 호용했으면 바라이다. 상주상주물을 시방현전물이나 현전현전물과 호용하면 모두 바라이다. 나머지는 이 종류에 의거하여 알 수 있다.
③ 주지삼보[像]와 이체삼보[寶][30]를 호용	중국에는 분류가 없고 율에 죄를 정한 명백한 글이 없으므로 나열하지 않는다.
④ 낱낱 물건을 호용	불물과 법물—수용한 물건과 시주에게 속하는 물건은 호용할 수 없지만, 돈과 보배로 이자를 받는 것과 과수원의 과일을 매매하는 것은 허락한다. 공양한 물건과 부처님께 바쳐진 물건은 호용할 수 없다. 꽃과 과일은 팔아서 향과 등을 사는 것을 허락한다. 번幡이 많으면 고쳐서 변형시키는 것을 허락하나 본질이 바뀌지 않도록 해야 한다. 이상의 부처님 물건은 모두 다른 절로 옮길 수 없고 옮기면 바라이다.
	승물—이상의 도용과 당분호용에 준하여 갈마로 화합해서 알렸으면 허용하고, 화합하지 않았으면 허용하지 않는다.

조성하는 것을 말한다. 예를 들면 불상을 조성해 달라고 했는데 보살상을 조성한 것이다.

29. 과청, 『講記』上, p.494, 진경과 위경을 호용하는 것은 불가의 경전과 외도의 경전, 혹은 일반인이 만든 경전 등의 위조된 경전과 호용하는 것을 말한다.

30. 과청, 『講記』上, p.498, 像就是指所謂的住持三寶(불보: 불상, 법보: 경전, 승보: 스님), 寶就是指所謂的理體三寶(불보: 五分法身, 법보: 滅諦涅槃, 승보: 學, 無學의 功德).

(3) 대출貸出

① 삼보를 서로 빌려 씀	탑물과 승물을 서로 빌려주면 어느 때에 빌려주고 어느 때에 돌려받았는지를 분명히 기록해야 한다. 만약 삼보물을 관리하는 소임자가 바뀔 때는 대중 앞에서 기록부[疏]를 읽고, 뒷사람에게 분명하게 인수인계 해야 한다. 빌려간 것을 기록하고 대중 앞에서 읽고 인수인계 하는 것을 어겼으면 빌려간 사람이 갚았을지라도 소임자는 돌길라다. 갚지 않았으면 물건의 가볍고 중함에 따라 죄가 된다.
② 삼보출식	불물·법물·승물로 이자를 받아서 이익을 취하면 다시 불·법·승 삼보의 각각에 해당하는 재물로만 쓸 수 있고 섞어서 쓸 수는 없다. (예를 들면 불물로 이자를 받았으면 부처님의 다함없는[31] 재물에 둔다. 나머지 두 가지는 이에 준하여 알 수 있을 것이다.)
③ 삼보물을 개인에게 빌려줌	개인이 탑물이나 승물을 빌려갈 수 있지만, 만약 죽으면 값을 계산해서 갚아야 한다. 『善生經』에 "아픈 사람이 삼보의 물건을 빌리면 열 배로 갚아야 한다"[32]고 하였다. 뜻에 기준하면 병 없는 자는 빌릴 수 없는 것 같지만, 자주율사는 "율에 의거하면 승속을 논하지 않고 갚을 수 있으면 빌릴 수 있다"고 하였다.

---

31. 불물로 이자를 받았으면 불물에, 법물로 이자를 받았으면 법물에 쓰는 것을 '다함이 없다'고 표현한다.
32. (大24, 1046下).

(4) 첨대瞻待

출가자	공로가 있는 집사에게는 시방현전물로써 공양할 수 있고, 교화 설법하여 중생을 이롭게 하는 사람에게는 방사, 옷, 발우를 좋은 것으로 공양하고 음식과 과일도 나누어 줄 수 있다. 시방의 청정한 스님들이 공양 때에 대계 안에 도착하면 평등하게 맞이하여 공양하게 한다. 중죄를 범한 사람이 공양 때에 이르렀거나 덕이 있는 사람이라도 때가 아닐 때 왔으면 주지 말아야 한다. 크게 이익을 줄 수 있거나 손해를 끼칠 수 있는 영향력이 있는 사람에게는 승가와 개인의 물건 둘다 줄 수 있다. 외도, 승가에서 일하는 사람도 동일하다.
재가자	부모나 감옥에 갇혀 있는 사람, 일체 외롭고 곤궁한 사람 등에게는 개인의 물건만 허락하고 대중스님들의 물건은 가져다주지 못한다. 재가자들에게 "이것은 나의 물건이니 편리한 대로 쓰도록 준다"고 하거나 "계界 밖으로 가지고 나가라"고 하는 등의 말을 할 수 없다.

〈부록 - 삼보물의 체(體)〉

불물	부처님께서 수용한 물건-법당, 의복, 평상, 휘장 등
	보시하여 부처님께 속한 물건-금, 은, 돈, 보배, 노비, 축생 등
	부처님께 공양한 물건-꽃, 향, 등, 초, 당(幢), 번 등
	부처님께 올린 물건-떡, 빵, 케이크, 견과류, 과일, 밥(마지), 나물 등

법물	네 가지가 있다. 첫째는 법에 수용된 물건으로 상자·함·대나무상자·수건·보자기 등이고, 나머지 세 가지는 불물과 같다.

승물	상주상주	사중의 온갖 도구, 은·돈과 같은 귀중한 물건, 정원, 과수원, 밭, 동산, 노비, 축생, 대중스님들 후원창고의 식재료와 음식 등
	시방상주	매일 스님들께 공양하여 평상시에 먹는 음식 등
	현전현전	방사, 의복, 와구, 의약품 내지 일체 물건
	시방현전	죽은 5중의 소소한 물건, 때에 보시한 것이나 때 아닌 때 보시한 것 등

2. 다른 사람의 물건을 훔침

1) 훔친 사람	(1) 표로 나눔	① 본주인의 물건
		② 수호주의 물건
	(2) 죄를 범한 상황을 풀이함	① 관장하여 수호하다가 주인에게 손실을 끼친 경우
		② 부탁을 받았다가 주인에게 손실을 끼친 경우
		③ 물건의 주인이 도둑의 피해를 입은 경우
		④ 도적이 보시하여 비구가 주인이 된 경우
		⑤ 감옥에 갇힌 도적이 주인인 경우
		⑥ 미친 사람이 보시하여 물건의 주인이 된 경우
		⑦ 보호자나 관리인이 주인이 되는 경우
2) 훔친 물건	(1) 6진塵	눈
		귀
		코, 혀, 몸
		마음
	(2) 6계界	땅, 물, 불
		바람
		허공
		식識

(저본에는 없지만 이해를 돕기 위해 편역하면서 덧붙인 것이다.)

1) 훔친 사람

(1) 표로 나눔

① 본주인의 물건

내 것이라는 마음이 있고, 수호하고 있는 것	예를 들면 상자에 들어 있는 면, 비단, 재물 등이다.	만약 이 세 가지를 훔치면, 모두 물건 주인 입장에서 죄가 된다.
내 것이라는 마음이 있으나, 수호함이 없는 것	예를 들면 밭에 있는 오곡이다.	
내 것이라는 마음도 없고, 수호함도 없는 것	예를 들면 땅에 묻혀 있는 것이다.	

② 수호주의 물건

내 것이라는 마음은 있으나,[33] 다른 사람이 수호하는 것	예를 들면 대중에 나눌 수 있는 물건을 사람을 시켜서 수호하고 관장하게 한 것이다.	만약 이 두 가지를 훔치면 수호주 입장에서 죄가 된다.
내 것이라는 마음이 없고, 다른 사람이 각각 따로 수호하는 것	예를 들면 세관에 빼앗긴 금지된 물건이나 비구가 잃어버린 물건을 관청에서 보관하고 있는 것이다.	

(2) 죄를 범한 상황을 풀이함

① 보관하다가 주인에게 손실을 끼친 경우	만약 보관하다가 조심했는데 물건을 잃어버렸으면 배상하지 않아도 된다. 만약 강제로 배상하게 하면 바라이가 된다.
	만약 관장하여 수호하다가 태만하여 물건을 잃어버렸으면 배상해야 한다. 만약 배상하지 않으면 바라이가 된다.

② 부탁을 받았다가 주인에게 손실을 끼친 경우	만약 비구나 거사가 부탁을 받고 물건의 주인이 되고 나서 잘 간수하지 않아 잃어버렸거나 깨뜨렸으면 배상해야 한다. 만약 잘 간수했으면 배상하지 않아도 된다. 만약 조심하여 보호했는데 배상을 하라고 강제로 징수하면 물건 주인이 바라이가 된다. 만약 태만하게 관리해서 잃어버렸거나 파손했는데 배상하지 않으면 바라이를 범한다. 만약 남의 물건을 빌렸으면 빌린 사람이 좋은 마음이든 나쁜 마음이든 불문하고 갚아야 한다.		
③ 물건의 주인이 도둑의 피해를 입은 경우	조사해서 대조하는 경우[檢校]	만약 대중에서 물건을 잃어버리면 주지住持는 그것을 조사하되, 투서投竄[34]하거나 주문을 외워서 조사할 수는 없다. 도적이 훔친 것을 다시 빼앗는 것이 될까 두렵기 때문이다.	
	현전에서 훔치는 것이 아닌 경우	만약 도적이 물건을 취했는데 본주인이 버리지 않았고, 빼앗은 자가 아직 취했다는 생각을 하지 않았으면 주인이 뒤에 빼앗아 취할 수 있다. 위의 두 인연과 반대의 경우는 빼앗으면 바라이다. 이것을 도적이 훔친 것을 다시 빼앗았다고 한다.	
	대면하여 현전에서 빼앗는 경우	빼앗을 수 있는 것	본주인이 아직 버리지 않았고, 빼앗은 자가 자기 것이 되었다고 결정하는 것을 망설이고 있으면 쫓아가서 빼앗을 수 있다.

---

33. 과청, 『講記』上, p.533, 也就是僧物 各有自己的一份 所以這個是有我所有的心. 이것은 승물이다. 각자 자기의 몫이 있어서 내 것이라는 마음이 있기 때문이다.

34. 과청, 『講記』上, p.536, 根據資持記的解釋 就是說空其一室 夜暗令衆人過 投物於中 竄卽放也.『資持記』의 해석에 근거하면, 방을 깨끗이 비워놓고 밤에 어두워졌을 때 대중들이 지나가게 하고 훔친 재물을 그 안에 던져 놓는 것을 '쥐를 풀어 놓는다'고 한다.

67

		빼앗을 수 없는 것	본주인이 이미 잃어버렸다고 생각했으면 빼앗은 자가 결정했든 결정하지 않았든 빼앗을 수 없다. 만약 빼앗으면 바라이다.
	사람을 훔치는 경우		만약 제자가 도적에게 붙잡혔다가 스스로 도망쳐서 돌아오면 범함이 아니다. 만약 스승이 제자를 빼앗아오면 바라이죄를 범한다. 이것을 도적이 훔친 것을 다시 빼앗았다고 한다.
④ 도적이 보시하여 비구가 주인이 된 경우	개인의 물건		도적이 보시하면 취할 수 있다. 그러나 도적에게 구하지는 말아야 한다.
	삼보의 물건		도적이 보시하면 취할 수 있으나 수용할 수는 없다. 본처本處에 돌려서 사용해야 한다. (부처님 물건은 원래대로 부처님께 귀속되어 사용해야 하는 등의 것과 같다.[35])
⑤ 감옥에 갇힌 도적이 주인인 경우			관청에서 아직 기록하지 않았다면 취할 수 있고, 관청에서 이미 기록했다면 취할 수 없다. (영지율사는 "도적이 보시하여 비구가 주인이 된 경우와 감옥에 갇힌 도적이 주인인 경우는 중국[宋]에서 법으로 제정하여 받을 수 없도록 하였다"고 해석하였다.)
⑥ 미친 사람이 보시하여 물건의 주인이 된 경우			만약 부모나 권속을 알아볼 수 있는 사람이 직접 손으로 주면 받을 수 있다. 만약 부모나 권속을 알아보지 못하는 사람이라도 보시하면 받을 수 있다.

---

35. 법물은 법에 귀속되어 사용해야 하고, 승물은 대중스님들에 귀속되어 사용해야 한다.

⑦ 보호자나 관리인이 주인이 되는 경우	사람	아이, 노비나 빚진 사람을 보호하고 관리하는 사람이 없을 때 제도하여 출가시키는 것은 무죄다. 만약 돌보는 사람이 있는데 몰래 제도하여 출가시키면 바라이죄를 범한다.
	물건	수호하는 사람이 보시하면 받을 수 있다. 그러나 좇아서 구하는 것은 합당하지 않다.

2) 훔친 물건

(1) 6진

눈	예를 들면 약사들이 부적을 썼는데 병이 있는 자가 보고 다 나았으면 값을 치러야 한다. 만약 비구가 병이 있어 부적을 훔쳐 보았을 때 가치를 따져서 5전이 되면 바라이죄를 범한다.
귀	만약 주문을 외워 병을 치료하는 것을 배우고자 하면 값을 치러야 한다. 비구가 몰래 엿들었을 때 가치를 계산하여 5전이 되면 바라이다.
코, 혀, 몸	냄새, 맛, 촉감을 훔치는 것도 이와 같음을 알아야 한다.
마음	비밀 처방과 요긴한 술법은 값을 치러야만 비로소 받을 수 있다. 비구가 스승에게 이러한 법을 받고 마음으로 그 법을 생각하여 병에 차도가 있었으면, 가치를 계산하여 5전이 되면 바라이를 범한다.

(2) 6계

땅, 물, 불	이 세 가지는 쉽게 알 수 있다.
바람	주술을 사용하고 약을 바른 부채를 비구가 훔쳐서 흔들고 값을 치르지 않았다면 바라이죄를 범한다.

허공	허공에 누각을 세울 때 남을 방해하며 세웠으면 곧 허공을 훔쳤다고 한다.
식識	지혜는 식에 속한다. 사람이 남에게 기술을 공짜로 가르친 것이 아닌데, 비구가 방편으로 그가 배우고 습득한 것을 취했으면 가치를 계산하여 5전이 되면 바라이죄를 범한다.

3. 비인非人이나 축생의 물건을 훔침

1) 비인의 물건	수호하는 자가 있는 것을 훔치면 바라이다. 수호하는 자가 없는 것을 훔치면 투란차다. 분명히 수호하는 사람이 없는데 신神이 와서 수호하는 것이 아닐까 의심스러우면, 점을 쳐서 버린 것인지 아끼는 것인지 알아보아야 한다. 만약 비인이 공양한 것이면 받을 수 있다.
2) 축생의 물건	축생의 물건을 훔치면 돌길라를 범한다. 사자가 먹다가 남긴 것을 취하면 범함이 아니다(사자는 차가워진 고기는 먹지 않으니 남긴 것에 미련이 없기 때문이다).[36] 축생에게 공양받은 것은 범함이 아니다.

---

36. 여서, 『淺釋』, p.180, 『十誦』 39권에 "호랑이가 남긴 것을 취하면 돌길라를 범하지만, 사자가 남긴 것을 취하면 범함이 아니다. 사자는 식은 고기는 먹지 않으니 남긴 것에 미련이 없기 때문이다"라고 하였다.

02 | 주인이 있다고 생각함

생각이 바뀜	만약 주인이 있다고 생각했다가 뒤에 주인이 없다고 생각했으면	투란차
	만약 주인이 없다고 생각했다가 뒤에 주인이 있다고 생각했으면	바라이
	만약 주인이 없다고 생각하여 시종일관 바뀌지 않았으면	범함이 아니다

03 | 훔치려는 마음이 있음

『十誦』[37]	・상대를 괴롭혀서 취함 ・상대를 가볍게 업신여겨서 취함 ・다른 사람 이름을 도용해서 취함 ・다른 사람을 윽박질러서 취함 ・다른 사람에게 전해주라고 맡겨놓은 물건을 주지 않거나 일부분을 주지 않고 취함 ・이자를 취함
『伽論』[38]	・강제로 빼앗아 취함 ・부드러운 말로 취함 ・보시하고 나서 다시 취함
『五分』[39]	・아첨하여 취함[40] ・사기성으로 속여서 취함 ・일부러 화를 내어 취함 ・두렵게 하여 취함

『四分』[41]	・가르침에 어리석음 ・삿된 마음 ・거짓으로 화난 모습을 보여서 취하는 것 ・두렵게 함 ・항상 남의 물건을 훔치려는 마음 ・마음에서 이미 자기 소유로 만들려고 결정함 ・다른 사람이 맡겨놓은 물건을 주지 않거나 일부 주지 않고 취함 ・상대에게 입이나 몸으로 두렵게 하고 겁박해서 취함 ・상대방이 허술한 틈을 타서 몰래 감추어서 취함 ・명성과 권위, 위세 등을 빙자해서 취함

04 | 귀중한 물건[重物]

1. 물건의 체體

5전
그 외 여러 가지 물건으로 가치가 5전인 것

---

37. (大23, 379下).

38. (大23, 609上).

39. (大22, 6上).

40. 과청, 『講記』上, p.552, 이것은 삿된 생활방편에 속한다. 재물이나 이양을 위해서 설법하거나, 겉으로는 청정하고 결백한 모양을 드러내면서 실제로는 내면의 삿되고 왜곡된 더러운 마음을 숨겨두고 있는 상황이다.

41. (大22, 1004下).

2. 돈의 체體

1) 『多論』의 3가지 해석[42]	저 왕사국의 법에 의거하여 얼마의 돈을 사용했는가에 따라서 한도를 삼는다.
	불법이 있는 곳은 얼마의 돈을 사용했는가에 따라, 즉 5전을 한도로 삼는다.
	불법이 있는 곳의 국법에 얼마만큼의 물건을 훔치면 죽을 죄에 해당되는지에 의거해서 한도를 삼는다.
2) 정식 판단	5전의 뜻은 율과 논이 같지 않으나 죄를 판단함에는 통하니, 섭수하고 보호함에는 상황에 빠르게 대처해야 한다. 그러므로 『律』에, "아래로 풀잎에 이르기까지 훔칠 수 없다"[43]고 했으며, 『僧祇』에 근거하면 "그 훔친 장소를 따라서 5전을 사용하면 바라이죄에 속한다"고 하였다.
3) 이치를 기준으로 판단함	『十誦』 돈이 가치가 있을 때는 하나라도 훔치면 바라이가 된다. 돈이 가치가 없을 때는 백천百千을 훔쳐도 가벼운 죄가 된다.[44]
	『四分』 비싼 곳에서 물건을 훔쳐서 싼 곳에 팔면 본래 훔친 곳에 의거해서 당시 비싼 곳의 물건 값으로 죄를 결정한다.[45] 『善見』 비쌀 때 훔쳐서 쌀 때 팔면 본래 훔친 때를 의거해서 당시 본래 훔친 때의 물건 값으로 죄를 결정한다.[46]
	『行事鈔』 4전을 반복해서 훔치지만 그때마다 끊을 마음을 내면 죄가 가볍다.

---

42. (大23, 516下).
43. (大22, 815中).
44. (大23, 377中).
45. (大22, 976中).
46. (大24, 731上).

물건을 취하지 못해도 바라이죄가 되는 것은, 『四分』에 "태우거나, 땅에 묻거나, 본래의 형태를 망가뜨리거나, 남에게 훔치도록 시키는 것 등이다"[47]라고 하였다.

『四分』 만약 여러 사람이 한 사람을 보내 5전을 훔쳐서 여러 사람이 나누면 모두가 동일하게 바라이다.[48]
만약 여러 사람이 함께 5전을 훔쳐서 각자 나누지 않고 공동으로 통틀어 한 몫을 만들면 5전이 되므로 모두가 동일하게 바라이다.

『十誦』 5전을 넘게 훔쳐도 가벼운 죄가 된다. 예를 들면 죽은 사람의 소소한 물건을 훔친 것으로 곧 대중이 아직 나누지 않은 물건이다.[49]

『僧祇』 다섯 사람이 각각 내놓은 1전을 훔치면 바라이가 된다. 예를 들면 다섯 사람이 각각 1전을 내놓아서 한 사람을 보내 지키게 했는데, 만약 그것을 훔치면 수호인에게는 합하여 5전이 되므로 수호인 측에서 죄가 된다.

---

47. (大22, 977中).
48. (大22, 976中).
49. 과청, 『講記』上, p.564, 물건을 나누지 않아서 시방승의 입장에서 5전이 되지 않기 때문이다.

3. 죄를 판단함

지범개차에 통달한 율사는 만약 쟁사가 일어나면 먼저 5처를 살펴본 후에 판단해야 한다.

5처處	취한 장소	만약 "나는 이 물건을 취하고자 한다"는 말을 마치면 이미 죄가 된다. 물건이 주인이 있는지 없는지, 주인이 있다면 확실히 잃어버렸다고 생각했는지를 살펴서 잃어버렸다고 생각하지 않았는데도 훔치면 일단 율에 의거해서 죄를 결정해야 한다. 만약 주인이 이미 잃어버렸다고 생각했으면 바라이가 된다.
	취한 때	취했을 때 이 옷의 가격이 쌀 때는 쌀 때의 가치로 죄가 되고, 비쌀 때는 비쌀 때의 가치로 죄가 된다.
	새 것	물건이 새 것이면 비싸기 때문에 때를 따라서 값을 계산한다.
	오래된 것	물건이 낡으면 값이 떨어지기 때문에 때를 따라서 값을 계산한다.
	사용했는가에 따라	·칼과 도끼는 처음에는 비싸지만 나중에는 값이 떨어진다. 만약 남의 도끼를 훔쳤으면 도끼 주인에게 값이 얼마인지, 한 번이라도 사용한 것을 샀는지, 사와서 쓰지 않았는지 등을 물어봐야 한다. 만약 이미 사용했다면 사용한 물건이 된다. ·안약을 찧는 절구공이나 문의 자물쇠는 탔거나 닳았으면 사용한 것이라 한다. ·목욕의는 한 번 물에 들어갔거나 물건을 싸는 데 사용했으면 사용한 것이라 한다. ·버터기름은 그릇을 바꾸었거나 그 속에 벌레나 개미가 떨어졌으면 사용한 것이라 한다. ·석밀은 처음에는 딱딱했다가 뒤에 부드러워졌거나 손톱으로 긁은 것은 사용한 것이라 한다.

1. 죄를 범한 상황을 보임

훔치려는 마음을 내면 돌길라, 땅을 파면 바일제, 물건을 잡으면 돌길라다. 물건을 움직이거나 끌어당겨서 묻어서 감추면 모두 투란차다. 처소를 떠나면 바라이가 된다.

2. 뜻으로 나눔

1) 문서가 작성되면 본래 처소를 떠난 것으로 판별함	계약서를 처음부터 끝까지 쓸 때 처음 시작할 때는 가벼운 죄가 되지만 완성해서 마치면 바라이가 된다.
2) 말이 성립되면 본래 처소를 떠난 것으로 판별함	훔치려는 마음으로 "결정코 이것은 나의 땅이다"라고 선포했는데 땅주인이 마음에 의심을 내면 투란차고, 잃어버렸다고 결정하면 바라이가 된다. 만약 주인이 와서 물었을 때 스님들이 같은 대답을 하면 모두가 바라이다. 법랍을 빙자해서 큰소리로 선포하여 물건을 얻으면 모두 바라이다.[50]
3) 표상을 옮기면 본래 처소를 떠난 것으로 판별함	하나의 표상을 옮기면 투란차고 두 개의 표상을 옮기면 바라이다. (표상은 땅을 측량할 때 쓰는 표식을 말한다.)
4) 번호표[數目]를 훔침	물건을 분배하는 번호표를 훔치는 것이다. 물건의 가치를 계산하여 죄를 결정한다.
5) 색이 바뀜	다른 사람의 옷을 빌렸는데 이치에 맞지 않게 사용해서 손상되어 본래의 색상과 달라진 것이다. 5전의 손해가 있으면 바라이가 된다.
6) 전치轉齒	저포樗蒲를 할 때 말을 옮기는 것 등이다.

7) 본래 장소에서 옮겼으나 옮김이 성립되지 않음	다른 사람의 소나 말을 훔쳤으나 아직 취했다는 생각을 하지 않았으면, 비록 네 발을 들어 올렸다 할지라도 바라이가 되지 않는다.
8) 본래 장소에서 옮기지 않았지만 옮김이 성립됨	아무도 없는 고요한 곳에서 재물을 훔치고 그것을 확실하게 취했다고 결정하여 의심이 없으면 약간만 움직여도 곧 범하는 것이니, 본래 장소를 떠나는 것을 기다리지 않는다.[51]
9) 장소를 옮길 수 없지만 옮김이 성립됨	다른 사람의 논밭이나 주택을 훔치거나 마을을 공격해서 파괴하는 것이다. 불을 지르거나 땅에 묻어서 본래의 모습을 파괴하면 모두 바라이다.
10) 여러 가지 본래 처소에서 옮기는 상황을 밝힘*	① 물건이 있는 장소를 밝힘
	② 율장을 인용하여 상황을 보임

*아래 표 ① ②는 위 표의 '10) 여러 가지 본래 처소에서 옮기는 상황'에 대한 설명이다.

① 물건이 있는 장소를 밝힘

땅 속	땅 속에 감추어져 있어도 주인이 있는 것이면 주인 입장에서 죄가 된다. 부처님과 승가에 속해 있는 땅 속에 있는 물건은 부처님과 승가에 속한다.
땅 위	예를 들면 도로 위에서 물건을 얻은 것이다.

---

50. 과청, 『講記』上, p.574, 『善見』第九卷裡說到 … 假若比丘 實際是一臘 他虛妄說我是二臘 他就依照二臘的次第 來接受利養 那這樣子計算滿五錢 就要犯重. 『善見』 제9권에, "어떤 비구가 실제 법랍은 1년인데 2년이라고 거짓으로 말하고 이 법랍의 차례에 의거해서 공양을 받았다. 이러한 것도 가치가 5전이 되면 바라이를 범한다"라고 하였다.

51. 과청, 『講記』上, p.577, 就好像你擲這個木杖 把它丟到空中 決定是掉到地上的情形 決定是獲得的情形. 마치 나무 막대기를 던졌을 때 그것이 공중에 있더라도 반드시 땅에 떨어지는 것처럼 획득한 상황이 결정되어 있는 것이다.

운송수단	코끼리나 말 등을 운송수단이라 한다. 만약 운송수단 위에 있는 물건을 훔쳐서 그 운송수단을 떠나면 범한다. 만약 운송수단까지 훔쳐서 본래 장소를 떠나게 되는 것도 범함이 된다.
메는 것	앞의 운송수단에서 두 가지로 나눈 것과 같다.
허공	옷, 새 등을 말한다. 바람이 부는 방향을 따라 훔쳐서 취하고자 하는 것이다. 허공을 장소로 삼아서 본래 장소를 떠났는지를 판단한다. 『善見』 허공의 새를 훔쳐서 왼쪽 날개가 오른쪽 날개가 있던 위치를 지나치거나 꼬리 부분이 머리 부분에 이르면 중죄가 된다. 아래와 위도 마찬가지다.[52]
선반	만약 물건을 훔쳐서 본래 장소에서 옮기면 범함이 된다. 만약 선반에 있는 것이라면 물건을 선반에서 옮기면 곧 범함이 된다.
마을	마을의 재물을 훔치거나 마을 자체를 훔치는 것으로, 즉 공격하여 파괴하는 것 등이다.
아란야	마을 밖에 있는 빈 땅이다. 이것은 '마을'의 경우와 같다.
밭	『十誦』 만약 밭을 자기 것으로 만들기 위하여 언쟁해서 이기면 바라이다. 그렇지 않으면(언쟁에서 지면) 가벼운 죄가 된다. 만약 표상을 옮겨 이기면 바라이다.[53]
장소	예를 들면 가게를 장소로 하는 것이다. 물건을 훔치거나 체體를 훔치는 것(장소 자체를 망가뜨리는 것)은 앞의 '마을'과 같다.
배	배 위의 물건을 훔치면 배를 장소로 삼는다. 배 자체를 훔친다는 것은 배가 연결된 줄을 잘라서 배가 본래 장소를 떠나게 되는 것이다.

---

52. (大24, 734下).
53. (大23, 6中).

물	물 대는 것을 끊는 것이다. 『僧祇』 물꼬[灌漑]의 물의 가치가 하룻밤에 1전이 되거나 4전, 5전에 이르는 것이다. 만약 상대방의 수로를 파괴하면 월비니(돌길라)죄고 물이 자기 밭으로 들어오면 투란차며, 가치가 5전이 되면 바라이다.[54]
사사로이 세관을 통과	『律』에, "비구는 세금이 없지만 재가자는 세금을 내야 한다"고 하였다. 만약 비구가 다른 사람을 위해 물건을 가지고 세관을 통과하면 바라이다. 『十誦』 비구는 세금을 내야 하며 내지 않으면 바라이다. 나머지 더 많은 내용은 뒤에 나오는 표와 같다.[55]

② 율장을 인용하여 상황을 보임

비구가 어린아이를 꾀어서 세상에 데리고 가서 팔려고 하는 것을 부모가 보자 비구가 바로 도망가 버렸다. 어린아이가 이미 본래 장소를 떠났으므로 바라이다.
먼저 소를 훔쳐서 끌어내었다가 뒤에 후회해서 놓아주어도 바라이다. 본래 처소를 떠났기 때문이다.
앞에 취한 것과 뒤에 취한 것을 합하여 5전이 되면 바라이다.
남의 옷을 훔치려고 하다가 잘못하여 자기의 옷을 취하면 투란차다. 만약 남의 옷을 훔치고 자기의 옷도 함께 가져 왔다면 1바라이 1투란차다.
다른 사람이 비구한테 함께 가서 물건을 훔치자고 하여 먼저 승낙했다가 뒤에 후회하고 가지 않았다. 다른 때에 그 사람이 물건을 훔쳐서 한 몫을 비구에게 주었는데 그가 받지 않았다. 이것은 본죄를 범하는 것은 아니지만, 먼저 그에게 동의했으므로 돌길라다.

---

54. (大22, 245下).

55. (大23, 6中).

많은 비구들이 한 비구를 보내서 남의 물건을 취하게 하면 모두 바라이다.
많은 비구들이 한 사람을 보내서 남의 물건을 취하였다. 만약 그 중에 의심이 있는 자가 있었으나 막지 않아 곧 가서 물건을 취했으면 모두가 바라이다. 의심이 있어서 저지했는데도 고의로 가서 취했으면 막은 자는 투란차고, 막지 않은 자는 바라이다.
비구들이 한 사람을 보내 남의 물건을 취하였다. 5전이나 5전 이상을 취하여 비구들이 함께 나누면 각각은 5전이 되지 않지만 모두가 바라이다. 합쳐서 5전의 몫이 되기 때문이다. 만약 여기에서 5전이 되지 않더라도 모두 바라이다. 본래 장소에 의거해서 가치가 5전이기 때문이다. 만약 저곳에서 5전이 안 되게 취하고 이곳에서 5전을 취하면 모두 투란차다. 그것은 본처에 의거해서 가치가 5전이 안 되기 때문이다.

■ 주지 않은 것을 취할 때 ■

자기 손으로 취하거나, 자기는 망을 보고 다른 사람을 시켜서 취하거나, 사람을 보내서 취하여	가치가 5전 이상인 물건을 훔칠 마음으로 본래 장소에서 옮기면 바라이다.
자기의 물건이 아니라고 생각하면서 취하거나, 잠시 사용하고 돌려줄 것이 아니면서 취하거나, 주인의 동의를 얻지 않고 취하여	
남의 물건을 남의 물건이라 생각하면서 취하거나, 주인이 있는데 주인이 있다고 생각하면서 취하거나, 남이 수호하고 있는데 남이 수호하고 있다고 생각하면서 취하여	

『戒本疏』

26처를 세 종류로 구분하여 설명하였다.

  1. 물건이 있는 장소에 따른 분류[物處差別] : 1)−13)

  2. 물건의 체에 따른 분류[物體差別] : 14)−21)

3. 계약에 따른 분류[契要差別 : 22)－26)]

*저본에는 본래 '범하는 상황' 뒤에 있었으나, 편역하면서 이해를 돕기 위해 여기로 위치를 옮겼다.

1. 물건이 있는 장소에 따른 분류[物處差別]

1) 땅	땅 속에 감추어져 아직 발굴되지 않은 칠보·금·은, 옷, 이불 등	주인이 있는 것을 훔치려는 마음으로 취하여	끌어 당겨서 취하거나 묻어서 감추거나 본처에서 옮김	－
2) 땅 위	묻혀 있지 않은 칠보·금·은, 옷, 이불 등	위와 같음	위와 같음	－
3) 운송 수단	코끼리, 말, 수레, 인력거 등의 운송수단 위에 있는 칠보·금·은, 옷, 이불 등	위와 같음	위와 같음	만약 그가 길에서 길에 이르러, 길에서 길 아닌 곳에 이르러, 길이 아닌 곳에서 길에 이르러, 구덩이에서 언덕에 이르러, 언덕에서 구덩이에 이르러 이와 같이 취하여 본처에서 옮김

4) 메는 것	머리에 이거나 어깨에 메거나 등에 지거나 품에 안는 등 그 위에 있는 칠보·금·은, 옷, 이불 등	위와 같음	위와 같음	위와 같음
5) 허공	바람에 날아온 털·삼베·면·견 등 기러기·학·모든 새 등	위와 같음	–	–
6) 위	나무 위나 담장 위, 땅에 깔아놓은 것 위에 있는 칠보·금·은, 옷, 이불 등	위와 같음	위와 같음	–
7) 마을	담장으로 둘러졌거나 울타리가 쳐졌거나, 울타리나 담장으로 두르지 않아도 사방이 집으로 둘러쳐진 것 등 그 마을에 있는 칠보·금·은, 옷, 이불 등	위와 같음	위와 같음	만약 방편으로 그 장소를 파괴하거나, 물을 뿌리거나, 친한 이의 강한 힘을 빌리거나, 언설 변재로 속이고 미혹하게 하여 취함
8) 아란야	마을 밖의 주인이 있는 빈 땅의 칠보·금·은, 옷, 이불 등	위와 같음	위와 같음	위와 같음
9) 논과 밭	논, 보리밭, 사탕수수밭 등 밭에 있는 칠보·금·은, 옷, 이불 등	위와 같음	위와 같음	위와 같음

10) 처소	집, 시장의 가게, 집의 뒷편 등에 있는 칠보·금·은, 옷, 이불 등	위와 같음	위와 같음	위와 같음
11) 배	작은 배·큰 배·뗏목 등의 위에 있는 칠보·금·은, 옷, 이불 등	위와 같음	위와 같음	만약 이 언덕에서 저 언덕에 이르렀거나, 저 언덕에서 이 언덕에 이르렀거나, 역류했거나 순류했거나, 물속에 가라앉았거나, 언덕에 옮겨놓았거나, 혹은 배가 연결된 줄을 풀어놓아서 본처를 떠남
12) 물	물 속에 감추어져 있는 칠보·금·은, 옷, 이불 등 혹은 수달·물고기·분다리화(백련) 등	위와 같음	위와 같음	만약 방편으로 장소를 파괴하는 것 등은 위에서 널리 말한 것과 같음

13) 사사로이 세관을 통과함	비구니는 세금을 내는 법이 없지만 재가자는 세금을 내야 하는데	비구니가 홈치려는 마음으로 남을 위하여 물건을 통과시키기 위해	만약 세관 밖으로 던졌거나, 땅에 묻었거나, 언설 변재로 속이고 미혹하게 하였거나, 주술로써 통과시킴	–

2. 물건의 체에 따른 분류[物體差別]

14) 남이 맡긴 물건을 취하여 가지고 가는 것	–	홈칠 마음으로 취하여	만약 머리 위에서 어깨 위로 서로 옮겼거나, 오른쪽 어깨에서 왼쪽 어깨로 서로 옮겼거나, 오른손에서 왼손으로 서로 옮겼거나, 안고 있거나, 땅에 내려놓아서 본래 장소를 떠남
15) 물	크고 작은 동이나 여러 가지 물 담는 도구에 있는 물, 여러 가지 향수, 약물	주인이 있는 것을 홈치려는 마음으로 취하여	끌어당겨서 취하거나 버림

16) 치목[楊枝]	한 개, 두 개, 한 묶음	위와 같음	끌어당겨서 취하거나 본 장소에서 옮김
17) 승원에 있는 과실, 초목	일체 초목은 총림의 꽃과 과일이다.	위와 같음	끌어당겨서 취하거나 들거나 묻어서 본 장소에서 옮김
18) 발 없는 동물	뱀, 물고기 등	위와 같음	–
19) 발이 두 개인 동물	사람, 비인, 새 등	위와 같음	–
20) 발이 네 개인 동물	코끼리, 말 등	위와 같음	–
21) 발이 많은 동물	벌, 지네 등	위와 같음	–

3. 계약에 따른 분류[契要差別]

22) 사업을 함께 하는 것	사업을 함께 하여 얻은 재물을 모두가 함께 나누는 것	훔칠 마음으로 취함
23) 공모하는 것	다른 사람과 함께 공모하는 것이다. "언제 가서 훔치고 언제 돌아오라"고 말로 가르쳐서 벽을 뚫고 물건을 취했거나, 도로에서 약탈했거나, 불을 내어 얻은 물건을 모두가 함께 나누는 것	위와 같음

24) 염탐	"내가 가서 마을, 골목이나 가게[坊處]를 보겠다" 라고 하여 얻은 재물을 모두가 함께 나누는 것	위와 같음
25) 수호	"외부에서 재물을 얻어오면 내가 마땅히 수호할 것이다"라고 하여 모두가 함께 나누는 것	위와 같음
26) 길목에서 망보는 것	"내가 길을 망보고 있다가 군사가 오면 알리는 것을 맡겠다"고 하여 얻은 재물을 모두가 함께 나누는 것	위와 같음

5. 범하는 상황[罪相]

스스로 5전이나 5전 넘게 구했는데	5전을 취했으면	바라이
	5전 넘게 취했으면	
	5전보다 적게 취했으면	투란차
	취하지 못했으면 (방편으로 취하고자 했으나 취하지 못했으면)	
스스로 5전보다 적게 구했는데	5전을 취했으면	바라이
	5전 넘게 취했으면	
	5전보다 적게 취했으면	투란차
	취하지 못했으면	돌길라

남을 시켜 5전을 구하게 했거나 5전이 넘게 구하게 했는데	시킴을 받은 자가 5전을 취했으면	시킨 자, 시킴을 받은 자	둘 다 바라이
	시킴을 받은 자가 5전 넘게 취했으면		
	시킴을 받은 자가 5전 보다 적게 취했으면	시킨 자, 시킴을 받은 자	둘 다 투란차
	시킴을 받은 자가 취하지 못했으면		
남을 시켜 5전보다 적게 구하게 했는데	시킴을 받은 자가 5전 보다 적게 취했으면	시킨 자, 시킴을 받은 자	둘 다 투란차
	시킴을 받은 자가 취하지 못했으면	시킨 자, 시킴을 받은 자	둘 다 돌길라

남을 시켜 5전보다 적게 구하게 했는데 시킴을 받은 자가 많이 취하여	5전을 취했거나 5전 넘게 취했으면	시킨 자	투란차
		시킴을 받은 자	바라이
남을 시켜 5전을 구하게 했거나 5전이 넘게 구하게 했는데	시킴을 받은 자가 다른 물건을 취했거나 다른 곳에서 물건을 취했으면	시킨 자	투란차
		시킴을 받은 자	바라이
시키는 자가 훔칠 마음으로 남을 시켜 5전을 구하게 하거나 5전 넘게 구하게 했는데	시킴을 받은 자가 훔칠 마음이 없이 취했으면	시킨 자	바라이
		시킴을 받은 자	범함이 아니다
시키는 자는 훔칠 마음이 없이 남을 시켰는데	시킴을 받은 자가 훔칠 마음으로 5전을 취했거나 5전 넘게 취했으면	시킨 자	범함이 아니다
		시킴을 받은 자	바라이

「私記」

첫째는 본래 장소에서 들어서 옮긴 것을 '취했다'고 한다. 방편으로 들려고 했다가 들지 않았거나, 손으로 만져서 물건의 방향이 바뀌었지만 들어 올리지 않은 것은 모두 '취하지 않았다'고 말한다. 만약 취했으면 물건의 가치를 계산하여 죄를 정해야 한다.

6. 대상에 대한 생각[境想]

5전이나 5전 넘게 취하면서	주인이 있는데	주인이 있다고 생각했으면	바라이
		주인이 있는 것인가 의심했으면	투란차
	주인이 없는데	주인이 있다고 생각했으면	
		주인이 없는 것인가 의심했으면	
5전보다 적게 취하면서	주인이 있는데	주인이 있다고 생각했으면	투란차
		주인이 있는 것인가 의심했으면	돌길라
	주인이 없는데	주인이 있다고 생각했으면	
		주인이 없는 것인가 의심했으면	

「第四分」

남자의 물건을 취하고 나서 여자의 물건이라고 생각을 바꾸었거나, 여자의 물건을 취하고 나서 남자의 물건이라고 생각을 바꾸어도 위의 도표와 같은 죄다.

다른 여자의 물건을 취하고 나서 이 여자의 물건이라고 생각을 바꾸었거나, 다른 남자의 물건을 취하고 나서 이 남자의 물건이라고 생각을 바꾸었어도 위의 도표와 같은 죄다.[56]

---

56. (大22, 975下).

7. 범함이 아닌 경우[開緣]

만약 준 것이라고 생각했으면	
만약 자기 것이라고 생각했으면	
만약 버린 것이라고 생각했으면	범함이 아니다
만약 잠깐 취한 것이라고 생각했으면	
만약 친분이 두터운 사람의 것이라고 생각했으면	

「第四分」

· 물건을 파는 사람이 이전에 비구에게 물건을 주기로 허락하였다. 후에 다른 사람이 주인이 되었는데 비구가 알지 못하여 주인이 물건을 주었다고 생각하고 물건을 취했으면 범함이 아니다. 그러나 주인에게 묻지 않고는 취하지 말아야 한다.

· 이것이 자기 옷이라고 말하였지만 훔치려는 마음은 아니었으므로 범함이 아니다. 그러나 옷을 보지 않고 입지는 말아야 한다.

· 다른 사람의 탑묘에 장식한 것을 취하여 분소의를 만들지 말아야 한다.

· 분소의라고 생각했으면 훔치려는 마음은 아니었으므로 범함이 아니다. 만약 많은 옷 무더기가 있더라도 분소의라고 생각하고 취해서는 안 된다.

· 죽은 사람을 쳐서 시신을 망가뜨리고 옷을 취하지는 말아야 한다.

· 물 속, 바람에 날린 것, 담장 위, 울타리 위, 구덩이에 빠진 분소의도 취하지 말아야 한다.

· 분소의를 취할 때에는 왼쪽 발가락으로 밟고 오른쪽 발가락으로 끌어당겨서 풀어 헤쳐 보아야 한다. 만약 부정한 것(돈과 보물)이 있으면 꺼내고 나서 청정한 것(옷)은 가지고 가도 된다.

· 잠깐 취해서 쓴 것은 훔치려는 마음이 아니므로 범함이 아니다. 그러나 주인

에게 묻지 않고는 잠시라도 취해서 사용하지 말아야 한다.

· 친분이 두터운 사람의 것이라고 생각해서 취하는 것은 범함이 아니다. 그러나 친하지 않은데 친하다고 생각하고 취하지는 말아야 한다.

· 다른 사람이 지키고 있는 재물이나 음식을 비구에게 주니, 그 비구가 '저 물건은 다른 사람이 보고 관리하는 것이다'라고 생각하였다. 그러나 부처님께서 "단월의 음식이니 받을 수 있다"고 말씀하셨다.

· 개가 사슴을 잡아 사슴이 상처를 입고 절 안에 들어와 죽은 것을 취하여 먹은 것은 범함이 아니다.

· 동산을 지키는 사람에게 새집이나 쥐의 굴을 파손하게 해서 금, 비단 조각, 약 등을 취했다. 부처님께서 "새나 짐승에게는 쓸모가 없으니 범함이 아니나 이와 같은 물건은 취하지 말아야 한다"고 하셨다.

· 착오로 남의 땅을 가리켜 승가의 땅으로 삼았으면 범함이 아니다. 하지만 그렇게 하지 말아야 한다.

· 자비심으로 소를 풀어 주면 범함이 아니다. 하지만 그렇게 하지 말아야 한다.

· 도둑이 아이를 훔쳐가서 비구가 자비심으로 취하여 돌려주면 범함이 아니다. 하지만 그렇게 하지 말아야 한다.

· 노끈평상이나 나무평상, 이불이나 요·베개·좌복, 병·목욕물통, 지팡이나 부채 등의 차서를 뒤바꿔 놓고 "이 사람도 스님이고 저 사람도 스님이다"라고 하였다. 부처님께서 그렇게 하지 말라고 하셨다.[57]

「私記」

이 책은 초고初稿를 편집한 것이기 때문에 비교적 번잡해서 다시 원고를 정리할 때 내용을 많이 삭제하였다. 그러나 오직 이 도계는 삭제한 것이 적은데 대개 성계性戒의 중죄 가운데 도계가 가장 지키기 어렵기 때문이다. 여러 부파의 율에

---

57. (大22, 976上-980上).

서도 서술한 것이 매우 복잡하고 광범위하다. 『僧祇』는 도계를 풀이한 것이 다섯 권, 『十誦』은 네 권, 『善見』은 세 권, 남산南山의 『行事鈔』는 두 권이 도계와 관련된다. 이 도계는 개차開遮를 자세히 알아야 하고 대강 마음대로 간략하게 해서는 안 된다. 오직 뒤에 배우는 이들이 이를 가볍게 여기고 소홀히 하지 않기를 바랄 뿐이다.

『開宗記』

물음 글 가운데 사중의 중요한 소임자는 삼보의 재물을 처리하고 담당한다. 그러므로 훔친 것인지 손해를 끼친 것인지 판단할 때 관리자의 입장에서 도업盜業이 성립된다. 하지만 어떤 사람이 이런 소임을 감당할 수 있을지 잘 모르겠다.

답 무릇 소임자는 반드시 의식과 성품이 밝고 민첩하며 비니를 밝게 익혀 개차를 잘 통달해서 지범持犯을 분명하게 알아야 한다. 업무에 따라 근거를 헤아리되 자기의 마음을 따르지 말고 행하는 것은 얼음과 서리같이 깨끗이 하며 미래의 업도業道를 두려워해야 한다. 이와 같은 사람이라야 비로소 소임을 감당할 수 있다.

소임자는 곧 멀게는 고승대덕을 계승하고 후학을 개도開導해야 한다. 그러나 어리석은 하류배는 지성志性이 비열하고 망령되어서 성인께서 제정하신 근본 이유를 알지 못한다. 또한 업도의 경중輕重에 미혹하며 바로 무명의 쾌락만을 즐겨서 영겁토록 윤회에 빠지는 것을 근심하지 않는다. 이는 바로 승가의 악성종양이고 대중 가운데 기생충이다. 이렇게 깨우쳐주니 다행히 생각해 볼 수 있다. 하루 아침에 표류하여 떨어지면 후회한들 무슨 소용이 있겠는가? 어찌 또 방종하고 완고하며 어리석은 마음만 더해서 곧 3악도(지옥·아귀·축생)의 과보가 아직 멀었다고 마음대로 말할 수 있겠는가? 3악도는 4산山(생·로·병·사)이 갑자기 닥치고 5통痛(살·도·음·망·주)[58]으로 불타게 된다.

그러므로 『大集經』42권에, "만약 시방상주승물이나 현전승물, 신심이 돈독한 단월이 정중한 마음으로 보시한 물건이나 꽃·과일 등의 모든 물건, 일체 필요한 것 등을 스스로 사용하거나 밖으로 가지고 나가서 아는 사람이나 친척인 재가자에게 주면 이 죄는 아비지옥에서 받는 과보보다 무겁다[59]"고 하였다.[60]

『行事鈔』

근심하는 마음으로 도道를 생각하는 자는 반연하는 경계를 이미 제한하였으므로 소욕지족하여 청정한 계행을 이룰 수 있다. 그러나 만약 여러 가지 많은 일로 높이 오르고자 하는 자는 반드시 도계의 그물에 걸려서 마침내 빠져 나올 기약이 없다. 어째서인가? 대개 마음에 수승한 것과 하열한 것의 분별을 품어서 전도된 생각이 없어지지 않았기 때문이다. 수다원과 아라한에 이르러서야 비로소 대중의 일을 경영할 수 있다.

영지율사의 해석

'근심하는 마음으로 도를 생각하는 자' 이하에서 처음은 만족할 줄 아는 사람을 설명하였다. 이러한 사람은 범할까 두려워서 미리 물러난다. '만약 여러 가지 많은 일로 높이 오르고자 하는 자' 이하는 많은 일에 나아가기를 구하여 도계의 그물에 빠진 것을 다음과 같이 설명한다. '근심하는 마음'이라고 한 것은 마음으로 두려워함이다. 금하고 제어하기 어려워서 조금이라도 방종하면 죄업이 이루어지고 재앙이 누세에 미치기 때문에 근심하고 두려워하는 것이다.

'도를 생각한다'는 것은 출리出離를 원하는 것이다. '반연하는 경계를 제한했다'는 것은 가르침으로 금한 것이다. '여러 가지 많은 일'이라는 것은 기꺼이 남의

---

58. 과청, 『講記』上, p.619, 五痛焦然 五痛卽五燒 造殺盜婬妄酒之五惡者 生是遭王法之逼害 死入於惡道 名爲五痛. 5통이란 곧 다섯 가지 불타는 것인데 살·도·음·망·주의 다섯 가지 악을 지어서 살아서는 왕법의 핍박을 받게 되고 죽어서는 악도에 떨어지는 것이다.

59. (大13, 292下).

60. (卍66, 375前上).

스승이 되거나 이 세상의 복전을 경영하는 것이고, '높이 오른다'는 것은 명예와 지위가 다른 이를 넘어서는 것이다. '도계의 그물에 걸린다'는 것은 죄업이 이루어지는 것이고, '나올 수 없다'는 것은 고통의 과보가 다함이 없다는 것이다. '어째서인가?' 이하는 그 뜻을 약간 보여주었으니 앞의 『寶梁經』에서 구분한 사람의 종류와 같다.

『資持記』

오늘날의 강사는 흔히 걸구하는 것을 숭상하고 아첨하는 미소로 시대의 흐름을 좇으며 교묘한 말로 세속에 빌붙고 지나치게 주는 것을 일삼으니 어찌 재가자를 오염시키는 것을 피하겠는가? 또는 방문하는 것을 부지런히 하니 어찌 도에서 물러나는 것인 줄 알겠는가? 알지 못하는 것을 아는 체하고 친하지 않은데 억지로 친한 척한다. 입으로는 다방면으로 말을 하고 마음으로는 백 가지 계책을 꾸며서 아침 저녁으로 마음을 수고롭게 하고 세상을 마치도록 몸을 고달프게 한다. (대중을 위한다는) 한마디로 모든 것을 덮어버리고 재물을 탐함이 아님이 없으니, 비록 대중을 위한다고 말하나 실제로는 생활을 영위하기 위함이다.

삭발염의를 했으나 뜻으로는 무슨 일을 도모하는지 알 수 없다. 경을 말하고 율을 강의하지만 눈으로 무슨 글을 보았는가? 실제로는 미혹한 업이 나날이 증가하는데, 피로함도 잊고 바쁘게 돌아다니면서 헛되이 나고 헛되이 죽는다고 말할 수 있다. 깨닫지도 못하고 알지도 못하는구나! 매우 한탄스럽다! 이 글을 자세히 살펴보고 돌이켜 자신의 허물을 구하기 바란다. 충언은 귀에 거슬리나 스스로 깊이 생각해 보아야 한다. 슬프다!

3 살인계 殺人戒

비구계 제3과 같음, 대승공계, 성계　　　　　　　　　　　물력가난제 비구

1. 계의 조문 [戒文]

만약 비구니가 고의로 자기 손으로 사람의 목숨을 끊거나, 다른 사람에게 칼을 주거나, 죽음을 찬탄하고 권하면서 '애닲다! 사람이 이렇게 나쁘게 살아서 무엇하겠는가? 차라리 죽어버리고 살지 말라'는 생각을 하면서 무수한 방편으로 죽음을 찬탄하거나 권하면, 이 비구니는 바라이니 함께 머물지 못한다.

2. 계를 제정한 인연 [緣起]

『四分』

부처님께서 비사리국의 미후獼猴 강변에 있는 2층 강당에 계시면서 많은 방편으로 비구들에게 부정관不淨觀을 말씀하시고 부정관 행하는 것을 칭찬하셨다. 당시에 비구들은 많은 방편으로 부정관을 행하고 익혔는데 선정에서 깨어나서는 몸과 목숨이 싫어지고 근심과 걱정에 싸여 즐겁지 않았다. 그래서 칼을 구해서 자살하려 하거나 죽음을 찬탄하거나 권하기도 하였다.

그때 물력가난제勿力伽難提 비구가 손에 칼을 들고 바구婆裘 동산으로 갔다. 한 비구가 부정관을 하다가 그를 보고 "내 목숨을 끊어주면 의발衣鉢을 주겠다"고 말했다. 물력가난제는 의발을 받고 그를 죽인 후 강가에 가서 칼을 씻으며, '나는 지금 이익이 없고 착하지 못한 일을 했다. 저 비구는 죄가 없는데 나는 대가를 받고 그의 목숨을 끊었다'라고 후회하였다. 그때 하늘의 악마가 그 마음을 알고 앞에 와서 "장하다. 비구여! 그대는 큰 공덕을 얻었다. 제도될 수 없는 사람을 제도한 것이다"라고 했다. 물력가난제는 그 소리를 듣는 순간 칼을 들고 동산으로 올라가 "누가 아직 제도를 받지 못했는가? 내가 제도해 주겠다"라

고 소리쳤다. 물력가난제는 이렇게 하루에 한두 명 내지 무려 60명까지도 죽여서 동산에는 시체가 무덤처럼 쌓였다. 이를 본 거사들이 "부처님 제자들이 자비심도 없이 서로 죽이니 하물며 다른 사람은 어떠하겠는가? 이제부터 다시는 부처님 제자를 섬기고 공양하지 말자"라고 하면서 왕래를 끊었다.

부처님께서 비구들의 숫자가 줄어든 것이 비구들이 부정관을 잘못 이해했기 때문인 것을 아시고는 부정관을 대신하여 수식관數息觀을 가르치고 계를 제정하셨다.[61]

『資持記』

비인 및 축생을 죽이는 것과 구분한 것은 바라이를 범함은 아니기 때문이고, 대살계大殺戒라고 한 것은 뒤의 소살계小殺戒와 구별하기 위함이다.

3. 제정한 뜻[制意]

『四分律疏』

인취人趣는 과보가 수승하여 선한 인因으로 얻게 된 것으로 형상과 마음 둘 다 도를 수용할 수 있는 법기法器이다. 다만 출가한 사람은 마땅히 4무량심無量心을 가져야 하는데, 이제 도리어 안으로 성내는 마음과 분노를 품고 목숨[62]을 끊으니 자비심과 어긋나고 사람들을 번뇌롭게 한다. 법기를 손상시키는 허물이 심하므로 성인께서 금하셨다.

4. 범하는 조건 [犯緣]

『行事鈔』

다섯 가지 조건을 갖추면 범함이 된다.

첫째, 사람이고

---

61. (大22, 575下).
62. 과청, 『講記』上, p.630. 원문의 '陰境'은 '五陰身心의 境界'를 말한다.

둘째, 사람이라고 생각하면서

셋째, 살해할 마음을 내고

넷째, 방편을 일으켜서

다섯째, 목숨을 끊으면

범한다.

5. 범하는 상황[罪相]

■ 스스로 죽이는 경우

1) 자신이 직접 죽임[自殺]	손 혹은 기와·돌·칼·몽둥이 등으로 자신이 직접 죽이는 것

■ 남을 시켜 죽이는 경우

2) 시켜서 죽임[敎殺]	죽일 때 자기가 지켜보면서 앞사람에게 물이나 불 속에 던지라고 시키거나, 산 위에서 골짜기로 밀어뜨리라고 시키거나, 코끼리가 밟아서 죽게 하거나, 사나운 짐승에게 먹히게 하거나, 혹은 뱀에 물리게 하거나 벌에 쏘이게 하는 등
3) 사람을 보내서 죽임 [遣使殺]	사람을 보내 어떤 사람의 목숨을 끊게 하는 것
4) 돌아왔다가 다시 가서 죽임[往來使]	사람을 보내서 죽이려고 했다가 죽이지 못하고 돌아왔는데, 앞에 시킨 것을 이어서 다시 가서 죽이는 것
5) 거듭 사람을 보내서 죽임[重使]⁶³	사람을 보내서 갔는데 이어서 다른 사람을 다시 보내는 것으로 이와 같이 네 번, 다섯 번까지 보내서 죽이는 것

---

63. A가 B를 보내서 죽이지 못하자 A가 다시 C 등을 보내기를 네 명, 다섯 명까지 하는 것이다. B, C, D, E 차례로 계속 보내는 것이다. 이 경우 누군가 성공하면 시킨 A와 성공한 자는 살인죄를 범한다.

6) 사주 받은 사람이 거듭 다른 사람을 보내는 것[展轉使][64]	사람을 보냈는데 사주 받은 사람이 다시 다른 사람을 보내기를 백 번 혹은 천 번까지 하여 죽이는 것
7) 직접 남자를 구함	칼을 쓸 줄 알고 방편이 있는 사람을 직접 구해서 오래도록 훈련시켜 어떤 경계에도 두려움이 없고 물러남이 없게 하여 어떤 사람의 목숨을 끊게 하는 것
8) 사람을 시켜서 남자를 구함	위와 같다.
9) 직접 칼을 가지고 있는 사람을 구함	용맹하고 건장하며 칼을 가지고 있는 사람을 직접 구해서 어떤 사람의 목숨을 끊게 하는 것
10) 사람을 시켜서 칼을 가지고 있는 사람을 구함	위와 같다.

■ 모양을 나타내는 경우

11) 몸으로 모양을 나타냄	몸짓으로 모양을 나타내서 물이나 불 속에 떨어지게 하거나, 뱀에 물리게 하거나, 벌에 쏘이게 하는 등으로 죽이는 것
12) 입으로 말함	"네가 악행을 하면서 산다면 많은 죄를 받을 것이니 죽는 것만 못하다"라고 말하거나, "너는 이미 많은 선행을 했기 때문에 산다면 고통을 받을 것이고, 만약 죽는다면 마땅히 하늘에 태어나리라"라고 말해서 죽게 하는 것

---

64. A가 B를 보내고 B가 C를 보내는 것을 이어서 백천 명에 이르도록 하여 사람을 죽이는 것이다. A→B→C→D→E 이렇게 해서 E가 성공하면 A, B, C, D, E, 모두 살인죄를 범한다.

13) 몸과 입으로 모양을 나타냄	위와 같다.

■ 찬탄하도록 시키는 경우

14) 사람을 보내서 말하도록 하는 것	사람을 보내서 다른 사람에게 "네가 지은 선이나 악이 이와 같다"라고 말하도록 하는 것으로 자세한 것은 12)와 같다.

■ 서신을 보내는 경우

15) 서신을 보내는 것	서신을 보내서 "네가 지은 선이나 악이 이와 같다"고 하는 것으로 자세한 것은 12)와 같다.
16) 사람을 시켜 서신을 보내는 것	위와 같다.

■ 살인도구를 사용하는 경우

17) 구덩이에 빠지게 하는 것	그가 이 길로 오가는 줄 알고 길에 깊은 구덩이를 파서 불을 놓거나, 칼·독사·뾰족한 말뚝이나 독을 바른 가시를 두어서 떨어져 죽게 하는 것
18) 기대면 기구가 발동하게 하는 것	그가 항상 저 곳에 기대는 것을 알고서, 나무 혹은 담장이나 울타리 너머에 불을 놓거나 독을 바른 가시를 두고 기구가 발동하게 하여 그 속에 떨어져 죽게 하는 것
19) 약	그가 병이 있는 줄 알고 그 병에 독이 되는 약, 여러 가지 독, 기한이 지난 갖가지 약을 주어서 죽게 하는 것 (먹지 못할 것을 주는 것도 그러하다.)

20) 살인도구를 두는 것	그가 본래 몸과 목숨을 싫어하는 줄 알고 칼·독·밧줄 등을 그의 앞에 놓아 두는 것

■ 고의로 죽이는 경우 ■

사람을 사람이라고 생각하고	죽였으면	바라이
	방편으로 죽이려고 했으나 죽이지 못했으면	투란차
천인, 용, 아수라, 건달바, 야차, 아귀를	죽였으면	투란차
	방편으로 죽이려고 했으나 죽이지 못했으면	돌길라
변형할 수 있는 축생을 (지혜가 있어서 사람의 말을 알아듣는 축생을 말한다. 만약 변형할 수 없는 축생은 아래 바일 제 제46[65]을 보라.)	죽였으면	투란차
	방편으로 죽이려고 했으나 죽이지 못했으면	돌길라

『戒本疏科』

1)은 자기가 직접 죽이는 것,

2)에서 10)까지는 사람을 시켜서 죽이는 것,

11)에서 13)까지는 모양을 나타내서 죽이는 것,

14)는 죽음을 찬탄하도록 시켜서 죽이는 것,

15)와 16)은 서신을 보내서 죽이는 것,

17)에서 20)까지는 살인도구를 말한다.

---

65. 축생이 죽었으면 바일제이고, 방편으로 죽이려고 했으나 죽지 않았으면 돌길라다.

「第四分」

비구가 약에 주술을 걸거나 임신한 부녀자의 배를 누르는 등의 행위를 해서 낙태를 시키면 바라이다.

낙태시키려다가 산모는 죽고 아이는 살았을 경우 산모가 죽었다고 해도 바라이를 범한 것은 아니다.[66] 방편으로 낙태시키고자 했으나 죽지 않았으면 투란차다.

「第四分」

여러 비구들이 한 사람을 보내서 다른 사람의 목숨을 끊으면 모두 바라이다.

여러 비구들이 한 사람을 보내서 다른 사람의 목숨을 끊고자 했는데, 그 중에 의심이 있는 자가 있었으나 막지 않아서 가서 죽였으면 모두 바라이다.

여러 비구들이 한 사람을 보내서 다른 사람의 목숨을 끊고자 했는데, 그 중에 의심이 있는 자가 있어서 곧 막았으나 그가 고의로 가서 죽였다. 막은 자는 투란차고 막지 않은 사람은 바라이다.[67] (비구니도 같다.)

6. 대상에 대한 생각[境想]

사람을 죽이면서	사람이라고 생각했으면	바라이
	사람인가 의심했으면	투란차
	비인非人이라고 생각했으면	
비인을 죽이면서	사람이라고 생각했으면	
	비인인가 의심했으면	

---

66. 죽이려는 대상이 산모가 아니고 태아였기 때문에 바라이죄에 해당하지 않는다.

67. (大22, 981下).

「第四分」

남자의 목숨을 끊으면서 여자라고 생각했거나, 여자의 목숨을 끊으면서 남자라고 생각했으면 바라이다. 저 여인의 목숨을 끊으면서 이 여자라고 생각했거나, 저 남자의 목숨을 끊으면서 이 남자라고 생각했으면 바라이다.[68]

7. 범함이 아닌 경우[開緣]

만약 칼·몽둥이·기와·돌을 던졌는데 잘못하여 다른 사람의 몸에 맞아서 그 사람이 죽었으면	
만약 집 짓는 일을 하다가 잘못하여 흙벽돌·재목·서까래·기둥이 떨어져서 죽었으면	범함이 아니다
만약 중병에 걸린 사람을 부축하여 일으키거나 눕힐 때, 목욕시키거나 약 먹일 때, 서늘한 곳에서 따뜻한 곳으로 또는 더운 곳에서 시원한 곳으로 옮길 때, 방에 들어가거나 나올 때, 화장실에 갔다가 돌아올 때 일체 해치려는 마음이 없었는데 죽었으면	

「第四分」

· 비구가 산꼭대기에서 자살하려고 몸을 던졌는데 대나무 베는 사람 위에 떨어져서 비구는 죽지 않고 그 사람이 죽었으면 범함이 아니다. 방편으로 자살하려고 했으면 투란차다.[69] (비구니도 같다.)

· 도적을 잡아서 압박해 다스리거나 땅 속 구덩이에 밀어 넣어서 결국 죽었다면 죽일 마음은 없었으므로 범함이 아니다. 다만 그렇게 하지 말아야 한다.[70]

· 다른 사람의 등창이나 종기를 누르거나 약을 바를 때 등, 허락하지 않았는데 강제로 치료하다가 죽었다면 죽일 마음이 없었으므로 범함이 아니다. 하지만 그

---

68. (大22, 980下).

69. (大22, 983上).

70. (大22, 981下).

렇게 하지는 말아야 한다.[71]

4 대망어계 大妄語戒

비구계 제4와 같음, 대승공계, 성계   여러 명의 비구

1. 계의 조문 [戒文]

만약 비구니가 실제로 아는 것이 없으면서 스스로 칭찬하여 "나는 과인법過人
法을 얻어서 이미 성인의 지혜와 수승한 법에 들어갔다. 나는 이것을 알고 이것
을 보았다"고 하다가, 뒤에 누가 묻거나 묻지 않았거나 간에 청정을 구하고자 하
여 "비구니들이여! 내가 실제로는 알지도 못하고 보지도 못했으면서 '나는 안다.
나는 보았다'고 말한 것은 허망한 거짓말이었다"고 하면 증상만增上慢[72]을 제외하
고, 이 비구니는 바라이니 함께 머물지 못한다.

2. 계를 제정한 인연 [緣起]

『四分』

부처님께서 비사리에 계실 때 세상에는 곡식이 귀하고 백성들이 굶주려서 걸

---

71. (大22, 981中).

72. 『名義標釋』5(卍44, 441上), 謂未得聖 而謂已得 以其聖智 是增上行 於此出世增上法中 起心生慢 名
    增上慢也. 성인의 과를 증득하지 못했으면서 이미 증득했다고 말하는 것이다. 성인의 지혜를 사용하
    는 것이 증상의 행이다. 출세간법의 증상법에 대해서 마음으로 자만심을 일으키는 것을 '증상만'이라
    고 한다.

식하기가 어려웠다. 그래서 부처님께서 비구들에게 화상과 아사리와 같은 선지식과 함께 비사리 주변에 흩어져서 안거하라고 하셨다.

그때 여러 비구가 바구강가에서 안거하면서 음식 때문에 고통 받지 않을 방법을 생각하다가 거사들 집에 가서 "우리는 상인법上人法[73]을 얻었으니 아라한이고, 선정과 신통을 얻어서 남의 마음을 안다"고 말하기로 하였다. 그러면 신심 있는 거사들이 '참된 복전이며 공경할 만한 사람'이라고 생각하여 좋은 음식을 공양 올릴 것이라 여기고 그렇게 하니 거사들이 많은 공양을 올렸다.

안거가 끝나자 비구들이 부처님을 찾아뵈었는데, 다른 비구들은 얼굴이 초췌하고 몸이 야위고 의복이 남루했으나 바구강가의 비구들은 얼굴이 빛나고 기력이 충만하였다. 부처님께서 그 이유를 들으시고는 "세상에는 두 가지 도적이 있다. 하나는 실제로 청정한 행을 하지 않으면서 청정한 행을 한다고 말하는 것이요, 둘째는 대중에 있으면서 입과 배를 채우기 위해 진실이 아니며 자기의 것이 아닌 것을 고의로 거짓말을 하여 '내가 상인법을 얻었다'고 하는 것이다"라고 꾸짖으시고 계를 제정하셨다.

그 후에 어떤 비구가 증상만으로 인하여 자신이 과위를 증득했다고 믿고 그것을 자랑하였다. 그러나 부지런히 정진하여 나중에 실제로 과위를 증득하고 나서 그것이 사실이 아니었음을 알게 되었다. 그래서 '바라이를 범한 것이 아닐까?' 하고 걱정하니 부처님께서 "증상만인 경우는 범하지 않는다"고 거듭 계를 제정하셨다.[74]

---

73. 『名義標釋』5(卍44, 442中), 律云諸法能出要 成就念在身 乃至得果 皆名上人法也 律攝云 上人法者 即勝流法也 謂望一切凡愚五蓋等法 鄙劣惡事 是勝上故 亦云過人法. 율에 "제법의 체성이 三有의 근원을 깨뜨려서 벗어나, 身念處 등을 성취하고 더 나아가 과위를 증득한 것을 모두 상인법이라고 한다"라고 하였다. 『律攝』에는 "상인법은 수승한 법이다. 일체 범부와 어리석은 사람들의 5蓋(탐냄, 성냄, 수면, 도거와 한탄, 의심) 등의 법이 하열하고 나쁜 것에 비교하면 수승하기 때문에 또한 '과인법'이라고도 한다"라고 하였다.
74. (大22, 577中).

『資持記』

'망어妄語'라는 명사는 공통으로 사용되지만 '대大'자를 더해서 소망어계小妄語戒와 구분하였다. 대망어계는 오직 성인이라고 칭했을 때만 국한된다.

3. 제정한 뜻 [制意]

『四分律疏』

'무루無漏의 참된 도'는 성인께서 증득하신 법이요, 장애와 더러움이 있는 범부가 계합할 수 있는 경계가 아니다. 아직 얻지 못했으면서 거짓으로 빙자해서 자기가 이미 증득했다고 말하면서 대중의 마음을 미혹하게 하고 어지럽히며, 세상을 속여서 명예와 이익을 구하여 자기 것으로 삼는다. 불법을 혼미하게 하고 그 시대를 속이는 것은 허물 중에서도 중대한 과실이기 때문에 성인께서 금하신 것이다.

4. 범하는 조건 [犯緣]

『行事鈔』

아홉 가지 조건을 갖추면 범함이 된다.

첫째, 대상이 사람이고

둘째, 사람이라고 생각하고

셋째, 실제로 그 경지를 얻지 않았고

넷째, 실제로 그 경지를 얻지 않은 줄 알면서

다섯째, 다른 사람을 속일 마음으로

여섯째, 과인법을 말하고

일곱째, 스스로 자기가 증득했다고 말하고

여덟째, 분명하게 말해서

아홉째, 그 말을 듣고 상대방이 알아들었으면

범한다.

5. 범하는 상황[罪相]

상인법을 얻지 못했으면서 스스로	사람을 향하여 —사람이라고 생각하고	상인법을 얻었다고 말해서	분명하게 알아 들었으면	바라이
			분명하게 알아 듣지 못했으면	투란차
	천인 등에게	상인법을 얻었다고 말해서	분명하게 알아 들었으면	투란차
	변형할 수 있는 축생에게		분명하게 알아 듣지 못했으면	돌길라
	변형할 수 없는 축생에게	상인법을 얻었다고 말했으면		돌길라

만약 스스로 상인법을 얻지 못했는데 손가락으로 표시를 하거나, 서신이나 심부름 하는 사람을 보내거나, 자기가 상인법을 얻었다는 상相을 짓는 것도 위와 같다. 혹은 "5근根·5력力·7각지[覺意]·해탈·삼매·정수법正受法을 내가 얻었다"고 말해도 또한 그러하다.

스스로 조용한 곳에 있으면서 조용하지 않다고 생각하며('조용하다'는 것은 자기 혼자 있는 것을 말하며 '조용하지 않다'는 것은 혼자가 아닌 것을 말한다.)	나는 상인법을 얻었다고 말했으면	투란차
조용하지 않은 곳에 있으면서 조용하다고 생각하며		

『戒本疏』

서역사람들은 손가락으로 고리 모양을 만들어서 그 모양을 보고 마음을 알게 한다. 뜻은 말을 빌려야 하지만 모양을 짓는 것은 몸과 입으로 위의를 나타내서 범부와 다르다는 것을 상대방이 짐작하게 하려는 것이다.

「第四分」

비구가 단월에게 "항상 그대를 위해 설법하는 자가 바로 아라한이다"라고 하였다. 단월이 "대덕께서 말하는 것이 무슨 의미입니까?"라고 물으니 비구가 침묵하였다. 단월이 분명하게 뜻을 알지 못했으므로 투란차.[75] (비구니도 범함이 같다.)

「私記」

죄를 '범하는 상황' 가운데 '천인 등'이라는 것은 구체적으로 말하면 천인, 용, 아수라, 건달바, 야차, 아귀를 가리킨다. 이 아래의 계에서도 모두 같으니 여기에 준하여 알 수 있을 것이다.

6. 함께 제정함[併制]

실제로 상인법을 얻고	동의하지 않는 비구니에게 말했으면	돌길라

7. 대상에 대한 생각[境想]

	사람이라고 생각했으면	바라이
사람을	사람인가 의심했으면	투란차
	비인非人이라고 생각했으면	
비인을	사람이라고 생각했으면	
	비인인가 의심했으면	

「第四分」

남자 앞에서 여자라고 생각했거나, 여자 앞에서 남자라고 생각했으면 모두 바라이다. 이 여자 앞에서 저 여자라고 생각하거나, 이 남자 앞에서 저 남자라고 생각하며 "상인법을 얻었다"고 말했으면 바라이다.[76]

8. 범함이 아닌 경우[開緣]

만약 중상만이었다고 스스로 말했으면	
만약 "이것은 업보의 인연이며 수행해서 얻은 것이 아니다"라고 말했으면	
만약 실제로 상인법을 얻어서 동의하는 비구니에게 말했으면	
만약 남에게 5근·5력·7각지·해탈·삼매·정수법을 설하기는 했지만, 스스로 "내가 그것을 얻었다"고 말하지 않았으면	범함이 아니다
만약 장난으로 말했으면	
만약 빨리 말하여 상대방이 알아듣지 못했으면	
만약 혼자 있는 곳에서 말했으면	
만약 꿈속에서 말했으면	
만약 이것을 말하려고 했다가 착오로 저것을 말했으면	

『戒本疏』

'업보로 얻었다'는 것은 지금 귀신을 보거나 아주 먼 곳의 소리까지 꿰뚫어 들을 수 있는 것이다. 이것은 수행으로 얻은 것이 아닌데 성인과 같다고 여길까 두

---

75. (大22, 983下).
76. (大22, 983中).

려운 까닭이다. 세속통世俗通·주통呪通·술통術通·약통藥通·보통報通 등과 같은 것이다. 예를 들면 새가 허공을 나는 것은 업보로 얻은 보통報通이다. 사람은 비록 날 수 없지만 새에게는 이상하지 않은 것이다.

『行事鈔』

'장난으로 말한 것' 이하의 세 가지 경우(장난으로 말했거나, 빨리 말했거나, 혼자 말한 것)는 모두 바라이를 범하는 것은 아니지만 돌길라를 범하는 것이다. 왜냐하면 말하는 것이 위의나 격식에 맞지 않기 때문이다. (이하의 모든 계의 '범함이 아닌 경우' 중에서 '장난으로 말한 것' 등은 모두 이와 같다.)

「第四分」

비구들이 유행遊行을 하는데 사람들이 "대덕 아라한이 옵니다"라고 하였다. 비구들이 "무엇 때문에 그렇게 말하는 것입니까?"라고 물으니, "대덕은 마땅히 음식과 의복, 의약과 필요한 도구를 받을 만한 분입니다"라고 하였다. 그래서 비구가 "옳은 이치다"라고 말했으면 범함이 아니다. (비구니도 이와 같다.)

「第四分」

목건련이 신통의 일들을 말하니 비구들은 "그가 상인법을 얻었다고 거짓말을 한다"고 하였다. 부처님께서 "목건련이 말한 것은 사실이니 범함이 아니다"라고 하셨다. 그러나 부처님께서 목건련을 제지하여 다시는 그런 말을 하지 못하게 한 것은 비구들이 믿지 않아서 많은 죄를 얻게 되기 때문이다.[77] (비구니도 이와 같다.)

『資持記』

『伽論』에 "스스로를 일컬어 부처, 천인사天人師 등이라고 하면 투란차를 범

---

77. (大22, 984上).

한다"[78]고 하였다.

지금 '부처'라는 것은 곧 자기를 부처라고 말하면서 다시 정진하여 증득을 구하지 않는 것이다. (『伽論』에 기준하면) 이것은 모두 투란차를 범한다. 경經에서 "일체중생은 다 불성이 있다"고 하였다. 그러나 이것이 가리키는 이치는 같으나 현상적으로는 다르다는 것을 알아야 한다. 마치 얼음은 곧 물이지만 얼음이 어찌 흐를 수 있으며, 광물은 금과 비슷하나 광물을 금으로 쓸 수 없는 것과 같다.

어찌 훌륭한 성인과 같다고 하면서 외람되이 행동하여 저 어리석은 이들을 미혹하게 하는가! 방자하며 게으르고 태만하면서 닦을 것이 없다고 말하고, 비루한 행을 하면서 어찌 묘한 작용이라고 말하는가!

만약 이런 사람이 부처라면 어찌 너희 무리들에 그치겠는가? 경에 "비로자나 부처님이 모든 곳에 두루하니 산하대지가 모두 법왕의 몸이요, 꿈틀거리는 미물과 날아다니는 짐승이 모두 여래장이다"라고 한 것은 대부분 계위階位와 점차漸次에 미혹해서 성인과 범부를 하나로 섞어버리고 법을 소멸시킨다. 사람을 무너뜨리는 것이 이보다 심한 것이 없으니, 스스로 통달하지 않으면 누가 이러한 도리를 밝게 알 수 있겠는가!

5 남자와 만지고 접촉하는 계 摩觸戒

비구계 승잔 제2와 같음, 대승공계, 성계 　　　　　　　　　　　투라난타 비구니, 대선녹락 장자

1. 계의 조문[戒文]

만약 비구니가 염오심으로 염오심을 가진 남자와 겨드랑이 아래에서 무릎 위

까지 몸을 서로 접촉하여 잡고 만지거나, 끌어당기거나 밀거나, 위로 만지거나 아래로 만지거나, 들거나 내리거나, 잡거나 누르면 이 비구니는 바라이니 함께 머물지 못한다. 몸을 서로 접촉했기 때문이다.

2. 계를 제정한 인연 [緣起]

『四分』

부처님께서 사위성舍衛城에 계실 때 대선녹락大善鹿樂이라는 용모가 단정한 장자가 있었다. 투라난타偸羅難陀 비구니도 용모가 단정했는데 서로를 마음에 두고 있었다. 어느 때 장자가 투라난타 비구니를 위해 비구니들을 청하여 갖가지 음식을 마련하였다. 그러나 투라난타 비구니는 자기를 위한 것인 줄 알면서도 가지 않았다. 이에 장자는 스님들께 음식을 드리고 투라난타 비구니가 있는 절로 갔다.

투라난타 비구니는 장자가 멀리서 오는 것을 보고는 평상에 누웠다. 장자는 곧 안부를 묻고 투라난타 비구니를 안고 손으로 어루만지고 입을 맞췄다. 그때 방을 지키던 어린 사미니가 이것을 보고, 비구니들이 공양청에서 돌아오자 이 사실을 말하였다. 비구니들이 듣고서 그 중에 소욕지족少欲知足하고 두타행頭陀行을 하고 계 배우기를 좋아하며 부끄러움을 아는 이가 투라난타 비구니를 꾸짖었다. 그리고 나서 비구들에게 알리고 비구들이 부처님께 사뢰니 꾸짖으시고 계를 제정하셨다.[79]

3. 제정한 뜻 [制意]

『四分律疏』

대체로 여인의 습성은 애욕에 물드는 정情이 깊어서 만지고 접촉하면 즐기고 기뻐하는 정도가 심하다. 또 다른 이가 가볍게 여겨서 쉽게 능멸하며, 뜻이 스스

---

78. (大23, 571上).
79. (大22, 715上).

로 견고하지 않아서 쉽게 큰 악(바라이 제1 음계)을 용납하고, 위험한 일에 처했을 때 계체가 무너질 가능성이 크다. 그러므로 방편 안에서 엄격하게 제재하여 단지 쾌감을 느끼는 것만으로도 바라이죄가 된다고 제정하셨다.[80]

4. 범하는 조건 [犯緣]

『比丘尼鈔』

여섯 가지 조건을 갖추면 범함이 된다.

첫째, 사람 남자이고

둘째, 사람 남자라고 생각하면서

셋째, 서로 간에 염오심이 있고

넷째, 겨드랑이 아래에서 무릎 위나 손목 위로

다섯째, 몸을 서로 접촉하여

여섯째, 쾌감을 느끼면

범한다.

---

80. (卍65, 336前下).

5. 범하는 상황[罪相]

1) 비구니가 음욕심으로 남자와 접촉하는 경우

몸으로 몸에 접촉하는 경우	비구니가 남자에게 가서 접촉하면서[81]		• 남자라고 생각했으면 －접촉함에 따라 낱낱이 바라이 • 남자인가 의심했으면 －투란차
	남자가 비구니에게 와서 접촉하여	비구니가 몸을 움직이고 쾌감을 느끼며	
		비구니가 쾌감을 느끼지 않았으나 몸을 움직이면서	• 남자라고 생각했으면 －투란차 • 남자인가 의심했으면 －돌길라
		비구니가 쾌감을 느꼈으나 몸을 움직이지 않으면서	
	남자가 발을 잡고 예를 표함에	비구니가 쾌감을 느꼈으나 몸을 움직이지 않았으면	돌길라
몸으로 옷에 접촉하거나, 옷으로 몸에 접촉하는 경우	비구니가 남자에게 가서 접촉하면서		• 남자라고 생각했으면 －투란차 • 남자인가 의심했으면 －돌길라
	남자가 비구니에게 와서 접촉하여	쾌감을 느끼며	
		쾌감을 느끼지 않고	
		몸을 움직였으나 쾌감을 느끼지 않고	
		몸은 움직이지 않았으나 쾌감을 느끼며	

---

81. 비구니가 먼저 남자에게 다가간 경우는 비구니가 쾌감을 느꼈는지 안 느꼈는지의 여부는 상관이 없다.

옷으로 옷에 접촉하는 경우	비구니가 가서 남자에게 접촉하면서		·남자라고 생각했으면 －돌길라 ·남자인가 의심했으면 －돌길라
	남자가 비구니에게 와서 접촉하여	쾌감을 느끼며	
		쾌감을 느끼지 않고	
		몸을 움직였으나 쾌감을 느끼지 않고	
		몸은 움직이지 않았으나 쾌감을 느끼며	
		몸도 움직이지 않고 쾌감도 느끼지 않고	
		몸도 움직이고 쾌감도 느끼며	

2) 비구니가 음욕심으로 천인 등과 접촉하는 경우

천인 등과	몸으로 몸에 접촉했으면	투란차
변형할 수 있는 축생과		
이형二形과		
변형할 수 없는 축생과 접촉했으면		돌길라
여자와 접촉했으면		

6. 대상에 대한 생각[境想]

남자와 접촉하면서	남자라고 생각했으면	바라이
	남자인가 의심했으면	투란차
	비인남非人男인가 의심했으면	

7. 범함이 아닌 경우[開緣]

만약 물건을 주거나 받을 때 잘못해서 접촉했으면	범함이 아니다
만약 장난하다가 서로 접촉했으면	
만약 구해주려고 풀어줄 때 접촉했으나 일체 음욕심이 없었으면	

『戒本疏』

'장난하다가 서로 접촉했으면 범함이 아니다'라고 한 것은 음욕심으로 한 것이 아니라 그저 유희인 경우다. 바라이를 범한 것은 아니지만 위의를 훼손한 것이다.

영지율사의 해석

'장난하다가 서로 접촉했으면 범함이 아니다'라고 한 것은 비록 안으로는 염심이 없다 하더라도 밖으로 드러난 모습이 위의에 어긋나므로 이치적으로는 돌길라가 된다.

『比丘尼鈔』

『十誦』에 "'범함이 아닌 경우'는 부모와 자식이라고 생각했거나, 혹은 물에 떠내려갔거나, 불에 탔거나, 칼·막대기나 악연惡緣 등으로 접촉한 경우다. 일체 염심이 없었기 때문에 범함은 아니다"[82]라고 하였다. 하지만 여전히 돌길라죄는 있다.

요즈음(唐) 재齋가 있어 모이는 곳에서 비구니가 자주 스스로 물과 향 등을 옮기는 일이 있는데 이것은 옳지 않다. 남자를 시켜 옮기는 것이 가장 좋다. 만약 스스로 옮기는 경우라면 들어 올려서 떨어뜨리듯 놓아서 남자의 손이 닿지 않게 해야 한다. 모든 기물器物도 또한 마찬가지다.

『資持記』

요즘(宋) 사람들은 근기가 하열하고 어리석어서 흔히 반연으로 인해 재가자의 집에 잦은 발걸음을 하고, 남자를 초대하기도 하여 세간의 비난을 초래한다. 혹은 비구의 절에서 시간을 끌면서 머물고 주고받을 때 몸을 접촉하는 것을 조심하지 않으며 희롱하고 말하니, 어찌 천박하고 음란한 말을 조심하겠는가! 염오심으로 훔쳐보려는 생각을 일으킬 때마다 무거운 돌길라이고, 으슥한 곳에서 앉았다 일어나면 낱낱이 투란차다. 현세에는 세속의 비난을 받고 가사를 영원히 여의게 되며 내생의 과보로 지옥에 나서 불에 타고 삶기는 고통을 견디기 어렵게 된다. 그러나 마땅히 성인의 말씀을 받들어 행한다면 끝까지 길상함을 보존할 수 있을 것이다.

---

82. (大22, 303中).

6 여덟 가지 행위를 하면 바라이가 되는 계 八事成重戒

비구는 범한 것에 따름, 대승공계, 성계 　　　　　　　　투라난타 비구니, 사루녹락 장자

1. 계의 조문[戒文]

만약 비구니가 염오심으로 남자가 염오심이 있는 줄 알면서도 손을 잡히고, 옷을 잡히고, 병처屛處에 들어가고, 함께 서고, 함께 이야기하고, 함께 다니고, 몸을 서로 기대고, 함께 약속하면 이 비구니는 바라이니 함께 머물지 못한다. 이 여덟 가지 행위를 범했기 때문이다.

2. 계를 제정한 인연[緣起]

『四分』

부처님께서 사위국 기수급고독원祇樹給孤獨園에 계실 때 사루녹락沙樓鹿樂이라는 용모가 단정한 장자가 있었다. 투라난타 비구니도 용모가 단정하였는데 녹락 장자와 투라난타 비구니는 서로를 마음에 두고 있었다. 투라난타 비구니는 염욕심으로 장자에게 손을 잡히고, 옷을 잡히고, 장자와 병처에 들어가서, 함께 서고, 함께 이야기하고, 함께 다니고, 몸을 서로 기대고, 함께 약속하였다. 비구니들이 이 사실을 알게 되어 꾸짖고 비구들에게 알리고, 비구들이 부처님께 사뢰니 꾸짖으시고 계를 제정하셨다.[83]

3. 제정한 뜻[制意]

『四分律疏』

앞의 계(제5 남자와 만지고 접촉하는 계)는 접촉하는 곳이 깊은 부위(겨드랑이 아

---

83. (大22, 716上).

래부터 무릎 위)가 되어 애욕의 허물이 심하므로 계로써 엄하게 제정하여 방지하였다. 한 번만 접촉하여도 바라이죄가 된다. 이 계 또한 염심으로 하는 것이지만 접촉하는 경계가 비교적 가볍고 얕으므로 염심이 적다. 그래서 반드시 여덟 가지 일이 서로 더해져야 허물이 쌓이고 늘어난다. 애욕이 점점 변해서 현저히 드러나면 바라이죄를 범하게 되는 것이다. 이러한 까닭으로 성인께서 반드시 제정하셔야만 했다. 만약 여덟 가지 행위를 모두 하면 바라이가 된다.[84]

4. 범하는 조건 [犯緣]

『比丘尼鈔』

다섯 가지 조건을 갖추면 범함이 된다.

첫째, 남자이고

둘째, 남자라고 생각하면서

셋째, 둘 다 염심으로

넷째, 앞의 일곱 가지 행위를 범하고도 참회하지 않고

다섯째, 여덟 번째 행위를 하면

범한다.

5. 범하는 상황 [罪相]

일곱 가지 행위를 하고도 참회하지 않고 여덟 번째 행위(함께 약속하는 것)를 범하면		바라이
비구니가 염오심으로 염오심이 있는 남자에게	손을 잡혔으면	
	옷을 잡혔으면	

---

84. (卍65, 336後下).

	병처에 들어갔으면	투란차
비구니가 염오심으로 염오심이 있는 남자와	병처에서 함께 서 있었으면	
	병처에서 함께 이야기했으면	
	병처에서 함께 다녔으면	
	쾌락을 위하여 몸을 서로 기대었으면	
천인, 용, 아수라, 야차, 아귀와	• 일곱 가지 행위를 범했으면–낱낱이 돌길라 • 여덟 번째 행위를 범했으면–투란차	
변형할 수 있는 축생과		
변형할 수 없는 축생과	여덟 번째 행위를 범했으면	돌길라
염오심을 가진 여인과	여덟 번째 행위를 범했으면	돌길라

『比丘尼鈔』

이 율에서 '손을 잡는 것'은 가벼운 죄이지만 손목 위로는 바라이가 된다. '옷을 잡는다'는 것은 몸에 입은 옷을 잡는 것이고, '병처에 들어간다'는 것은 도반들이 보고 들을 수 있는 곳을 벗어난 것을 말한다. '함께 서고, 함께 말하고, 함께 다니는 것' 또한 보고 들을 수 있는 곳을 벗어난 것이다. '몸을 서로 기댄다'는 것은 두 사람의 몸이 서로 닿은 것이다. '함께 약속했다'는 것은 함께 음행할 장소를 약속한 것이다.

이에 준하면 여덟 번 손을 잡아도 바라이가 되지 않는다. 이것은 한 가지만 했기 때문이다. 만약 한 남자와 여덟 가지 행위를 하거나, 한 번에 여덟 가지를 하거나, 8년 동안 여덟 가지 행위를 하거나, 여덟 명의 남자와 여덟 가지 행위를 하면 모두 바라이죄를 범한 것이며 차례는 상관없다.

6. 함께 제정함[併制]

비구	범한 것에 따른다
식차마나	돌길라
사미	
사미니	

『尼戒會義』

'비구는 범한 것에 따른다'는 것은 염오심으로 여인의 손을 잡으면 승잔이고 옷을 잡으면 돌길라다. 병처에 들어가서 함께 음욕행을 하면 바라이다. 몸이 서로 닿거나 음란한 말을 하거나 몸을 찬탄하면서 음행할 곳을 구하면 승잔이다. 홀로 여인과 병처에 앉거나, 병처에서 5어나 6어[85]를 넘겨 설법하거나, 함께 서거나, 함께 다니거나, 함께 말하거나, 함께 약속하면 바일제를 범한다. 몸과 몸을 서로 기대면 승잔이고, 한 사람은 옷을 입었고 한 사람은 옷을 입지 않았으면 투란차다. 옷을 입고 서로 기댔으면 돌길라다.

7. 범함이 아닌 경우[開緣]

만약 물건을 주고 받을 때 손이 서로 닿았으면	범함이 아니다
만약 장난할 때 닿았으면	
만약 구해주려고 옷을 잡았으면	
만약 줄 것이 있거나, 예배하거나, 허물을 참회하거나, 법을 받을 때 병처에 들어가서 함께 머물거나, 함께 말하거나, 함께 서거나, 함께 다녔으면	

만약 사람이 때리거나, 도적이 오거나, 코끼리가 오거나, 사나운 짐승이 오거나, 뾰족한 것(가시·창 등)을 메고 와서 몸을 돌려 피하다가 잘못 접촉하여 서로 기댔으면
만약 와서 가르침을 구했거나, 법을 들었거나, 청을 받았거나, 절 안에 이르렀거나, 혹은 함께 약속했으나 나쁜 일을 할 수 없는 곳이었으면

『比丘尼鈔』

'범함이 아니다'라고 한 것은 모두 염심이 없었기 때문이다. 아래 글에 '어두운 방'이라고 한 것은 바일제[86]니 세상의 비난을 초래하기 때문이다.

『四分』

만약 예배할 때, 줄 것이 있을 때, 참회할 때, 법을 받을 때는 병처에 있어도 나쁜 행위를 하는 것이 아니므로 범함이 아니다. 모두 염오심이 없기 때문이다.[87]

---

85. 『四分』(大22, 640下), 五語者 色無我受想行識無我 六語者 眼無常耳鼻舌身意無常. '5어'란 색이 무아이고 수·상·행·식도 무아라고 말하는 것이고, '6어'란 눈이 무상하고 귀·코·혀·몸·뜻(마음)도 무상하다고 말하는 것이다.
86. '제86 남자와 어두운 방에 들어가는 계'를 말한다.
87. (大22, 716中).

7 다른 비구니의 바라이죄를 숨겨주는 계 覆他重罪戒

비구계 바일제 제64와 같음, 대승공계, 차계   투라난타 비구니, 지사난타 비구니

1. 계의 조문[戒文]

　어떤 비구니가, 다른 비구니가 바라이죄를 범한 줄 알면서도 스스로 발로하지 않았다. 곧 여러 사람(1~3인)에게 말하지도 않고, 대중에 알리지도 않았다. 그런데 만약 다른 때에 그 비구니가 죽었거나, 대중에서 들려났거나, 환속했거나, 외도의 무리에 들어간 후에 "나는 이미 그 비구니에게 그런 죄가 있음을 알았다"고 말하면, 이 비구니는 바라이니 함께 머물지 못한다. 바라이죄를 숨겨주었기 때문이다.

2. 계를 제정한 인연 [緣起]

　『四分』

　부처님께서 사위국 기수급고독원에 계실 때 투라난타 비구니에게 출가한 여동생이 있었다. 이름이 '지사난타抵舍難陀'였는데 바라이죄를 범하였다. 그러나 투라난타는 이 사실을 알고도 말하지 않았다.

　그러다가 지사난타가 수행을 그만두고 환속하자, "그가 한 일은 옳다"고 하였다. 비구니들이 그 이유를 물으니 "지사난타가 바라이죄를 범한 것을 알고 있었다"고 하면서, "동생 지사난타에 대해 나쁜 소문이 날까 두려웠고, 그 때문에 나도 나쁜 소문을 들을 것 같아서 말하지 않았다"고 하였다. 비구니들이 듣고서 꾸짖고 비구들에게 알리고, 비구들이 부처님께 사뢰니 꾸짖으시고 계를 제정하셨다.[88]

---

88. (大22, 716中).

3. 제정한 뜻[制意]

『四分律疏』

출가한 비구니들은 금지한 약속을 서로 살펴서 잘못을 저지르지 않게 해야 한다. 그래야 계행을 이루고 승가대중을 빛나게 할 수 있다. 그러나 지금 다른 비구니가 바라이죄를 범한 줄 알면서도 고의로 서로 묵인하고 숨겨주면 자신은 바라이죄를 범하고 상대방은 지옥에 떨어지게 된다. 자신의 계행을 무너뜨리고 승가대중을 훼손시키므로 더러움과 욕됨이 가볍지 않기 때문에 더욱 엄하게 금하여 바라이죄로 제정하셨다.[89]

4. 범하는 조건[犯緣]

『比丘尼鈔』

여섯 가지 조건을 갖추면 범함이 된다.

첫째, 다른 비구니가

둘째, 바라이죄를 범했는데

셋째, 그가 바라이를 범한 줄 알고도

넷째, 숨겨주려는 마음으로

다섯째, 다른 이의 바라이죄를 발로하지 않고

여섯째, 다음날 날이 밝으면[明相出][90]

범한다.

---

89. (卍65, 337前上).

90. 『名義標釋』8(卍44, 466中), 明了論云 約日未出前二刻爲曉 又以觀見掌文爲限也 地了時謂見地色分了 故也. 해가 뜨기 30분(1刻은 15분이다) 전을 '새벽'이라 한다. 또는 손금이 보이는 것으로 기준을 삼는다. 땅을 구별할 수 있을 때로 기준을 삼기도 하니, 땅의 색깔을 구분해서 알아볼 수 있기 때문이다.

5. 범하는 상황[罪相]

	후야後夜에 알았으나 말하지 않고 있다가 날이 밝았으면	바라이
다른 비구니가 바라이죄 범한 것을	중야中夜에 알았으나 후야에 말했으면	투란차
	초야初夜에 알았으나 중야에 말했으면	
	점심공양 후[後食]에 알았으나 초야에 말했으면	
	아침공양 전[食前]에 알았으나 점심공양 후에 말했으면	
자신의 바라이죄를 숨겼으면		투란차
나머지 사람(식차마나·사미·사미니)의 죄를 숨겨 주었으면		돌길라

「第二分」

8바라이법을 제외한 나머지 죄를 숨기고 말하지 않은 것은 범한 것에 따른다.
(승잔을 숨기면 바일제고, 투란차를 숨기면 돌길라다.)

6. 범함이 아닌 경우[開緣]

만약 알지 못했으면	범함이 아니다
만약 바라이죄를 바라이죄가 아니라고 생각했으면	
만약 다른 사람에게 말했으면	
만약 말할 사람이 없었으면	
만약 말하려고 생각했는데 말하기 전에 날이 밝았으면	
만약 말하려고 했으나 목숨이 위태롭거나 청정행이 어려워서 말할 수 없었으면	

『資持記』

'알지 못했다'는 것은 숨기려는 마음이 없었기 때문이고 '바라이죄가 아니라고 생각했다'는 것은 마음에서 착오를 일으켰기 때문이다. '말했다'는 것은 이미 발로했기 때문이며 '말할 사람이 없었다'는 것은 말할 대상이 없었기 때문이다. 그리고 '말하려고 했다'는 것은 숨길 생각이 없었기 때문이다.

『比丘尼鈔』

『十誦』 만약 비구니가 거죄당했거나 미친 상태에서 숨긴 것은 범함이 아니다. 만약 광란한 마음 상태가 그쳤는데도 숨기면 바로 범한다.[91]

『僧祇』 만약 어떤 비구니가 바라이죄를 범한 것을 알면 다른 사람에게 말해야 한다. 만약 죄를 범한 사람이 흉악하거나 세력이 있어서 목숨이 위태롭거나 청정행을 하기 어렵지 않을까 두려우면, 이와 같이 마음속으로 '그가 지은 죄업과 그에 따른 과보는 스스로 마땅히 알 것이다. 비유하면 불이 나서 집이 타게 되면 오직 자기 자신을 구하는 것이 우선이지, 어찌 다른 이의 일을 알겠는가?'라고 생각해야 한다. 그래서 마음으로 상응했으면 그만두어야 한다.[92]

발로하고자 했으나 이유가 있어서 성립되지 못했다는 것은 말을 들은 상대방이 중죄를 지은 사람으로 청정하지 않은 자이거나, 상대방이 이미 그 사실을 알고 있으면서도 드러내지 않은 사람의 경우이다. 이 경우는 둘다 허물이 있어서 각자 자신의 죄를 발로해야 하기 때문이다. 범한 사람에게 발로하면 참회가 성립되지 않는다. 만약 드러내고자 하면 바라이죄를 범한 사람의 이름을 말하고 각각 죄명과 종류를 말해야 발로가 이루어진다. 만약 죄를 범한 사람의 이름과 죄명을 알지 못했다면 숨겨준 잘못이 없다. 만약 다른 사람이 범한 자의 발로를 먼저 받아들였다면, 범한 사실을 나중에 알게 된 사람은 다시 말하면 안 된다. 말

91. (大23, 304中).
92. (大22, 516下).

한다면 많은 잘못이 생기게 된다. 만약 죄를 범한 자가 스스로 발로했으면 다른 사람이 비록 숨겨줄 마음을 내도 죄가 성립되지 않는다. 근본적으로 이미 자기가 발로했기 때문이다.

『十誦』 비구니는 비구 앞에서 비구니의 큰 허물(바라이죄와 승잔죄)을 드러낼 수 없다. 비구니대중에 돌아와서 참회해야 한다. 만약 죄상을 알지 못하면 비구 처소에 가서 자세히 물어보고 이해한 다음 돌아와서 비구니에게 참회해야 한다.[93]

『行事鈔』

만약 혼자 살아서 말할 사람이 없었으면 감춘 것이 아니다.[94]

---

8 대중이 세 번 충고해도 거죄당한 비구를 따르는 것을 버리지 않는 계 隨擧三諫不捨戒

대승공계, 성계   위차비구니, 천타비구

1. 계의 조문[戒文]

비구대중들이 한 비구를 법과 율과 부처님의 가르침에 맞게 거죄갈마擧罪羯磨[95]를 했다. 그런데 이 비구가 수순하지 않고 참회하지 않아서 대중들이 함께 머물 수 있는 갈마를 해주지 않았다.[96] 비구니가 이러한 사실을 알고도 따르므로 비구니들이 "스님! 이 비구는 법과 율과 부처님의 가르침에 맞게 거죄당했습니다. 그

런데 수순하지 않고 참회하지 않아서 대중들이 함께 머물 수 있는 갈마를 해주지 않았습니다. 그러니 그대는 거죄당한 비구를 따르지 마십시오"라고 하였다.

이와 같이 비구니들이 충고할 때 이 일을 버리지 않고 고집하면 두 번, 세 번 충고해야 한다. 이 일을 버리게 하기 위해서이다. 만약 세 번 충고해서 버리면 좋고 버리지 않으면 이 비구니는 바라이니 함께 머물지 못한다. 거죄당한 비구를 따르는 계를 범했기 때문이다.

2. 계를 제정한 인연 [緣起]

『四分』

부처님께서 구섬미狗睒彌 구사라원瞿師羅園에 계실 때였다. 천타闡陀비구가 대중에서 거죄를 당하고 참회하지 않아 죄를 풀어주는 갈마를 해주지 않았는데, 그의 여동생 위차慰次비구니가 왕래하면서 받들어 섬겼다. 그때 비구니들이 위차비구니에게 천타비구를 따르지 말라고 충고했으나 끝내 그만두지 않았다. 그래서 비구니들이 꾸짖고 비구들에게 알리고 비구들이 부처님께 사뢰니, 부처님께서 대중이 위차비구니에게 가책갈마를 하게 하신 후 계를 제정하셨다.[97]

---

93. (大23, 294下).

94. 이 조항은 비구에게만 해당된다. 비구니는 혼자 지내는 것이 허용되지 않기 때문이다.

95. 1)거죄擧罪: 과청,『講記』上, p.898, 所謂三擧 就是不見罪擧 不懺悔擧 惡見不捨擧. 세 가지 거죄란 곧 인정하지 않는 죄(불견거), 참회하지 않는 죄(불참거), 악견을 버리지 않는 죄(악견불사거)를 들추어내는 것이다.

    2)갈마羯磨: 승가의 의사결정 방법이나 불교교단 내부에서의 의식·작법을 말한다. 갈마는 회의 안건을 고지하는 '알리기[白]'와 찬반 여부를 묻는 '갈마설羯磨說'로 구성되는데, 그 형식에 따라 종류를 나눌 수 있다. ①單白갈마: 白갈마라고도 한다. 한 번 알리기만 하는 것으로, 일상적인 일 등을 통지할 때 사용한다. ②白二갈마: 알리기를 한 번 하고 갈마설도 한 번만 한다. 결계 등을 할 때 사용한다. ③白四갈마: 알리기를 한 번 하고 갈마설을 세 번 한다. 구족계 수여 등 중요한 사안을 결정할 때 사용한다.

96. 『行事鈔』(大40, 19下), 거죄당한 비구는 35가지 권리가 박탈되고, 界 밖으로 쫓겨나서 참회의 기간을 가져야 한다. 대중이 갈마로 풀어주어야 계 안으로 들어올 수 있다.

97. (大22, 717上).

3. 제정한 뜻[制意]

『四分律疏』

제정한 뜻에 세 가지가 있다.

1) 세 가지 허물이 생기므로 따르는 것을 허락하지 않았다. 첫째, 삿된 견해를 기르고 끝내 참회하지 않아서 허물을 고치고 선善을 따를 수 없다. 둘째, 그와 같이 오염되어서 스스로 심행心行을 무너뜨린다. 셋째, 비구대중에서 거죄된 후 함께 말하는 것을 허락하지 않았는데 번번이 따르면, 법을 어기고 대중을 괴롭게 하므로 돌길라를 범한다.

2) 충고의 뜻

이 비구니는 8경법敬法[98]과 부처님의 가르침을 빙자하여 친척은 허용했기 때문에 범함이 아니라고 생각하였다. 그래서 『四分』에, "이 사람은 나의 오빠입니다. 지금 공양하지 않으면 다시 어느 때를 기다리겠습니까?"라고 하였다. 이 두 견해를 굳게 고집해서 상황을 서로 혼동하여 옳고 그름을 구분하기 어렵기 때문에 반드시 스님들이 충고해서 옳고 그름을 알려주어야 한다.

8경법의 가르침과 친척에게 허용해 준 것은 정견청정비구正見淸淨比丘를 말한 것이다. 법이 있어 비구니에게 이익을 줄 수 있으며 공경할 만한 사람이기 때문이다. 비록 친척이라도 사견邪見으로 마음이 이루어져서 법으로 비구니에게 이익을 주지 못하면 따르지 말아야 한다. 마음을 밝혀주는 정견청정비구인 줄 알면 공경해야 하지만 그릇된 이는 공경하지 말아야 한다. 그가 미혹함을 고쳐서 옳음을

---

98. 『四分』에서는 여덟 가지 不可過法이라고 하였다. 『四分』48(大22, 923上), ①비록 백세 비구니일지라도 새로 계를 받은 비구를 보면, 일어나서 맞이하여 예배하고 깨끗한 자리를 펴주고 앉으라고 청해야 한다. ②비구니는 비구를 욕하거나 꾸짖지 말아야 하고, 破戒·破見·破威儀라고 비방하지 말아야 한다. ③비구니는 비구의 죄를 드러내거나 기억시키거나 자백시키지 못하며, 覓罪·說戒·自恣를 막지 못한다. 비구니는 비구를 꾸짖지 못하고, 비구는 비구니를 꾸짖을 수 있다. ④식차마나가 계를 배우고 나면 비구대중에 구족계 수계를 청해야 한다. ⑤비구니가 승잔죄를 범하면 二部僧衆에서 보름 동안 마나타를 행해야 한다. ⑥비구니는 보름마다 비구승중에 교수를 청해야 한다. ⑦비구니는 비구가 없는 곳에서 하안거를 해서는 안 된다. ⑧비구니 대중이 안거를 마치면 비구승중에 가서 3事(보고 듣고 의심한 것)에 대해 自恣해 주기를 청해야 한다.

따르고 악을 버리고 선에 나아가기를 바라기 때문에 충고하는 것이다.

　3) 죄가 되는 뜻

　대중이 이미 충고하여 옳고 그름의 이치를 가려주었으나, 자신의 마음을 굳게 고집하여 충고를 따르지 않고 법을 어기며 대중을 괴롭게 하여 허물이 가볍지 않으므로 바라이가 된다.[99]

4. 범하는 조건[犯緣]

『四分律疏』

여섯 가지 조건을 갖추면 범함이 된다.

첫째, 거죄당한 비구이고

둘째, 거죄당한 비구가 순종하지 않고 참회하지 않은 줄 알면서

셋째, 거죄당한 비구를 따르고

넷째, 비구니 대중이 법답게 충고했으나

다섯째, 거부하여 받아들이지 않고

여섯째, 세 번의 갈마설을 마치면

범한다.[100]

5. 범하는 상황[罪相]

'따른다'는 것에 두 가지가 있다.	법法	거죄당한 비구로부터 증상계[戒]·증상심[定]·증상혜[慧]를 배우거나, 가르침을 받거나, 학문을 배우거나, 경을 독송하는 것을 배우는 경우
	의식衣食	음식·의복·평상·와구·의약품을 주는 경우

---

99. (卍65, 337後上).

100. (卍65, 337後下).

		알리기를 하고, 세 번째 갈마설을 마쳤으면	바라이
거죄당한 비구를 따를 경우	대중이 충고할 때	알리기를 하고, 두 번째 갈마설을 마쳤으면	3투란차
		알리기를 하고, 첫 번째 갈마설을 마쳤으면	2투란차
		알리기를 마쳤으면	1투란차
		알리기를 마치지 않았으면	돌길라
	대중이 아직 충고하지 않았을 때	아직 알리기를 하기 전이었으면	돌길라

6. 함께 제정함[併制]

	대중이 충고할 때	버리지 말라고 가르쳤으면	가르친 사람은	투란차
비구·비구니가	대중이 아직 충고하지 않았을 때	버리지 말라고 가르쳤으면	가르친 사람은	돌길라
나머지 3중(식차마나·사미·사미니)이		버리지 말라고 가르쳤으면	가르친 사람은	돌길라

7. 범함이 아닌 경우 [開緣]

만약 처음 충고했을 때 바로 버렸으면		
만약 비법별중非法別衆, 비법화합중非法和合衆, 법별중法別衆[101]이	충고하는 갈마를 했으면	범함이 아니다
만약 사법별중似法[102]別衆, 사법화합중似法和合衆이		
만약 법에 맞지 않거나,[103] 율에 맞지 않거나,[104] 부처님의 가르침에 맞지 않게[105]		
만약 일체 충고하는 갈마를 하기 전이었으면		

『集要』

『十誦』에 "비구니들은 이 거죄당한 비구에게 '스님은 대중들에게 하심하고 절복하십시오. 만약 스님이 뜻을 굽혀 절복하지 않는다면, 비구니 대중은 예배하지 않고 함께 말하지 않으며 공양 올리지 않는 갈마를 할 것입니다'라고 말해야 한

---

101. 과청, 『講記』上, p.804, 1) 非法: 갈마가 법답지 못한 것을 말한다. 만약 백이갈마를 해야 하는데 백사갈마를 했거나 갈마하는 문장을 잘못 읽었거나 빠뜨렸을 경우이다.

2) 別衆: 같은 界 안에 머물면서 갈마를 할 때 현장에 오지 않은 사람은 다른 사람에게 위임해야 하는데 위임하지 않았다. 그래서 그 자리에서 가책할 수 있는 사람이 가책을 하였다. 그러나 여법한 갈마라면 가책할 수 있는 자격이 있는 사람이라도 가책하지 않는 것이 옳다. 가책하는 말을 했다면 口業이 화합하지 못한 것이고, 위임해야 하는데 위임하지 않은 것은 意業이 화합하지 못한 것이고, 갈마에 참석하지 않은 것은 身業이 화합하지 않은 것이다. 그래서 신·구·의 삼업이 모두 화합하지 못했기 때문에 '별중'이 된다.

3) 和合衆: 동일한 대계 안에 머물며 화합하여 한 곳에서 갈마를 했고, 위임할 사람은 위임했으며 그 자리에서 가책하지 않은 것이다.

102. 과청, 『講記』上, p.805, 似法이란 백이갈마나 백사갈마를 할 때 거꾸로 먼저 갈마를 하고 뒤에 알리기를 한 것이다.

103. 과청, 『講記』上, p.806, 규칙을 어긴 것이다.

104. 과청, 『講記』上, p.806, 이치에도 어긋나고 강제적으로 집행하는 것이다.

105. 과청, 『講記』上, p.806, 불교의 가르침과 다르게 자기 마음대로 한 것이다.

다. 만약 비구니 대중이 예배하지 않고 함께 말하지 않으며 공양 올리지 않는 갈마를 하기 전에 비구니가 거죄당한 비구에게 법을 받거나, 그에게 물건을 주거나, 그에게서 물건을 받으면 낱낱이 돌길라다. 만약 갈마를 마친 후에 받으면 낱낱이 투란차다"[106]라고 하였다.

비구니들이 먼저 부드러운 말로 가르쳤을 때, 거죄당한 비구를 따르는 비구니가 비구를 따르는 것을 버린다고 하면 여러 돌길라와 투란차의 회과법悔過法을 가르쳐주어야 한다. 만약 버리지 않으면 백사갈마를 해주어야 한다.

『四分律疏』

8바라이 중에 제1 음계, 제5 남자와 만지고 접촉하는 계, 제6 여덟 가지 행위를 하면 바라이가 되는 계, 제7 다른 비구니의 바라이죄를 숨겨주는 계, 제8 대중이 세 번 충고해도 거죄당한 비구를 따르는 것을 버리지 않는 계, 이 다섯 가지 계는 자기가 지으면 바라이다. 그러나 남에게 시키는 것은 죄가 가볍다. 제2 도계와 제3 살인계는 자기가 짓거나 남에게 시키더라도 다 바라이를 범한다. 하지만 제4 대망어계는 자기가 지으면 바로 범함이 되고, 남에게 시키면 범함이 같을 수도 있고 같지 않을 수도 있다.[107]

『尼戒會義』

『多論』 '함께 머물지 못한다'는 것은 일체 갈마를 함께 하지 않고 승사僧事를 같이 하지 않는다는 것이다. '함께 머물지 못한다'고 하는 이유는 네 가지 뜻이 있다.

첫째, 천인, 용, 귀鬼, 신神, 4부部가 믿고 공경하는 마음을 내게 하기 위함이다.

---

106. （大23, 306上).

107. （卍65, 335前上). ; 과청,『講記』上, p.809, 有共同財利的話 就是同犯 假若是不共同的利養的話 就不同犯. 함께 재물이나 이익을 취하자고 했으면 범함이 같고, 함께 이양을 취하자고 하지 않았으면 범함이 같지 않다.

만약 악행을 하는 사람과 함께 일을 하면 믿고 공경하는 마음이 없어진다.

둘째, 불법에 사사로움이 없고 좋아함도 싫어함도 없는 것을 나타내기 위해서이다. 청정한 자라면 함께 머물고 청정하지 않은 자와는 함께 머물지 않는다.

셋째, 비방을 그치게 하기 위해서이다.

넷째, 계를 지님으로써 안락하게 머물 수 있고 선근이 늘어나게 하며, 계를 파하는 자가 부끄러워하는 마음을 내고 나쁜 마음을 끊게 하기 위해서이다.[108]

대중스님들이여! 제가 이미 8바라이법을 설했습니다.

만약 비구니가 낱낱의 바라이법을 범하면 다른 비구니들과 함께 머물지 못합니다. 만약 전후로 범하여도 또한 그렇습니다.[109] 비구니가 바라이죄를 지으면 함께 머물 수 없습니다.

이제 대중스님들에게 묻습니다.

"이 가운데 청정합니까?" (이와 같이 세 번 묻는다.)

대중스님들이여! 여기에 청정하여 묵연하므로 이 일은 이와 같이 지녀야 합니다.

---

108. (大23, 514上).
109. 먼저 '도계'를 범했는데, 다시 '도계'를 범하면 바라이죄가 된다. 또는 먼저 '도계'를 범하고 뒤에 '음계'를 범하면 역시 바라이죄가 된다

17 승가바시사법

대중스님들이여!

이 17승가바시사법[1]을 보름보름마다 설해야 하니 계경에 있는 것입니다

승잔 대규환叫喚지옥에 떨어져서 인간 수명으로 23억 4백만 년 동안 머문다.
투란차 호규嘷叫지옥에 떨어져서 인간 수명으로 5억 7천6백만 년 동안 머문다.

1 중매하는 계 媒嫁戒
비구계 제5와 같음, 대승공계, 차계

1. 계의 조문[戒文]

만약 비구니가 중매하여 남자측 말을 여자 집에 전하거나 여자측 말을 남자 집에 전해서, 혼사를 성사시키거나 사사로이 정情을 통하게 하기를 잠깐 동안이라도 하면, 이 비구니는 처음 범했을 때 응당 버려야 할 승가바시사²다.

2. 계를 제정한 인연[緣起]

『四分』

부처님께서 라열성 기사굴산에 계실 때였다. 가라迦羅비구는 나라의 대신을 지내서 세속법을 잘 알았으므로, 라열성에서 혼사를 치르고자 하면 가라비구에게 물었다. 그는 중매를 하면서 남자에게 여자측 말을 전하고 여자에게 남자측 말을 전하였다. 가라비구의 중매로 여러 남녀들이 결혼했는데 남녀가 마음에 맞으면 기뻐하면서 공양하고 찬탄하였다. 하지만 마음에 맞지 않은 이들은 가라비구를 원망하며, "가라비구 때문에 혼인하여 고통을 받으니 가라비구와 비구들도 고통을 받게 하고 공양을 얻지 못하게 하리라"고 하였다.

---

1. 과청, 『講記』上, p.815, 十誦律說: 這種罪是屬於僧 在僧中有殘 因爲在大衆僧之前來懺悔 這種罪過 就能夠滅除 因此就稱作僧伽婆尸沙. 『十誦律』: 이런 종류의 죄는 대중에 속하는 것이다. 대중에 남을 수 있다는 것이다. 대중스님들 앞에서 참회하면 이런 종류의 죄는 없앨 수 있다. 그래서 '승가바시사' 라고 한다.

2. 과청, 『講記』上, p.961, 最初犯到是屬於自性的僧伽婆尸沙罪過 而這種罪過就應該要捨去的 要好好的 懺悔捨去的 所以前面的叫作初法應捨. 최초에 범했을 때 죄 자체가 승가바시사의 허물에 속한다. 이러한 종류의 허물은 마땅히 참회해서 없애야 한다. 그래서 '처음 범했을 때 응당 버려야 한다'고 한 것이다.

그때 라열성에 삼보를 믿지 않는 거사들이 서로 말하기를, "그대들이 재물이 많은 부자와 혼인하려면 부처님의 제자들에게 가서 묻고 때때로 공양하며 가까이하고 공경하면 뜻대로 될 것이다. 왜냐하면 부처님의 제자들은 중매를 잘하여 이 남자는 저 여자와 결혼해야 옳고, 저 여자는 이 남자와 결혼해야 옳다는 것을 잘 알기 때문이다"라고 하였다.

비구들이 듣고서 꾸짖고 부처님께 사뢰었다. 부처님께서 가라비구를 불러 사실을 확인하시고, "내가 많은 방편으로 너희들에게 음욕 여의는 일을 말하였는데, 너는 어찌하여 음욕의 일이 성사되도록 했느냐?"라고 꾸짖으시고 계를 제정하셨다.[3]

3. 제정한 뜻[制意]

『四分律疏』

결혼하는 예법은 생사의 일과 통하기 때문에 곧 출리법을 어기는 것이다. 출가인이 이러한 일을 하면 특히 법도에 어긋나고 일이 번거로워서 수행을 방해하고, 외적으로는 비방을 받고 불법이 실추됨을 초래하여 세속의 비난을 면하지 못한다. 그래서 부처님께서 제정하셨다.

4. 범하는 조건[犯緣]

『行事鈔』

여섯 가지 조건을 갖추면 범함이 된다.

첫째, 사람 남녀이고

둘째, 사람이라고 생각하고

셋째, 중매를 하면서

넷째, 중매라고 생각하고

---

3. (大22, 582下).

다섯째, 말을 분명히 하여

여섯째, 중매하는 말을 받아서 갔다가 돌아와서 알리면

범한다.

5. 범하는 상황[罪相]

1) 직접 말로써 사람 남자를 위하여 사람 남자라고 생각하고 중매하는 경우

대·소변길을 통해 중매하되	상대의 말을 받고	갔다가	돌아와서 알리되	•말을 분명하게 했으면-승잔(한 번 전해 주고 돌아와서 알려주면 1승잔) •말을 분명하게 하지 않았으면-낱낱이 투란차
			돌아와서 알리되 나병이 있다거나, 대·소변길에 상처가 있다거나, 고름이 나와서 그치지 않는다는 등	
			돌아와서 알리되 이미 다른 사람에게 장가를 갔거나, 다른 곳에 갔거나, 죽었거나, 도적에게 잡혀가서 없다고 말했으면	투란차
	상대의 말을 받고	갔다가	돌아와서 알려주지 않았으면	
	말을 받지 않고	갔다가	돌아와서 알려주었으면	
	말을 받고	가지도 않고	돌아와서 알려주지도 않았으면	돌길라
	말을 받지 않고	갔다가	돌아와서 알려주지 않았으면	

몸의 다른 부위를 통해 중매하되	말을 받고	갔다가	돌아와서 알려주었으면	투란차

2) 직접 말로써 천인남 등을 위하여 중매하는경우

	말을 받고	갔다가	돌아와서 알리되	말을 분명하게 했으면	투란차
천인남 등을 위해서					
변형할 수 있는 축생남 등을 위해서				말을 분명하게 하지 않았으면	돌길라
황문, 이형 등을 위해서					
변형할 수 없는 축생남을 위해서였으면					돌길라
여자를 위해서였으면					
만약 손짓으로 표시했거나, 서신이나 사람을 보냈거나, 모양을 지은 것도 이와 같다. 말을 받고, 갔다가, 돌아온 세 가지를 서로 섞어서 문구를 만든다. 율문에서 자세히 밝혔다.					

『戒本疏』

말을 받아서 갔다가 돌아오면 승잔이 되는데 두 집안이 결혼하고 안 하고는 상관없다.

『行事鈔』

'만약 나병 등이라고 돌아와서 알려주는 것도 승잔이 된다'고 한 것은 이후에 병이 나으면 다시 중매할 수 있기 때문이다.

「第四分」

대중이 중매하기 위해 백이갈마를 하고 말을 받아서 갔다가 돌아와서 전하면 모두 승잔이다. 대중이 중매하기 위해 백이갈마를 하고 말을 받아서 가서 말하고 돌아왔을 때, 심부름을 한 비구가 '만약 대중스님들에게 알리면 은덕이 나에게 있지 않다'라고 생각하고 직접 거사의 집에 가서 전하고는 그 결과를 대중스님들에게 알려주지 않으면, 심부름한 비구는 승잔이고 대중들은 투란차다.[4]

6. 함께 제정함[併制]

비구니가 다른 사람의 서신을 가지고 갔으나 보지 않았으면	돌길라
비구니가 재가자를 위하여 다른 심부름을 했으면	돌길라

『資持記』

이 계로 인하여 위의 두 가지가 제정되었다. 이것은 출가자가 할 일이 아니며 모든 경우에 해당되고 중매에만 국한되는 것은 아니기 때문이다. 율문에는 '서신을 보지 않고 가져가는 경우'를 제정한 것이다. 그러나 만약 보면 가져가도 될지 안 될지 알 수 있으므로 허용한 경우라면 가져갈 수 있다.

7. 대상에 대한 생각[境想]

중매를	중매라고 생각했으면	승잔
	중매인가 의심했으면	
	중매가 아니라고 생각했으면	투란차
중매가 아닌데	중매라고 생각했으면	
	중매가 아닌가 의심했으면	

사람 남자를	사람 남자라고 생각했으면	승잔
	사람 남자인가 의심했으면	투란차
비인남非人男을	비인남이라고 생각했으면	
	사람 남자라고 생각했으면	
	비인남인가 의심했으면	

8. 범함이 아닌 경우[開緣]

만약 남녀가 먼저 통하고 나서 후에 이별했다가 다시 화합했으면	범함이 아니다
만약 부모나 신심이 돈독한 우바이, 병자, 감옥에 갇혀 있는 이를 위해 서신을 보고 나서 가지고 갔으면	
만약 불·법·승·탑 또는 병든 비구니를 위해서 서신을 보고 나서 가지고 갔으면	

「第四分」

부부가 다투어서 부인을 쫓아냈거나 부인이 스스로 집을 나갔는데, 부인이 비구에게 와서 "함께 참회하고자 합니다"라고 말하였다. 비구가 즉시 가서 화합시키고 남편과 참회하게 하였다. 참회를 위한 것이므로 범함이 아니다.[5] (비구니도 같다.)

「第四分」

이미 먼저 화합했거나 혼인서약을 한 자를 위해 심부름한 것은 승잔을 범한

4. (大22, 989中).
5. (大22, 989下).

것이 아니다. 단지 재가자를 위해서 심부름을 한 것이므로 돌길라다.[6]

『比丘尼鈔』

『僧祇』 남자가 많은 부인과 첩을 두었는데 그가 평등하게 대하지 않아서 서로 다투었다. 만약 한 부인이 개인적으로 비구에게 청해서 비구가 화평하게 해주었거나, 부부가 화합하지 못하여 화합하도록 권했으면 투란차다. 만약 부인이나 여자가 친정으로 돌아갔는데, 비구가 그 집에 가서 빨리 집에 돌아가라고 권했으면 투란차다.[7] (『比丘尼鈔』 주注에는 "남편이 화내는 것에 연루될까 두려우니 화합시키지 말아야 한다"고 하였다.)

『五分』 남자를 위해서 여자에게 부탁하고 여자를 위해서 남자에게 부탁하면서 오랫동안 중간 역할을 하면 투란차다.[8]

『伽論』 만약 뱃속에 있는 아기를 가리켜 중매하거나 스스로 자신을 중매하면 투란차다.[9]

『僧祇』 다른 사람을 위하여 좋은 종자의 말[馬]을 구하여 교배하게 해주면 투란차고, 다른 축생은 돌길라다.[10]

『毘奈耶』 다른 축생이나 말[馬]을 교배하게 해주면 승잔이다.[11]

---

6. (大22, 989下).
7. (大22, 275上).
8. (大22, 13上).
9. (大23, 571下).
10. (大22, 275中).
11. (大24, 865中).

2 근거 없이 바라이죄를 범했다고 비방하는 계 無根重謗戒

비구계 제8과 같음, 대승공계, 성계   자지비구

1. 계의 조문[戒文]

만약 비구니가 화가 나 기분이 좋지 않아서 근거 없이 바라이법을 범했다고 비방하여 그의 청정행을 무너뜨리려 했다가, 뒤에 묻거나 묻지 않았거나 간에 이 일이 근거 없음을 알고 "내가 화가 나서 이와 같이 말했다"라고 하면, 이 비구니는 처음 범했을 때 응당 버려야 할 승가바시사다.

2. 계를 제정한 인연[緣起]

『四分』

부처님께서 라열성 기사굴산에 계실 때였다. 답파마라沓婆摩羅 존자가 아라한의 지위를 얻고 나서 '이 몸은 견고하지 못하다. 나는 이제 어떤 방편으로 견고한 법을 구할까? 공양과 대중의 와구를 나누고, 공양청을 받으면 차서에 맞게 공양하게 하는 소임자로 힘써야겠다'라는 생각을 하였다. 그래서 대중스님들의 동의를 받아 지객 소임을 살았는데 소임을 잘 살아서 부처님께서 칭찬하셨다.

어느 때 자지慈地비구가 라열성에 오자 답파마라 존자는 차서에 맞게 객실을 정해 주고 와구를 나누어 주었다. 그런데 자지비구는 법랍이 낮아서 좋지 않은 방과 와구를 얻게 되어 답파마라에게 화가 났다.

그때 라열성에 한 신도가 있었는데 대중을 위하여 해마다 두 차례씩 공양을 올렸다. 다음날 아침 답파마라는 대중의 공양청을 받아 차례대로 음식을 받게 했는데, 자지비구도 차례가 되어 그 집에 가게 되었다. 그런데 자지비구가 자기 집에 온다는 소식을 들은 신도는 문 밖에 헌 자리를 펴고 좋지 않은 음식을 차려주

었다. 자지비구는 더욱 화가 나서 누이동생인 자慈비구니에게, "답파마라가 나를 업신여기니 너는 대중스님들이 모였을 때 '답파마라가 나를 범했다'고 하라"고 시켰다. 그래서 자비구니는 대중이 있는 곳에 가서 그렇게 말하였다.

부처님께서 그 말을 들으시고 사실을 아시면서도 답파마라를 불러 그가 부정한 행동을 하지 않았다는 것을 확인하셨다. 그리고 자지비구가 사실대로 자백하자 비구들이 꾸짖고 부처님께 사뢰니, 부처님께서 많은 방편으로 자지비구를 꾸짖으시고 계를 제정하셨다.[12]

3. 제정한 뜻 [制意]

『四分律疏』

출가자는 함께 거주할 때 이치적으로 화합하고 받아들여서 서로 돕고 보호하여 괴롭게 서로 부딪치지 않도록 해야 한다. 그런데 지금 성내는 마음을 품고 있지도 않은 일을 만들어서 바라이를 범했다고 사람을 비방하는 것은 스스로 심행心行을 무너뜨리고 생사의 과보가 늘어나게 하며 정법이 멸하게 한다. 또 후에 선량한 사람을 욕되게 하여 대중 밖으로 들어내어 그의 일생을 괴롭게 하고 정업 닦는 것을 그만두게 한다. 속이고 업신여기는 일이 심하므로 성인께서 제정하셨다.

그러므로 『多論』에 "자신의 계행을 보호하고 정법이 오래 머물게 하기 위함이다. 그리고 훼방을 그치게 하여 행이 청정한 사람이 편안하게 도를 닦을 수 있도록 하고 정업 닦는 것을 그만두지 않게 하기 위해서이다"라고 하였다.

4. 범하는 조건 [犯緣]

『行事鈔』

여덟 가지 조건을 갖추면 범함이 된다.

---

12. (大22, 587上).

첫째, 비구·비구니이며, 이하 3중(식차마나·사미·사미니)은 제외하고

둘째, 비구·비구니라 생각하면서

셋째, 성내는 마음으로

넷째, 세 가지 근거가 없는데

다섯째, 최소한 한 비구니에게 말하여

여섯째, 바라이죄로 모함하고

일곱째, 말을 분명하게 해서

여덟째, 앞사람이 알아들었으면

범한다.

5. 범하는 상황[罪相]

1) 세 가지 근거

본 근거[見根]	이 세 가지 근거에 의거하지 않는 것을 '근거 없이 비방하는 것'이라 한다.
들은 근거[聞根]	
의심을 일으킨 근거[疑根][13]	

---

13. 과청, 『講記』上, p.843, 의근에 두 가지 종류가 있다. 첫째, 보고 의심을 내는 것과 둘째, 듣고 의심을 내는 것이다. 보고 의심을 낸다는 것은 무엇인가? 남자를 따라 숲에 들어갔다가 나오는데 옷을 입지 않고 나체였으니, 부정하여 몸을 더럽혔을 것이라고 말하는 이러한 것들은 그런 일들을 보고서 그가 중죄를 범했을 것이라고 의심하는 것이다. 둘째, 듣고 의심을 내는 것이다. 가령 어두운 곳에서 침대가 흔들리는 소리, 뒤척이는 소리, 몸이 움직이는 소리, 함께 말하는 소리를 듣고 중죄를 범했을 것이라고 의심하는 것이다.

2) 근거없이 비방하는 것

	보지도 않았고, 듣지도 않았고, 의심되지도 않는데 "나는 보았다, 들었다, 의심된다"고 말하는 것이다.		
세 가지 근거가 사실이 아니고, 비방하는 사람이 청정하거나 청정하지 않거나에 상관없이	보지도 않았고, 듣지도 않았고, 의심되지도 않는데	생각을 내었다가 뒤에 이 생각을 잊어버리고	"나는 보았다, 들었다, 의심된다"고 말하는 것이다.
		의심을 내었다가 뒤에 "의심이 없다"고 말하고는	
		의심을 내었다가 뒤에 이 의심을 잊어버리고	
		의심이 없었는데 뒤에 "의심이 있다"고 말하고	
		의심이 없었는데 뒤에 의심이 없었다는 것을 잊어버리고	

	①보지 않았고 "나는 들었다, 의심된다"고 말하는 것이다.		
세 가지 근거 중 하나가 사실이 아니고, 비방하는 사람이 청정하거나 청정하지 않거나에 상관없이	보지 않았고	②생각을 내었다가 뒤에 생각을 잊어버리고	"나는 들었다, 의심된다"고 말하는 것이다. (듣지 않은 것, 의심하지 않은 것도 이와 같다.)
		③의심을 내었다가 뒤에 "의심이 없다"고 말하고는	
		④의심을 내었다가 뒤에 이 의심을 잊어버리고	

146

| | ⑤의심이 없었는데 뒤에 "의심이 있다"고 말하고 | |
| | ⑥의심이 없었는데 뒤에 의심이 없었다는 것을 잊어버리고 | |

3) 스스로 비방하는 것

	근거 없이 바라이죄라고 비방하여	·말을 분명하게 했으면 －승잔
비구·비구니를	근거 없이 13중난重難[14]으로 여법한 비구·비구니가 아니라고 비방하여	·말을 분명하게 하지 않았으면－투란차
	근거 없이 다른 죄[餘法]로 비방했으면	앞의 범한 것을 따름
나머지 사람(식차마나·사미·사미니)을 비방했으면		돌길라
만약 손가락으로 가리켰거나, 서신이나 사람을 보냈거나, 모양을 지은 것 등도 이와 같다.		

「私記」

'보지 않았고'의 항목에 모두 여섯 구절(①-⑥)이 있다. 그 중 세 번째 구절은 『律』에 만약 "그 사람은 청정하지 않다. 하지만 그가 바라이 범한 것을 보지 않았고 여기에 의심이 없다"라고 한 후에, 문득 "여기에 의심이 있다. 그 사람이 바

---

14. 『四分』35(大22, 814下), ①邊罪(음행, 살인, 도둑질, 대망어) ②재가자였을 때나 사미니가 된 다음에 청정비구를 범한 일 ③賊住: 재가자였을 때나 사미니가 된 다음, 계를 설하는 것을 도청하고 비구니라 칭하면서 공경·이양·예배를 탐한 것 ④본래 외도로써 불법에 들어와 계를 받고 다시 외도에 나갔다가 또다시 들어온 것 ⑤황문 ⑥아버지를 살해한 것 ⑦어머니를 살해한 것 ⑧아라한을 살해한 것 ⑨화합승을 파한 일 ⑩부처님 몸에 피를 낸 일 ⑪천신 또는 귀신이 사람으로 변형한 자 ⑫용이나 축생이 사람으로 변형한 자 ⑬이형

라이 범한 것을 나는 들었다, 의심된다"라고 되어 있어서 그 내용이 다섯 번째 구절과 상황이 같다. 그래서 위의 표의 '보지도 않았고, 듣지도 않았고, 의심되지도 않는데'의 세 번째 구절에 의거해서, "'그 사람은 청정하지 않다. 하지만 그가 바라이 범한 것을 보지 못하였다', 저가 의심이 있었으나 후에 문득 '의심이 없다. 나는 그가 바라이 범한 것을 들었다, 의심된다'고 말하였다"라고 고쳐서 썼다. 또한 견월見月율사의 『毘尼止持』에서도 이와 같이 고쳤다.

「私記」

'다른 죄[餘法]'란 아래 4편, 340법 등을 말한다. '앞의 범한 것'을 따른다는 것은 『多論』에 "근거 없이 승잔이라고 비방하면 바일제이고, 근거 없이 바일제를 범했다고 비방하면 돌길라다. 돌길라를 범했다고 비방하는 것도 돌길라다"[15]라고 하였다.

6. 범함이 아닌 경우[開緣]

만약 본 근거, 들은 근거, 의심한 근거에 의해 사실을 말했으면	
만약 장난으로 말했으면	
만약 빨리 말했으면	범함이 아니다
만약 혼자 있는 곳에서 말했으면	
만약 꿈속에서 말했으면	
만약 이것을 말하려다가 착오로 저것을 말했으면	

---

15. (大23, 554下).

148

3 다른 근거로써 바라이죄라고 비방하는 계 假根謗戒

비구계 제9와 같음, 대승공계, 성계 　　　　　　　　　자지비구

1. 계의 조문[戒文]

어떤 비구니가 화가 나 기분이 좋지 않아서 다른 일 중에서 일부분을 취하여, 바라이죄가 아닌 비구니를 근거 없이 바라이죄라고 비방하여 그의 청정행을 깨뜨리려고 하였다. 후에 묻거나 묻지 않았거나 간에 다른 일 중에서 일부분을 취했음을 알았다. 만약 비구니가 화가 나서 이와 같은 말을 했다면 이 비구니는 처음 범했을 때 응당 버려야 할 승가바시사다.

2. 계를 제정한 인연[緣起]

『四分』

부처님께서 라열성 기사굴산에 계실 때였다. 자지비구가 기사굴산에서 내려오다가 큰 숫염소와 암염소가 교미하는 것을 보고 '이 숫염소는 답파마라이고 암염소는 자비구니다. 내가 지난 번에는 비구들에게 근거 없이 답파마라를 비방한다는 말을 들었지만, 지금은 우리들이 직접 답파마라와 자비구니가 실제로 부정행 하는 것을 보았다고 말하리라'고 생각했다.

그래서 곧 비구들의 처소에 가서 "답파마라와 자비구니가 실제로 부정행 하는 것을 보았다"라고 말하였다. 이에 여러 비구들이 꾸짖으며 "답파마라는 청정한 사람이어서 그런 일을 한 적이 없다"고 하였다. 비구들이 부처님께 사뢰니 부처님께서 꾸짖으시고 계를 제정하셨다.[16]

---

16. (大22, 589中).

3. 제정한 뜻[制意]

『四分律疏』

본계의 요지는 실제의 일을 빙자한 것으로 본 근거가 있는 것이다. 저 일을 본 것을 취하여 이 사람을 비방하는 것이다. 비록 본 근거는 있지만 사실과 일치하지 않기 때문에 '빙자했다'고 한다. 본 것을 가지고 들었다는 등으로 말하는 것은 근거가 없는 것으로 앞의 제2계에 포함된다.

'제정한 뜻'과 '범하는 조건'은 모두 앞의 계(승잔2)와 같고 오직 '근거를 빙자한 것'만 다를 뿐이다.

4. 범하는 조건[犯緣]

『行事鈔』

'범하는 조건'은 앞의 계와 같다.

영지율사는 『資持記』에서 "앞 계의 범하는 조건 중 오직 네 번째, '근거를 빙자한 것'만 다르다"고 하였다.

5. 범하는 상황[罪相]

1) 염소를 사람에 해당시켜 이 계의 '계를 제정한 인연'에서처럼 말했으면
2) 바라이를 범하지 않았는데 바라이나 승잔 내지 돌길라나 악설을 범했다고 하거나, 승잔을 범했는데 바라이나 바일제 내지 돌길라나 악설을 범했다고 말했으면

3) ·청정하지 않은 사람이 청정하지 않은 사람과 비슷하여 ·청정하지 않은 사람이 청정한 사람과 비슷하여 ·청정한 사람이 청정하지 않은 사람과 비슷하여 ·청정한 사람이 청정한 사람과 비슷하여[17]	이름이 같거나 성姓이 같거나 모습이 같아서 이 사람의 일로 저 사람을 비방했으면	다른 일로써 근거 없이 바라이죄라고 비방하는 것이다.
4) 그가 본래 재가자였을 때 음행 등을 범한 것을 보고 들은 것으로 사람들에게 "나는 그가 음행 등을 범한 것을 보고 들었다"라고 했으면		
5) 소리만 듣고 음행 등을 했다고 말했으면		

스스로 비방하되	비구·비구니를	다른 경우로써 근거 없이 바라이라고 비방하여	·말을 분명하게 했으면-승잔 ·말을 분명하게 하지 않았으면 -투란차
		다른 경우로써 근거 없이 13중난 重難으로 여법한 비구·비구니가 아니라고 비방하여	
		다른 경우로써 근거 없이 그 외의 다른 죄라고 비방했으면	앞의 범한 것을 따름
	나머지 사람(식차마나·사미·사미니)을 비방했으면		돌길라
	만약 손가락으로 가리켰거나, 서신이나 사람을 보냈거나, 모양을 지은 것 등도 이와 같다.		

『行事鈔』

『律』 5가지 종류의 '다른 경우'가 있다. ①다른 부류[18] ②다른 죄 ③다른 사람

---

17. 과청, 『講記』上, p.877, 여기서 청정한 두 사람을 두고 비난한다는 것이 이상하게 느껴질 수 있다. 대체로 바라이와 승잔 2편을 범하지 않은 사람을 '청정한 사람'이라고 한다. 그런데 두 청정한 사람 가운데 한 사람은 5편 모두에 청정한 사람이고, 다른 한 사람은 2편에만 청정한 사람이다. 이 두 사람을 혼동하여 비난한다는 것이다.

④다른 때 ⑤소리를 빙자한 것이다.

6. 범함이 아닌 경우[開緣]

만약 본 근거, 들은 근거, 의심한 근거에 의하여 사실을 말했으면	범함이 아니다
만약 장난으로 말했으면	
만약 빨리 말했으면	
만약 혼자 있는 곳에서 말했으면	
만약 꿈속에서 말했으면	
만약 이것을 말하려다가 착오로 저것을 말했으면	

4 관청에 가서 사람을 고발하는 계 詣官言人戒

대승공계, 차계   비구니들

1. 계의 조문[戒文]

만약 비구니가 관청에 가서 거사나 거사의 아들이나 노비나 일하는 사람에 대해 혹 낮이나 밤이나, 한 생각 사이나, 손가락을 튕기는 사이나, 아주 잠깐 동안[19]이라도 말하면, 이 비구니는 처음 범했을 때 응당 버려야 할 승가바시사다.

2. 계를 제정한 인연 [緣起]

『四分』

1) 부처님께서 사위국 기수급고독원에 계실 때, 어떤 비구니가 아란야에 살았
는데 한 거사가 그곳에 절을 지어 비구니 대중이 살게 하였다. 뒤에 아란야에 나
쁜 일이 생겨서 여러 비구니들이 절을 떠나고 거사도 목숨을 마치니 거사의 아들
이 절터를 갈아서 밭을 만들었다. 이것을 본 비구니들이 스님들의 땅이라고 갈지
못하게 했다. 그래도 거사의 아들이 여전히 밭을 갈자 비구니들이 관청에 가서
이 일을 고발하였다. 재판관은 바로 거사의 아들을 불러서 법대로 판결하고 재
산을 몰수하게 하는 벌을 주었다. 비구니들이 듣고서 꾸짖고 비구들에게 알리고,
비구들이 부처님께 사뢰니 꾸짖으시고 계를 제정하셨다.

2) 구살라국拘薩羅國 파사익왕波斯匿王의 작은 부인이 절을 하나 지어서 비구니
들에게 주었는데, 비구니들이 살다가 버리고 세간으로 유행을 떠났다. 이 소식을
들은 왕의 작은 부인은 절을 바라문들에게 주었다. 그런데 비구니들이 돌아와서
바라문들에게 나가라고 하였다. 바라문들이 떠날 수 없다고 하자 비구니들은 화
가 나서 그들을 끌어내었다. 그래서 바라문들이 관청에 가서 고발하니 재판관이
비구니들을 불렀다. 비구니들이 의심스러워 가지 못하고 있으니 부처님께서 그
일을 아시고 비구니들을 불러서 "지금부터 부르는 이가 있으면 가야 한다"고 말
씀하셨다. 비구니들이 재판관에게 가서 말을 하니 재판관이 듣고 바라문들에게
주어서 살게 하겠다고 판결하였다. 비구들이 이 사실을 부처님께 사뢰자 부처님
께서는 "비구니들이 말을 잘하지 못했고 재판관도 판결을 잘하지 못했다"고 하
셨다.

---

18. 과청, 『講記』上, p.873, 以羊行婬 畜生道行婬當作人在行婬 這個叫作異趣. 염소가 음행하는 것, 즉
　　축생이 음행하는 것을 사람이 음행하는 것에 해당시켜 말하는 것이 '다른 부류'이다.

19. 과청, 『講記』上, p.886, ①一念頃은 60찰나 혹은 90찰나이다. ②彈指頃은 60念이다. ③須臾는
　　400彈指이다. ; 1찰나를 1초로 계산하므로 1수유는 48분이 된다.

파사익왕은 비구니와 재판관의 말, 부처님의 말씀을 모두 듣고 재판관의 재산을 관에서 몰수하게 하였다. 여러 비구들이 듣고 부처님께 사뢰니 거듭 계를 제정하셨다.[20]

3. 제정한 뜻[制意]

『四分律疏』

'사람을 고발하는 것을 허락하지 않는다'고 한 이유는 세 가지 허물이 있기 때문이다.

첫째, 출가한 사람은 4무량심을 지녀야 하는데, 진술하고 고소하면 상대방에게 손해를 끼치고 괴롭게 하므로 중생을 이익되게 하는 것이 아니다.

둘째, 여인의 성품은 이치적으로 외부 일에 관여하지 않으므로 옳고 그름을 가리기 어렵고 나아가고 물러갈 바를 알지 못한다. 비록 이치로는 명백하게 알지만 말로는 스스로 표명하지 못하여 불법을 실추시키고 비난을 받게 하여 손해가 심하다.

셋째, 스스로 심행心行을 무너뜨리고 도의 근본을 장애하기 때문이다. 이 모든 허물을 갖춘 이유로 제정하셨다.[21]

4. 범하는 조건 [犯緣]

『比丘尼鈔』

네 가지 조건을 갖추면 범함이 된다.

첫째, 세속의 관청에 가서

둘째, 재가의 거사에 대하여 말하고

셋째, 그 일을 자세히 진술하여

넷째, 재판관이 소송한 일을 착수하면

---

20. (大22, 718中).
21. (卍65, 338前下).

범한다.

5. 범하는 상황[罪相]

만약 비구니가 관청에 가서 함께 시비곡직是非曲直을 다투어서	재판관이 소송한 일을 착수했으면	승잔
	만약 입으로 이름을 말하지 않았으면	투란차

『比丘尼鈔』

『善見』 만약 관청에 가서 사람을 고발하여 관에서 상대방에게 벌금을 물리면, 그 많고 적음에 따라 죄가 되므로 배상해야 한다.

만약 남에게 재물을 빼앗기면 관청에 가서 몸을 보호해주기를 요청해야 한다. 하지만 이름은 말하지 말아야 한다. 관청에서 스스로 조사하여 벌을 준 것은 범함이 아니다.

만약 사람이 절에 들어가서 나무를 베어도 칼과 도끼를 빼앗을 수 없다. 만약 빼앗았다면 배상해야 한다.[22]

『比丘尼鈔』

『十誦』 만약 비구니가 재판관 앞에서 화가 나서 때린 사람을 욕하면 승잔이다. 만약 재판관이 아닌 다른 사람에게 때린 사람을 욕하면 투란차다.[23]

---

22. (大24, 787下).
23. (大23, 309下).

6. 범함이 아닌 경우[開緣]

만약 소환을 당했으면	범함이 아니다
만약 깨우쳐주려고 했으면	
만약 힘센 자에게 잡혀갔으면	
만약 묶여서 끌려갔으면	
만약 목숨이 위태롭거나 청정행이 어려워서 비록 입으로 말했으나 관청에 고발하지 않았으면	

『比丘尼鈔』

『五分』 만약 남에게 업신여김을 받으면 부모와 친척 중에서 힘 있는 사람에게 말해서 도움을 요청하여 보호받을 수 있다.[24]

5 도둑 여인에게 구족계를 주는 계 度賊女戒

대승공계, 차계   비구니들

1. 계의 조문[戒文]

만약 비구니가 전에 도둑질한 여인인 줄 알고 죄가 사형에 해당하며, 사람들이 이러한 사실을 아는 줄 알면서도 왕이나 대신이나 종성種姓에게 묻지 않

고 제도하여 출가시켜 구족계를 받게 하면, 이 비구니는 처음 범했을 때 응당
버려야 할 승가바시사다.

2. 계를 제정한 인연 [緣起]

『四分』

부처님께서 비사리국의 미후강변 누각강당에 계실 때였다. 왕족의 부인들이
밖에 나가서 노는데 도둑 여인이 그 무리에 섞여 있다가 재물을 훔쳐서 도망갔다.
부인들이 왕족들에게 사람을 보내 말하게 하니 찾아서 죽이라고 명령하였다. 이
말을 들은 도둑 여인이 왕사성에 있는 비구니 절에 가서 출가하고자 하니, 비구
니들이 제도하여 구족계를 받게 했다.

그때 이 도둑 여인이 도망갔다는 말을 여러 왕족들이 듣고, 왕사성 마가다국
의 파사익왕에게 도둑 여인을 잡아달라고 하였다. 왕이 신하를 시켜 조사해 보
니 출가했다는 말을 듣고 왕은 더 이상 관여할 수가 없다고 하였다. 그 말을 들
은 왕족들은 도둑 여인을 출가시켰으니 비구니들도 모두 도둑 여인이라고 비난
하였다. 비구니들이 듣고서 꾸짖고 비구들에게 알리고, 비구들이 부처님께 사뢰
니 꾸짖으시고 '도둑 여인인 줄 알면 출가시켜 구족계를 주지 말라'고 계를 제정
하셨다.

부처님께서 이와 같이 계를 제정하자 성 안에서 도둑질을 하고 마을 밖으로
나가는 이들도 있고, 마을 밖에서 도둑질을 하고 성 안으로 들어오는 이들도 있
었다. 비구니들이 도둑인지 도둑이 아닌지, 죽을 죄인지 아닌지, 사람들이 아는지
알지 못하는지 모르고 있다가 후에 그가 도둑이고 죽을 죄를 지은 줄 알고는 "승
가바시사를 범했다"고 말하며 걱정하는 이도 있었다. 부처님께서 "알지 못한 것
은 범함이 아니다"라고 말씀하시고 거듭 계를 제정하셨다.[25]

---

24. (大22, 80下).
25. (大22, 719中).

3. 제정한 뜻 [制意]

『四分律疏』

출가 비구니 대중은 이치적으로 수승한 사람들이 서로 모여 승가대중을 빛나게 해서 밖으로 신심과 공경심이 증장되게 해야 한다. 이제 이 여인은 행동이 단정하지 못하여 허물이 밖으로 드러나서 이미 법률을 어겼는데, 함부로 제도하여 출가시켜서 재가자들의 비난을 초래하였다. 따라서 승가를 오염시키고 비난을 초래하여 불법을 무너뜨림이 가볍지 않으므로 제정하셨다.[26]

4. 범하는 조건 [犯緣]

『比丘尼鈔』

다섯 가지 조건을 갖추면 범함이 된다.

첫째, 이 도둑 여인의 죄가 사형에 해당하고

둘째, 그러한 사실을 알고도

셋째, 왕이나 대신에게 묻지 않고

넷째, 임의로 구족계를 받게 하고

다섯째, 세 번의 갈마설을 마치면

범한다.

『比丘尼鈔』

『十誦』에 "도둑에는 두 종류가 있다"[27]고 하였다. 첫째, 재물을 훔쳐서 왕법을 범한 것이니 왕이 죽이고자 한다. 둘째, 몸을 훔쳐서 범한 것이니 남편이 죽이고자 한다.

---

26. (卍65, 338後下).
27. (大22, 310中).

5. 범하는 상황[罪相]

도둑 여인인 줄 알고도 왕 등에게 묻지 않고 제도해서 도를 닦게 하기 위하여 화상니가	알리기를 하고, 세 번째 갈마설을 마쳤으면	승잔
	알리기를 하고, 두 번째 갈마설을 마쳤으면	3투란차
	알리기를 하고, 첫 번째 갈마설을 마쳤으면	2투란차
	알리기를 마쳤으면	1투란차
	알리기를 마치지 않았으면	돌길라
만약 삭발해 주거나, 출가시켜 주거나, 계를 주려고 대중을 모아서 대중이 다 모였으면		일체 돌길라

『比丘尼鈔』

『十誦』 만약 화상니가 알았으면 승잔이고, 아사리니가 알았으면 투란차며, 대중이 알았으면 돌길라다.[28]

『比丘尼鈔』

『五分』 세 번의 갈마설을 마쳤으면 화상니는 승잔이고, 나머지 스님들은 모두 투란차다.[29]

『僧祇』 출가시켰으면 월비니고, 식차마나계를 주었으면 투란차며, 구족계를 주었으면 승잔이다.[30]

---

28. (大23, 310中).

29. (大22, 79下).

30. (大22, 520中).

6. 범함이 아닌 경우[開緣]

만약 도둑 여인인 줄 알지 못했으면	범함이 아니다
만약 왕·대신·종성種姓에게 알렸으면	
만약 죄가 사형에 해당하지만 왕이 출가를 허락했으면	
만약 죄가 있으나 허락받은 이를 출가시켰으면	
만약 결박된 상태에서 풀어주고 출가시켰으면	
만약 구제하여 벗어날 수 있게 했으면	

---

6 세 가지 일로 거죄당한 비구니의 죄를
계 밖에서 임의로 풀어주는 계 界外輒解三擧戒

대승공계, 차계   위차비구니, 투라난타 비구니

1. 계의 조문[戒文]

　만약 비구니가 어떤 비구니가 대중에서 법답고 율답고 부처님의 가르침에 맞게 거죄를 당하고도 따르지 않고 참회하지 않아서 대중들이 아직 함께 머물게 하는 갈마를 해주지 않은 줄 알면서도, 편애하여 대중에 묻지 않고 아직 대중에 이런 규정이 없는데도 계界 밖으로 나가서 갈마하여 죄를 풀어주면, 처음 범했을 때 응당 버려야 할 승가바시사다.

2. 계를 제정한 인연 [緣起]

『四分』

부처님께서 사위국 기수급고독원에 계실 때, 위차비구니가 대중들에 의해 법과 율과 부처님의 가르침에 맞게 거죄당했으나 수순하지 않고 참회하지도 않았다. 그런데 투라난타 비구니가 대중에 묻지 않고 아직 대중에 이런 규정이 없는데도, 계 밖으로 나가서 거죄당한 비구니의 죄를 풀어 주는 갈마를 해주었다. 비구니들이 꾸짖고 비구들에게 알리고, 비구들이 부처님께 사뢰니 꾸짖으시고 계를 제정하셨다.[31]

3. 제정한 뜻 [制意]

『四分律疏』

거죄당한 자의 죄를 마음대로 풀어주면 세 가지 허물이 있다.

첫째, 죄를 지은 비구니의 삿된 마음이 이루어져서 자신의 배움의 길에 장애가 된다. 스님들이 이미 벌을 주어 다스렸으나 삿된 견해를 버리지 않고 편애하는 마음으로 마음대로 풀어주어 그 비구니의 삿된 견해가 더욱 늘어나게 한다. 그래서 영원히 참회하여 허물을 고쳐 선善을 따를 수 없기 때문이다.

둘째, 그의 견해를 받아들여 동조하니 스스로 심행心行을 무너뜨린다.

셋째, 비구니를 경시하고 법을 어기며 대중들을 괴롭게 한다.

이 모든 허물을 갖추었기 때문에 승잔죄로 제정하셨다.[32]

4. 범하는 조건 [犯緣]

『四分律疏』

여섯 가지 조건을 갖추면 범함이 된다.

첫째, 앞사람이 세 가지 일로 거죄당했고

---

31. (大22, 720上).
32. (卍65, 338後下).

둘째, 비구니 대중이 법에 맞게 거죄했고

셋째, 수순하지 않고 참회하지 않는데

넷째, 임의로 죄를 풀어 주고

다섯째, 범함이 아닌 인연이 없는데

여섯째, 세 번의 갈마설을 마치면

범한다.[33]

5. 범하는 상황[罪相]

	알리기를 하고, 세 번째 갈마설을 마쳤으면	승잔
대중의 지시가 없는데도 죄를 풀어주기 위해서	알리기를 하고, 두 번째 갈마설을 마쳤으면	3투란차
	알리기를 하고, 첫 번째 갈마설을 마쳤으면	2투란차
	알리기를 마쳤으면	1투란차
	알리기를 마치지 않았으면	돌길라
알리기를 하기 전에 대중을 모아서 대중이 다 모였으면		일체 돌길라

6. 범함이 아닌 경우[開緣]

만약 대중들에게 알렸으면	
만약 대중의 지시가 있었으면	
만약 하심하여 본죄本罪를 참회했으면	범함이 아니다
만약 대중들이 화가 난 이유로 죄를 풀어주지 않아서 저 비구니가 죄를 풀어주었으면	

---

33. (卍65, 339前上).

만약 대중들이 먼저 거죄갈마를 하고 나서 이동했거나, 죽었거나, 멀리 갔거나, 환속했거나, 도적에게 잡혀갔거나, 물에 떠내려가서 그의 죄를 풀어 주었으면

7 네 가지를 혼자 하는 계 四獨戒

대승공계, 차계

1. 계의 조문 [戒文]

만약 비구니가 혼자 물을 건너거나, 혼자 마을에 들어가거나, 혼자 자거나, 홀로 뒤떨어져서 다니면 처음 범했을 때 응당 버려야 할 승가바시사다.

2. 계를 제정한 인연 [緣起]

『四分』

부처님께서 사위국 기수급고독원에 계실 때, 어떤 비구니가 홀로 옷을 높이 걷어 올리고 이 언덕에서 저 언덕으로 물을 건넜다. 그때 도적들이 보고서 비구니가 물을 건너오자 겁탈했다. 이것을 본 거사들이 모두 비난하였다.

어느 때 차마差摩비구니가 사사로운 일로 혼자 마을에 갔다. 이를 본 사람들이 혼자 다니는 것과 마을에서 혼자 자는 것은 남자를 구하려는 것이라고 비난하였다.

어느 때 육군비구니와 투라난타 비구니가 여러 비구니들과 구살라국의 광

야를 지나가는데 항상 대중들과 뒤떨어져 다녔다. 다른 비구니들이 "부처님께서 도반과 함께 다니라고 계를 제정하지 않았는가!"라고 꾸짖었다. 하지만 육군비구니들은 "우리가 뒤떨어져 가는 것은 남자를 구하고자 하는 것이다"라고 말했다. 비구니들이 듣고서 꾸짖고 비구들에게 알리고, 비구들이 부처님께 사뢰니 꾸짖으시고 계를 제정하셨다.[34]

3. 제정한 뜻[制意]

『四分律疏』

대체로 여자는 의지가 약해서 혼자서 일을 처리하지 못한다. 그래서 사람들이 가볍게 여기고 쉽게 능욕陵欲하여 큰 죄악[35]이 이루어지기 쉽다. 도반을 의지해서 서로 도와야 비로소 허물을 벗어날 수 있으므로 '혼자 다니지 말라'는 계를 제정하셨다. 물은 재난의 장소이고 밤에는 나쁜 무리들에게 능욕을 당하기 쉬우며, 마을은 재가 남자가 사는 곳이고 광야와 길에서는 악연을 만나기 쉽다. 그러므로 '혼자 하는 것은 승잔을 범한다'라고 함께 제정하셨다.[36]

---

34. (大22, 720中).
35. 음계를 범하는 상황을 말한다.
36. (卍65, 339前下).

1. 범하는 조건[犯緣]

『四分律疏』

네 가지 조건을 갖추면 범함이 된다.

첫째, 강물에서

둘째, (자기가) 혼자 건너서

셋째, 범함이 아닌 인연이 없는데

넷째, (뒤에 오는 도반이) 홀로 강을 건너게 되면

범한다.

2. 범하는 상황[罪相]

앞의 비구니가 빨리 먼저 물 속에 들어가서 도반이 미처 따라가지 못했으면 (그래서 앞의 비구니가 언덕에 도착했으면)	승잔
(앞의 비구니가) 빨리 먼저 물속에 들어가서 뒤에 오는 도반을 기다리지 않았으면 (앞의 비구니가 물에 있는 상황이다)	투란차
만약 저쪽 언덕에 도착해서 뒤에 오는 도반을 기다리지 않았으면	

『比丘尼鈔』

여기서는 길을 다닐 때의 계(바일제 제97·98계)에 준한다. 다만 옷을 걷어 올리고 물을 건너는 것이므로 육로와는 다르기 때문에 모두 승잔이다. 대계大界 안에서 물을 건너도 승잔을 범하는데 그것은 어려움이 있는 경우가 서로 같기 때문이다. 만약 대계 안에 있는 마을에 혼자 들어가면 또한 범한다. 만약 다리가 있을 때는 일상의 법도와 같으니 범함이 아닌 경우이다. 여기서 나열한 상황을 살

퍼보면 첫 번째 '범하는 조건'을 풀이한 것이다.

만약 두 비구니가 같이 물을 건너는데 앞의 비구니가 빨리 먼저 물 속에 들어가면 투란차고, 두 다리가 언덕에 오르면 승잔이다. (이렇게 앞의 비구니가 언덕에 도착해서 이미 승잔을 범한 상황에서) 뒤에 가는 비구니가 혼자 물에 들어가면 투란차다. 여기서 나열한 상황을 살펴보면 두 번째 '범하는 조건'과 네 번째 '범하는 조건'을 풀이한 것이다. 도반이 서로 도울 뜻이 없었다는 것을 말한다.

3. 범함이 아닌 경우[開緣]

만약 두 비구니가 함께 물을 건널 때, 뒤에 오는 도반을 기다렸다가 만났으면	
만약 갈 때에 빨리 가지 않고 도반을 기다렸으면	
만약 언덕에 올라가서 뒤에 오는 도반을 기다렸으면	
만약 신족통으로 건넜으면	
만약 배를 타고 건넜으면	
만약 다리 위로 건넜거나, 교량을 밟고 건넜거나, 돌 위로 건넜으면	범함이 아니다
만약 같이 가던 비구니가 죽었거나, 환속했거나, 멀리 가버렸으면	
만약 도적에게 잡혀갔으면	
만약 목숨이 위태로웠거나 청정행이 어려웠으면	
만약 사나운 짐승의 해를 입었으면	
만약 힘센 자에게 잡혀갔으면	
만약 결박되어 끌려갔으면	
만약 물에 떠내려갔으면	

『比丘尼鈔』

도반과 함께 천천히 건너면서 위의를 잃지 않았으면 범함이 아니다. 『五分』에 "물의 폭이 좁고 깊이가 얕으며 위협하는 남자가 없는 곳은 범함이 아니다"[37] 라고 하였다.

02 | 혼자 마을에 들어가는 계[獨入村戒]　　　　　　차마비구니

1. 범하는 조건[犯緣]

『四分律疏』

네 가지 조건을 갖추면 범함이 된다.

첫째, 재가자의 마을에

둘째, 혼자 들어가되

셋째, 범함이 아닌 인연이 없는데

넷째, 계界를 넘어가면

범한다.

---

37. (大22, 80中).

2. 범하는 상황[罪相]

비구니가	혼자 가다가 마을에 도착했으면 곧바로	승잔
	인적 없는 광야나 길 없는 곳을 가다가 북소리를 한 번 들을 수 있는 거리까지 갔으면	
	혼자 가다가 아직 마을에 도착하지 않았으면	투란차
	혼자 가다가 북소리를 한 번 들을 수 있는 거리까지 가지 않았으면	
	(동행하던 비구니와 마을에 도착했는데) 혼자 마을 가운데의 한 구역이나 한 집[一界]을 지나가게 되었으면	돌길라
	방편으로 가려고 했다가 가지 않았으면	
	도반과 함께 가려고 했다가 가지 않았으면	

『比丘尼鈔』

만약 문에 이르러 뒤에 오는 도반을 기다리지 않고 두 발이 문턱을 넘어서면 승잔이다. 마을에 먼저 간 비구니가 있으면 범함이 아니다. 그 비구니와 도반이 될 수 있기 때문이다.

3. 범함이 아닌 경우[開緣]

만약 두 비구니가 마을에 들어갔으면	범함이 아니다
나머지는 앞의 '혼자 물을 건너는 계'와 같다.	

『比丘尼鈔』

마을에 들어가도 '범함이 아닌 경우'는 앞과 같아서 옮기지 않았다.

1. 범하는 조건[犯緣]

『四分律疏』

세 가지 조건을 갖추면 범함이 된다.

첫째, 손을 뻗어서 닿지 않는 거리에서 자고

둘째, 범함이 아닌 인연이 없는데

셋째, 옆구리를 뒤척일 때마다

곧 범한다.[38]

2. 범하는 상황[罪相]

비구니가 혼자 잘 때	옆구리가 바닥에 닿을 때마다	승잔
	옆으로 뒤척여서 한 번 움직일 때마다	
두 비구니가 잘 때 손을 뻗어도 서로 닿지 않는 거리에서 자면서 옆으로 뒤척일 때마다		

『比丘尼鈔』

손을 뻗어 서로 닿지 않는 거리에서 자면, 절 안이나 마을 안이나 침상이 다르거나 자리가 다르더라도 다 범한다. 손을 뻗어 서로 닿는 거리에 있으면서 다시 서로 확인해서 찾아보아야 비로소 허물을 여읠 수 있다. 본래 떨어질 뜻으로 옆으로 조금이라도 돌리면 범한다.

『僧祇』 서로 간의 거리가 손을 뻗어서 닿을 수 있어야 하고, 하룻밤에 세 번은 손을 뻗어 서로 살펴보아야 한다. 한 번에 세 번 살펴볼 필요는 없고, 초야初夜·중

---

38. (卍65, 339後上).

야中夜·후야後夜에 각각 한 번 서로 살펴서 있는지 없는지 알아야 한다.[39]

『五分』 만약 서로 닿지 않는 거리에 있으면 초야·중야·후야까지는 투란차고, 날이 밝으면 승잔이다.[40]

3. 범함이 아닌 경우[開緣]

만약 두 비구니가 손을 뻗어서 서로 닿는 곳에서 잤으면	
만약 한 비구니가 대소변 하러 나갔거나, 경전을 받기 위해서 나갔거나, 경을 외우러 나갔으면	
만약 한 비구니가 고요한 것을 좋아해서 혼자 경행하고 있었으면	범함이 아니다
만약 한 비구니가 병든 비구니를 위해 국과 죽을 끓이거나 밥을 지었으면	
만약 한 비구니가 목숨이 다했거나, 환속했거나, 멀리 가는 등은 앞의 '혼자 물을 건너는 계'와 같다.	

『比丘尼鈔』

만약 본래 손을 뻗어서 닿는 거리에 있다가 후에 깊이 잠들어서 서로 거리가 멀어지면 범함이 아니다.

『僧祇』 만약 병든 비구니가 도적들이 난을 일으켜 성을 에워싸고 있어서 혼자 묵게 되었으면 범함이 아니다.[41]

---

39. (大22, 519上).
40. (大22, 80中).
41. (大22, 519上).

04 | **혼자 뒤에 가는 계**[獨在後行戒]　　　　　　　　육군비구니, 투라난타 비구니

1. 범하는 조건[犯緣]

『四分律疏』
네 가지 조건을 갖추면 범함이 된다.
첫째, 길을 가는 중이고
둘째, 도반이 보고 들을 수 없고
셋째, 범함이 아닌 인연이 없는데
넷째, 가면
범한다.

2. 범하는 상황[罪相]

두 비구니가 길을 가다가 서로 보고 들을 수 있는 곳을 벗어났으면	승잔
단지 보이는 곳을 벗어났으면	투란차
단지 들리는 곳을 벗어났으면	

3. 범함이 아닌 경우[開緣]

두 비구니가 함께 가는데 보고 들을 수 있는 곳을 벗어나지 않았으면	범함이 아니다
만약 한 비구니가 대소변 하러 나갔거나, 죽었거나, 환속했거나, 물에 떠내려가서 앞의 '혼자 물을 건너는 계'와 같이 혼자서 뒤에 가게 되었으면	

『比丘尼鈔』

『僧祇』 마을의 경계를 벗어날 수 없지만 길을 가다가 대소변 하러 갔을 경우는 제외한다. 우연히 만났던 도반을 잃어버려 중간에 다시 만나지 못한 것은 범함이 아니다. 병이 있는 것도 이와 같다.[42]

『五分』 만약 두려워서 도망갔거나 늙고 병들어서 도반을 따라가지 못했으면 범함이 아니다.[43]

---

42. (大22, 518中).
43. (大22, 80中).

염오심을 가진 남자에게 옷과 음식을 받는 계受染心男子衣食戒

대승공계, 차계   제사난타 비구니

1. 계의 조문[戒文]

만약 염오심染汚心이 있는 비구니가 남자에게 염오심이 있는 줄 알면서 먹을 수 있는 것이나 음식 및 기타 물건을 받으면, 이 비구니는 처음 범했을 때 응당 버려야 할 승가바시사다.

2. 계를 제정한 인연[緣起]

『四分』

부처님께서 사위국에 계실 때였다. 그때 곡식이 비싸고 귀하여 걸식하기가 어려워서 비구니들이 성에 들어가 걸식해도 빈 발우로 돌아오곤 했다. 그런데 제사난타提舍難陀 비구니가 성에 들어가 걸식했을 때, 한 장사꾼이 이 비구니를 마음에 두고 음식을 많이 주었다. 그래서 제사난타 비구니는 그 뒤에도 자주 장사꾼에게서 음식을 받았다.

그러던 중 그 장사꾼이 공양한 음식 값이 여자 한 명의 값어치가 되자, 제사난타를 붙잡고 범하려고 했다. 제사난타가 소리치자 사람들이 그 까닭을 물으니 장사꾼이 "이 비구니가 나를 좋아하는 뜻이 없었다면 왜 나에게서 음식을 받았겠는가?"라고 하였다. 비구니도 "사실이 그렇다"고 인정하였다. 때에 비구니들이 듣고서 꾸짖고 비구들에게 알리고, 비구들이 부처님께 사뢰니 꾸짖으시고 계를 제정하셨다.

이와 같이 부처님께서 계를 제정해 주시니, 비구니들이 염오심이 있는지 없는지를 모르다가 뒤에 염오심이 있는 줄 알고 승가바시사를 범했다고 하는 이도 있

고 걱정하는 이도 있었다. 그래서 "알지 못했으면 범함이 아니다"라고 거듭 계를 제정하셨다.[44]

3. 제정한 뜻[制意]

『四分律疏』

근심이 심하기로는 정욕情欲보다 더한 것이 없으니 마음을 단속하고 뜻을 삼가야 한다. 오히려 억제하지 못함을 두려워해야 하는데, 어찌 남자가 염심染心이 있는 줄 알면서도 방종한 마음으로 받아들이는가? 이미 그의 은혜를 입으면 능멸과 핍박을 받아도 벗어나기 어렵기 때문에 손해가 가볍지 않으므로 성인께서 제정하셨다.[45]

4. 범하는 조건[犯緣]

『尼丘尼鈔』

다섯 가지 조건을 갖추면 범함이 된다.

첫째, 남자이고

둘째, 남자라고 생각하고

셋째, 남자가 염심으로 옷과 음식을 시주하고

넷째, 남자가 염심이 있는 줄 알면서

다섯째, 받아서 손에 들어오면

범한다.

---

44. (大22, 721中).
45. (卍65, 340前上).

5. 범하는 상황[罪相]

1) 물건의 세 가지 종류

부정식不正食[46]	뿌리·줄기·잎·꽃·열매, 기름, 호마(깨), 흑석밀, 가루 등의 음식
정식正食[47]	밥, 익힌 곡물가루,[48] 건반乾飯, 어류, 육류
기타 물건	금·은·보배·마니·진주·유리·자거·옥·산호·돈· 생상금生像金[49]

2) 비구니가 염오심을 가지고 물건을 받는 경우

염오심이 있는 남자로부터	부정식, 정식, 기타 물건을 받았으면	승잔
	그가 주는데 비구니가 받지 않았으면	투란차
	방편으로 주려고 했다가 주지 않았거나, 함께 약속했거나, 후회하여 돌려주었으면	모두 투란차
천인·아수라·건달바· 야차·아귀·축생 등	사람으로 변형할 수 있는 자가 주어서 받 았으면	투란차
	사람으로 변형할 수 없는 자로부터 받았 으면	돌길라
염오심을 가진 여자로부터 받았으면		돌길라

---

46. 저본의 可食物은 정식이 아닌 것으로 副食을 말한다.
47. 저본의 食物은 정식으로 主食을 말한다.
48. 익힌 곡물가루로 번역한 '麨'는 익힌 밥이나 오곡을 조리해서 나중에 갈아서 가루로 만든 것으로 별도의 조리절차를 취하지 않아도 먹을 수 있는 것을 말한다. 그러나 不正食에 속하는 가루는 날곡 물을 바로 가루를 만든 것으로 나중에 다시 조리를 해야 하는 것이다. 밀가루 같은 것이 여기에 속 한다.
49. 여서, 『淺釋』, p.375, 生金은 황금을 말하고 像金은 은에 도금을 해서 금과 비슷하게 한 것이다. 다

6. 대상에 대한 생각[境想]

남자가 염오심이 있는데	염오심이 있다고 생각했으면	승잔
	염오심이 있는가 의심했으면	투란차
남자가 염오심이 없는데	염오심이 있다고 생각했으면	
	염오심이 없는가 의심했으면	

『比丘尼鈔』

『僧祇』에 "만약 비구니가 염심이 없는데 염심이 있는 남자로부터 옷·음식·탕약을 받으면 승잔이다. 만약 어떤 사람이 옷이나 발우, 필요한 것을 주고자 할 때 비록 입으로 말하지는 않지만 몸짓으로 나타내거나 땅에 글자를 쓰는 행위를 통해 음욕심이 있는 줄 알면서 받았으면 모두 투란차다"[50]라고 하였다. 권했을 때 받았기 때문이다.

『十誦』 만약 좋아하는 비구니 때문에 대중에 음식을 공양하면서 그 비구니에게 더 많이 주었을 때, 받았으면 투란차다.[51]

『集要』

『根本律』 비구니가 염심이 있으면서 염심이 없는 남자로부터 공양물을 받았으면 투란차다. 비구니는 염심이 없으나 남자가 염심이 있었으면 악작죄(돌길라)가 된다.

른 설에는 生金은 금반지·금귀걸이 등의 품목으로 만들기 전의 금덩어리, 像金은 품목으로 완성된 금이라고도 한다.

50. (大22, 521上).
51. (大23, 307中).

7. 범함이 아닌 경우[開緣]

만약 남자에게 염심이 있는지 미리 알지 못했으면	범함이 아니다
만약 서로가 모두 염심이 없었으면	

9 ## 염오심이 있는 남자에게서 옷과 음식을 받으라고 권하는 계勸受染心男子衣食戒

대승공계, 차계   육군비구니, 투라난타 비구니

1. 계의 조문[戒文]

만약 비구니가 다른 비구니에게 "스님! 그가 염오심이 있든 없든 그대를 어떻게 하겠는가! 그대 스스로 염오심이 없다면 그에게서 음식을 받을 수 있으니, 때[正時]에 청정하게 받으시오"[52]라고 이와 같이 말하여 권하면 이 비구니는 처음 범했을 때 응당 버려야 할 승가바시사다.

2. 계를 제정한 인연[緣起]

『四分』

부처님께서 사위국 기수급고독원에 계실 때, 세상에 곡식이 귀하여 걸식하기

---

52. 과청, 『講記』上, pp.937~939, '때'란 정식으로 음식을 받을 수 있는 때로 정오 이전을 말한다. '청정하다'는 것은 '惡捉·惡觸'을 범하지 않은 것이다. '惡捉·惡觸'이란 다른 사람이 아직 주지 않은 음식물에 접촉했거나, 스스로 음식물을 취해서 정인에게 주고 다시 받아서 먹었거나, 7일약을 가지고 있다가 8일째 날이 밝았거나, 병이 없는데 진형수약을 복용한 것 등이다.

가 어려워서 비구니들이 성에 들어가 걸식을 해도 빈 발우로 돌아왔다. 제사난타 비구니도 성에 들어가 걸식하다가 빈 발우로 돌아오니 비구니들이 보고 "그대는 항상 걸식하면 발우에 가득 받아서 돌아왔는데, 오늘은 왜 빈 발우로 돌아왔는가?"라고 물었다. 제사난타 비구니가 대답하기를, "전에는 장사꾼에게 갔으므로 걸식하기가 쉬웠는데, 이제는 그곳에 가지 않으니 얻을 수가 없다"라고 하였다. 그러자 육군비구니와 투라난타 비구니, 제사난타 비구니의 모친이 "그가 염심이 있든 없든 그대를 어떻게 하겠는가! 그대 스스로 염심이 없다면 음식을 받을 수 있으니 다만 때에 청정하게 받으면 된다"라고 하였다. 비구니들이 듣고서 꾸짖고 비구들에게 알리고, 비구들이 부처님께 사뢰니 꾸짖으시고 계를 제정하셨다.[53]

3. 제정한 뜻[制意]

『四分律疏』

제정한 뜻에 세 가지가 있다.

1) 남에게 권하는 것을 허락하지 않은 이유

성인께서 계를 제정하심은 이익이 있고 손해는 없으니, 어찌 가볍게 여기고 염두에 두지 않을 수 있겠는가. '남에게 권하는 것이 악이 된다'는 것은 남에게 죄를 짓게 하고, 자기 스스로 허물을 초래하여 자신과 다른 사람, 둘다 손해되게 하므로 이치적으로 허락하지 않았다.

2) 앞의 '제8계와 범하는 것이 같다'는 뜻

말로써 독려하여 남에게 악을 짓도록 권하고 부처님을 비방하고 성인의 가르침을 두려워하지 않아서 허물이 무겁기 때문에 승잔을 범한다.

3) 두 가지 계로 분리한 뜻

앞의 제8계는 신업身業으로 범하는 것이고, 본계는 구업口業으로 어기는 것이

---

53. (大22, 722上).

다. 또 앞의 계는 옷이나 음식을 얻은 것이고 본계는 아무것도 얻지 못한 것이며, 비방함과 비방하지 않음이 다르기 때문에 두 가지 계가 된 것이다.[54]

4. 범함의 조건[犯緣]

『比丘尼鈔』

다섯 가지 조건을 갖추면 범함이 된다.

첫째, 사람 남자가

둘째, 염오심으로 음식을 보시하고

셋째, 남자가 염오심으로 음식을 보시하는 줄 알면서

넷째, 강하고 직설적으로 말하여 시주물을 받도록 권하며

다섯째, 분명하게 말하면

범한다.

5. 범하는 상황[罪相]

비구니가 다른 비구니에게 염오심을 가진 남자가 주는 옷과 음식을 받으라고 권하며	말을 분명하게 했으면	승잔
	말을 분명하게 하지 않았으면	투란차

『比丘尼鈔』

『五分』 만약 비구니가 다른 비구니에게 "염오심을 가진 남자가 주는 옷과 음식을 받으라"고 권하면 말할 때마다 승잔이다.[55]

---

54. (卍65, 340前下).

55. (大22, 81中).

6. 범함이 아닌 경우[開緣]

만약 장난으로 말했으면	범함이 아니다
만약 빨리 말했거나, 혼자 있는 곳에서 말했거나, 꿈속에서 말했으면	
만약 이것을 말하고자 했으나 착오로 저것을 말했으면	

10 화합승가를 깨뜨리고 충고를 어기는 계 破僧違諫戒

비구계 제10과 같음, 대승공계, 5역죄[56]   제바달다

1. 계의 조문[戒文]

만약 비구니가 화합승가를 무너뜨리고자 방편으로 파승법을 받아들여서 굳게 지니고 버리지 않는다면, 충고하는 비구니는 상대 비구니에게 충고하여 "스님! 그대는 화합승을 깨뜨리지 말고 방편으로 화합승을 무너뜨리지도 말며, 파승법을 받아서 버리지 않으려고 고집하지 마시오. 스님! 대중과 화합해야 합니다. 대중과 화합하고 환희하며 다투지 말고, 같이 한 스승에게 배우기를 물과 우유가 합한 것같이 하여 불법 안에서 이익을 증장시키고 안락하게 머물러야 합니다"라고 말해야 한다.

---

56. 5逆罪란 ①부처님 몸에 피를 낸 것 ②아라한을 죽인 것 ③아버지를 살해한 것 ④어머니를 살해한 것 ⑤승가의 화합을 깨뜨린 것을 말한다.

충고하는 비구니가 상대 비구니에게 충고할 때 고집하고 버리지 않으면, 충고하는 비구니는 세 번 충고해야 하니 이 일을 버리게 하기 위함이다. 세 번 충고해서 버리면 좋고 버리지 않으면, 세 번 충고했을 때 응당 버려야 할 승가바시사[57]다.

2. 계를 제정한 인연 [緣起]

『四分』

부처님께서 미니수彌尼搜 나라의 아노이阿奴夷 국경에 계실 때였다. 아나율阿那律, 마하남摩訶男, 난타難陀, 제바달다提婆達多 등 석가족 자제들이 출가하여 모두 수승한 경지에 올랐다. 하지만 제바달다는 부처님께 질투심을 일으켜 신통력을 잃어버렸다.

어느 날 제바달다가 부처님께 자신이 대중 거느리기를 청했으나 대중 앞에서 거절당하였다. 이에 원한을 품은 제바달다는 부처님을 살해하기 위해 2인, 4인 내지 64인까지 보냈으나 모두 부처님을 뵙고 오히려 존경하는 마음을 일으켰다. 이에 격분한 제바달다는 산 위에 올라가 큰 바위를 굴려서 경행하시던 부처님의 발가락에 상처를 입혔다.

그 이후에도 제바달다는 다섯 가지 사법邪法[58]을 써서 화합한 대중을 깨뜨리려고 하였다. 이에 부처님께서는 방편으로 제바달다를 꾸짖으신 후 충고하는 법을 말씀하시고 이 계를 제정하셨다.[59]

---

57. 과청, 『講記』上, p.961, 就經過大衆僧白四羯磨法 勸諫之後 他不肯捨去就犯到這種罪過 叫作三法應捨僧伽婆尸沙. 대중이 백사갈마법으로 충고한 후에 범한 사람이 버리지 않으면 곧 허물을 범하게 되는 것이다. 그래서 '세 번 충고했을 때 응당 버려야 할 승가바시사'라고 한다.

58. ①항상 걸식하는 것 ②분소의를 입는 것 ③노지에서 자는 것 ④소酥와 소금을 먹지 않는 것 ⑤생선과 고기를 먹지 않는 것.

59. (大22, 590中).

『資持記』

파승에는 두 가지가 있다.

첫째, 다섯 가지 삿된 법을 세워서 세상을 교화하여 4의법依法[60]과 8정도正道를 깨뜨리는 것을 '법륜승을 파한다'고 한다. 둘째, 동일한 계界 안에서 각각 따로 대중갈마를 하는 것을 '갈마승을 파한다'고 한다.

3. 제정한 뜻[制意]

『四分律疏』

제정한 뜻에 세 가지가 있다.

1) 승가를 깨뜨리는 것을 허락하지 않은 뜻

승가대중은 화합하여 뜻이 어긋나서 다투는 일이 없어야 하고, 이치적으로 함께 따르기를 마치 물과 우유가 합한 것같이 해야 한다. 그러나 지금은 반대로 부처님의 가르침을 빙자하여 유사한 말로 중생의 마음을 미혹시키고 혼란스럽게 한다. 그래서 승가를 깨뜨리고 정법이 끊어지게 하며 죄 없는 사람을 타락시키고 손해를 주니, 그 악행의 영향력이 점점 더 심해지므로 부처님께서 제정하셨다.

2) 충고하는 뜻

제바달다는 부처님의 4의법과 8정도에 의지하였다. 그러나 부처님께서 설하신 걸식 등의 4의법은 성종聖種이 이루어지도록 도와주는 조연助緣이고 열반에 나아가는 먼 인因인데, 이 조연을 성종이라고 하였다. 8정도가 열반에 나아가는 가까운 인因이므로 이것이 성종이다. 법에 맞는 여실한 말씀을 정견正見이라고 한다. 그런데 지금 제바달다는 걸식 등을 성종이라고 하고, 열반의 가까운 인因인 8정도를 가리켜 성종이 아니라 열반에 나아가는 먼 인因이라고 반대로 법을 설했다.

옳고 그름이 서로 뒤섞여서 진실과 거짓을 구분하기 어렵고 사건에 집착하여

---

60. 『名義標釋』31(卍44, 640下), 一依糞掃衣 二依乞食 三依樹下坐 四依腐爛藥. ①분소의 ②걸식 ③수하좌 ④부란약.

악이 되니 참으로 불쌍하다. 그러므로 대중들은 반드시 충고해서 옳고 그름을 가르쳐 주어야 한다. 상대방이 삿된 것을 고쳐 정법을 따르고 악법을 버려서 선법을 행할 수 있기를 바라면서 반드시 충고해야 한다.

3) 죄가 되는 뜻

대중들이 자상한 마음으로 충고해서 옳고 그름을 밝혀주고 삿된 견해를 버릴 수 있도록 깨우쳐 주었다. 그러나 여전히 고집하면서 권하는 것을 따르려고 하지 않아서 대중을 어김이 심하므로 승잔을 범한다.

4. 범하는 조건 [犯緣]

『尼戒會義』

세 가지 조건을 갖추면 범함이 된다.

첫째, 승가를 깨뜨리고자 하는 마음으로

둘째, 파승법을 받아서 지니고

셋째, 대중들이 법답게 세 번 충고했는데도 버리지 않으면

범한다.

『戒本疏』

'비구니도 범함이 같다'는 것은 비록 법륜승의 체성體性을 깨뜨릴 수는 없으나 파승의 교주와 따르는 무리를 세워서 다섯 가지 삿된 법을 고집하고 사람들을 유혹하기 때문이다.

5. 범하는 상황 [罪相]

파승법을 받아들여서	대중이 충고할 때	알리기를 하고, 세 번째 갈마설을 마쳤으면		승잔
		알리기를 하고, 두 번째 갈마설을 마치고	버렸으면	3투란차
		알리기를 하고, 첫 번째 갈마설을 마치고	버렸으면	2투란차
		알리기를 하고 나서	버렸으면	1투란차
		알리기를 마치기 전에	버렸으면	돌길라
	대중이 아직 충고하지 않았을 때	알리기를 하기 전에 방편으로 화합승을 깨뜨리고자 파승법을 받아서 버리지 않았으면		돌길라

6. 함께 제정함 [併制]

비구·비구니가	대중이 충고할 때	버리지 말라고 가르쳤으면	가르친 사람은	투란차
	대중이 아직 충고하지 않았을 때	버리지 말라고 가르쳤으면	가르친 사람은	돌길라
나머지 3중(식차마나·사미·사미니)이		버리지 말라고 가르쳤으면	가르친 사람은	돌길라

7. 범함이 아닌 경우 [開緣]

만약 처음 충고했을 때 바로 버렸으면	범함이 아니다
만약 비법별중, 비법화합중, 법별중, 법상사별중法相似別衆, 법상사 화합중法相似和合衆이 꾸짖고 충고했으면(이것은 곧 율 가운데 다섯 가지 법답지 않은 갈마이다.)	
만약 법에 맞지 않거나, 율에 맞지 않거나, 부처님의 가르침에 맞지 않게 꾸짖고 충고했으면	
만약 일체 꾸짖고 충고하기 전이었으면	
만약 나쁜 벗이나 악지식을 막아서 못하게 했으면	
만약 방편으로 대중을 깨뜨리고자 하는 것을 막아서 깨뜨리지 못하게 했으면	
만약 방편으로 파승 돕는 자를 막아서 못하게 했으면	
만약 두세 사람이 갈마하는 것을 막았으면	
만약 법과 율에 맞지 않게 갈마하려는 것을 막았으면	
만약 승가·불탑·화상니·화상니와 같은 이[61]·아사리니·아사리니와 같은 이·선지식 등을 위하여, 승가를 깨뜨리고 손해를 끼친 사람이 여법한 사람들을 살 곳이 없게 만들어서 그것을 막았으면	

(두 번째의 '非'자는 모두 사람이 그릇된 것이고, 세 번째의 '非'자 세 가지는 모두 법이 그릇된 것이다. 네 번째는 본죄를 범한 것은 아니지만 돌길라고, 나머지 여섯 가지는 이치적으로 그것을 깨뜨려야 타당함을 얻기 때문에 범함이 아니다. 혹은 상대방의 충고가 타당하지 않음을 기준으로 하기 때문에 범함이 아니다.)

---

61. 과청, 『講記』上, pp.965-966, '화상니와 같은 이'는 화상니는 아니지만 법랍이 12년 된 비구니를 말하고, '아사리니와 같은 이'는 아사리는 아니지만 법랍이 6년 된 비구니를 말한다.

화합승가를 깨뜨리는 것을 돕고 충고를 어기는 계 助破僧違諫戒

비구계 제11과 같음, 대승공계, 5역죄   문달闡達 등 4인

1. 계의 조문 [戒文]

다른 비구니들의 무리가 있었는데 한 명, 두 명, 세 명 등 헤아릴 수 없이 많았다. 파승을 돕는 비구니가 충고하는 비구니에게 "스님! 그대는 이 비구니에게 충고하지 마시오. 이 비구니는 법답고 율답게 말하는 비구니입니다. 이 비구니가 말한 것을 우리들은 마음으로 좋아하며 이 비구니의 말을 우리들은 인정합니다" 라고 하였다.

충고하는 비구니가 파승을 돕는 비구니에게, "스님! '이 비구니는 법답고 율답게 말하는 비구니입니다. 이 비구니가 말한 것을 우리들은 마음으로 좋아하며 이 비구니의 말을 우리들은 인정합니다'라고 말하지 마시오. 왜냐하면 이 비구니의 말은 법답지 않고 율답지 않은 말이기 때문입니다. 스님! 화합승가를 깨뜨리려고 하지 말고 대중과 화합하는 것을 좋아해야 합니다. 스님! 대중과 함께 화합하고 기뻐하며 다투지 않아야 하며, 같은 스승에게 배우면서 물과 우유가 합한 것처럼 해야 불법 안에서 이익이 늘어나고 안락하게 머물 수 있습니다"라고 하였다.

만약 충고하는 비구니가 파승을 돕는 비구니에게 충고할 때 고집하고 버리지 않으면, 이 비구니는 세 번 충고해야 하니 이 일을 버리게 하기 위함이다. 이렇게 세 번까지 충고하여 버리면 좋고 버리지 않으면, 이 비구니는 세 번 충고했을 때 응당 버려야 할 승가바시사다.

2. 계를 제정한 인연 [緣起]

『四分』

부처님께서 라열성 기사굴산에 계실 때였다. 제바달다가 다섯 가지 법으로 비구들에게 "부처님께서는 많은 방편으로 항상 두타를 행하여 소욕지족하며 출리를 좋아해야 한다고 말씀하셨습니다. 그러니 목숨이 다하도록 걸식하며, 분소의를 입고, 노지에 앉으며, 소유와 소금을 먹지 않고, 생선과 고기를 먹지 않아야 합니다"라고 가르쳤다. 그때 비구들이 제바달다에게 대중의 화합을 깨뜨리지 말라고 충고하였다. 그러나 화합승 깨뜨리는 일을 돕는 비구가 대중스님들에게 "그대들은 제바달다에게 충고하지 마시오. 제바달다는 법답고 율답게 말합니다. 제바달다의 말을 우리는 인정합니다"라고 하였다.

비구들이 듣고서 제바달다를 따르는 무리를 꾸짖고 부처님께 사뢰었다. 부처님께서 많은 방편으로 꾸짖고 충고하는 백사갈마를 하도록 하시고 계를 제정하셨다.[62]

3. 제정한 뜻 [制意]

『四分律疏』

대중들이 갈마하여 제바달다에게 충고할 때 네 명의 무리가 따로 편들어서 파승을 도왔다. 그래서 대중들이 거듭 충고했으나 거부하고 받아들이지 않으므로 제정하셨다.[63]

4. 범하는 조건 [犯緣]

『行事鈔』

다섯 가지 조건을 갖추면 범함이 된다.

---

62. (大22, 595下).
63. (卍65, 261後下).

첫째, 어떤 사람이 대중의 화합을 깨뜨리는 일을 한 것이 분명하고

둘째, 대중스님들이 법답게 충고했는데도

셋째, 네 명의 무리가 충고하는 승가를 깨뜨리는 것을 도와서

넷째, 대중이 법답게 충고하여

다섯째, 세 번의 갈마설을 마치면

범한다.

5. 범하는 상황 [罪相]

무리를 지어 파승을 도와서	대중이 충고할 때	알리기를 하고, 세 번째 갈마설을 마쳤으면		승잔
		알리기를 하고, 두 번째 갈마설을 마치고	버렸으면	3투란차
		알리기를 하고, 첫 번째 갈마설을 마치고	버렸으면	2투란차
		알리기를 하고 나서	버렸으면	1투란차
		알리기를 마치기 전에	버렸으면	돌길라
	대중이 아직 충고하지 않았을 때	알리기를 하기 전에 파승의 무리를 따랐으면		돌길라

6. 함께 제정함 [倂制]

제10 화합승가를 깨뜨리고 충고를 어기는 계[破僧違諫戒]와 같다.

7. 범함이 아닌 경우 [開緣]

만약 처음 충고했을 때 바로 버렸으면	범함이 아니다
만약 비법별중 등으로 충고하는 갈마를 했으면	
만약 법에 맞지 않거나, 율에 맞지 않거나, 부처님의 가르침에 맞지 않게 충고하는 갈마를 했으면	
만약 일체 충고하는 갈마를 하기 전이었으면	

12 재가자를 오염시켜서 쫓아내자 대중들을
비방하고 충고를 어기는 계 汗家擯謗違僧諫戒[64]

비구계 제12와 같음, 대승공계, 성계   마사비구, 만숙비구

1. 계의 조문 [戒文]

어떤 비구니가 성읍이나 마을에 살면서 재가자를 오염시키고 악행을 하였다. 악행하는 것과 재가자를 오염시키는 것을 보고 들은 비구니들이 이 비구니에게, "스님은 재가자를 오염시켰고 악행을 했습니다. 우리는 스님이 악행 하는 것과 재가자를 오염시키는 것을 보고 들었습니다. 스님은 재가자를 오염시키고 악행을 했으니, 이제 이 마을에서 멀리 떠나고 여기에 머무르지 마시오"라고 충고하였다. 그런데 이 비구니는 충고하는 비구니에게 "지금 스님들은 편애함도 있고 성냄도

---

64. 과청, 『講記』上, p.978, '汗家'는 신심 있는 재가자의 청정한 신심을 더럽히는 것을 말한다.

있고 두려움도 있고 어리석음도 있어서, 같은 죄를 범했는데 어떤 이는 쫓아내고 어떤 이는 쫓아내지 않습니다"라고 하였다.

그래서 비구니들이 다시 "스님! '편애함도 있고 성냄도 있고 두려움도 있고 어리석음도 있다'는 말을 하지 마시오. 또한 '이와 같이 같은 죄를 범했는데 어떤 이는 쫓아내고 어떤 이는 쫓아내지 않는다'고 말하지 마시오. 왜냐하면 비구니들은 편애함도 없고 성냄도 없고 두려움도 없고 어리석음도 없기 때문입니다. 같은 죄를 범했는데 어떤 이는 쫓아내고 어떤 이는 쫓아내지 않는 경우가 없습니다. 스님은 재가자를 오염시켰고 악행을 했습니다. 우리들은 스님이 악행하는 것과 재가자를 오염시키는 것을 보고 들었습니다"라고 충고하였다.

만약 비구니가 이와 같이 충고할 때 고집하고 버리지 않으면, 이 비구니는 상대 비구니에게 세 번 충고해야 하니 이 일을 버리게 하기 위함이다. 이렇게 세 번 충고해서 버리면 좋고 버리지 않으면, 상대 비구니는 세 번 충고했을 때 응당 버려야 할 승가바시사다.

2. 계를 제정한 인연 [緣起]

『四分』

부처님께서 사위국 기수급고독원에 계실 때였다. 기련羈連이라는 곳에 마사馬師와 만숙滿宿이라는 비구가 살면서 꽃나무를 심거나 물을 주기도 하고, 꽃을 따거나 꽃다발을 만드는 등의 일을 스스로 하거나 남에게 시키기도 하였다. 그리고 부녀자들과 노래하고 춤추는 것을 스스로 하기도 하고 남을 시키기도 하면서 바르지 못한 행동으로 재가자를 오염시켰다. 대중들이 마사와 만숙이 악행하는 것과 재가자를 오염시키는 것을 보고 들었다.

그때 거사들이 다른 곳에서 와서 기련에서 걸식하는 비구들을 보고, "이 스님들은 눈을 아래로 하고 좌우로 돌아보지도 않고 말하거나 웃지도 않으며, 두루 접촉하지도 않고 좋은 말로 인사하지도 않는다. 우리들은 음식을 주지 말자. 그렇지 않은 마사와 만숙비구에게만 음식을 공양하자"라고 했다. 그래서 비구들이 기련마을에서 걸식하기가 매우 어려워서 '여기는 악행비구가 살았을 것이다'라고 생각하였다.

그들은 후에 그 마을을 떠나 사위성에 이르러 부처님을 뵙고 기련마을에서 있었던 일을 자세히 사뢰었다. 그러자 부처님께서 마사와 만숙의 스승인 사리불舍利弗과 목건련目犍連을 보내서 쫓아내는 갈마를 하게 하셨다. 그러나 마사와 만숙비구는 수긍하지 않고, "대중이 편애함이 있고 성냄도 있고 두려움도 있고 어리석음도 있습니다. 스님들이 같은 죄를 지어도 어떤 사람은 쫓아내고 어떤 사람은 쫓아내지 않습니다"라고 스님들을 비난했다. 이에 부처님께서 꾸짖으시고 계를 제정하셨다.[65]

3. 제정한 뜻 [制意]

『四分律疏』

제정한 뜻에 여섯 가지가 있다.

1) 마을에 의지하도록 허락한 두 가지 뜻

첫째, 형상을 가진 이 몸은 의식주를 빌려야만 비로소 이루어진다. 반드시 옷으로 몸을 가리고 음식으로 몸을 충족시켜야 한다. 몸을 구제해서 도를 증장하게 하는 것은 자리自利를 구하기 위함이다. 둘째, 시주자를 이롭게 하기 위함이다. 그것은 승가의 복전에 보시하면 복을 받기 때문이다.

2) 재가자를 오염시키고 악행하는 것을 허락하지 않은 뜻

마을에서 여러 가지 허물을 짓고 위의가 아닌 행동을 하는 것은 스스로를 이롭게 하는 것이 아니기 때문이다. 오히려 네 가지로 재가자를 오염시켜 사람들의 평등하고 청정한 좋은 마음을 파괴한다. 그것은 또한 중생을 이롭게 하는 것이 아니므로 이 죄를 제정하셨다.

---

3) 반드시 쫓아내야 한다는 뜻

허물되는 상황이 심하여 안팎으로 다 무너뜨리기 때문이다. 만약 다스려 벌하지 않으면 영원히 허물을 고쳐 도道에 들어가는 이익을 얻지 못한다. 또 재가자가 그릇된 것을 옳다고 여기는 일이 늘어나기 때문에 반드시 쫓아내는 것으로 다스려서 안팎으로 다 무너뜨리는 것을 없애야 한다.

4) 스님들을 비방한다는 뜻

여섯 명이 함께 이러한 허물을 지었는데, 『僧祇』에 "삼문달다三聞達多와 마혜사달다摩醯沙達多는 왕궁으로 도망갔고, 가류타이迦留陀夷와 천타闡陀는 길을 되돌아가서 참회하였다. 그래서 이 네 사람은 다스리지 않고 마사와 만숙만 벌을 주니 편애하는 것처럼 보였기 때문이다"라고 하였다.

5) 반드시 충고해야 하는 뜻

어떤 이는 이미 다스리고 어떤 이는 다스리지 않으니, 마치 편애함이 있는 것 같아서 상황을 구분하기 어렵다. 그래서 반드시 대중들은 사리에 맞게 그에게 충고하여 자신의 마음속에 두려움과 성냄이 없다는 뜻을 드러내야 한다.

6) 죄가 되는 뜻

대중들이 스스로 이치에 맞게 그에게 충고하여 옳고 그름을 구분해 주었으나, 굳게 고집하여 거부하고 세 번 충고해도 버리지 않았기 때문에 승잔이 된다.

4. 범하는 조건 [犯緣]

『行事鈔』

여섯 가지 조건을 갖추면 범함이 된다.

첫째, 재가자를 오염시키고 악행을 하면서

둘째, 마음에 뉘우침이 없어서

셋째, 쫓아내는 갈마를 했는데

넷째, 그릇된 이치로 대중을 비방하므로

다섯째, 대중이 법답게 충고해서

여섯째, 세 번의 갈마설을 마치면

범한다.

『行事鈔』

재가자를 오염시킨 것이 계의 본래 조건이 아니고 스님들을 비방한 것이 그것이다. 재가자를 오염시키면 돌길라가 되고 스님들을 비방하면 바일제가 된다. 세 번의 갈마설을 마치면 범한다.

5. 범하는 상황 [罪相]

1) 재가자를 오염시킨 경우

(1) 한 재가자에 의지하여 다른 재가자를 오염시킨 경우	비구니가 한 재가자로부터 물건을 얻어서 다른 재가자에게 주었다. 물건을 준 곳에서 듣고 좋아하지 않았고, 물건을 받은 재가자는 보답을 해야 한다고 생각하며, "만약 나에게 주는 것이 있으면 보답해야 한다. 그러나 주는 것이 없다면 무엇 때문에 보답하겠는가?"라고 하였다.
(2) 이익을 의지하여 재가자를 오염시킨 경우	법답게 얻은 이익이나 발우 안에 남은 것 등을 한 거사에게만 주고, 다른 거사에게는 주지 않았다. 물건을 받은 재가자는 보답을 해야 한다고 생각하며 만약 "나에게 주는 것이 있으면 보답해야 한다. 그러나 주는 것이 없다면 무엇 때문에 보답하겠는가?"라고 하였다.
(3) 친한 벗에 의지하여 재가자를 오염시킨 경우	왕이나 대신의 권력을 의지하여, 한 거사를 위해서는 일을 해 주고 다른 거사를 위해서는 일을 해주지 않았다. 도움을 받은 거사는 보답을 해야 한다고 생각하며 "나를 위해서 일을 해주었으면 공양해야 한다. 하지만 그렇지 않으면 공양할 필요가 없다"라고 하였다.

(4) 승가람에 의지 하여 재가자를 오염시킨 경우	승가람에 있는 꽃과 과일을 한 거사에게는 주고 다른 거사에게는 주지 않았다. 물건을 받은 재가자는 보답을 해야 한다고 생각하며 "나에게 주었으면 공양해야 한다. 그러나 주지 않았으면 공양할 필요가 없다"고 하였다.

2) 악행을 하는 경우

(1) 만약 스스로 혹은 사람을 시켜서 꽃이나 나무를 심거나, 물을 대거나, 꽃을 따거나, 화만을 만들거나, 실로 꽃을 꿰거나, 꽃이나 화만을 다른 사람에게 주는 것이다.
(2) 남자나 남자 아이와 함께 한 평상에서 앉고 일어나거나, 같은 그릇에 음식을 먹거나 이야기하고 장난치는 것이다.
(3) 스스로 춤추고 노래하고 악기를 연주하거나, 다른 사람이 이렇게 하면 자기가 화답하거나, 익살스럽게 얘기하거나, 북을 치고 피리를 불고 소라를 불거나, 공작새 소리를 내거나, 새들의 울음소리를 내거나, 달리거나 절름발이 흉내를 내거나, 휘파람을 불거나, 스스로 몸을 희롱하거나, 품삯을 받고 웃기는 것이다.

쫓아낸다고 대중스님들을 비방하여	대중이 충고할 때	알리기를 하고, 세 번째 갈마설을 마쳤으면		승잔
		알리기를 하고, 두 번째 갈마설을 마치고	버렸으면	3투란차
		알리기를 하고, 첫 번째 갈마설을 마치고	버렸으면	2투란차
		알리기를 하고 나서	버렸으면	1투란차
		알리기를 마치기 전에	버렸으면	돌길라
	대중이 아직 충고하지 않았을 때	알리기를 하기 전에 "스님들이 편애함, 성냄, 두려움, 어리석음이 있다"고 말했으면		돌길라

6. 함께 제정함 [併制]

> 제10 화합승가를 깨뜨리고 충고를 어기는 계[破僧違諫戒]와 같다.

7. 덧붙여 제정함 [附制]

만약 비구니가 서신을 가지고 갈 때 보지 않고 가져갔으면	돌길라
비구니가 재가자를 위하여 심부름을 했으면	돌길라

「第三分」

재가자를 삭발시켜 주지 말아야 한다. 그러나 출가하고자 하는 자는 제외한다.[66]

「第四分」

· 재가자에게 예배하지 말아야 하고 재가자의 탑묘에 예배하지 말아야 하며, 일부러 외도들처럼 왼쪽으로 돌지 말아야 한다.[67]

· 사람들에게 점을 봐주지 말아야 하며 사람들을 따라가서 점 보지 말아야 한다.[68]

· 스스로 악기를 연주하지 말아야 하며, 혹 소라를 불어 탑에 공양해야 한다면 재가자에게 시키는 것은 허락한다.[69]

· 앵무새 등의 새를 기르지 말아야 하고 개도 기르지 말아야 한다.[70]

---

66. (大22, 874上).
67. (大22, 940上).
68. (大22, 955中).
69. (大22, 956下).
70. (大22, 961上).

· 코끼리·말·수레·인력거를 타지 말아야 하고, 칼이나 검을 지니지 말아야 한다. 하지만 늙고 병든 자는 인력거 타는 것을 허락한다. 만약 비구라면 남자가 끄는 것을 타야 한다. (비구니는 반대다.) 재난을 피하기 위해서 코끼리나 말을 타는 것은 허락한다. 재가자가 칼이나 검을 가져와서 맡기면 보관하는 것은 허락한다.[71]

· 부처님의 법과 율에 "노래와 놀이는 마치 큰소리로 우는 것과 같고, 춤추는 것은 미친 사람과 같으며 장난하는 것은 어린아이와 같다"고 하였다.[72]

· 날이 저물었으면 재가자의 집에 가지 말아야 한다. 그러나 삼보의 일이나 병든 비구니의 일을 위해서나 시주자가 요청했을 때는 제외한다.[73]

· 비구가 항상 재가자의 집에 왕래하는 것을 좋아하면 다섯 가지 허물이 있다. 첫째는 여인을 자주 보고(비구니의 경우는 반대다), 둘째는 점점 서로 가까워지고, 셋째는 친함이 더욱 두터워지고, 넷째는 음욕의 뜻이 생기고, 다섯째는 바라이죄를 범하거나 바라이에 버금가는 죄를 범하게 된다.[74]

「第四分」

재가자의 집에 가서 아홉 가지 상황이 있으면 단월의 공양을 받아서는 안 되고 앉지도 말아야 한다. 어떤 것이 아홉 가지인가?

비구를 보고 반갑게 일어나지 않고, 기꺼이 예배하지 않으며, 기꺼이 비구에게 앉으라고 청하지 않고, 비구가 앉는 것을 좋아하지 않고, 설사 법을 설해도 믿음으로 받아들이지 않으며, 만약 의복과 음식 등 필요한 것들이 있다고 해도 비구를 업신여겨서 주지 않거나, 많이 있어도 적게 주거나, 정교하고 좋은 것이 있어도 거칠고 나쁜 것을 주거나, 주더라도 공경하는 마음으로 주지 않는 경우가 아

---

71. (大22, 961中).
72. (大22, 998中).
73. (大22, 955中).
74. (大22, 1005下).

홉 가지이다. (이상은 비구니도 같다.)[75]

「私記」

재가자를 오염시키는 것과 악행은 본계의 본래 조건이 아니므로 '덧붙여 제정한 것'이 있다. 중국은 말법시대여서 이런 습성으로 오염됨이 가장 심하다. 하근기는 말할 것도 없고 현자賢者도 오히려 면하기 어렵기 때문에, 이런 종류의 죄상을 분명하게 비교하여 자세히 나열하였다.

오직 보고 듣는 사람이 경계하고 두려워해야 할 것을 알아서 함께 부처님의 교화를 따르고 스님들의 위의를 엄격하게 보호해야 한다. 위의 「第四分」은 『集要』에서 뽑아서 기록한 것이다. 이 밖에 『律』에 기록된 것이 아직 많으므로 배우는 이들은 찾아서 자세히 살펴보기 바란다.

8. 범함이 아닌 경우 [開緣]

만약 처음 충고했을 때 바로 버렸으면	
만약 비법별중 등이 충고하는 갈마를 했으면	
만약 법에 맞지 않거나, 율에 맞지 않거나, 부처님의 가르침에 맞지 않게 충고하는 갈마를 했으면	
만약 일체 충고하는 갈마를 하기 전이었으면	
만약 부모, 병자, 어린 아이, 임신부, 감옥에 갇힌 사람, 절에서 일하는 사람에게 주었으면	
만약 스스로 또는 남을 시켜서 꽃이나 나무를 심거나, 화만을 만들거나, 실로 꽃을 꿰거나, 꽃을 가져오거나, 화만을 가져와서 불법승에 공양하거나 혹은 남을 시켜 꽃을 취해서 불법승에 공양했으면	범함이 아니다

---

75. (大22, 1011中).

만약 사람이 손을 들어 때리려고 하거나, 도둑·코끼리·곰·사자·호랑이·이리가 오거나 혹은 뾰족한 것을 메고 와서 피했으면
만약 강, 도랑, 구덩이를 건너려고 절뚝거리면서 뛰었으면
만약 도반이 뒤따라오고 있어서 돌아보았는데 보이지 않아서 휘파람을 불었으면
만약 부모나 신심이 돈독한 우바이, 병자, 감옥에 갇혀 있는 이를 위해 서신을 보고 나서 가지고 갔으면
만약 탑과 스님들을 위하거나 병든 비구니를 위해서 서신을 가지고 갔다가 돌아왔으면

『資持記』

다섯 번째의 경우는 재가자를 오염시켜도 범함이 아니므로 일곱 부류의 사람에게는 줄 수 있다.

여섯 번째 경우는 악행을 해도 범함이 아니므로 다섯 가지 일을 할 수 있다. 처음에 꽃이나 나무를 심는 경우는 파서 무너뜨리는 것이 아니고, 스스로 하거나 남을 시키는 것도 다 공양하기 위함이다. 글에 '스스로 취했다'고 말한 것은 (율문에 '남을 시켜 취했다'는 것을 『戒本疏』에는 '스스로 취했다'고 하였다.) 직접 꽃을 딴 것이 아니라는 뜻이다.

일곱 번째의 경우는 피하기 위한 것이므로 허용하였다. 여덟 번째의 경우는 절뚝거리면서 가는 것을 허용한 것이다(곧 뛰는 행위다). 아홉 번째의 경우는 부르기 위해서 휘파람 부는 것을 허용하였다. 열 번째와 열한 번째의 경우는 심부름하는 것이므로 허용하였다.

『資持記』

『多論』 '재가자를 오염시킨다'는 것은 비구니가 구하는 것이 있으면서 삼보나 자기 자신 또는 모두를 위한다고 하면서 신심이 돈독한 시주의 갖가지 물건을 대신이나 출가자나 재가자 등에게 주면 모두 다 재가자를 오염시키는 것이라 한다. 왜냐하면 출가인은 무위무욕無爲無欲하여 청정하게 스스로를 지켜서 수도修道할 것을 마음에 두어야 하기 때문이다. 만약 재가자를 위하여 심부름꾼으로 왕래하면 정업正業을 폐하고 어지럽게 하는 것이니 출리가 아니다.

신심이 돈독한 시주의 물건을 재가자에게 주었기 때문에 상대방의 평등하고 좋은 마음을 깨뜨리게 된다. 물건을 얻은 자는 기뻐하고 좋아하지만, 물건을 얻지 못한 자는 현명하고 좋은 사람에게도 애경심이 없어져서 자신의 깊고 두터운 복전을 잃게 된다. 또한 불법을 전도顚倒시키고 혼란스럽게 하기 때문이다.

재가자는 항상 삼보에 청정한 복을 구하여 피와 살을 덜어내어 선근을 심는다. 그런데 요즘 출가자들은 도리어 시주로부터 받은 물건을 재가자에게 주어서 재가자가 출가자에게 바라는 마음을 일으키게 한다. 적은 물건을 재가자에게 준 인연으로 칠보탑七寶塔을 세우고 정사精舍를 건립하고 더 나아가 4사事(衣, 食, 房, 藥)를 염부제에 가득 채워 일체 성중聖衆께 공양하더라도, 고요히 앉아 청정하게 계를 지키는 것만 못하다. 이것이 참으로 법신法身에 공양하는 것이다.[76] (이상의 기록은 남산 도선율사『行事鈔』의 삭제한 구절에 있는 문장이라서 자세한 설명이 아니다.『四分』의 원문을 조사해 보아야 한다.)

부탁하건대 후학들은 이 글을 자세히 살펴보아야 한다. 또 심식心識이 어리석지 않고 눈과 귀가 온전한데, 해를 마치도록 강독하여도 한 구절도 마음에 새기지 못하니, 어찌 맹인과 귀머거리와 다르겠는가? 진실로 토목土木과 같다. 반드시 높은 지조를 품고 하류배와 섞이지 말고 비굴하지 말며, 평생 동안 다시 이로 인해 삼보를 훼손하는 일을 하지 말아야 한다. 성인의 가르침을 자세히 알고 자기의 마음을 반조하여 과거의 잘못을 깨닫고 하루 빨리 행동을 고치기 바란다. (비구니도 같다.)

---

76. (大23, 524中).

『資持記』

요즘 부처님 제자는 명분과 내실을 다 잃었다. 글씨를 베껴 쓸 수 있으면 '왕희지[草聖]'라 하고, 세속의 전적典籍을 통달하면 스스로 '문장가'라고 하며, 지리地理를 가릴 수 있으면(풍수를 보면) '산수山水선생'이라 하고, 점을 치면 '삼명三命'[77]이라 부른다. 무슨 뜻으로 세속을 버리고 부처님을 섬기면서 세속의 명예를 따르는가? 본래 출가의 본뜻은 세속을 싫어하여 벗어나는 것인데 어찌 생사의 업을 익히는가? 명예를 팔아서 이양을 구하고 세력에 빌붙어서 능력을 자랑한다. 형색은 장삼을 입었으나 마음은 세속에 물들어서 몸을 마칠 때까지 헛되게 보내니 진실로 슬프다!

『比丘尼鈔』

『多論』 갖가지 악업을 지어서 다른 이의 신심 있고 존경하는 좋은 마음을 깨뜨리니, 이것을 '재가자를 오염시킨다'고 한다. '악행을 짓는다'는 것은 청정하지 않고 더럽게 오염시키는 행위를 하여 나쁜 과보를 얻기 때문이다.

13 나쁜 성품으로 대중을 거부하고 충고를 어기는 계 惡性拒僧違諫戒

비구계 제13과 같음, 대승공계, 성계 천타비구

1. 계의 조문 [戒文]

어떤 비구니가 나쁜 성품으로 남의 말을 받아들이지 않았다. 그래서 계법에 있는 내용으로 비구니들이 법답게 충고했는데도 받아들이지 않고, "스님은 나에게 좋으니 나쁘니 말하지 마십시오. 나도 스님들에게 좋으니 나쁘니 말하지 않겠습니다. 스님들은 그만하십시오. 자꾸 나에게 충고하지 마십시오"라고 하였다.

충고하는 비구니는 상대 비구니에게 "스님은 충고를 받아들이지 않으려고 하지 마십시오. 스님은 충고를 받아들여야 합니다. 스님은 여법하게 비구니들에게 충고해야 하고, 비구니들도 여법하게 스님한테 충고해야 합니다. 이와 같은 말을 해야만 불제자들은 이익을 더할 수 있으니 서로 충고하고 가르치며 서로 참회해야 합니다"라고 충고해야 한다.

만약 상대 비구니에게 이와 같이 충고했을 때 고집하고 버리지 않으면, 충고하는 비구니는 세 번 충고해야 하니 이 일을 버리게 하기 위함이다. 세 번 충고해서 버리면 좋고 버리지 않으면, 상대 비구니는 세 번 충고했을 때 응당 버려야 할 승가바시사다.

2. 계를 제정한 인연 [緣起]

『四分』

부처님께서 구섬미국의 구사라 동산에 계실 때, 천타비구는 나쁜 성품으로 남의 말을 듣지 않고 비구들에게 "그대들은 나에게 좋으니 나쁘니 말하지 마십시오. 나도 스님들에게 좋으니 나쁘니 말하지 않겠습니다. 나는 가르침을 받을 필요가 없고 내가 스님들을 가르쳐야 합니다. 왜냐하면 나의 성주聖主께서는 깨달음을 얻은 분이기 때문입니다"라고 하였다. 비구들이 듣고서 꾸짖고 부처님께 사뢰니 꾸짖으시고, 대중들이 천타비구에게 백사갈마를 해주게 하고 계를 제정하셨다.[78]

---

77. 과청, 『講記』上, p.1027, '수명受命, 조명遭命, 수명隨命'을 말한다.

78. (大22, 599上).

3. 제정한 뜻 [制意]

『四分律疏』

제정한 뜻에 세 가지가 있다.

1) 충고를 받아들이지 않으려는 나쁜 성품을 제어하려는 뜻

성품이 지혜롭지 않은 사람은 이치적으로 홀로 선품을 행할 수 없으므로, 반드시 선한 벗을 의지하여 서로 가르치고 인도해야 한다. 그래야만 허물을 여의고 선을 닦아서 출리도의 이익을 얻을 수 있다. 그런데 지금 천타비구는 미혹한 마음으로 잘못을 저지르고도 스스로 허물을 보지 못한다. 다른 사람이 법답게 충고해주면 이치적으로 따라야 하는데, 이제 도리어 세력 있는 수승한 사람에게 기대어 자신의 위치를 높여 사람들이 스승으로 존경해 주기를 바란다. 오히려 대중 스님들을 바로잡으려 하고 자기 분수에 맞지 않게 처신하니 허물이 깊고 두터워서 성인께서 제정하셨다.

2) 반드시 충고해야 하는 뜻

네 부류의 사람에게는 모두 충고를 해주어야 한다. 첫째는 나이가 많고 법랍이 많아 덕이 있다고 여기는 사람, 둘째는 오랫동안 대중의 수장首長으로 살았던 사람, 셋째는 배움이 부족하고 아는 것이 얕으면서 지혜가 남보다 뛰어나다고 생각하는 사람, 넷째는 수승한 사람과 함께 사는 사람이다. 지금 여기서 충고하는 계는 바로 이 네 번째 사람에 해당된다.

불법은 스님들에 의해 유통되어야 사람들이 법에 통달할 수 있다. 덕이 있는 사람은 도법道法을 품어서 취할 것과 버릴 것을 밝게 아니, 이치적으로 의지하여 진퇴를 결정해 주기를 청해야 한다. 성인께서 삼장三藏에 통달한 사람을 의지하도록 권하신 것은 미혹하고 어리석은 이를 깨우치고 인도하는 일이 이루어지게 하려는 것이다. 그러나 지금 천타비구는 안으로 실제로 덕이 없으면서 권하는 것을 듣고도 받아들이지 않는다. 도리어 수승한 사람(부처님)에 기대어 자기를 믿고 대중을 업신여기면서, "부처님께서는 우리 석가 종족이고, 법은 우리 가문의 부

처님께서 말씀하신 것이다. 그러므로 내가 곧 불법의 근본이다. 내가 여러 대덕들을 가르쳐야 하는데, 어찌 대덕들이 나를 가르치려 하는가?"라고 한다.

말은 이치에 맞는 것 같으나 어리석고 미혹한 것이다. 그러므로 반드시 충고하여 옳고 그름을 보여주어야 한다. 덕이 있는 사람이 권하고 충고하면 이치적으로 순종해야 한다. 미혹함을 고쳐서 바른 이치를 따라 악을 버리고 선에 나아가야 하기 때문에 충고해야 한다.

3) 죄가 되는 뜻

대중들이 자세히 충고하여 삼장에 통달한 사람을 의지하라고 권해주면, 이치상 충고를 받아들여서 옳고 그름을 구분해야 한다. 하지만 자신의 의견을 고집하여 따르려 하지 않고 고의로 대중법을 어겨서 허물이 무겁다. 그러므로 세 번 충고해서 버리지 않으면 승잔이 된다.

4. 범하는 조건 [犯緣]

『行事鈔』

다섯 가지 조건을 갖추면 범함이 된다.

첫째, 스스로 악업을 버리지 못해서 장차 죄를 지으려 하고

둘째, 선한 비구니들이 법답게 권하고 충고했으나

셋째, 충고를 받아들이지 않고 자신만 믿고 남을 업신여겨서

넷째, 대중들이 법답게 충고하여

다섯째, 세 번의 갈마설을 마치면

범한다.

5. 범하는 상황 [罪相]

나쁜 성품으로 남의 말을 받아 들이지 않아서	대중이 충고할 때	알리기를 하고, 세 번째 갈마설을 마쳤으면		승잔
		알리기를 하고, 두 번째 갈마설을 마치고	버렸으면	3투란차
		알리기를 하고, 첫 번째 갈마설을 마치고	버렸으면	2투란차
		알리기를 하고 나서	버렸으면	1투란차
		알리기를 마치기 전에	버렸으면	돌길라
	대중이 아직 충고하지 않았을 때	알리기를 하기 전에 나쁜 성품으로 남의 말을 받아들이지 않았으면		돌길라

6. 함께 제정함 [併制]

제10 화합승가를 깨뜨리고 충고를 어기는 계[破僧違諫戒]와 같다.

7. 범함이 아닌 경우 [開緣]

만약 처음 충고했을 때 바로 버렸으면	
만약 비법별중 등이 충고하는 갈마를 했으면	
만약 법에 맞지 않거나, 율에 맞지 않거나, 부처님의 가르침에 맞지 않게 충고하는 갈마를 했으면	
만약 일체 충고하는 갈마를 하기 전이었으면	

만약 지혜가 없는 사람이 충고할 때 그에게 "그대의 화상니와 아사리니가 행하는 바도 이와 같으니, 그대는 다시 잘 배우고 경전을 외워서 충고하는 법을 잘 알고 난 후에 충고할 수 있다"라고 했으면	범함이 아니다
만약 그 일이 사실과 같았으면	
만약 장난으로 말했으면	
만약 빨리 말했으면	
만약 혼자 말했으면	
만약 꿈속에서 말했으면	
만약 이것을 말하려다가 착오로 저것을 말했으면	

『資持記』

첫 번째는 바로 충고를 따른 것이고, 두 번째 '비법으로 충고했다'는 것은 교법에 맞지 않기 때문이다. 다섯 번째 '지혜가 없는 자가 충고했다'는 것은 이치에 합당하지 않기 때문이고, 여섯 번째 '그 일이 사실과 같다'는 것은 자기를 살펴보아 그릇됨이 없기 때문이다. 열한 번째 '착오로 말했다'는 것은 고의로 한 것이 아니기 때문이다.

14 염심으로 서로 친근하게 지내면서 충고를 어기는 계 習近住違諫戒

비구는 범한 것에 따름, 대승공계, 성계　　　　　　　　　소마비구니, 바파이 비구니

1. 계의 조문 [戒文]

어떤 비구니들이 서로 친하게 지내면서 함께 악행을 하고 나쁜 소문이 퍼지자 서로 죄를 덮어주었다. 이런 경우 비구니 대중은 이 비구니들에게 "스님! 그대들은 친하게 지내면서 함께 악행을 하고 나쁜 소문이 퍼지면 서로 죄를 덮어주는데, 그렇게 하지 마십시오. 그대들이 만약 서로 친하게 지내지 않으면 불법 안에서 이익이 증장되고 안락하게 머물 수 있을 것입니다"라고 충고해야 한다.

만약 대중이 이 비구니들에게 충고해도 고집하고 버리지 않으면, 세 번 충고해야 하니 이 일을 버리게 하기 위함이다. 이렇게 세 번 충고하여 버리면 좋고 만약 버리지 않으면, 세 번 충고했을 때 응당 버려야 할 승가바시사다.

2. 계를 제정한 인연 [緣起]

『四分』

부처님께서 사위국 기수급고독원에 계실 때, 소마蘇摩비구니와 바파이婆頗夷비구니가 항상 가까이 지내면서 함께 악행을 하다가 나쁜 소문이 퍼지면 서로 죄를 덮어주었다. 그래서 다른 비구니들이 충고했지만 고치거나 뉘우치지 않았다. 비구니들이 꾸짖고 비구들에게 알리고, 비구들이 부처님께 사뢰니 꾸짖으시고 계를 제정하셨다.[79]

---

79. (大22, 723中).

3. 제정한 뜻 [制意]

『四分律疏』

제정한 뜻에 세 가지가 있다.

1) 염심으로 친근하게 지내는 것을 허락하지 않은 뜻

두 사람이 함께 하도록 제정한 것은 서로 금하고 제재하여 일체의 악을 끊고 선을 닦게 하려는 것이다. 그러나 지금은 도리어 사사로운 감정으로 서로 가까이 사귀며 염심으로 함께 지내고, 잘못을 서로 덮어주고 숨겨주면서도 부끄러운 마음이 없다. 그래서 안으로 스스로의 행을 무너뜨리고 밖으로는 불법에 누를 끼쳐 근심이 깊으므로 제정하여 허락하지 않았다.

2) 충고의 뜻

성인의 가르침을 빙자하여, "두 사람이 함께 하도록 성인께서 제정하셨는데 어찌 스님들이 나에게 떨어져 지내라고 충고하는가?"라고 하는 것은 곧 부처님의 가르침에 미혹하여 제정한 뜻을 알지 못한 것이다. 반드시 스님들이 충고해서 옳고 그름을 보여주고, 그에게 두 사람이 함께 하라고 제정한 뜻을 알게 해서 선을 닦게 해야 한다. "지금 그대들 두 사람은 도리어 악행을 하니 함께 지내지 말아야 한다"고 충고하여 그들에게 미혹을 고치고 삿됨을 버리게 해서 정법에 나아가도록 하려는 것이다.

3) 죄가 되는 뜻

대중이 이미 충고하여 옳고 그름을 명백히 밝혀주었으나 자기 마음을 고집하고 권하는 것을 따르려 하지 않는 것은, 법을 어기고 대중을 괴롭게 하므로 승잔이 된다.

4. 범하는 조건 [犯緣]

『四分律疏』

여섯 가지 조건을 갖추면 범함이 된다.

첫째, 염심으로 친근하게 지내서

둘째, 비구니 대중이 따로 머물도록 권했는데

셋째, 부처님의 가르침을 빙자해서 기꺼이 따로 지내려고 하지 않고

넷째, 법답게 충고해도

다섯째, 거부하고 따르지 않아서

여섯째, 세 번의 갈마설을 마치면

범한다.[80]

5. 범하는 상황 [罪相]

악행을 하고 충고를 어겨서	대중이 충고할 때	알리기를 하고, 세 번째 갈마설을 마쳤으면		승잔
		알리기를 하고, 두 번째 갈마설을 마치고	버렸으면	3투란차
		알리기를 하고, 첫 번째 갈마설을 마치고	버렸으면	2투란차
		알리기를 하고 나서	버렸으면	1투란차
		알리기를 마치기 전에	버렸으면	돌길라
	대중이 아직 충고하지 않았을 때	알리기를 하기 전에 서로 친근하게 지내며, 함께 악행을 저질러서 나쁜 소문이 퍼졌으면		돌길라

『四分』

'가까이 한다'는 것은 자주 함께 장난치고 서로 희롱하고 어울려 함께 이야기하는 것이다.

『集要』

『十誦』 스스로 좋지 않은 인연을 지으면 투란차다. 나쁜 소문이 있거나, 비구니 대중을 괴롭게 하거나, 서로 죄를 덮어주면 모두 투란차다.[81]

6. 함께 제정함 [併制]

> 제10 화합승가를 깨뜨리고 충고를 어기는 계[破僧違諫戒]와 같다.

7. 덧붙여 제정함 [兼附]

비구	범한 것에 따른다
식차마나·사미·사미니	돌길라

『尼戒會義』

'비구는 범한 것에 따른다'는 것은 서로 바라이죄나 승잔죄를 덮어주면 바일제이고, 바라제제사니나 돌길라를 덮어주면 모두 돌길라이며, 투란차를 덮어주면 돌길라가 된다는 것이다. 재가자를 오염시키고 악행을 했으면 돌길라다. 대중이 충고하기 전에 병처에서 충고했는데 버리지 않으면 돌길라이고, 대중이 세 번 충고했는데도 버리지 않으면 승잔이다.

8. 범함이 아닌 경우 [開緣]

> 제11 화합승가를 깨뜨리는 것을 돕고 충고를 어기는 계[助破僧違諫戒]와 같다.

---

80. (卍65, 340後下).
81. (大23, 312中).

15 대중을 비방하며 친근하게 지내기를 권하고 충고를 어기는 계 謗僧勸習近住違諫戒

대승공계, 성계 투라난타 비구니

1. 계의 조문 [戒文]

비구니 대중이 충고할 때 다른 비구니가 가르치기를, "그대들은 따로 지내지 말고 함께 머물러야 합니다. 내가 다른 비구니들을 보니, 따로 지내지 않고 함께 악행을 하고 나쁜 소문이 퍼지면 죄를 서로 덮어줍니다. 그런데 대중들이 화가 나서 그대들에게만 따로 지내라고 합니다"라고 하였다.

충고하는 비구니는 그 비구니에게 "스님! 그대는 다른 비구니에게 '그대들은 따로 지내지 말고 함께 머물러야 합니다. 내가 다른 비구니들을 보니, 따로 지내지 않고 함께 악행을 하고 나쁜 소문이 퍼지면 죄를 서로 덮어줍니다. 그런데 대중들이 화가 나서 그대들에게만 따로 지내라고 한 것입니다'라고 말하지 마십시오. 지금 바로 이 두 비구니만 함께 지내면서 악행을 하고 나쁜 소문이 퍼지면 죄를 서로 덮어줍니다. 또 다른 비구니는 없습니다. 만약 이 비구니들이 따로 머문다면 불법 안에서 이익이 증장되고 안락하게 머물 것입니다"라고 충고해야 한다.

만약 비구니가 그 비구니에게 충고했을 때 고집하고 버리지 않으면, 이 비구니는 세 번 충고해야 하니 이 일을 버리게 하기 위함이다. 이렇게 세 번 충고하여 버리면 좋고 버리지 않으면, 그 비구니는 세 번 충고했을 때 응당 버려야 할 승가바시사다.

2. 계를 제정한 인연 [緣起]

『四分』

부처님께서 사위국 기수급고독원에 계실 때였다. 소마비구니와 바파이 비구니에게 대중들이 충고했는데, 육군비구니와 투라난타 비구니가 "그대들은 함께 지내시오. 왜냐하면 내가 보니 다른 비구니들도 서로 가까이하며 함께 악행을 하고 나쁜 소문이 퍼지면 서로 덮어주었습니다. 그런데 대중들이 화가 나서 그대들에게만 따로 지내라고 하는 것입니다"라는 말을 했다. 비구니들이 듣고서 꾸짖고 비구들에게 알리고, 비구들이 부처님께 사뢰니 꾸짖으시고 계를 제정하셨다.[82]

3. 제정한 뜻 [制意]

『四分律疏』

제정한 뜻에 네 가지가 있다.

1) 남에게 권하는 것을 허락하지 않은 이유

옳고 그름이 섞여서 상황을 구분하기 어려운데, 어리석은 자는 그 말을 자세히 알아보지도 않고 옳다고 한다. 이치적으로 서로 장려하고 이끌어주어서 악을 버리고 선을 닦게 해야 하는데, 도리어 불에 땔감을 보태는 것과 같이 하여 그 악행이 더욱 심해지게 한다. 또 다시 스님들을 비방하여 일의 괴로움이 가볍지 않으므로 권하는 것을 허락하지 않았다.

2) 충고하는 뜻

남에게 따로 지내라고 권하면 마치 애증이 있어서 그런 것처럼 보여서 비방을 초래하기 쉽고 그 정황을 구분하기가 어렵다. 반드시 대중들은 법답게 충고해야 하는데, 마음속에 두려움과 성냄이 없음을 드러내서 그가 제대로 알고 미혹함에서 벗어나 바른 것을 따르게 하기 위함이다.

3) 죄가 되는 뜻

---

82. (大22, 724中).

세 종류의 허물이 있다. 첫째는 남에게 악행을 하라고 권하는 것이고, 둘째는 이치에 어긋나게 대중들을 비방하는 것이며, 셋째는 굳게 고집하여 충고를 어기는 것이다. 대중을 매우 괴롭게 하므로 '권하는 사람, 서로 친하게 지내는 사람 둘다 범하는 것'이라고 제정하셨다.

4) 두 가지 계로 구분하는 뜻

앞의 제14계는 스스로 염심으로 친근하게 지내는 이에게 충고하는 것이고, 본계는 대중들을 비방하면서 친근하게 지내라고 권하는 이에게 충고하는 것이다. 또 충고하는 말도 다르기 때문에 두 가지 계가 되었다.[83]

4. 범하는 조건 [犯緣]

『四分律疏』

여섯 가지 조건을 갖추면 범함이 된다.

첫째, 앞의 비구니가 염심으로 친근하게 지내서

둘째, 대중들이 따로 지내라고 충고했는데

셋째, 대중들을 비방하면서 서로 친근하게 지내라고 권하여

넷째, 대중들이 법답게 충고했으나

다섯째, 거부하고 따르지 않아서

여섯째, 세 번의 갈마설을 마치면

범한다.

---

83. (卍65, 340後下).

5. 범하는 상황 [罪相]

가까이 지내라고 권하면서 대중의 충고를 어겨서	대중이 충고할 때	알리기를 하고, 세 번째 갈마설을 마쳤으면		승잔
		알리기를 하고, 두 번째 갈마설을 마치고	버렸으면	3투란차
		알리기를 하고, 첫 번째 갈마설을 마치고	버렸으면	2투란차
		알리기를 하고 나서	버렸으면	1투란차
		알리기를 마치기 전에	버렸으면	돌길라
	대중이 아직 충고하지 않았을 때	알리기를 하기 전에 따로 지내지 말라는 등의 말을 했으면		일체 돌길라

『集要』

『十誦』 만약 "너희들은 따로 떨어져서 다니지 말고 함께 다녀야 한다", "따로 떨어져서 다니면 이익이 증장하지 않는다", "함께 다니면 이익이 증장한다"고 말하면 모두 투란차다. 만약 "비구니 대중에 그대들과 같은 자가 있는데도 스님들이 화가 나서 그대들에게만 따로 다니라고 한다"고 말하면 비구니 대중을 질책했으므로 바일제다.[84]

6. 함께 제정함 [併制]

제10 화합승가를 깨뜨리고 충고를 어기는 계[破僧違諫戒]와 같다.

---

84. (大23, 313上).

7. 범함이 아닌 경우 [開緣]

> 제11 화합승가를 깨뜨리는 것을 돕고 충고를 어기는 계[助破僧違諫戒]와 같다.

16 **화가 나서 삼보를 버리겠다고 하면서 대중의 세 번 충고를 어기는 계**瞋心捨三寶違僧三諫戒

대승공계, 성계   육군비구니

1. 계의 조문 [戒文]

어떤 비구니가 문득 작은 일로 화가 나서 기분이 좋지 않아, "나는 부처님을 버리고 법을 버리고 승가를 버리겠소. 사문은 부처님 제자만 있는 것이 아니오. 다른 사문이나 바라문처럼 청정행을 닦는 사람들이 있으니, 우리들도 그런 청정행을 닦을 것이오"라고 하였다.

충고하는 비구니는 이 비구니에게 "스님은 작은 일로 화가 나서 기분이 좋지 않아 '나는 부처님을 버리고 법을 버리고 승가를 버리겠소. 사문은 부처님 제자만 있는 것이 아니오. 다른 사문이나 바라문처럼 청정행을 닦는 사람들이 있으니, 우리들도 그런 청정행을 닦을 것이오'라고 말하지 마시오"라고 충고해야 한다.

만약 충고하는 비구니가 이 비구니에게 충고할 때 고집하고 버리지 않으면, 세 번 충고해야 하니 이 일을 버리게 하기 위함이다. 이렇게 세 번 충고해서 버리면 좋고 버리지 않으면, 이 비구니는 세 번 충고했을 때 응당 버려야 할 승가바시사다.

2. 계를 제정한 인연 [緣起]

『四分』

부처님께서 사위국 기수급고독원에 계실 때, 육군비구니가 한 가지 작은 일로 화가 나서 기분이 좋지 않아 "나는 불법승을 버리겠소. 사문은 부처님 제자만 있는 것이 아니오. 다른 바라문들도 청정행을 닦는 이가 있으니, 우리들 또한 그곳에서 청정행을 닦을 것이오"라고 하였다. 비구니들이 듣고서 꾸짖고 비구들에게 알리고, 비구들이 부처님께 사뢰니 꾸짖으시고 계를 제정하셨다.[85]

3. 제정한 뜻 [制意]

『四分律疏』

제정한 뜻에 세 가지가 있다.

1) 출가한 사람은 오직 마음을 삼보에 두어야 한다. 그런데 어찌 작은 일로써 안으로 성냄을 품고 참된 길을 버리고 삿된 곳에 의탁하여 머물고자 하는가? 스스로 타락하는 뜻이 심하여 이치적으로 허락하지 않았다.

2) 충고하는 뜻

여인은 가까이만 보고 멀리 들을 줄은 모른다. 출가라는 이름이 같고 청정행이라고 하는 것도 같으나, 미혹한 마음을 가지고 나아가니 매우 불쌍하다. 반드시 대중들이 충고하여 삿된 것과 바른 것의 이치를 구분하여 악을 고치고 선을 따르게 해야 한다.

3) 죄가 되는 뜻

대중들이 충고하여 이치로 삿된 것과 옳은 것의 두 가지를 구분해 주어도, 여전히 삿된 견해를 굳게 고집하여 버리지 않으므로 승잔죄로 제정하셨다.[86]

---

85. (大22, 725下).
86. (卍65, 341前上).

4. 범하는 조건 [犯緣]

『四分律疏』

여섯 가지 조건을 갖추면 범함이 된다.

첫째, 작은 일로 인해 화가 나서

둘째, 삼보를 등지고 외도의 사문을 향하면서

셋째, 삼보를 버리겠다고 말하고

넷째, 비구니 대중이 법답게 충고했는데도

다섯째, 충고를 거부하여

여섯째, 세 번의 갈마설을 마치면

범한다.[87]

5. 범하는 상황 [罪相]

화가 나서 기분이 좋지 않아 법을 버리겠다고 말하며 충고를 어기고	대중이 충고할 때	알리기를 하고, 세 번째 갈마설을 마쳤으면	승잔
		알리기를 하고, 두 번째 갈마설을 마쳤으면	3투란차
		알리기를 하고, 첫 번째 갈마설을 마쳤으면	2투란차
		알리기를 하고 나서	1투란차
		알리기를 마치기 전에	돌길라
	대중이 아직 충고하지 않았을 때	알리기를 하기 전에 화가 나서 기분이 좋지 않아 불법승 등을 버리겠다고 말했으면	돌길라

---

87. (卍65, 341前上).

『集要』

『十誦』 만약 "나는 부처님을 버리겠다", "법을 버리겠다", "승가를 버리겠다", "계를 버리겠다"라고 말했으면 모두 투란차다. 만약 "부처님 제자만 도를 아는 것이 아니다"라는 등의 말을 했다면 대중스님들을 가책한 것이기 때문에 바일제가 된다.[88]

6. 함께 제정함 [併制]

> 제10 화합승가를 깨뜨리고 충고를 어기는 계[破僧違諫戒]와 같다.

7. 범함이 아닌 경우 [開緣]

> 제11 화합승가를 깨뜨리는 것을 돕고 충고를 어기는 계[助破僧違諫戒]와 같다.

---

17 ## 네 가지 쟁사를 일으키고 대중을 비방하면서 충고를 어기는 계 發起四諍謗僧違諫戒

대승공계, 성계   흑비구니

1. 계의 조문 [戒文]

어떤 비구니가 싸우기를 좋아하고 싸운 일을 좋지 않게 기억하고 있다가 뒤에

---

88. (大23, 311中).

화가 나서 "대중들은 편애함이 있고 성냄도 있고 두려움도 있고 어리석음도 있다"고 하였다.

충고하는 비구니는 이 비구니에게 "스님! 싸우기를 좋아하고 싸운 일을 좋지 않게 기억하고 있다가 후에 화가 나서 '대중들은 편애함이 있고 성냄도 있고 두려움도 있고 어리석음도 있다'고 말하지 마시오! 대중들은 편애함이 없고 성냄도 두려움도 어리석음도 없습니다. 그대 자신이 편애함이 있고 성냄과 두려움과 어리석음이 있소"라고 충고해야 한다.

충고하는 비구니가 이 비구니에게 충고할 때 고집하고 버리지 않으면, 세 번 충고해야 하니 이 일을 버리게 하기 위함이다. 이렇게 세 번 충고해서 버리면 좋고 버리지 않으면, 이 비구니는 세 번 충고했을 때 응당 버려야 할 승가바시사다.

2. 계를 제정한 인연 [緣起]

『四分』

부처님께서 구섬미국의 구사라 동산에 계실 때, 흑黑비구니가 싸운 일을 좋지 않게 기억하고 있다가 뒤에 화가 나서, "대중들은 편애함이 있고 성냄도 있고 두려움도 있고 어리석음도 있다"고 하였다. 비구니들이 듣고서 꾸짖고 비구들에게 알리고, 비구들이 부처님께 사뢰니 꾸짖으시고 계를 제정하셨다.[89]

3. 제정한 뜻 [制意]

『四分律疏』

제정한 뜻에 세 가지가 있다.

1) 네 가지 쟁사[90]가 일어남은 도리에 어긋나고 화합을 깨뜨리는 것이다. 덕을 갖춘 사람이 판결하여 이치에 맞게 다스려서 쟁사가 소멸되도록 해야 한다. 여

---

89. (大22, 726下).
90. 『名義標釋』19(卍44, 550上), 謂言諍覓諍犯諍事諍也 廣如七滅諍法及揵度中明. '언쟁, 멱쟁, 범쟁, 사쟁'을 말한다. 자세한 것은 7멸쟁법과 건도에서 밝힌 것과 같다.

인의 견해는 멀리 미치지 못하여 망령되이 다른 종류의 일을 끌어들여 비교해서 대중들을 비방하여 다툼을 일으킨다. 이미 끝난 다툼을 다시 일어나게 하여 허물과 손해가 가볍지 않으므로 돌길라로 제정하셨다.

2) 충고하는 뜻

처벌할 때에 한 번은 죄처소罪處所 갈마를 통해서 없애주고, 또 한 번은 억념법憶念法을 써서 없애 주었다.[91] 그러나 그 모습이 편애하여 평등하지 않은 것처럼 보였다. 그러므로 반드시 대중은 이치적으로 그에게 충고하여 자기 안에 편애함이 없음을 드러내야 한다.

3) 죄가 되는 뜻

대중들이 충고하여 이치에 맞게 구분해 주면 스스로 자기의 마음을 고쳐야 한다. 그런데 고의로 대중의 명령을 어기고 굳게 고집하여 버리지 않기 때문에 승잔으로 제정하셨다.[92]

4. 범하는 조건 [犯緣]

『四分律疏』

여섯 가지 조건을 갖추면 범함이 된다.

첫째, 이전에 네 가지 쟁사를 일으켜서

둘째, 대중이 법답게 없앴는데

셋째, 대중을 비방하고 다시 쟁사를 일으켜서

넷째, 비구니 대중이 법답게 충고했는데

다섯째, 충고를 거부하여

여섯째, 세 번의 갈마설을 마치면

---

91. 여서, 『淺釋』, p.453, 죄처소로 멸하는 것은 7멸쟁법 가운데 覺罪相을 말한다. 범한 자가 본죄를 자수하지 않아서 대중이 백사갈마를 해서 본죄를 결정하는 것이다. 억념법으로 없앴다는 것은 당사자가 無犯임을 기억하여 쟁사를 없앤 것이다.

92. (卍65, 341前下).

범한다.[93]

5. 범하는 상황 [罪相]

화가 나서 대중을 비방하고 충고를 어겨서	대중이 충고할 때	알리기를 하고, 세 번째 갈마설을 마쳤으면		승잔
		알리기를 하고, 두 번째 갈마설을 마치고	버렸으면	3투란차
		알리기를 하고, 첫 번째 갈마설을 마치고	버렸으면	2투란차
		알리기를 하고 나서	버렸으면	1투란차
		알리기를 마치기 전에	버렸으면	돌길라
	대중이 아직 충고하지 않았을 때	쟁사를 일으킨 후 알리기를 하기 전에 "스님들이 편애함 등이 있다"고 말했으면		돌길라

6. 함께 제정함 [併制]

제10 화합승가를 깨뜨리고 충고를 어기는 계[破僧違諫戒]와 같다.

---

93. (卍65, 341前下).

7. 범함이 아닌 경우 [開緣]

만약 처음 충고했을 때 바로 버렸으면	범함이 아니다
만약 비법별중 등이 충고하는 갈마를 했으면	
만약 법에 맞지 않거나, 율에 맞지 않거나, 부처님의 가르침에 맞지 않게 충고하는 갈마를 했으면	
만약 일체 충고하는 갈마를 하기 전이었으면	

대중스님들이여! 제가 이미 17승가바시사법을 설했습니다.

아홉 가지는 처음에 바로 죄를 범하는 것이고, 여덟 가지는 세 번까지 충고하는 것입니다. 만약 비구니가 17승가바시사 가운데 어느 한 법이라도 범하게 되면 반드시 이부승 가운데에서 보름 동안 마나타법을 행해야 합니다. 마나타를 마치면 출죄 갈마를 해주어야 하는데, 이부승 40인에게 이 비구니의 죄를 내놓아야 합니다.[94] 만약 한 사람이라도 모자라서 40인이 되지 않으면, 이 비구니의 죄를 없애지 못하고 비구니들 또한 꾸중을 듣습니다. 지금이 바로 해야 하는 때입니다.

이제 대중스님들에게 묻습니다.

"이 가운데 청정합니까?" (이와 같이 세 번 묻는다.)

대중스님들이여! 여기에 청정하여 묵연하므로 이 일은 이와 같이 지녀야 합니다.

---

94. 청정한 비구 20인, 비구니 20인이 있어야 출죄가 가능하다.

30
니살기바일제법

대중스님들이여!

이 30니살기바일제법[1]을 보름보름마다 설해야 하니 계경에 있는 것입니다

니살기바일제 중합衆合지옥에 떨어져서 인간 수명으로 1억 4천4백만 년 동안 지옥에 머문다.

1 여분의 옷을 받고 기한을 넘기는 계 長衣過限戒

비구계 제1과 같음, 차계   육군비구

1. 계의 조문 [戒文]

만약 비구니가 5의衣를 갖추고 있고 가치나의迦絺那衣[2]를 이미 내놓고 난 후, 여분의 옷[長衣][3]을 받아 10일이 지나도록 정시淨施[4]하지 않고 가지고 있다가 기한을 넘기면 니살기바일제다.

2. 계를 제정한 인연 [緣起]

『四分』

부처님께서 사위국 기수급고독원에 계실 때 비구들에게 3의만 가지고 여분의 옷을 가지지 못하게 했다. 그때 육군비구들이 여분의 옷을 모아서 아침 일찍 일어나서 입기도 하고 낮에 입기도 하고 저녁 때 입기도 했다. 그들은 항상 치장하

---

1. 『名義標釋』19(卍44, 550中), 尼薩耆 此云捨 波逸提 此云墮 謂犯此罪已 其物應捨與僧 乃至一人 餘有 墮罪. '니살기'는 '捨', '바일제'는 '墮'로 번역하였다. 이 죄를 범하면 물건을 대중(대계 안에서는 4인 이상의 대중이 필요하다) 내지 한 사람에게 내놓아야 하며(계 밖에서는 두세 사람이나 한 사람에게 내놓는 것도 가능하다), 나머지 떨어지는 죄가 있다. ; 한역에서는 바일제를 '떨어진다'는 의미로 풀이하였다. 그래서 (지옥에) 떨어지는 죄라고 인식하였다. 그러나 빨리어 어원을 살펴보면, Pācittiya 는 '참회'라는 의미를 지닌 Prācyaścitta에서 나온 것이다. 따라서 학계에서는 필사과정에서 오류가 생긴 것으로 보기도 한다.

2. 『名義標釋』19(卍44, 550上), 此云功德衣 七月十五日 自恣竟 十六日受 受此衣已 得畜長衣 離衣宿 別 衆食 展轉食 得食前食後 不囑授餘尼入聚落 至十二月十五日捨 是名衣已捨 捨已 不復得五事利益. '공 덕의'라 한다. 7월 15일 자자를 마치고 나서 16일에 받는다. 이 옷을 받으면 여분의 옷을 둘 수 있고, 옷을 떠나 잘 수 있고, 별중식을 할 수 있고, 전전식을 할 수 있으며, 식전이나 식후에 다른 비구니에 게 말하지 않고도 마을에 들어갈 수 있다. 12월 15일이 되면 내놓아야 하는데 이것을 '옷을 내놓는 다'고 한다. 내놓고 나면 다시 다섯 가지 이익을 얻을 수 없다.

3. 과청, 『講記』上, p.1092, 장의長衣란 '여분의 옷'을 말한다. 율장에서 말하는 '옷'이란 바로 비구의 3

는 것을 일삼아서 옷을 모아 두었다. 비구들이 보고서 꾸짖고 부처님께 사뢰니 꾸짖으시고 계를 제정하셨다.

그 후에 아난이 귀한 분소의를 한 벌 얻어 대가섭에게 주고자 했으나 그곳에 없어서 어떻게 해야 할지 알 수 없었다. 그래서 부처님께 사뢰니, "가섭이 언제 돌아오느냐?"고 물으셨다. 10일 후에 돌아온다고 하니 "지금부터 비구들에게 여분의 옷을 10일 동안 간직하기를 허락한다"고 거듭 계를 제정하셨다.[5]

3. 제정한 뜻 [制意]

『四分律疏』

제정했다가 허용해 주신 뜻은 수행자의 근기가 같지 않고 과보果報에도 경중이 있어서 필요한 생활용품이 같지 않으므로, 부처님께서 처음부터 끝까지 허용하기도 하고 금지하기도 하신 것이다. 네 종류의 차이를 두어 보완했으니 각각 몸을 돕고 도를 기르는 데 이익이 있다.

만약 과보의 힘으로 자질이 강건하여 추위를 잘 견딜 수 있으면 3의만 가지도록 부처님께서 제정하셨다. 그들의 근기에 맞추어 3의에 의지해서 도를 증장하면 성인의 과위에 들어갈 수 있다. 그래서 『律』에, "미래세에 선남자는 이 3의를 가지되 초과하여 가질 수 없다"고 하였다.

두 번째 근기는 과보의 힘이 다음으로 하열하여 만약 위의 상근기처럼 3의만 입게 하면 감당할 수 없으니, 이는 도를 기르는 인연이 아니다. 그래서 여래께서

의와 비구니의 5의를 가리킨다. 3의와 5의 외에도 101가지 옷과 물건이 있는데 모두 여분에 속한다. 장의에는 이미 만들어진 옷도 포함되지만 아직 만들어지지 않은 옷감도 포함된다.

4. 淨施에는 두 가지가 있다. ①眞實淨施: 물건을 실제로 다른 사람(淨施主)에게 맡겨서 관리하게 하는 것이다. 필요할 때는 정시주한테 물어보고 가져와야 한다. ②展轉淨施: 물건은 본인한테 있지만 다른 사람(淨施主)의 것이라고 생각하는 것이다. 물건을 아무개에게 준다고 생각하면서 앞사람에게 "이 물건을 아무개에게 주겠습니다"라고 말하고, 보관은 자신이 한다. 정시할 때 정시주를 대면할 필요가 없고 알리지 않아도 되며, 사용할 때 물어보지 않고 마음대로 쓸 수 있다.

5. (大22, 601下).

방편으로 몸을 돕는 101가지 물건을 받도록 허락하셨다. 기억하여 알고 지니면 되고 정시는 하지 않아도 된다. 이는 『多論』의 설명이다.

　세 번째 근기는 과보의 힘이 더욱 하열하여 101가지 물건 외의 보시가 있으면 거듭 받도록 허락하셨으니 정시하고 둘 수 있다. 시주자는 보시한 복덕을 얻게 되고 보시를 받는 사람은 도업을 증장하는 인연을 돕게 된다.

　네 번째 근기는 과보의 힘이 가장 하열하여 가벼운 생활용품까지도 허용하였지만 오히려 도를 닦기에 부족하다. 중물重物을 빌려야만 몸을 구제하고 도업에 나아가는데 도움이 된다. 그래서 성인께서 모든 중물을 받을 수 있도록 허락하셨다. 중물이란 와구·지팡이·베개 등을 말한다.

　다음은 거듭 제정한 뜻을 밝혔다. 첫째, 성인께서 허락하셨다고 하여 여분의 옷을 많이 받아 세속의 이익을 탐하면 도의 이익과 공덕의 재물을 잃는다. 둘째, 재가자에게 신심과 공경심을 잃게 하고, 받아서 모아두기를 그치지 않는 것이 세속과 다르지 않다. 셋째, 여래의 4의에 대한 가르침[四依法]을 어겨서 절약하며 만족할 줄 아는 행동이 아니다. 그러므로 정시를 하지 않으면 '사타'라고 제정하셨다. 이는 하열한 두 근기의 사람을 제재하는 것이다.[6]

4. 범하는 조건 [犯緣]

『行事鈔』

여섯 가지 조건을 갖추면 범함이 된다.

첫째, 자신의 여분의 옷이며

둘째, 자기에게 속한 것이 확실하고(『鈔』에 "비록 여분의 옷이지만 잊어버린 등의 인연은 죄가 없다"고 하였다.)

셋째, 응량應量의 재물이고(원래 주에는 "솜이나 털 등의 종류는 옷에 속하지 않으므로 적합하지 않다"고 하였다.)

넷째, 말로써 정시하지 않고

---

6. (卍65, 270後下).

다섯째, 범함이 아닌 인연이 없는데(『鈔』에 "가치나의 1개월, 5개월 등"을 말한다.[7])

여섯째, 10일이 지나면

범한다.

5. 범하는 상황 [罪相]

어느 날(옷을 얻은 제1일) 여분의 옷을 얻어서 정시하지 않고 10일이 지났다. 이 10일 내에 다시 여분의 옷을 얻거나 얻지 못했고, 다시 얻은 옷을 정시하거나 정시하지 않았다. 제11일 날이 밝으면, 제1일에 얻은 옷을 정시하지 않아서 그동안 정시하지 않은 옷은 세력이 오염되었기 때문에, 이 10일 내에 얻은 옷 중에 정시하지 않은 것은	모두 사타
어느 날(옷을 얻은 제1일) 여분의 옷을 얻어서 ①다른 사람에게 주지도 않고 ②잃어버리지도 않고 ③손상되지도 않고 ④옷 아닌 것으로 만들지도 않고 ⑤친한 이의 것이라고 생각하면서 취하지도 않고, ⑥자신이 옷을 가지고 있다는 것을 잊어버리지도 않고 (정시하지도 않고) 10일이 지났다. 이 10일 내에 다시 옷을 얻거나 얻지 못했고, 다시 얻은 옷을 다른 사람에게 주었거나 내지(②~⑤) 잊어버렸거나, 혹은 다른 사람에게 주지도 않고 내지 잊어버리지도 않았는데 (정시하지도 않았는데) 제11일 날이 밝으면, 제1일에 받은 옷을 다른 사람에게 주지 않았거나 내지 잊어버리지도 않아서 (정시하지도 않아서) 세력이 서로 오염되었기 때문에, 이 10일 내에 얻은 옷 중에 다른 사람에게 주지 않았거나 내지 잊어버리지도 않은 (정시하지도 않은) 것은	모두 사타
사타를 범한 옷을 내놓지 않고 이 옷을 가지고 다시 다른 옷과 바꾸었으면	1사타 1돌길라
만약 내놓았으나 내놓음이 성립되지 않았으면	돌길라

「私記」

먼저 얻은 옷을 모두 정시해서 정시 안한 것이 하나도 없으면, 반드시 하루를 지난 후에 다시 옷을 받아 가질 수 있다. 그렇게 해서 10일까지는 범함이 아니다.

『僧羯磨註』

30사타는 내놓을 때 승가대중에 내놓아야 하는데, 돈이나 보물과 관련된 두 가지 계[8]는 제외한다. 승가대중이나 여러 사람(두 사람, 세 사람) 또는 한 사람에게 내놓는다. 별중에 내놓으면 안 된다. 만약 내놓아도 내놓음이 성립되지 않고 돌길라다.

『行宗記』

응량應量이라는 것은 6척까지다.(6척 이하는 돌길라다)

『行事鈔』

길이는 6척이고 넓이는 8촌이니, 길이와 넓이 둘다 초과하면 범한다.

---

7. 『名義標釋』19(卍44, 550中), 時者 謂不受迦絺那衣 有一月名時(七月十六日至八月十五日) 受迦絺那衣 有五月名時(七月十六日至十二月十五日) 若此二時中 所得衣者 名爲時衣 除此二時 於餘時所得衣者 名爲非時衣也. '時'란 가치나의를 받지 않았으면 한 달(7월 16일부터 8월 15일까지)이 時가 되고, 가치나의를 받았으면 5개월(7월 16일부터 12월 15일까지)이 時가 된다. 만약 이 두 기간 중에 옷을 얻었으면 '時衣'라 하고, 이 두 기간을 제외하고 다른 때에 옷을 얻었으면 '非時衣'라 한다.
8. 30사타 중에 '제9 돈이나 보물을 받는 계'와 '제10 금전을 거래하는 계'는 내놓는 대상이 재가자이

6. 함께 제정함 [併制]

비구니가 대중에 사타를 범한 옷을 내놓았는데 돌려주지 않았으면	돌길라
돌려주려고 할 때 어떤 이가 돌려주지 말라고 했으면	
돌려주지 않고 정시했거나, 다른 이에게 주었거나, 스스로 5의를 만들었거나, 파리가라의[雜碎衣]⁹를 만들었거나, 사고로 훼손되었거나, 탔거나, 옷 아닌 것을 만들었거나, 자주 입었으면	

『毘尼止持』

이상의 돌길라는 모두 작법한 사람을 다스리는 것으로, 성인께서 제정하신 것을 따르지 않아서 월비니를 어겼기 때문이다.

「私記」

돌려주는 법에는 두 가지가 있다.

첫째, 그 자리에서 바로 돌려주는 법이다. 만약 대중스님들이 여러 번 모이기 어렵거나 이 비구니가 멀리 갈 때 그것을 사용하고자 하면, 『律』의 사타 제1 본문에서 인용한 것과 같이 한다.

둘째, 하루가 지나서 돌려주는 법이다. 만약 위의 인연이 없으면 하룻밤을 지나고 나서 갈마하여 주인에게 돌려주는 것이다. 『律』의 사타 제2 이하의 본문에서 인용한 것이 이것이다.

다.

9. 『善見』14(大24, 772中), 朱羅波利迦羅衣 漢言雜碎衣也. '주라파리가라의'를 한역하면 '잡쇄의'다. ; 『十誦』63(大23, 466上), 覆身衣拭身巾拭脚巾拭面巾僧祇枝泥洹僧 是衣名何等 佛言 名波迦羅 晉言助身衣 也. 몸을 덮는 옷, 몸 닦는 수건, 다리 닦는 수건, 얼굴 닦는 수건, 승기지, 열반승, 이러한 옷은 이름이

7. 범함이 아닌 경우 [開緣]

만약 10일 이내에 정시했거나 또는 다른 이에게 주었으면	범함이 아니다
만약 도적에게 빼앗겼다고 생각했거나, 잃어버렸다고 생각했거나, 불에 탔다고 생각했거나, 물에 떠내려갔다고 생각해서 정시를 하지 않았거나 또는 다른 사람에게 보내주지 않았으면 (물건이 있었지만 없다고 생각한 것이다. 갖고 있으려는 마음이 없었기 때문에 물건이 자신에게 있다는 것을 알게 된 날부터 10일까지 갈 수 있다.[10])	
옷을 빼앗겼거나, 잃어버렸거나, 불에 탔거나, 물에 떠내려가서 취해서 입었거나 다른 사람이 줘서 입었으면	
만약 그가 이불을 만들라고 주었으면	
만약 옷을 맡아준 이가 목숨이 다했거나, 멀리 떠났거나, 환속했거나, 도적에게 강제로 끌려갔거나, 짐승에게 피해를 입었거나, 물에 떠내려간 이와 같은 이유들로 인해 정시를 하지 않았거나 또는 다른 사람에게 주지 않았으면	

(도표 두 번째의 '여분의 옷을 도적에게 빼앗겼다'는 등은 내놓을 여분의 옷이 없다고 생각했기 때문이다. 세 번째의 '본래 받아서 가지고 있던 옷을 빼앗겼기 때문'이라는 등은 여분의 옷을 받아 가질 수 있는 경우이다. 다섯 번째는 이미 자기 것이 아니라고 생각한 것이다.)

「私記」

도표 네 번째는 본 『律』에 '作他與作彼'라고 되어 있으나 남산율사는 "彼는 모두 이불[被]이다"라고 하였다. (이하의 '제3 옷감을 받고 한 달 기한을 넘기는 계'의 '범함이 아닌 경우'에는 본 『律』에서도 이불[被]이라고 되어 있다.)

『戒本疏』에 "'그에게 이불을 만들라고 주었다'는 것은 재물이 중물重物이므로

무엇인가? 부처님께서 '파가라'라고 하셨다. 진나라 말로는 '조신의'다.

230

정시하기에 합당하지 않다. 그래서 비록 기한을 넘기더라도 '여분의 옷을 받고 기한을 넘기는 계'를 범하는 것에 속하지 않는다"라고 하였다.

「第三分」

대중스님들의 옷은 10일이 지나도 범함이 아니다.[11]

『資持記』

요즈음 가르치는 사람들[講學]은 오로지 명예와 이익에만 힘쓴다. 다섯 가지 삿된 생활 방편[五邪][12]을 부끄러워하지 않고 대다수가 여덟 가지 부적절한 생활[八穢]을[13] 하며 단지 헛된 세속만 따르니, 어찌 성인의 말씀을 생각하겠는가.

계를 받은 단에서 내려온 이후로 많은 세월이 흘러도 청정한 법을 조금도 자신에게 응용할 줄 모른다. 일상에 쓰는 것이 더럽지 않은 물건이 없고 상자와 주머니에 쌓인 것이 다 죄를 범한 재물이며, 법을 경시하고 마음을 속여서 스스로 근심 걱정을 초래하는 줄 어찌 알겠는가.

율을 배우는 사람도 알면서 고의로 범하는데 다른 종파의 사람들은 진실로 말할 것도 없다. 과보가 마음에서부터 이루어지는 줄 누가 알며 열매가 종자로 인해 맺히는 줄 어찌 믿겠는가. 현세에는 가사가 몸에서 떠남을 보고 미래에는 지옥에서 철잎사귀가 몸을 얽매는 결과가 나타남을 볼 것이다. 사람으로 태어나면 빈궁하여 더러운 옷을 입게 되고, 축생이 되면 부정한 곳에 떨어져 털과 깃이 비리고 누린내가 난다. 하물며 대승과 소승, 둘다 정시하는 법을 공통적으로 밝

---

10. 물건이 있다는 것을 알게 된 날로부터 10일 이내에 정시하면 된다.

11. (大22, 863中).

12. 과청, 『講記』上, p.1146, ①거짓으로 특이한 모양을 나타내는 것 ②자기 스스로 공덕을 표방하는 것 ③길흉을 점치는 것 ④큰소리로 거짓으로 위의를 드러내는 것 ⑤이익을 얻을 수 있다고 하면서 사람의 마음을 동하게 하는 것이다.

13. 과청, 『講記』上, p.1146, ①집이나 전답을 소유하는 것 ②농사짓는 것 ③곡식을 쌓아두는 것 ④노비를 두는 것 ⑤축생을 기르는 것 ⑥금·은·보물이나 돈을 축적하는 것 ⑦세간의 장신구를 모아

혔으니, 만일 깊은 믿음이 있다면 어찌 받들어 행하기를 꺼리겠는가?

형계荊溪선사의 『輔行記』에 "어떤 이가 '모든 것을 내 물건이 아니라는 생각으로 유용하게 쓰면 되지 무엇하러 정시하는가?'라고 물었다"고 하였다. 이제 물으니 자기의 물건이 아니라고 생각한다면 어찌 4해海에 맡겨두지 않고, 이익이 있으면 이익 되는 곳에 사용하면서 바로 비전悲田과 경전敬田[14]에 주지 않는가?

오히려 물건을 깊은 방에 감추어 두거나 주머니와 상자 속에 봉해 둔다. 실로 다른 사람의 재물이라고 생각하면서 쓰면 반드시 허물을 초래하고(도계盜戒가 된다), 문득 자기 재물이라고 말하면 정시하는 법을 어기게 된다. 정시하거나 보시했으면 이치적으로 무슨 장애가 있겠는가? 이미 집착심이 있는 것이니 후생들이 본받게 된다.

그러므로 정시를 하지 않는 사람은 부처님의 뜻을 어김이 심하고, 대·소승도 섭수하지 못하며, 세 가지 선근善根[15]도 거두지 못함을 알아야 한다. 이와 같은 출가는 어찌 세월만 헛되이 보냄이 아니겠는가. 슬프다!

2 5의를 떠나 숙박하는 계 離五衣宿戒

비구계 제2와 같음, 대승공계, 차계   육군비구

1. 계의 조문 [戒文]

만약 비구니가 5의의 작법을 이미 마치고 가치나의를 내놓고 나서 5의 중 한 가지라도 떠나 다른 곳에서 하룻밤을 자면, 대중들이 갈마한 경우를 제외하고는[16] 니살기바일제다.

2. 계를 제정한 인연 [緣起]

『四分』

부처님께서 사위국 기수급고독원에 계실 때 육군비구들이 친한 도반에게 옷을 맡기고 유행을 떠났다. 그래서 부탁 받은 비구가 옷을 자주 햇볕에 쬐었다. 여러 비구들이 이 모습을 보고 물어서 상황을 이야기하니, 육군비구를 꾸짖고 부처님께 사뢰었다. 이에 부처님께서 "옷의 작법을 이미 마치고 가치나의를 내놓고 나서, 3의 중에 한 가지라도 떠나 다른 곳에서 자면 니살기바일제다"라고 계를 제정하셨다.

그 후에 병이 있는 비구가 세간으로 만행하려고 했으나 승가리가 너무 무거워서 가지고 다닐 수가 없었다. 그래서 부처님께 사뢰니 "대중들이 갈마한 경우는 제외한다"고 거듭 계를 제정하셨다.[17]

3. 제정한 뜻 [制意]

『四分律疏』

3의를 떠나서 자는 것을 허락하지 않은 것은 3의는 삼세 모든 부처님들의 법과 상응하는 옷으로, 몸을 돕고 도를 장양하는데 가장 중요하게 사용되기 때문이다. 이치적으로 몸에 항상 같이 있어야 하니 마치 새의 두 날개와 같아서 잠시도 가사를 떠나는 것을 허락하지 않으셨다.

그런데 이제 가사는 여기에 두고 몸은 다른 곳에 있으면 추위나 더위가 갑자기 닥쳐서 급하게 필요할 때 다시 구하기 어렵다. 그리고 수호하지 않으면 쉽게

두는 것 ⑧스스로 취사도구를 갖추어 두는 것이다.

14. 悲田은 빈궁한 곳에 쓰는 것이고, 敬田은 불법승 삼보에 공양하는 것이다.

15. '無貪·無瞋·無癡'를 말한다. 이 세 가지는 선업의 뿌리이기 때문에 善根이라고 한다.

16. 『名義標釋』19(卍44, 550中), 若有病緣 糞掃衣重 不堪持行 應僧中三乞不失衣羯磨 僧作白二羯磨 與彼不失衣法 故此除僧羯磨 不犯. 만약 병이 있어 분소의가 무거워서 가지고 다닐 수 없으면, 대중에 옷을 잃지 않는 갈마를 세 번 청해야 한다. 대중이 백이갈마를 해서 그에게 옷을 잃지 않는 법을 지어주었으므로, 대중들이 갈마한 것은 제외하니 범함이 아니다.

잃어버리거나 빼앗겨서 몸을 도와 쓸 수가 없게 된다. 그래서 이 일이 가볍지 않으므로 성인께서 제정하셨다. (비구니는 5의다.)[18]

4. 범하는 조건 [犯緣]

『比丘尼鈔』

여섯 가지 조건을 갖추면 범함이 된다.

첫째, 자신의 5의이고

둘째, 모두 작법을 했는데

셋째, 가사와 사람이 다른 장소에 있고

넷째, 내놓지도 않고 되돌아오지도 않았으며[不捨會][19]

다섯째, 범함이 아닌 인연이 없는데

여섯째, 다음날 날이 밝으면

범한다.

『資持記』

넷째, '내놓지도 않고 되돌아오지도 않았다'는 것은 인연이 있어서 돌아오지 못한 경우이다. 『律』에서는 "멀리 가서 내놓거나 다시 (날이 밝기 전에) 빨리 되돌아오는 것은 둘다 범함이 아니다. 그렇지 않으면 '범하는 조건'이 된다"고 하였다.

『比丘尼鈔』

가사와 사람이 다른 장소에 있는데 가사를 가져올 수 없는 장애에는 네 종류

---

17. (大22, 603上).

18. (卍65, 1前).

19. 과청, 『講記』上, p.1164, 가사를 가지지 않고 외출했는데 갑자기 급한 일이 생겨서 돌아오지 못하고 숙박을 할 경우, 對首法(상대가 있을 경우)이나 心念法(상대가 없을 경우)으로 가사를 내놓든지 아니

가 있다.

첫째, 염애染礙이다. 같은 대계大界 안에 남자가 있는 것을 '염애'라고 한다. 그러므로 『律』에 "비구들이 옷을 벗고 재가자의 집에서 신체를 드러내었다. 그래서 부처님께서 '마을[村界]과 마을 밖의 계[村外界][20]는 의계衣界에서 제외한다'고 말씀하셨다"[21]라고 하였다. 따라서 마을[村]은 '가사를 지니지 않고 다닐 수 있는 구역[衣界]'에 포함되지 않는다는 것을 알아야 한다. 이것을 '염애'라 한다.

둘째, 격애隔礙이다. 『律』에 "만약 물이나 육지의 길이 끊어진 등의 일로 가사를 떠나 있으면 범함이 아니다"라고 하였다.

셋째, 정애情礙이다. 『律』에 "만약 잃어버렸거나, 빼앗겼다고 생각했거나, 사나운 짐승 때문이거나, 목숨이 위태롭거나, 청정행이 어려워서 옷을 잃어버렸으면 범함이 아니다"라고 하였다.

『多論』에 "왕이 계界 안에 들어와서 자는데 왕이 다니는 곳이 그 근처에 있으면 의계가 아니니 정황상 격애가 되기 때문이다"[22]라고 하였다.

넷째, 계애界礙이다. 『律』에서 "자연의계自然衣界에 11가지가 있다"고 하였다.

①가람伽藍 ②마을[村界] ③나무[樹界] ④도량[場界] ⑤차[車界] ⑥배[船界] ⑦집[舍界] ⑧설법당[堂界] ⑨고방[庫界] ⑩창고[倉界] ⑪광야[蘭若界]다. 그 중 가람과 마을은 각각 네 가지 모양이 이루어지면 다계多界라 이름하지 않는다. 왜냐하면 승가람과 마을 두 종류의 계는 뜻이 확연히 드러나서 앞의 아홉 가지 계를 포함하여 하나의 계를 이루기 때문이다. 만약 이 네 가지 모양이 충족되지 않으면 모든 계가 함께 생겨서 곧 11계가 형성된다. 그러므로 『律』에 약간계若干界라 하였다(승가람계 안에 세 가지 장애[23]가 있으면 생기는 계를 말한다).

네 가지 모양이란 첫째는 담장으로 사방을 둘러싼 것이고, 둘째는 울타리를 쳤

면 돌아오든지 해야 하는데 그렇게 하지 않은 경우를 말한다.

20. 과청, 『講記』上, p.1180, 就村的這種勢分. 村界의 세분, 곧 촌계의 세력이 미치는 범위를 말한다.

21. (大22, 820上).

22. (大23, 529下). ; 과청, 『講記』上, p.1181, 因爲國王恃勢 今人畏避所以這種叫情隔. 국왕을 호위하는

으나 사방을 다 둘러싸지는 않은 것이고, 셋째는 울타리로 된 담장[籬墻]²⁴을 쳤으나 사방을 다 둘러싸지 않은 것이며, 넷째는 사방 주위에 집이 있는 것이다.²⁵

『律』에 "11계의 세력이 미치는 범위[勢分]를 다시 각각 13보步까지 추가한다"고 했으며, "보통사람이 돌을 던져서 미칠 수 있는 거리다"라고 하였다.

『善見』에 "보통사람이란 건강하지도 약하지도 않은 사람을 택해서 그가 힘껏 던졌을 때 돌이 떨어진 곳이며, 굴러간 곳은 해당되지 않는다(여러 스님들이 따져보고 계산하여 13보라고 하였다)"고 하였다.²⁶

만약 가사를 11가지의 계 안에 두고 몸은 계 밖에서 자는 경우, 가사를 내놓거나 돌아오지 않고 돌을 던져서 미칠 수 없는 곳에 있다가 다음날 날이 밝으면 낱낱이 사타를 범한다. 만약 계 안에 남자가 있으면 가사를 몸 가까이 두어야 하는데, 그렇지 않고 다음날 날이 밝으면 사타를 범한다.(染礙이므로 勢分이 없어졌기 때문이다.)

또 다른 율부에는 의계衣界에 네 가지가 있다고 한다.

첫째, 길 위의 계[道行界]이다. 『十誦』에 "제자가 스승과 함께 가사를 가지고 길을 가는데 앞뒤 49심尋²⁷ 안에서는 가사의 공능을 잃지 않는다"²⁸고 하였다. 『多論』에는 "가로와 세로 평방 49심 안에서는 가사의 공능을 잃지 않는다"고 하였다.

둘째, 섬의 계[洲界]이다. 『善見』에 "섬에서 14주肘²⁹ 안에서는 가사의 공능을

세력 때문에 사람들이 두려워서 피하므로 정황상 격애가 된다.

23. 三礙는 위의 染礙, 隔礙, 情礙를 말한다.

24. 대나무, 갈대, 나뭇가지 등을 엮어서 빽빽하게 만든 담장이다.

25. 平川彰 지음, 釋慧能 옮김, 『비구계의 연구Ⅱ』, 민족사, 2004, pp.114−115, 『四分』(大22, 603下)에는 "승가람계란 승가람의 가장자리에 있는 보통사람이 돌이나 벽돌을 던져서 떨어지는 장소까지를 界라 한다"라고 하였다. 이 界를 『근본유부율』(大23, 713上)에서는 "勢分"이라 한다.

26. (大24, 729下).

27. 1보가 6尺이고 1심이 8척이므로, 65보가 조금 넘는다.

잃지 않는다"[30]고 하였다. 만약 사람이 왕래하면 가사를 몸 가까이 두어야 한다. 그렇지 않으면 가사의 공능을 잃는다.

셋째, 물의 계[水界]이다. 『善見』에 "비구가 아란야에 있으면서 밤에 연못에 들어가 목욕을 하다가 아직 마치지 않았는데, 다음날 날이 밝으면 사타를 범한다"[31]고 하였다. 『母論』에 "한 발은 기슭에 있고 한 발은 물 속에 있으면 비록 날이 밝았을지라도 가사의 공능을 잃지 않는다"[32]고 하였다.

넷째, 우물계[井界]이다. 『僧祇』에 "길을 가다가 노지의 우물 난간 옆에서 자게 되면 모든 옷이 25주 안에 있어야 하는데, 그 밖에서 자면 가사의 공능을 잃는다", "가사를 우물 안에 두고 위에서 잠을 자면서 끈으로 연결하지 않았거나, 손이나 다리를 우물 속으로 내리지 않고 다음날 날이 밝으면 다 범한다"[33]고 하였다 (예를 들면 구덩이 등도 다 범한다).

『明了論』에 "길을 가던 중 밤에 잠을 자고 다음날 타인의 가사를 잘못 가져가면, 타인의 가사는 공능을 잃지 않지만 본인의 가사는 공능을 잃는다"고 하였다.

---

28. (大23, 33上).

29. 1주가 1척 8寸이므로 14주는 2丈 5척 2촌이다.

30. (大24, 773中).

31. (大24, 773下).

32. (大24, 837下).

33. (大22, 297上).

5. 범하는 상황 [罪相]

가사를 계 안에 두고 계 밖에서 잤는데, 다음날 날이 아직 밝지 않았을 때	가사를 내놓지 않고	다음날 날이 이미 밝았는데도	5의를 떠나 있었으면	사타
	손으로 가사를 잡지 않고			
	돌을 던져서 떨어지는 곳에 이르지 않고		다른 옷을 떠나 있었으면	돌길라
내놓았으나 내놓음이 성립되지 않았으면				돌길라

6. 함께 제정함 [併制]

제1 여분의 옷을 받고 기한을 넘기는 계[長衣過限戒]와 같다.

7. 범함이 아닌 경우 [開緣]

만약 대중들이 갈마를 해 주었으면	범함이 아니다
만약 날이 밝기 전에 손으로 가사를 잡고 있었거나, 가사를 내놓았거나, 돌을 던져서 미칠 수 있는 곳에 이르렀으면	
만약 위협을 받아서 빼앗겼다고 생각했거나, 잃어버렸다고 생각했거나, 타버렸다고 생각했거나, 물에 떠내려갔다고 생각했거나, 가사가 다 떨어졌다고 생각해서 가사를 내놓지도 않고, 손으로 잡지도 않고, 돌을 던져서 미칠 수 있는 곳에 이르지도 않았으면	
만약 물길이 끊어졌거나, 길이 험난했거나, 도적이나 사나운 짐승의 피해를 입었거나, 물이 넘쳤거나, 힘센 자에게 붙잡혔거나, 묶여 있었거나, 목숨이 위태롭거나, 청정행이 어려워서 가사를 내놓지도 못하고, 손으로 잡지도 못하고, 돌을 던져서 미칠 수 있는 곳에 이르지도 못했으면	

『比丘尼鈔』

『多論』 만약 5의를 다시 수선하고자 하면, 혹 인연이 있어서 일부분만 가지고 다른 곳에 가더라도 '가사를 떠나 숙박했다'고 말하지 않는다.[34]

『行事鈔』

『十誦』 가는 곳마다 가사와 발우를 다 갖추었으면 다른 것을 돌아보고 연연할 것이 없는 것이 비유하면 나는 새와 같다. 만약 3의를 지니지 않고 재가자가 있는 마을에 들어가면 돌길라죄를 범한다.

『僧祇』 비구는 3의와 발우를 항상 몸에 지니고 있어야 한다. 만약 어기고 대계를 벗어나면 죄를 범하게 된다. 병든 사람을 제외하고는 3의 공경하기를 마치 불탑을 생각하는 것과 같이 해야 한다.

『五分』 3의를 잘 수호하는 것은 몸의 피부와 같이 하고, 항상 몸을 따르게 하는 것은 새의 깃털과 같게 하여 날아갈 때 서로 따르는 것처럼 해야 한다.[35]

『四分』 가려고 하면 때를 알아야 하고, 때가 아니면 가지 말아야 한다. 가는 곳에는 가사와 발우를 갖추어야 하니, 마치 나는 새가 깃털과 날개를 몸에 다 갖춘 것과 같다.[36]

모든 율부에서 항상 몸에 의발衣鉢을 지니도록 제정하셨다. 그러나 현재는 단지 '가사를 떠나 숙박하는 계'만 지키니 부처님의 교법에 상응하지 않는다. (비구니는 5의에 해당된다.)

영지율사의 해석

지금은 '가사를 떠나 숙박하는 계'를 지키는 자가 드물다. 하물며 항상 의발이

---

34. (大23, 527下).
35. (大22, 180下).
36. (大22, 962下).

몸을 따르게 하겠는가? 많은 출가인이 일생 동안 몸에 법복이 없으니, 곧 말세에 '가사를 떠나 숙박하는 계'만 지켜도 이미 수승한 것이다. 안으로는 청정한 신심이 없어서 계법과 법의法衣를 경시한다. 진정한 출가인이라면 오직 성인의 교훈을 잘 따르기 바란다.

『濟緣記』

요즘 어리석은 자들은 악을 짓고도 법의를 벗지 않으며, 머무는 곳이나 방 안에서 혼자 수행할 때도 법의를 입지 않고 벗을 때도 갤 줄을 모른다. 떨어져도 적당한 때에 수선하지 않고 색깔도 위의에 어긋나며 길이도 기준이 없다. 속복인 고의와 적삼은 공경하기를 몸의 피부와 같이 하고, 바르게 제정한 법의는 반대로 버린 물건처럼 본다.

조사가 "성인께서 중요시한 것은 가볍게 여기고 성인이 가볍게 여긴 것을 귀중하게 여겨서 현세에 법의를 벗으니, 다른 생에는 영원히 법의가 몸에서 떠날 것이다. 슬프다!"라고 하였다.

3 옷감을 받고 한 달 기한을 넘기는 계—月衣戒

비구계 제3과 같음, 대승공계, 차계   육군비구

1. 계의 조문 [戒文]

만약 비구니가 5의를 만들 수 있는 천을 갖추었고 가치나의를 이미 내놓은 후 비시非時에 옷감을 얻게 되면 필요한 만큼 받고, 받았으면 빨리 옷을 만들어야

한다. 만약 충분하면 좋고 부족하면 한 달 동안 모아둘 수 있는데 충분하게 하기 위해서이다. 만약 모아 두는 기한을 넘기면 니살기바일제다.

2. 계를 제정한 인연 [緣起]

『四分』

부처님께서 사위국 기수급고독원에 계실 때였다. 어떤 비구가 승가리가 오래되고 낡아서 스스로 생각하기를, '부처님께서 옷을 받을 수 있는 때를 지나 가치나의를 이미 내놓은 후에는 10일까지만 여분의 옷감을 가지고 있도록 허락하셨다. 그러나 나의 승가리는 오래되고 낡아서 10일 내에 다시 마련할 수 없으니 어떻게 해야 할까?'라고 하면서 다른 비구에게 자신을 위해 부처님께 여쭈어 달라고 부탁했다. 그래서 비구들이 부처님께 말씀드리니 승가리를 만들 양이 될 때까지 여분의 옷감을 가지고 있도록 허락하셨다.

그 얘기를 들은 육군비구들이 같은 옷감이 부족하여 누더기를 뜯어서 세탁하여 물들이고 네 귀퉁이에 점을 찍어 정시하여 다른 비구에게 맡기고 유행을 떠나 오래도록 돌아오지 않았다. 그래서 옷을 보관하던 비구가 꺼내서 햇볕에 쪼이니 다른 비구들이 누구의 옷인지 물었다. 육군비구의 옷이라고 하니 비구들이 육군비구를 꾸짖고 부처님께 사뢰었다. 부처님께서 꾸짖으시고 "충분하지 못할 경우는 한 달 동안만 가지고 있을 수 있다"고 기한을 정하셨다.[37]

『資持記』

(이 계는 '月望衣戒'라고도 한다.) '한 달[一月]'은 허용해 준 기한이고 '바란다[望]'는 것은 충족되기를 바라는 것이다.[38]

---

37. (大22, 604中).
38. 平川彰 지음, 釋慧能 옮김, 『비구계의 연구Ⅱ』, p.135, 비구가 非時衣를 얻고 그것만으로는 한 가지 옷을 만드는데 분량이 부족할 때 별도의 옷감을 마련할 수 있는 가능성이 있는 경우, 먼저 얻은 非時衣를 '本衣'라 하고 나중에 얻을 가망이 있는 옷감을 '望衣'라고 한다.

3. 제정한 뜻 [制意]

『四分律疏』

옷은 몸을 돕기 위한 것이므로 때에 따라 수용해야 한다. 비록 옷이 있으나 낡고 해져서 가지고 있을 뿐 입을 수는 없었다. 그래서 얻은 옷감이 충분하지 않은데도 3의를 만들어서 낡은 것과 바꾸려는 것이다. 하지만 옷감이 적어서 충분하지 않으면 충분할 때까지 기다려야 하므로 부처님께서 한 달 동안은 허락하셨다. 그러나 옷감을 모아 두는 기한을 넘기면 탐욕을 늘리고 가르침을 어겨서 도를 방해한다.

부처님께서 3의가 입을 수 없을 정도로 해지면 바꾸어야 한다고 제정하셨다. 만약 옷감이 같지 않으면 각각 1개월 동안 가지고 있을 수 있다. 옷감이 같으면 곧바로 옷을 만들어야 하는데, 그렇게 하지 않으면 기한을 넘겨서 범한다. 이것은 글에서 말한 것으로 만약 같은 옷감이 충분하면 재단해야 한다. 재단하지 않고 기한을 넘기면 나중에 옷감을 얻을 가망이 있고 없고를 묻지 않고 범한다. 옷감이 온 곳이 단절되었거나 단절되지 않았거나 간에 같은 옷감이 충분하면 범하는 것이고, 부족하면 '범함이 아닌 경우'에 따른다. 나머지 율장과는 다르다. (비구니는 5의다.)

4. 범하는 조건 [犯緣]

『行事鈔』

여섯 가지 조건을 갖추면 범함이 된다.

첫째, 5의가 오래되어 떨어졌는데

둘째, 옷감이 부족하고

셋째, 낡아서 입지 못하게 된 5의와 바꾸기 위하여

넷째, 정시를 하지 않고 5의를 만들고

다섯째, 범함이 아닌 인연이 없는데

(원래 주에는 "'제1 여분의 옷을 받고 기한을 넘기는 계'와 같다"고 하였다.)

여섯째, 기한을 넘기면
범한다.

이 계에서는 5의만 가진 이가 낡은 옷을 바꾸려는데 옷감이 부족한 것이다. 옷감이 부족하여 부처님께서 한 달을 허용하셨는데, 기한을 넘겨서 모아 두었으므로 제정하셨다. 여분의 옷감을 모아둔 비구니가 옷감을 얻고 나서 정시했다면 이 계는 필요치 않다.

5. 범하는 상황 [罪相]

비시非時에 옷감을 받아서	제10일까지 같은 옷감이 충족되었는데		재단하지 않고	다음날 날이 밝았으면	사타
			실로 꿰매지 않고		
	제11일부터 제29일 사이의 어떤 날에 같은 옷감이 충족되었는데	그날	꿰매어서 옷을 만들지 않고		
	제30일에 옷감이 충족되었거나 충족되지 않았거나, 같은 옷감이거나 아니거나를 막론하고		정시하지 않고		
			다른 이에게 주지 않고		
내놓았으나 내놓음이 성립되지 않았으면					돌길라

6. 함께 제정함 [幷制]

제1 여분의 옷을 받고 기한을 넘기는 계[長衣過限戒]와 같다.

7. 범함이 아닌 경우 [開緣]

만약 10일 이내에 같은 옷감이 충족되어 그날 재단하고 실로 꿰맸으면	범함이 아니다
만약 옷감이 부족했는데 제11일부터 제29일까지 같은 옷감이 충족되어 그날 바로 재단하고 실로 꿰맸으면	
만약 제30일에 이르러 옷감이 충분하거나 충분하지 않거나, 같은 옷감이거나 아니거나 그날 바로 재단하여 실로 꿰맸으면	
만약 빼앗겼다고 생각했거나, 잃어버렸다고 생각했거나, 타버렸다고 생각했거나, 물에 떠내려갔다고 생각해서 재단하고 실로 꿰매지 않았으면	
만약 옷을 빼앗겼거나, 잃어버렸거나, 불에 탔거나, 물에 떠내려가서 취해서 입었거나, 혹은 다른 사람이 줘서 입었으면	
만약 이불을 만들었으면	
만약 옷을 맡아준 비구니가 죽었거나, 멀리 갔거나, 환속했거나, 도적에게 잡혔거나, 사나운 짐승의 피해를 입었거나, 물에 떠내려간 이와 같은 일로 재단하고 실로 꿰매지 못했으면	

친척이 아닌 거사에게 옷을 구하는 계 從非親里居士乞衣戒

비구계 제6과 같음, 차계   발난타 비구

1. 계의 조문 [戒文]

만약 비구니가 친척[39]이 아닌 거사나 거사의 부인에게 옷감을 달라고 하면 특별한 때[餘時]를 제외하고는 니살기바일제다. 여기에서 '특별한 때'란 옷을 빼앗겼거나, 잃어버렸거나, 불에 탔거나, 물에 떠내려간 경우이다.

2. 계를 제정한 인연 [緣起]

『四分』

부처님께서 사위국 기수급고독원에 계실 때, 어떤 장자가 발난타跋難陀 비구의 설법을 듣고 기뻐서 필요한 것을 공양하려고 했다. 그런데 발난타 비구는 장자가 입은 값비싼 옷을 그 자리에서 달라고 하였다. 장자가 내일 집으로 오면 드리겠다고 했으나 믿지 않으므로 화가 나서 옷을 벗어주고 속옷 차림으로 성에 들어갔다. 그 모습을 보고 문지기가 물으니 있었던 일을 자세히 말하였다. 그때 여러 거사들이 듣고 "부처님의 제자가 구하는 것이 많아 만족함이 없고 부끄러움이 없다. 단월이 아무리 베푸는 것을 싫어하지 않더라도 받는 이는 만족할 줄 알아야 하지 않겠는가?"라고 하며 모두 비난하였다. 비구들이 듣고서 꾸짖고 부처님께 사뢰니 꾸짖으시고, "친척이 아닌 거사에게 옷을 요구하면 니살기바일제다"라고 계를 제정하셨다.

그 후 어느 때에 여러 비구들이 구살라국에서 안거를 마치고 부처님께 가려고 밤에 길을 가다가 도적들을 만나 의발을 빼앗겼다. 그래서 옷을 입지 못한 채 기

---

39. 여서, 『淺釋』, p.525, 若親里者 父母親里 乃至七世血親. 친척이란 부모, 7대 친척까지이다.

원정사祇園精舍에 이르러 부처님께 그 사실을 낱낱이 사뢰었다. 부처님께서 꾸짖으시고, "만일 친척이 아닌 거사나 거사의 부인에게 옷을 구하면 특별한 때를 제외하고는 니살기바일제다. '특별한 때'란 옷을 빼앗겼거나, 잃어버렸거나, 불에 탔거나, 물에 떠내려갔으면 이것을 특별한 때라 한다"고 거듭 계를 제정하셨다.[40]

3. 제정한 뜻 [制意]

『四分律疏』

출가한 사람은 만족할 줄 알아야 한다. 이제 3의를 갖추어 도를 닦을 수 있도록 도와주는 인연을 증장하여 이미 충족되었는데, 사방으로 널리 구하여 탐욕을 늘리고 중생을 번뇌롭게 한다. 그래서 비방을 초래하는 허물을 불러 일으켜 손해됨이 가볍지 않으므로 제정하셨다.

『多論』에, "첫째는 불법을 드높이기 위해서이고, 둘째는 다툼을 그치게 하려는 것이다. 셋째는 상대방의 선하지 못한 마음을 없애기 위해서이며, 넷째는 중생들에게 불법에 믿음과 즐거움을 내게 하려는 것이다[41](비구니는 5의다)"라고 하였다.

4. 범하는 조건 [犯緣]

『行事鈔』

여섯 가지 조건을 갖추면 범함이 된다.

첫째, 5의가 갖추어졌고

둘째, 범함이 아닌 인연이 없는데

셋째, 친척이 아닌 사람에게

넷째, 자기를 위하여 응량의應量衣를 구하고

---

40. (大22, 608上).

41. (大23, 532上).

다섯째, 그가 주어서

여섯째, 받으면

범한다.

5. 범하는 상황 [罪相]

친척이 아닌 거사나 거사의 부인에게서 옷을 구했으면	사타
내놓았으나 내놓음이 성립되지 않았으면	돌길라

6. 함께 제정함 [併制]

제1 여분의 옷을 받고 기한을 넘기는 계[長衣過限戒]와 같다.

7. 범함이 아닌 경우 [開緣]

만약 옷을 빼앗겼거나, 잃어버렸거나, 불에 탔거나, 물에 떠내려가서 친척이 아닌 거사나 거사의 부인에게서 구했으면	
만약 친척인 거사나 거사의 부인에게서 구했으면	
만약 같은 출가인에게서 구했으면	범함이 아니다
만약 다른 사람을 위해서 구했으면	
만약 다른 사람이 자기를 위해서 구했으면	
만약 구하지 않았는데 얻었으면	

『資持記』

『五百問論』 옛적에 어떤 비구가 많이 구해서 쌓아두고는 결코 복을 짓지 않았다. 또한 도를 닦지 않아서 목숨을 마치고 하나의 고기로 된 낙타산이 되었는데 넓이가 수십 리에 달했다.

때에 세상에는 기근이 들어서 그 나라 사람들이 날마다 가져다 먹었는데, 베어내는 대로 다시 생겨났다. 그러나 다른 나라 사람이 와서 보고 베어가자 크게 소리를 질러 대지가 진동했다. 사람들이 그 까닭을 물으니, "나는 본래 도를 닦던 사람인데 재물을 탐하고 베풀지 않았다. 그래서 이 나라 사람들에게 빚을 졌기 때문에 고기로써 갚고 있는 것이다. 하지만 나는 당신 나라의 물건을 빚지지는 않았기 때문에 소리를 질렀다"고 대답하였다.

부처님께서 비구들에게, "탐욕은 가장 큰 근심이다. 그것을 버리는 것이 비구의 법이다"라고 말씀하셨다.

영지율사의 해석

비구의 법은 소욕지족을 근본으로 삼아야 하는데, 탐내어 구하면서 만족할 줄 모르니 비루한 세속과 다르지 않다. 하물며 법을 강설하고 선禪을 말하며 대중의 수장이 되더라도 자신을 해칠 뿐만 아니라 후학들을 그르친다. 청컨대 위의 인연을 자세히 살펴보라. 그리고 나서 부처님의 가르침을 생각한다면 스스로 목석木石이 아니고서야 어찌 마음이 움직이지 않겠는가?

『戒本疏』

요즘 세상의 강사들은 이 부분에 이르러서는 늘 감히 말하지 못하니, 몸소 행하기 때문에 부끄러워서 다른 이에게 말하지 못한다. 범하지 않았다면 어찌 숨기고 말하지 않으며 다른 사람이 범하는 것을 제지하지 않는가. 이 계는 혹 말법에 한 사람이라도 지킬 수 있으니 삼가고 삼가야 한다.

영지율사의 해석

'몸소 행한다'는 것은 스스로 범하는 것을 말한다. '부끄러워서 말하지 못한다'

는 것은 말과 행동이 서로 반대이기 때문이다. 당시(唐朝)에는 오히려 부끄러운 줄 알았으나 지금(宋朝)은 부끄러움도 없어서 몸으로 범하고도 입으로 설하니 무슨 논의할 가치가 있겠는가?

'어찌[何]' 아래는 정식으로 꾸짖는 것이다. 옛 판본에는 '어찌[何]'가 '가히[可以]'로 되어 있다. 자기는 비록 행하지 않더라도 강설할 때는 반드시 분명하게 보여주어서 다른 이들이 지킬 수 있게 해야 한다는 것이다. 말법에 혹시 한 사람이라도 있을지 기약할 수 없기 때문이다. 이는 격려의 간절함을 말하는 것이니 말세에 배우는 이들은 듣고 살펴서 어떻게 해야 할지 마땅히 알아야 한다.

이하는 강설하는 자가 교법教法을 숨겨서는 안 된다고 훈계하신 것이다. 삼가라고 거듭 말한 것은 지극히 간절하게 훈계한 것이다.

5 만족할 줄 모르고 지나치게 옷을 받는 계 過知足受衣戒

비구계 제7과 같음, 차계   육군비구

1. 계의 조문 [戒文]

만약 비구니가 옷을 잃어버렸거나, 빼앗겼거나, 불에 탔거나, 물에 떠내려가서 친척이 아닌 거사나 거사의 부인이 자자청自恣請[42]으로 많은 옷을 주면, 이 비구니는 만족함을 알고 옷을 받아야 한다. 만약 지나치게 받으면 니살기바일제다.

---

42. 과청, 『講記』上, p.1237, 所以自己就發心 自任恣意布施. 시주자가 스스로 발심하여 임의대로 보시하는 것이다.

2. 계를 제정한 인연 [緣起]

『四分』

부처님께서 사위국 기수급고독원에 계실 때, 여러 비구들이 도적을 만나서 옷을 잃어버리고 기원정사에 돌아왔다. 어떤 우바새가 이 소식을 듣고 좋은 옷을 많이 가지고 비구들 처소에 와서 옷을 잃은 스님에게 주려고 했다. 하지만 비구들이 "이미 3의가 있으므로 더 이상의 옷이 필요하지 않다"고 하였다.

이때 육군비구들은 "3의를 갖추고 있으면 옷을 받아서 우리들이나 다른 사람들에게 주면 되지 않는가?"라고 비구들에게 말하였다. 그래서 그 비구들이 옷을 받아서 육군비구와 다른 사람에게 주었다. 이 사실은 안 비구들이 꾸짖고 부처님께 사뢰니 꾸짖으시고 계를 제정하셨다.[43]

3. 제정한 뜻 [制意]

『四分律疏』

'만족할 줄 모르고 지나치게 옷을 받는 것을 허락하지 않는다'고 제정하신 것은, 출가한 비구가 네 가지 인연을 만나 3의를 빼앗겨서 신심이 돈독한 이가 듣고 힘을 다해 보시하면, 시주자의 뜻에 부합하게 받아야 하기 때문이다.

그래서 안으로는 청렴하고 절약하는 마음을 드러내고 밖으로는 중생을 괴롭게 하지 말아야 한다. 지금 이미 3의가 구족한데도 분에 넘치게 다시 받으면, 안으로 탐욕을 키우고 밖으로는 시주자의 마음을 상하게 하니 그렇게 하지 말아야 한다. 이런 이유로 성인께서 계를 제정하셨다. (비구니는 5의다.)

4. 범하는 조건 [犯緣]

『行事鈔』

여섯 가지 조건을 갖추면 범함이 된다.

---

43. (大22, 609下).

첫째, 비구니가 5의를 잃어버렸거나 빼앗겼고

　(5의를 모두 잃어버리면 옷을 구할 수 있다.)

둘째, 친척이 아닌 거사가

셋째, 잃어버렸거나 빼앗겼기 때문에 보시하고(『鈔』에 "만약 잃어버린 경우가 아닐
　때에 주는 것을 받는 것은 죄가 아니다"라고 하였다.)

넷째, 비구니가 그 사람이 자신이 5의를 잃어버렸기 때문에 보시한 줄 알고

다섯째, 만족할 줄 모르고 지나치게

여섯째, 받으면

범한다.

5. 범하는 상황 [罪相]

친척이 아닌 거사나 거사의 부인이 자자청으로 많은 옷을 줄 때, 이미 충분한 줄 알면서도 지나치게 받았으면	사타
내놓았으나 내놓음이 성립되지 않았으면	돌길라

『毘尼止持』

'자자청으로 많은 옷을 주었다'는 것은 단월이 많은 옷을 보시하면서 비구니들에게 "마음대로 가져가라"고 한 것이다. 이것은 하안거를 마칠 때 하는 자자自恣가 아니다.

6. 함께 제정함 [并制]

제1 여분의 옷을 받고 기한을 넘기는 계[長衣過限戒]와 같다.

7. 범함이 아닌 경우 [開緣]

만약 필요한 만큼 가져갔으면	범함이 아니다
만약 필요한 것보다 적게 가져갔으면	
만약 거사가 옷감을 많이 주었는데 부드럽고 얇고 견고하지 못하여 두 겹·세 겹·네 겹으로 옷을 만들어 가장자리를 두르고, 때가 많이 타는 곳은 덧대어 가리고, 끈과 고리를 달았는데도 아직 남은 옷감이 있으면 거사에게 "어떤 것을 만들까요?"라고 물어서 거사가 "우리는 스님이 옷을 잃어버려서 주고자 하는 것이 아니라, 우리가 스스로 스님에게 주고자 하는 것입니다"라고 해서 받았으면	

『四分律疏』

앞의 '제4 친척이 아닌 거사에게 옷을 구하는 계'는 스스로 먼저 어기는 것이 없기 때문에 다른 사람을 위해서 구했으면 범함이 아니다. 여기서는 시주자가 잃어버린 사람을 위해서 주려고 시주했는데 본인은 충분한데도 더 받아 다른 사람에게 준 것이다. 이는 시주자의 본래 뜻에 어긋나기 때문에 다른 사람을 위해 구한 것도 범함이 된다.[44]

---

44. (卍65, 281後上).

6 옷값을 더하라고 권하는 계 勸增衣價戒

비구계 제8과 같음, 대승공계, 차계 발난타 비구

1. 계의 조문 [戒文]

만약 비구니가, 거사와 거사의 부인이 "아무개 비구니를 위하여 이만큼의 옷 값을 마련해서 주어야겠다"라고 하는 말을 듣고, 먼저 자자청을 받지도 않았는 데 거사의 집에 가서 "훌륭하다, 거사여! 나를 위하여 마련한 이만큼의 옷값을 나에게 주시오. 더 좋은 옷을 마련하기 위해서이다"라고 해서 옷을 얻으면 니살 기바일제다.

2. 계를 제정한 인연 [緣起]

『四分』

부처님께서 사위국 기수급고독원에 계실 때였다. 어떤 비구가 걸식하기 위해 사위성에 들어갔다가 거사와 거사의 부인이 "발난타 비구는 우리의 오랜 친구이 니 이 옷값으로 이런 옷감을 사서 그에게 주자"라고 의논하는 말을 듣고 발난타 비구에게 알려주었다.

뒤에 발난타 비구가 거사의 집에 가서 "나에게 옷을 주려면 이와 같이 넓고 크고 새롭고 좋으며 견고하고 튼튼하게 짜서 주시오"라고 하였다. 그때 거사가 "남에게 강제로 좋은 옷을 달라고 한다"며 비난하였다. 비구들이 듣고서 꾸짖고 부처님께 사뢰니 꾸짖으시고 계를 제정하셨다.[45]

---

45. (大22, 610中).

3. 제정한 뜻 [制意]

『四分律疏』

신심이 돈독한 거사가 마음을 표해서 가격의 한도를 이미 정하여 보시하려고 하면, 이치적으로 주는 대로 받아야 도법道法을 무너뜨리지 않는다. 그런데 오히려 값이 적은 것을 싫어하여 다시 지나치게 요구해서 자기의 탐심을 기르고 상대방의 신심과 공경을 무너뜨리므로 성인께서 제정하셨다.

4. 범하는 조건 [犯緣]

『行事鈔』

여섯 가지 조건을 갖추면 범함이 된다.

첫째, 친척이 아닌 재가자가 오롯한 마음으로 옷값을 마련했고

둘째, 본래 정한 한도가 있는데

셋째, 한도가 있는 줄 알고도

넷째, 값이 적은 것이 싫어서 더하라고 권하여

다섯째, 시주자가 값이나 실을 더해서

여섯째, 받으면

범한다.

5. 범하는 상황 [罪相]

구하는 것에 두 종류가 있다.	값을 요구하는 것 - 단월이 비싼 옷을 지어주는데, 요구하여 1전錢의 16분의 1이라도 늘어난 것이다.
	옷을 요구하는 것 - 거사에게 말하여 이만큼의 넓고 큰 옷을 만들어 달라고 하여 한 올이라도 늘어난 것이다.

친척이 아닌 거사나 거사의 부인에게 자자청을 받지도 않았는데, 가서 비싼 값의 넓고 큰 옷을 구하여	얻었으면	사타
	얻지 못했으면	돌길라
내놓았으나 내놓음이 성립되지 않았으면		돌길라

6. 함께 제정함 [併制]

제1 여분의 옷을 받고 기한을 넘기는 계[長衣過限戒]와 같다.

7. 범함이 아닌 경우 [開緣]

만약 먼저 자자청을 받고 가서 만족함을 알고 적게 구했으면	
만약 친척에게서 구했으면	
만약 출가자에게서 구했으면	범함이 아니다
만약 다른 사람을 위해 구했거나, 다른 사람이 자기를 위해 구했으면	
만약 구하지 않았는데 저절로 얻었으면	

「私記」

영지율사가 『資持記』에서, '먼저 자자청을 받고 가서 구한 것'과 '만족함을 알아서 적게 구한 것'을 합하여 한 구절로 만들었다. 비록 자자청으로 구하는 것을 허용하였더라도 탐욕으로 구하지는 말아야 함을 이른다.

『律』에 세존께서 처음에 이 계를 제정하신 후에 다시 두 가지 일의 인연으로 인하여 '범함이 아닌 경우'를 제정하셨다. 곧 이것은 '범함이 아닌 경우'에 첫 번째로 나열한 것이다. 만약 이 뜻에 의거하면 두 구절로 나누어도 뜻이 통할 수 있다.

7 두 집의 옷값을 합하라고 권하는 계 勸二家增衣價戒

비구계 제9와 같음, 대승공계, 차계　　　　　　　　　　　　　　　발난타 비구

1. 계의 조문 [戒文]

만약 비구니가, 두 거사와 거사의 부인이 비구니에게 옷값을 마련해 주려고 "우리들이 이만큼의 옷값을 마련하여 어떤 비구니에게 드리자"라고 하는 말을 전해 듣고, 먼저 자자청을 받지도 않았는데 두 거사의 집에 가서, "훌륭하다, 거사여! 이만큼의 옷값을 마련하여 나에게 함께 한 벌의 옷을 만들어 주시오. 더 좋은 옷을 마련하기 위해서이다"라고 하여 옷을 얻으면 니살기바일제다.

2. 계를 제정한 인연 [緣起]

『四分』

부처님께서 사위국 기수급고독원에 계실 때였다. 비구가 걸식하다가 어느 거사의 집에서 부부가, "발난타 비구에게 옷을 사서 드리자"라고 의논하는 소리를 들었다. 또 다른 곳에서도 거사와 부인이 "발난타 비구에게 옷을 사서 드리자"라고 의논하는 것을 들었다. 그래서 절에 돌아와 발난타 비구에게 두 집에서 들었던 이야기를 했다.

발난타 비구는 다음날 아침 두 거사의 집에 가서 "만일 나에게 옷을 주고자 한다면 함께 한 벌의 옷을 만들어 나에게 주시오. 아주 넓고 튼튼하고 좋게 하여

내게 주시오. 그렇지 않으면 나는 필요 없소"라고 하였다. 그 말을 들은 거사는 "발난타 비구는 만족할 줄 모르고 부끄러움도 없다. 겉으로는 바른 법을 안다고 하나 탐내어 구하면서 만족함을 알지 못하니, 어찌 바른 법이 있겠는가. 베푸는 사람은 싫어하지 않더라도 받는 이는 만족할 줄 알아야 한다"고 비난하였다. 비구들이 듣고서 꾸짖고 부처님께 사뢰니 꾸짖으시고 계를 제정하셨다.[46]

3. 제정한 뜻 [制意]

『四分律疏』

'제정한 뜻'은 앞의 계와 같다. 오직 두 집을 합쳐서 하나의 옷을 만들게 한 것이 다를 뿐이다.

4. 범하는 조건 [犯緣]

『行事鈔』

'범하는 조건'은 앞의 계와 같다. 단지 두 집이 합하기를 권하는 것이 다를 뿐이다.

영지율사가 "윗글은 '범하는 조건'을 가리킨다. 앞의 제6계 '범하는 조건' 가운데 네 번째 조건(값이 적은 것이 싫어서 더하라고 권하여)을 고쳐서 단지 '권하여' 앞에 '두 집에'를 덧붙인 것이다"라고 하였다.

5. 범하는 상황 [罪相]

친척이 아닌 거사나 거사의 부인에게 자자청을 받지 않았는데, 먼저 가서 "함께 좋은 옷을 만들어 달라"고 하여	얻었으면	사타
	얻지 못했으면	돌길라
내놓았으나 내놓음이 성립되지 않았으면		돌길라

---

46. (大22, 611中).

6. 함께 제정함 [併制]

> 제1 여분의 옷을 받고 기한을 넘기는 계[長衣過限戒]와 같다.

7. 범함이 아닌 경우 [開緣]

> 제6 옷값을 더하라고 권하는 계[勸增衣價戒]와 같다.

『戒本疏』

두 거사에게 권하여 함께 한 벌의 옷을 만들게 했는데 옷값이 추가되지 않았으면 범함이 아니다.

8 횟수를 초과하여 재촉해서 옷값을 요구하는 계 過限忽切索衣價戒
비구계 제10과 같음, 대승공계, 차계　　　　　　　　　　　　발난타 비구

1. 계의 조문 [戒文]

왕이나 대신, 바라문, 거사, 거사의 부인이 사람을 시켜 비구니를 위해 옷값을 보내면서, "이 옷값을 아무개 비구니스님께 드려라"라고 하였다. 그래서 심부름꾼이 비구니의 처소에 이르러 비구니에게 "스님! 지금 스님을 위해 이 옷값을 보내왔으니 받으십시오"라고 하였다. 그러나 비구니는 심부름꾼에게 "나는 이 옷

값을 받을 수 없다. 내가 만약 옷이 필요하면 합당한 때에 청정하게 받겠다"고 하였다.

심부름꾼이 비구니에게, "스님! 집사가 있습니까?"라고 말하면, 옷이 필요하지 않은 비구니는 "있다. 승가람의 사람이나 우바새가 비구니의 집사이다. 항상 비구니들을 위하여 사무를 본다"라고 말해야 한다. 그때 심부름꾼이 집사인의 처소에 가서 옷값을 주고 나서 비구니의 처소로 되돌아와 이와 같이, "스님! 알려주신 대로 아무개 집사에게 제가 이미 옷값을 맡겼습니다. 합당한 때에 그에게 가서 옷을 얻으십시오"라고 하였다.

비구니가 만약 옷이 필요하면 집사의 처소에 가서 두 번, 세 번 "나는 옷이 필요하다"라고 말해야 한다. 만약 두 번, 세 번을 기억시켜서 옷을 얻으면 좋지만 옷을 얻지 못하면 네 번, 다섯 번, 여섯 번 앞에 가서 말없이 서서 그가 기억하게 해야 한다. 만약 네 번, 다섯 번, 여섯 번을 그 앞에서 말없이 서서 옷을 얻으면 좋지만 옷을 얻지 못해서 이를 초과하여 옷을 구하여 얻으면 니살기바일제다.

만약 옷을 얻지 못하면 옷을 보낸 시주자에게 직접 가거나 신심 있는 사람을 보내서 "그대가 지난 번에 심부름꾼을 시켜 옷값을 아무개 비구니에게 주라고 했는데, 이 비구니가 결국 옷을 얻지 못했으니 도로 찾아가십시오. 옷값을 잃어버리지 않게 하십시오. 지금이 그때입니다"라고 말해야 한다.

2. 계를 제정한 인연 [緣起]

『四分』

부처님께서 사위국 기수급고독원에 계실 때, 라열성 안에 발난타 비구의 친구인 대신이 있었다. 대신은 옷값을 마련하여 심부름꾼에게 주면서 발난타 비구에게 옷을 만들어 드리라고 하였다. 심부름꾼이 발난타 비구에게 와서 대신의 뜻을 전하니, 발난타 비구는 그를 데리고 사위성으로 가서 자주 왕래하던 한 장자에게 그 옷값을 맡겼다.

그 후 대신이 심부름꾼에게 "내가 전에 옷값을 보냈는데 발난타 비구가 옷을 만들어 입었느냐?"고 물었다. 심부름꾼이 "옷을 만들어 입지 않았다"고 하자 대신은 심부름꾼을 발난타 비구에게 다시 보내어 "그 옷값이 필요하지 않으면 돌려보내라"고 했다. 이 말을 들은 발난타 비구는 옷값을 맡긴 장자에게 가서 전에 맡겼던 옷값으로 당장 옷을 만들어 달라고 했다.

그때 장자는 모임이 있었는데 그 모임에 오지 않으면 5백전의 벌금을 물도록 되어 있었다. 그래서 장자는 발난타 비구에게 사정을 이야기하고 벌금을 물지 않도록 해달라고 했다. 하지만 발난타 비구가 거절하여 장자는 할 수 없이 옷을 만들어주고 모임에 갔다. 그러나 이미 모임이 끝나서 5백전의 벌금을 물었다. 이에 장자가 비난하고 삼보를 믿지 않는 다른 거사들까지도 비난했다. 비구들이 듣고서 꾸짖고 부처님께 사뢰니 꾸짖으시고 계를 제정하셨다.[47]

3. 제정한 뜻 [制意]

『四分律疏』

재물은 세상 사람들이 소중하게 여겨서 탐욕을 기르고 도를 방해하며 근심을 생기게 함이 심하므로 비구니가 축적할 것이 아니다. 여기에서 시주자가 신심으로 받들어 보시하여 옷값으로 쓰게 하니, '재물을 축적하는 죄'를 범할까 두려워 스스로 받지 않고 재가자에게 맡겨 청정한 물건으로 바꾸게 하였다. 그런데 매우 급하게 요구하여 마음에 여유가 없게 하고 계속 재촉하여 정시주淨施主를 핍박하고 괴롭게 하였다. 그래서 제한을 두어 세 번까지는 말로 하고, 여섯 번까지는 침묵하라고 하였다. 그러나 이 경우 제한을 넘어서 상대방을 괴롭게 하여서 죄가 되었다.

---

47. (大22, 612中).

『資持記』

'세 번의 말과 여섯 번의 침묵을 넘긴다'는 것은 제한을 넘긴 것을 말하고, '정시주淨施主를 핍박한다'는 것은 급하고 마음의 여유가 없게 하는 것이다.

4. 범하는 조건 [犯緣]

『行事鈔』

다섯 가지 조건을 갖추면 범함이 된다.

첫째, 시주자가 재물을 보내서

둘째, 옷으로 바꾸는 데에 사용하라고 하면서

셋째, 다른 사람에게 맡겨서 옷으로 바꾸게 했는데

넷째, 횟수를 초과해서 요구하여

다섯째, 손에 넣으면

범한다.

영지율사의 해석

네 번째의 '횟수를 초과하여 요구한다'는 것에는 세 종류가 있다. 첫째, 말로만 여섯 번 하는 것이다. 둘째, 세 번은 말로 하고 여섯 번은 침묵하여 모두 아홉 번을 하는 것이다(원래 주에는, "두 번의 침묵은 한 번의 말에 해당하니 계본에서는 이 상황과 같다"라고 하였다). 셋째, 침묵만 열두 번까지 하는 것이다. 이 세 종류의 제한을 초과하면 범한다.

5. 범하는 상황 [罪相]

세 번 말로 요구하고 여섯 번 말없이 서 있는 것을 초과해서 옷을 얻었으면	사타
내놓았으나 내놓음이 성립되지 않았으면	돌길라

6. 함께 제정함 [併制]

> 제1 여분의 옷을 받고 기한을 넘기는 계[長衣過限戒]와 같다.

7. 범함이 아닌 경우 [開緣]

만약 세 번 반복해서 말로 요구하여 옷을 얻었거나, 여섯 번 말 없이 서 있다가 옷을 얻었으면	
만약 옷을 얻지 못해서 옷값을 얻은 곳에 말하여 다시 찾아가라고 했거나, 만약 그가 "필요치 않다. 비구니에게 보시한 것이다"라고 해서 이 비구니가 알맞은 때에 부드러운 말이나 방편으로 옷을 찾았으면	범함이 아니다
만약 파리가라의를 만들라고 주었으면	
만약 때에 요구하거나, 부드러운 말로 요구하거나, 방편으로 요구해서 얻었으면	

9 돈이나 보물을 받는 계 畜錢寶戒

비구계 제18과 같음, 차계   발난타 비구

1. 계의 조문 [戒文]

만약 비구니가 스스로 금·은·돈을 취하거나, 남을 시켜서 취하거나, 입으로 받으면[48] 니살기바일제다.

2. 계를 제정한 인연 [緣起]

『四分』

부처님께서 라열성 기사굴산에 계실 때, 성 안에 발난타 비구의 옛 친구인 한 대신이 있었다. 그는 고기가 많이 있어서 부인에게 "발난타 비구는 내 친구이니 그의 몫을 남겨두라"고 하였다. 그런데 대신의 아들이 명절날 밤새 즐기다가 배가 고파서 다시 고기를 사라고 5전을 주고는 가져가 버렸다.

발난타 비구가 발우를 들고 대신의 집에 와서 앉으니 대신의 부인은 사정을 말하고 시장에 가서 고기를 사오려고 하였다. 그러나 그는 "고기는 필요치 않으니 돈을 달라"고 하여 시장의 가게에 가서 맡겼다. 그때 거사들이 이 모습을 보고 모두가 비난하니 여러 비구들이 듣고 발난타 비구를 꾸짖었다.

그때 왕과 대신들이 모여서 "부처님 제자가 금·은·돈을 만지고, 금·은·돈·보배·구슬·영락·생상금을 버리지 않는다"라고 하였다. 그 자리에서 주계珠髻대신이 듣고 있다가 "그런 말을 하지 마시오. 부처님께서는 제자들에게 '금·은·돈을 만질 수 없으며 보배·구슬·영락을 버려야 한다'고 하셨습니다"라고 하였다.

그는 곧 부처님께 가서 자신의 말이 법에 어긋나는 것인지를 여쭈었다. 그러자 부처님께서는, "그대가 말한 것은 정법正法에 많은 이익이 있고 어긋남이 없다. 왜냐하면 부처의 제자는 금·은·돈을 가질 수 없고, 보배·구슬·영락으로 좋게 장식하지 않는다. 그렇게 하지 않으면 5욕欲을 받는다. 만약 5욕을 받으면 부처님 제자의 법이 아니다"라고 하셨다. 비구들이 듣고서 발난타 비구를 꾸짖고 부처님께 사뢰니 꾸짖으시고 계를 제정하셨다.[49]

---

48. 과청, 『講記』上, p.1276, 用嘴巴去舍這東西 或者口說你就放在某一個地處吧. 입술을 사용하거나 혹은 입으로 "물건을 저기에 두시오"라고 말하는 것이다.
49. (大22, 618下).

3. 제정한 뜻 [制意]

『戒本疏』

출가하여 도를 닦으면 세간의 재물에 뜻이 없어야 한다. 세속의 선비도 절개가 높아서 오히려 버려진 먼지와 같이 보는데, 하물며 뜻을 세속에서 벗어나는 데 둔 사람이겠는가? 이치적으로 세속적인 습관을 버려야 한다. 이제 도리어 탐심으로 축적해서 출가인의 법도와 위의를 무너뜨리니, 소욕지족해야 하는 근본 뜻을 그르친다.

여래께서는 본래 재가자 앞에서 계를 제정하지 않으셨는데, 오직 이 한 가지 계만은 재가자의 앞에서 제정하셨다. 이는 탐애로 다투는 것을 없애고 도업을 일으키며 서로 본받게 하기 위해서이다. 만약 법을 따르지 않으면 스스로 함정을 파서 그 가운데 떨어져 도의 그릇을 손상시키니, 어떤 악이 이보다 더하겠는가. 이런 이유로 제정하셨다.

『多論』에, "제정함에 세 가지 뜻이 있다. 첫째는 비방을 그치게 하기 위함이고, 둘째는 다툼을 없애기 위함이며, 셋째는 4성종聖種[50]으로 절약하는 검소한 행을 이루게 하기 위함이다"라고 하였다.[51]

4. 범하는 조건 [犯緣]

『行事鈔』

네 가지 조건을 갖추면 범함이 된다.

첫째, 돈이나 보물이고

둘째, 이것을 알고

셋째, 자기를 위하여

넷째, 받으면

범한다.

---

50. 과청, 『講記』上, p.1272, 4성종은 4의법(분소의, 걸식, 수하좌, 부란약)을 가리킨다.
51. (大23, 535中).

5. 범하는 상황 [罪相]

금·은·돈을	자기 손으로 잡았으면	사타
	남을 시켜서 잡게 했으면	
	땅에 놓게 하여 받았으면	
그 사람에게 "이것을 알고 이것을 보라"고 말하지 않았으면 ('이것을 알고 이것을 보라'는 것은 말로 정시하는 법이다.)		돌길라

『戒本疏』

'이것을 보라'는 것은 돈과 보물을 보라는 것이고, '이것을 알라'는 것은 '내가 할 일이 아니라서 정시하려고 그대에게 준다'고 말하는 것이다. 어찌 말하지 않을 수 있겠는가? 말하지 않으면 정시하는 법을 잃게 되므로 돌길라를 범한다.

「私記」

본계와 제10계의 내놓는 법[捨法]과 돌려주는 법[還法]은 다른 계와 다르다. 이제『律』의 대의를 간략히 기록해 보면 아래와 같다.

▪ 내놓는 법[捨]

신심이 있는 절을 지키는 사람이나 우바이에게 보배를 내놓고 정시해야 한다. '이것은 내가 축적할 수 없는 것이니 그대는 이것을 알아야 한다' 혹은 '이것을 알고 이것을 보라'고 말해야 한다.

▪ 돌려주는 법[還]

①정시법을 모르는 정인淨人이 돈을 취했다가 돌려주면 비구니는 그의 물건이라 생각하고 받아서 정시법을 아는 정인에게 관리하게 한다. 만약 정시법을 모르는 정인한테서 옷이나 발우·바늘통·니사단을 얻었으면 정시가 성립된 물건과 바꾸어서 가져야 한다. ②정시법을 아는 정인이 돈을 취했다가 정시한 옷이나 발

니살기바일제법 사분율 비구니 계상표해

우 등으로 바꿔주면 비구니는 그것을 가질 수 있다.

- 돌려주지 않는 것[不還]

정인이 돈을 취하고 나서 돌려주지 않는 것이다. 다른 비구니에게 말하게 했으나 여전히 돌려주지 않으면 직접 가서, "그대는 스님이나 탑에 내놓거나 본래 주인한테 돌려줄 수 있다"고 말할 수 있다.

6. 범함이 아닌 경우[開緣]

만약 "이것을 알고 이것을 보라"고 말했으면	
만약 정인에게 내놓고 나서, 그가 돌려주었거나 돌려주지 않았거나 간에 비구니가 법답게 작법을 했으면 (앞의 간략히 기록된 율문에서 말한 것과 같다.)	범함이 아니다

「第三分」

어떤 비구가 무덤 사이에서 돈을 주워 스스로 가지고 왔다. 비구들이 부처님께 사뢰니 부처님께서 "취하지 말아야 한다"고 말씀하셨다. 비구가 동銅이 필요하였다. 부처님께서 "두드려서 원래의 모양을 망가뜨린 후에 직접 가지고 갈 수 있다"고 하셨다.[52] (비구니도 같다.)

『行事鈔』

축적하는 것을 허용해 준 것을 설명하였다. 경전에서는 엄하게 금했으니 뒤에 밝힌 것과 같다. 『律』에서는 실제 사건에 근거하여 제정했으니, 근기가 하열한 사람은 마음이 좁기 때문에 쌓아두는 것을 대부분 허락하였다.

---

52. (大22, 850上).

영지율사의 해석

위는 대승의 근기와 교법이 모두 엄격함을 설명하였다. 경전은 곧 『涅槃經』이다.[53] 아래는 소승의 근기와 교법이 모두 느슨함을 밝힌 것이다.

『律』에서 '실제 사건에 근거하여 제정하였다'는 것은 실제상황에서 어기는 것이므로 가볍다. 그러나 경전은 이치로써 종지를 삼기 때문에 이치를 어기는 것이므로 무겁다. 그리고 소승의 근기는 뜻이 좁아서 감당할 수 없기 때문에 허용해 주었고, 반대로 뛰어난 상근기는 감당할 수 있으므로 엄하게 금지하였다. 세상 사람들은 반대로 '소승의 근기는 계가 필요하고 대승의 가르침은 사방에 통한다'고 하니 이 얼마나 잘못인가.

『行事鈔』

이 계는 범하는 사람들이 많다. 안으로 높은 절개가 없고 밖으로는 비루하고 더러워서, 성인의 교계敎誡가 엄함을 생각하지 않고 오직 무시이래로 탐욕과 어리석음을 좇기 때문이다. 그래서 『律』에, "나의 제자가 아니다!"라고 하셨으니, 이것을 근거로 하면 계체를 잃어버린다. 또 부처님께서 대신에게 "만약 나의 제자가 나를 스승이라고 하면서 금·은·돈 및 보물을 받으면, 결정코 나의 제자가 아닌 줄 알아야 한다"고 하셨다. 『雜阿含經』에 "만약 부처님 제자가 되어서 스스로 받아서 축적하고자 하면, 5욕 공덕이 청정해야 한다"[54]고 하였고, 『增一阿含經』에는 "범지가 (부처님께 금을 공양하려다 말고) '책에서 여래는 보물을 받지 않는다고 했지'라고 생각했다"고 하였다.

여러 글을 간략히 인용해서 증명하여 혼란스럽지 않도록 했다.[55]

---

53. (大12, 402中).
54. (大2, 228中).
55. (大2, 598下).

영지율사의 해석

'제자가 아니다'라고 한 것은 스승의 가르침을 이어받지 않았기 때문이다. '사문이 아니다'라고 한 것은 청정행을 닦지 않았기 때문이며, '부처님 제자가 아니다'라고 한 것은 성인을 계승하지 않았기 때문이다. 오늘날 많이 받아서 쌓아두는 것을 교법에서 가려낸 것이니, 비록 스스로 체발염의剃髮染衣를 했더라도 곧 마군과 외도의 무리다.

『行事鈔』

부처님 세존께서는 승가의 위상을 더욱 높이고자 비루한 업을 버리게 하여 멀리는 삼계를 벗어나고 가까이는 세상의 모범이 되도록 하셨다. 지금은 이와 반대로 스스로 함정에 떨어지고 스스로 쌓아놓고 잡는 것이 시장의 장사꾼보다 심하니, 진실로 불법佛法을 가리는 연기와 구름과 같다. 도리어 스스로 자랑하며 망령되이 법과 율을 배척하면서 "다만 탐심이 없는데 어찌 죄와 과실이 있겠는가?"라고 한다. 이런 말을 하는 것은 망령되이 스스로를 자랑스럽게 여겨 자신의 위치가 하류 범부임을 생각하지 않고 성인을 가볍게 여겨 무시하는 것이다. 한 푼의 이익도 오히려 계산하니 세속 선비의 높고 뛰어남에도 미치지 못한다. 어찌 사마귀가 수레바퀴에 맞서는 것과 다르며, 날아다니는 나방이 불 속으로 뛰어드는 형상과 다르겠는가. 어찌 쌓아두고 손에 넣어 탐욕을 길러서 무거운 도둑질을 시작하려는가? 그러므로 간략히 서술하여 훈계하고 권하니 지혜 있는 자는 경계를 대하면 깊이 생각해야 한다.

영지율사의 해석

장사꾼은 다 이익을 구하는 자들인데, 요즘 스님들이 탐하고 쌓아두는 것이 흔히 장사꾼보다 지나치므로 '심하다'고 한 것이다. 사문의 행위가 청정하면 불법이 빛나지만, 행동이 이미 더러워서 불법의 광명을 장애하고 가릴 수 있기 때문에 연기와 구름 같다고 한 것이다.

'생각하지 않는다'는 등은 『善戒經』에 보살은 중생을 이롭게 하기 위해서 비단·금·은 등을 받는 것을 허락하셨는데, 어리석은 이가 이 말에 근거하여 문득 자신이 보살과 같은 부류라고 생각하는 것이 '생각하지 않는다'는 것이다. 게다가 '보살'이라는 말은 재가와 출가에 통용된다. 『涅槃經』에서 "출가보살은 차계遮戒와 성계性戒를 동등하게 수지해야 한다"고 하였다. 비록 받는 것을 허락한다고 했지만, 『涅槃經』과 『地持經』에서는 다 정시淨施하도록 하였다. 『善戒經』에 의거하면 본래 중생을 이롭게 하기 위함이었다. 하지만 지금은 도리어 자신의 탐애심을 따라 아첨하고 속여서 구하며, 모아서 쌓아두고도 온갖 수단과 방법을 써서 많이 요구하고 만족하지 못한다. 가난하고 병든 자를 보고는 한 터럭만큼도 베풀지 않으니, 어찌 세속 선비와 더불어 높고 낮음을 구분할 수 있겠는가?

'가볍게'라는 것은 성인을 업신여기는 것을 말하고, '무시한다'는 것은 계법에 없다고 말하는 것이다. '한 푼도 계산한다'는 것은 적은 것을 들어서 많은 것을 비교하는 것이다. '세속 선비에 미치지 못한다'는 것은 세속을 인용하여 수도인修道人을 훈계하는 것이다. 원헌原憲은 흙담으로 둘러싸인 집에 살면서 쑥으로 엮은 문으로도 가리지 못했고, 안연顔淵은 누추한 거리에 살면서 대나무 그릇에 밥을 먹고 표주박으로 물을 마셨다. 진晉나라와 송宋나라의 덕이 높고 어진 이들과 제齊나라와 양梁나라의 이치에 통달한 이들은 부귀를 똥오줌과 같이 보았으며 근검절약하는 것을 좋아하여 높이 숭상하였다. 이러한 예들이 역사에 두루한데 어찌 듣지 못했는가?

'그러므로[故]' 이하는 결론적으로 권하는 것이다. 『雜心論』에 "미래의 전륜성왕 지위는 버리기 쉽지만 현재 1전을 취하지 않기는 어렵다"고 하였다. 그러므로 경계에 닥쳐서 깊이 생각하게 하였다. 어떤 사람이 이 부족을 이어받을 수 있을지 알 수 없으니, 슬프다!

『比丘尼鈔』

『僧祇』 만약 거사가 옷값으로 금이나 은을 보시하면 받을 수 있지만, 자기 손으로 받을 수는 없고 정인淨人이 알게 해야 한다. 만약 정인이 없으면 거사에게 다리 주변의 땅을 가리키면서 "이것을 알라"고 말한다. 땅에 두게 하고 나서 자신이 풀잎이나 벽돌, 기와 등을 멀리서 던져 돈을 덮어두고 사람을 데리고 가서 알게 하여 가지고 가야 한다. 비구가 불사佛事나 승사僧事 때문에 금이나 은·돈을 가지고 가야 하는데, 그곳이 낯선 곳이면 정인이 알게 하고 나서 구덩이 안에 돈을 둔다. 만약 돈이 흩어져 있으면 자기 손으로 벽돌이나 기와를 사용하여 돈을 쳐서 구덩이에 들어가게 하고 그 위를 메울 수 있다.[56]

『僧祇』,『十誦』,『善見』 만약 병든 비구가 금·은·돈을 얻으면 정인에게 맡기는 것은 약과 바꾸게 하기 위해서이다. 만약 많은 사람이 약값을 주면 담요나 요 밑에 둘 수 있다. 눈이 어두워서 찾을 때 손에 닿은 것은 범함이 아니다.

『僧祇』 보물을 받는 것은 몸의 일부분으로부터 손이나 다리, 승가리에 묶은 것, 발우에 받는 것에 이르기까지 다 범한다.

---

56. (大22, 311下).

10 금전을 거래하는 계 貿寶戒

비구계 제19와 같음, 대승공계, 차계   발난타 비구

1. 계의 조문 [戒文]

만약 비구니가 갖가지 금전[寶]⁵⁷을 매매하면 니살기바일제다.

2. 계를 제정한 인연 [緣起]

『四分』

부처님께서 라열성 기사굴산에 계실 때, 발난타 비구가 시장에 가서 돈으로 돈을 바꾸어 가니 거사들이 "돈으로 돈을 바꾸고 매매도 잘한다"고 비난하였다. 비구들이 듣고서 꾸짖고 부처님께 사뢰니 꾸짖으시고 계를 제정하셨다.⁵⁸

3. 제정한 뜻 [制意]

『四分律疏』

금전으로 다시 서로 바꾸는 것은 이익을 구하기 위함이다. 탐심을 기르고 도를 방해하며 세속의 비난을 초래하므로 제정하셨다.

4. 범하는 조건 [犯緣]

『行事鈔』

다섯 가지 조건을 갖추면 범함이 된다.

첫째, 돈이나 보물을

---

57. 여서, 『淺釋』, p.571, 寶는 錢寶를 가리킨다. 돈이나 돈으로 쓰이는 금과 은 같은 보물을 말한다.
58. (大22, 619下).

둘째, 서로 바꾸려고

셋째, 값을 정하고

넷째, 자신을 위해서

다섯째, 받으면

범한다.

5. 범하는 상황 [罪相]

이미 완성된[若已成]	금·은·돈을 같은 종류나 다른 종류로 서로 바꾸었으면(금·은·돈을 바꾸면서 이익을 구했으면)	사타
아직 이루어지지 않은[若未成]		
이미 이루어졌으나 아직 완성되지는 않은[若成未成]		

"이것을 알고 이것을 보시오"라고 말하지 않았으면	돌길라

『資持記』

『律』에 일곱 가지 물건이 있는데 서로 교환하면 모두 범한다. 금에는 세 종류가 있다. 첫째는 이미 완성된 금(원래 주에는 "꽃비녀 장엄구가 이것이다"라고 하였다)이고, 둘째는 아직 이루어지지 않은 금(아직 불에 녹고 있는 중인, 곧 있으면 순수한 금이 되는 액체상태)이며, 셋째는 이미 이루어졌으나 아직 완성되지 않은 금(액체에서 고체상태의 형체가 되었으나, 아직 두드리거나 연마하지 않아서 완성된 물건이 되지 않은 상태)이다. 은에도 세 종류가 있고, 돈은 한 종류만 있어서 모두 일곱 가지가 된다.

6. 범함이 아닌 경우 [開緣]

만약 "이것을 알고 이것을 보시오"라고 말했으면	범함이 아니다
만약 내놓고 나서, 그가 돌려주었거나 돌려주지 않았거나 간에 비구니가 여법하게 작법을 했으면 (제9계와 같아서 율문에는 간략히 기록하였다.)	
만약 돈으로 영락 장신구와 바꾸어 불법승을 위해 사용했으면	
만약 영락 장신구를 돈으로 바꾸어 불법승을 위해 사용했으면	

11 물건을 판매하는 계 販賣戒

비구계 제20과 같음, 대승공계, 차계   발난타 비구

1. 계의 조문 [戒文]

만약 비구니가 갖가지 물건을 판매하면 니살기바일제다.

2. 계를 제정한 인연 [緣起]

『四分』

부처님께서 사위국 기수급고독원에 계실 때였다. 발난타 비구가 무주처촌無住處村[59]에 가서 생강으로 음식을 바꾸어 먹고 갔다. 사리불이 후에 이곳에 와서 걸

---

59. 과청,『講記』上, p.1308, 승가람이 없는 장소를 말한다. 이런 곳은 교화를 하러 오는 사람이 없었기 때문에 불법에 대해서 잘 모른다.

식을 하러 가서 음식을 파는 집에 말없이 서 있었다. 주인이 사리불에게 "돈을 가지고 오셨습니까? 발난타 비구스님은 생강으로 음식을 바꾸었는데, 스님께서는 무슨 이유로 그렇게 하지 않습니까?"라고 물었다. 사리불은 부끄러워서 아무 말을 못하고 절에 돌아와 비구들에게 이야기하였다.

그때 사위성의 어떤 외도가 값비싼 옷을 얻어서 '내가 값비싼 옷으로 무엇을 하겠는가? 차라리 다른 옷과 바꾸리라'고 생각하고 절에 가서 비구들에게 옷을 바꾸자고 하였다. 발난타 비구가 보고는 "내일 오면 옷을 바꿔주겠소"라고 말한 뒤 그 날 밤 헌 옷을 빨고 다듬어서 새 옷처럼 만들어 외도의 옷과 바꾸었다.

그러나 외도가 곧 사실을 알게 되어 후회하고 옷을 되돌려달라고 했으나 돌려주지 않았다. 그래서 외도가 비난하니 비구들이 듣고서 꾸짖고 부처님께 사뢰니, 꾸짖으시고 계를 제정하셨다.[60]

3. 제정한 뜻 [制意]

『四分律疏』

출가한 사람은 이치적으로 잡사雜事에 힘쓰는 것을 쉬어야 하고, 고요히 앉아서 도를 닦아야 한다. 그런데 어찌 스스로 널리 판매하고 시장에 돌아다니면서 위의에 벗어나는 행동을 하여 세간의 비난을 초래하는가. 또 물건을 주고받으면 중죄를 범하기 쉽기 때문에 위험한 상황에 처하게 된다. 이것은 고상하고 절개 있는 행위가 아니다. 이러한 허물 때문에 성인께서 제정하여 허락하지 않으셨다.

4. 범하는 조건 [犯緣]

『行事鈔』

여섯 가지 조건을 갖추면 범함이 된다.

첫째, 재가2중(우바새·우바이)과

---

60. (大22, 620中).

둘째, 함께 서로 거래를 하면서

셋째, 값을 결정하고

넷째, 자기를 위하여

다섯째, 자기가 물건을 거래해서

여섯째, 받으면

범한다.

『比丘尼鈔』

『十誦』 만약 사타를 범한 물건이 먹을 수 있는 것이라면 먹을 때마다 돌길라죄가 되고, 옷을 만들어 입었으면 입을 때마다 바일제다. 만약 진실로 이 물건이 필요하면 깊이 생각해 보고 "나는 이것으로써 약간의 물건을 사려고 한다"고 해야 한다. 만약 상대방이 주려고 하지 않으면 다시 말해야 하고, 그래도 주지 않으면 또 다시 세 번 말해서 구해야 한다. 그래도 얻지 못하면 정인淨人을 찾아서 물건을 사게 해야 한다.

만약 정인이 시장에서 바꾸는 법을 잘 알지 못하면 비구가 "이 물건을 가지고 가서 어떤 물건을 사 오라"고 가르쳐야 한다. 서로 잘 상의해서 시키는 대로 사왔으면 범함이 아니다. 만약 구입한 물건이 이곳에서는 싸고 저곳에서는 비싸서 이익이 있어도 범함이 아니다.[61] (비록 정인을 시켜서 사게 했더라도 범함이 아니다. 그러나 비구니가 물건 주인 앞에서는 값을 조정하라는 말을 할 수 없다. 보이지 않는 곳에 데려가서 정인에게 가르칠 수는 있다.)

『十誦』 만약 개인적으로 물건을 매매했으나 앞사람이 후회하면 취한 물건을 7일 내에 돌려주는 것을 허락한다. 만약 7일이 넘으면 돌려주지 않아도 된다.

『五分』 정인을 시켜서 물건을 바꿀 때 마음으로 '차라리 그가 나에게서 이익을 얻게 할지언정 내가 그에게서 이익을 얻지는 않겠다'라고 생각해야 한다.[62]

---

61. (大23, 53上).

『三千威儀經』[62] 사람을 시켜서 시장에 가서 물건을 사오게 할 때 다섯 가지 조건이 있다. 첫째는 사람들과 다투지 않도록 가르쳐야 하고, 둘째는 청정한 것을 사게 해야 한다. 셋째는 다른 이의 이익을 침범하지 않도록 하고, 넷째는 남을 재촉하지 않아야 하며, 다섯째는 다른 이의 뜻을 존중하도록 해야 한다.

5. 범하는 상황 [罪相]

시약·비시약·7일약·진형수약[63](모든 약 종류), 파리가라의(잡쇄의)를 같은 종류나 다른 종류로 바꾸어서(물건을 판매하여 이익을 구해서)	얻었으면	사타
	얻지 못했으면	돌길라
내놓았으나 내놓음이 성립되지 않았으면		돌길라

6. 함께 제정함 [併制]

비구니가 갖가지 판매를 하여 얻은 물건을 내놓았는데 돌려주지 않았으면	
돌려줄 때 어떤 사람이 돌려주지 말라고 시켰으면	돌길라
돌려주지 않고 만약 전전정시展轉淨施를 했거나, 남에게 주었거나, 다른 용도로 사용했거나, 고의로 손상시켰거나, 자주 사용했으면	

---

62. (大22, 36下).

63. ①시약時藥: 때(날이 밝았을 때부터 정오 전까지)에 먹는 모든 음식이다. 正食(밥, 익힌 곡물가루, 건반, 어류, 육류)과 不正食(줄기, 잎, 꽃, 열매, 생가루 등)이 있다. ②비시약非時藥: 병이 있으면 정오 이후부터 다음날 날이 밝기 전까지 먹을 수 있다. 생과일즙, 일체 콩이나 곡류를 끓여서 알갱이가 터지지 않게 해서 거른 즙 등이 있다. ③7일약: 병이 있으면 첫째날부터 제8일째 날이 밝기 전까지 먹을 수 있다. 소酥, 기름, 생소生酥, 꿀, 석밀 등이 있다. ④진형수약盡形壽藥: 병이 있으면 목숨을 마칠 때까지 먹을 수 있다. 고약, 환, 가루약, 탕약 등으로 時食의 기운이 없어야 한다.

『多論』 이 판매계는 모든 니살기바일제 중에 가장 무거운 것이니, 차라리 백정이 될지언정 판매하지 말아야 한다. 무슨 까닭인가? 백정은 그 해로움이 한 생에 그치지만 판매계는 일체에 다 해롭다. 수행자나 재가자, 현명한 이나 어리석은 이, 계를 지키는 이나 계를 훼손한 이를 불문하고 가는 곳마다 속이게 되고 항상 나쁜 마음을 품는다.

만약 곡식을 축적하면, 항상 천하에 기근이 들고 서리와 우박이 내리고 재앙과 변고가 생기기를 바란다. 또 소금이나 다른 물건을 축적하면, 사방에서 반란이 일어나 길이 막히기를 바란다. 그러므로 백정보다 죄가 무겁다고 한 것이다. 이 물건으로 탑이나 불상을 조성하여도 예경해서는 안 된다(다만 부처님이라고 생각하고 예배하면 복은 얻을 수 있다). 설사 대중스님에게 공양할 음식을 만들거나 사방승방을 짓더라도, 계를 지키는 비구는 이러한 것을 먹거나 사용해서도 안 되며 그 안에 머물면 죄가 된다. 판매한 비구가 만약 중간에 죽으면 갈마를 해서 나눌 수 있다.[64]

『四分』

출가 5중이 서로 바꾸는 것은 허용했지만 시장에서 판매하는 법처럼 값을 올리고 내리고 할 수는 없다.

7. 범함이 아닌 경우 [開緣]

만약 출가 5중과 바꾸되, 스스로 살펴서 값을 정하고 시장에서 판매하는 법처럼 서로 값을 올리고 내리고 하지 않았으면	범함이 아니다
다른 사람과 바꾸지 않고 정인에게 바꾸도록 시켰고, 만약 후회할 경우 돌려주었으면	
만약 소酥를 기름으로 바꾸거나 기름을 소로 바꾸었으면	

「私記」

『資持記』에는 '다른 사람과 바꾸지 않고…'의 문장을 '범함이 아닌 경우'의 두 번째에 넣었다. 그런데 첫 번째의 끝에 이어 붙여도 뜻이 유사하여 통할 수 있다.

『資持記』

'범함이 아닌 경우'의 세 번째는 가벼운 물건은 범함이 아님을 밝힌 것이다.

12 발우를 지나치게 구하는 계 乞鉢戒[65]

비구계 제22와 같음, 대승공계, 차계   발난타 비구

1. 계의 조문 [戒文]

만약 비구니가 가지고 있던 발우가 5철綴[66]보다 적게 금이 갔고 새지도 않는데, 다시 새 발우를 구하여 더 좋은 것을 가지려고 했으면 니살기바일제다. 이 비구니는 새 발우를 비구니 대중에 내놓아야 한다. 차서에 따라 바꾸어 상좌에서부터 하좌까지 이르면, 이 하좌의 발우를 그 비구니에게 주면서 "스님! 이 발우를

---

64. (大23, 536中).

65. 과청, 『講記』上, p.1320, '非分乞鉢戒'라고 해야 한다. '乞鉢戒'라고 하면 법에 맞게 발우를 구한 것이 된다. '非分'이란 '지나치다'는 뜻이니, '非分乞鉢戒'라고 해야 지나치게 발우를 구한 정황이 드러나기 때문이다.

66. 과청, 『講記』上, p.1321, 『資持記』의 설명에 따르면 두 손가락의 너비를 1철이라 한다. 통상적으로 보통사람의 한 손가락 너비를 1寸이라고 하므로 두 손가락 너비는 2촌이 된다. 따라서 1철은 곧 2촌이다.

깨질 때까지 잘 지녀야 합니다"라고 해야 한다.

2. 계를 제정한 인연 [緣起]

『四分』

부처님께서 사위국 기수급고독원에 계실 때였다. 발난타 비구가 발우가 깨져서 성에 들어가 거사에게 "내 발우가 깨졌으니 그대는 나를 위해 발우를 마련해 주시오"라고 하였다. 거사가 발우를 마련해 주자 또 다른 거사에게 가서 발우를 마련해 달라고 하여 여러 개의 발우를 받았다.

어느 날 거사들이 한 곳에 모여서 이야기를 나누다가 발난타 비구가 여러 거사에게 발우를 마련해달라고 한 것을 알게 되었다. 그래서 거사들이 비난하자 비구들이 듣고서 꾸짖고 부처님께 사뢰니 꾸짖으시고 계를 제정하셨다.[67]

3. 제정한 뜻 [制意]

『四分律疏』

발우의 금이 5철보다 적고 새지 않으면 몸을 돕고 도를 기르는 것을 감당할 수 있다. 그런데 요즈음 곳곳에서 친척이 아닌 사람에게 구하여 탐욕을 기르고 도업을 방해하며 시주자를 번뇌롭게 하니, 이치에 옳지 않으므로 부처님께서 금하셨다.

4. 범하는 조건 [犯緣]

『行事鈔』

여섯 가지 조건을 갖추면 범함이 된다.

첫째, 먼저 받아 지닌 발우가 있고

둘째, 금간 것이 5철보다 적고 새지도 않는데

셋째, 친척이 아닌 사람에게 구하고

---

67. (大22, 623上).

넷째, 자기를 위해서

다섯째, 여법한 발우[68]를 구하여

여섯째, 받으면

범한다.

5. 범하는 상황 [罪相]

발우가 깨진 것이	5철보다 적고 새지 않는데 다시 새 발우를 구했으면	사타
	5철이 되지만 새지는 않는데 다시 새 발우를 구했으면	돌길라

「私記」

율문에 행발법行鉢法이 있다. 대략 말하자면, 비구니가 발우를 내놓고 죄를 참회하고 나서 발우를 다시 그에게 돌려줄 때, 이 발우가 만약 비싸고 좋은 것이면 남겨두고 가장 여법하지 않은 것을 그에게 주는 것이다. 대중 가운데서 차출된 비구니가 이 발우를 가지고 대중의 좌차座次에 따라서 차례대로 돌려서 행법을 한다. 이렇게 하여 마지막에 이르도록 대중스님들이 취하지 않는다면 그에게 주어야 한다. (원래 발우가 아닐 수도 있고 원래 발우일 수도 있다.)

스님들이 이미 비구니에게 발우를 돌려주고 나면 비구니는 법답게 이 발우를 잘 보호해서 지녀야 한다. 율문에 널리 밝힌 것과 같다.

---

68. 과청, 『講記』上, p.1326, 여법한 발우란 세 가지 조건이 모두 법과 상응해야 한다. ①體: 발우의 체는 鐵과 瓦 두 가지가 있다. ②色: 회색, 검은색, 붉은색 등이다. ③量: 각자의 양에 따라서 두 종류가 있다. 大鉢는 三斗, 小鉢는 一斗半이다.

6. 함께 제정함 [併制]

비구니가 대중 가운데 발우를 내놓았는데 그에게 돌려주지 않았으면	돌길라
돌려줄 때 어떤 사람이 돌려주지 말라고 시켰으면 (시킨 자는)	
돌려주지 않고 만약 정시했거나, 남에게 주었거나, 일부러 잃어버렸거나, 고의로 깨뜨렸거나, 발우가 아닌 것으로 사용했거나, 여러 차례 쓰는 등이었으면	
많은 비구니들이 이런 인연으로 가장 나쁜 발우를 가지고 왔으면	돌길라

『毘尼止持』

'많은 비구니들이 이런 인연으로 가장 나쁜 발우를 가지고 왔다'는 것은 사타를 범한 발우가 있어서 행발법을 하는 인연으로 많은 스님들이 일부러 가장 나쁜 발우를 가지고 와서 다른 이의 좋은 발우로 바꾸고자 해서는 안 된다는 것을 말한다. 만약 받아서 모아 두었다면 먼저 좋은 것에 탐착하는 마음이 있는 것이니, 어찌 청정한 대중이라 하겠는가. 그래서 죄를 다스리는 것이다. 이것은 『根本律』에는 자세하게 드러나 있으나,[69] 『四分』에는 문장이 간략하여 뜻이 숨어 있다.

7. 범함이 아닌 경우 [開緣]

만약 (발우에 난 금이) 5철이 되고 샜으면	범함이 아니다
만약 (발우에 난 금이) 5철보다 적지만 새기 때문에 다시 새 발우를 구했으면	
만약 친척에게서 구했으면	
만약 출가인에게서 구했으면	

---

69. (大23, 745下).

만약 다른 이를 위해 구했으면	
만약 다른 이가 나를 위해 구했으면	
만약 구하지 않았는데 얻게 되었으면	
만약 스님들에게 발우를 보시할 때 차례가 되어 얻었으면	
만약 자기 돈으로 사서 모아 두었으면	

13 실을 걸구하여 친척이 아닌 직공에게 짜도록 시키는 계 乞縷使非親織戒

비구계 제23과 같음, 차계   발난타 비구

1. 계의 조문 [戒文]

만약 비구니가 스스로 실을 걸구하여 친척이 아닌 직공에게 천을 짜서 옷을 만들게 하면 니살기바일제다.

2. 계를 제정한 인연 [緣起]

『四分』

부처님께서 사위국 기수급고독원에 계실 때였다. 발난타 비구가 승가리를 꿰매기 위해 성 안에 있는 거사의 집에 가서 승가리를 꿰매기 위한 실이 필요하다고 하여 실을 얻었다. 그리고 또 다른 집에 가서도 그와 같이 말하였다.

이렇게 여러 집에 가서 실을 구하여 실이 많아지자, 옷은 얻기 어렵기 때문에

얻은 실로 3의를 만들려고 하였다. 그래서 모은 실을 직공에게 가지고 가서 옷감 짜는 것을 지켜보면서 직접 거들어 주었다. 여러 거사들이 이를 보고 비난하였다. 비구들이 듣고서 꾸짖고 부처님께 사뢰니 꾸짖으시고 계를 제정하셨다.[70]

3. 제정한 뜻 [制意]

『四分律疏』

5의를 갖추는 것은 몸을 돕고자 하는 것이다. 그런데 이제 스스로 실을 구하여 자기의 세력을 빙자해서 강제로 천을 짜서 3의를 만들도록 하였다. 이는 탐욕을 기르고 직공에게 손해를 끼치고 괴롭게 하여 비방을 초래하므로 성인께서 제정하셨다. (비구니는 5의다.)

4. 범하는 조건 [犯緣]

『行事鈔』

네 가지 조건을 갖추면 범함이 된다.

첫째, 스스로 실을 걸구하여

둘째, 친척이 아닌 직공에게 시켜서

셋째, 품삯을 주지 않고

넷째, 천을 짜게 하면

범한다.

5. 범하는 상황 [罪相]

직접 실을 걸구해서 친척이 아닌 직공에게 천을 짜서 옷을 만들게 했으면	사타
직접 천을 짜는 것을 보거나, 천을 짜거나, 천 짜는 것을 도와주었으면	돌길라

---

70. (大22, 624上).

| 내놓았는데 내놓음이 성립되지 않았으면 | 돌길라 |

「私記」

『律』에 "직공과 실을 준 사람이 친척 혹은 친척이 아니라는 것은 교차해서 여러 구절을 만들 수 있다"고 하였다. 결론적으로 말하면 친척이 아니면 죄를 범하는데, 어떤 죄를 범하는지는 명확하게 제시되지 않았다. 그 다음 글에서 "스스로 실을 구해서 직공에게 천을 짜서 옷을 만들게 하면 사타를 범한다"고 하였다. 그러나 실을 준 자가 친척이 아닌지는 자세하지 않다.

『十誦』의 "교차해서 여러 구절을 만들 수 있다"[71]는 것은 『四分』과 비슷하다. 결론적으로 말하면 친척이 아닌 직공에게 천을 짜게 하면 사타이고, 친척이 아닌 사람에게 실을 구하는 것은 돌길라다. 남산율사와 영지율사의 찬술에도 이와 같이 죄를 결정하였다.

다만 남산율사의 『戒本疏』와 『行事鈔』에서는 모두 "실을 준 자가 친척이 아니면 돌길라다"라고 하였다. "『四分』에도 실려 있다"고 하여 지금 율문을 검토해 보았으나 출처를 찾지 못했다.

6. 함께 제정함[併制]

| 제1 여분의 옷을 받고 기한을 넘기는 계[長衣過限戒]와 같다. |

---

71. (大23, 55上).

7. 범함이 아닌 경우 [開緣]

만약 직공이 친척이었으면	
만약 실을 준 사람이 친척이었으면	
만약 좌선띠·허리띠·모자·양말·땀 닦는 수건·가죽신을 싸는 수건을 만들었으면	범함이 아니다
만약 직접 천을 짜서 발우주머니·가죽신주머니·바늘꽂이 등을 만들었으면	

『戒本疏』

직접 짜는 것을 허용한 것은 작아서 허물이 심하지 않기 때문이다. 그러나 도를 방해하는 데 있어서는 손해 아닌 것이 없다.

14 직공에게 실을 더하도록 권하는 계 勸織師增衣縷戒

비구계 제24와 같음, 대승공계, 차계 　　　　　　　　　　발난타 비구

1. 계의 조문 [戒文]

거사와 거사의 부인이 직공을 시켜서 비구니를 위하여 천을 짜서 옷을 만들게 하였다. 그런데 비구니가 먼저 자자청을 받지도 않고 문득 직공에게 가서, "이 옷은 나를 위해 짜는 것이니 아주 좋게 넓고 길고 튼튼하고 곱게 짜시오. 내가 어느 정도 그대에게 값을 쳐 주겠소"라고 하였다. 만약 비구니가 옷값이나 한 끼

음식값 정도라도 지불하고 옷을 얻으면 니살기바일제다.

2. 계를 제정한 인연 [緣起]

『四分』

부처님께서 사위국 기수급고독원에 계실 때였다. 그때 성 안에 발난타 비구의 친구인 거사가 있었는데, 좋은 실을 직공에게 주면서 "이러이러한 옷감을 짜서 옷을 만들어 발난타 비구에게 드리시오"라고 하고 다른 마을에 갔다. 직공이 절에 와서 발난타 비구에게 그 사실을 전하였다. 발난타 비구는 직공에게 넓고 좋고 튼튼하고 곱게 옷감을 짜라고 하였다. 하지만 직공이 실이 부족하다고 하자, 거사의 부인에게 가서 실이 부족하다고 하였다. 거사의 부인이 좋은 실을 주어서 직공에게 가지고 갔으나, 이번에는 품삯이 적다고 하여 발난타 비구가 품삯을 더 주겠다고 하였다.

직공이 천을 짜서 보내자 부인이 거사에게 자초지종을 이야기하였다. 그때 발난타 비구가 거사의 집에 와서 옷을 찾으니 거사가 비난하였다. 걸식하던 비구가 듣고서 발난타 비구를 꾸짖고 절에 돌아와 비구들에게 알렸다. 비구들이 꾸짖고 부처님께 사뢰니 꾸짖으시고 계를 제정하셨다.[72]

3. 제정한 뜻 [制意]

『四分律疏』

신심이 돈독한 거사가 사심없이 실을 마련하여 비구를 위해서 천을 짜서 3의를 만들도록 했으면, 시주자의 마음에 맞게 받아야 한다. 자기 안에 청렴하고 절약하는 마음이 있음을 드러내고, 밖으로는 시주자를 괴롭게 하지 않아야 한다. 그런데 오히려 이제 직공에게 권하고 찬탄하면서 직접 값을 치르고 실 주인에게 손해를 주니, 자신의 심행을 무너뜨리고 자타 모두에게 이익이 없기 때문에 제정

---

72. (大22, 624下).

하셨다. (비구니는 5의다.)

『戒本疏』

물음 본계에서 주인의 입장에서 실을 손해나게 하는 것과 앞의 계(제6계, 제7계)는 무슨 차이가 있는가?

답 앞은 면전에서 실의 주인을 대하는 것이고, 본계는 실 주인이 없는 곳에서 직공에게 권하는 것이므로 둘로 분리하여 제정하였다.

4. 범하는 조건 [犯緣]

『行事鈔』

여섯 가지 조건을 갖추면 범함이 된다.

첫째, 친척이 아닌 거사가 사심 없이 실을 마련하여 보내서 짜게 하고

둘째, 본래 정한 한도가 있는데

셋째, 한도가 있는 줄 알면서

넷째, 좋게 짜라고 권하고 찬탄하면서 값을 약속하여

다섯째, 직공이 실을 더해서

여섯째, 받으면

범한다.

5. 범하는 상황 [罪相]

친척이 아닌 거사나 거사 부인의 자자청을 받지도 않고 가서 좋은 옷을 구하여	얻었으면	사타
	얻지 못했으면	돌길라
내놓았으나 내놓음이 성립되지 않았으면		돌길라

6. 함께 제정함 [併制]

> 제1 여분의 옷을 받고 기한을 넘기는 계[長衣過限戒]와 같다.

7. 범함이 아닌 경우 [開緣]

> 제6 옷값을 더하라고 권하는 계[勸增衣價戒]와 같다.

『資持記』

'범함이 아닌 경우'에 친척이나 출가인에게서 구하는 것은 모두 실의 주인을 기준으로 하였다. 만약 직공에게 권했다면 어찌 작은 허물도 없겠는가? 생각해 보라.

15 다른 이에게 주었던 옷을 강제로 빼앗는 계 與他衣强奪戒

비구계 제25와 같음, 대승공계, 차계   발난타 비구

1. 계의 조문 [戒文]

만약 비구니가 이전에 다른 비구니에게 옷을 주었다가 나중에 화가 나서 스스로 빼앗거나 남을 시켜 빼앗으며, "나의 옷을 돌려주시오. 그대에게는 주지 않겠소"라고 하였다. 만약 그 비구니가 옷을 돌려주어서 받으면 니살기바일제다.

2. 계를 제정한 인연 [緣起]

『四分』

부처님께서 사위국 기수급고독원에 계실 때였다. 제자가 교화를 잘하니 발난타 비구가, "지금 나와 함께 마을에 가면 너에게 옷을 주겠다"고 하였다. 제자가 수락하니 미리 옷을 주었다. 다른 비구가 그 제자에게, "그대는 무슨 일로 발난타 비구와 함께 마을에 가는가? 발난타 비구는 어리석어서 계를 염송할 줄 모르고 계를 설할 줄도 모르며 포살과 갈마도 할 줄 모른다"고 하였다. 이 말을 듣고 제자는 후에 발난타 비구가 마을에 가자고 하자 따라가지 않으려고 하였다. 그러자 발난타 비구는 "내가 전에 너에게 옷을 준 것은 마을에 함께 가기 위함이었다. 가지 않으려면 내 옷을 다시 내놓아라"고 하였다. 하지만 제자가 옷을 돌려줄 수 없다고 하니, 발난타 비구는 화가 나서 강제로 옷을 빼앗았다. 비구들이 듣고서 꾸짖고 부처님께 사뢰니 꾸짖으시고 계를 제정하셨다.[73]

3. 제정한 뜻 [制意]

『四分律疏』

이전에 다른 이에게 옷을 주면서 함께 가려고 했는데, 그가 만약 가지 않겠다고 하면 이치적으로 먼저 합의하고 나서 되찾아야 한다. 본래 자기에게 과실이 없다고 하여 화난 마음으로 강제로 빼앗으면 서로를 핍박하여 번뇌롭게 된다. 특히 마땅한 일이 아니므로 제정하셨다.

4. 범하는 조건 [犯緣]

『行事鈔』

다섯 가지 조건을 갖추면 범함이 된다.

첫째, 비구니이고

둘째, 본래 함께 가기로 하여

---

73. (大22, 626上).

셋째, 주는 사람은 마음을 결정하지 않은 채 주었으나, 상대방은 자기 것으로 결정하여 취했는데(『鈔』에 "만약 주는 사람과 받는 사람 모두 결정했거나 혹은 준 사람은 결정해서 주었는데 받은 사람이 자기 것으로 결정하지 않은 경우, 다시 빼앗으면 도둑질한 죄를 범한다"고 하였다.)

넷째, 화가 나서 빼앗아서

다섯째, 자신의 소유로 하면

범한다.

『開宗記』

'범하는 조건'의 세 번째, 주는 사람은 준다고 결정하지 않았으나 앞사람은 가지기로 결정했는데 빼앗으면 사타를 범한다. 준다고 결정하지 않았고 앞사람도 가지기로 결정하지 않았는데 빼앗으면 돌길라를 어기는 것이다. 준다고 결정하고 가지기로 결정한 것과, 준다고 결정했으나 가지기로 결정하지 않은 것은 (빼앗아 5전이 되면) 모두 바라이를 범한다. 이미 다른 사람에게 주기로 결정했으므로 자신의 물건이 아니기 때문이다.[74]

5. 범하는 상황 [罪相]

	빼앗아서 감추어 두었으면	사타
만약 화가 나서 직접 혹은 남을 시켜서 빼앗을 경우	취해서 원래 장소에서 옮겼으면 (만약 나무 위에 걸어두었거나 땅 위에 펴놓은 등이었으면)	
	빼앗았으나 감추지 않았으면	돌길라
	취했으나 원래 장소에서 옮기지 않았으면	
내놓았으나 내놓음이 성립되지 않았으면		돌길라

『戒本疏』

'빼앗아서 감추어 두었다'는 것은 면전에서 빼앗은 것을 말한다. 감추지 않았으면 자신이 가지려고 했는지가 명확하게 드러나지 않아서 정황상 의심이 생기므로, '감춘 것'을 기준으로 해서 사타죄가 된다고 정하였다. '만약 나무 위에 걸어두었다'는 것은 상대방을 대면하지 않은 상황에서 물건을 들어 원래 있던 곳에서 옮기면 바로 죄가 됨을 말한다. 다툴 수 있는 사람이 없기 때문에 물건을 원래 장소에서 옮기기만 해도 죄가 된다.

6. 함께 제정함[倂制]

제1 여분의 옷을 받고 기한을 넘기는 계[長衣過限戒]와 같다.

7. 범함이 아닌 경우[開緣]

만약 화내지 않고, "나는 후회해서 그대에게 옷을 주지 않겠소. 내 옷을 돌려 주시오"라고 말했으면	범함이 아니다
만약 옷을 준 사람이 준 것을 후회하는 것을 알고 곧 돌려주었으면	
만약 다른 사람이, "이 비구니가 후회하니 그에게 옷을 돌려주시오"라고 했으면	
만약 그에게 옷을 입으라고 빌려주었는데, 그가 입은 것이 도리에 맞지 않아서 다시 빼앗아 가졌으면	
만약 옷을 잃어버릴까 두려웠거나, 옷이 망가질까 두려웠으면	
만약 옷을 받은 사람이 계를 깨뜨렸거나, 견해를 깨뜨렸거나,[75] 위의를 깨뜨렸으면	

---

74. (卍66, 412前下).

291

만약 옷을 받은 사람이 들려났거나, 멸빈되었거나, 멸빈될 경우였으면
만약 옷을 준 일 때문에 목숨이 위태롭거나, 청정행이 어려운 이와 같은 모든 경우에 옷을 빼앗았으나 감추어 두지 않았으면

16 7일약을 기한이 넘도록 두는 계 畜七日藥過限戒

비구계 제26과 같음, 대승공계, 차계　　　　　　　　　　　　　필릉가바차의 제자

1. 계의 조문 [戒文]

병이 있는 비구니들은 약으로 소수·기름·생소生酥·꿀·석밀石蜜[76] 등을 받아서 먹고 나머지는 묵혀둘 수 있다. 이렇게 해서 7일까지는 복용할 수 있는데, 만약 7일을 넘겨서까지 복용하면 니살기바일제다.

2. 계를 제정한 인연 [緣起]

『四分』

부처님께서 사위국 기수급고독원에 계실 때, 비구들이 가을철 풍병으로 형색

---

75. 과청, 『講記』上, p.1353, 就隨順外道六十二見 叫作破見. 외도의 62견을 따르는 것을 '견해를 깨뜨렸다'고 한다.

76. 과청, 『講記』上, p.1366, ①소수: 소나 양 등의 우유를 가공해서 만든 것이다. ②기름: 다섯 가지 동물(암곰, 숫곰, 돼지, 당나귀, 생선)기름과 식물기름(참기름 등)이다. ③생소生酥: 우유를 끓여 제련해서 락酪을 만든다. 락을 또 끓여 제련하면 생소가 나온다. ④꿀 ⑤석밀石蜜: 사탕수수를 끓여 제련한 것으로 편당片糖이나 빙당氷糖의 종류가 속한다. 빙당은 덩어리의 견고함이 돌과 같아서 '석밀'이라고 한다.

이 마르고 부스럼이 생겼다. 부처님께서 '비구들에게 약을 먹게 하되, 어떤 방법으로 밥과 건반처럼 먹게 해서 이러한 초췌한 모습을 보이지 않게 할까'하고 생각하셨다. 그래서 다섯 가지 약(소·기름·생소·꿀·석밀)은 세상 사람들이 아는 것이니 병이 있으면 먹도록 하셨다. 그러나 때에 맞춰 먹기 어려워 몸이 마르고 부스럼까지 생기므로 때[時]나 때 아닌 때[非時]에 먹는 것을 허락하셨다.

부처님께서 라열성에 계실 때, 필릉가바차畢陵伽婆蹉가 소·기름·생소·꿀·석밀을 많이 공양받아서 제자들에게 주었다. 그들은 큰 독이나 발우 등에 담아 두거나 갈고리 위에 놓거나 문틈에 걸어두어서 흘러 넘쳐 방 안에 냄새가 났다. 장자들이 이것을 보고 비난하니 비구들이 듣고서 꾸짖고 부처님께 사뢰니 꾸짖으시고 계를 제정하셨다.[77]

3. 제정한 뜻 [制意]

『四分律疏』

범부의 더러운 육신은 4대(地·水·火·風)로써 몸을 삼는데, 늦여름과 초가을에는 절기가 바뀌므로 4대가 변화하여 모든 병이 생긴다. 병이 있어 괴로우면 도업 닦는 것에 장애가 된다. 부처님께서 안타깝게 여겨서 방편으로 여러 가지 약을 두고 복용하여 병을 치료하도록 하고, 더 나아가 몸을 편안하게 해서 도업을 잘 닦을 수 있게 하셨다. 그런데 성인께서 허락하심을 핑계 삼아 많은 약을 쌓아두니, 탐심을 기르고 도행을 무너뜨려서 가르침을 어기고 비난을 초래한다. 그래서 허물이 가볍지 않으므로 사타죄로 제정하셨다.

4. 범하는 조건 [犯緣]

『行事鈔』

다섯 가지 조건을 갖추면 범함이 된다.

---

77. (大22, 626下).

첫째, 7일약이고(『鈔』에 "만약 직접 손으로 받아서 구법口法[78]을 더하지 않았으면 기한을 넘긴 죄는 없다"[79]고 하였다.)

둘째, 수법手法[80]과 구법을 분명하게 했으나

셋째, 정시하지[81] 않고

넷째, 받아서 7일이 지나고

다섯째, 범함이 아닌 인연이 없으면

범한다.

---

78. 口法: 일반적으로 구법은 음식을 먹을 수 있는 기간을 연장시키는 효과가 있다. 作法의 내용은 藥體의 종류에 따라 달라지는데 7일약의 작법은 다음과 같다. 복용할 사람이 한 명의 비구니에게 "스님! 일심으로 생각해 주십시오. 저 비구니 ○○은 지금 ○○병(예: 감기, 열)의 인연이 있어서 이 ○○를 7일약으로 만들어 날이 지나도록(7일이 지나도록) 복용하고자 합니다. 그래서 지금 스님한테서 받습니다(세 번)"하고, 상대방이 "좋습니다"라고 하면 복용할 사람은 "감사합니다"라고 한다.

79. 여서, 『淺釋』, p.611, 손으로 받고 구법을 더해야만 7일약이 된다. 수법(손으로 받는 것)만 하면 시약이기 때문이다.

80. 手法: 수행자는 공양받은 음식만 먹을 수 있다. 또 훔치려는 마음을 끊고 누군가의 의심을 받지 않기 위해 계위가 다른 대중끼리 손으로 주고 받는 手法을 한다. 비구니는 식차마나·사미니·재가자한테서 음식을 받을 수 있다.

81. 구법을 하면 殘宿, 非時食, 惡觸 등을 범하는 것은 막을 수 있으나, 內宿의 문제는 여전히 남기 때문에 개인 방에 보관하면 안 되고 반드시 淨地에 보관해야 한다. 7일약은 '畜長衣戒'에 근거하여 展轉說淨을 한다. 한 명의 비구니에게 다음과 같이 말하면 작법이 성립된다.

A : 스님! 일심으로 생각해주십시오. 저 비구니 ○○은 정시하지 않은 長藥을 정시하기 위해 스님에게 주니 이것은 전전정시를 하기 위함입니다(B에게 장약을 건네줌).

B : 스님! 일심으로 생각해주십시오. 스님은 장약이 있는데 아직 정시하지 않았습니다. 정시하기 위해 저에게 주니 제가 지금 그것을 받았습니다. 스님은 누구에게 주겠습니까?

A : ○○에게 주겠습니다.

B : 스님! 일심으로 생각해주십시오. 스님이 장약을 정시하지 않아서 정시하기 위해 저에게 주니 저는 지금 그것을 받았습니다. 스님이 ○○에게 주었으니 이 약은 ○○의 소유가 되었습니다. 스님은 ○○를 위해서 (이 약을) 잘 호지하시고 인연에 따라 사용하십시오.

5. 범하는 상황 [罪相]

어느 날(약을 얻은 제1일) 7일약을 얻어서 정시하지 않고 7일이 지났다. 이 7일 내에 다시 약을 얻거나 얻지 못했고, 다시 얻은 약을 정시하거나 정시하지 않았다. 제8일 날이 밝으면, 제1일에 얻은 약을 정시하지 않아서 그동안 정시하지 않은 약은 세력이 오염되었기 때문에, 이 7일 내에 얻은 약 중에 정시하지 않은 것은	모두 사타
어느 날(약을 얻은 제1일) 7일약을 얻어서 ①다른 사람에게 주지도 않고 ②잃어버리지도 않고 ③손상되지도 않고 ④약 아닌 것으로 만들지도 않고 ⑤친한 이의 것이라고 생각하면서 취하지도 않고, ⑥자신이 약을 가지고 있다는 것을 잊어버리지도 않고 (정시하지도 않고) 7일이 지났다. 이 7일 내에 다시 약을 얻거나 얻지 못했고, 다시 얻은 약을 다른 사람에게 주거나 내지(②~⑤) 잊어버렸거나, 혹은 다른 사람에게 주지 않고 내지 잊어버리지도 않았는데 (정시하지도 않았는데) 제8일 날이 밝으면, 제1일에 받은 약을 다른 사람에게 주지 않았거나 내지 잊어버리지도 않아서 (정시하지도 않아서) 세력이 서로 오염되었기 때문에, 이 7일 내에 얻은 약 중에 다른 사람에게 주지 않았거나 내지 잊어버리지도 않은 (정시하지도 않은) 것은	
사타를 범한 약을 내놓지 않고 다시 다른 약과 바꾸었으면	1사타 1돌길라
내놓았으나 내놓음이 성립되지 않았으면	돌길라

「私記」

　대중에 약을 내놓고 죄를 참회하고 나서 이 비구니에게 약을 돌려줄 때 이 약을 세 종류로 나누어서 처분한다. 아래의 '범함이 아닌 경우'에서 자세히 설명한 것과 같다.

6. 함께 제정함 [併制]

비구니가 약을 돌려주지 않았으면	돌길라
돌려줄 때 어떤 사람이 돌려주지 말라고 시켰으면, 시킨 자는	
돌려주지 않고 만약 정시했거나, 다른 사람에게 주었거나, 고의로 훼손했거나, 태웠거나, 약이 아닌 것으로 만들었거나, 자주 복용하는 등이었으면	

7. 범함이 아닌 경우 [開緣]

만약 7일이 지난 약이 소酥나 기름이어서 문틀에 발랐거나, 꿀이나 석밀이어서 집사에게 주었으면	범함이 아니다
만약 7일이 된 약을 내놓아서 다른 비구니에게 주어서 먹게 했으면	
만약 7일이 되기 전의 약을 그 비구니에게 돌려주었는데, 그가 사용하여 발에 바르거나 등불을 켰으면	

『資持記』

'범함이 아닌 경우' 가운데 첫 번째, '7일이 지난 약'이란 제1일 받은 약이 제8일에 이른 것이다. 모든 허물을 갖추어서 스님들이 먹기에 적합하지 않으므로 집사에게 준 것이다. 두 번째, '제7일이 된 약'은 곧 제2일에 받은 약으로서 잔숙殘宿과 악촉惡觸에 저촉됨이 없고 구법의 효력이 아직 남아 있어서 스님들이 먹는 것을 허락하였다. 세 번째, '7일이 되기 전의 약'은 제3일에 받아서 제6일에 이른 약으로 제한하는 법을 넘지 않았기 때문에 이치적으로 정시를 해도 된다. 그러나 세력이 오염되었기 때문에 다시 복용할 수 없고 외용으로만 사용해야 한다. 첫 번째는 오염시키는 주체이고, 아래 둘은 오염된 대상이므로 세 가지로 나누어 구별하였다.

『戒本疏』

입으로 먹어서 짓는 허물은 출가자와 재가자의 동일한 병폐이니, 가르침을 알고 신중히 행하는 사람이 세상에 드물다. 그러므로 진晉나라 혜원慧遠법사는 죽을 정도가 되어서도 꿀물을 마시지 않았다. 율에서 허락하지 않은 것은 아니지만 율문을 직접 눈으로 확인하고자 하였다. 그러나 거의 다 찾았을 무렵 홀연히 목숨을 마쳤다. 이 분은 언급할 만하지만 다른 사람은 말할 것이 별로 없다.

영지율사의 해석

'그러므로[故]' 이하는 사례를 인용하여 증명한 것이다. 여산廬山혜원법사가 의희義熙 12년(416년)에 병이 위중했는데, 대덕이 연로하여 콩으로 만든 술을 마시기를 권했으나 따르지 않았다. 다시 쌀로 만든 미음을 먹도록 청했으나 따르지 않아서, 후에 꿀과 물을 섞어서 꿀물을 마시도록 청하였다. 법사가 율사에게 결정해주기를 청하니 율사가 마셔도 된다고 하였다. 그러나 법사가 직접 율문을 보고자 하여 율사가 율문을 찾으려고 책을 펴자마자 입적하였다. 이 일은 『高僧傳』에 나온다.

법사는 4의依의 자취를 보이셨는데 어찌 개차開遮를 몰랐겠는가. 직접 삼가고 지키는 모습을 보여서 후세 사람들의 귀감이 되고자 한 것이다. 요즘의 종사宗師는 어떤 것을 먹지 말아야 하는지 알면서도 오히려 세속과 다르지 않으며, 하물며 계법을 배척하고 훼손시킨다. 이 분명한 규범을 보고도 어찌 스스로 반성하지 않는가!

1. 계의 조문 [戒文]

만약 비구니가 하안거 3개월에서 열흘이 모자라는 때에 급시의急施衣[82]를 받으면, 옷을 받을 수 있는 기간[衣時]까지는 둘 수 있다. 그러나 기한이 지나서까지 가지고 있으면 니살기바일제다.

2. 계를 제정한 인연 [緣起]

『四分』

부처님께서 비란야에 계실 때, 하안거를 마치고 세간으로 유행을 가려고 하셨다. 이 말을 전해 들은 바라문은 90일 동안 공양을 올리지 않은 것을 후회하면서 부처님께 청을 들여 그 다음날 부처님과 5백비구에게 음식과 옷을 공양하였다. 그러나 스님들이 부처님께서 안거 중에 옷 받는 것을 허락하지 않으셨다고 머뭇거리자 부처님께서 허락하셨다.

그때 육군비구들이 부처님께서 안거 중에 옷을 받도록 허락하셨다는 말을 듣고, 봄·여름·겨울 없이 항상 옷을 받았다. 발난타 비구도 안거를 마치고 다른 곳에 가서 안거 때 받은 옷을 비구들에게 나눠주고, 자신도 많은 옷을 가지고 기원정사에 왔다. 이것을 본 비구들이 육군비구와 발난타 비구를 꾸짖고 부처님께 사뢰니 꾸짖으시고 "봄·여름·겨울 아무 때나 항상 옷을 구해서는 안 된다. 또한 안거가 끝나기 전에 옷을 얻거나 받지 못한다. 안거한 곳과 다른 곳에서 옷을 나

---

82. 지관 편저, 『伽山佛敎大辭林』8, p.1058, 특별한 사정이 있어 안거가 끝나기까지 기다리지 못하고 그 이전에 보시한 옷이다.

누고 받지 못한다"라고 계를 제정하셨다.

어느 때 부처님께서 사위국에 계실 때, 파사익왕의 국경에 백성들이 반란을 일으켜서 리사달다와 부라나 두 대신을 보내어 정벌하도록 하였다. 두 대신은 살아온다는 보장이 없다고 생각하여 급히 음식과 옷을 대중들에게 보시하기로 했다. 그러나 스님들이 안거 해제일이 열흘 남았으므로 받지 않자 부처님께 사뢰니, "만일 비구가 여름 안거를 마치기 10일 전에 급시의가 생기면 급시의인 줄 알고 받으라"고 거듭 계를 제정하셨다.[83]

3. 제정한 뜻 [制意]

『四分律疏』

이것은 두 가지 계를 합하여 한 가지로 제정한 것이다. '기한 전에 급시의를 받는 계'와 '기한이 지나서도 두는 계'는 둘다 사타를 범하는 것이다. 그런데 이 두 가지 허물은 모두 급시의로 인해서 발생한 것이기 때문에 합해야 했다. 만약 급시의가 아니고 안거를 마치지 않았을 때는 부처님께서 받는 것을 허락하지 않으셨다. 만약 이때 옷을 받으면 돌길라죄를 범하는 것이다. 이것은 『五分』에 분명하게 나와 있다.

부처님께서 이미 하안거 중에 옷을 받지 말라고 제정하셨는데, 후에 리사달다와 부라나 대신이 안거대중에게 공양을 청하려 하였다. 그런데 갑자기 정벌을 떠나라는 왕명을 받게 되어 옷을 대중스님들에게 안거법과 같이 보시하고자 하였다. 그러나 비구들이 아직 안거를 마치지 않아서 감히 옷을 받지 못했다. 그래서 부처님께서 시주에게 이익을 주고 비구들을 윤택하게 하기 위하여 안거를 마치기 10일 이내에 옷을 받는 것을 허락하셨다. 또한 이것은 돌길라죄를 범하는 것이 아니다.

부처님께서 받도록 허락하셨다는 이유로 이것이 급시의인 줄 알면서 고의로

---

83. (大22, 630中).

자자 전 10일보다 이전(7월 6일 이전)에 받았다. 그리고 여분의 옷을 둘 수 있는 기간을 초과하였다. 이것은 두 가지 가르침을 어겼을 뿐만 아니라 탐욕을 기르는 것이 매우 심하여 사타가 된다고 제정하셨다. (비구니도 같다.)

4. 범하는 조건 [犯緣]

『行事鈔』

기한 전[過前]의 경우, 다섯 가지 조건을 갖추면 범함이 된다.

첫째, 급시의이고

둘째, 급시의인 줄 알고

셋째, 안거를 마치기 전 10일보다 이전에(7월 6일 이전)

넷째, 범함이 아닌 인연이 없는데

다섯째, 받으면

범한다.

기한 후[過後]의 경우, 다섯 가지 조건을 갖추면 범함이 된다.

첫째, 급시의이고

둘째, 급시의인 줄 알고

셋째, (의시衣時 전후 합하여) 10일 이내에

넷째, 정시하지 않고

다섯째, 기한을 넘기면

범한다.

5. 범하는 상황[罪相]

1) 급시의를 받을 수 있는 기간

1일씩 감소

자자 10일 전 (7월 6일)	9일 전	8일 전	7일 전	6일 전	5일 전	4일 전	3일 전	2일 전	1일 전 (7월 15일)[84]

2) 의시衣時기간[85]

1일씩 증가

자자 후 1개월(8월 15일), 5개월(12월 15일)	1일 후	2일 후	3일 후	4일 후	5일 후	6일 후	7일 후	8일 후	9일 후 (24일)

기한 전	자자 전 10일(7월 6일) 이전에 받으면	사타
기한 후	옷을 받을 수 있는 기간(1개월, 5개월)을 지나 날짜(10일)를 초과하여 옷을 가지고 있었으면	사타
내놓았으나 내놓음이 성립되지 않았으면		돌길라

---

84. 자자는 7월 15일에 하고 공덕의는 그 다음날인 7월 16일에 받는다. 그러므로 일찍 급시의를 받을 수 있는 최후의 날은 바로 7월 15일까지이기 때문에 1일 전은 7월 15일에 해당된다.

85. 이 표는 연동하여 해석해야 한다. 예를 들어, 만약 급시의를 7월 6일에 받았다면 過前에 10일의 기한을 다 썼기 때문에 過後에는 연장할 수 있는 기한이 없다. 그래서 공덕의가 없는 1개월인 경우는 8월 15일까지, 공덕의가 있는 5개월인 경우는 12월 15일까지 급시의에 대한 정시를 해야 한다. 만약 7월 15일에 급시의를 받았다면 過前에 하루만 사용했으므로 남은 9일을 8월 15일 후에 혹은 12월 15일 이후에 다시 더해서 8월 24일까지 혹은 12월 24일까지 연장된다. 즉 급시의를 받은 날 기준으로 이 옷에 대해서 정시를 할 수 있는 기간이 過前과 過後의 날짜를 모두 합해서 총 10일이 더 연장되므로 옷을 받을 수 있는 기간이 많게는 9일 더 늘어나는 것이다.

「私記」

　'1개월', '5개월'이라는 것을 자세히 설명하면, 가치나의를 받지 않았을 때는 한 달 동안 정시하지 않아도 범하지 않으므로 1개월이 된다. 가치나의를 받았을 때는 5개월 동안 정시하지 않아도 범함이 되지 않기 때문에 5개월이 된다.

6. 함께 제정함 [併制]

> 제1 여분의 옷을 받고 기한을 넘기는 계[長衣過限戒]와 같다.

7. 범함이 아닌 경우 [開緣]

기한 전을 넘기지 않고 받았으면	
기한 후를 넘기지 않고 받았으면	
만약 옷을 빼앗겼거나, 옷을 잃어버렸거나, 불에 탔거나, 물에 떠내려가서 이와 같이 기한 전에 취했으면	
만약 빼앗겼다고 생각했거나, 옷을 잃어버렸다고 생각했거나, 불에 탔다고 생각했거나, 물에 떠내려갔다고 생각해서 이와 같이 기한 후에 받았으면	범함이 아니다
만약 물길이 끊어졌거나, 길이 험난하거나, 도적에게 잡혔거나, 사나운 짐승의 해를 입었거나, 강물이 크게 불었거나, 힘센 자에게 잡혔으면	
만약 묶여서 갇혔거나, 목숨이 위태로웠거나, 청정행이 어려워서 이와 같이 기한 후에 받았으면	
만약 맡아 준 비구니가 죽었거나, 길을 떠났거나, 환속했거나, 도적에게 빼앗겼거나, 사나운 짐승의 해를 입었거나, 물에 떠내려갔거나 해서 이와 같이 기한 후에 받았으면	

302

18 **대중에 보시하려는 물건을 돌려서**
자기에게 오게 하는 계 迴僧物入己戒

비구계 제30과 같음, 대승공계, 성계   발난타 비구

1. 계의 조문 [戒文]

만약 비구니가 대중에 보시하는 물건인 줄 알면서 스스로 구해서 자기에게 오게 하면 니살기바일제다.

2. 계를 제정한 인연 [緣起]

『四分』

부처님께서 사위국 기수급고독원에 계실 때 발난타 비구가 잘 아는 거사가 있었다. 어느 날 거사가 부처님과 비구들에게 음식과 좋은 옷 한 벌씩을 공양 올리기로 하였다. 발난타 비구가 이 소식을 듣고 거사에게 가서 "대중들은 큰 이익과 큰 위력과 복덕이 있어서 보시하는 이가 많으니, 대중들에게는 음식만 보시하고 옷은 나에게 보시하시오"라고 하여 거사는 발난타 비구의 말대로 하였다.

그러나 거사가 다음날 공양청에 오는 대중의 위의가 엄숙함을 보고 환희심이 나서 좋은 기회를 놓쳤다고 원망하였다. 비구들이 듣고서 꾸짖고 부처님께 사뢰니 꾸짖으시고 계를 제정하셨다.[86]

3. 제정한 뜻 [制意]

『四分律疏』

허락하지 않은 이유는 출가한 사람은 이치적으로 소욕지족하는 마음을 지녀야 하기 때문이다. 그런데 거사가 대중들에게 보시하려는 것을 듣고 방편으로 권

---

86. (大22, 633上).

하고 설득하여 돌려서 자기에게 오게 하는 것은, 안으로 탐심을 기르고 밖으로 시주자를 괴롭게 한다. 또한 다시 대중들에게도 손해가 되어 특히 합당하지 않으므로 성인께서 제정하셨다.

4. 범하는 조건 [犯緣]

『行事鈔』

네 가지 조건을 갖추면 범함이 된다.

첫째, 이것이 대중에 보시하기로 약속한 물건이고

둘째, 대중에 보시하기로 약속한 물건인 줄 알고도

셋째, 자기에게 오게 하여

넷째, 손에 넣으면

범한다.

5. 범하는 상황 [罪相]

이것이 대중의 물건인 줄 알면서 스스로 구하여 자기에게 오게 하면		사타
승가 ⟷ 탑 사방승 ⟷ 현전승 비구승 ⟷ 비구니승	여기에 약속하고 저기에 주었으면 (약속한 곳과 준 곳을 다르게 각각 섞어서 문구를 만든다)	돌길라
내놓았으나 내놓음이 성립되지 않았으면		돌길라

『比丘尼鈔』

『五分』 만약 대중에 주고자 했던 물건을 개인에게 주면 바일제를 범하고, 다른 승가대중에게 주면 월비니죄다. 이 축생의 물건을 돌려서 저 축생에게 주면 책심責心돌길라를 범한다.[87]

『善見』에 "이 불상을 조성하라고 했는데 저 불상을 조성하면 돌길라다"라고 했다. 이 율(『四分』)에서는 "만약 승가에 주기로 약속한 물건을 돌려서 탑에 주거나, 현전승에 주기로 약속한 물건을 돌려서 사방승에 주거나, 비구대중에 주기로 약속한 물건을 돌려서 비구니에게 주면 모두 돌길라다"[88]라고 하였다. 그러므로 글에서 "다른 곳에 약속한 것이다"라고 하였다. 만약 승물을 돌려서 이미 탑에 썼으면 다시 가져오지 말고 탑에 그대로 써야 한다. 복福이 같기 때문이다. 비구니대중에 들어온 것도 마찬가지다.[89]

『多論』 만약 단월이 이곳의 자자승自恣僧에 보시한 물건을 돌려서 저 곳의 자자승에 주었다면, 물건은 이곳의 자자승의 몫이므로 나누어 주고 그 비구는 돌길라참회를 해야 한다. 만약 이곳의 자자승에게 돌려주지 않으면 금전의 가치로 계산하여 5전이 넘으면 바라이죄를 범한다. 이 사람에게 공양하는 물건인 줄 알면서 다른 사람에게 돌리는 것도 바라이다.[90] (이에 준하여 대중에 귀속시켜야 한다. 법랍에 따라 도를 행하고 경전을 독송해서 얻은 공양 등을 사사로이 돌려서 사용하거나, 다른 사람에게 준 것이 5전이 넘으면 바라이죄를 범한다.)

『僧祇』에 "비구니 대중이 공양을 구하거나 치우친 마음으로 도리에 어긋나게 받으면 중죄다. 대중을 위하여 구한 물건을 다른 대중권속들에게 주는 것도 중죄다"라고 하였다. 이 율에서 "대중의 물건을 돌려서 썼다가 본래대로 되돌려놓아도 호용했기 때문에 돌길라죄가 된다"고 하였다.

6. 함께 제정함[倂制]

> 제1 여분의 옷을 받고 기한을 넘기는 계[長衣過限戒]와 같다.

---

87. (大22, 30下).

88. (大22, 633中).

89. 저본에는 '人尼亦爾'라고 되어 있으나, 과청, 『講記』上, p.1418을 보면 '入尼亦爾'라고 하였다. 그렇게 해야 내용상 해석이 되므로 '人'은 '入'의 오자라고 봐야 한다.

90. (大23, 539中).

7. 대상에 대한 생각 [境想]

	약속했다고 생각했으면	사타
이미 보시하기로 약속했는데	약속했던가 의심했으면	
보시하기로 약속하지 않았는데	약속했다고 생각했으면	돌길라
	약속하지 않았던가 의심했으면	

『行事鈔』

『律』에 "승물에 세 종류가 있다"고 했다.

첫째, 이미 승가에 약속한 것이다. (원래 주에 "승가에 보시하겠다는 뜻을 밝혔지만, 아직 대중에 할지 개인에게 할지 정하지 않은 상황에서 다른 곳으로 돌리면 사타를 범한다"고 하였다.)

둘째, 승가를 위해 만들었지만 아직 승가에는 약속하지 않은 것이다. (재가자가 스님들을 위해 평상과 이불 등 승가에 공양할 물건을 만들었는데, 이것을 다른 곳으로 돌리면 돌길라.)

셋째, 이미 승가에 준 것이다. 즉 이미 승가에 약속하고 승가에 보시한 것이다. (이것은 승가에 보시하기로 결정된 것이므로 개인에게 주는 것은 허락하지 않는다. 만약 돌려서 준 것이 5전이 넘으면 바라이를 범한다.)

영지율사가 "앞의 두 가지는 본계에 해당하는 것으로 경중輕重을 구별한 것이고, 세 번째는 도계에 속한다"라고 하였다.

8. 범함이 아닌 경우[開緣]

만약 알지 못했으면	
만약 이미 약속했는데 약속하지 않았다고 생각했으면	
만약 조금 보시하기로 약속했는데 권해서 많은 물건을 보시했으면	
만약 적은 사람들에게 약속했는데 권해서 많은 사람들에게 보시했으면	범함이 아니다
만약 악한 이에게 보시하려고 약속했는데 권해서 좋은 사람들에게 보시했으면	
만약 장난으로 말한 등이었으면	

「私記」

'만약 장난으로 말한 등'을 자세히 말하면, '만약 장난으로 말했거나, 잘못 말했거나(또는 알아듣지 못할 정도로 빨리 말했거나), 혼자 있는 곳에서 말했거나, 꿈속에서 말했거나, 이것을 말하려고 했으나 착오로 저것을 말했으면'이 된다. 이하는 모두 같으니 여기에 의거하여 알 수 있다.

『資持記』

『僧祇』 만약 어떤 사람이 물건을 가지고 와서 "어떤 곳에 보시해야 합니까?"라고 스님에게 물으면 "그대가 마음으로 공경하는 곳에 보시하시오"라고 대답해야 한다. 만약 "어느 곳에 과보가 많습니까?"라고 물으면 "대중스님들에게 보시하시오"라고 답해야 한다. 만약 "어떤 분이 계를 지켜 청정합니까?"라고 물으면 "스님들은 계를 범한 분이 없고 청정하지 않은 분이 없습니다"라고 답해야 한다.

만약 "저는 이미 스님들께 보시했습니다. 이제 존자께 보시하려고 합니다"라고 말하면 비구는 받을 수 있으며 죄가 없다. 만약 "제가 이 물건을 어디에 보시해야 오래도록 쓰여지는 것을 볼 수 있겠습니까?"라고 물으면, 그때에 "아무개 비구가 좌선하고 경을 독송하며 계를 잘 지키니, 만약 그 스님께 보시하면 오래도록 잘 쓰여지는 것을 볼 수 있을 것입니다"라고 답해야 한다.[91]

글에 "『僧祇』의 다섯 가지 대답은 배우는 학승들이 반드시 의지해야 한다. 이렇게 하면 승물을 돌리는 허물에서 벗어날 뿐만 아니라 넓은 아량을 드러내게 해 준다. 범부나 어리석은 사람은 누가 보시하는 것을 보면 어찌 자기한테 돌리려는 마음이 일어나지 않겠는가? 가르침을 제정하신 뜻을 알지 못하고 흔히 돌려서 자기에게 돌아오게 하니, 탐욕스럽고 비루하고 인색함이 하류배와 다르지 않다. 그러므로 악업이 쌓이고 깊어져서 마침내 3악도 등의 다른 도道에 떨어지게 된다. 이러한 성인의 가르침을 보고도 어찌 마음에 새기지 않을 수 있겠는가!"라고 하였다.

19 소를 구했다가 기름을 구하는 계 乞酥油戒

대승공계, 차계   투라난타 비구니

1. 계의 조문 [戒文]
만약 비구니가 이것을 요구했다가 다시 저것을 요구하면 니살기바일제다.

2. 계를 제정한 인연 [緣起]
『四分』
부처님께서 사위국 기수급고독원에 계실 때였다. 투라난타 비구니가 단월에

게 가서 소酥가 필요하다고 해서 소를 사서 주었는데, 소가 필요치 않고 기름이 필요하다고 하였다. 그래서 그가 곧 소酥를 파는 집에 가서 소가 필요하지 않고 기름이 필요하다고 말하자, 장사꾼이 "소는 사들이는 값으로 팔고 기름은 파는 값으로 주겠다"고 하였다. 단월이 이 말을 듣고 "비구니가 만족할 줄 모르고 부끄러움도 없다. 겉으로는 정법을 안다고 하면서 소를 구하다가 기름을 찾고 기름을 구하다가 소를 찾는다. 이와 같으니 무슨 바른 법이 있겠는가?"라고 비난하였다. 비구니들이 듣고서 꾸짖고 비구들에게 알리고, 비구들이 부처님께 사뢰니 꾸짖으시고 계를 제정하셨다.[92]

3. 제정한 뜻 [制意]

『四分律疏』

물건이란 요긴하게 사용되어야 귀하게 여긴다. 마련하기가 쉽지 않은데 받았다가 돌려보내고 다시 다른 물건을 요구하면, 뜻과 성품이 한결같지 못하고 탐욕을 기르며 상대방을 괴롭게 한다. 그래서 심한 비난을 초래하므로 죄가 된다.[93]

4. 범하는 조건 [犯緣]

『比丘尼鈔』

다섯 가지 조건을 갖추면 범함이 된다.

첫째, 친척이 아닌 거사에게

둘째, 면전에서 소酥를 구해 놓고

셋째, 필요치 않다고 다시 주인에게 돌려주면서

넷째, 다시 다른 물건을 요구하여

91. (大22, 324中).

92. (大22, 728中).

93. (卍65, 342前下).

다섯째, 다른 물건을 손에 넣으면
범한다.

『四分律疏』 '둘째, 자기를 위하여'를 추가하여 모두 여섯 가지 조건이 있다.[94]

5. 범하는 상황 [罪相]

친척이 아닌 거사로부터 이것을 구했다가 다시 저것을 구하여	얻어서 손에 넣었으면	사타
내놓았으나 내놓음이 성립되지 않았으면		돌길라

『比丘尼鈔』

만약 소소(蘇酥)를 구해서 얻었으면 바라제제사니는 아니다. 죄는 먹음으로 인하여 생기는데, 먹지 않고 주인에게 돌려준다면 어찌 죄가 있다고 할 수 있겠는가?

대개 병 및 네 가지 '범함이 아닌 경우', 즉 장청長請, 갱청更請, 진형청盡形請이 있으면 약을 구하는 것을 허락했으므로 직접 구한 허물은 없다. 만약 직접 구한 죄가 있다면 바꾸어 구한 허물을 물을 필요가 없을 것이다.

6. 함께 제정함 [幷制]

제1 여분의 옷을 받고 기한을 넘기는 계[長衣過限戒]와 같다.

---

94. (卍65, 342前下).

7. 범함이 아닌 경우 [開緣]

만약 소酥가 필요해서 소를 구했거나, 기름이 필요해서 기름을 구했으면	
만약 다른 물건이 필요해서 다른 물건을 구했으면	
만약 친척에게서 구했으면	범함이 아니다
만약 출가인에게서 구했으면	
만약 다른 사람을 위해서 혹은 다른 사람이 자기를 위해서 구했거나, 구하지 않았는데도 얻었으면	

20 설계당 지을 재물을 호용하는 계 互用說戒堂物戒

대승공계, 차계   비구니들

1. 계의 조문 [戒文]

만약 비구니가 단월이 대중스님들을 위해 보시한 것인 줄 알면서 돌려서 다른 용도로 쓰면 니살기바일제다.

2. 계를 제정한 인연 [緣起]

『四分』

부처님께서 사위국 기수급고독원에 계실 때 여러 비구니들이 노지에서 계를

설했다. 거사가 보고는 "설계당이 없습니까?"라고 물으니 없다고 대답하였다. 그래서 거사가 설계당 지을 재물을 주었다. 하지만 비구니들은 "설계할 때는 앉을 자리만 있으면 되지만 5의는 얻기가 어렵다"고 하며, 재물을 옷으로 바꾸어서 함께 나누었다.

나중에 거사가 대중들이 아직도 노지에서 계를 설하는 것을 보고 그 이유를 물으니 비구니들이 "설계당 지을 재물을 옷으로 바꾸었다"고 하였다. 거사가 듣고 비난하니, 비구니들이 꾸짖고 비구들에게 알렸다. 비구들이 부처님께 사뢰니 꾸짖으시고 계를 제정하셨다.[95]

3. 제정한 뜻 [制意]

『四分律疏』

이하의 네 가지 계(제20계-제23계)는 모두 호용하는 것이니 통틀어서 제정한 뜻을 풀이하였다. 돈독한 신심으로 보시할 때는 마음으로 기대하는 바가 정해져 있어서, 이치적으로 시주자의 뜻에 부합해서 사용해야 하고 실제로도 합당하게 해야 한다. 그런데 다른 용도로 돌려서 사용하면 시주자의 본래 뜻에 어긋나고 허물과 비난을 초래한다. 또한 탐욕의 번뇌가 자라나게 하여 스스로를 무너뜨림이 심하므로 제정하셨다.[96]

4. 범하는 조건 [犯緣]

『四分律疏』

네 가지 조건을 갖추면 범함이 된다.

첫째, 현전승에게 시주한 것이고

둘째, 현전승에게 시주한 것인 줄 알고도

셋째, 받아서 자기 것으로 하여

---

95. (大22, 729上).
96. (卍65, 342前下).

넷째, 다른 용도로 쓰면

범한다.[97]

5. 범하는 상황 [罪相]

승물을 돌려서 다른 용도로 썼으면	사타
만약 받아서 5의를 만들었거나 전전정시를 했으면	돌길라
만약 옷 아닌 것 등을 만들었으면	
내놓았으나 내놓음이 성립되지 않았으면	돌길라

6. 함께 제정함 [併制]

제1 여분의 옷을 받고 기한을 넘기는 계[長衣過限戒]와 같다.

7. 범함이 아닌 경우 [開緣]

만약 주인에게 물어 보고 사용했으면	범함이 아니다
만약 나눈 곳에 맞게 사용했으면[98]	
만약 물건을 줄 때 "뜻대로 쓰십시오"라고 말했으면	

---

97. (卍65, 342前下).
98. 시주자가 지정한 용도에 맞게 사용했다는 것이다.

현전승의 음식값을 돌려서 5의를 만드는 계 迴現前僧食直用作五衣戒

대승공계, 차계 　　　　　　　　　　　　　　　　　　　　　 많은 비구니들

1. 계의 조문 [戒文]

만약 비구니가 시주받은 물건이 다른 것을 위한 것인데, 스스로 현전승을 위해 걸구했다가 돌려서 다른 용도로 쓰면 니살기바일제다.

2. 계를 제정한 인연 [緣起]

『四分』

부처님께서 사위국 기수급고독원에 계실 때였다. 안은安隱비구니가 사위국에 온다는 소식을 듣고, 먼저 머물던 비구니들이 집집마다 가서 걸식하여 많은 재물과 음식을 얻었다. 그러나 약속한 날이 되어도 안은비구니가 오지 않자, 먼저 머물던 비구니들이 의논하여 5의와 바꾸어서 함께 나누었다.

후에 안은비구니가 사위국에 와서 공양 때에 성에 들어와 걸식하였다. 거사들이 보고 "대중에 공양이 없었습니까?"라고 물으니 없었다고 하였다. 그래서 비구니들의 처소에 가서 물어 보고 사실을 알게 되어 비난하였다. 비구니들이 듣고서 꾸짖고 비구들에게 알리고, 비구들이 부처님께 사뢰니 꾸짖으시고 계를 제정하셨다.[99]

3. 범하는 상황 [罪相]

『四分律疏』

만약 거사가 온 마음을 다해 정성껏 음식물을 보시했거나, 혹은 스스로 걸식

---

99. (大22, 730上).

하여 음식값을 얻었는데 다른 용도로 사용하면 다 범한다.[100]

22 방을 지으라고 시주한 재물을 호용하는 계 互用別房戒

대승공계, 차계   안은비구니

1. 계의 조문 [戒文]

만약 비구니가 단월이 시주한 물건이 다른 것을 위한 것인데, 돌려서 다른 용도로 쓰면 니살기바일제다.

2. 계를 제정한 인연 [緣起]

『四分』

부처님께서 사위국 기수급고독원에 계실 때, 안은비구니가 공양 때가 되어 발우를 들고 어떤 거사의 집에 가서 자리를 펴고 앉았다. 안은비구니가 "사는 곳이 시끄러워 편안하지 않다"고 하니 거사가 방을 지을 값을 주었다. 하지만 그는 방을 지으려면 일이 많다고 하면서 5의를 만들었다. 후에 거사가 그것을 알게 되어 안은비구니를 비난하였다. 비구니들이 듣고서 꾸짖고 비구들에게 알리고, 비구들이 부처님께 사뢰니 꾸짖으시고 계를 제정하셨다.[101]

---

100. (卍65, 342後上).
101. (大22, 730中).

23 현전승당을 위한 재물을 호용하는 계 互爲現前僧堂戒

대승공계, 차계   많은 비구니들

1. 계의 조문 [戒文]

만약 비구니가 단월이 시주한 물건이 다른 것을 위한 것인데, 스스로 대중을 위해 걸구했다가 돌려서 다른 용도로 쓰면 니살기바일제다.

2. 계를 제정한 인연 [緣起]

『四分』

부처님께서 사위국 기수급고독원에 계실 때, 여러 비구니들이 승방을 짓기 위해 마을 곳곳에서 화주하여 많은 재물을 얻었다. 그런데 비구니들이 '만약 우리들이 이 재물로 승방을 짓는다면 여러 가지 일이 많을 것이다. 5의는 마련하기 어려우므로 차라리 이 물건으로 옷을 바꾸어 함께 나누자'라고 생각하였다. 그래서 비구니들은 얻은 재물을 옷으로 바꾸어 함께 나누었다.

그때 시주한 거사들이 이 사실을 알고 모두 비난했다. 비구니들이 듣고서 꾸짖고 비구들에게 알리고, 비구들이 부처님께 사뢰니 꾸짖으시고 계를 제정하셨다.[102]

3. 범하는 상황 [罪相]

『四分律疏』

거사가 좋은 마음으로 승당을 지으라고 시주한 재물과, 승당을 지으려고 화주하여 얻은 재물을 본래의 용도와 다르게 사용하면 모두 범한다.

---

102. (大22, 731上).

316

(이상의 세 가지 계는 모두 '제20 설계당 지을 재물을 호용하는 계[互用說戒堂物戒]'와 같다.)

24 여분의 발우를 모아서 기한이 넘도록 두는 계 畜長鉢過限戒

비구는 10일, 차계   육군비구, 발난타 비구

1. 계의 조문 [戒文]

만약 비구니가 여분의 발우를 모아 두면 니살기바일제다.

2. 계를 제정한 인연 [緣起]

『四分』

부처님께서 사위국 기수급고독원에 계실 때, 육군비구가 발우를 받아서 나쁜 것은 두고 항상 좋은 발우를 찾으니 받은 것이 갈수록 많아졌다. 거사들이 방을 둘러보다가 "옹기장이의 질그릇가게와 다름이 없다"고 비난하였다. 비구들이 듣고서 꾸짖고 부처님께서 사뢰니 꾸짖으시고 계를 제정하셨다.[103]

3. 제정한 뜻 [制意]

『四分律疏』

발우는 응공應供의 그릇이어서 하나를 가져서 몸을 도울 수 있으면 만족해야

---

103. (大22, 731中).

한다. 그런데 지나치게 모아두어 탐욕을 기르고 도를 방해한다. 비난을 초래하고 불법을 더럽혀서 손실이 가볍지 않으므로 성인께서 제정하셨다.

4. 범하는 조건 [犯緣]

『四分律疏』

다섯 가지 조건을 갖추면 범함이 된다.

첫째, 먼저 가지고 있는 발우가 있는데

둘째, 다시 발우를 얻고

셋째, 여법한 발우이고

넷째, 정시하지 않고

다섯째, 하룻밤이 지나서 다음날 날이 밝으면

범한다.[104]

5. 범하는 상황 [罪相]

그 날에 발우를 얻어서	그 날 정시하지 않고	다음날 날이 밝았으면	사타
	다른 사람에게 주지 않는 등이었는데		
사타를 범한 발우를 내놓지 않고 가지고 있다가 다시 다른 발우와 바꾸었으면			1사타 1돌길라
내놓았으나 내놓음이 성립되지 않았으면			돌길라

「第四分」

돌발우는 여래의 법기法器이므로 만약 모아두면 투란차가 된다. 목발우는 외도의 법이고, 금·은·유리·보배·여러 가지 보배로 만든 발우는 재가자의 법이니 만약 이러한 것들을 모아두면 법에 맞게 다스려야 한다(「第四分」에 설명한 발우에 대한 제정이 가장 상세하므로, 배우는 이들은 율문을 널리 살펴보아야 한다).

6. 함께 제정함[幷制]

비구니가 발우를 내놓았는데 돌려주지 않았으면	돌길라
돌려줄 때에 어떤 사람이 돌려주지 말라고 시켰으면, 시킨 자는	
돌려주지 않고 만약 정시했거나, 남에게 주었거나, 일부러 잃어버렸거나, 고의로 훼손했거나, 발우가 아닌 것으로 만들었거나, 자주 사용했으면	

7. 범함이 아닌 경우[開緣]

만약 그 날 안에 정시했거나 남에게 주었으면	범함이 아니다
만약 빼앗겼다고 생각했거나, 잃어버렸다고 생각했거나, 깨졌다고 생각했거나, 물에 떠내려갔다고 생각해서 이와 같이 정시하지 않았거나 남에게 주지 않았으면	
만약 발우를 빼앗겼거나, 잃어버렸거나, 깨졌거나, 물에 떠내려가서 스스로 취해서 사용했거나 남이 주어서 사용했으면	
만약 발우를 맡아 준 이가 죽었거나, 멀리 갔거나, 환속했거나, 도적의 해를 입었거나, 혹은 사나운 짐승의 해를 입었거나, 물에 떠내려가서 이와 같이 정시하지 못했거나 내지 남에게 주지 않았으면	

「第三分」

건자鍵鎡(또는 '건자鍵茨'니 범어다. 『母論』에 '중간 크기의 철발우'[105]라고 번역하였다.)와 작은 발우, 그 다음 발우는 정시하지 않고 가지도록 허락하셨다.

『四分律疏』

『五分』 일곱 가지 종류의 용기는 가지도록 허락하셨다. ①음식을 담는 용기 ②향을 담는 용기 ③약을 담는 용기 ④남은 음식을 담는 용기 ⑤침을 뱉는 용기 ⑥대변통 ⑦소변통이다.

25 열여섯 가지 용기를 지나치게 모아 두는 계 過畜十六枚器戒

차계   육군비구니

1. 계의 조문 [戒文]

만약 비구니가 좋은 빛깔의 용기[106]를 많이 모아 두면 니살기바일제다.

2. 계를 제정한 인연 [緣起]

『四分』

부처님께서 사위국 기수급고독원에 계실 때, 육군비구니들이 좋은 빛깔의 용기를 많이 모아두고 좋지 않은 것도 따로 모아 두었다. 그래서 많은 용기를 모아두고는 음식 묻은 용기를 씻지도 않고 땅에 늘어놓았다.

거사가 절을 둘러보다가 이것을 보고 "이 육군비구니들은 받는 것에 만족할 줄 모르고 부끄러워할 줄도 모른다. 겉으로는 스스로 '바른 법을 안다'고 말하지만

이와 같은데 무슨 바른 법이 있겠는가. 용기를 많이 모아서 땅에 어지럽게 흩어 놓은 것이 질그릇가게와 다름이 없다"고 비난하였다. 비구니들이 듣고서 꾸짖고 비구들에게 알리고, 비구들이 부처님께 사뢰니 꾸짖으시고 계를 제정하셨다.[107]

3. 제정한 뜻 [制意]

『四分律疏』

물건이란 몸을 돕기 위한 용도로 필요한 것이므로 몸을 구제했으면 곧 그쳐야 한다. 그런데 열여섯 가지 외에 지나치게 모아서 차고 넘치니 탐욕을 기르며 도업을 방해하고 번뇌를 더하여 비난을 초래하므로 제정하셨다.[108]

4. 범하는 조건 [犯緣]

『四分律疏』

네 가지 조건을 갖추면 범함이 된다.

첫째, 먼저 열여섯 가지의 용기가 있는데

둘째, 다시 용기를 얻고

셋째, 정시하지 않고

넷째, 하룻밤이 지나서 다음날 날이 밝으면

범한다.[109]

---

105. 저본에는 '中鐵鉢'이라고 되어 있으나, 『사분율』 등의 자료에 의하면 건자는 소발우보다 작은 것이다. ; 『名義標釋』 26(卍44, 605上), 或作揵茨 或作健鎡 皆梵音輕重也 母經譯爲淺鐵鉢 經音疏云 鉢中之小鉢 今呼爲鎭子 律云 鍵入小鉢 小鉢入次鉢 次鉢入大鉢. '揵茨', 혹 '健鎡'라고도 쓴다. 모두 범음으로 발음상 약간의 차이가 있을 뿐이다. 『毘尼母經』에 '얇은 철발우'로 번역하였고, 『一切經音義』 疏에는 발우 중 '소발우'라고 하였다. 지금은 '분자'라고 부른다. 『律』에는 '건자는 소발우에, 소발우는 그 다음 발우에, 그 다음 발우는 대발우에 들어간다'고 하였다.

106. 과청, 『講記』上, p.1455, 좋은 색깔인 청색·황색·자색·녹색·적색·백색·흑색의 갖가지 특이한 꽃무늬와 양식이 있는 것이다.

107. (大22, 731下).

108. (卍65, 342後下).

5. 범하는 상황 [罪相]

그 날 얻은 용기를	그 날 정시하지 않고	다음날 날이 밝았으면	사타
	남에게 주지 않고		
내놓았으나 내놓음이 성립되지 않았으면			돌길라

6. 함께 제정함 [併制]

제24 여분의 발우를 모아서 기한이 넘도록 두는 계[畜長鉢過限戒]와 같다.

7. 범함이 아닌 경우 [開緣]

그날 그릇을 얻어서 열여섯 가지는 받고 나머지는 정시했으면	
만약 다른 사람에게 주었으면	
만약 빼앗겼다고 생각했거나, 잃어버렸다고 생각했거나, 깨졌다고 생각했거나, 물에 떠내려갔다고 생각해서 정시하지 않았거나 남에게 주지 않았으면	범함이 아니다
만약 그릇을 빼앗겼거나, 잃어버렸거나, 깨졌거나, 물에 떠내려가서 (사타를 범한 그릇을) 스스로 취해서 사용했거나 남이 주어서 사용했으면	
만약 용기를 맡아준 비구니가 죽었거나, 사나운 짐승의 해를 입었거나, 물에 떠내려갔으면	
만약 용기를 맡아 준 비구니가 멀리 갔거나, 환속했거나, 도적에게 잡혀갔으면	

---

109. (卍65, 342後下).

열여섯 가지는 ①큰 솥 ②큰 솥 뚜껑 ③큰 독 ④큰 국자 ⑤작은 솥 ⑥작은 솥 뚜껑 ⑦작은 대야 ⑧작은 국자 ⑨물병 ⑩물병 뚜껑 ⑪큰 대야 ⑫큰 바가지 ⑬씻는 병 ⑭씻는 병 뚜껑 ⑮작은 동이 ⑯작은 바가지다.

『比丘尼鈔』

『母論』 열여섯 가지 그릇 중 각각 여분이 생기면 그 날 바로 남에게 주거나 다른 비구니에게 주어야 한다. (그렇게 하지 않으면 사타를 범한다.)

『僧祇』 비구니는 열여섯 가지 용기를 지닐 수 있다. 하나는 (작법하여) 받아지니고, 세 개는 정시하고, 네 개는 발우보다 큰 것, 네 개는 발우보다 작은 것, 네 개는 발우만한 것이다. 이를 초과하여 모아두면 사타다.

26 비구니에게 병의를 약속해 놓고 주지 않는 계 許病衣不與戒

대승공계, 차계 　　　　　　　　　　　　　　　　　　전단수나 비구니

1. 계의 조문 [戒文]

만약 비구니가 다른 비구니에게 병의病衣를 약속해 놓고 뒤에 주지 않으면 니살기바일제다.

2. 계를 제정한 인연 [緣起]

『四分』

부처님께서 사위국 기수급고독원에 계실 때 비구니들이 월경이 있어서 몸과

옷과 좌구를 더럽혔다. 그래서 부처님께서 비구니들은 병의를 만들어 입도록 허락하셨다. 때에 전단수나旃檀輸那 비구니가 본인은 애욕이 없어서 월경이 끊어졌다고 하면서 다른 비구니에게 병의를 주겠다고 약속하였다. 그래서 병의를 받기로 한 비구니는 병의를 준비하지 않았는데, 후에 전단수나 비구니와 병의를 받기로 한 비구니가 같이 월경을 해서 병의를 주지 않았다. 비구니들이 듣고서 꾸짖고 비구들에게 알리고, 비구들이 부처님께 사뢰니 꾸짖으시고 계를 제정하셨다.[110]

3. 제정한 뜻 [制意]

『四分律疏』

여인의 유루有漏의 몸은 월경주기가 일정치 않고 반드시 병의로 막아야 하므로 실제로 꼭 필요한데, 먼저 남이 사용하도록 허락해 놓고 뒤에 이것을 지키지 않으면 말과 행동이 어긋나니 출가인의 도리가 아니다. 또한 그 사람이 몸을 가리는 데 요긴하게 쓸 수 없도록 해서 상황이 서로를 매우 곤란하게 하기 때문에 제정하셨다.

4. 범하는 조건 [犯緣]

『四分律疏』

다섯 가지 조건을 갖추면 범함이 된다.

첫째, 병의이고

둘째, 먼저 남에게 주겠다고 약속해놓고

셋째, 앞사람이 와서 병의를 달라고 하는데

넷째, 범함이 아닌 인연이 없는데

다섯째, 주지 않으면

범한다.

---

110. (大22, 732上).

5. 범하는 상황 [罪相]

다른 비구니에게 병의를 약속해 놓고 주지 않았으면	사타
병의를 고의로 망가뜨리는 등이었으면	돌길라
다른 옷을 약속해 놓고 주지 않았으면	
다른 필요한 물건을 약속해놓고 주지 않았으면	
내놓았으나 내놓음이 성립되지 않았으면	돌길라

'병의'는 월경을 할 때 몸 안을 막는 옷이다. 밖에 입는 옷은 열반승涅槃僧[111]이다.

6. 함께 제정함 [倂制]

제1 여분의 옷을 받고 기한을 넘기는 계[長衣過限戒]와 같다.

7. 범함이 아닌 경우 [開緣]

만약 병의를 약속하고 주었으면	범함이 아니다
만약 병의가 없었거나, 만드는 중이었거나, 빨고 물들이고 손질하는 중이었거나, 깊숙한 곳에 두어서 줄 수 없었으면	
만약 그 비구니가 계를 깨뜨렸거나, 견해를 깨뜨렸거나, 위의를 깨뜨렸거나, 거죄당했거나, 멸빈당했으면	
만약 병의를 주게 되는 이러한 인연으로 목숨이 위태롭거나 청정행이 어려워서 병의를 약속해놓고 주지 않았으면	

---

111. 범어로 nivāsana이니, 안타회 속에 입는 內衣를 말한다.

27 비시의를 시의로 만들어서 받는 계 非時衣受作時衣戒

차계   육군비구니

1. 계의 조문 [戒文]

만약 비구니가 비시의非時衣를 시의時衣로 만들어서 받으면 니살기바일제다.[112]

2. 계를 제정한 인연 [緣起]

『四分』

부처님께서 사위국 기수급고독원에 계실 때, 육군비구니가 비시의를 받아서 시의로 만들었다. 비구니들이 꾸짖고 비구들에게 알리고, 비구들이 부처님께 사뢰니 꾸짖으시고 계를 제정하셨다.[113]

3. 제정한 뜻 [制意]

『四分律疏』

이것은 안거를 한 스님들이 시주물을 얻을 수 있음을 가리킨다. 『善見』에, "안거를 마친 이는 이 물건을 가질 수 있지만 안거를 마치지 못했으면 얻을 수 없다"고 하였다. 부처님께서 이미 전안거前安居를 마친 사람은 이 물건을 받을 수 있도록 하셨다. 그러므로 대계大界 안에서 의시衣時에 보시된 물건은 전안거를 한 스님이라면 직접 받을 수 있다. 이것은 상황적으로 순리에 맞고 계법에도 맞기 때문에 죄의 허물이 생기지 않는다.

---

112. 時衣는 안거승들만 나눠가질 수 있고, 非時衣는 현전대중 모두가 나눠가지는 것이다. 따라서 비시의를 시의로 만든다는 것은 다른 현전대중은 제외하고 전안거대중만 받아가지려는 의도가 있는 것이다.

113. (大22, 732下).

그러나 만약 옷을 받을 수 없는 기간[非時]에 직접 받으면 교법을 어기는 것이며, 상황적으로도 교법에 상응하지 않기 때문에 사타를 범한다고 제정하셨다. 이 물건을 받을 때에는 마땅히 계界 안의 현전대중이 모두 모여야 가르침을 어기고 별중別衆을 형성할 마음이 없는 것이 되므로 도계盜戒를 범하지 않게 된다.

『五分』에, "비구니들이 비시의를 시의로 만드는 작법을 해서 전안거 대중만 받아 가지자 객비구니는 옷을 얻을 수 없었다. 그래서 부처님께서 꾸짖으셨다"라고 하였다. 그러므로 비시에 옷을 받는 작법을 잘 알아야 한다.

4. 범하는 조건 [犯緣]

『四分律疏』

네 가지 조건을 갖추면 범함이 된다.

첫째, 안거승들이 얻은 시주물이지만

둘째, 이미 의시가 지났는데

셋째, 비시의 작법을 하지 않고 나누어 주어

넷째, 직접 받으면

범한다.

5. 범하는 상황 [罪相]

비시의를 시의로 만들어서 받았으면	사타
내놓았으나 내놓음이 성립되지 않았으면	돌길라

『四分』

'시時'라는 것은 안거를 마치고 나서 가치나의가 없으면 1개월, 가치나의가 있으면 5개월이며, '비시非時'라는 것은 이 기간을 제외한 나머지 기간을 말한다.

6. 함께 제정함 [併制]

> 제1 여분의 옷을 받고 기한을 넘기는 계[畜長衣過限戒]와 같다.

7. 범함이 아닌 경우 [開緣]

비시의를 비시의로 만들어서 받았으면	범함이 아니다
시의를 시의로 만들어서 받았으면	

『集要』

『十誦』 시의를 비시의로 만들어서 나누거나, 비시의를 시의로 만들어서 나누면 모두 사타를 범하는 것이다. 시의는 안거승들에게 나누어 주어야 하고, 비시의는 현전승들에게 나누어 주어야 한다.

---

28 옷을 바꾸고 나서 강제로 빼앗는 계 貿易衣已後强奪戒

대승공계, 차계 　　　　　　　　　　　　　　　　　　투라난타 비구니

1. 계의 조문 [戒文]

만약 비구니가 다른 비구니와 옷을 바꾸고 나서, 뒤에 화가 나 다시 스스로 빼앗거나 사람을 시켜서 빼앗으며, "스님! 내 옷을 돌려주시오. 나는 그대에게 주지 않겠소. 그대의 옷을 그대에게 줄 것이니 내 옷을 나에게 돌려주시오"라고 하면

니살기바일제다.

2. 계를 제정한 인연 [緣起]

『四分』

부처님께서 사위국 기수급고독원에 계실 때, 투라난타 비구니가 다른 비구니와 옷을 바꾸었다. 뒤에 화가 나서, "스님! 내 옷을 돌려주시오. 나는 그대에게 주지 않겠소. 그대의 옷은 그대의 것이고 내 옷은 내 것이니, 그대는 그대의 옷을 다시 가져가시오. 나는 내 옷을 가져가겠소"라고 하면서 강제로 빼앗았다. 비구니들이 듣고서 꾸짖고 비구들에게 알리고, 비구들이 부처님께 사뢰니 꾸짖으시고 계를 제정하셨다.[114]

3. 제정한 뜻 [制意]

『四分律疏』

가격이 이미 결정되어 거래가 끝났는데 화가 나서 후회하며 강제로 빼앗으면 도리가 아니다. 정황이 서로 번뇌롭고 다툼이 일어나기 쉽다. 이것은 출가인의 계戒가 아니기 때문에 성인께서 제정하셨다.

4. 범하는 조건 [犯緣]

『比丘尼鈔』

다섯 가지 조건을 갖추면 범함이 된다.

첫째, 함께 서로 바꾸고

둘째, 값을 정하여

셋째, 정한 값이 합리적인데

넷째, 뒤에 화가 나서 강제로 빼앗아서

---

114. (大22, 733上).

다섯째, 물건을 얻으면

범한다.

5. 범하는 상황 [罪相]

옷을 바꾸고 나서 화가 나서 스스로 또는 사람을 시켜서	빼앗아서 감추었으면		사타
	취하여 장소를 옮겼으면 (만약 나무 위나 내지 땅 위에 두었으면)		
	빼앗았으나 감추지 않았으면		돌길라
	취했으나 물건이 놓인 장소를 옮기지 않았으면		
만약 비구니가	옷을 옷으로 바꾸고	뒤에 화가 나서 다시 빼앗아 가져갔으면	사타
	옷 외의 물건과 바꾸고		
	옷 외의 물건을 옷으로 바꾸고		
	옷 외의 물건을 옷 외의 물건으로 바꾸고		
	만약 바늘·칼·실 혹은 부수어서 조각 난 물건 내지 환약丸藥 한 알에 이르기까지 바꾸고		
내놓았으나 내놓음이 성립되지 않았으면			돌길라

『比丘尼鈔』

『十誦』 비구니가 비구와 옷을 바꾸고 나서 후회하여 돌려달라고 하면 니살기바일제다.

『僧祇』 비구니가 낡은 승가리를 버려서 어떤 사람이 주워서 수선했는데 다시 빼앗으면 사타를 범한다. 그 외의 소소하고 대수롭지 않은 물건을 다른 사람에게

주었다가 스스로 다시 빼앗으면 월비니다.[115]

6. 함께 제정함 [併制]

> 제1 여분의 옷을 받고 기한을 넘기는 계[長衣過限戒]와 같다.

7. 범함이 아닌 경우 [開緣]

> 제15 다른 이에게 주었던 옷을 강제로 빼앗는 계[與衣後奪取戒]와 같다.

---

29 중의를 제한이 넘게 구하는 계 過乞重衣戒

대승공계, 차계 　　　　　　　　　　　　　　　　 가라비구니, 발타가비라 비구니

1. 계의 조문 [戒文]

만약 비구니가 중의重衣를 구하려면 가치가 넉 장의 모직까지 가능하다. 초과하면 니살기바일제다.

2. 계를 제정한 인연 [緣起]

『四分』

부처님께서 비사리의 미후강변 누각강당에 계실 때, 가라迦羅비구니가 단월의

---

115. (大22, 525下).

부탁으로 일을 처리해 주었다. 일이 성사되자 단월이 가라비구니가 필요한 것을 공양하기를 청하니, 가치가 모직 천 장 값에 달하는 중의를 요구하였다. 그러자 그 단월이 옷을 주며 "만약 내가 스스로 일을 처리했으면 이 옷을 잃지 않았을 것이다"라고 하였다.

발타가비라跋陀迦毘羅 비구니도 친척 집에 가서 모직 천 장의 값에 달하는 중의를 요구하였다. 거사들이 함께 비난하니 비구니들이 듣고서 꾸짖고 비구들에게 알렸다. 비구들이 부처님께 사뢰니 꾸짖으시고 계를 제정하셨다.[116]

3. 제정한 뜻 [制意]

『開宗記』

출가의 이치는 심지心志를 세워서 바깥 경계에 연루됨이 없어야 한다. 취하여 받음에 이르기까지 법도와 위의에 맞아야 하는데, 어찌 도법을 지킬 수 없는 사람에게 기약할 수 있겠는가? 방종하고 탐하는 마음으로 중의를 구하여 친척이거나 친척이 아니거나 둘다 손해되게 한다. 이 허물로 인하여 제정해서 방지하셨다.[117]

4. 범하는 조건 [犯緣]

『四分律疏』

다섯 가지 조건을 갖추면 범함이 된다.

첫째, 거사의 자자청이고

둘째, 중의를 구하는데

셋째, 제한을 초과하여 요구하고

넷째, 자기를 위하여

다섯째, 물건을 얻어서 손에 넣으면

---

116. (大22, 733中).
117. (卍66, 460後上).

범한다.[118]

5. 범하는 상황 [罪相]

중의를 구하되, 가치가 녁 장의 모직을 초과했으면	사타
내놓았으나 내놓음이 성립되지 않았으면	돌길라

녁 장의 모직은 곧 16조다. 중의란 추위를 막는 옷이다.

6. 함께 제정함 [幷制]

제1 여분의 옷을 받고 기한을 넘기는 계[長衣過限戒]와 같다.

7. 범함이 아닌 경우 [開緣]

만약 녁 장의 모직과 같게 구했으면	
만약 녁 장의 모직보다 적게 구했으면	
만약 출가인에게서 구했으면	범함이 아니다
만약 다른 사람이 자기를 위해서 구했거나, 자기가 다른 사람을 위해서 구했으면	
만약 구하지 않았는데 저절로 얻어졌으면	

---

118. (卍65, 343前上).

30 경의를 제한이 넘게 구하는 계 過乞輕衣戒

대승공계, 차계   가라비구니, 발타가비라 비구니

1. 계의 조문 [戒文]

만약 비구니가 경의輕衣를 구하려면 가치가 두 장 반의 모직까지 가능하다. 초과하면 니살기바일제다.

2. 계를 제정한 인연 [緣起]

『四分』

부처님께서 사위국 기수급고독원에 계실 때, 비사리의 가라비구니가 단월을 위해서 일을 도와주었다. 단월이 재물을 얻고 기뻐하며, "무슨 물건을 갖고 싶습니까?"라고 말하였다. 가라비구니가 거듭 거절하다가 모직 5백장 가치의 경의를 가리키며 "나는 이와 같은 옷이 필요하다"고 하니 거사들이 비난하였다. 단월이 옷을 가져다주며 "만약 내가 스스로 일을 처리했다면 이 옷을 잃지 않았을 것이다"라고 하였다.

어느 때 발타가비라 비구니가 친척집에 와서 자리에 앉으니 거사가 필요한 것이 있느냐고 물었다. 발타가비라 비구니가 거듭 거절하다가 모직 5백장 가치의 옷을 가리키며 "나는 이와 같은 옷이 필요하다"라고 하니 거사들이 비난하였다. 곧 거사가 옷을 주면서 "비구니가 이 귀한 옷을 무슨 용도에 쓰십니까?"라고 하였다. 비구니들이 듣고서 꾸짖고 비구들에게 알리고, 비구들이 부처님께 사뢰니 꾸짖으시고 계를 제정하셨다.[119]

---

119. (大22, 734上).

3. 범하는 상황 [罪相]

경의는 더위를 막는 옷이다. 구할 때는 최고 두 장 반의 모직까지이니, 곧 10조까지는 범함이 아니다. 나머지는 앞의 계와 같다.

대중스님들이여! 제가 이미 30니살기바일제법을 설했습니다.

이제 대중스님들에게 묻습니다.

"이 가운데 청정합니까?" (이와 같이 세 번 묻는다.)

대중스님들이여! 여기에 청정하여 묵연하므로 이 일은 이와 같이 지녀야 합니다.

178
바일제법

대중스님들이여!

이 178바일제법[1]을 보름보름마다 설해야 하니 계경에 있는 것입니다

바일제 중합衆合지옥에 떨어져서 인간 수명으로 1억 4천4백만 년 동안 머문다.

1. 계의 조문[戒文]

만약 비구니가 고의로 거짓말을 하면 바일제다.

2. 계를 제정한 인연[緣起]

『四分』

부처님께서 석시수釋翅瘦 가유라迦維羅 나라의 니구류尼拘類동산에 계실 때였다. 석씨 집안의 상력象力비구가 말을 잘하였는데 외도 범지梵志와 토론하다가 뜻대로 되지 않으면 앞에 했던 말을 뒤집었다. 또 스님들 중에 묻는 이가 있으면 앞의 말을 다시 번복하고 대중에서 알면서도 거짓말을 했다. 그래서 범지들이 비난하자 비구들이 듣고서 꾸짖고 부처님께 사뢰니 꾸짖으시고 계를 제정하셨다.[2]

3. 제정한 뜻[制意]

『四分律疏』

출가한 사람은 이치적으로 사실과 부합해야 한다. 차라리 목숨을 잃을지언정 거짓으로 속임이 없어야 한다. 그런데 이제 도리어 마음을 어기고 생각을 등지니 상대방을 속이고 그에게 잘못된 이해를 내게 한다. 스스로 부처님께서 계를 제정하신 이익을 잃게 되니, 허물이 심하므로 성인께서 제정하셨다.

---

1. 바일제를 범하면 참회를 해야 하기 때문에 '참회해야 하는 죄'라고 한다. 바일제를 범하면 한 명의 청정한 비구니 앞에서 참회[對首懺]해야 한다.
2. （大22, 634上）.

4. 범하는 조건 [犯緣]

『行事鈔』

여섯 가지 조건을 갖추면 범함이 된다.

첫째, 대상이 사람이고

둘째, 사람이라고 생각하고

셋째, 생각과 어긋나게 말하고

넷째, 생각과 어긋나게 말하는 줄 알면서

다섯째, 말을 분명하게 해서

여섯째, 상대방이 알아들었으면

범한다.

『四分律疏』

말이 사실과 부합하지 않는 것을 '거짓'이라고 하고, 입 밖으로 드러낸 것을 '말'이라 한다. 무심히 한 것은 범함이 아니다. 그러므로 '고의로 거짓말을 하는 계'라고 한 것이다.

5. 범하는 상황 [罪相]

| 6근根과 6진塵을 기준으로 거짓이 됨 | ·보지 않았는데 보았다고 말하는 것
·듣지 않았는데 들었다고 말하는 것
·느끼지 않았는데 느꼈다고 말하는 것
·알지 못했는데 알았다고 말하는 것
·보았는데 보지 못했다고 말하는 것
·들었는데 듣지 못했다고 말하는 것
·느꼈는데 느끼지 못했다고 말하는 것
·알았는데 알지 못했다고 말하는 것 | 알면서 거짓말을 하는 것이다. |

보는 것은 안식眼識이다.

듣는 것은 이식耳識이다.

느끼는 것[觸]은 비식鼻識, 설식舌識, 신식身識이다.

아는 것은 의식意識이다.

생각과 어긋남을 기준으로 거짓이 됨	보지 않고	보지 않았다고 생각하면서	보았다고 말하면	알면서 거짓말을 하는 것이다.
		보았다고 생각하면서	보지 못했다고 말하면	
		보았는지 의심이 있는데, 스스로 의심이 없다고 하면서	보았다고 말하면	
			보지 않았다고 말하면	
		보았는지 의심이 없는데 스스로 의심이 있다고 하면서	보았다고 말하면	
			보지 않았다고 말하면	

듣는 것, 느끼는 것, 아는 것도 이와 같다.

세 때[三時]를 기준으로 판별함	말하기 전에	본래 거짓말할 뜻이었으면	이것에 의거하여 최초방편 돌길라죄가 된다.[3]
		본래 거짓말할 뜻이 아니었으면	돌길라 죄를 범함이 아니다.[4]
	말할 때	거짓말인 줄 알았으면	이것에 의거하여 정식으로 바일제죄가 된다.
	말을 하고 나서	거짓말인 줄 알았으면	이것에 의거하여 후방편 돌길라죄가 된다.
		거짓말이었는지 기억하지 못했으면	돌길라 죄를 범함이 아니다.[5]

마음에 어긋남을 기준으로 거짓이 됨	•본 것과 다름 •참는 것과 다름 •바라는 것과 다름 •느낀 것과 다름 •생각한 것과 다름 •마음에 반연한 것과 다름	이와 같은 상황들은 모두 거짓말이다.

알면서 거짓말을 하되	말을 분명하게 했으면	바일제
	말을 분명하게 하지 않았으면	돌길라

포살할 때 세 번 청정을 묻는 부분에서 죄가 있음을 기억하고도 말하지 않았으면	돌길라

『行事鈔』

죄를 '범하는 상황'은 경계에 따라 정해지는 것이 아니고, 반드시 마음을 의지하여 일어난다. 단지 안으로 생각이나 마음과 어긋나기만 하면, 바깥 인연(경계)이 거짓인지 사실인지를 막론하고 모두 단타다.

『戒本疏』

'본 것과 다르다'는 것은 선정 속에 있든 산란한 가운데 있든[6] 나쁜 모습을 보고도 좋은 모습을 보았다고 말하는 것이다. 사람들이 물을 때 원래 본 것과 다르

---

3. 도선율사, 『南山律學辭典』上, p.254, 바일제에는 두 종류의 방편이 있다. 첫째, 初方便, 또는 최초방편은 어떤 행위를 하려는 생각을 일으키는 것으로 돌길라죄를 범한다. 둘째, 後方便은 행동을 하고 나서 뉘우치고 후회하는 것으로 돌길라죄를 범한다.

4. 저본에는 없지만, 과청율사의 『講記』下, p.1500에 근거하여 내용을 보충하였다.

5. 저본에는 없지만, 과청율사의 『講記』下, p.1500에 근거하여 내용을 보충하였다.

6. 과청, 『講記』下, p.1502, 定也就是指禪定 行就是指事亂 事情比較擾亂的這種心中. 定은 선정을 가리키고, 行은 일이 어지러운 것을 가리키는 것으로 일의 정황이 비교적 시끄럽고 산란한 것이다.

게 답하는 것이므로 '본 것과 다르다'고 한다. '참는 것과 다르다'는 것은 뜻에 어긋나는 상황을 받아들여서 괴로운 상태로 있는 것을 '참는다'고 하며, 다른 사람에게는 즐겁다고 말하는 것이다. 또한 갈마를 함께 하면서 인정하지 못하면서 인정한다고 말하는 것이다.

'바라는 것과 다르다'는 것은 재색財色을 구하는 것을 '바라는 것'이라고 하는데, 본래 마음과는 다르게 정법正法을 좋아한다고 말하는 것이다. '느낀 것과 다르다'는 것은 차갑다고 느꼈는데 뜨겁다고 말하는 것이다. '생각한 것과 다르다'는 것은 원수라고 생각하면서 친하다고 말하는 것이다. '마음에 반연한 것과 다르다'는 것은 이것을 생각하고 있으면서 저것을 말하는 것이다. 마음에 어긋남을 기준으로 거짓말이 되는 상황을 여러 가지 나열한 것은 거짓이 되는 것이 많아서 자세하게 항목을 나열해야 했기 때문이다. 그러므로 함부로 행동해서는 안 되니, 잘못하면 소망어죄의 그물에 들어오게 된다.

『比丘尼鈔』
『多論』 망어·양설·악구는 서로 번갈아 네 구절을 만들 수 있다. 첫째는 망어로 양설이나 악구가 아니다. 다른 사람의 이러한 사실이 아닌 말을 또 다른 사람에게 전하는 것인데, 사실이 아니므로 '망어'라고 한다. 갈라놓으려는 마음이 없었기 때문에 양설이 아니며, 부드러운 말로 했으므로 악구도 아니다. 나머지 구절도 위와 비슷하니 유무有無를 알 수 있을 것이다.[7]

『多論』 '망어가 아니다'는 것은 만약 설법하거나 논의하거나 말을 전하거나 일체의 옳고 그름을 가릴 때, 스스로 옳다고 하지 않고 항상 근거에 의지했으면 허물이 없다. 하지만 그렇게 하지 않으면 도끼가 입안에 있는 것과 같다.[8]

---

7. （大23, 540下）.
8. （大23, 540下）.

6. 범함이 아닌 경우[開緣]

만약 보지 못해서 보지 못했다고 말했거나, 듣지 못해서 듣지 못했다고 말했거나, 느끼지 못해서 느끼지 못했다고 말했거나, 알지 못해서 알지 못했다고 말했으면	범함이 아니다
만약 보아서 보았다고 말했거나, 들어서 들었다고 말했거나, 느껴서 느꼈다고 말했거나, 알아서 안다고 말했으면	
만약 보았다고 생각해서 그대로 말했으면	

『行事鈔』

사람들이 이 계를 흔히 범하는 것은 진실로 망어의 업이 훈습되고 축적되어서 식識의 종자가 더욱 많아져, 6진의 경계를 따라 움직이면 곧 거짓말의 그물에 빠지기 때문이다. 발심 출가하여 생사의 흐름을 거스르고자 했던 처음은 생각하지 않고, 다만 그럭저럭 한평생 마치기만을 바라며 세간에 편하게 사는 것만 중요하게 생각한다. 죽음을 당하면 결코 이러한 악업을 물리치지 못할 것이니 진실로 슬프다!

2 모욕하는 계 罵戒

비구계 제2와 같음, 대승공계, 성계   육군비구

1. 계의 조문[戒文]

만약 비구니가 모욕하는 말을 하면 바일제다.

2. 계를 제정한 인연 [緣起]

『四分』

부처님께서 사위국 기수급고독원에 계실 때였다. 육군비구가 다툼을 중재하는 사람 앞에서 종성種姓의 부류로써 다른 비구를 모욕하니, 그 비구가 수치스러워 앞뒤를 잃어버리고 아무 말도 하지 못했다. 비구들이 듣고서 꾸짖고 부처님께 사뢰니, 꾸짖으시고 소의 비유를 들어 축생들도 헐뜯는 말을 들으면 수치스러워서 힘을 내지 못한다고 말씀하시고 이 계를 제정하셨다.[9]

3. 제정한 뜻 [制意]

『四分律疏』

사람의 도리는 마땅히 선한 말로 서로 찬탄하여 상대를 환희롭게 만들어 용맹하게 수행 정진하도록 해야 한다. 그런데 도리어 하천한 말로 형상을 빗대어 상대방을 폄하하여 수치스럽게 하고 정업正業 닦는 것을 그만두게 한다. 또 사람의 마음을 상하게 하는 것이 칼로 베는 것보다 심하여 괴롭게 함이 가볍지 않으므로 제정하셨다.

4. 범하는 조건 [犯緣]

『行事鈔』

여섯 가지 조건을 갖추면 범함이 된다.

첫째, 상대방이 비구니이고[10]

둘째, 스스로 모욕하는 말을 하고

---

9. (大22, 634下).

10. 『行事鈔』2(大40, 74下)에는 '是比丘'로 되어 있다. 『行事鈔』는 비구계를 중심으로 설명하였기 때문이고, 저본은 승우비구니가 비구니계에 맞춰 수정한 것이다. 비구의 경우는 동종의 비구를 모욕하면 바일제이고, 비구니·식차마나·사미·사미니를 모욕하면 돌길라이다. 그러나 비구니의 경우는 동종의 비구니뿐만 아니라 비구를 모욕해도 바일제이다. 이는 바일제 제145 '비구를 모욕하는계'에 해당되기 때문이다.

셋째, 이것이 모욕하는 것인 줄 알면서

넷째, 상대방을 절복시키거나 욕되게 할 뜻으로

다섯째, 말을 분명하게 해서

여섯째, 상대방이 알아들었으면

범한다.

5. 범하는 상황[罪相]

종성의 부류를 들어서 모욕하는 말을 하되	면전에서 모욕하여	·말을 분명하게 했으면-바일제 ·말을 분명하게 하지 않았으면 말했으면-돌길라
	비유로 모욕하여	
	자기와 비교하여 모욕하여	
선법善法을 들어서 말하되 ('선법'이란 '아란야에 사는 사람, 걸식하는 사람, 분소의를 입은 사람 내지 좌선하는 사람'이라고 말하는 것이다)	비유로 모욕하여	·말을 분명하게 했으면-돌길라 ·말을 분명하게 하지 않았으면-돌길라
	면전에서 모욕하여	
	자기와 비교하여 모욕하여	

『比丘尼鈔』

『伽論』 남에게 모욕하는 말을 전하면 돌길라.[11]

『僧祇』 만약 이상의 악법惡法으로 비구니 및 부모를 모욕하여 "너의 부모가 그러하다"고 말했으면 바일제다. "너의 화상이나 아사리가 그러하다"고 말했으면 투란차다. "너의 도반이 그러하다"고 했으면 월비니다.

『成實論』 비록 사실일지라도 때에 맞지 않으면 기어綺語가 된다.[12]

---

11. （大23, 574下).

12. （大32, 305中).

『行事鈔』

다툼의 근본이 되는 것에 여섯 가지가 있다. 성냄, 악한 성품, 탐욕과 질투, 아첨과 왜곡, 부끄러움이 없음, 삿된 견해이니 3독毒을 벗어나지 않는다. 위로 두 가지는 성내는 것이고, 그 다음 한 가지는 탐하는 것이고, 아래 세 가지는 모두 어리석음이다. 일체 다툼이 일어나는 것이 이 여섯 가지를 벗어나지 않으므로 근본이라 한다.

『行事鈔』

모욕하는 것에 여섯 종류가 있다. 첫째는 '비천한 종성의 집에 태어난 자'라고 하는 것이다. 곧 전다라旃陀羅이니, 분노를 치우는 종성·죽세공의 종성·수레를 끄는 종성 등이다. 둘째는 직업을 들어 비방하는 것이다. 도살·사냥·고기잡이·도적질·성을 지키는 등의 일을 말한다. 셋째는 '기술이 비천한 자'라고 말하는 것이다. 대장장이·목수·옹기장이·갖바치 등이다. 넷째는 '죄를 범한 자'라고 말하는 것이니, 7취趣[13]의 죄를 지었다고 하는 것이다. 다섯째는 '번뇌가 많은 자'라고 하는 것이니, 성냄 등 5백 가지 번뇌이다. 여섯째는 '병이 있는 자'라고 하는 것이니, 장님·애꾸눈·대머리·절름발이·귀머거리·벙어리·옴쟁이·문둥병·악창 및 기타 질병이 있다고 말하는 것이다.

『戒本疏』

앞의 세 가지는 그 외적인 모양을 말한 것으로, 종성과 직업을 말한 것이다. 뒤의 세 가지는 그 내적인 과보를 밝힌 것이니, 몸과 마음에 대해 말한 것이다.

---

13. 죄의 경중에 따라 5편과 7취의 두 가지 분류법이 있다. 5편은 바라이, 승잔, 바일제, 바라제제사니, 돌길라를 말한다. 여기에 바라이와 승잔의 미수죄인 투란차를 더하고 돌길라를 惡作과 惡說로 나누어 7가지로 만든 것이 7취이다. 이러한 주장 외에 바일제를 니살기바일제와 바일제로 나누고, 돌길라를 악작과 악설로 나누지 않고 같은 죄종으로 판단하여 7취로 하는 견해도 있다.

『戒本疏』

질문 선법善法은 좋은 것이고 모욕하는 것은 나쁜 것인데, 선법을 말하는 것이 어떻게 죄가 되는가?

답 모욕하는 사람의 마음은 상대방에게 상처나 모욕을 주려는 것이니, 후에 작은 과실을 보고 문득 과장하여 부풀리는 것이다. "그대는 아란야에 있으면서 어찌 아직도 집착하는가? 집착을 벗어난 아라한이 오히려 발우와 옷을 수용하는가?"라고 하면서 작은 일의 인연으로 음모를 꾸며서 모함하기 때문이다.

6. 범함이 아닌 경우[開緣]

만약 서로 이롭게 하려고 말했으면	범함이 아니다
만약 법을 위해서 말했으면	
만약 율을 위해서 말했으면	
만약 가르치기 위해서 말했으면	
만약 친분이 두터운 이를 위해서 말했으면	
만약 장난으로 말한 등이었거나, 혹은 말하다가 실수로 말한 등이었으면	

『資持記』

앞의 다섯 가지는 모두 스승과 벗이 가르치고 인도하여 성취케 함을 근거로 한 것이다. 그들의 말이 비록 거칠지라도 마음으로는 성냄이 없으므로 열어두었다.

처음에 '서로 이롭게 한다'고 말한 것은 곧 평범한 동학同學 끼리를 말하는 것이고, 아래 다섯째의 친한 벗과는 다르다. 넷째, '가르치기 위해서'라고 한 것은 바로 당시에 발생한 일의 상황을 직접 가리켜서 상대방을 가르치려고 한 것이지, 위의 법을 설하는 것이나 율을 설하는 것과는 다르다.

3 이간질하는 계 兩舌戒

비구계 제3과 같음, 대승공계, 성계 　　　　　　　　　　　　　　　육군비구

1. 계의 조문 [戒文]

만약 비구니가 이간질하는 말을 하면 바일제다.

2. 계를 제정한 인연 [緣起]

부처님께서 사위국 기수급고독원에 계실 때였다. 육군비구가 이쪽저쪽을 다니면서 이간질을 해서 대중들이 항상 아무것도 아닌 일로 시비에 휘말려 조용할 날이 없었다. 그래서 비구들이 꾸짖고 부처님께 사뢰니 꾸짖으시고 "선아善牙라는 사자와 선박善搏이라는 호랑이가 있었는데, 이들을 따라다니면서 목숨을 유지하던 야간野干이 양쪽에 비방하는 말을 전하여 둘 사이를 갈라놓으려고 하다가 오히려 죽임을 당했다"는 고사古事를 말씀하시고 이 계를 제정하셨다.[14]

『戒本疏』

양쪽에 말을 전하기 때문에 '양설兩舌'이라고 하는데, 이 계의 본래 번역은 뜻이 협소하고 분명하지 않아서 지금은 '이간질하는 말[離間語]'로 번역하니, 이 말이 알맞은 것이다. 따라서 비록 양쪽에 말을 전했으나 갈라놓을 뜻이 없었다면 이 계를 범함이 아니다.

3. 제정한 뜻 [制意]

『四分律疏』

출가인은 함께 머물면서[15] 마음속에 갈라놓으려는 뜻이 없어야 한다. 사적이고 드러나지 않은 말을 이쪽저쪽에 전하면, 대중에 일찍이 없었던 다툼을 일으키고

이미 생겨난 다툼은 없애지 못하게 된다. 그래서 대중들을 다투게 하여 번뇌롭게 하며 화합을 깨뜨리는 죄가 무겁기 때문에 성인께서 제정하셨다.

4. 범하는 조건 [犯緣]

『行事鈔』

여섯 가지 조건을 갖추면 범함이 된다.

첫째, 상대방이 비구니이고

둘째, 저속하고 나쁜 일을 말하여

셋째, 이쪽저쪽에 전하고

넷째, 갈라놓으려는 뜻으로

다섯째, 분명하게 말해서

여섯째, 상대방이 알아들었으면

범한다.

『比丘尼鈔』

『僧祇』 나쁜 말[惡法]로 "아무개가 '너는 이렇다'라고 말했다"고 전해서 (그 말의 상중하上中下는 관계없다)[16] 그가 저를 떠나서 자기한테 오게 하려고 했다면, 저를 떠났거나 떠나지 않았거나 간에 모두 바일제다.[17]

『多論』 한 번 말했는데 갈라서지 않아서 다시 말했으면 바일제다. 만약 이 말을 양쪽에 전하지 않아도 양쪽을 갈라서게 했으면 모두 돌길라다.[18]

---

14. (大22, 636上).

15. '함께 머문다'는 것은 六和同住를 의미한다. 六和란 대중생활에서 戒·見·利·身·口·意 여섯 가지가 화합하는 것을 말한다.

16. 나쁜 말로 비방하는 말을 전할 때, 비방하는 말이 얼마나 심했는가 하는 것은 죄를 결정하는 것과 관계가 없다는 뜻이다. 자세한 내용은 『資持記』2(大40, 307中)를 참고하기 바란다.

17. (大22, 326下).

18. (大23, 540下).

5. 범하는 상황[罪相]

이간질을 해서 다투게 하되	말을 분명하게 했으면	바일제
	말을 분명하게 하지 않았으면	돌길라

6. 범함이 아닌 경우[開緣]

만약 악지식惡知識을 깨뜨리기 위한 것이었으면	범함이 아니다
만약 나쁜 무리를 깨뜨리기 위한 것이었으면	
만약 방편으로 대중의 화합을 깨는 이가 있어서 이를 깨뜨리기 위한 것이었으면	
만약 방편으로 대중의 화합을 깨는 것을 돕는 이가 있어서 이를 깨뜨리기 위한 것이었으면	
만약 두세 사람이 갈마하는 것을 깨뜨리기 위한 것이었으면	
만약 법답지 않고 율답지 않은 갈마를 하고자 해서 이를 깨뜨리기 위한 것이었으면	
만약 대중·탑·사찰·화상 등을 위해 자주 말하는 이가 의미 없고 이익이 없는 일을 하거나, 혹은 방편으로 의미 없고 이익이 없는 일을 하려는 것을 깨뜨리기 위한 것이었으면	

「私記」

'대중·탑·사찰·화상 등'은 자세히 말하면 '대중·탑·사찰·화상·화상과 같은 이·아사리·아사리와 같은 이·아는 사람·친한 벗'이다. 이하는 같으니 이에 기준하여 알 수 있을 것이다.

4 남자와 함께 숙박하는 계 共男人宿戒

비구계 제4와 같음, 대승공계, 차계   아나율 존자

1. 계의 조문 [戒文]

만약 비구니가 남자와 한 방에서 숙박하면 바일제다.

2. 계를 제정한 인연 [緣起]

부처님께서 사위국 기수급고독원에 계실 때였다. 아나율阿那律 존자가 사위국
에서 구살라국으로 가는 도중에 무주처촌無住處村에 이르러서 숙박할 곳이 있는
지 물어 보았다. 그 마을에는 음녀의 집이 있는데 항상 나그네를 문간채에 재운
다고 하였다. 그래서 아나율 존자는 그곳에서 하룻밤을 묵게 되었으나 잠을 자지
않고 정진하였다. 그때 구살라국의 장자들도 그 마을에 들렀다가 소문을 듣고 음
녀의 집에서 숙박하기를 청하니, 음녀는 아나율 존자에게 동의를 얻어 한 방에서
자라고 하였다. 그러나 음녀가 장자 일행이 많은 것을 보고는 아나율 존자가 불
편하지 않도록 자신의 방에서 주무시기를 청하였다.

존자가 곧 그녀의 방에 들어가 자리를 폈으나, 역시 가부좌를 하고 오로지 정
진에 몰두할 뿐이었다. 음녀는 그의 단정한 모습을 보고 존자에게 자신의 남편이
되어 달라고 했지만, 답이 없자 옷을 벗고 다가와 그를 잡으려 하였다. 하지만 존
자가 신통력으로 몸을 솟구쳐 허공에 오른 것을 보고 음녀가 몹시 부끄러워하면
서 참회하였다. 존자가 갖가지 미묘한 법을 설해 주니 음녀는 법을 얻고 우바이
가 되어 삼보에 귀의하고 공양을 올렸다.

아나율 존자가 절에 돌아와 이 일을 말하니, 비구들이 꾸짖고 부처님께 사뢰
었다. 부처님께서 꾸짖으시고 "만약 비구가 여인과 한 방에서 숙박하면 바일제
다"라고 계를 제정하셨다.[19]

3. 제정한 뜻[制意]

『四分律疏』

남녀는 형체가 다르므로 이치적으로 함께 거주할 수 없다. 일단 함께 머물게 되면 쉽게 염오심이 생기고, 세속 사람들의 비난을 초래하여 스스로 빠져나올 수 없다. 근심과 누가 됨이 가볍지 않으므로 제정하셔야 했다.

4. 범하는 조건[犯緣]

『行事鈔』

다섯 가지 조건을 갖추면 범한다.

첫째, 사람 남자이고

둘째, 방이라는 모양이 성립되었고

셋째, 함께 숙박하고

넷째, 함께 숙박하는 줄 알고

다섯째, 움직일 때마다 (옆구리가 땅에 닿을 때마다)

범한다.

5. 범하는 상황[罪相]

방의 4가지 종류	네 면이 벽으로 막혀 있고, 위에 덮개가 있는 것
	앞은 트여서 벽으로 막혀 있지 않고 (세 면은 벽으로 막혔으며), 위에 덮개가 있는 것
	네 면이 벽으로 막혀 있고, 위가 덮여 있지만 전부 덮여 있지는 않은 것
	네 면이 벽으로 막혀 있고, 위가 전부 덮여 있지만 열린 구멍이 있는 것

---

19. (大22, 637上).

•비구니가 먼저 도착하고, 저가 뒤에 도착했거나	같은 방에서	사람 남자와 숙박하여	옆구리가 땅에 닿을 때마다	바일제
•저가 먼저 도착하고, 비구니가 뒤에 도착했거나			조금이라도 몸을 돌려서 기울일 때마다(한 번 돌릴 때마다 1바일제를 범한다)	
		천인 남자 등과 숙박했으면		돌길라
•두 사람이 동시에 도착하여		변형할 수 있거나 변형할 수 없는 축생의 수컷과 숙박했으면		
		황문黃門이나 이형二形과 숙박했으면		

낮에 남자는 서 있고 비구니는 누워 있었으면	돌길라

『比丘尼鈔』

『多論』 만약 대중이 모이는 건물인데 동일하게 내부를 막았다면, 설령 건물 안에 여러 작은 방이 있어서 비록 방이 각각 다르더라도 집이 같으므로 이는 하나의 방이다. 방이 많더라도 함께 하나의 문으로 출입하면 또한 바일제를 범한다. '덮개'라는 것은 천으로 덮어서 방을 만든 것까지도 포함된다. '벽壁'이라는 것은 높이가 최소 1주肘 반이다.

만약 비구니가 이런 종류의 방안에서 남자와 함께 밤을 보내면 다 범하는 것이다. 만약 열 명의 남자와 함께 숙박하면 10바일제를 범하게 되고, 한 번 일어났다가 다시 누울 때마다 낱낱이 10바일제가 되며, 한 번 뒤척일 때마다 10바일제를 범한다. 만약 재가자의 집에 남자가 있는데, 방문을 잠그지 않았으면 돌길라가 된다.

6. 범함이 아닌 경우[開緣]

만약 남자가 먼저 도착하고 비구니가 뒤에 와서, 비구니가 집안에 남자가 있는 줄 모르고 잤으면	
만약 비구니가 먼저 오고 남자가 뒤에 와서 비구니가 알지 못하고 잤으면	
만약 방이 덮였으나 네 면에 벽이 없었으면	
만약 다 덮였고 반만 막혔으면	
만약 다 덮였고 조금 막혔으면	
만약 다 막혔고 덮여 있지 않았으면	
만약 다 막혔고 반만 덮였으면	범함이 아니다
만약 다 막혔고 조금 덮였으면	
만약 반만 덮였고 반만 막혔으면	
만약 조금 덮였고 조금 막혔으면	
만약 덮이지도 막히지도 않은 노지였으면	
만약 이 방 안에서 움직이거나 앉아있을 때 반드시 동반同伴이 있었으면	
만약 머리가 어지러워서 땅에 쓰러졌으면	
만약 병이 나서 누웠으면	
만약 힘센 자에게 잡힌 등이었으면	

『資持記』

세 번째 이하는 방이 아니므로 범함이 아니다. 세 종류를 아홉 가지로 구분하였다. (남산도선율사의 『行事鈔』에, "'여섯째, 다 막혔고 덮여 있지 않은 것' 이하는 제53계에 의거해 '다 막혔고 반만 덮인 것'이라는 한 구절을 더해서 모두 아홉 구절로 만든 것이니, 지금 종도들이 그것을 베껴서 기록한 것이다"[20]라고 하였다.)

처음 세 구절은 다 덮였으나 막힌 것이 결여된 것이고, 다음 세 구절은 다 막혔으나 덮인 것이 결여된 것이며, 뒤의 셋은 덮인 것과 막힌 것이 모두 결여된 것이다.

「私記」

방과 방 아닌 것은 차이가 있다. '전부 덮였고 반 이상 막힌 것'과 '전부 막혔고 반 이상 덮인 것'은 방의 모양을 이룬 것이니 마땅히 금지해야 한다. 전부 덮였고 반만 막혀있거나 전부 막혔고 반만 덮여 있다면, 이것은 방이 아니므로 범함이 아니다. (함께 누워 있어도 죄가 가볍다.)

「私記」

만약 '힘센 자에게 잡힌 등'이라고 한 것을 자세히 말하면, '힘센 자에게 잡혔거나, 결박당했거나, 목숨이 위태롭거나, 청정행이 어려운 경우'이다. 이하도 모두 같으므로 이것을 기준하여 알 수 있을 것이다.

『行事鈔』

『十誦』에 "마치 익힌 음식은 사람들이 탐욕심을 내는 것처럼 여인이 남자를 구하는 것도 이와 같다"고 하였다. 아라한도 오히려 음욕의 괴로움을 당했는데, 그 밖의 범부들이야 어찌 거부할 수 있겠는가!

---

20. 이 계의 '범함이 아닌 경우'에는 '다 막혔고 반만 덮인 것'이라는 구절이 없다. 그러나 '제53 거죄당한 비구니를 따르는 계'에는 이 구절이 있다.(비구니 바일제 제53계는 비구 바일제 제69계와 공계이므로 비구계를 찾아보아야 한다.) 그래서 이 계에서 착오로 누락된 것으로 판단하여 보충했다는 뜻이다.

5

구족계를 받지 않은 사람과 3일 넘게 숙박하는 계 共未受具人宿過三夜戒

비구계 제5와 같음, 대승공계, 차계   육군비구

1. 계의 조문[戒文]

만약 비구니가 구족계를 받지 않은 여인과 한 방에서 같이 숙박하되, 3일 밤을 넘기면 바일제다.

2. 계를 제정한 인연[緣起]

『四分』

부처님께서 광야성曠野城에 계실 때, 육군비구가 장자들과 함께 강당에 머물고 있었다. 그때 육군비구가 산란한 마음으로 잠을 자다가 알몸이 드러나서 장자들이 보고 비난하였다. 비구들이 꾸짖고 부처님께 사뢰니 꾸짖으시고, "만일 비구가 구족계를 받지 않은 사람과 숙박하면 바일제다"라고 계를 제정하셨다.

부처님께서 구섬비狗睒毗에 계실 때였다. 이와 같이 계를 제정해주시니, 라홀라가 구족계를 받지 않았다고 해서 비구들이 쫓아내어 해우소 위에서 자게 되었다. 부처님께서 이 사실을 아시고 라홀라를 당신 방으로 데리고 가서 하룻밤을 지내셨다. 다음날 아침 비구들을 모아서 자비심이 없다고 꾸짖으시고, "만일 비구가 구족계를 받지 않은 사람과 숙박하되, 2일을 지나 3일을 넘기면 바일제다"라고 거듭 계를 제정하셨다.[21]

3. 제정한 뜻[制意]

『四分律疏』

출가와 재가는 길이 달라서 사정이 서로 반대 된다. 처음 불법을 배우는 사람

은 보고 들은 것이 많지 않아서 일의 정황이 대부분 서로를 번거롭게 만든다. 그리고 가까이 하면 아만심이 생겨 도업 닦는 일을 어지럽히고 그만두게 되므로, 처소를 따로 두어 도를 존속시키고 공경심을 증장시키고자 제정하셨다.

그러나 출가한 사람은 머무는 곳이 일정하지 않으니, 일이 있으면 유행하다가 재가에 의탁하여 머무르면서 체력을 회복하고 신명身命을 청정히 하도록 한 것이다. 또 사미니는 세속을 떠났으니 의지할 곳은 비구니가 있는 곳이며, 다른 의지할 곳이 없으므로 보살피고 돌봐주어야 한다. 그래서 허락하셨으나 그 한도는 2일 밤이다. 금지한 것은 허물을 방지하기 위한 것이고, 허락하신 것은 서로에게 이익을 주기 위한 것이다. 허락하고 금지하신 것이 타당하니, 이치가 마땅히 그러하다.

4. 범하는 조건 [犯緣]

『行事鈔』

다섯 가지 조건을 갖추면 범함이 된다.

첫째, 구족계를 받지 않은 남자와 여자이고

둘째, 방의 모양이 이루어졌고

셋째, 함께 숙박하고

넷째, 함께 숙박하는 줄 알면서

다섯째, 3일 밤을 지나면

범한다.

5. 범하는 상황 [罪相]

제4 '남자와 함께 숙박하는 계[共男人宿戒]'와 같다.

---

21. (大22, 638上).

			옆구리가 땅에 닿을 때마다	바일제
• 비구니가 먼저 도착하고, 저가 뒤에 도착했거나	한 방에서 자는데, 2일 밤을 지나 3일 밤이 되어서도	구족계를 받지 않은 사람과 함께 숙박하되	조금이라도 옆으로 움직일 때마다	
• 저가 먼저 도착하고, 비구니가 뒤에 도착했거나		천인 여자 등과 함께 숙박했으면		돌길라
• 두 사람이 동시에 도착하여		변화할 수 있는 축생이나 변화할 수 없는 축생과 함께 숙박했으면		

「私記」

이 계의 율문律文에는 '범하는 상황[結戒]'과 '계를 제정한 인연'의 숙박하는 정황이 같지 않다. '범하는 상황'에서는 "2일 밤을 지나 3일 밤을 숙박하면 바일제"라 하였고, '계를 제정한 인연'에서는 "비구들이 구족계를 받지 않은 사람과 2일 밤을 함께 숙박하고 나서 만약 3일 밤에도 함께 숙박했으면, 날이 밝기 전에 일어나서 피해서 가야 한다. 만약 가지 않고 4일 밤에 이르면 자기가 가거나 구족계를 받지 않은 사람을 내보내야 한다"고 하였다.

'범하는 상황'의 설명은 3일째 밤에 이르러 함께 자게 되면 옆구리가 땅에 닿을 때마다 바로 범하게 되는 것처럼 보인다. 하지만 '계를 제정한 인연'의 설명은 3일 밤을 함께 자고 아직 날이 밝지 않았을 때 일어나 피해서 가지 않거나, 혹은 4일째 밤이 되어서도 자신이 가지도 않고 구족계를 받지 않은 사람을 가게 하지 않으면 범하게 되는 것 같다.

남산도선율사의 『戒本疏』와 『行事鈔』도 서로 차이가 있다. 영지율사가 해석하기를, "『戒本疏』는 계본戒本을 따르고 『行事鈔』는 광율廣律의 해석을 따랐기 때문에, 숙박하는 상황이 동일하지 않아 서로 회통할 수 없고 그 설명이 매우 복잡

하니, 필요한 사람은 살펴보라"고 하였다.

『比丘尼鈔』

『伽論』 2일 밤은 사미니와 함께 숙박하고 3일째 되는 밤에 남자와 함께 숙박하면 2바일제가 된다.[22]

『僧祇』 3일 밤을 범하고 나서 참회하지 않고 후에 다시 함께 숙박하면 죄가 점점 커지니, 2일 밤을 다시 허용하지 않는다. 참회하고 나면 다른 방에서 자야 하고, 후에 다시 한 방에서 2일 밤을 잘 수 있다.

『律』 만약 숙박할 곳이 없으면 3일째 밤에 이르러 날이 밝기 전에 사미니를 내보내거나 재가자를 나가게 하든지, 혹은 자신이 나가면 날이 밝기 전이라는 제한된 시간을 지킬 수 있다. 4일째가 되면 자신이 가거나 남이 가도록 해야 하고, 다시 허용한 법은 없다.

6. 범함이 아닌 경우[開緣]

> 제4 남자와 함께 숙박하는 계[共男人宿戒]와 같다.
> (첫 번째와 두 번째의 '남자'를 '구족계를 받지 않은 사람'으로 고치면 된다)

---

22. (大23, 577中).

구족계를 받지 않은 사람과 경을 독송하는 계 與未具人同誦戒

비구계 제6과 같음, 대승공계, 차계   육군비구

1. 계의 조문[戒文]

만약 비구니가 구족계를 받지 않은 사람과 함께 법[23]을 독송하면 바일제다.

2. 계를 제정한 인연 [緣起]

『四分』

부처님께서 광야성에 계실 때였다. 육군비구가 장자들과 함께 강당에서 경전을 독송했는데, 마치 바라문의 글 읽는 소리처럼 커서 좌선하는 이들을 산란하게 하였다. 비구들이 듣고서 꾸짖고 부처님께 사뢰니 꾸짖으시고 계를 제정하셨다.[24]

3. 제정한 뜻[制意]

『四分律疏』

이치는 언어를 빌려서 표현된다. 삼장의 가르침은 이치를 드러내기 위한 것이므로, 말이 분명해야 이치가 통하고 말이 어지러우면 뜻이 드러나지 않는다. 그래서 통하면 지혜를 밝히는데 도움이 되지만 드러나지 않으면 내면에 미혹만 더하게 된다.

그러므로 『多論』에 "네 가지 제정한 뜻이 있다. 첫째는 외도와 구분하기 위함

---

23. 과청, 『講記』下, p.1564, 法이란 부처님께서 설하신 것, 聲聞이 설한 것, 仙人이 설한 것, 諸天이 설한 것을 말한다. 부처님께서 설하신 것 외에 나머지 세 가지도 부처님의 인가를 거친 것이어서 부처님께서 설하신 것과 동일하다.

24. (大22, 638下).

이고, 둘째는 스승과 제자의 위치를 구분하기 위함이며, 셋째는 언어로 분별하여 분명하게 알게 하기 위함이며, 넷째는 실제 뜻에 의지하고 음성을 귀하게 여기지 않도록 하기 위해서이다. 이러한 네 가지 이익을 갖추기 위해서 이 계를 제정하셨다"[25]고 하였다.

4. 범하는 조건 [犯緣]

『行事鈔』

다섯 가지 조건을 갖추면 범함이 된다.

첫째, 부처님께서 설하신 법이나 제천諸天이 설한 것이고

둘째, 구의句義, 구미句味, 자의字義이고

셋째, 구족계를 받지 않은 사람과

넷째, 한 목소리로 함께 독송하고

    (함께 독송하거나 앞질러서 독송하는 것이다)

다섯째, 독송하는 말이 분명하면

범한다.

5. 범하는 상황 [罪相]

구의句義	두 사람이 함께 "모든 악을 짓지 말고[諸惡莫作]" 등을 독송하는데 앞뒤 없이 똑같이 하는 것	비구의非句義	첫 번째 사람이 독송하는 것을 마치지도 않았는데 두 번째 사람이 앞질러서 독송하는 것

---

25. （大23, 541下）.

구미句味	두 사람이 함께 "눈이 무상하고[眼無常]" 등을 독송하는데 앞뒤 없이 똑같이 하는 것	비구미非句味	위와 같음
자의字義	두 사람이 함께 '아阿'[26] 등을 독송하는데 앞뒤 없이 똑같이 하는 것	비자의非字義	위와 같음

만약 입으로 가르침을 받거나, 글로 가르침을 받을 때 같이 독송하되	구족계를 받지 않은 사람과 함께	1설說을 2설說을 3설說을[27]	말을 분명하게 했으면	바일제
			말을 분명하게 하지 않았으면	돌길라
	천인 등과 함께	1설說을 2설說을 3설說을	말을 분명하게 했으면	돌길라
	변형할 수 있는 축생과 함께		말을 분명하게 하지 않았으면	
스승이 "내가 설하고 나서 네가 설할 수 있다"는 것을 말로 가르쳐 주지 않았으면				돌길라

『行宗記』

'구의句義'라고 하는 것은 경전의 게송들이 한 게송이나 반 게송이라도 뜻이 이미 갖추어져 있는 것이다. '구미句味'란 한 구절만 들어도 바로 이치를 맛볼 수 있는 것이다. '자의字義'에서 '자字'는 곧 문자이니, 문자에는 뜻이 있어서 뜻을 풀이한 것 등과 같다는 것이다.

---

26. 과청『講記』下, p.1567, '阿'는 '아라파차나'를 가리킨다. 곧 진언을 말한다.

27. 句義·非句義를 '1설'이라 하고, 句味·非句味를 '2설', 字義·非字義를 '3설'이라 한다.

『比丘尼鈔』

『多論』 한 목소리로 같은 구절을 독송하면 바일제이고, 한 목소리로 다른 구절을 독송하면 돌길라다.

6. 범함이 아닌 경우[開緣]

만약 "내가 다 설했으니 그대가 설하라"고 했으면	
만약 한 사람이 독송을 마치고 한 사람이 글로 썼으면	범함이 아니다
만약 두 사람이 함께 수학한 사이[同業]라서 같이 독송했으면	
만약 장난으로 말한 등이었으면	

『行宗記』

'동업同業'이란 같은 스승에게 수학했거나 함께 같은 경전을 배운 것이어서 같이 독송해도 범함이 아니다. 그러나 모습을 기준하면 적합하지 않다.[28]

---

28. 여서, 『淺釋』, p.733, 만약 비구니가 식차마나·사미니·재가자와 예불할 때 비구니가 독송하는데, 소리가 고르지 않거나 혼침이나 도거에 빠졌거나 위의를 갖추지 못하면, 저들이 비난하게 되니 그들로 하여금 죄를 짓게 한다. 그러므로 『戒本疏』에 "바일제죄를 범하는 것은 아니지만 돌길라죄는 면하기 어렵다"고 하였다.

7

구족계를 받지 않은 사람에게 비구니의 추악죄를 말하는 계 向非具人說麤罪戒

비구계 제7과 같음, 대승공계, 성계   육군비구

1. 계의 조문[戒文]

만약 비구니가 다른 비구나 비구니에게 추악죄가 있는 줄 알고 구족계를 받지 않은 이에게 말하면, 대중이 갈마한 경우를 제외하고는 바일제다.

2. 계를 제정한 인연[緣起]

『四分』

부처님께서 라열성 기사굴산에 계실 때, 파리바사波利婆沙와 마나타摩那埵[29] 중인 비구가 하좌下座에 앉아 있었다. 그때 육군비구가 재가자에게 그 비구가 범한 일을 말하니, 허물이 있는 비구와 다른 비구들이 듣고서 모두 부끄러워하였다. 그래서 비구들이 꾸짖고 부처님께 사뢰니 꾸짖으시고 계를 제정하셨다.[30]

3. 제정한 뜻[制意]

『四分律疏』

출가대중은 이치적으로 청정함을 드러내어 찬탄하는 소리가 밖으로 퍼져서 사람들에게 신심과 공경심이 일어나게 해야 한다. 그런데 이제 비구의 추악한 일을 재가자에게 말해서 상대방이 들으면, 승보僧寶를 가볍게 여기는 마음을 내게 하여 신심과 공경심을 잃게 하니 손해가 심하므로 제정하셨다.

---

29. 『名義標釋』11(卍44, 485下), 波利婆沙 義飜別住或云徧住 謂犯僧殘者 覆藏其罪 僧隨覆藏日數 與作羯磨 令別住一下小房也 而行其法也. '파리바사'는 '別住' 혹은 '徧住'로 번역한다. 승잔을 범하고 그 죄를 숨기면 대중에서 갈마하여 숨긴 날 수만큼 작은 방에서 따로 지내게 한다.

4. 범하는 조건 [犯緣]

『行事鈔』

일곱 가지 조건을 갖추면 범한다.

첫째, 비구 및 비구니이고

둘째, 처음 2편의 죄(바라이, 승가바시사)를 범했고

셋째, 범한 줄 알고

넷째, 승가의 법에 열어둠이 없는데

다섯째, 구족계를 받지 않은 이에게 말하되

여섯째, 분명하게 말해서

일곱째, 상대방이 알아들었으면

범한다.

摩那埵 此云意喜 謂比丘犯僧殘法 覆藏者 僧卽與作白四羯磨 彼比丘得羯磨已 於衆僧中六夜而行其法 時 自意歡喜 亦使衆僧歡喜 由六夜喜行其法 令僧歡喜 而罪得滅 自心歡喜 故云自喜 於六夜中如法而行 衆僧歡云 此人改悔成淸淨 故云僧歡喜也. '마나타'는 '환희'의 뜻이다. 비구가 승잔을 범하고 숨기면 대중이 백사갈마를 해서 6일 동안 그 법을 행하게 할 때, 스스로 기뻐하고 대중들도 기쁘게 하여 6일 동안 그 법을 기쁘게 행함으로써 죄를 소멸할 수 있게 된다. 스스로 마음이 기쁘기 때문에 '자신이 환희롭다'고 하고, 6일 동안 여법하게 행하여 대중을 기쁘게 해서 이 사람이 잘못을 뉘우치고 청정하게 되므로 '대중들이 환희롭다'고 한다. ; 비구가 승잔을 범하고 숨기면 먼저 파리바사를 행하고, 다시 마나타를 해야 한다. 그러나 비구니는 혼자 자면 승잔을 범하게 되므로 파리바사는 하지 않고 보름 동안 마나타를 해야 한다.

30. (大22, 639上).

5. 범하는 상황[罪相]

구족계를 받지 않은 이에게	비구·비구니의	추악죄 (바라이, 승잔)를	말을 분명하게 했으면	바일제
			말을 분명하게 하지 않았으면	돌길라
		다른 죄를 말했으면		돌길라
	자신의	추악죄를 말했으면		돌길라
	나머지 사람(식차마나·사미·사미니)의			

『比丘尼鈔』

『五分』 비구니가 재가자에게 비구의 작은 허물을 말해도 바일제다.

6. 대상에 대한 생각[境想]

추악죄를	추악죄라고 생각했으면	바일제
	추악죄인가 의심했으면	
추악죄 아닌 것을	추악죄라고 생각했으면	돌길라
	추악죄가 아닌가 의심했으면	

7. 범함이 아닌 경우[開緣]

만약 알지 못했으면	
만약 대중스님들이 차출했으면	범함이 아니다
만약 추악죄를 추악죄가 아니라고 생각했으면	
만약 재가자가 먼저 이 추악죄에 대해서 들었으면	

『資持記』

'알지 못했다'는 것은 위의 세 번째 경우에 반대되는 것으로 교법을 모르는 것을 말한다.

『行事鈔』

『多論』에 "차라리 탑을 무너뜨리고 불상을 파괴할지언정 남의 추악죄를 말하지 말아야 한다. 말하면 곧 법신法身을 무너뜨리기 때문이다"라고 하였다. 앞의 비구가 죄가 있든지 없든지 불문하고 모두 단타다.

글에 '법신을 무너뜨린다'는 것은 또한 『大集經』에 "만약 계를 깨뜨리면 죄가 만억 부처님의 몸에 피를 내는 것과 같다"고 한 것과 같다.

『戒本疏』에, "형상과 복장이 세속인과 다름은 어찌 성스러운 도道를 표시하기 위함이 아니겠는가? 만약 경시하여 훼손한다면 삼보를 모두 파괴하는 것이기 때문에, 비록 계를 깨뜨렸지만 여전히 법신을 담는 그릇이므로 죄는 가볍게 제정하셨으나 그 업보는 매우 무겁다"고 하였다.

『行事鈔』

『僧祇』 만약 재가자가 "아무개 비구가 음계나 음주계를 범했습니까?"라고 물으면, "저 스스로 당연히 알 것입니다"라고 답해야 한다. 만약 이미 작법을 마쳤는데 재가자가 묻는다면 거꾸로 그에게 "어디서 들었습니까?"라고 되물어야 한다. 만약 "모처에서 들었습니다"라고 답하면, 비구는 "나 역시 모처에서 들었습니다"라고 해야 한다.[31]

재가여인이 절에 옴으로 인하여 육군비구들이 그녀를 보고 "이 사람이 승잔죄를 범했다"고 말하였다. 그러자 그 여인이 게송으로 "출가한 지가 이미 오래 되었으면 마땅히 청정행을 닦아야 하는데, 아이들처럼 장난치는 것을 그만두지 않으니 어찌 사람들의 시주를 받겠는가?"라고 하였다.[32]

『十誦』 어떤 이가 꾸짖으며 "불법 가운데에 여전히 어리석은 사람이 있구나"라고 하면, "우리 출가인이 워낙 많아서 갖가지 종류의 사람이 있다"라고 답해야 한다.[33]

영지율사의 해석

『僧祇』에 세 구절이 있다. 처음은 작법을 하지 않았기 때문에 답하지 않은 것이다. '만약 이미[若已]' 이하는 작법을 했기 때문에 대답을 허용했음을 밝힌 것이다. '(재가여인이 절에 옴으로) 인하여[因]' 아래는 인연을 인용하여 훈계하고 단속한 것이다. 여인의 게송에 앞의 구절은 마땅히 해야 할 것을 하지 않음을 밝힌 것이고, 뒤의 구절은 이와 반대로 하지 말아야 할 것을 함을 밝힌 것이다. 이 말이 매우 간절하니 신심이 있는 이는 이 말을 듣고 어찌 부끄러워하지 않을 수 있겠는가?

『十誦』에서 답하는 말은 불법을 지키는 중요한 요체이니, 재가자가 승가를 가볍게 여기는 것을 막기 위해서이다.

---

31. (大22, 338上).
32. (大22, 337中).
33. (大22, 113下).

8 실제로 도를 얻은 사람이 구족계를 받지 않은 사람에게 과인법을 말하는 계實得道向未具者說戒

비구계 제8과 같음, 대승공계, 차계　　　　　　　　'대망어계' 중에 실제로 도를 얻은 자

1. 계의 조문[戒文]

만약 비구니가 구족계를 받지 않은 사람에게 과인법過人法을 말하면서 "나는 이것을 알고, 나는 이것을 보았다"고 하여 사실이면 바일제다.

2. 계를 제정한 인연 [緣起]

『四分』

부처님께서 비사리 미후지獼猴池의 누각정사樓閣精舍에 계실 때였다. 부처님께서 이러한 인연(바라이 제4 대망어계)으로 비구들을 모으고 사실을 확인하신 후, "설사 진실일지라도 남에게 말해서는 안 된다. 하물며 거짓이겠는가"라고 꾸짖으시고 계를 제정하셨다.[34]

3. 제정한 뜻[制意]

『四分律疏』

『多論』에 "두 가지 뜻이 있어서 제정하셨다. 첫째, 대인법大人法이 되려면 이치적으로 공덕은 덮어서 감추고 허물은 드러내야 한다. 이제 스스로 덕행을 말하고 허물을 숨기는 것은 대인법이 아니다. 둘째, 스스로 성인의 덕행을 드러내면 성현과 범부에 대한 구별이 있게 된다. 앞사람이 그것을 듣고 치우친 마음으로 성현만 오로지 공경하게 되니, 평등하고 청정한 좋은 마음을 잃게 된다"고 하였다. 이러한 이유로 성인께서 제정하셨다.

---

34. (大22, 639下).

4. 범하는 조건 [犯緣]

『戒本疏』(『行事鈔』에는 빠져 있다)

다섯 가지 조건을 갖추면 범함이 된다.

첫째, 안으로 실제로 도를 얻었고

둘째, 스스로 이미 증득했다고 말하되

셋째, 구족계를 받지 않은 사람에게

넷째, 분명하게 말하여

다섯째, 상대방이 알아들었으면

범한다.

5. 범하는 상황 [罪相]

실제로 상인법을 얻고	스스로	구족계를 받지 않은 사람에게	말을 분명하게 했으면	바일제
			말을 분명하게 하지 않았으면	돌길라
		천인 등이나, 변화할 수 있는 축생이나 변화할 수 없는 축생에게	말을 분명하게 했으면	돌길라
			말을 분명하게 하지 않았으면	
		동의하지 않는 비구니에게 말했으면		돌길라

만약 손가락으로 표시를 하거나, 글로 쓰거나, 사람에게 시키거나, 자기가 상인법을 얻었다는 모양을 짓는 것 등도 이와 같다.

혹은 스스로 "나는 5근·5력·7각지·해탈·삼매·정수법正受法을 얻었다"고 말하는 것도 마찬가지다.

6. 범함이 아닌 경우[開緣]

바라이 제4 대망어계大妄語戒와 같다.

9 ## 남자에게 제한을 넘겨서 설법하는 계與男人說法過限戒

비구계 제9와 같음, 대승공계, 차계   가류타이

1. 계의 조문[戒文]

만약 비구니가 남자에게 법을 설하면서 5어語나 6어語를 넘기면, 지혜 있는 여인이 함께 있을 때를 제외하고는 바일제다.

2. 계를 제정한 인연[緣起]

『四分』

부처님께서 사위국 기수급고독원에 계실 때였다. 가류타이가 한 장자의 집에서 시어머니 앞에서 며느리에게 귓속말로 설법을 하자, 시어머니는 "설법을 했다면 큰소리로 하여 우리에게도 들리게 해야 하지 않겠느냐?"고 하였다. 그러나 며느리는 스님과는 형제 같은 사이이므로 허물될 것이 없다고 답하였다. 그때 걸식하던 비구가 듣고서 가류타이를 꾸짖고 절에 돌아와서 이 사실을 말하였다. 그래서 비구들이 꾸짖고 부처님께 사뢰니, 가류타이를 불러 사실을 확인하시고는 꾸짖으시고 "만약 비구가 여인에게 설법해 주면 바일제다"라고 계를 제정하셨다.

후에 여인들이 비구들에게 설법해 주기를 청했으나 감히 설법을 해줄 수가 없

371

어서 다시 부처님께 사뢰었다. 그러자 부처님께서 "비구가 여인에게 5어나 6어를 설법하는 것은 허락한다"고 하셨다. 그런데 후에 여인들이 비구들에게 5계를 청하기도 하고 팔관재계를 청하기도 하고, 10선법을 설법해 달라고 청하기도 하였다. 하지만 비구들이 조심스러워서 설법해 주지 못하니, 부처님께서 지혜 있는 남자가 있을 때는 5어, 6어를 넘겨서 설법하는 것을 허락하셨다.[35]

3. 제정한 뜻 [制意]

『四分律疏』

법을 설하는 것은 선법을 내게 하기 위함이므로 시기에 맞아야 한다. 청하지도 않았는데 법을 설해서 이치를 억지로 가르쳐 줄 수는 없다. 본래 믿음과 공경하는 마음이 없으면 교만한 마음으로 가볍게 여기게 되고, 이로 인해 설법의 차제와 법도를 벗어나며 허물과 그릇됨을 초래해서 세간의 비방을 면하기 어렵다. 또 여인의 형상은 장애가 있어서 복의 인연을 만나기 어렵고, 만약 전혀 설하지 않으면 선법을 내는 인연이 없어서 법에 오랫동안 막혀 영원히 고통의 바다에 빠진다. 그래서 다시 설법하는 것을 허락하셨으나 5어 내지 6어로 한정했다. 이것을 초과하면 곧 범한다고 제정하셨다. (비구니도 같다.)

4. 범하는 조건 [犯緣]

『行事鈔』

여섯 가지 조건을 갖추면 범함이 된다.

첫째, 사람 남자이고

둘째, 사람 남자인 줄 알고

셋째, 청하지 않았는데

넷째, 지혜 있는 여인이 없는 곳에서

---

35. (大22, 640上).

다섯째, 말을 분명하게 하여

여섯째, 5어나 6어를 넘겨서 설법하면

범한다.

5. 범하는 상황[罪相]

남자에게 5어나 6어를 넘겨 설법하되(지혜 있는 여자가 함께 있는 것은 제외하고)	사람 남자에게	말을 분명하게 했으면	바일제
		말을 분명하게 하지 않았으면	돌길라
	천인 남자 등이나, 변형할 수 있는 축생의 수컷이나 변형할 수 없는 축생의 수컷에게	말을 분명하게 했으면	돌길라
		말을 분명하게 하지 않았으면	

「私記」

'지혜 있는 여자[有智女子]'(혹은 '분별이 있는 여자[有知女子]'[36]라고 한다)를 본 『律』에서는 "추악한 일과 추악하지 않는 일(남녀 간의 일)을 이해하는 것이다"라고 하였다.

영지율사의 해석

『律』에서 '이해할 수 있는 사람'을 취한 것은 즉 어린아이나 어리석거나 미친 사람 등과 구별한 것이다.

---

36. 저본에는 '智'라고 되어 있으나 '知'라고 해야 한다.

6. 범함이 아닌 경우[開緣]

만약 5어나 6어를 말했으면	범함이 아니다
만약 분별이 있는 여자가 앞에 있는 데서 5어나 6어를 초과했으면	
만약 분별이 있는 여자가 앞에 없더라도 5계·8계를 주거나 5계법· 8계법·8정도[聖道法]·10선법·10불선법을 설하기 위해서 였으면	
만약 분별이 있는 여자가 앞에 없어도 남자가 뜻을 물으면 답해야 하는데, 이해하지 못해서 자세히 설명하기 위해서였으면	
만약 장난으로 말한 등이었으면	

10 땅을 파는 계 掘地戒

비구계 제10과 같음, 대승공계, 차계 　　　　　　　　　　　　　　　　　육군비구

1. 계의 조문[戒文]

만약 비구니가 스스로 땅을 파거나 남을 시켜서 파게 하면 바일제다.

2. 계를 제정한 인연[緣起]

『四分』

부처님께서 광야성에 계실 때, 육군비구가 부처님을 위하여 강당을 보수하려
고 주위의 땅을 스스로 팠다. 장자들이 보고 비난하며 "부처님 제자들이 부끄러
운 줄 모르고 남의 목숨을 끊으니, 겉으로는 정법을 안다고 하나 무슨 정법이 있

겠는가!"라고 하였다. 비구들이 듣고서 꾸짖고 부처님께 사뢰니 꾸짖으시고, "만약 비구가 스스로 땅을 파면 바일제다"라고 계를 제정하셨다.

육군비구들이 이번에는 강당을 수리하려고 사람을 시켜서 땅을 파게 하였다. 그것을 보고 장자들이 또 비난하니, 비구들이 꾸짖고 부처님께 사뢰었다. 부처님께서 꾸짖으시고 "남을 시켜서 땅을 파게 하는 것도 바일제다"라고 거듭 계를 제정하셨다.[37]

3. 제정한 뜻 [制意]

『四分律疏』

『多論』 세 종류의 이익이 있기 때문에 땅을 파거나 살아있는 초목을 망가뜨리는 것을 허락하지 않았다. 첫째, 중생을 괴롭히지 않기 위해서이다. 출가했으면 자비를 닦고 중생의 목숨을 애민히 여겨야 한다. 파는 것을 허락하지 않는다고 제정한 것은 중생을 괴롭히고 해치는 것을 여의게 하기 위해서이다. 둘째, 비방을 그치게 하기 위해서이다. 셋째, 불법을 잘 보호하기 위해서이다.

부처님께서 이 두 계(제10계, 제11계)를 제정하지 않았다면, 모든 국왕이 비구니에게 갖가지 노역을 시켜서 사무가 번다하여 정업 닦는 것을 그만두게 되었을 것이다. 부처님께서 제정하셨기 때문에, 국왕이 노역에 내보내려는 마음을 내지 못하므로 비구니가 반연을 쉬고 도를 닦아 윤회에서 벗어나는 이익을 성취할 수 있게 된 것이다.[38]

4. 범하는 조건 [犯緣]

『行事鈔』

다섯 가지 조건을 갖추면 범함이 된다.

첫째, 살아있는 땅이고

---

37. (大22, 641上).
38. (大22, 543中).

둘째, 살아있는 땅이라고 생각하면서

셋째, 스스로 파거나 남에게 시키고

넷째, 사람을 시킬 때 정법淨法[39]을 말하지 않고

다섯째, 상하게 하면

범한다.

5. 범하는 상황[罪相]

땅	이미 팠던 땅인데, 4개월이 지났거나 비를 맞아서 다시 본래대로 회복된 땅이다.
	아직 파지 않은 땅이다.

파는 것	호미로써	땅을 상하게 하는 것이다.
	괭이로써	
	쇠망치로써	
	낫과 칼로 찔러서	
	내지 손가락과 손톱으로 긁어서	
말뚝을 쳐서 땅에 들어가게 하거나, 땅 위에 불을 놓는 것도 마찬가지다.		

스스로 혹은 남을 시켜서 땅을 팔 때, 땅이라고 생각했으면	바일제
"이것을 알라, 이것을 보라"고 말하지 않았으면	돌길라

---

39. 땅을 파라고 시킬 때 "땅을 파라"는 직접적인 표현을 쓰지 않고, "이것을 알라, 이것을 보라"고 말하는 것이다.

『資持記』

처음은 4개월을 기준한 것으로 때가 지났기 때문이다. 둘째는 비를 맞은 것을 기준한 것으로 땅이 윤택해졌기 때문이다. 이 두 가지 인연으로 다시 살아있는 땅이 되었기 때문에 파면 안 된다.

『行宗記』

만약 '땅을 파라'고 말을 해서 살아있는 초목을 망가뜨리면 곧 남에게 시킨 것이 되므로 '부정어不淨語'라 한다. 정법淨法을 하는 것은 허용했으므로 정법을 하고 남에게 시키는 것은 범함이 아니기 때문에 '정淨'이라 한다.

『比丘尼鈔』

이 『律』에서는 시킬 때 정법을 말하지 않았다면, 시킨 사람이 그 자리에 있든지 없든지 간에 팔 때마다 모두 바일제다. 만약 스스로 방편으로 팠으면 1바일제이고, 만약 중간에 파다가 멈추면 멈출 때마다 낱낱이 바일제다. 만약 앞사람을 시켜서 많이 파라고 한 번 말했으면 1바일제다. 만약 빨리빨리 파라고 거듭 말을 하면 말할 때마다 바일제다.

『僧祇』 왔다갔다해서 땅을 파괴하거나 물건을 던져서 모기 다리만큼이라도 상하게 하면 모두 바일제다. 방 안의 벽에 못을 박아서 다른 이가 공들인 것을 상하게 하면 월비니죄가 된다. 먼저 구멍이 있었으면 범함이 아니다. 모래와 돌로 된 땅을 파는 것은 범함이 아니다.

『善見』 밖에서 불이 나서 절 가까이 번져와서 사는 곳을 보호하기 위하여 풀을 베고 땅을 파서 불길을 끊거나, 손에 불이 붙어서 땅에 집어던지는 것은 범함이 아니다.

『僧祇』 만약 덮개가 있는 땅(건물 속에 있는 땅)이면 범함이 아니다.[40]

---

40. （大22, 358上）.

6. 범함이 아닌 경우_[開緣]

만약 "이것을 알라, 이것을 보라"고 말했으면	
만약 목재를 끌거나 대나무를 끌었으면	
만약 울타리가 땅에 넘어져서 바로 잡았으면	
만약 벽돌을 뒤집었으면	
만약 소똥을 취했으면	
만약 언덕이 무너져서 흙을 취했으면	범함이 아니다
만약 쥐가 무너뜨린 흙을 취했으면	
만약 경행하는 곳의 흙을 치웠으면	
만약 집 안의 흙을 치웠으면	
만약 왔다갔다 경행했으면	
만약 땅을 쓸었으면	
만약 지팡이로 땅을 짚었거나, 고의로 판 것이 아니었으면	

▮11▮ 생종을 망가뜨리는 계 壞生種戒

비구계 제11과 같음, 대승공계, 성계   광야성의 비구

1. 계의 조문[戒文]

만약 비구니가 귀신촌鬼神村⁴¹을 망가뜨리면 바일제다.

2. 계를 제정한 인연 [緣起]

『四分』

부처님께서 광야성曠野城에 계실 때 비구들을 모으고, 광야에 사는 비구에게 집을 고치려고 일부러 스스로 나무를 베었는지 물어보셨다. 그 비구가 실제로 나무를 베었다고 하자 부처님께서 꾸짖으시고 계를 제정하셨다.⁴²

3. 제정한 뜻[制意]

『四分律疏』

'제정한 뜻'은 앞의 계와 같다.

4. 범하는 조건 [犯緣]

『行事鈔』

'범하는 조건'은 앞의 계와 같다. 영지율사가 해석하기를, "다만 첫 번째, 두 번째를 '생종'⁴³으로 고치면 된다"고 하였다.

---

41. 과청,『講記』下, p.1620, 一切草木鬼神所依靠 安住的地處 所以稱作鬼神村. 일체초목은 귀신들이 의지하여 사는 곳이므로 '귀신촌'이라고 한다.

42. (大22, 641下).

43. 과청,『講記』下, p.1617, 就是有生長能力這些根種枝種等等的這些. 생장능력이 있는 根種, 枝種 등이다.

5. 범하는 상황[罪相]

망가뜨리는 것	생종이나 살아있는 초목을	자르는 것
		볶는 것
		삶는 것
말뚝을 쳐서 살아 있는 나무 위에 박거나, 혹은 초목에 불을 붙이는 것도 마찬가지이다.		

만약 스스로 혹은 남을 시켜서	살아있는 것을	망가뜨리면	바일제
	대부분 살아있는 것을		
	반은 말라 있고 반은 살아있는 것을	망가뜨리면	돌길라
"이것을 알라, 이것을 보라"고 말하지 않았으면			돌길라

『行事鈔』

『律』에 "'다섯 가지 종류의 촌村'이란 근종根種, 지종枝種, 절종節種, 복라종覆羅種(이것은 잡종을 말한다), 자자종子子種 등을 말한다"고 하였다. 만약 베거나 떨어뜨리거나 볶거나 못으로 박거나 불태우면 모두 바일제다.

『資持記』

다섯 가지를 합해서 셋으로 나눈다. 첫째, 근종根種은 둘로 나뉜다. 만약 마디에서 나는 것이 아니면 근종이라고 하니 생강, 토란, 무 등이다. 만약 마디에서 나는 것이면 복라종覆羅種이라고 하니 갈대, 미나리, 여뀌풀 등이다. 둘째, 지종枝種도 두 가지다. 마디에서 나는 것이 아니면 지종이라고 하고 버드나무와 석류나무 같은 종류이다. 마디에서 나는 것은 절종節種이라 하니 연뿌리, 사탕수수 등이다. 셋째, 종자種子는 종자가 다시 종자를 만들기 때문에 자자종子子種이라고 하니 5곡穀 등이다.

『行事鈔』

만약 물속에서 부평초를 뒤집으면 월비니죄가 되고, 잡아서 언덕 위에 던지면 단타다. 물에 들어가 씻을 때 수초가 몸에 붙으면 물로 씻어서 수초가 다시 물에 들어가도록 해야 한다. 만약 조균朝菌[44]이나 목이버섯을 떼어내면 돌길라다.

만약 다섯 가지 생종을 연못·우물·대소변·쓰레기 속에 던지면 월비니죄고, 죽었다면 바일제다. 풀 위를 가되 풀을 죽이려고 했으면 월비니죄며, 모기 다리만큼이라도 상하게 하면 바일제다. 만약 돌 위에 옷이 생기거나(곧 돌 위의 이끼다), 옷 위에 털이 생기거나(옷의 곰팡이다), 음식 위에 곰팡이가 생기면 정인淨人이 알게 해야 한다. 스스로 털면 돌길라다. 그러나 만일 햇볕에 쬐어 말려도 제거되지 않았다는 것을 알았으면 직접 손으로 비빌 수 있다.

6. 대상에 대한 생각[境想]

	살아있다고 생각했으면	바일제
살아있는 것을	살아있는가 의심했으면	
	살아있지 않다고 생각했으면	돌길라
살아있지 않은 것을	살아있다고 생각했으면	
	살아있지 않은가 의심했으면	

---

44. 『資持記』2(大40, 310下), 8월에 땅에서 자라는 버섯 종류로 아침에 피었다가 저녁에 시든다.

7. 범함이 아닌 경우[開緣]

만약 "이것을 알라, 이것을 보라"고 말했으면	
만약 시들고 마른 초목을 잘랐으면	
만약 살아있는 초목 위에 목재를 끌거나 대나무를 끌었으면	
만약 살아있는 초목 위에 울타리가 넘어져 있어서 바로 잡았으면	
만약 살아있는 초목 위에 벽돌이나 돌이 있어서 뺐으면	
만약 살아있는 초목 위의 소똥을 취했으면	범함이 아니다
만약 살아있는 풀이 길을 덮고 있어서, 막대기로 막힌 곳을 헤쳐서 열었으면	
만약 기와나 돌로 받치고 있던 것을 치우다가 잘못해서 살아있는 초목을 부러뜨렸으면	
만약 경행하는 곳의 흙을 제거하다가 잘못해서 살아있는 초목을 부러뜨렸으면	
만약 땅을 쓸다가 잘못해서 살아있는 초목을 부러뜨렸으면	
만약 지팡이로 땅을 짚다가 잘못해서 살아있는 초목을 부러뜨렸으면	

『行事鈔』

『僧祇』 근종과 경종莖種[45]은 칼로 가운데를 홈집을 내서 정법淨法[46]을 한다. 절

---

45. 과청, 『講記』下, p.1632, 경종莖種은 지종枝種을 가리킨다.

46. 『行事鈔』3(大40, 122下), 大門第四淨生種法 就中有三 謂制意處人淨法 制意者 四分明了論疏 諸俗人外道 謂一切草木有命根 以佛不制此戒故 比丘傷於草木 爲他輕訶 令彼獲罪 又與白衣不別 不生恭敬心. 생종의 정법은 '제정한 뜻, 장소, 사람'을 기준으로 세 가지로 나눈다. 그 중 제정한 뜻은 『四分明了論疏』에서 "재가자와 외도들은 일체초목에 생명이 있다고 하였다. 그런데 부처님께서 이 계를 제정하지 않았기 때문에, 비구들이 초목을 훼손하자 그들이 경시하고 비난하여 죄를 짓게 되었다. 또 (비구들의 행동이) 재가자와 다르지 않으니 공경심을 일으키지 못한다"라고 하였다. ; 참고로 사분

종은 칼로 홈집을 내고 싹의 눈을 따서 정법을 한다. 심종心種은 난향蘭香[47] 등이니, 손으로 비벼서 정법을 한다. 자종子種은 17가지 종류의 곡식[48]이니 껍질을 벗겨서 정법을 한다. 화정火淨[49]은 위의 다섯 가지에 모두 사용 가능하다.

다섯 종류의 과일 가운데에 이핵종裡核種(씨가 속에 있는 종)은 대추와 살구 같은 종류이다. 손톱으로 정법을 했으면 씨를 제거하고 먹어야 하지만 화정을 했으면 다 먹을 수 있다(날 것과 익힌 것, 두 가지 대추 모두 씨까지 먹을 수 있다). 부과종膚果種(과육이 싸고 있는 종류)도 화정하면 다 먹을 수 있다(후추과의 식물[蓽茇], 오디, 배, 사과 종류이다). 만약 익었을 때 땅에 떨어져서 모기의 다리만큼이라도 상한 것은 창정創淨이라고 하는데, 씨를 제거하고 먹을 수 있다. 각과종殼果種(단단한 껍질이 싸고 있는 종)은 화정한다(야자, 호두, 석류 종류). 회과종檜果種(겨가 싸고 있는 종, 향노야기·차조기·들깨 종류)은 씨가 없으면 비비고 씨가 있으면 화정한다. 각과종角果種(콩깍지가 있는 종류)의 정법은 회과종과 같으니 콩이나 팥 등도 이에 준한다. 또한 쑥[蒿] 종류 가운데 씨를 맺고 있는 것은 화정해야 한다.[50]

율의 淨法에는 다음의 총 11가지가 있다. ①火淨, ②刀淨, ③瘡淨, ④鳥啄破淨, ⑤不中種淨(씨앗을 심어도 싹이 자랄 수 없는 것으로써, 덜 성장한 종자나 이미 도정을 해버린 白米), ⑥皮剝(껍질이 저절로 떨어진 것), ⑦剝皮(칼로 껍질을 벗겨내는 것), ⑧腐(부패되어 상태가 나빠진 것), ⑨破(파열된 것), ⑩瘀燥(멍들거나 말라버린 것), ⑪洗淨

47. 『資持記』2(大40, 310中), 心卽覆羅 蘿勒蔘卽蘭香也. 심은 곧 覆羅이다. 蘿勒蔘은 난향을 가리킨다.

48. 과청,『講記』下, p.1633, 벼, 붉은 벼[赤稻], 밀[小麥], 겉보리[穬麥], 팥[小豆], 콩[大豆], 땅콩[胡豆], 완두콩[豌豆], 조[粟], 기장[黍], 깨[麻], 생강[薑句], 闍豉, 婆羅陀, 피[莠], 脂那, 倶陀婆다. 闍豉, 婆羅陀, 脂那, 倶陀婆는 범어인데 지금은 무엇인지 정확히 알 수 없다.

49. 『行事鈔』3(大40, 123上), 十誦 云何火淨 乃至以火一觸.『十誦』火淨이란 무엇인가? 불에 한 번 닿게 하는 것이다. 明了論疏 如一聚桃李 但火觸一 餘皆成淨.『明了論疏』만일 한 무더기의 복숭아나 자두가 있을 때, 불이 한 개에만 닿게 하여도 나머지 모두 淨이 성립된다.

50. (大22, 339上).

1. 계의 조문 [戒文]

만약 비구니가 망령되게 딴소리를 하고 남을 번뇌롭게 하면 바일제다.

2. 계를 제정한 인연 [緣起]

『四分』

부처님께서 구섬비국狗睒毗國 구사라 동산에 계실 때, 천타비구가 죄를 범해서 비구들이 사실을 물으니 다른 일로써 답하였다. 그래서 비구들이 꾸짖고 부처님께 사뢰니 꾸짖으시고, 갈마를 해서 대중들이 천타비구를 '딴소리를 하는 비구'라고 부르도록 하시고 계를 제정하셨다.

천타비구에게 딴소리를 못하게 하니 후에 다시 대중을 번뇌롭게 하였다. 부르면 오지 않다가 부르지 않았을 때는 오고, 일어나야 할 때는 일어나지 않다가 일어나지 않아도 될 때는 일어났다. 그래서 비구들이 꾸짖고 부처님께 사뢰니 꾸짖으시고, 갈마를 해서 천타비구를 '대중을 번뇌롭게 하는 비구'라고 부르도록 하시고 계를 제정하셨다.[51]

『行宗記』

몸과 입의 업業은 다르지만 두 계를 하나로 제정하셨다. 그러나 '계를 제정한 인연'의 모습이 다르지 않기 때문에 합해서 나열하였다.

---

51. (大22, 642上).

3. 제정한 뜻[制意]

『四分律疏』

대체로 몸과 입의 업은 교묘하고 미세하여 제어하기 어렵다. 비록 허물이 매우 무겁지는 않더라도, 대중을 번뇌롭게 함이 가볍지 않으므로 대중들이 작법하여 꾸짖고 제지해야 한다. 그러나 여전히 그치지 않고 법을 어겨서 대중을 번뇌롭게 하니 그 허물이 가볍지 않으므로 죄가 된다.

4. 범하는 조건[犯緣]

『行事鈔』

네 가지 조건을 갖추면 범함이 된다.

첫째, 스스로 몸과 입의 업을 교묘하게 지어서

둘째, 자주 번뇌롭게 하고 그치지 않아서

셋째, 대중들이 단백갈마單白羯磨로 꾸짖고 제지했는데

넷째, 다시 하면

범한다.

5. 범하는 상황[罪相]

딴소리를 하는 것 (다른 말을 하는 것이다)	비구니가 죄를 범해서 다른 비구니들이 "네가 스스로 죄 범한 것을 아는가?"라고 물었을 때 다른 일로써 답하면서, "그대는 누구에게 말하는가? 무슨 일을 말하는가? 어떤 이치를 논하는가? 나를 위해서 말하는가? 누구를 위해서 말하는가? 누가 죄를 범했는가? 무엇 때문에 죄가 생겼는가? 나는 죄를 보지 못했는데, 어찌 나한테 죄가 있다고 하는가?"라고 하는 것이다.

번뇌롭게 하는 것	불렀는데 오지 않다가 부르지 않았는데 오거나, 일어나야 하는데 일어나지 않다가 일어나지 않아도 되는데 일어나거나, 말해야 하는데 말하지 않다가 말하지 않아야 하는데 말하는 것이다.

대중에 알리기(단백갈마)를 하고 나서도 딴소리를 했으면	바일제
대중에 알리기를 하기 전에, 딴소리를 했으면	돌길라
대중에 알리기를 하고 나서도 번뇌롭게 했으면	바일제
대중에 알리기를 하기 전에, 번뇌롭게 했으면	돌길라
상좌上坐가 오라고 불렀는데 가지 않았으면	돌길라

6. 범함이 아닌 경우[開緣]

만약 여러 번 들었는데 이해하지 못했거나, 혹은 상대방의 말이 잘못되어서 딴소리를 했으면	
만약 법에 맞지 않거나 율에 맞지 않는 갈마를 하려고 하거나, 혹은 대중스님들·탑·절·화상니 등을 위하여 이익이 없는 갈마를 하려고 해서 함께 화합하지도 않고 불러도 가지 않았으면	
만약 법에 맞지 않거나 율에 맞지 않는 갈마를 하려고 하거나, 혹은 대중스님·탑·절·화상니 등을 위하여 이익이 없는 갈마를 하려고 해서 알기 위해 부르지 않아도 문득 갔으면	범함이 아니다
만약 일좌식一坐食[52]을 하거나, 혹은 여식법餘食法[53]을 하지 않고 먹는 중이거나, 혹은 병이 나서 일어나라고 했는데도 일어나지 않았으면	
만약 집이 무너졌거나, 불이 났거나, 독사가 집에 들어 왔거나, 도적의 난·사나운 짐승의 난이 있거나, 힘센 자에게 잡힌 등이어서 일어나지 말라고 했는데도 일어났으면	

만약 나쁜 마음으로 묻거나 혹은 상인법上人法을 물으면서 말하라고 해서 말하지 않았으면
만약 법에 맞지 않거나 율에 맞지 않는 갈마를 하려고 했거나, 혹은 대중스님·탑·절·화상니 등을 위하여 이익이 없는 갈마를 하려고 해서 말하지 말라고 했는데도 말했으면
만약 장난으로 말한 등이었으면

『資持記』

'여러 번 들었다'는 것은 자신의 병으로 듣지 못한 것을 말하고, '잘못되었다'는 것은 다른 사람의 말이 분명하지 않은 것을 말한다.

---

52. 『名義標釋』12(卍44, 492上), 唯受一坐食法 於一坐中 食令滿足 更無坐食 設未滿足 有因緣起者 亦無更坐食 故名一坐食. 음식을 받아서 오직 한 자리에서 먹는 법이다. 한 번 앉았을 때 만족하게 먹고 일어났으면 다시 앉아서 먹지 않는 것이다. 설령 만족하게 먹지 못했을지라도 인연이 있어서 일어나면 다시 앉아서 먹을 수 없으므로 一坐食이라 한다.

53. 『名義標釋』12(卍44, 492中), '餘食'이란 비구가 正食을 먹고 나서 남은 음식이 있거나 단월이 음식을 보내와서 더 먹는 것이다. 정오가 지나지 않았을 때 만족하게 먹지 못했거나 만족하게 먹었더라도 더 먹고자 한다면, 음식을 가지고 와서 아직 다 먹지 않은 비구나 다 먹었으나 아직 자리에서 일어나지 않은 비구에게 여식법을 짓고 나서 먹을 수 있다. ; 『四分』14(大22. 660下), 여식법은 "스님! 저는 이미 만족하게 먹었습니다. 이것을 보고 이것을 아십시오. 지금 여식법을 합니다"라고 하면 상대방이 조금 취하여 먹고 "마음대로 드십시오"라고 하면 된다.

1. 계의 조문 [戒文]

만약 비구니가 소임자를 비방하면 바일제다.

2. 계를 제정한 인연 [緣起]

부처님께서 라열성 기사굴산에 계실 때, 답파마라 비구가 대중에서 차출되어 좌구와 공양청을 분배하는 소임을 맡았다. 그런데 자지비구가 눈으로는 보이지만 귀로는 들리지 않는 곳에서 "답파마라 비구는 편애함과 성냄과 두려움과 어리석음이 있다"고 비방하였다. 비구들이 듣고서 꾸짖고 부처님께 사뢰니 꾸짖으시고 "만약 비구가 소임자를 비방하면 바일제다"라고 계를 제정하셨다.

그러나 자지비구는 후에 다시 방편을 써서 답파마라에게 들리지만 보이지는 않는 곳에서 위와 같은 말을 하였다. 이것을 들은 비구들이 꾸짖고 부처님께 사뢰니 꾸짖으시고, "만일 비구가 소임자를 뒤에서라도 비방하면 바일제다"라고 거듭 계를 제정하셨다.[54]

『戒本疏』

면전에서 비방하거나 뒤에서 비방하는 두 계는 똑같이 소임자를 괴롭히는 것에 차이가 없기 때문에 합하여 제정하셨다.

54.（大22, 643上）.

3. 제정한 뜻[制意]

『四分律疏』

대체로 대중스님들의 사무事務는 광범위하여 처리하는 것이 쉽지 않다. 그래서 덕을 갖춘 사람을 뽑아서 법답게 이치적으로 처리하게 하는 것이므로, 칭찬하고 찬탄해서 그가 열심히 소임을 살게 해야 한다. 그런데 도리어 화난 마음으로 비방하는 말을 해서 그를 괴롭게 하여 대중 소임 사는 것을 그만 두게 하니, 손해가 가볍지 않으므로 계를 제정하셨다.

4. 범하는 조건[犯緣]

『行事鈔』

여섯 가지 조건을 갖추면 범함이 된다.

첫째, 갈마하여 차출되었고

둘째, 이 사실을 알고도

셋째, 법답게 경영했는데

넷째, 비방하는 말을 하되

다섯째, 분명하게 말하여

여섯째, 상대방이 듣거나 보아서 알면

범한다.

5. 범하는 상황[罪相]

면전에서 비방하는 것	눈으로는 보이지만 귀로 들리지 않는 곳에서 "편애함도 있고, 성냄도 있고, 두려움도 있고, 어리석음도 있다"고 말하는 것이다.
뒤에서 비방하는 것	귀로는 들리지만 눈으로 보이지 않는 곳에서 "편애함도 있고, 성냄도 있고, 두려움도 있고, 어리석음도 있다"고 말하는 것이다.

비구니를 면전에서 비방하되	말을 분명하게 했으면	바일제
	말을 분명하게 하지 않았으면	돌길라
비구니를 뒤에서 비방하되	말을 분명하게 했으면	바일제
	말을 분명하게 하지 않았으면	돌길라
상좌가 비방하라고 시켜서 비방했으면		돌길라

『戒本疏』

질문 앞의 '제2 모욕하는 계'와 어떻게 다른가?

답 네 가지 차이가 있다. 첫째, 앞의 계는 일반스님이고 여기서는 대중소임자다. 둘째, 앞의 계는 거짓인지 사실인지를 묻지 않지만 이 계는 사실을 말했으면 범함이 아니다. 셋째, 비방하는 말이 같지 않으니 글에 나열한 것과 같다. 넷째, 앞의 계는 소임자가 아니기 때문에 보이지 않거나 들리지 않는 곳이었으면 범함이 가볍다. 하지만 이 계에서는 소임자를 공경하고 보호하는 것이 중요하므로, 보이지 않거나 들리지 않는 곳이라도 바일제를 범한다.

「私記」

『含註戒本』에는 "상좌가 시키는 것을 받아들이지 않고 면전에서 비방하거나 뒤에서 비방했으면 돌길라"라고 하여 이 『律』의 글과는 다르다.

6. 범함이 아닌 경우[開緣]

만약 그 사람이 실제로 그러한 일이 있어서 나중에 후회할 것이 걱정되어 "법답게 발로發露하라"고 말하고, "편애함 등이 있다"고 말했으면	범함이 아니다
만약 장난으로 말한 등이었으면	

14 노지에 사방승의 와구를 펴놓는 계 露敷僧臥具戒

비구계 제14와 같음, 대승공계, 차계   십칠군 비구

1. 계의 조문 [戒文]

만약 비구니가 스님들(四方僧)[55]의 노끈평상이나 나무평상, 혹은 와구나 좌복을 노지에 스스로 펴거나 남을 시켜 폈다가 내버려두고 가거나, 스스로 거두지 않거나, 남을 시켜 거두지 않으면 바일제다.

2. 계를 제정한 인연 [緣起]

부처님께서 사위국 기수급고독원에 계실 때 사위성의 한 장자가 대중을 청하여 음식을 공양하였다. 그때 십칠군 비구가 스님들의 좌구를 노지에 펴두고 경행하면서 공양 때가 오기를 기다렸다. 그런데 시간이 되자 좌구를 거두지 않고 공양을 하러 가서 바람에 흙이 쌓이고, 벌레와 새가 쪼아서 망가지고 더럽혀졌다. 이것을 본 비구들이 꾸짖고 부처님께 사뢰니 꾸짖으시고 계를 제정하셨다.[56]

3. 제정한 뜻 [制意]

『四分律疏』

『多論』세 가지 뜻이 있으므로 와구를 거두라고 제정하셨다.

첫째, 사방승물은 모두 신심이 돈독한 단월들이 보시한 것이다. 대중스님들이

---

55. 『資持記』2(大40, 310中), 승물에는 세 종류가 있다. 자세한 사항은 사타 제18계를 참조하기 바란다. 세 종류란 ①已許僧 ②爲僧故作而未許僧 ③已捨與僧이다. 여기서는 세 번째인 이미 승가에 보시한 물건을 대상으로 한다. 첫 번째와 두 번째의 승물은 펴놓고 거두지 않았으면 가벼운 죄인 돌길라가 된다.

56. (大22, 643下).

쓰게 하면 이로움이 많으므로 이치적으로 항상 보호해야 한다. 그래야 몸을 도와서 도를 행하고 안락을 얻을 수 있기 때문이다.

둘째, 이것은 시주의 물건이니, 세심한 마음으로 아끼고 보호해야 한다. 항상 두고 사용함으로써 그들의 신심과 공경심을 증장시킬 수 있기 때문이다.

셋째, 사용한 후에 잘 거두어서 승물이 망가지지 않게 해야 수용한 공덕이 더해져서 시주자의 선근공덕이 이루어지는 것을 돕기 때문이다. 이러한 세 가지 이익을 위하여 성인께서 제정하셨다.

4 범하는 조건 [犯緣]

『行事鈔』

여섯 가지 조건을 갖추면 범함이 된다.

첫째, 사방승의 평상과 와구이고

둘째, 이것을 알면서

셋째, 노지에

넷째, 스스로 펴놓거나 남을 시켜 폈는데

다섯째, 갈 때 스스로 거두거나 남을 시켜 거두지 않고

여섯째, 문 밖을 나가면

범한다.

5. 범하는 상황[罪相]

갔다가 즉시 돌아오지 못할 경우	만약 오래 거주한 비구니나 마마제摩摩帝(사찰의 창건주나 주지), 지사인知事人이 있으면 잘 관리해 달라고 부탁해야 한다.	차례로 이와 같은 조치를 해놓고 가야 한다.
	만약 사람이 없으면 거두어서 병처에 두어야 한다. 병처가 없으면 훼손되지 않을 것이라고 생각되는 곳에 두고, 낡은 것을 가지고 와서 좋은 것 위에 덮어두고 가야 한다.	
갔다가 즉시 돌아올 경우	갈 때 거두지 않고 가되, 다만 스스로 '만약 소나기가 오면 빨리 돌아오고, 중간 비에는 중간 속도로 돌아오고, 가는 비에는 천천히 돌아와서 좌구가 상하지 않게 할 것이다'라고 생각해야 한다.	

노지에 노끈평상·나무평상·와구·좌구를 거두지 않고 버려두고 가면서 차례로 위와 같은 조치를 취하지 않고	문 밖을 나갔으면	바일제
	한 발은 밖에 있고 한 발은 문 안에 있었거나, 가고자 했으나 후회하여 돌아왔으면	돌길라

노지에서 두 비구니가 함께 한 노끈평상이나 나무평상에 앉았을 때	하좌는 상좌가 거둘 것이라고 생각했는데, 상좌가 거두지 않았으면	하좌는 1바일제 1돌길라 (위의가 아니므로)
	상좌는 하좌가 거둘 것이라고 생각했는데, 하좌가 거두지 않았으면	상좌는 바일제
	두 사람의 법랍이 앞서지도 뒤서지도 않는데, 둘 다 거두지 않았으면	둘 다 바일제

노지에 여타의 빈 노끈평상·나무평상·기대앉는 평상·책상·목욕평상·와구의 겉과 속·땅에 까는 것·노끈·새끼·털·실 등을 거두지 않고 버리고 갔으면	돌길라
노지에 와구를 펴둔 채 거두지 않고 방에 들어가서 명상했으면	돌길라

『資持記』

'두 사람이 앞서지도 뒤서지도 않는다'는 것은 법랍이 같음을 말한다. '겉과 속'은 안과 밖을 의미하는데, 와구의 겉과 속을 분리하여 따로 놓은 것으로 완전히 정리된 와구가 아니다.

6. 범함이 아닌 경우[開緣]

만약 위에서 자세하게 말한 것처럼 차례로 이와 같은 조치를 해놓고 갔으면	
만약 힘센 자에게 잡혔거나, 목숨이 위태롭거나, 청정행이 어려워서 차례로 이와 같은 방편을 해놓고 갔으면	범함이 아니다
만약 두 사람이 함께 한 노끈평상에 앉았다가 하좌가 거두었으면	
만약 여타의 빈 평상 등을 폈다가 거두고 갔으면	
만약 대중용 좌구를 폈다가 거두고 나서 방에 들어가 좌선했으면	

15 방에 승물을 펴놓는 계 覆處敷僧物戒

비구계 제15와 같음, 대승공계, 차계   객비구

1. 계의 조문[戒文]

만약 비구니가 승방에서 대중용 와구를 가져다가 스스로 펴거나 남을 시켜 펴고, 거기에 앉거나 누웠다가 떠나면서 스스로 거두지 않거나 남을 시켜 거두지 않으면 바일제다.

『戒本疏』

앞의 계와 분리한 까닭은 첫째는 병처와 노지가 다르고, 둘째는 죄가 되는 때가 다르기 때문이다. 노지에서는 문을 나가면 바로 범함이 된다. 하지만 병처에서는 돌아오지 않겠다는 결정을 하고 위와 같이 대계大界 밖으로 나간 것과, 잠깐 동안이지 오래 걸리지 않는다고 생각했는데 3일 밤을 지난 것으로 둘 다 범함이 된다. 셋째는 '범함이 아닌 경우'가 같지 않다. 노지에서는 여유가 있거나 시급한 두 상황[57]이 있고, 병처에서는 이틀 밤을 허용하였다.

2. 계를 제정한 인연[緣起]

『四分』

부처님께서 사위국 기수급고독원에 계실 때였다. 어떤 객비구가 오래 머문 비구에게 갓방에서 자겠다고 하면서 와구를 폈다. 그런데 후에 문득 말없이 가버려서 와구가 썩어 벌레가 쏠고 색이 변했다. 비구들이 듣고서 꾸짖고 부처님께 사뢰니 꾸짖으시고 계를 제정하셨다.[58]

---

57. 과청, 『講記』下, p.1673, 앞의 계의 '범하는 상황'에서 '갔다가 즉시 돌아오지 못할 때의 상황'과 '갔다가 즉시 돌아올 때의 상황'을 말한다.

3. 제정한 뜻 [制意]

『四分律疏』

제정한 뜻은 앞의 계와 같다.

4. 범하는 조건 [犯緣]

『行事鈔』

여섯 가지 조건을 갖추면 범함이 된다.

첫째, 승물이고

둘째, 이것을 알고(『戒本疏』에 의거해서 삽입하였다)

셋째, 병처에서

넷째, 스스로 펴거나 남을 시켜서 폈다가

다섯째, 갈 때 스스로 거두거나 않고 남을 시켜 거두지 않고

여섯째, 대계를 나갔거나 3일 밤을 지났으면

범한다.

5. 범하는 상황 [罪相]

갔다가 돌아오지 못할 경우	만약 오래 거주한 비구니, 마마제, 지사인이 있으면 잘 관리해 달라고 부탁해야 한다.	차례로 이와 같은 조치를 해놓고 가야 한다.
	만약 사람이 없으면 썩지 않을 것이라고 생각되는 곳을 찾아서, 평상을 가져와 벽과 떨어진 곳에 두고, 다리를 높이 고이고 베개·요·와구를 안쪽에 넣고 다른 와구로써 위를 덮어야 한다. 만약 썩을까 염려되면 들어서 횃대 위에 두고 평상은 세워 놓고 가야 한다.	

---

58. (大22, 644中).

갔다가 오래지 않아 곧 돌아올 경우	갈 때 거두지 않고 2일 밤을 대계 밖에서 보냈으면, 제3일째 되는 날 날이 밝기 전에 스스로 가거나 다른 사람을 보내서 마마제나 지사인에게 이 물건을 맡아서 관리해 달라고 말해야 한다.		

승방에 대중용 와구 등을 폈다가 거두지 않고 내버려 두고 가면서	확실히 돌아오지 않을 것이면서 −차례로 이와 같은 조치를 취하지 않은 채	대계 밖을 나갔으면	바일제
		한 발은 대계 밖에 있고 한 발은 대계 안에 있었거나, 가려고 했으나 후회하여 돌아왔으면	돌길라
		가려고 했으나 가지 않았으면	돌길라
	오래지 않아 돌아오기로 했는데	대계 밖에서 제3일째 되는 날, 날이 밝기 전에 돌아가거나 말로 부탁하지 않았으면	바일제

6. 범함이 아닌 경우[開緣]

만약 돌아오지 않기로 결심하고 위에서 말한 것처럼 차례로 이와 같은 조치를 해놓고 갔으면	범함이 아니다
만약 방사가 무너졌거나, 불이 났거나, 독사가 집에 들어왔거나, 도적 혹은 사나운 짐승의 난을 당했거나, 힘센 자에게 잡힌 등이어서 차례로 이와 같은 방편을 해놓지 못하고 갔으면	
만약 오래지 않아 돌아올 것이라고 생각하고 나가서 대계 밖에서 제3일째 되는 날 날이 밝지 않았을 때, 스스로 가거나 사람을 보내서 말했으면	
만약 오래지 않아 돌아올 것이라고 생각하고 나가서 대계 밖에서 제3일째 되는 날 날이 밝지 않았을 때, 만약 물길이 끊어진 등이거나 혹은 힘센 자에게 잡힌 등으로 인해서 스스로 가지 못했거나 사람을 보내서 말하지 못했으면	

'만약 물길이 끊어진 등'은 구체적으로 말하면 '물길이 끊어졌거나 (또한 수로나 육로가 끊어지고 길이 위험해서), 도적의 난이나 사나운 짐승의 난이 있었거나, 혹은 강물이 넘친 것'이다. 이하는 모두 같다. 이를 기준하면 알 수 있을 것이다.

16 강제로 와구를 펴는 계 強敷戒

비구계 제16과 같음, 대승공계, 성계   육군비구

1. 계의 조문[戒文]

만약 비구니가, 다른 비구니가 먼저 와서 머무는 곳인 줄 알면서 뒤에 와서 중간에 와구를 펴고 자면서 '그가 만약 좁은 것이 싫으면 스스로 나를 피해서 갈 것이다'라고 생각했다. 이와 같은 인연을 짓는다면, 허용한 경우를 제외하고는 위의가 아니며 바일제다.

2. 계를 제정한 인연[緣起]

『四分』

부처님께서 사위국 기수급고독원에 계실 때였다. 육군비구와 십칠군 비구들이 함께 길을 가다가 무주처촌無住處村에 이르렀다. 십칠군 비구들이 상좌인 육군비구들에게 먼저 가서 쉴 곳을 구하기를 권했지만 그렇게 하지 않겠다고 하였다. 그래서 십칠군 비구들이 먼저 자리를 구하여 와구를 펴고 쉬려고 하는데, 육군비구들이 꾸짖으며 이미 마련해 놓은 자리 사이에 강제로 와구를 펴고 누웠다.

이에 십칠군 비구들이 그러지 말라고 크게 소리쳤다. 비구들이 듣고서 꾸짖고 부처님께 사뢰니 꾸짖으시고 계를 제정하셨다.[59]

3. 제정한 뜻 [制意]

『四分律疏』

물건에는 한도가 있고 일에는 피차의 구분이 있다. 뜻이 서로 같으면 내가 상대방을 위함이 있지만, 뜻에 차이가 있으면 일에 선후가 있기 마련이다. 그런데 다른 사람이 먼저 자리를 잡은 줄 알면서도 헤아리지 않고, 갑자기 강제로 와구를 사이에 펴서 서로를 핍박하고 괴롭히는 것은 출가인의 계법이 아니므로 제정하셨다.

4. 범하는 조건 [犯緣]

『行事鈔』

다섯 가지 조건을 갖추면 범함이 된다.

첫째, 다른 이가 먼저 빌려서 머물기로 하고 이미 와구를 폈고

둘째, 다른 사람이 먼저 머물고 있다는 것을 알면서

셋째, 괴롭힐 뜻으로

넷째, 강제로 중간에 와구를 펴서

다섯째, 앉거나 누우면

범한다.

---

59. (大22, 645上).

5. 범하는 상황[罪相]

다른 비구니가 먼저 머무는 곳인 줄 알면서 강제로 중간에 와구를 펴고 자면서	옆구리가 평상에 닿을 때마다	바일제
	조금이라도 뒤척일 때마다	

『行事鈔』

『十誦』 만약 비구가 다른 비구니를 괴롭히려고 문을 열거나, 문을 닫거나, 창문을 열거나, 창문을 닫거나, 불을 켜거나, 불을 끄거나, 범패를 하거나, 축원하거나, 독경하거나, 설법하는 등 다른 사람이 좋아하지 않는 일을 하면 낱낱이 바일제다.[60]

6. 범함이 아닌 경우[開緣]

만약 먼저 알지 못했으면	범함이 아니다
만약 (이미 머물던 이에게) 말하자, 먼저 머물던 사람이 공간을 마련해 주었으면	
만약 공간이 넓어서 서로에게 방해가 되지 않았으면	
만약 친한 이[61]나 잘 아는 사람이 "그대는 다만 중간에 펴시오. 내가 주인에게 가서 말해주겠소"라고 했으면	
만약 바닥에 넘어졌으면	
만약 병이 들어 몸을 뒤척이다가 그 위에 올라갔으면	
만약 힘센 자에게 잡힌 등이었으면	

---

60. (大23, 79上).
61. 『行事鈔』2(大40, 60中), 율장에서는 7가지 법을 갖춰야 '친하다'고 한다. ①하기 어려운 것을 할 수 있고, ②주기 어려운 것을 줄 수 있고, ③참기 어려운 것을 참을 수 있고, ④비밀을 서로 공유하고,

17 다른 비구니를 승방에서 끌어내는 계 牽他出僧房戒

비구계 제17과 같음, 대승공계, 성계   육군비구

1. 계의 조문 [戒文]

만약 비구니가 화가 나서 다른 비구니를 좋아하지 않아 승방에서 스스로 끌어
내거나 남을 시켜서 끌어내면 바일제다.

2. 계를 제정한 인연 [緣起]

『四分』

부처님께서 사위국 기수급고독원에 계실 때였다. 육군비구와 십칠군 비구가
구살라국의 광야를 가다가 조그만 머물 곳에 이르렀다. 십칠군 비구들이 상좌인
육군비구들에게 먼저 와구를 펴라고 했으나 펴지 않겠다고 하였다. 그래서 십칠
군 비구들이 절에 들어가 방을 먼저 깨끗하게 청소하고 와구를 깔았는데, 육군
비구들이 꾸짖으며 강제로 끌어내 방 밖으로 내쫓으니 소란스러워졌다. 비구들
이 듣고서 꾸짖고 부처님께 사뢰니 꾸짖으시고 계를 제정하셨다.[62]

3. 제정한 뜻 [制意]

『四分律疏』

사방승의 방은 여러 스님들이 함께 사용하는 곳이므로 이치상 한 사람에게만
속한 것이 아니다. 먼저 와서 정리하고 자리를 이미 잡았더라도 뒤에 오는 사람도

---

⑤서로의 단점과 잘못을 덮어주고, ⑥힘든 일이 닥쳐도 저버리지 않고, ⑦가난하고 지위가 낮아도
경시하지 않는 사람을 선한 벗이라고 한다.

62. (大22, 645下).

함께 사용하도록 해야 한다. 그런데 화가 나서 끌어내면 자신의 선심善心을 무너뜨리고 다른 사람을 괴롭혀서 다툼의 근본이 된다. 손해됨이 가볍지 않으므로 성인께서 제정하셨다.

4. 범하는 조건 [犯緣]

『行事鈔』

네 가지 조건을 갖추면 범함이 된다.

첫째, 스님들이 봄이나 겨울에 사용하는 방이고

　　(『鈔』에 "여름에 사용하는 방에 들어갔는데 끌어내면 돌길라를 범한다"고 하였다)

둘째, 먼저 온 사람이 이미 자리를 잡았는데

셋째, 괴롭히려는 뜻으로

넷째, 끌어내면

범한다.

영지율사의 해석

첫째는 세 계절(봄·여름·겨울)로 나누었다. 봄과 겨울에 사용하는 방에 상좌上座가 오면 하좌下座는 피해야 한다. 자기에게 속한 것으로 확정되지 않아 끌어내는 일이 잦기 때문이다. 그러나 여름안거 때 사용하는 방은 (하안거 전에 이미 자신이 사용할 방이 정해져서) 끌어내는 일이 드물기 때문에 가벼운 죄인 돌길라에 해당한다.[63]

---

[63] 영지율사의 해석은 비구계를 기준으로 했기 때문에, 여름안거 때 승방에서 끌어내는 것은 가벼운 죄에 해당한다고 하였다. 그러나 비구니의 경우는 바일제 제94 '안거 중에 비구니를 방 밖으로 쫓아내는 계'에 의해 바일제가 된다. 즉 비구니의 경우는 봄·여름·겨울 상관없이 다른 비구니를 승방에서 끌어내면 바일제가 된다.

5. 범하는 상황[罪相]

만약 스스로 혹은 남을 시켜서 끌어내어	여러 사람을 여러 문으로 내쫓았으면	여러 바일제
	여러 사람을 한 문으로 내쫓았으면	여러 바일제
	한 사람을 여러 문으로 내쫓았으면	여러 바일제
	한 사람을 한 문으로 내쫓았으면	1바일제
그의 물건을 내놓았으면		돌길라
물건을 집어서 문 밖으로 던졌으면		
그를 문 밖에 두고 문을 닫았으면		

6. 범함이 아닌 경우[開緣]

만약 성내는 마음 없이 차서에 따라 나갔으면	범함이 아니다
만약 구족계를 받지 않은 이와 함께 잤는데, 3일째 되는 밤에 내보냈으면	
만약 계를 깨뜨렸거나, 견해를 깨뜨렸거나, 위의를 깨뜨렸거나, 거죄당했거나, 멸빈되었거나, 멸빈당해야 하는 이러한 인연으로 내보냈으면	
목숨이 위태롭거나 청정행이 어려워서 이와 같이 사람을 쫓아냈으면	

『資持記』

첫 번째, '차서에 따라 나갔다'는 것은 앞에 머물던 사람이 상좌가 오는 것을 보고 스스로 피한 것이다. 네 번째는 어려움이 있을 경우는 열어준 것이니, 만약 끌어내서 보내지 않으면 반드시 자신에게 손해가 되기 때문이다.

18 다리가 빠지는 평상에 앉는 계 坐脫脚牀戒

비구계 제18과 같음, 대승공계, 차계   비구들

1. 계의 조문 [戒文]

만약 비구니가 중각重閣⁶⁴ 위에 있으면서 다리가 빠지는 노끈평상이나 나무평상⁶⁵에 앉거나 누우면 바일제다.

2. 계를 제정한 인연 [緣起]

『四分』

부처님께서 사위국 기수급고독원에 계실 때, 비구들이 중각 위에서 다리가 빠지는 평상에 앉았다. 아래에는 비구가 살고 있었는데, 누각 바닥이 얇아서 평상 다리가 비구의 머리 위로 떨어져 다쳐서 피가 났다. 그래서 아래층 비구가 올려다보면서 화를 내고 꾸짖었다. 비구들이 듣고서 꾸짖고 부처님께 사뢰니 꾸짖으시고 계를 제정하셨다.⁶⁶

---

64. 여서, 『淺釋』, p.803, 重閣: 立時頭不至上的重房棚閣 此閣應是朽博不堅之棚 或是竹葦草閣. 중각은 섰을 때 머리가 닿지 않는 높이에 판자를 가로 질러서 2층으로 나눈 복층구조의 건물이다. 이러한 건물은 2층 마룻바닥을 낡거나 얇은 재료로 만들어서 견고하지 않다. 혹은 대나무·갈대·풀 등으로 엮어서 만들기도 한다.

65. 과청, 『講記』下, p.1692, 所謂的脫脚床 也就是說這個床脚是可以裝卸的 可以裝進去 可以把它卸下來 也就是一種揷脚床 或者入陸牀 這個就是脫脚牀. 다리가 빠지는 평상이란 평상 다리를 붙였다 뗐다 할 수 있는 것이다. 붙일 수도 있고 잡아서 뺄 수도 있으니 일종의 다리를 끼울 수 있는 평상이다. 혹은 평상에 층계를 밀어 넣을 수 있는 것을 다리가 빠지는 평상이라고 한다

66. (大22, 646上).

3. 제정한 뜻[制意]

『四分律疏』

상황을 자세히 살펴서 위험한 것은 반드시 삼가야 한다. 중각의 바닥이 허술한데, 다리가 빠지는 평상 위에 앉거나 누우면 평상 다리가 쉽게 떨어져서 아래에 있는 사람을 다치게 하고 괴롭게 함이 가볍지 않다. 이런 이유로 성인께서 제정하셨다.

4. 범하는 조건[犯緣]

『行事鈔』

세 가지 조건을 갖추면 범함이 된다.

첫째, 중각이고

둘째, 다리가 빠지는 평상인데

셋째, 그 위에 앉거나 누우면

범한다.

5. 범하는 상황[罪相]

중각 위에서 앉거나 누웠을 때	다리가 빠지는 노끈평상이나 나무평상이었으면	옆구리가 평상에 닿을 때마다	바일제
		조금이라도 뒤척일 때마다	
	혼자 앉는 평상, 판자평상, 목욕평상이었으면		돌길라

6. 범함이 아닌 경우[開緣]

만약 둥근 다리의 노끈평상, 곧은 다리의 노끈평상, 굽은 다리의 평상, 다리 없는 평상에 앉았으면	범함이 아니다
만약 평상을 받치는 주추가 컸으면	
만약 다리가 빠진 평상에 쐐기를 박았으면	
만약 중각 위를 판자로 덮되, 나무를 깎아서 꽃모양으로 만들어 덮었거나 혹은 여러 번 두껍게 덮었으면	
만약 평상을 뒤집어 앉았으면	
만약 평상의 다리를 빼고 앉았으면	

『資持記』

첫 번째는 모두 다리가 빠지지 않는 것을 말하고, 두 번째는 비록 다리는 빠졌으나 받치는 것이 있기 때문이고, 세 번째는 못이나 쐐기로 고정시켜 놓은 것을 말한다.

『行宗記』

네 번째의 '만약 중각 위를 판자로 덮었거나'라는 구절은 총괄적으로 말한 것이다. '나무를 깎아서 꽃모양으로 만들어 덮었거나 여러 번 두껍게 덮었다'는 것은 따로 두 가지 모양을 나타낸 것으로, 계문戒文의 가볍게 덮은 것과 반대되므로 범함이 아니다.

「私記」

'범함이 아닌 경우'의 다섯 번째는 남산율사의 『含註戒本』과 영지율사의 『資持記』에 모두 '만약 판자평상에 앉았으면'이라고 되어 있다. 원래 주에는 바닥에 나무판을 깐 것을 말한다.

⑲ 벌레가 있는 물을 사용하는 계 用蟲水戒

비구계 제19와 같음, 대승공계, 성계   천타비구

1. 계의 조문 [戒文]

만약 비구니가 물에 벌레가 있는 줄 알면서 스스로 땅이나 초목에 물을 뿌리거나 다른 사람을 시켜서 뿌리게 하면 바일제다.

2. 계를 제정한 인연 [緣起]

『四分』

부처님께서 구섬미국에 계실 때, 천타비구가 큰 집을 지으면서 벌레가 있는 물로 흙을 개면서 다른 사람에게도 시켰다. 이것을 본 거사들이 "사문석자가 부끄러운 줄 알지 못하고 자비심 없이 중생의 생명을 해친다"고 비난하였다. 비구들이 듣고서 꾸짖고 부처님께 사뢰니 꾸짖으시고 계를 제정하셨다.

후에 비구들이 벌레가 있는 물인지 아닌지 알지 못하다가 나중에 벌레 있는 물인 줄 알고, 바일제 참회를 하는 이도 있고 계를 범한 것이 아닐까 두려워하는 이도 있었다. 그래서 부처님께서 알지 못한 것은 범함이 아니라고 거듭 계를 제정하셨다.[67]

3. 제정한 뜻 [制意]

『四分律疏』

자비로 중생의 생명을 구제하는 것이 도道의 바른 요체다. 그러나 물에 벌레가 있는 줄 알고도 고의로 사용해서 장차 중생의 생명을 해치니 자비의 도道에 어긋

---

67. (大22, 646中).

난다. 마음을 자기의 삶을 영위하는 것에 두는 것은 이치에도 맞지 않고 현상적으로도 가볍지 않으므로 제정하셨다.

4. 범하는 조건 [犯緣]

『行事鈔』

네 가지 조건을 갖추면 범함이 된다.

첫째, 벌레가 있는 물이고

둘째, 벌레가 있는 줄 알고도

셋째, 거르지 않고

넷째, 사용할 때마다

범한다.

5. 범하는 상황 [罪相]

만약 스스로 혹은 남을 시켜서	벌레 있는 물이나 벌레 있는 낙장酪漿·맑은 낙장·식초·보리장을 진흙이나 풀에 뿌렸으면	바일제
	진흙이나 풀을 벌레 있는 물이나 벌레 있는 낙장·맑은 낙장·식초·보리장 등에 던졌으면	

『比丘尼鈔』

『僧祇』 만약 벌레가 매우 미세하면 세 겹으로 된 주머니를 만들어서 걸러야 한다. 그래도 벌레가 있으면 다시 따로 우물을 파서 벌레가 있는지 자세히 살펴 보고, 그래도 벌레가 있으면 머물던 장소를 버리고 가야 한다. 만약 벌레가 있는 물을 사용하여 방편으로 뿌리다가 중간에 한 번 멈추면 1바일제다. 멈추는 수가 몇 번인가에 따라 모두 바일제다. 만약 사람을 시켜서 물을 뿌리라고 한 번 말하 면 1바일제고, 사람을 시켜서 빨리빨리 뿌리라고 하면 말할 때마다 바일제다.

6. 대상에 대한 생각[境想]

벌레가 있는 물을	벌레 있는 물이라고 생각했으면	바일제
	벌레 있는 물인가 의심했으면	
벌레가 없는 물을	벌레 있는 물이라고 생각했으면	돌길라
	벌레 없는 물인가 의심했으면	

7. 범함이 아닌 경우[開緣]

만약 벌레가 있는지 몰라서 벌레가 없다고 생각했으면	범함이 아니다
만약 벌레가 커서 손으로 물을 휘저어서 나가게 했으면	
만약 물을 걸러서 땅에 뿌렸으면	
만약 다른 사람을 시켜서 뿌렸으면	

「私記」

'범함이 아닌 경우'의 네 번째는 남산율사의 『含註戒本』과 『行事鈔』에는 모두 '다른 사람을 시켜서 걸렀으면'으로 되어 있다.[68]

---

68. 계의 조문에는 '다른 사람을 시켜서 뿌리는 것도 바일제'라고 하였다. 그러므로 '다른 사람을 시켜서 뿌리는 것'이 범하지 않는다는 것은 성립되지 않는다. 『四分』에 '뿌릴 灑'로 되어 있으나 '거를 록漉'의 오자라고 본 것이다.

20 세 겹을 초과하여 지붕을 덮는 계 覆屋過三節戒

1. 계의 조문[戒文]

만약 비구니가 집을 지으면서 문과 창문, 다른 장식구를 만들고 이엉을 두 겹이나 세 겹을 덮으라고 지시하되, 이를 초과하면 바일제다.

2. 계를 제정한 인연[緣起]

『四分』

부처님께서 구섬미국 구사라원에 계실 때, 천타비구가 큰 방을 지었는데 지붕을 덮고 풀이 남아서 두 번, 세 번을 덮어도 풀이 남았다. 그래서 '단월들에게 항상 풀을 얻을 수 있는 것이 아니다'라고 생각하고 다시 지붕을 덮게 하니 결국 집이 무너졌다. 거사들이 보고는 "단월이 비록 주더라도 받는 자는 만족할 줄 알아야 한다"고 비난하였다. 비구들이 듣고서 꾸짖고 부처님께 사뢰니 꾸짖으시고 계를 제정하셨다.[69]

3. 제정한 뜻[制意]

『四分律疏』

모든 물건은 한도가 있으며 일은 완성되게 하는 것이 중요하다. 탐욕 때문에 적당한 양을 알지 못하고 거듭 덮기를 그만두지 않아서 집이 무너지고 공력을 헛되게 하여 사람들이 비난하였다. 허물이 가볍지 않으므로 성인께서 제정하셨다.

---

69. （大22, 647上).

4. 범하는 조건 [犯緣]

『行事鈔』

네 가지 조건을 갖추면 범함이 된다.

첫째, 자기를 위해서이고

둘째, 자기가 집을 짓되 다른 사람을 시켜서 지붕을 덮게 하고

셋째, 세 겹을 다 덮기 전에 보이고 들리는 곳을 떠나지 않았는데

넷째, 세 겹을 다 덮으면

범한다.

5. 범하는 상황 [罪相]

세 겹[三節]을 다 덮기 전에	보이지 않고 들리지 않은 곳으로 가지 않았는데	세 겹을 다 덮었으면	바일제
	만약 들리지는 않으나 보이는 곳에 이르렀거나, 보이지는 않지만 들리는 곳에 이르렀는데		돌길라

『資持記』

'3절節'이라고 한 것은 '계를 제정한 인연'를 기준하면 곧 세 겹이다. 덮고 나서 거듭 덮어서 무너지게 된 것이다. 율문에 의거하면, 이엉의 나누어진 마디가 가로 든지 세로든지 (세 겹을 초과하면) 모두 범한다.

6. 범함이 아닌 경우 [開緣]

만약 세 겹을 다 덮기 전에, 보이지 않고 들리지 않는 곳에 이르렀으면	범함이 아니다
만약 수로나 육로가 끊어진 등이나, 혹은 힘센 자에게 잡힌 등으로 보이지 않고 들리지 않는 곳으로 가지 못했으면	

21 한 끼의 공양을 보시하는 곳에서
한도를 초과하여 받는 계 施一食處過受戒

비구계 제31과 같음, 대승공계, 차계   육군비구

1. 계의 조문 [戒文]

만약 비구니가 한 끼의 공양을 보시하는 곳에서 병이 없으면 한 끼의 공양만 받아야 한다. 만약 지나치게 받으면 바일제다.

2. 계를 제정한 인연 [緣起]

『四分』

부처님께서 사위국 기수급고독원에 계실 때였다. 구살라국에는 비구가 살지 않는 마을이 있었는데, 어떤 거사가 비구들을 위하여 머물 곳을 지어서 항상 음식을 공급하되, 만일 이곳에 머무는 이가 있으면 한 끼의 공양을 제공하기로 하였다. 그런데 육군비구가 그 마을에 도착하여 하룻밤을 쉬고 맛있는 음식을 공양 받고는 가지 않고 계속해서 머물렀다. 거사가 "본래 하룻밤 머무는 사람에게 두루 공양하려고 한 것인데, 부처님 제자가 만족할 줄 모르고 부끄러움도 없이 자꾸 공양을 받으니, 마치 부처님 제자를 위해 음식을 제공하는 것처럼 되었다"고 비난하였다. 비구들이 듣고서 꾸짖고 부처님께 사뢰니 꾸짖으시고 계를 제정하셨다.[70]

3. 제정한 뜻 [制意]

『四分律疏』

신심이 돈독한 거사가 집에 있는 재물을 보시하여 스님들이 머물다 갈 수 있

---

70. (大22, 654下).

는 집을 지어서 한 끼 공양을 보시하려고 마음으로 정하고 스님들을 기다렸다. 그러면 시주자가 정한 분량을 헤아려서 시주자의 뜻에 맞게 받아야 안으로는 청렴한 절개가 있음을 드러내고, 밖으로는 시주자를 번뇌롭게 하지 않는다. 그런데 이제 오래도록 머물면서 가지 않고 남의 음식을 지나치게 받으니, 탐욕을 기르고 중생을 괴롭히며 선업을 폐하고 악업을 더한다. 허물과 손해가 가볍지 않으므로 제정하셨다.

4. 범하는 조건 [犯緣]

『行事鈔』

다섯 가지 조건을 갖추면 범함이 된다.

첫째, 시주자가 한 끼 공양으로 한정했고

둘째, 이것을 알면서

셋째, 거듭 초과하여 받고

넷째, 범함이 아닌 인연이 없는데

다섯째, 먹으면

범한다.

5. 범하는 상황 [罪相]

하룻밤 자는 곳에서	한도를 초과하여 공양을 받았으면	삼킬 때마다 바일제
	그 외 속옷이나 등잔기름, 다리에 바르는 기름을 받았으면	돌길라

6. 범함이 아닌 경우[開緣]

만약 하룻밤만 자고 한 끼만 음식을 받았으면	
만약 병이 있어서 한도를 초과하여 음식을 받았으면	
만약 거사들이 비구니에게 머물라고 청하여 음식을 공양했으면	
만약 단월들이 차례로 돌아가면서 음식을 청했으면	범함이 아니다
만약 자녀, 여동생, 며느리가 차례로 음식을 청했으면	
만약 오늘은 이 사람에게 음식을 받고, 다음날에는 다른 사람에게 음식을 받았으면	
만약 물길이 끊어진 등이나, 혹은 힘센 자에게 잡힌 등으로 한 끼 공양을 초과했으면	

『行宗記』

'거사가 머물라고 청했다'는 등은 시주의 뜻에 맞기 때문이다. '단월들이 차례로 청했다'는 것은 매일 다른 단월에게 한 끼 음식을 받은 것으로, 한도를 넘어 받은 것이 아니기 때문이다. '자녀' 이하는 시주자가 다르기 때문에 이 또한 한도를 초과한 것이 아니다.

22 별중식을 하는 계 別衆食戒

비구계 제33과 같음, 대승공계, 차계   제바달다, 5비구

1. 계의 조문[戒文]

만약 비구니가 별중식을 하면 특별한 때[餘時]를 제외하고는 바일제다. '특별한 때'란 병이 있을 때, 옷을 만들 때, 옷을 보시받을 때, 길을 갈 때, 배를 탔을 때, 대중이 많이 모인 때, 사문에게 공양을 올리는 때이니 이것이 때이다.

2. 계를 제정한 인연[緣起]

『四分』

부처님께서 라열성 기사굴산에 계실 때였다. 제바달다가 사람을 시켜 부처님을 해치려 하고, 아사세왕을 시켜서 그의 아버지를 살해하게 하여 악명이 널리 퍼졌다. 그래서 이양利養이 모두 끊어져서 다섯 비구들과 함께 집집마다 다니면서 걸식을 하였다. 비구들이 듣고서 부처님께 사뢰니, 불러서 사실을 확인한 후 꾸짖으시고 "만일 비구가 별중식을 하면 바일제다"라고 계를 제정하셨다.

이렇게 제정하자 '병이 있을 때, 옷을 만들 때, 옷을 보시 받을 때, 길을 갈 때, 배를 탔을 때, 대중이 많이 모인 때, 사문에게 공양을 올리는 때'에 비구들이 공양을 받지 못하여 부처님께 여쭈니, 허락하시고 이런 때는 제외한다고 거듭 계를 제정하셨다.[71]

---

71. (大22, 657中).

415

3. 제정한 뜻[制意]

『四分律疏』

별중을 허락하지 않는다고 제정한 것에 두 가지 뜻이 있다. 첫째, 재가자의 집을 자비로 애민히 여기기 때문이다. 단식揣食[72]은 한계가 있어서 널리 두루 시주하기가 어렵다. 사람이 적으면 공양을 올리기 쉽지만 사람이 많으면 편중되거나 다 없어지게 되어 번뇌롭게 된다. 손해는 무겁고 이익은 적기 때문에 제정하셨다. 둘째, 조복하기 어려운 사람을 섭수하기 위함이다. 스스로 별중갈마를 해서 대중 스님들을 번뇌롭게 할까 염려되기 때문이다. 이 두 가지 뜻으로 인하여 같은 대중에서 별중식을 허락하지 않았다.

4. 범하는 조건[犯緣]

『行事鈔』

일곱 가지 조건을 갖추면 범함이 된다.

첫째, 시주자가 있고[73]

둘째, 승차청僧次請[74]이거나, 별청別請[75]이거나, 따로 걸식을 할 때

셋째, 5정식正食이고 때[時]이며[76]

넷째, 공양하는 장소에서 대중을 이루어

---

72. 과청, 『講記』下, p.1726, 揣食은 곧 段食이다. 색깔과 향기와 맛과 감촉이 있어서 형체와 끊어짐(段落)이 있기 때문에 단식이라 한다. ; 欲界 중생들이 먹는 음식으로 밥, 국수 등을 가리킨다.

73. 『行事鈔』2(大40, 79下), 『四分律』과 『多論』에 의하면 시주자는 출가자와 재가자 모두가 될 수 있다. 본 조항의 시주자가 있다는 조건은 대중스님들이 다같이 먹는 상주물인 僧食은 별중죄가 아님을 밝힌 것이다. 그러므로 『多論』에서 승식을 취해 자기만 따로 먹거나, 객스님들에게는 주지 않거나, 건추를 쳐서 알리지 않는 등의 행위는 시방승물을 훔친 도계에 속하므로 별중죄는 아니라고 하였다.

74. 『伽山佛教大辭林』14, p.1004, 승차에 따라 스님들을 청하여 올리는 공양. 모든 승중이 법랍의 순서(승차)에 따라 시주의 공양에 초대받는 것. 승차식(僧次食)이라고도 한다.

75. 『伽山佛教大辭林』9, p.853, 재가불자가 스님 중에서 특별히 지명하여 공양을 올리는 것.

76. '때'는 시간적으로 일출 후부터 정오까지다. 정오를 지나면 非時가 되어 음식을 먹을 수 없으므로 별중식이 근본적으로 발생할 수가 없다.

다섯째, 계계 안에 아직 음식을 먹지 않은 청정한 비구니가 다 모이지 않은 줄
　　　알고도

여섯째, 범함이 아닌 인연이 없는데

일곱째, 삼킬 때마다

범한다.

5. 범하는 상황[罪相]

별중식(대중이란 4인 이상이다)을 했으면	삼킬 때마다 바일제

『集要』

별중에는 두 가지 뜻이 있다. 첫째, 따로 대중을 이룬 것으로 『四分』 등에서
밝힌 것과 같다. 둘째, 대중에서 따로 먹는 것이니 『律攝』에서 풀이한 것과 같다.
(『律攝』 '별중'이란 같은 장소에서 먹지 않는 것을 말한다. 만약 4명의 비구니가 동일한 계계
안에 있는데, 한 명이라도 같이 먹지 않으면 별중이라고 한다.)

그러나 걸식하면 4인이 동행해서는 안 된다. 공양청을 받으면 반드시 승차에
따라 차례대로 가야 한다. 대중의 청정식은 건추犍椎를 쳐야 하며, 승식을 개인방
에서 먹는 것은 인연이 없으면 허락하지 않는다. 성인께서 분명하게 제정하셨으
니 어기지 말아야 한다.

『毘尼止持』

슬프다! 요즘 총림은 개인 부엌을 두고 맛있는 음식을 내놓고 마음대로 먹으
니 후학들이 본받아서 규율을 어기게 한다. 지혜를 숭상하는 이는 몸이 환幻이
며 견고하지 않아서 맛있는 음식이라도 영원한 목숨을 보장하기 어렵다는 생각
을 하기 바란다. 인천의 사표가 되어야 하는 책임이 막중하여 엄격히 제정했으니,
어찌 지키지 않을 수 있겠는가!

6. 함께 제정함[併制]

인연이 있는데 말하지 않았으면(인연이란 병 등이다)	돌길라

7. 범함이 아닌 경우[開緣]

만약 병이 있을 때, 옷을 만들 때, 옷을 보시할 때, 길을 갈 때, 배를 탔을 때, 대중이 많이 모인 때, 사문에게 공양을 올리는 때였으면	범함이 아니다
만약 세 사람이 먹었거나, 네 사람이 돌아가며 번갈아 먹었으면	
만약 이러한 인연이 있어서 말하고 갔으면	

『資持記』

『僧護經』에 "가섭불 때 한 비구가 대중의 상좌上座가 되어서 좌선할 줄도 모르고 경을 독송할 줄도 모르고 계율도 알지 못하였다. 배부르게 먹고 푹 자고 이익이 없는 말만 하면서 좋은 음식이 공양 들어오면 대중보다 먼저 먹었다. 이런 인연으로 지옥에 들어가 큰 고기 항아리가 되어 불에 타는 고통을 받으면서 지금까지 그치지 않는다"고 하였다.

경전에 예가 많으니 필요한 사람은 그것을 찾아보라. 요즘은 대중의 수장首長이 되고도 다수가 이러한 허물이 있으니, 비록 경전과 율에서 전하더라도 인과를 알지 못한다. 색다른 음식을 만들어서 대중과 떨어져 혼자 먹으며 탐심으로 제멋대로 하여 상주승물을 축낸다. 부처님의 가르침을 어기고 대중들의 마음을 상하게 하며, 잠시 동안의 달콤한 맛에 탐착하여 긴 밤의 고초苦楚가 되는 줄 어찌 생각이나 하겠는가. 비속한 탐심을 깊이 한탄하니 도대체 무슨 마음인지 알 수가 없구나!

23 시댁에 가져갈 음식과 상인의 음식을 받는 계 取歸婦賈客食戒

비구계 제34와 같음, 대승공계, 차계   걸식비구

1. 계의 조문 [戒文]

어떤 비구니가 단월의 집에 이르러 떡이나 익힌 곡물가루 등의 음식을 달라고 은근히 청하였다. 만약 비구니가 필요하면 두세 발우를 받아 가지고 정사에 와서 다른 비구니들과 나누어 먹어야 한다. 만약 비구니가 병이 없으면서, 세 발우를 초과하여 받아 가지고 정사에 이르러 다른 비구니들과 나누어 먹지 않으면 바일제다.

2. 계를 제정한 인연 [緣起]

『四分律疏』

부처님께서 사위국 기수급고독원에 계실 때였다. 가야나伽若那 부인이 출산을 위해 친정에 와 있다가, 비구들이 걸식하러 오자 그들에게 공양을 올렸다. 후에 남편이 사람을 보내 돌아오라고 했으나, 음식과 좋은 의복을 마련하고 나서 돌아가려고 하였다. 그러나 비구들이 걸식하러 올 때마다 준비한 것을 모두 공양하여 돌아가지 못했다. 그러자 남편이 다른 아내를 맞이하고서 부인에게 마음대로 하라고 했다. 가야나의 아버지가 절에 가서 이 일을 말하였다.

또 바라나성波羅奈城 밖에 머물던 어떤 상인이 한 비구에게 좋은 음식을 공양했는데, 그것이 알려져서 여러 비구들이 걸식을 하러 왔다. 그래서 그들에게 공양하느라 양식이 떨어져서 다시 사러 갔다가, 일행들이 떠나버려 따라가지 못하고 도적에게 강탈을 당했다. 비구들이 이 사실을 듣고 부처님께 사뢰니 꾸짖으시고 계를 제정하셨다.[77]

3. 제정한 뜻[制意]

『四分律疏』

시댁으로 가져갈 부인의 음식이나 상인이 길에서 먹을 자신의 양식을 비구니들에게 보시하면 이치적으로 시주자의 뜻을 보호해서 한도에 맞게 받아야 한다. 그런데 이제 한도를 초과하여 세 발우를 받으면 음식이 다 떨어지게 될 뿐 아니라, 탐심을 기르고 가르침을 어겨서 손해와 괴로움이 가볍지 않으므로 제정하셨다.

4. 범하는 조건[犯緣]

『行事鈔』

다섯 가지 조건을 갖추면 범함이 된다.

첫째, 시댁으로 가져갈 부인의 음식이나 상인의 양식이고

둘째, 이러한 사실을 알면서

셋째, 병이 없는데

넷째, 세 발우를 초과하여 받아서

다섯째, 문을 나서면

범한다.

---

77. （大22, 659上）.

5. 범하는 상황[罪相]

시댁으로 가져갈 부인의 음식이거나, 혹은 상인의 양식인 줄 알고 먹고 나오면서	음식을 받지 않고 돌아왔을 경우	다른 비구니들에게 "만약 저 집에 가서 공양하고 나서 받아가지고 오려면, 두세 발우만 취해야 한다"고 알려 주어야 한다.
	한 발우를 받아가지고 돌아왔을 경우	다른 비구니들과 나눠 먹고 "만약 저 집에 가서 공양하고 나서 받아가지고 오려면, 두 발우만 취해야 한다"고 알려주어야 한다.
	두 발우를 받아가지고 돌아왔을 경우	다른 비구니들과 나눠 먹고 "만약 저 집에 가서 공양하고 나서 받아가지고 오려면, 한 발우만 취해야 한다"고 알려주어야 한다.
	세 발우를 받아가지고 돌아왔을 경우	다른 비구니들과 나눠 먹고 "만약 저 집에 가서 공양하면 받아오지 말아야 한다"고 알려 주어야 한다.

저 집에서 두세 발우를 초과하여 받아가지고	그 집 대문 밖으로 나갔으면	바일제
	한 발은 문 밖에 두고 한 발 문 안에 두었거나, 가려고 했다가 다시 머물렀으면	돌길라
시댁으로 가져갈 부인의 음식인지 상인의 양식인지 묻지 않고 음식을 취했으면		돌길라
음식을 받아 가지고 돌아와서 다른 비구니들에게 나눠주지 않고 혼자 먹었으면		
돌아왔을 때 다른 비구니들에게 알려주지 않았으면		

『戒本疏』

『多論』 만약 큰 발우로 한 발우[78]를 취하면 범함이 아니고, 두 발우를 취하면 범한다. 중간발우로 두 발우를 취하거나 작은 발우로 세 발우를 취했으면 둘다 범함이 아니다. 그러나 초과하면 범한다. '만약 한 사람이 세 발우를 초과하여 취하면 범한다'는 것은 작은 발우를 기준으로 말하는 것이다. 만약 네 사람이 세 발우를 초과하면 앞의 세 사람은 범하지 않고 뒤에 한 사람은 범하므로, 앞사람은 "이미 세 발우를 가지고 왔으니 그대는 가지고 오지 마시오"라고 해야 한다. 허물이 뒷사람에게 가기 때문이다.[79]

6. 범함이 아닌 경우[開緣]

만약 두세 발우에 음식을 받았으면	
만약 병이 있어서 음식을 초과해서 받았으면	
만약 시댁으로 가져갈 부인의 음식이거나 상인이 길에서 먹을 양식인지 물어 보았으면	범함이 아니다
만약 돌아왔을 때 다른 비구니들과 나누어 먹었으면	
만약 음식을 가지고 돌아와서 다른 비구니들에게 음식을 얻은 마을의 장소를 알려 주었으면	
만약 저가 스스로 승가람에 음식을 보내 온 것을 받았으면	

---

78. 姬周시대 도량기준으로 큰 발우는 3斗, 작은 발우는 1.5斗, 중간발우는 3斗와 1.5斗 사이의 크기이다.
79. (大23, 549上).

24 비시식계 非時食戒

비구계 제37과 같음, 대승공계, 차계   난타 비구, 발난타 비구

1. 계의 조문[戒文]

만약 비구니가 비시非時에 먹으면 바일제다.

2. 계를 제정한 인연[緣起]

부처님께서 라열성 기사굴산에 계실 때였다. 성에 들어가니 명절이 되어 갖가지 기악을 하였다. 난타비구와 발난타 비구가 음식도 공양 받고 구경도 하다가 날이 저물어서 절에 돌아왔다. 비구들이 이유를 묻자 사실대로 말하였다.

또 가류타이 비구가 해질 무렵에 걸식하러 임신한 부인의 집에 갔는데, 부인이 음식을 가지고 나오다가 갑자기 번개가 쳐서 가류타이 비구의 얼굴에 비치자 귀신인 줄 알고 놀라서 낙태가 되었다. 부인이 화가 나서 "부처님 제자라면 차라리 스스로 배를 가를지언정 밤에는 걸식하지 말아야 한다"고 하였다. 가류타이가 절에 돌아와 이 사실을 말하자, 비구들이 꾸짖고 부처님께 사뢰니 꾸짖으시고 계를 제정하셨다.[80]

3. 제정한 뜻[制意]

『四分律疏』

먹는 것에 때와 절제가 없이 자주 먹으면 근심을 불러일으키므로 시간을 제한하여 규칙을 정해야 했다. 날이 밝을 때부터 정오까지로 정하여 계법에 순응하도록 한 까닭으로 '시時'라고 한다. 만약 정오를 지나서 먹으면 옳지 않다. 탐욕을 기르고 도를 방해하며 세간의 비방을 초래하여 일이 계법에 상응하지 않고 널리 허물이 생기므로 '비시非時'라고 한다. 그래서 부처님께서 제정하셨다.

4. 범하는 조건[犯緣]

『行事鈔』

네 가지 조건을 갖추면 범함이 된다.

첫째, 비시이고

둘째, 비시라고 생각하면서

셋째, 시식時食[81]을

넷째, 삼킬 때마다

범한다.

5. 범하는 상황[罪相]

비시(정오부터 다음날 날이 밝기 전까지)에 음식을 받아서 먹었으면(음식은 시식時食이며, 또한 시약時藥이라고도 한다)	삼킬 때마다 바일제
비시약을 비시가 지나서 먹었으면	바일제
7일약을 7일이 지나서 먹었으면	
진형수약을 범함이 아닌 인연이 없는데 먹었으면	돌길라

『戒本疏』

세 가지 약을 풀이하였다. 비시약은 모든 장漿(음료) 등을 가리킨다. 수법手法과 구법口法을 해서 받으면 다음 날 날이 밝기 전에는 약을 받은 작법의 공능을 잃지 않으므로 시時라 한다. 날이 밝으면 작법의 공능이 없어져서 죄가 되기 때문에 반드시 복용하지 말아야 하니, 이것을 비시非時라 한다. 소소酥와 기름 등은 7일약이다. (7일 이내에는) 구법의 공능을 잃지 않기 때문에 시時라 하지만, 8일째 되는 날은 작법의 공능이 없어지기 때문에 비시非時라 한다. 진형수약은 병이 있

---

80. (大22, 662中).

81. 時食은 때에 먹을 수 있는 음식이고 正食과 不正食이 있다.

으면 복용할 수 있으니 시時라 하고, 병이 없는데 마음대로 복용하면 비시非時라고 한다. 만약 구법을 하지 않은 음식은 먹은 때에 따라서 범함을 논해야 한다.

6. 대상에 대한 생각[境想]

비시非時에	비시라고 생각했으면	바일제
	비시인가 의심했으면	돌길라
	시라고 생각했으면	
시時에	비시라고 생각했으면	
	시인가 의심했으면	

7. 범함이 아닌 경우[開緣]

만약 흑석밀을 만들 때 계니麵尼(쌀)[82]가 들어간 것은 먹는 것을 허락하셨으니	범함이 아니다
만약 병든 비구니가 정오가 지나서 보리를 끓여 껍질이 터지지 않게 하여 즙을 걸러서 먹었으면	
만약 트림하다가 목으로 올라온 것을 다시 삼켰으면	

---

82. 『名義標釋』13(卍44, 505下), 此無正飜 義當雜物 如律本云 諸比丘入村乞食 見作石蜜 以雜物和之 五分律云 作石蜜時 擣米著中 根本羯磨云 然而西國造沙糖時 皆安米屑 如造石蜜 安乳及油. 이것은 정식 번역이 없고 여러 가지 물질을 말한다. 『律』에서 본래 "비구들이 마을에 들어가 걸식하면서 석밀 만드는 것을 보니 여러 가지 물질로 그것을 섞이게 하였다"라고 하였다. 『五分律』에서는 "석밀을 만들 때 쌀을 빻아서 그 속에 넣는다"고 하였다. 『根本羯磨』에는 "인도에서는 沙糖을 만들 때 모두 쌀가루를 넣으니, 석밀을 만들 때 우유나 기름을 넣는 것과 같다"고 하였다.

『資持記』

'흑석밀'이라는 것은 옛 기록에, "사탕수수와 찹쌀을 끓여서 만든 것인데, 그 단단함이 돌과 같다. 이것은 시약時藥을 겸하고 있지만(즉 時食이다) 7일약으로 정오가 지나서도 복용하도록 허락하셨다. '병이 있어서 보리즙 먹는 것을 허락했다'는 것은 비록 시時에 먹는 장漿과 비슷하나 즙이 맑기 때문에 비시非時에도 복용할 수 있도록 허락하신 것이다.

『行事鈔』

1) 시時의 뜻을 정의함

(1) 인용하여 제시함

『智論』 **질문** 만약 (법에 실재하는) 시간이 없다고 한다면, 어떻게 때에 먹는 것은 허락하고 때 아닌 때 먹는 것은 금지하는 계를 만드셨습니까?[83]

답 내가 이미 세간에는 이름뿐인 법[名字法]이 있다고 설하였고 시간은 실재하는 법이 아니니, 그대는 그렇게 물어서는 안 된다. 또한 이 비니毘尼 가운데 계법을 제정한 것은 세간의 실법實法이지, 제1의제의 실법상實法相은 아니다. 아상我相과 법상法相은 실제로 얻을 수 없기 때문이다. 많은 사람들이 비난하기 때문에, 그리고 불법을 보호하여 오래 머물게 하고자 불제자의 예법을 정한 것이다. 삼계의 부처님께서 제정하신 모든 계법에서는 무엇이 실재하는 것이며 무엇이 이름뿐인 것이며, 무엇이 상응하고 무엇이 상응하지 않는 것인가 등을 구해서는 안 된다.

질문 만약 그렇다면 어찌 (율에서는) 단지 가명假名의 시간만을 설했는가?

답 실시實時는 비니에서 설하지 않는다. 그것은 재가자와 외도들이 사견을 내므로 듣지 못하게 하기 위해서이다. 가명의 시간을 말한 것은 많은 부분에 통하게 하기 위해서다.

---

83. 과청, 『講記』下, p.1767, 부처님께서 교화하시면서 법에는 고정된 성품이 없어서 과거·현재·미래와 같은 삼세의 시간도 알 수 없다고 설하셨는데, 계율에는 때와 때 아닌 때를 구분하여 허용하거나 금지하느냐는 질문이다.

영지율사의 해석

『智論』에 6성취를 해석한 글 가운데 時성취의 문장이다. 『智論』에 천축국에서 말하는 時에 두 가지가 있다고 밝혔다. 첫째는 '가라迦羅'이다.(원래 주에는 '實時'로 번역했다. 연월일시·4계절·절기 등을 세속에서는 모두 실재라고 여기기 때문이다.) 둘째는 '삼마야'이다.(중국어로 '假時'라고 번역했다. 일의 인연을 따라서 길고 짧음이 일정하지 않음을 말하니, 실체가 없기 때문이다.)

부처님께서는 세속제世俗諦를 따라서 '삼마야'를 말씀하시고 '가라'는 말씀하지 않으셨으니, 외도와 재가자의 사견을 없애기 위해서이다.(세속 사람들은 있음에 집착하고 외도는 영원한 것에 집착한다. 만약 그들을 위하여 實時를 말하면 그러한 생각을 더욱 강화시키기 때문에 대강 말한 것이다. 하지만 전혀 말하지 않은 것은 아니다.)

『智論』에, 먼저 그들이 생각하는 실시實時를 타파해서 모두 실체가 없다고 하셨다. 그러나 비니에 제정한 계법은 대부분 실시를 의지했으니, 곧 여래 또한 실시를 말씀하신 것이 드러난다. 그런데 어찌 時가 없다고 하는가? 그래서 그가 질문한 것이다.

『行事鈔』에서 인용한 것에 의하면 답은 두 가지가 된다.

첫째, 뜻을 기준하여 풀이하여 통하게 했다. 둘째, '삼계의 부처님께서[佛]' 이하는 제기할 질문을 막은 것이다.

첫째에 세 가지 뜻이 있으니, 처음은 가명에 의하여 풀이한 것이다. 『智論』에서 질문하여 時를 파하고 나서 보이는 대상인 5음·18계·12처의 생멸을 가명으로 時라 하였고, 다른 時는 없다.(『時經』과 다른 경[84] 등에서도 실시實時를 말하고 있고 세상의 명칭을 따르므로 가명이라 하였다. 여기서의 가명과 세속의 가명은 말은 같으나 뜻은 다르다. 또 불설에 의하면 가라와 삼마야가 다 가명이니, 세속의 사람을 기준하여 말해서 實이라고 했을 뿐이다.)

---

84. 과청, 『講記』下, p.1777, 『時經』은 『阿含經』의 다른 이름이다. 『阿含經』에서는 24절기의 형상을 모두 설명하고 있다. '다른 경'은 『最勝王經』 등을 가리키는 것으로 춘하추동 4계절의 정형을 말하고 있다.

글에 '내가 이미 설했다[我已說]'고 한 것은 바로 위의 글을 가리킨다. 세간의 법에는 시時가 있으므로 시時라고 해도 되고 비시非時라고 해도 무방하다. 실법實法이 아니기 때문에 시時가 없다고 해도 상관없다. 논을 세워서 이미 밝혔는데 살피지 않고 거듭 물으니, 도리어 그를 꾸짖어 힐난치 못하게 하였다고 한 것이다.('有' 아래는 '時'자가 빠졌다. '實' 아래는 '法'자가 빠졌다. 『智論』의 본문에는 나와 있다.) '또한 이 비니 가운데[亦是]' 아래는 차례로 세간의 해석을 따랐다. 세간의 실實이라는 것은 세속에서 생각하는 것이다.(『智論』에 '實'자 아래에 '非第一實'라는 구절이 따라오고, '有'자는 붙지 않았다.)

'많은 사람들이 비난한다'는 것은 곧 연기를 가리킨다.(『律』에 "한 여인이 가류타이에게 질책하며 '차라리 스스로 배를 가를지언정 밤에 먹지 말아야 한다'고 하였다"고 했다.) 세간의 그 여인이 실實이라고 생각해서 비난하기에 이르렀기 때문에, 율이 세상의 상相에 부합하여 비난을 막기 위해서 제정되었다. 또한 '오래 머물게 하고자[欲]'이하는 셋째, 법을 보호하기 위함을 풀이한 것이다. 계를 받은 시점으로 상·중·하의 좌차가 정해지니, 서로 공경하여 법이 멸하지 않도록 하기 위함이다. 그러므로 '오래 머물게 하고자' 등이라고 하였다.(첫 번째 뜻은 假를 기준하여 道를 좇아 풀이한 것이고, 뒤의 두 가지는 實을 기준하여 俗을 좇아 풀이한 것이다.)

제기할 질문을 막은 것은 비니 제교制敎[85]는 속제에 수순하여 방편을 좇아 세운 것이니, 제멋대로 진리로써 세속의 일을 묻지 말아야 한다는 것이다. 그래서 화교化敎[86]는 상相을 없애는 것이지만, 제교制敎는 세우는 것이므로 '구해서는 안 된다'고 하였다. 『論』에 구체적으로 "제불 세존께서 제정하신 계법에 어떤 실實이 있는지(體의 허와 실), 어떤 명칭이 있는지(이름의 유무), 무엇이 상응하고 무엇이 상응하지 않는지(뜻의 어김과 수순함), 어떤 것이 법이며 법다운 상相이고 어떤 것이 법이지만 법다운 상相이 아닌지(상의 옳고 그름)를 구하면 안 된다. 이러한 까닭으로 이 일을 묻지 말아야 한다(화교에서는 이치를 설명하기 때문에 반드시 4義로써 그것

---

85. 도선율사의 교판이다. 제교는 출가자에게만 해당하는 율장을 가리킨다.
86. 화교는 중생의 근기에 따라 설한 경장과 논장을 가리킨다.

들을 구해야 한다)"고 하였다.

두 번째 질문에 『論』의 글의 앞에서 "여래께서 사견을 없애기 위해서 '가라'를 말하지 않고 '삼마야'를 말씀하셨다"고 하였다. 말하자면, 다른 경에서는 대부분 가시假時를 말했으나 위에 인용한 율에서는 실시實時를 말했으므로, 뜻에 서로 어긋나는 것이 있기 때문에 질문한 것이다.

답에 두 가지가 있다. 첫째는 비니에서 실實을 말한 뜻을 밝혔으니, 위의 구에서는 바로 말하고('不'자는 잘못된 것이다. 『論』에 바로잡아 '中'이라 하였다.[87]) '재가자와 외도들이[以]' 이하에서는 뜻을 밝혔다. 비니는 재가자와 외도가 듣는 것을 허락하지 않았기 때문에 실시實時를 말할 수 있다는 것이다. 출가대중은 저절로 실재하지 않는 줄 알아서 삿된 집착을 내지 않기 때문이다.(글 아래에 '聞'자는 『論』에서 '而'자로 되어 있다.) '가명의 시간을 말한 것[說]' 이하는 다음으로 다른 경에서는 가假의 뜻을 설했음을 밝혔다. '많은 부분에 통한다는 것[通多分]'은 승속이 모두 함께 들을 수 있기 때문이다.(옛날에는 많이들 잘못 해석하고 글자를 잘못 고쳐서 배우는 이들이 알기 어렵고 글이 더 복잡하게 되었다.)

(2) 뜻을 드러냄

요즘 망령되이 대승을 배우는 자가 때 아닌 때에 먹는 것에 흔히 탐착하므로 여러 인용을 통해 경계하였다.

영지율사의 해석

대승의 말만 배우는 자가 자신이 음식 탐하는 것이 부끄러워서 "대승에는 시時다, 비시非時다 하는 것이 없다"고 함부로 말을 한다. 그렇기 때문에 도선율사는 도리어 『大智度論』을 인용하여 삿된 집착을 경계하였다. 요즘도 대승을 배우는 자들과 소승을 배우는 자들이 때도 없이 음식을 먹으며 부처님의 계율을 두

---

87. 『智論』의 인용문 중에 '毘尼不說'의 '不'자가 '不'이 아니라 '中'이라는 것이다. 따라서 '實時는 비니에서 설하지 않는다'가 아니라 '實時를 비니에서 설했다'가 된다.

려워하지 않는다. 구리액을 마시고 철환을 삼켜서 목구멍과 배가 타서 문드러지고 그 고통이 심장과 골수에 다 사무칠 것인데 누가 그 과보를 대신할 수 있겠는가. 슬프도다!

『行事鈔』

2) 일중식日中食을 취한 의의

『毗羅三昧經』에 "이른 아침에는 천신들이 먹고, 정오에는 삼세의 모든 부처님께서 드시며, 해가 서쪽에 있으면 축생들이 먹고, 해가 지고 나면 귀신이 먹는다"고 하였다. 부처님께서 제정하신 것은 육도의 인因을 끊어서 삼세의 모든 부처님과 같게 하기 위해서이다.

영지율사의 해석

삼계를 초월하려고 하면 반드시 육도의 인因을 끊어야 한다. 그러므로 비구들에게 다른 존재들과는 다르게 먹도록 제정하셔서 최상의 성인에 의지하여 출리를 기약하게 하였다. 그러나 안타깝다! 저 어리석은 이들이 흔히 늦은 저녁을 먹는다. 기꺼이 모든 부처님을 본받는다고 하면서 귀신이나 축생과 같이 먹는 것을 좋아하니, 무슨 마음인지 알 수 없구나!

『行宗記』

옛 고덕高德은 율의를 받들어 공경해서 묘시(오전 5시부터 7시까지)나 낮에 일종식 하는 것을 일상으로 삼았다. 그런데 요즘의 오탁악세에는 음식을 먹는 것에 때가 없다. 만약 공양청이 있으면 늦게까지 머물러 해가 저물 때까지 이르고, 선사와 강사는 앉아서 편안하게 받는다. 오직 더러운 몸에 편안함만 취할 줄 알지, 어찌 공공연히 성인의 가르침에 어긋남을 생각하랴. 분뇨 속의 구더기와 아귀가 곧 이런 마음에서 나온 것이니, 구리액과 철환이 어찌 다른 데서 오겠는가! 식견이 있고 이치를 통달한 이라면 마땅히 힘써야 한다.

25 음식을 남겨서 묵혔다가 먹는 계 食殘宿戒

비구계 제38과 같음, 대승공계, 차계   가라비구

1. 계의 조문 [戒文]

만약 비구니가 음식을 남겨서 하룻밤 묵혔다가 먹으면 바일제다.

2. 계를 제정한 인연 [緣起]

『四分』

부처님께서 라열성 기사굴산에 계실 때였다. 가라비구는 항상 좌선을 하다가 공양 때가 되면 라열성에 들어가 걸식하였다. 라열성에서는 걸식하기가 쉬웠으므로 먼저 얻은 것은 먹고 나중에 얻은 것은 가지고 돌아왔다. 그런데 아침과 점심 공양 때 가라비구가 보이지 않아서 비구들이 걱정하다가 물어보았다. 가라비구가 사실대로 말하니 비구들이 꾸짖고 부처님께 사뢰었다. 부처님께서는 사실을 확인하시고, 가라비구는 소욕지족할 줄 알지만 후에 중생들이 본받을 것을 염려하여 계를 제정하셨다.[88]

3. 제정한 뜻 [制意]

『四分律疏』

음식은 번잡하게 마음을 어지럽힌다. 가까이 하면 탐심이 늘어나 사람들이 절제할 줄 모르게 된다. 이런 음식의 체體는 눈앞에서 없애야 하니 이치상 저장해 두면 안 된다. 따라서 정해진 곳에만 두어야 하고 이치적으로 같은 공간에 두고 밤을 지내면 안 되므로 부처님께서 제정하셨다.

---

88. (大22, 662下).

4. 범하는 조건[犯緣]

『行事鈔』

세 가지 조건을 갖추면 범함이 된다.

첫째, 남겨서 하룻밤을 묵히고

둘째, 이것을 알고

셋째, 먹어서 삼킬 때마다

범한다.

5. 범하는 상황[罪相]

음식을 남겨서 하룻밤을 묵혔다가 먹었으면	삼킬 때마다 바일제
비시약을 비시가 지나서 먹었으면	바일제
7일약을 7일이 지나서 먹었으면	
진형수약을 병의 인연이 없는데도 먹었으면	돌길라

『行事鈔』

"남긴 것[殘]과 묵힌 것[宿]이 같은가 다른가?"라고 질문하니 네 구절로 답한다. 첫째, 남겼으나 묵히지 않았으면(아침에 4약을 받아서, 口法을 하지 않고 정오를 지나면) 돌길라죄가 된다. 둘째, 묵혔으나 남긴 것이 아니면 또한 돌길라가 된다.(아직 手受法을 하지 않은 음식과 함께 밤을 지내면 돌길라가 되는데, 하룻밤이 지나지 않았으면 범하지 않는다.) 셋째, 남긴 것이기도 하고 묵힌 것이기도 하면 바일제다. 넷째, 남긴 것도 아니고 묵힌 것도 아닌 것은 알 수 있을 것이다.

영지율사의 해석

'남긴 것'과 '묵힌 것'을 구분하는 데에 먼저 '남긴 것'과 '묵힌 것'에 근거해서 네 구절을 만들었다. 첫째와 셋째 두 구절은 바로 이 계에 속하나 죄의 경중이 다를 뿐이다. 둘째는 내숙內宿을 범하는 것이다. 넷째는 허물이 없으므로 알 수 있을 것이라 하였다. 첫째 구절의 주 가운데 위의 구(4약을 받는 내용)는 수수법手受法을 통틀어 밝혔고, 아래의 구(구법을 하지 않고 정오가 지난 것)는 따로 세 가지 약을 가리킨다. 시약은 구법이 없기 때문이다.

『行事鈔』

잔숙과 내숙 또한 네 구절이 된다. 첫째, 잔숙이지만 내숙은 아닌 것으로(오늘 음식을 받아서 계 밖에 둔 것으로 같은 공간에 묵지지 않았으니 내숙은 아니다.) 단타를 범한다. 둘째, 내숙이나 잔숙은 아닌 것이다. 셋째와 넷째는 앞의 구절에 근거하여 추론하면 알 것이다.

영지율사의 해석

다음은 내숙을 구별한 것이다. 네 구절 가운데 셋째, 잔숙이고 내숙이기도 한 것은 1바일제 1돌길라다. 넷째, 잔숙도 아니고 내숙도 아닌 것은 범함이 아니다. 첫 구절은 이 계에 속하고, 둘째는 내숙에 속한다. 셋째는 두 계를 포함한다.

『比丘尼鈔』

이 『律』에 오늘 음식을 받아서 스스로 계 안에 두고 남겨서 다음날이 되어 스스로 음식을 데워서 먹으면 삼킬 때마다 일곱 가지 죄를 얻는다. 3바일제와 4돌길라를 말한다. 첫째 받은 것이 아니고, 둘째 비시이고, 셋째 남겨서 하룻밤을 묵히고(이는 3바일제죄다), 넷째 계 안에서 음식을 데우고, 다섯째 계 안에서 함께 하룻밤을 묵히고, 여섯째 스스로 음식을 데우고, 일곱째 악촉이다(이는 4돌길라죄다).

6. 대상에 대한 생각[境想]

묵히고	묵혔다고 생각했으면	바일제
	묵혔는가 의심했으면	돌길라
묵히지 않고	묵혔다고 생각했으면	
	묵히지 않았는가 의심했으면	

7. 범함이 아닌 경우[開緣]

만약 받은 음식이 남아서 하룻밤을 묵혀서 부모에게 주었으면	범함이 아니다
만약 탑이나 방사를 짓거나 수리하는 일꾼한테 품삯을 계산하여 음식으로 주었다가, 다른 때에 그 일꾼에게 걸식해서 자신이 주었던 음식을 다시 받았으면[89]	
만약 발우에 구멍이 있어서 밥이 그 속에 들어가 법답게 씻었는데 남아서 나오지 않았으면	
만약 소酥나 기름을 받아서 묵혔다가 코를 씻는 데 사용하여, 코를 풀 때 소나 기름이 침을 따라 나오면 뱉어야 하는데 그래도 남아 있었으면	

『資持記』

넷째는 병을 치료하기 위한 것이니 음식을 먹으려고 한 것이 아니기 때문이다. 인도에서는 눈병이 나면 대부분 소酥와 기름으로 코를 씻는다.

---

89. 여서, 『淺釋』, p.860, 비구니가 일꾼한테 주었을 때 진심으로 내놓았으면 음식의 주인이 바뀌었기 때문에 다시 받을 수 있다.

『行事鈔』

검약해야 할 때에는 여덟 가지 일을 허용하셨다.

『四分』에 "곡식과 쌀이 비싸져서 백성들이 굶주리게 되니 걸식하여 얻기 어렵고, 비록 음식을 조금 얻었더라도 도적이 가지고 가버렸다. 부처님께서 불쌍히 여기셔서 계 안에 공동으로 음식을 묵혀두거나[內宿], 안에서 음식을 하거나[內煮], 스스로 음식을 하거나[自煮], 스스로 취하여 먹거나, 승식僧食·속식俗食의 2식과 물과 육지의 열매는 다 여식법餘食法을 짓지 않아도 된다고 허락하셨다"고 하였다.

그래서 만약 죄를 결정할 때에는 여덟 가지 죄는 열어두어야 한다. 안에서 묵힌 것, 안에서 음식을 하는 것, 스스로 음식을 하는 것, 악촉, 공양 받지 않은 것, 만족하게 먹은 것[足食], 남겨서 묵혀둔 것[殘宿]으로 세 가지는 바일제고 네 가지는 돌길라[90]다. 그리고 이치상 생종을 망가뜨린 것이 추가된다.

저 물과 육지의 열매는 공양 받지 않고도(手受法을 하지 않고도) 먹을 수 있게 했는데, 어찌 정淨을 하게 했겠는가? 그러나 『律』에 "곡식 값이 다시 떨어졌는데도 불구하고 고의로 '허용해 주었을 때'를 의거해서 먹는다면, 부처님께서 '그래서는 안 되니 여법하게 다스리라'고 하셨다"고 하였다. 『十誦』에는 "만약 기근으로 검약해야 할 때에는 먹고 나서 남은 것을 가지고 갈 수 있다. 그러나 시주에게 말해서 알게 해야 한다(四藥篇)"고 하였다.

『資持記』

검약해야 할 때에 여덟 가지 일을 허용하신 것은, 『四分』의 첫 과科 앞에 검약해야 할 때의 인연을 인용하고 있기 때문이다. '부처님께서[佛]' 이하는 여덟 가지 일을 나열했으니, '안에서 묵힌 것'과 '안에서 음식을 하는 것' 두 가지는 도적이 가져가기 때문에 허용하였다. '스스로 음식을 하는 것'은 정인淨人이 다 먹어버린

---

90. 과청, 『講記』下, p.1798, 不受食, 非時食, 殘宿食은 바일제고 內宿, 內煮, 自煮, 惡觸은 돌길라다.

인연으로 허용하였다. '스스로 취한 것'은 곧 악촉이니, 길에서 열매를 보았을 때 정인을 구할 수 없고 남들이 가져 가 버릴 수 있기 때문에 허용하였다.

승식·속식·물의 열매·육지의 열매, 이 네 가지 경우는 모두 족식을 허락하셨다. 『律』에, "아침에 일어나 먹는 것(僧食이니, 아침에 대중음식을 받기 때문이다), 먹은 곳에서 남은 음식을 가지고 온 것(俗食이니, 걸식하여 먹고 남은 것을 가지고 온 것이다), 음식을 받고 나서 호도 내지 아바리과阿婆梨果(육지의 열매)를 얻은 것, 먹고 나서 물속에서 먹을 수 있는 것을 얻은 것이다(물의 열매이다. 이 네 가지는 모두 다른 비구니에게 여식법을 지어야 하는데, 여식법을 해 주는 상대 비구니가 일부분을 먹거나 혹은 다 먹어버리는 경우도 있기 때문에 허용해 주었다)"라고 하였다.

이 8사事는 인연을 따르면 여덟 가지가 되지만 일에 근거하면 오직 다섯 가지다. 뒤의 네 가지(僧食, 俗食, 水果, 陸果)는 동일한 일(足食)이다. 그래서 죄를 정하고자 할 때는 안에서 묵힌 것, 음식을 한 것(內煮, 自煮), 악촉, 족식의 다섯 가지가 된다.

위의 다섯 가지 일에 『四分』의 글을 의거하면 '스스로 취한 것'은 '받지 않은 음식을 먹는 것[不受食]'을 겸하고, '안에서 묵힌 것[內宿]'은 '남겨서 묵힌 것[殘宿]'을 겸하므로 일곱 가지 죄가 된다. 그리고 이치상 생종生種을 망가뜨린 것을 더하여 4바일제와 4돌길라이니, 곧 여덟 가지 죄가 된다.

『行事鈔』

『律』에 '음식을 남겨서 묵혔다가 먹는 계'나 '받지 않은 음식을 먹는 계'에서 좌선하는 비구를 연기로 삼은 것은 미래의 나쁜 비구를 방지하기 위한 것이다. 안으로 도관道觀이 없고 아직 번뇌를 항복받지 못하고 망령되이 도업에 빌붙어서 문득 성인의 계를 가볍게 여긴다. 이는 마음에 좋아하고 싫어함이 있어서 크게 전도된 아견을 조복 받지 못한다. 그래서 3승乘의 도인들이 모두 계를 가볍게 여기지 않고 아상의 뿌리를 깊이 뽑아내어 아만과 번뇌의 깃발을 쓰러뜨려서 계를 공경하여 도업을 증장했으니, 어찌 흠모하고 숭상하지 않을 수 있겠는가!

영지율사의 해석

세상 사람들이 선관禪觀은 진실한 도라고 여기고 계로 단속하는 것은 한가한 일로 여긴다. 그러니 도관道觀이 계가 아니면 성취될 수 없음을 어찌 알겠는가? 그러므로 '망령되이 빌붙는다'는 등으로 이른 것이다. '이는 마음에 좋아하고[此]' 이하는 허물을 드러낸 것이다. 도를 취하고 계를 버리기 때문에 마음에 좋아하고 싫어함을 두고, 계를 가볍게 여기고 성인을 업신여기므로 크게 전도된 아견을 조복 받지 못한다. '그러므로 3승의[故]' 이하는 인용하여 권하는 것이다. 앞의 구절은 성인들께서 계를 존중했음을 서술하였고, 뒤의 구절은 권하여 성인을 본받게 하고자 한 것이다. 요즘 참선하고 강을 하는 사람들은 흔히 이러한 망령된 견해를 따른다. 청컨대 성인의 가르침을 입고 범부의 정情에 끄달리지 말라.

26 받지 않은 음식을 먹는 계 不受食戒

비구계 제39와 같음, 대승공계, 차계   두타행을 하는 비구

1. 계의 조문[戒文]

만약 비구니가 받지 않은 음식과 약을 입에 넣으면, 물과 치목齒木을 제외하고는 바일제다.

2. 계를 제정한 인연[緣起]

『四分』

부처님께서 사위국 기수급고독원에 계실 때, 어떤 비구가 항상 걸식하고 분소

의를 입겠다고 다짐하고 그렇게 하였다. 당시에는 거사들이 죽은 부모와 형제자매 등을 위해서 사거리, 문 아래, 강변, 사당 등에 음식을 차려 놓고 제사를 지냈다. 그런데 비구가 그 음식을 손수 가져다 먹으니 거사들이 보고 "우리는 죽은 부모와 형제자매들을 위해 음식을 준비했는데, 마치 부처님 제자들을 위해 준비한 것처럼 되었다"며 비난하였다. 비구들이 듣고서 꾸짖고 부처님께 사뢰니 꾸짖으시고 계를 제정하셨다.[91]

3. 제정한 뜻 [制意]

『四分律疏』

『多論』 다섯 가지 뜻이 있어서 제정하셨다.

첫째, 훔치는 인연을 끊기 위해서이다. 둘째, 증명하기 위해서이다.[92] 비인非人으로부터 음식을 받으면 받음이 성립되는가? 받음이 성립되기는 하지만 비인은 증명해줄 수 없다. 이를테면, 광야의 사람이 없는 곳이라면 받는 것을 허용한다. 하지만 사람이 있는 곳에서 비인이나 축생, 무지한 어린아이에게서 받는 것은 모두 성립되지 않는다. 셋째, 비방을 그치게 하기 위해서이다. 넷째, 소욕지족을 이루기 위해서이다. 다섯째, 다른 사람의 신심과 공경심을 내게 하기 위해서이며, 외도에게 이익을 주기 위함이다.[93]

4. 범하는 조건 [犯緣]

『戒本疏』(『行事鈔』에는 빠져 있다.)

세 가지 조건을 갖추면 범함이 된다.

첫째, 4약(시약·비시약·7일약·진형수약)이고

---

91. (大22, 663中).

92. 여서, 『淺釋』, p.868, 다른 사람으로부터 받지 않고 스스로 음식물을 취하면 억울한 상황이 되었을 때 변론하기 힘들다. 그러나 다른 사람으로부터 음식을 받으면 혹 모함을 당했을 때 음식을 준 사람이 그를 위해 증명해 줄 수 있다.

93. (大23, 552上).

둘째, 마음대로 스스로 취하여

셋째, 음식을 삼키면

범한다.

5. 범하는 상황[罪相]

음식을 주지 않았는데 스스로 취해서 먹었으면	삼킬 때마다 바일제
비시약을 비시가 지나서 먹었으면	바일제
7일약을 7일이 지나서 먹었으면	
진형수약을 병의 인연이 없는데도 먹었으면	돌길라

6. 대상에 대한 생각[境想]

받지 않고	받지 않았다고 생각했으면	바일제
	받지 않았는가 의심했으면	돌길라
받고	받지 않았다고 생각했으면	
	받았는가 의심했으면	

7. 범함이 아닌 경우[開緣]

만약 물이나 치목을 취했으면	범함이 아니다
만약 받지 않은 소酥나 기름으로 코를 씻었는데, 침으로 나오고 남은 것이었으면	
새가 물고 가다가 발우 속에 떨어뜨린 음식이나 바람이 불어서 발우에 떨어진 음식 등 손톱만큼의 음식도 모두 제거해야 하는데 제거하고도 남아있었으면	

『行事鈔』

요즘 계법을 받드는 자는 드물게 한둘이 있을 뿐이고, 대부분 방자하고 어리석은 마음으로 불법을 무너뜨린다. 음식을 얻으면 입에 넣기 바쁘니, 어찌 깨끗하고 더러움을 논하겠는가! 고상한 담론과 허론만을 일삼으면서 세상의 사표가 되고 마음을 섭수하여 가르침을 따른다고 한다. 그러니 한 가지 행만 잘못되어도 미래의 악취에 떨어진다는 것을 어찌 알겠는가! 우선 현재의 탐하고 어리석은 마음만을 즐기는구나. 식견이 있는 이는 대의大意를 깊이 비추어 보기 바란다.

영지율사의 해석

처음은 방자한 뜻으로 계법을 가볍게 여김을 서술하였다. '드물게 한둘이 있을 뿐'이라는 것은 극히 적음을 말하며, 그 당시에도 이와 같았으니 오늘날은 가히 알 수 있을 것이다. 성인께서 제정하신 것을 행하지 않으면, 곧 법을 멸하게 하기 때문에 '무너뜨린다'고 하였다. '고상한 담론' 이하는 말은 있으나 실천이 없는 것을 꾸짖은 것이다. '고상한 담론'은 세간을 초월하는 말이고, '허론'은 말이 실제를 넘어서는 것이다. '마음을 섭수한다'는 것은 행동에 스스로 방자함이 없는 것이고, '가르침을 따른다'는 것은 오롯이 율의를 받드는 것이다. 이것은 대승을 배우기 좋아한다고 말하는 사람을 밝힌 것이니, 그의 말에 따르면 세간을 벗어나 세상의 사표가 되는 사람이어야 한다. 하지만 행을 살펴보면 범부의 무리와 섞여 있어서 한 가지 일도 철저히 할 줄 모르니 무량한 법행法行이 그의 몸에서 훼멸한다. 이러한 무리들이 눈앞에 가득하니 실로 마음이 서늘해진다. 그러나 진정한 마음으로 출가한 이라면 스스로 굴복하지 않기를 바란다.

27 같이 사는 비구니에게 부촉하지 않고
마을에 들어가는 계 不屬同利入聚戒

비구계 제42와 같음, 대승공계, 차계   발난타 비구

1. 계의 조문[戒文]

만약 비구니가 먼저 공양청을 받고서 식전이나 식후[94]에 다른 재가자의 집에 가면서 다른 비구니[95]에게 부촉하지 않으면, 특별한 때[餘時]를 제외하고는 바일 제다. '특별한 때'란 병이 있을 때, 옷을 만들 때, 옷을 보시 받을 때이니 이것이 때이다.

2. 계를 제정한 인연[緣起]

『四分』

부처님께서 사위국 기수급고독원에 계실 때였다. 발난타 비구의 옛친구인 장자가 발난타 비구를 위해서 스님들에게 공양하였다. 비구들이 때가 되어 장자의 집에 도착했는데도 발난타 비구를 기다리느라 음식을 차리지 않았다. 그런데 발난타 비구는 아침공양 때 다른 집에 갔다가 때가 지날 무렵에야 와서 비구들이 만족하게 먹지 못하였다. 비구들이 꾸짖고 부처님께 사뢰니 꾸짖으시고, "만약 비구가 공양청을 받고 아침공양 때 다른 집에 가면 바일제다"라고 계를 제정하셨다.

후에 발난타 비구의 옛친구인 대신이 대중에 나누어 주라고 발난타 비구에게 과일을 보내왔다. 그런데 발난타 비구가 식후에 다른 집에 갔다가 때가 지난 뒤

---

94. 식전은 날이 밝을 때부터 食時에 이른 것이다. 식후는 食時로부터 정오까지다.

95. '同利'를 말한다. 과청, 『講記』下, p.1829, 也就是共同在施主之家來乞食 得到利養的這些人 就是同利 換句話說 也就是同梵行之人. 함께 시주의 집에 가서 걸식하고 이양을 얻는 사람을 '同利'라 한다. 바꾸어 말하면 함께 청정행을 하는 사람이다.

에 돌아와서 대중이 과일을 먹지 못했다. 그래서 "비구가 공양청을 받고 식전이나 식후에 다른 집에 가면 바일제다"라고 거듭 계를 제정하셨다.

당시 라열성에는 대중스님들을 청하는 곳이 많았는데 비구들이 걱정되어 조심하느라 성 안에 들어가지 못하고 부처님께 여쭈니, 가까이 사는 이에게 부촉하고 성에 들어가라고 말씀하셨다. 그 이후에 병이 있을 때, 옷을 만들 때, 옷을 보시받을 때에는 부촉하지 않고 다른 집에 가는 것을 허락하셨다.[96]

3. 제정한 뜻 [制意]

『四分律疏』

세 가지 허물이 있으므로 제정하셨다.

첫째, 재가에 일이 바쁜데도 좋은 일을 하려 하는데 오히려 일을 어렵게 하기 때문이다. 자기의 가업도 밀쳐 두고 오로지 복 짓는 것을 숭상하여 크게 공양을 베푸는데, 이미 청을 수락해놓고 다른 집에 가서 대중을 벗어나면 일에 차질이 생겨서 괴롭게 함이 가볍지 않다.

둘째, 이미 공양할 곳이 있으면 반연을 쉬고 도를 닦아야 하는데, 일없이 돌아다녀서 도업 닦는 것을 방해하고 그만두게 된다.

셋째, 대중들과 함께 청을 받았는데 그것을 어기고 혼자 마을에 들어가면, 시주자는 스님들이 다 모이지 않은 것을 보고 음식을 내놓지 않아서 대중스님들이 기다리게 된다. 그래서 스님들이 충분히 먹지 못하게 되니, 대중을 괴롭게 함이 매우 심하다. 이러한 허물 때문에 성인께서 금하셨다.

4. 범하는 조건 [犯緣]

『行事鈔』

다섯 가지 조건을 갖추면 범함이 된다.

96.（大22, 665上).

첫째, 먼저 그의 청을 받고 나서

둘째, 식전이나 식후에

셋째, 부촉하지 않고

넷째, 다른 집에 갈 인연이 없는데

다섯째, 문에 들어가면

범한다.

5. 범하는 상황[罪相]

만약 비구니가 부촉하고 마을에 가려고 했으나, 도중에 돌아왔으면	앞에 부촉한 것은 효력을 잃어버리기 때문에, 후에 가려고 하면 다시 부촉해야 한다.
만약 비구니가 부촉하고 마을에 가려고 했으나, 부촉한 집에 가지 않고 다른 집에 갔으면	
만약 비구니가 부촉하고 재가자의 집에 가려고 했다가, 도리어 창고·마을의 변방 혹은 비구 승가람에 가게 되었으면	
만약 재가자의 집에 갔다왔는데 다시 가려고 나왔으면	

먼저 청을 받고 나서 식전이나 식후에 다른 집에 가되, 다른 비구니에게 부촉하지 않고	마을에 들어갔으면	바일제
	한 다리는 문 안에 있고, 한 다리는 문 밖에 있었으면	돌길라
	방편으로 준비하여 가려고 했다가 가지 않았으면	돌길라

6. 범함이 아닌 경우[開緣]

만약 병이 있었으면	
만약 옷을 만들 때였으면	
만약 옷을 보시할 때였으면	
만약 비구니에게 부촉했으면	범함이 아니다
만약 비구니가 없어서 부촉하지 못하고 다른 창고나 마을의 변방, 혹은 비구 승가람에 갔거나, 만약 부촉한 재가자의 집에 갔으면	
만약 여러 집에서 좌구를 펴고 비구니를 청했으면	
만약 힘센 자에게 잡힌 등이었으면	

『戒本疏』

'여러 집에서 좌구를 폈다'는 것은 여러 집이 다같이 모여 있는 곳을 말하는데, 집집마다 스님들을 기다리고 있으므로 어느 집에 가든지 다 공양청을 받은 곳이다.

㉘ 부부가 사는 집에 억지로 앉아있는 계 食家强坐戒

비구계 제43과 같음, 대승공계, 성계 　　　　　　　　　　　가류타이

1. 계의 조문[戒文]

만약 비구니가 부부가 사는 집[食家]에 보배[寶]가 있는데 억지로 앉아있으면 바

일제다.

2. 계를 제정한 인연 [緣起]

『四分』

부처님께서 사위국 기수급고독원에 계실 때였다. 가류타이와 속가 친구의 부인인 재齋우바이는 둘 다 용모가 단정하였고 서로를 마음에 두고 있었다. 후에 가류타이가 그 집에 가서 보니 부인은 목욕을 하고 몸을 치장하였고, 남편은 부인을 매우 사랑하여 한시도 곁을 떠나지 않았다. 남편이 가류타이를 보고 필요한 것을 물어보자, '밥[食]'이 필요하다고 하여 밥을 주었으나 공양을 하고 나서도 가지 않았다. 남편이 "밥이 필요하다 해서 주었는데 왜 가지 않는가?"하니 부인이 가류타이에게 가지 말라는 눈짓을 했다. 남편은 화가 나서 "비구가 나를 방해한다. 밥을 달라고 하더니 밥을 먹고도 왜 가지 않는가? 또 뭘 하려는 건가!"하고, 부인에게 따라오든지 말든지 마음대로 하라고 소리치고 나가버렸다. 그때 걸식하던 비구가 듣고서 절에 돌아와 비구들에게 이 일을 말하였다. 그래서 비구들이 꾸짖고 부처님께 사뢰니, 가류타이를 불러 사실을 확인하신 후 꾸짖으시고 계를 제정하셨다.[97]

3. 제정한 뜻 [制意]

『四分律疏』

재가자들은 결혼해서 교합하는 일에 때가 없다. 그런데 오랫동안 앉아서 가지 않으면, 그들의 사심邪心을 방해하여 마침내 서로 핍박하여 욕하고 내쫓기게 되니 이치적으로 올바르지 않다. 더욱이 출가자는 더러운 애욕에 오염되는 장소를 떠나서 반드시 어긋남을 방지해야 한다. 그렇지 않으면 스스로는 심행心行을 무너뜨리고 밖으로는 비난을 받기 때문에 제정하셨다.

97. (大22, 666上).

4. 범하는 조건 [犯緣]

『行事鈔』

다섯 가지 조건을 갖추면 범함이 된다.

첫째, 부부가 사는 집이고

둘째, 이 사실을 알면서

셋째, 억지로 병처에 앉고

넷째, 제4인(남편, 아내, 비구니, 그 외 다른 한 사람)이 없는데

다섯째, 손을 펴서 출입문이 닿지 않는 곳에 앉으면

범한다.

5. 범하는 상황 [罪相]

부부가 사는 집에 보배가 있는데 손을 펴서 출입문이 닿지 않는 곳에	앉아 있었으면	바일제
	서서 머물러 있었으면	돌길라
볼 수 없지만 들을 수 있거나, 들을 수는 없지만 볼 수 있는 사람이 있었으면(제4인)		돌길라

『行事鈔』

'식食'이라는 것은 4식 가운데 촉식의 집이니 안근이 색을 상대하기 때문에 촉식이라 한다. 『五分』에 "남녀는 정으로 서로를 먹는다"고 하였고, 『僧祇』에는 "색을 보고 애착하기 때문에 식食이라 한다"고 하였다.

『資持記』

4식이라는 것은 첫째, 단식段食이다. 거친 것과 미세한 것 두 가지가 있는데 거친 것은 5도道의 중생이 다 아는 것이고, 미세한 것은 중음신이 향을 먹는 것을

말한다. 천인과 겁초의 중생은 먹어도 더러운 것으로 변하지 않으니, 마치 기름이 모래에 스며드는 것처럼 신체에 흡수되어 들어가므로 미세하다고 하였다.

둘째, 촉식觸食이다. 근根·경境·식識 세 가지가 화합하여 모든 감촉을 내니 마치 색을 보면 기쁨과 즐거움이 생기는 것과 같다. 이 계는 여기에 해당한다.

셋째, 사식思食은 의업이다. 마음으로 바라는 것을 생각하기만 해도 목숨을 연장할 수 있기 때문이다.

넷째 식식識食이다. 중음·지옥·무색계 중생이 멸진정에 들었을 때, 비록 식이 나타나지 않아도 식이 존재하는 것이다. 소승에서는 식온識蘊이고 대승은 아뢰야식이니, 아뢰야식의 세력에 따라서 모든 근을 자재하게 지닐 수 있기 때문이다. 단식은 욕계에 국한되고 나머지 셋은 삼계에 통한다.

『行宗記』

'손이 문에 닿지 않는다'는 것은 몸이 안에 있는 것을 근거하여 말한 것이다.

『集要』

이 계를 살펴 보면, 바로 '부부가 사는 집[食家]'이기 때문에 죄가 되는 것이지 (『律』에 "食이라는 것은 남자는 여자를 食으로 삼고 여자는 남자를 食으로 삼기 때문에 食家라고 한 것이다"라고 하였다.) 보배(금, 은 등)가 있다고 죄가 되는 것은 아니다. 여기서 '보배가 있다'고 할 때 보배는 부부가 음욕을 행할 수 있는 부위를 말하는 것이다.

6. 범함이 아닌 경우[開緣]

부부가 사는 집에 보배가 있어서 손을 펴서 문이 닿는 곳에 앉았으면	범함이 아니다
만약 두 비구니가 함께 갔으면	
만약 알고 지내던 사람이나 손님이 같은 장소에 있는데, 보고 들을 수 있는 사람이었으면	
만약 그 앞을 지나가기만 하고 머물지 않았으면	
만약 갑자기 병이 나서 땅에 쓰러졌으면	
만약 힘센 자에게 잡힌 등이었으면	

29 병처에 남자와 앉아있는 계 屛與男子坐戒

비구계 제44와 같음, 대승공계, 차계   가류타이

1. 계의 조문[戒文]

만약 비구니가 부부가 사는 집에 보배가 있는데 병처에 앉으면 바일제다.

2. 계를 제정한 인연[緣起]

부처님께서 사위국 기수급고독원에 계실 때, 가류타이와 속가 친구의 부인인 재우바이는 서로를 마음에 두고 있었다. 가류타이는 재우바이의 집에 걸식하러 가서 부처님께서 "부부가 사는 집에 보배가 있으면 손을 펴서 문이 닿는 곳에 앉

아야 한다"고 계를 제정하신 것을 기억하고, 문 뒤에 앉아서 함께 이야기를 하였다. 그때 한 비구가 이 집에 걸식하러 왔다가 가류타이의 목소리를 듣고는 꾸짖고 절에 돌아와 비구들에게 이 일을 말하였다. 그래서 비구들이 꾸짖고 부처님께 사뢰니, 가류타이를 불러 사실을 확인하신 후 꾸짖으시고 계를 제정하셨다.[98]

3. 제정한 뜻[制意]

『四分律疏』

'제정한 뜻'은 앞의 계와 같다.

4. 범하는 조건[犯緣]

『比丘尼鈔』

네 가지 조건을 갖추면 범함이 된다.

첫째, 재가 남자이고

둘째, 병처에서

셋째, 제3인이 없고(이것은 부인이 그 자리에 없기 때문에 제3인이라고 한다)

넷째, 손을 펴서 문이 닿지 않는 곳에 앉으면

범한다.

5. 범하는 상황[罪相]

제28 부부가 사는 집에 억지로 앉아있는 계[食家强坐戒]와 같다.

---

98. (大22, 666下).

6. 범함이 아닌 경우[開緣]

만약 손을 펴서 문에 닿을 수 있는 곳에 앉았고, 걸식하는 비구니가 볼 수 있었으면	범함이 아니다
만약 두 비구니가 함께 갔으면	
만약 알고 지내던 사람이나 손님이 같은 장소에 있는데, 보고 들을 수 있는 사람이었으면	
만약 그 앞을 지나가기만 하고 머물지 않았으면	
만약 갑자기 병이 나서 땅에 쓰러졌으면	
만약 힘센 자에게 잡힌 등이었으면	

---

30 혼자 남자와 함께 앉아있는 계獨與男人坐戒

비구계 제45와 같음, 대승공계, 차계   가류타이

1. 계의 조문[戒文]

만약 비구니가 혼자 남자와 노지에 함께 앉아 있으면 바일제다.

2. 계를 제정한 인연[緣起]

『四分』

부처님께서 사위국 기수급고독원에 계실 때, 가류타이와 속가 친구의 부인인 재우바이는 서로를 마음에 두고 있었다. 가류타이는 재우바이의 집에 걸식하러

가서 노지에 앉아서 함께 이야기를 하였다. 그때 한 비구가 이 집에 걸식하러 왔다가 가류타이의 목소리를 듣고는 꾸짖고 절에 돌아와 비구들에게 이 일을 말하였다. 그래서 비구들이 꾸짖고 부처님께 사뢰니, 가류타이를 불러 사실을 확인하신 후 꾸짖으시고 계를 제정하셨다.[99]

3. 제정한 뜻[制意]

『四分律疏』

'제정한 뜻'은 앞의 계와 같다.

4. 범하는 조건[犯緣]

『比丘尼鈔』

네 가지 조건을 갖추면 범함이 된다.

첫째, 재가 남자이고

둘째, 노지이고 (원래의 주에는 "정인이 보고 들을 수 없는 병처"라고 하였다)

셋째, 제3자가 없고

넷째, 손을 뻗어서 닿는 범위 내에 함께 앉아 있으면

범한다.

5. 범하는 상황[罪相]

혼자 남자와 노지에 함께 한 곳에서	앉아 있었으면	바일제
	서 있었으면	돌길라
볼 수 없지만 들을 수 있거나, 들을 수는 없지만 볼 수 있는 사람이 있었으면		돌길라

---

99. （大22, 667中）.

『行事鈔』

『十誦』 남자와 노지에 함께 앉아 있다가 일어나서 다시 앉았으면, 앉을 때마다 바일제다. 서로의 거리가 1심尋 이내면(1심은 8척이다) 바일제다. 1심 반은 돌길라이고, 2심이나 2심이 넘게 떨어져 앉았으면 범함이 아니다.

6. 범함이 아닌 경우[開緣]

만약 두 비구니가 함께 갔으면	범함이 아니다
만약 알고 지내던 사람이나 손님이 같은 장소에 있는데, 보고 들을 수 있는 사람이었으면	
만약 앞을 지나가고 머물지 않았으면	
만약 갑자기 병이 나서 땅에 쓰러졌으면	
만약 힘센 자에게 잡힌 등이었으면	

31 동행하던 비구니를 마을에서 쫓아내는 계 驅他出聚戒

비구계 제46과 같음, 대승공계, 성계   발난타 비구

1. 계의 조문[戒文]

만약 비구니가 다른 비구니에게 "스님! 그대가 함께 마을에 가면 반드시 그대에게 음식을 주리라"고 말해서, 그 비구니가 마을에 도착했는데도 끝내 음식을 주지 않고 쫓아내며, "그대는 가라! 나는 그대와 한 곳에 함께 앉거나 함께 말하

기 싫다. 나는 혼자 앉고 혼자 말하기를 좋아한다"고 하였다. 이런 인연이고 나머지(범함이 아닌 경우)가 아닌데 방편으로 보내버리면 바일제다.

2. 계를 제정한 인연 [緣起]

『四分』

부처님께서 사위국 기수급고독원에 계실 때였다. 발난타 비구가 다른 비구와 다투고 난 후 참회를 구하려고 하였다. 그러나 마음에는 여전히 원한을 품고 있었다. 후에 발난타 비구는 그 비구에게 마을에 함께 가면 음식을 주겠다고 약속하고는 사위성에 들어가 음식이 없는 곳만 데리고 다녔다. 그러다가 공양시간이 얼마 남지 않았을 때 음식을 얻지 못하는 것이 그 비구가 복이 없는 탓이라며 쫓아내었다. 그리고 자신은 사위성으로 돌아가 단월의 집에서 공양하였다. 하지만 쫓겨난 비구가 성을 나와 기원정사에 이르렀을 때는 시간이 지나 공양을 하지 못해 매우 피로하였다. 비구들이 이 말을 듣고서 발난타 비구를 꾸짖고 부처님께 사뢰니, 꾸짖으시고 계를 제정하셨다.[100]

3. 제정한 뜻 [制意]

『四分律疏』

출가인은 이치적으로 진실함을 마음에 품고 정성스러움과 믿음이 스스로에게 있어야 한다. 이전에 다른 이에게 음식을 약속하고는 끝내 주지 않고 나쁜 마음으로 내쫓아서, 시간의 제한이 이미 지나 하루 동안 음식을 먹지 못하게 하여 괴롭게 함이 무거우므로 제정하셨다.

---

100. (大22, 667下).

4. 범하는 조건[犯緣]

『行事鈔』

네 가지 조건을 갖추면 범함이 된다.

첫째, 상대방이 비구니이고

둘째, 음식을 주겠다고 약속하고

셋째, 장애되는 인연이 없는데

넷째, 보내버리면

범한다.

5. 범하는 상황[罪相]

고의로 다른 비구니가 음식을 얻지 못하게 하고 방편으로 보내서	만약 상대방이나 혹은 자신이 보이지도 않고 들리지도 않는 곳에 이르렀으면	바일제
	만약 상대방이나 혹은 자신이 보이는 않으나 들리는 곳에 이르렀거나, 들리지는 않으나 보이는 곳에 이르렀으면	돌길라

6. 범함이 아닌 경우[開緣]

만약 음식을 줘서 보냈으면	
만약 병이 났거나 위의가 없어서 사람들이 보고 좋아하지 않는 사람에게 "그대는 가시오. 내가 반드시 음식을 보낼 것이니 절에 있으시오"라고 말했으면	범함이 아니다
만약 그가 계를 깨뜨렸거나, 견해를 깨뜨렸거나, 위의를 깨뜨렸거나, 대중에서 거죄당했거나, 멸빈되었거나, 멸빈당해야 했거나, 목숨이 위태롭거나 청정행이 어려워서 방편으로 보낸 것이지 미움과 원한으로 보낸 것이 아니었으면	

32 기한을 초과하여 4개월 약청을 받는 계 過受四月藥請戒

비구계 제47과 같음, 대승공계, 차계 　　　　　　　　　　　　육군비구, 마하남

1. 계의 조문[戒文]

만약 비구니가 4개월 약청을 받으면 병 없는 비구니도 받아야 한다. 그러나 기한을 초과하여 받으면, 상청常請·갱청更請·분청分請·진형수청盡形壽請을 제외하고는 바일제다.

2. 계를 제정한 인연[緣起]

『四分』

부처님께서 석시수釋翅瘦 가유라迦維羅 마을의 니구율尼拘律 동산에 계실 때였다. 마하남이 대중스님들을 청하여 약을 공급했는데, 그는 상좌를 공경하여 좋은 것을 보시하였다. 그리고 필요한 이나 필요하지 않은 이나 모두에게 보시하였다. 그런데 육군비구들은 마하남이 자신들은 공경하지도 않고 나쁜 것만 주고 필요한 것은 주지 않는다고 하면서 구하기 어려운 약을 달라고 요구하였다. 그러자 마하남은 있으면 줄 것이고 없으면 시장에서 구해오겠다고 하였다. 그런데도 육군비구들은 마하남이 자기들에게는 나쁜 것만 주고 공손하지 못하며, 편애함이 있고 거짓말을 한다고 비난하였다.

그 말을 들은 마하남은 더 이상 대중스님들에게 약을 공급하지 않겠다고 하였다. 비구들이 이 사실을 알고 육군비구를 꾸짖고 부처님께 사뢰니 꾸짖으시고, "만약 비구가 넉 달 인연의 청으로 주는 약은 받아야 한다. 기한이 넘도록 받으면 바일제다"라고 계를 제정하셨다.

부처님께서 이와 같이 계를 제정하시니, 병이 있는 비구들이 염려되어 기한을 지나서 약을 받지 못하고 부처님께 사뢰었다. 부처님께서 병이 있는 비구는 기한

이 지나도 약을 받도록 허락하시고, "만약 비구가 병 없이 넉 달 동안 청하여 주는 약을 기한이 넘도록 받으면 바일제다"라고 거듭 제정하셨다. 그 후에도 비구들이 염려되어 상청·갱청·분청·진형수청으로 주는 약을 받지 못하고 여쭈니, 부처님께서 허락하신다고 하셨다.[101]

3. 제정한 뜻 [制意]

『四分律疏』

신심이 돈독한 거사가 좋은 약을 준비하여 공양하고자 대중스님들을 청하여 정성스런 마음으로 공양하였다. 그러나 보시하는 마음에는 한계가 있으니 보호해서 시주의 마음에 부합하게 보시를 받아야 한다. 그런데 이제 약을 지나치게 받아서 자신의 탐심을 기르고 시주자를 괴롭게 하며, 착한 일을 그만두고 악을 키워서 손해됨이 가볍지 않으므로 성인께서 제정하셨다.

4. 범하는 조건 [犯緣]

『行事鈔』

여섯 가지 조건을 갖추면 범함이 된다.

첫째, 약청藥請이고

둘째, 시주가 한계를 정했고

셋째, 한계를 알고도

넷째, 지나치게 받아서

다섯째, 범함이 아닌 인연이 없는데

여섯째, 먹으면

범한다.

---

101. (大22, 668中).

5. 범하는 상황[罪相]

청請에는 네 종류가 있다	기간은 정해져 있으나 약에는 제한이 없으면	여름 4개월 동안 받아야 한다.
	기간이 정해져 있고 약에도 제한이 있으면	
	기간은 정해져 있지 않으나 약에는 제한이 있으면	보시하는 때를 따라 받아야 한다.
	기간도 정해져 있지 않고 약에도 제한이 없으면	
여름 4개월 동안에 청하여 주는 약을 기간이 지나서까지 받았으면		삼킬 때마다 바일제

6. 범함이 아닌 경우[開緣]

만약 여름 4개월 동안에 청하여 주는 약을 받았으면	범함이 아니다
만약 병자가 기한을 지나서 청을 받았으면	
만약 상청(그가 "내가 항상 약을 주겠다"고 말한 것), 갱청(그만두었다가 뒤에 다시 청하여 주는 것), 분청(약을 가지고 승가람에 와서 나누어주는 것), 진형수청(그가 "제가 스님의 목숨이 다하도록 공양하겠습니다"라고 말한 것) 이었으면	

『行宗記』

상청은 능히 보시하는 주체를 기준하여 때에 제한이 없는 것이다. 진형수청은 청을 받는 스님을 근거하여 죽으면 그만두는 것이다.

33 군진을 구경하는 계 觀軍陣戒

비구계 제48과 같음, 대승공계, 차계   육군비구

1. 계의 조문 [戒文]

만약 비구니가 가서 군진軍陣을 구경하면, 때의 인연을 제외하고는 바일제다.

2. 계를 제정한 인연 [緣起]

『四分』

부처님께서 사위국 기수급고독원에 계실 때였다. 파사익왕의 영토 안에서 백성들이 반란을 일으켜 왕이 직접 군대를 이끌고 정벌에 나섰다. 그 때 육군비구들이 군진을 구경하므로 왕이 이유를 묻자 그저 구경하는 것이라고 답하였다. 그말을 듣고 대단히 불쾌해진 왕은 석밀을 주면서 석밀과 함께 지금의 일을 자세히부처님께 전해 달라고 하였다. 그래서 육군비구가 부처님 처소에 이르러 석밀을전하면서 이 인연을 모두 이야기 하니, 부처님께서 꾸짖으시고 "만약 비구가 군진에 가서 구경하면 바일제다"라고 계를 제정하셨다.

그 후에 파사익왕의 국토 변방에서 반란이 일어나 대신인 리사달利師達과 부라나富羅那를 보내어 정벌하고자 하니, 두 대신이 사람을 보내 비구들을 청하였다.그러나 부처님께서 계율로 제정하여 허락하지 않으셨다고 걱정하므로 부처님께사뢰니, 때에 인연이 있는 경우는 제외한다고 거듭 계를 제정하셨다.[102]

3. 제정한 뜻 [制意]

『四分律疏』

군진은 위험한 곳이다. 병사들이 칼로 서로 싸우니 실전일 때는 쓰러지기도 하고 패배하기도 한다. 만약 구경삼아 훈련하는 것을 보게 되면 마음이 방탕하고

방일하게 되어 비난을 부르고 도에 손해가 되기 때문에 허물이 매우 무겁다. 서로 자비롭고 애민히 여겨야 하는 출가정신에 어긋나기 때문에 보는 것을 허락하지 않았다.

『多論』세 가지 뜻이 있다. 첫째 불법을 존중하기 위함이고, 둘째 비방을 없애기 위함이고, 셋째 모든 악을 멸하고 선법을 증장하기 위함이다.

4. 범하는 조건[犯緣]

『比丘尼鈔』

네 가지 조건을 갖추면 범함이 된다.

첫째, 군진이고

둘째, 일부러 가서

셋째, 범함이 아닌 인연이 없는데

넷째, 가서 보면

범한다.

5. 범하는 상황[罪相]

• 길에서 길에 이르러 • 길에서 길 아닌 곳에 이르러 • 길 아닌 곳에서 길에 이르러 • 높은 곳에서 낮은 곳에 이르러 • 낮은 곳에서 높은 곳으로 이르러	군진을	가서 보았으면	바일제
		갔으나 보지 않았으면	돌길라
		방편으로 구경하러 가려고 준비했으나 가지 않았으면	돌길라
비구니가 먼저 길을 가다가 군진이 뒤에 이르렀는데, 비구니가 아랫길로 피하지 않았으면			돌길라

---

102. （大22, 669中）.

『比丘尼鈔』

『僧祇』 만약 마을과 성읍에 들어가는 길에서 군진을 우연히 만나서 보려는 뜻이 없었는데 보았으면 범함이 아니다. 만약 보려는 마음을 먹고 머리를 들거나 고개를 숙여서 몰래 보면 바일제다.

『十誦』 만약 군진이 전투에 나가서 적과 싸우면서 죽이는 것을 보게 되었을 때, 그 인연으로 무상을 관하면 범함이 아니다.

『多論』 길을 가는 도중에 지나치게 된 것은 범함이 아니다. 그러나 만약 멈추어 서서 보면 범한다. 만약 좌우로 몸을 돌려서 보면 위의를 망가뜨리니 돌길라다.

6. 범함이 아닌 경우[開緣]

만약 비구니가 일이 있어서 갔거나, 청함을 받아서 갔거나, 힘이 센 사람에게 끌려갔으면	범함이 아니다
만약 비구니가 먼저 길을 가는데 군진이 뒤에 와서 그 비구니가 아랫길로 피했으면	
만약 물길이 끊어진 경우 등이나 힘센 자에게 잡힌 등의 이유로 아랫길로 피하지 못했으면	

인연이 있어서 군대에 갔다가 기한을 넘기는 계 有緣軍中過限戒

비구계 제49와 같음, 대승공계, 차계 　　　　　　　　　　　　　　　　　　육군비구

1. 계의 조문 [戒文]

만약 비구니가 인연이 있어 군대에 가서 2일이나 3일을 지내되, 기한을 넘기면 바일제다.

2. 계를 제정한 인연 [緣起]

『四分』

부처님께서 사위국 기수급고독원에 계실 때 육군비구들이 인연이 있어 군대에 가서 묵게 되었다. 그런데 거사들이 보고서 "우리는 은애恩愛 때문에 여기서 자지만 사문들이 무엇 때문에 여기에 있는가?"라며 의심을 내고 비난하였다. 비구들이 듣고서 꾸짖고 부처님께 사뢰니 꾸짖으시고 계를 제정하셨다.

3. 제정한 뜻 [制意]

『四分律疏』

'제정한 뜻'은 앞의 계와 같다.

4. 범하는 조건 [犯緣]

『行事鈔』

네 가지 조건을 갖추면 범함이 된다.

첫째, 청한 인연이 있고

둘째, 이미 2일 밤이 지났고

셋째, 3일 밤을 자고 보이고 들리는 곳을 떠나지 않았는데

넷째, 날이 밝으면

범한다.

5. 범하는 상황[罪相]

인연이 있어 군대에서 숙박을 하는데, 3일밤을 자고 날이 밝아오기 전에	보이고 들리는 곳을 떠나지 않고 있다가	날이 밝았으면	바일제
	보이는 곳을 떠났지만 들리는 곳에 있거나, 들리는 곳을 떠났으나 보이는 곳에 있었으면		돌길라

6. 범함이 아닌 경우[開緣]

만약 3일 밤을 자고 날이 밝기 전에 보이고 들리는 곳을 떠났으면	범함이 아니다
만약 수로나 육로의 길이 끊어진 등이었거나, 힘센 자에게 잡힌 등으로 보이고 들리는 곳을 떠나지 못했으면	

35 군대가 전쟁하는 것을 구경하는 계 觀軍合戰戒

비구계 제50과 같음, 대승공계, 차계   육군비구

1. 계의 조문[戒文]

만약 비구니가 군대에서 2일이나 3일을 머물면서, 혹 때에 군인들이 전쟁하는

것이나 군대의 코끼리나 말의 세력을 구경하면 바일제다.

2. 계를 제정한 인연 [緣起]

『四分』

부처님께서 사위국 기수급고독원에 계실 때였다. 육군비구들이 인연이 있어 군에 있으면서 전투하는 것을 구경하다가, 그 가운데 한 비구가 화살에 맞아 도반들이 옷으로 싸서 메고 돌아왔다. 거사들이 이를 보고 "우리는 은애恩愛 때문에 군사를 일으켰으나 출가한 사람이 무엇 때문에 군에 갔는가?"라고 비난하였다. 비구들이 듣고서 꾸짖고 부처님께 사뢰니 꾸짖으시고 계를 제정하셨다.[103]

3. 제정한 뜻 [制意]

『四分律疏』

그 허물은 앞의 계와 다르지 않다. 이미 인연이 있어서 군진에 가는 것을 허락 받았으면 한 곳에 앉아서 머물러야 한다. 그런데 마음대로 전쟁하는 것을 가서 보다가 사고를 당하면 그 허물이 처음(제33 군진을 보는 계)과 같다. 그래서 거듭 제정하셨다.

4. 범하는 조건 [犯緣]

『行事鈔』

네 가지 조건을 갖추면 범함이 된다.

첫째, 먼저 인연이 있어서 군대에서 머물고

둘째, 군진이 서로 전투를 하는데

셋째, 방편을 써서 구경하러 가서

넷째, 보면

---

103. (大22, 671上).

범한다.

5. 범하는 상황[罪相]

	가서 보았으면	바일제
인연이 있어서 군대에서 머물면서 전투하는 것이나, 코끼리나 말의 세력을 구경하려고	갔으나 보지 않았으면	돌길라
	방편으로 가려고 준비했다가 가지 않았으면	돌길라
비구니가 먼저 길을 가다가 군진이 뒤에 이르렀는데, 비구니가 아랫길로 피하지 않았으면		돌길라

6. 범함이 아닌 경우[開緣]

만약 때에 인연이 있었거나, 말하고자 하는 바가 있었거나, 청을 받아서 갔거나, 힘센 자에게 잡혀갔거나, 목숨이 위태롭거나, 청정행이 어려웠으면	
만약 비구니가 먼저 길을 가다가 군진이 뒤에 이르러 비구니가 아랫길로 피했으면	범함이 아니다
만약 물길이 끊어졌거나, 힘센 자에게 잡혀 결박당한 등으로 인해 아랫길로 피하지 못했으면	

36 술을 마시는 계 飮酒戒

비구계 제51과 같음, 대승공계, 차계 　　　　　　　　　　　　바가타 비구

1. 계의 조문[戒文]

만약 비구니가 술을 마시면 바일제다.

2. 계를 제정한 인연[緣起]

『四分』

부처님께서 지타국支陀國에 계실 때, 바가타婆伽陀 비구가 길을 가다가 변발범지辮髮梵志가 있는 곳에서 묵게 되었다. 범지는 독룡毒龍이 있는 방을 내주었는데, 바가타 비구가 신통력으로 용을 항복 받아 발우에 담아서 다음날 범지에게 보여주었다. 마침 범지의 집에서 묵고 있던 구섬미의 왕이 이것을 보고 '부처님의 제자도 신통력이 저러한데 부처님은 더 신통력이 크시리라'고 생각하며 부처님을 뵙고 싶어 하였다.

그때 부처님께서 지타국으로부터 구섬미에 와서 설법하시니, 왕이 크게 환희심을 내고 대중을 둘러보니 바가타 비구가 보이지 않았다. 바가타 비구는 육군비구들과 그 뒤에 이르렀는데, 왕이 마중을 나오자 바가타 비구는 갖가지 방편으로 설법을 해주었다. 이에 왕은 기뻐하면서 필요한 것을 공양하려고 했으나 사양하니, 옆에 있던 육군비구들이 흑주黑酒가 필요하다고 하였다. 그래서 왕이 이튿날 바가타 비구를 청하여 음식과 술을 공양하였다. 그런데 바가타 비구가 잔뜩 먹고 취하여 땅에 쓰러져서 토하니 새들이 시끄럽게 울어댔다. 부처님께서 아시면서도 아난에게 물어서 사실을 확인하시고, 술 마시는 사람에게 생기는 10가지 허물을 말씀하신 후 꾸짖으시고 계를 제정하셨다.[104]

3. 제정한 뜻[制意]

『四分律疏』

술은 독수毒水여서 마시면 근심이 되고 사람의 뜻과 성품을 어지럽히고 미치게 한다. 넓게는 모든 악을 일으키며 수행을 장애하고 도업을 폐하게 하여 도에 손해되고 비난을 초래하게 한다. 근심이 생기는 근본이니 어찌 금하지 않고 용납하겠는가? 이런 이유로 성인께서 제정하셨다.

4. 범하는 조건[犯緣]

『行事鈔』

세 가지 조건을 갖추면 범함이 된다.

첫째, 술이고

둘째, 중병의 인연이 없는데

셋째, 마셔서 삼키면

범한다.

5. 범하는 상황[罪相]

술이면	비록 술의 색깔, 술의 냄새, 술의 맛이 없더라도	마시지 말아야 한다.
술 아닌 것이면	비록 술의 색깔, 술의 냄새, 술의 맛이 있더라도	마셔도 된다.

술이거나 술을 끓인 것이거나 술을 섞은 것을 만약 먹었거나 마셨으면	바일제
만약 단맛의 술을 마셨으면	돌길라
만약 신맛의 술을 마셨으면	

---

104. (大22, 671中).

만약 누룩을 먹었으면	
만약 술지게미를 먹었으면	

「私記」

남산율사의 『含註戒本』과 『行事鈔』에서 인용한 율문에서는 모두 "만약 술이 아니라도 술의 색깔, 술의 냄새, 술의 맛이 있으면 마시면 안 된다"고 하였다. 영지율사는 "'만약 술이 아니라도' 이하는 술이 아닌 것을 밝혔는데, 세 가지(술의 색깔, 술의 냄새, 술의 맛)를 갖추면 술과 같다. 다 갖추지 않은 것은 아래와 같이 단 맛이거나 신맛이 있는 것이니, 돌길라를 범한다"라고 하였다.

『資持記』

이 지방(중국)은 지게미장이 흔히 있는데 술의 기운과 맛이 온전히 있어서 사람을 취하게 만든다. 세상 사람 대다수가 탐하여 먹으니 절제하기가 매우 어렵다. 생각건대, 인도에는 본래 없으므로 교법에서 제정하지 않았지만, 앞의 지게미와 누룩을 기준하면 명백한 예가 되기에 충분하다. 도에 마음을 둔 사람들은 반드시 엄격하게 지키기를 바란다.

6. 대상에 대한 생각[境想]

술을	술이라 생각하면서	마셨으면	바일제
	술인가 의심하면서		
	술이 아닌 것으로 생각하면서		
술 아닌 것을	술이라 생각하면서	마셨으면	돌길라
	술이 아닌가 의심하면서		

『戒本疏』

'대상에 대한 생각'의 세 구절은 모두 중죄다. 옛 율사들이 "대상에 대하여 어떤 마음을 일으켰느냐를 기준하여 제정한 것이다"라고 하였다. 하지만 나의 생각은 다르다. 성인께서 제정하신 이유가 있을 것이나 글이 적어서 명료하지 않다. 지혜 있는 사람이 이전에 술 냄새조차 맡아본 적이 없는데 과일즙이 필요해서 착오로 술을 먹었을 때 어찌 바일제로 결정할 수 있겠는가!

여기서 '중죄'라고 한 것은 먼저 방편으로 술을 마시려고 들어서 입으로 향했기 때문이다. 나중에 술이 아니라고 생각했거나 의심을 일으켰다면 뒤의 마음을 기준해서 돌길라에 그칠 뿐인데, 앞의 방편이 먼저 성립되었으므로 중죄가 아니고 무엇이겠는가!

7. 범함이 아닌 경우[開緣]

만약 병이 있는데, 다른 약으로 치료해도 차도가 없어서 술로써 약을 삼았으면	범함이 아니다
만약 술을 상처에 발랐으면	

『戒本疏』

'다른 약으로 치료되지 않아 술로 약을 삼았다'는 것이 병이 있으면 곧 마실 수 있다는 것을 말하는 것은 아니다. 그러므로 반드시 다른 약으로 치료하여도 차도가 없을 때, 비로소 그것을 약으로 복용하기 시작해야 한다.

『資持記』

율문에 "만약 나를 스승으로 여기는 이는 풀이나 나무를 술에 넣어서 입에 한 방울이라도 떨어뜨리면 안 된다"고 하였다. 그것으로 인하여 술에는 10가지 허물이 있음을 말씀하셨다.

첫째 안색이 나쁘고, 둘째 기력이 약해지며, 셋째 눈에 보이는 것이 밝지 못하고, 넷째 성난 모습을 드러내고, 다섯째 생계를 유지하는 업을 무너뜨리고, 여섯째 질병이 늘어나고, 일곱째 다툼과 송사訟事를 더하며, 여덟째 좋은 명성이 없어지고, 아홉째 지혜가 적어지고, 열째 목숨이 다하면 3악도에 떨어진다.(원래 주에는 "위의 아홉 번째까지는 현생의 악업이고, 열 번째는 내생의 고통이다"라고 하였다.) 이 10가지 허물을 보면 분명하게 드러나는 데도, 세상의 어리석은 이들은 반대로 말하면서 "힘을 더하고 병을 치료한다"고 하니 또한 잘못이 아니겠는가!

『資持記』

『多論』 이 계는 지극히 중대하여 4역죄逆罪를 짓게 할 수 있는데, 화합승가를 깨뜨리는 것은 제외한다. 또한 모든 계를 깨뜨릴 수 있고 다른 많은 악을 짓게 하기 때문이다.

『資持記』 글에 '모든'이란 '5계, 8계, 10계, 구족계'를 말한다.

『多論』 어떤 사람이 술을 마신 후 자기 모친과 음행을 하고, 닭을 훔치고, 살인을 하였다. 사람들이 물으니, 모두 하지 않았다(원래 주에는 "곧 망어죄다"라고 하였다)고 하였다. 4바라이까지 훼손했으니 나머지는 알 수 있을 것이다. 진실로 정신을 혼미하게 하고 생각을 어지럽히고 방일함의 근본이 되어 사문에게는 큰 근심이 되니, 그렇게 하지 말아야 하지 않겠는가!

비구계와 제52와 같음, 대승공계, 차계   십칠군 비구

1. 계의 조문 [戒文]

만약 비구니가 물에서 장난하면 바일제다.

2. 계를 제정한 인연 [緣起]

『四分』

부처님께서 사위국 기수급고독원에 계실 때, 십칠군 비구가 아기라바제阿耆羅婆提강에서 물장난을 하고 있었다. 그때 파사익왕과 말리末利부인이 누각 위에서 보고는 왕이 "당신이 섬기는 저 사람들을 보시오!"라고 하였다. 그러자 부인이 "저 비구들은 나이가 어리거나, 출가하여 불법에 들어온 지 오래지 않거나, 혹 장로라면 아는 것이 없는 어리석은 자들입니다"라고 대답했다. 그리고 말리부인은 곧 나릉가那陵迦바라문을 시켜 이 사실을 부처님께 말씀드리게 하였다. 이 인연으로 부처님께서 비구들을 모아서 십칠군 비구들을 꾸짖으시고 이 계를 제정하셨다.[105]

3. 제정한 뜻 [制意]

『四分律疏』

『多論』 4가지 뜻이 있어서 제정하셨다.

첫째, 불법은 존중하고 이치적으로 공경하고 받들어야 한다. 그런데 이제 물에 들어가서 장난하니 손해하고 무너뜨리는 것이 가볍지 않다. 둘째, 이치적으로 위

---

105. （大22, 672中）.

의와 질서를 갖추어서 밖으로 신심과 공경심을 기르게 하기 위해서이다. 물에 들어가서 장난하면 행동이 위의를 어그러뜨려서 세상 사람들이 비난하는 허물을 초래한다. 셋째, 반연을 쉬고 도를 닦아야 하는데, 물속에서 장난하면 정업을 방해하고 그만두게 한다. 넷째, 정념을 닦아야 하는데 물에 들어가 장난하면 마음을 산란케 하여 정념을 잃게 된다. 그러므로 성인께서 금지하셨다.

4. 범하는 조건 [[犯緣]]

『行事鈔』

세 가지 조건을 갖추면 범함이 된다.

첫째, 물이고

둘째, 범함이 아닌 인연이 없는데

셋째, 들어가 장난하면

범한다.

5. 범하는 상황[罪相]

물속에서 장난한다는 것	방일한 마음으로 제멋대로	이 언덕에서 저 언덕에 이르는 것이다.
		물의 흐름을 따라가거나, 물을 거슬러 가는 것이다.
		이 곳에 숨었다가 저 곳에서 나오는 것이다.
		손으로 물을 치는 것이다.
		표면에 물을 튕기는 것이다.
		발우에 물을 담아 장난치는 것 등이다.
물속에서 장난했으면		바일제
만약 낙장, 맑은 낙장, 식초, 보리장을 그릇에 담아 장난했으면		돌길라

6. 범함이 아닌 경우[開緣]

만약 길을 가다가 물을 건너게 되어 이 언덕에서 저 언덕으로 갔으면	범함이 아니다
만약 물속에서 재목이나 대나무나 뗏목을 끌게 되어 물을 따라가거나 거슬러 갔으면	
만약 모래를 취하거나, 먹을 것을 취하거나, 잃어버린 물건이 물의 바닥에 가라앉아서 여기에서 들어갔다가 저기로 나왔으면	
만약 헤엄치는 법을 배우기 위해서 팔을 허우적거리다가 물을 쳐서 물이 튀었으면	

『行宗記』

'탁탁(擢擢)'이라는 글자는 '도도[diào]'라고 해야 한다. 음은 '調[diào]'이고 '흔들다'는 뜻이다.〔끌어당기거나 끌어올린다는 뜻이다〕

38 간지럽히는 계 擊攊戒

비구계 제53과 같음, 대승공계, 차계 　　　　　　　　　　　　　　　　육군비구, 십칠군 비구

1. 계의 조문[戒文]

만약 비구니가 손가락으로 서로 간지럽히면 바일제다.

2. 계를 제정한 인연 [緣起]

『四分』

부처님께서 사위국 기수급고독원에 계실 때, 육군비구 중 한 사람이 십칠군 비구 중 한 사람을 간지럽혀서 죽게 하였다. 비구들이 듣고서 꾸짖고 부처님께 사뢰니 꾸짖으시고 이 계를 제정하셨다.[106]

3. 제정한 뜻 [制意]

『四分律疏』

상황은 비록 가벼우나 중대한 과실을 초래하기 쉽다. 사람들의 희롱하는 행위는 특히 금지해야 하므로 제정하셨다.

4. 범하는 조건 [犯緣]

『比丘尼鈔』

네 가지 조건을 갖추면 범함이 된다.

첫째, 상대방이 비구니이고

둘째, 괴롭히려는 뜻으로

셋째, 열 손가락이나 열 발가락이

넷째, 닿으면

범한다.

5. 범하는 상황 [罪相]

서로 간지럽히되	손이나 발가락으로 했으면	바일제
	막대기, 열쇠, 불자拂子의 자루 등으로 했으면	돌길라

---

106. （大22, 673上）.

『比丘尼鈔』

『僧祇』 손가락으로 비구를 가리키는 것도 바일제다. 다섯 손가락으로 가리키면 5바일제다. 또는 차출할 때 손가락으로 아무개를 지목하여 보내는 것도 바일제다. (비구니도 같다.)

『五分』 만약 사미나 축생 등을 간지럽히면 돌길라다. (비구니 이하 식차마나나 사미니도 같다.)

『資持記』

'간지럽힌다'는 것은 손으로 겨드랑이를 긁어서 간질이는 것을 말한다.

6. 범함이 아닌 경우[開緣]

만약 고의로 간지럽힌 것이 아니었으면	
만약 잠자면서 닿아서 깨게 했으면	
만약 출입하면서 오고 갈 때였으면	범함이 아니다
만약 땅을 쓸다가 잘못해서 닿았거나, 잘못하여 막대기 끝부분에 닿았으면	

39 충고를 받아들이지 않는 계 不受諫戒

비구계 제54와 같음, 대승공계, 차계   천타비구

1. 계의 조문 [戒文]

만약 비구니가 충고를 받아들이지 않으면 바일제다.

2. 계를 제정한 인연 [緣起]

『四分』

부처님께서 구섬미국 구사라 동산에 계실 때, 천타비구가 계를 범하려 하자 비구들이 "그러한 뜻을 일으키지 마시오"라고 충고하였다. 그러나 그는 듣지 않고 결국 계를 범했다. 비구들이 꾸짖고 부처님께 사뢰니 꾸짖으시고 이 계를 제정하셨다.[107]

3. 제정한 뜻 [制意]

『四分律疏』

출가인은 이치적으로 악을 여의는 것을 최우선으로 삼아야 한다. 그런데 스스로 미혹한 마음이 있어 장차 허물을 지으려 해서 다른 사람이 애민히 여겨 이치로써 충고하였다. 그러나 따르지 않고 결국 그릇된 행위를 하여 어기고 손해됨이 가볍지 않으므로 성인께서 제정하셨다.

4. 범하는 조건 [犯緣]

『行事鈔』

다섯 가지 조건을 갖추면 범함이 된다.

---

107. (大22, 673上).

첫째, 자신이 법답지 않은 일을 하려고 해서

둘째, 다른 사람이 법답게 충고했는데

셋째, 자신이 하려는 것이 그릇된 것이고 앞사람의 충고가 옳은 줄 알면서

넷째, 충고를 거부하여 받아들이지 않고

다섯째, 행위를 할 때마다

범한다.

영지율사의 해석

위의 '다섯째, 행위를 할 때마다 범한다'는 것은 앞의 승잔죄[108]는 대중의 명령을 어김이 심하므로 충고가 끝나면 바로 범함이 된다. 그러나 여기서는 다른 사람이 충고한 후 행위가 성립되기를 기다려야 한다. 만약 행위를 하지 않으면 충고를 받아들인 것이 되기 때문이다. 또 아래의 '제55 배우기를 권하는 것을 거부하는 계'와도 다른데, 제55계는 '지범止犯'[109]에 속하므로 충고를 했으면 바로 그만두어야 한다. 그러나 본 계는 '작범作犯'을 충고하는 것이므로 행동하는 것을 기다려서 비로소 어김이 성립된다.(원래 주에 "이상은 모두 『戒本疏』의 뜻이다"라고 하였다)

『比丘尼鈔』

근본은 충고를 어기면 바일제가 된다는 것인데, 이것은 충고한 뒤에 행동을 해야만 비로소 범하는 것이다. 비록 충고를 했는데 거부해도 범하는 것이지만, 본죄인 바일제를 범하는 것은 아니다. 기다렸다가 행동을 해야 충고를 어기는 뜻이

---

108. 승잔 '제13 나쁜 성품으로 대중을 거부하고 충고를 어기는 계'를 말한다.

109. 과청, 『講記』下, p.1918, 止作持犯에 대한 설명이다. 止犯의 반대는 作持이고, 作犯의 반대는 止持이다. ①止持: 행위를 하지 않음으로써 지키게 되는 것이다. 持戒는 악법을 그침으로써 성취된다. 이것은 악법을 행하지 않는 것을 종지로 삼는다. ②作持: 행위를 함으로써 지키게 되는 것이다. 우리의 持戒가 善法을 지음으로써 성취된다. 善法을 닦아 익히는 것을 종지로 삼는다. ③作犯: 우리가 계를 범하는 것이다. 이것은 악법을 행함으로써 성취되는 것이다. 악법을 짓는 것을 종지로 삼는다. ④止犯: 이것 역시 계를 범하는 상황인데, 행위를 그침으로써 범하게 된다. 우리가 선법을 잘 실천하지

성립되어 바일제죄가 된다.

5. 범하는 상황[罪相]

스스로 자신의 행위가 그릇된 줄 알고도, 고의로 해서 근본을 범하고 말을 따르지 않았으면	바일제
스스로 자신의 행위가 그릇된 줄 알지 못하고, 고의로 해서 근본을 범하고 말을 따르지 않았으면	돌길라

『戒本疏』

'무거운 죄를 범했다'는 것은 자신이 잘못을 범했고 앞사람의 충고가 옳은 줄 알고도 위반하는 상황의 허물이 무거우므로 가볍지 않다고 이르는 것이다. '가벼운 죄를 범했다'는 것은 미혹해서 자신이 옳다고 여기므로 앞사람이 "네가 잘못되었다"고 충고하는 것이니, 범하는 상황이 경미하기 때문에 돌길라가 된다.

6. 범함이 아닌 경우[開緣]

만약 지혜가 없는 사람[110]이 충고해서 도리어 상대에게 이와 같이 "그대는 그대의 스승이나 화상니에게 묻고, 다시 잘 가르침을 청해서 학습하고 송경하여 충고하는 법을 알고 난 연후에 충고할 수 있다. 만약 그때 충고하면 받아들이겠다"라고 말했으면	범함이 아니다
만약 장난으로 말한 등이었으면	

않음으로써 성취되는 것이다. 선법을 닦아 익히지 않는 것을 종지로 삼는다.

110. 과청, 『講記』下, p.1922, 『毗尼母論』에 다섯 종류의 사람이 하는 충고는 받아들이지 말라고 하였다. ①참회하지 않고 부끄러워할 줄 모르는 이 ②두루 배우지 않아서 광대하고 박학한 견문이 없는 이 ③항상 다른 이의 허물만 찾아내는 이 ④다투고 싸우기를 좋아하는 이 ⑤법복을 버리고 환속하려고 하는 이다.

40 비구니를 두렵게 하는 계 怖比丘尼戒

비구계 제55와 같음, 대승공계, 성계   나가파라 비구

1. 계의 조문[戒文]

만약 비구니가 다른 비구니를 두렵게 하면 바일제다.

2. 계를 제정한 인연[緣起]

『四分』

부처님께서 파라리비국波羅梨毗國에 계실 때, 나가파라那迦波羅 비구가 부처님을 시봉하면서 필요한 것을 공급하였다. 어느 날 부처님께서 나가파라 비구에게 비옷을 가져오라고 하여 갖다 드리니 경행하는 곳으로 가서 경행하셨다.

그때 석제환인釋提桓因이 신통력으로 황금으로 된 경행당徑行堂을 만들어 놓고 "부처님께서 경행하실 때는 공양인供養人이 길머리에 서 있었습니다"라고 사뢰었다. 그래서 나가파라 비구가 길머리에 서 있다가 방으로 드시기를 청했으나 부처님께서는 새벽이 되어서도 잠자코 계셨다. 그래서 '부처님을 놀라게 해서 방에 드시게 하리라' 생각하고 구집狗執을 뒤집어쓰고 귀신 흉내를 내었다. 이 일로 부처님께서 비구들을 모아서 나가파라 비구를 꾸짖으시고 계를 제정하셨다.[111]

3. 제정한 뜻[制意]

『四分律疏』

출가한 사람은 서로를 잘 보호하고 번뇌롭게 하지 말아야 한다. 그런데 이제 6진塵 등의 일로써 서로 두렵게 하고 놀라게 하여 정업 닦는 것을 그만두게 하니,

---

111. (大22, 673中).

번뇌롭게 함이 깊고 허물이 크기 때문에 제정하셨다.

4. 제정한 뜻[犯緣]

『比丘尼鈔』

다섯 가지 조건을 갖추면 범함이 된다.

첫째, 상대방이 비구니이고

둘째, 두렵게 하려는 뜻을 내어

셋째, 6진 등의 일을 나타내 보이거나 말을 하되

넷째, 나타낸 모습이나 말이 분명하여

다섯째, 보거나 들었으면

범한다.

5. 범하는 상황[罪相]

두렵게 한다는 것	형상으로	코끼리·말·귀신·새 등의 형상을 보게 하여 사람을 두렵게 하는 것이다.
	소리로	조개소리·북소리·바라소리·코끼리소리·말소리·낙타소리·우는 소리 등의 소리를 듣게 하여 사람을 두렵게 하는 것이다.
	냄새로	뿌리향·사라수향·송진향·나무겉껍질향·나무속껍질향·잎사귀향·꽃향·과일향·좋은 향·악취 등의 냄새를 맡게 하여 사람을 두렵게 하는 것이다.
	맛으로	신맛·단맛·쓴맛·떫은 맛·짠맛·가사袈裟맛(담백한 맛)을 맛보게 하여 사람을 두렵게 하는 것이다.
	촉감으로	뜨거운 것·찬 것·가벼운 것·무거운 것·가는 것·거친 것·매끄러운 것·껄끄러운 것·부드러운 것·단단한 것 등의 촉감이 닿게 하여 사람을 두렵게 하는 것이다.

법으로	앞사람에게 "나는 이와 같은 모습을 보았는데 '꿈에서 그대가 죽었다, 옷과 발우를 잃어버렸다, 도업을 그만 두었다'라고 하거나 '그대의 스승·화상니·아사리니가 죽음을 당했다, 옷과 발우를 잃어버렸다, 도업을 그만 두었다'라고 하거나 '그대의 부모가 중병을 얻었다, 목숨을 마쳤다'"라고 하는 이와 같은 법으로 하여 사람을 두렵게 하는 것이다.	

형상, 소리, 냄새, 맛, 촉감, 법으로 사람을 두렵게 하여	그가 보거나, 듣거나, 냄새 맡거나, 맛보거나, 느꼈거나, 알아서 두려워하거나 두려워하지 않았거나 간에	바일제
	그가 보거나, 듣거나, 냄새 맡거나, 맛보거나, 느꼈으나 알지 못했으면	돌길라
	말을 분명하게 했으면	바일제
	말을 분명하게 하지 않았으면	돌길라

『戒本疏』

'범하는 상황' 중에 처음은 6진塵을 남에게 보이는 것으로써 죄의 경중이 결정되고, 뒷부분은 6진을 남에게 말해서 그가 듣고 아는 것을 기준으로 죄의 경중이 결정된다.

6. 범함이 아닌 경우[開緣]

만약 어두운 장소에 등불 없이 앉아 있는 것이나 대소변 하는 장소를 멀리서 보고, "저것은 코끼리·도적·짐승이다"라고 하여 두려웠으면	
만약 어두운 방, 등불이 없는 곳, 대소변 하는 장소에서 경행하는 소리, 초목이 닿는 소리, 기침이나 재채기 소리를 듣고 놀랐으면	

만약 형상, 소리, 냄새, 맛, 촉감, 법으로 남에게 두려움을 줄 뜻이 없었으면	범함이 아니다
만약 실제로 이런 일이 있어서 "이와 같은 모습을 보았다"고 했거나, 꿈속에서 보고서 "네가 죽을 것이다"라고 하는 등으로 문득 상대방에게 "내가 그대의 이와 같은 불상사들을 보았다"라고 했으면	
만약 장난으로 말한 등이었으면	

『資持記』

첫째와 둘째는 형상과 소리에 대해 열어준 것이고, 셋째는 두렵게 만들 뜻이 없어서 범함이 아닌 경우이므로 6진에 다 통하고, 넷째는 법진法塵을 나타내고, 다섯째는 장난하는 말이나 착오로 한 것에 대해서는 범함이 아니라는 것이다.

41 보름마다 목욕하는 것을 어기는 계 半月浴過戒

비구계 제56과 같음, 대승공계, 차계 　　　　　　　　　　　　　　　　　육군비구

1. 계의 조문[戒文]

비구니는 보름마다 목욕해야 하니 병이 없는 비구니는 반드시 지켜야 한다. 만약 지나치게 목욕하면 특별한 때를 제외하고는 바일제다. '특별한 때'란 더울 때, 아플 때, 일할 때, 큰 바람이 불 때, 비 올 때, 먼 길을 갔다 왔을 때 등이 이러한 때이다.

2. 계를 제정한 인연 [緣起]

『四分』

부처님께서 라열성 가란타迦蘭陀 대나무동산에 계실 때였다. 그 안에 연못이 있었는데, 병사왕은 비구들이 그곳에서 항상 목욕할 수 있도록 하였다. 어느 날 육군비구들이 날이 밝기 전에 연못에 들어가 목욕했다. 이때 병사왕도 궁녀들을 거느리고 목욕하러 갔다가 비구들이 있어서 기다렸는데, 육군비구들이 날이 밝을 때까지 나오지 않아 결국 다시 되돌아갔다. 이에 대신들이 비난하니 비구들이 듣고서 꾸짖고, 부처님께 사뢰니 꾸짖으시고 계를 제정하셨다.[112]

3. 제정한 뜻 [制意]

『四分律疏』

『十誦』 목욕하는 것에는 다섯 가지 이익이 있다.

첫째는 때를 제거하고, 둘째는 몸이 청정해지고, 셋째는 추위와 더위를 막고, 넷째는 몸의 풍습風濕을 제거하고, 다섯째는 안온함을 얻는다. 목욕할 때는 씻어서 때만 제거하면 되는데 깨끗하게 하는 일이 정도를 지나쳐서 몸에 윤기가 나게 하면, 색신色身을 탐착하고 싫어하는 마음이 없는 것이어서 출리에 위배된다. 그러므로 반드시 보름에 한 번 씻으라는 제한을 두어야 했다. 만약 지나치면 범함이 된다.

4. 범하는 조건 [犯緣]

『行事鈔』

다섯 가지 조건을 갖추면 범함이 된다.
첫째, 이미 앞의 목욕일에 목욕을 했고
둘째, 아직 보름이 차지 않았으며

---

112. （大22, 674中）.

셋째, 범함이 아닌 인연이 없는데

넷째, 다시 목욕하여

다섯째, 몸의 반 이상을 씻으면

범한다.

5. 범하는 상황[罪相]

보름이 되지 않았는데 목욕하되	몸 전체에 물을 한 번 끼얹었으면	바일제
	몸의 반 이상을 씻었으면	
	방편으로 씻으려고 준비했다가 가지 않았으면	돌길라

『比丘尼鈔』

『五分』 재가자와 함께 목욕탕에서 목욕하면 투란차다.

6. 범함이 아닌 경우[開緣]

만약 보름마다 목욕했으면	
만약 더울 때, 아플 때, 일할 때, 바람이 불 때, 비가 올 때, 길을 갈 때라서 자주 목욕했으면	범함이 아니다
만약 힘 센 자에게 잡혀서 강제로 씻게 되었으면	

『比丘尼鈔』

이 『律』의 여섯 가지 인연은 범함이 아니다. 첫 번째, '더울 때'란 (인도에서는) 봄의 후반 45일부터 초여름 1개월까지다. 두 번째의 '아플 때'란 최소한 몸에서 악취가 나는 것까지도 포함한다. 세 번째의 '일할 때'란 최소한 방이나 앞마당을 쓰는 것까지, 네 번째의 '바람이 불 때'란 적어도 최소한 바람이 한 차례 부는 것까지, 다섯 번째의 '비 올 때'란 적어도 물 한 방울이라도 몸에 떨어지는 것까지, 여섯 번째의 '길을 갈 때'란 최소한 반유순[113]을 왕래하는 것까지도 포함된다. 이 모두는 허용하여 모두 범함이 아니다.

42 노지에서 불을 피우는 계 露地然火戒

비구계 제57과 같음, 대승공계, 차계 　　　　　　　　　　　　　　　　　　　　　　　　　육군비구

1. 계의 조문[戒文]

만약 비구니가 병이 없는데 불을 쬐기 위해 노지露地에서 불을 피우거나 다른 사람에게 불을 피우게 하면, 특별한 때를 제외하고는 바일제다.

2. 계를 제정한 인연[緣起]

『四分』

부처님께서 광야성에 계실 때였다. 육군비구들이 상좌들 앞에서는 마음대로 얘기할 수 없다고 하면서 노지로 나가서 검불과 썩은 나무 등을 쌓아 불을 피웠다. 그때 썩은 나무속에 있던 독사가 불기운 때문에 밖으로 나와서, 육군비구들이 놀라 불이 붙은 장작을 던지는 바람에 부처님의 강당이 불에 타버렸다. 비구들이 꾸짖고 부처님께 사뢰니 꾸짖으시고 계를 제정하셨다.

이와 같이 부처님께서 계를 제정하시니 병든 비구가 걱정되어 불을 피우지 못했다. 그래서 부처님께서 "만약 병 없이 자기를 위하여 노지에 불을 피우거나, 사

---

113. 과청,『講記』下, p.1944, 통상적으로 1유순은 40리다. 그러므로 반유순은 20리가 된다.

람을 시켜 불을 피우면 바일제다"라고 거듭 계를 제정하셨다.[114]

3. 제정한 뜻[制意]

『四分律疏』

불의 성질은 태우고 사르는 것이니, 상황 변화가 일정하지 않아 쉽게 태우고 파괴하므로 금지하지 않을 수 없다. 또 불을 피우고 무리가 모이면 흔히 세간의 일을 말하여 정업 닦기를 그만두게 되므로 성인께서 제정하셨다.

4. 범하는 조건 [犯緣]

『行事鈔』

네 가지 조건을 갖추면 범함이 된다.

첫째, 노지이고

둘째, 범함이 아닌 인연이 없는데

셋째, 초목을 태워서 불꽃이 있고

넷째, 타면

범한다.

『比丘尼鈔』

『僧祇』 불을 바퀴 모양으로 돌리거나 비구가 불속의 초목을 뒤적이는 것도 모두 범한다. (비구니도 같다.) 만약 생종을 태우면 2바일제가 된다. 첫째는 생종을 망가뜨렸기 때문이고, 둘째는 불을 피웠기 때문이다.

---

114. (大22, 675上).

5. 범하는 상황[罪相]

병이 없는데 자신이 불을 쬐려고 노지에서 스스로 혹은 다른 사람을 시켜 불을 피우되	초목, 나뭇가지나 잎사귀, 삼나무, 모싯대, 소똥, 겨, 쓰레기나 보리겨 등으로 불을 피웠으면	일체 바일제
	초목, 나뭇가지나 잎사귀, 삼나무, 모싯대, 소똥, 겨, 쓰레기나 보리겨 등에 불을 놓아서 태웠으면	
불에 반쯤 탄 것을 불속에 던졌으면		돌길라
숯을 태웠으면		
앞사람에게 "이것을 알고 이것을 보라"고 말하지 않았으면		돌길라

『行宗記』

불에 반쯤 탄 것은 곧 초목 등에 이미 불이 지나간 것이다. 숯을 태우는 것이 죄가 가벼운 것은 불꽃이 없기 때문이다.

6. 범함이 아닌 경우[開緣]

만약 앞사람에게 "이것을 알고 이것을 보라"고 말했으면	
만약 병든 사람이 스스로 불을 피우거나 다른 사람을 시켜서 피웠으면	
만약 어떤 때 인연이 있어 병든 사람을 위하여 죽·미음·국·밥을 끓였으면	
만약 부엌에 있었으면	범함이 아니다
만약 온실에 있었으면	
만약 욕실에 있었으면	

만약 발우에 연기를 쐬었으면	
만약 옷을 물들였으면	
만약 등을 켜거나 향을 피웠으면	

43 다른 이의 옷과 발우를 감추는 계 藏他衣鉢戒

비구계 제58과 같음, 대승공계, 차계   육군비구

1. 계의 조문[戒文]

만약 비구니가 다른 비구니의 발우·옷·좌구·바늘통을 스스로 감추거나 다른 사람을 시켜서 감추게 하면, 장난으로 한 것이라도 바일제다.

2. 계를 제정한 인연[緣起]

『四分』

부처님께서 사위국 기수급고독원에 계실 때 거사가 대중에게 공양청을 하였다. 십칠군 비구들이 발우·옷·좌구·바늘통을 한 쪽에 놓고 경행하면서 공양 때가 되기를 기다렸다. 그런데 육군비구들이 때를 엿보다가 의발 등을 몰래 감추었다. 공양 때가 되어 십칠군 비구들이 물건이 없어졌음을 알고 찾으니, 육군비구들이 그 앞에서 조롱하였다. 비구들이 그 모습을 보고 육군비구의 소행임을 알게 되어 꾸짖고, 부처님께 사뢰니 꾸짖으시고 계를 제정하셨다.[115]

115.（大22, 675下).

3. 제정한 뜻[制意]

『四分律疏』

제정한 이유는 첫째, 조롱하고 놀리면 서로가 괴롭게 되기 때문이다. 남의 의발을 감추어 찾아도 찾지 못하게 해서 그들을 놀라고 당황하게 하여 괴롭게 함이 가볍지 않다. 둘째, 훔치려는 마음을 내기 쉽다. 경계가 닥쳤을 때 매우 위험해질 수 있으므로 두려움이 심하다.[116] 셋째, 비록 도둑질할 마음이 없었을지라도 상대방이 비방하게 되면 결백을 가리기가 어려워서 빠져나올 수가 없다. 이러한 여러 가지 허물이 있으므로 성인께서 제정하셨다.

4. 범하는 조건[犯緣]

『比丘尼鈔』

세 가지 조건을 갖추면 범함이 된다.

첫째, 비구니의 의발이고

둘째, 상대를 놀라게 하려는 뜻으로

셋째, 취해서 감추면

범한다.

5. 범하는 상황[罪相]

만약 스스로 혹은 다른 사람을 시켜서 비구니의 의발·좌구·바늘통 등을 감추었으면, 장난으로 한 것까지도	바일제

---

116. 여서, 『淺釋』, p.955, 처음에는 장난으로 감추었을지라도 나중에는 물건만 보면 훔치려는 마음이 생겨 도둑질을 하게 되어 범죄자가 되는 위험한 상황이 될 수 있다는 뜻이다.

6. 범함이 아닌 경우[開緣]

만약 실제로 저 사람의 물건인 줄 알고 서로 마음을 잘 이해하면서 [體悉] 가져갔으면	
만약 노지에서 비에 젖거나 바람에 날리는 것을 가져갔으면	
만약 물건의 주인이 성품이 게을러서 의발·와구·바늘통 등을 어지럽게 흩어 놓아서 그에게 가르침을 주려고 취해서 감추었으면	범함이 아니다
만약 그에게 옷을 입으라고 빌려주었는데, 그가 거두지 않아서 잃어버릴까 걱정되어 다시 가져갔으면	
만약 이 의발과 여러 물건 때문에 목숨이 위태롭거나 청정행이 어려워서 취해서 감추었으면	

첫 번째의 '체실體悉'이라는 것은 상대방의 입장을 잘 이해해서 그 속마음을 환히 아는 것을 말한다. 『北史·薛聰傳』에 "황제가 사신을 보내어 관직을 주려고 했으나 간곡히 사양하고 받지 않으니, 황제도 그 마음을 잘 헤아려서 이해하였다"라고 하였다.(사전을 보라.)

44 진실정시를 하고 나서 말하지 않고 취하는 계 眞實淨不語取戒

비구계 제59와 같음, 대승공계, 차계 　　　　　　　　　　　　　　　　　　　육군비구

1. 계의 조문 [戒文]

만약 비구니가 비구·비구니·식차마나·사미·사미니에게 옷을 정시淨施하고 나서 나중에 주인에게 묻지 않고 가져다 입으면 바일제다.

2. 계를 제정한 인연 [緣起]

『四分』

부처님께서 사위국 기수급고독원에 계실 때, 육군비구가 진실정시로 가까운 비구에게 옷을 맡겼다가 나중에 주인에게 말하지 않고 가져다 입었다. 비구들이 듣고서 꾸짖고 부처님께 사뢰니 꾸짖으시고 계를 제정하셨다.[117]

3. 제정한 뜻 [制意]

『四分律疏』

정시법은 쌓아두고 집착하는 마음을 없애기 위함이며, 멀게는 보시바라밀[大行]과 같다. 옷을 이미 다른 사람에게 맡겼으면 가져갈 때에는 모두 반드시 정시주淨施主에게 물어봐야 한다. 그런데 묻지 않고 갑자기 가져가면 이치적으로 성인의 가르침을 어기는 것이다. 또 앞사람(정시주)이 그 물건을 보지 못하여 잃어버렸거나 빼앗겼다고 생각하게 되어, 그를 번뇌롭게 하는 것이 가볍지 않으므로 성인께서 제정하셨다.

---

117. (大22, 676上).

4. 범하는 조건 [犯緣]

『行事鈔』

네 가지 조건을 갖추면 범함이 된다.

첫째, 이것이 자기 물건이고

둘째, 진실정시를 했는데

셋째, 정시주에게 말하지 않고

넷째, 취하면

범한다.

『四分律疏』

앞사람(정시주)에게 주는 것이 거짓이 아니므로 '진실'이라 한다. 이 물건은 다시 마음을 오염시키지 않기 때문에 '정시'라 한다. 그러므로 '진실정시를 해놓고 마음대로 취하는 계'라고 하였다.

5. 범하는 상황 [罪相]

옷을 정시하는 것에 두 종류가 있다.	진실정시眞實淨施－정시주에게 물어 보고 취해서 입어야 한다.	
	전전정시展轉淨施－정시주에게 말하거나 말하지 않았거나 마음대로 취해서 입을 수 있다.	
진실정시를 하고 나서 주인에게 말하지 않고 취해서 입었으면		바일제

『行宗記』

정시에는 두 종류가 있다. 물건을 정시주에게 맡겨 보관하게 하는 것은 '진실정시'이고, 물건은 본인한테 있지만 정시주의 것이라고 생각하는 것은 '전전정시'다.

6. 범함이 아닌 경우[開緣]

만약 진실정시를 하고 나서 정시주에게 말하고 취해서 입었으면	범함이 아니다
만약 전전정시를 하고 나서 말하거나 말하지 않고 취해서 입었으면	

45 새 옷을 괴색하지 않고 입는 계 著新衣戒

비구계 제60과 같음, 대승공계, 차계 　　　　　　　　　　　　　　　　육군비구

1. 계의 조문[戒文]

만약 비구니가 새 옷을 얻으면 청색·흑색·목란색으로 물들여서 괴색壞色해야 한다. 만약 비구니가 새 옷을 얻어서 청색·흑색·목란색 3가지 색으로 물들이지 않고 새 옷을 가지면 바일제다.

2. 계를 제정한 인연 [緣起]

『四分』

부처님께서 사위국 기수급고독원에 계실 때 육군비구가 흰색 옷을 입고 다니니, 거사들이 마치 왕이나 대신과 같다고 비난하였다. 비구들이 듣고서 꾸짖고 부처님께 사뢰니 꾸짖으시고 계를 제정하셨다.[118]

---

118. （大22, 676中).

3. 제정한 뜻[制意]

『四分律疏』

괴색으로 옷을 물들이는 것은 도복道服의 표식이다. 안으로는 집착하는 마음을 없애고 밖으로는 신심과 공경을 증장시킨다. 요즘 옷을 물들이지 않고 쌓아두고 입는데, 이것은 출가인이 입는 도복의 표식이 아니다. 탐욕심을 키우고 비난을 초래하여 손해되게 하니 그 허물이 가볍지 않으므로 제정하셨다.

4. 범하는 조건[犯緣]

『行事鈔』

네 가지 조건을 갖추면 범함이 된다.

첫째, 5의衣이고

둘째, 자기 물건이고

셋째, 괴색으로 물들이지 않고

넷째, 범함이 아닌 인연이 없는데 마음대로 입으면

범한다.

5. 범하는 상황[罪相]

새 옷을 얻어서 청색·흑색·목란색으로 물들이지 않고 입었으면		바일제
중의重衣(이불, 요)	정淨을 하지 않고 쌓아 두었으면	돌길라
경의輕衣(조신의)		
옷이 아닌 발우주머니·가죽신주머니·반짇고리·참선대·허리띠·두건·양말·땀 닦는 수건·가죽신을 싸는 수건을 정淨을 하지 않고 쌓아 두었으면		돌길라

『行事鈔註』

위의 죄상에 따르면 정淨이란 물들여진 옷에 다른 옷감을 붙이거나, 점을 찍은 것을 말한다. 옷은 모두 다 반드시 물들여서 괴색해야 한다. (그런 후에 정을 할 수 있다.) 5의만 물들여서 괴색해야 하고 나머지 옷은 정법만 하면 된다는 의미는 아니다.

영지율사의 해석

처음부터 '물들여서 괴색해야 한다[染壞]'까지는 정하는 법을 밝힌 것이다. 반드시 모두 물들여야 한다는 것이다. '물들여진 옷'이란 이미 괴색하여 물들여진 것이다. 다른 옷감을 붙이거나 점을 찍는 이 두 가지의 정법은 그 중에서 한 가지만 하면 된다.

'정법만 하면 된다는 의미는 아니다[非]' 이하는 나머지 옷에도 통한다는 것을 말한다. 그러나 나머지 옷도 물들여서 괴색해야 한다는 것은 조신의助身衣를 기준으로 물들이는 것을 말한다. 『戒本疏』에 "수건이나 신발도 반드시 3가지 색으로 물들여야 한다고 말하는 것은 아니다. (그렇게 말하면) 재가자가 이상하게 여기기 때문이다. (그러므로 수건이나 양말은 다만 점을 찍는 정법을 해야 하는 줄 알아야 한다)"라고 하였다.

6. 아울러 제정함[併制]

물들이지 않은 옷을 재가자의 집에 맡겼으면	돌길라

7. 범함이 아닌 경우[開緣]

만약 흰 옷을 얻어서 청색·흑색·목란색 3가지 색으로 물들였으면	범함이 아니다
만약 중의나 경의를 정법을 하고 쌓아두었으면	
만약 옷이 아닌 발우주머니 등을 정법을 하고 쌓아두었으면	
만약 물들인 옷을 재가자의 집에 맡겼으면	
만약 옷이 탈색되어서 다시 물들였으면	

46 축생의 목숨을 빼앗는 계 奪畜生命戒

비구계 제61과 같음, 대승공계, 성계   가류타이

1. 계의 조문[戒文]

만약 비구니가 고의로 축생의 목숨을 끊으면 바일제다.

2. 계를 제정한 인연[緣起]

『四分』

부처님께서 사위국 기수급고독원에 계실 때였다. 가류타이 비구가 까마귀를 싫어하여 활로 쏘아 죽여서 절 안에 큰 무더기를 이루었다. 거사들이 절에 예배하러 왔다가 보고 모두 비난하였다. 비구들이 듣고서 꾸짖고 부처님께 사뢰니, 가류타이에게 사실을 확인하신 후 꾸짖고 계를 제정하셨다.

비구들이 앉았다가 일어서거나 다닐 때 모르는 사이에 작은 벌레들을 많이 죽게 하였다. 그래서 어떤 이는 참회하고 어떤 이는 죄를 범했을까봐 걱정했다. 비구들이 부처님께 사뢰니, 알지 못한 것은 범함이 아니라고 거듭 계를 제정하셨다.[119]

3. 제정한 뜻 [制意]

『四分律疏』

몸과 목숨은 중대하기가 이보다 더한 것이 없다. 살기를 바라고 죽음을 두려워하는 것이 어찌 사람과 축생이 다르겠는가? 지금 앞의 대상(축생)을 침해해서 손해가 크고 괴로움이 심하여 비난을 부르고 도를 무너뜨리므로 성인께서 제정하셨다.

『多論』 세 가지 뜻이 있어 제정하셨다. 첫째, 출가한 사람은 항상 4무량심을 지녀야 하는데, 지금 반대로 살생을 하여 자비한 법도를 어기고 애민하게 여기지 않기 때문이다. 둘째, 스스로를 무너뜨리고 중생을 괴롭게 하니, 곧 생사의 근본이고 도를 장애하는 근원이다. 셋째, 신심과 공경심을 증장하고 비방을 그치게 하기 위해서이다.

4. 범하는 조건 [犯緣]

『比丘尼鈔』

다섯 가지 조건을 갖추면 범함이 된다.

첫째, 축생이고

둘째, 축생이라는 생각을 하고

셋째, 죽이려는 마음을 내어서

넷째, 방편을 일으켜

---

119. （大22, 676下）.

다섯째, 목숨을 끊으면
범한다.

5. 범하는 상황[罪相]

'1)스스로 죽이는 경우'부터 '20)살인도구'까지는 바라이 '제3 살인계'와 같다.

고의로 축생을 죽이면 (변형할 수 없는 축생이다)	죽여서 죽었으면	바일제
	방편을 썼으나 죽지 않았으면	돌길라

「第三分」

만약 뱀이 집에 들어왔다면 대나무통에 담거나 끈으로 묶었다가 풀어서 놓아주어야 한다. 만약 쥐가 집에 들어왔다면 놀라게 해서 나오게 하거나, 쥐덫을 만들어서 잡았다가 풀어주어야 한다. 만약 전갈·지네·그리마가 집에 들어왔다면 물건이나 진흙덩어리로 막거나 대나무통 속에 쓸어 담았다가 놓아주어야 한다.[120]

「第四分」

이[蝨]를 잡으면 그릇, 털, 목화솜[劫貝], 헝겊, 솜[緜]으로 거두어서 그 속에 둔다. 만약 이가 도망쳐 나오면 대나무통을 만들어 뚜껑으로 막고 실로 묶어 평상다리 안쪽에 둔다.[121]

---

120. (大22, 870下).
121. (大22, 941上).

6. 범함이 아닌 경우[開緣]

만약 고의로 죽인 것이 아니었으면	범함이 아니다
만약 칼·지팡이·기와·돌을 던졌는데 잘못하여 맞아서 죽었으면	
만약 방사 짓는 일을 하다가 벽돌·목재·기둥을 잘못 떨어뜨려 죽었으면	
만약 병이 중한 이를 부축하여 일으키거나, 눕히거나, 목욕시키거나, 약을 먹이거나, 서늘한 곳에서 따뜻한 곳으로 데리고 가거나, 따뜻한 곳에서 서늘한 곳으로 데리고 가거나, 방에 들어가거나, 방에서 나오는 이와 같은 여러 가지 일을 할 때 해칠 마음이 없었는데 죽었으면	

『行事鈔』

『四分』에 이를 거두고 나서(위의 기록은 「第四分」의 율문을 보라) 기르는 법은 밝히지 않았다. 위의 뱀과 쥐의 경우처럼 (이를) 모두 나오게 하여 안에서 죽지 않게 해야 한다. 이에 준하여 잘 길러야 하니 그렇지 않으면 살생을 하게 된다.

영지율사의 해석

'이를 거두는 것'에 있어서 율문에는 거두는 법만 밝혔기 때문에 뱀과 쥐에 준해서 그 생명을 잘 보호해야 한다. 그런데 세상 사람들은 가르침에 어두워서 대부분 불이나 끓는 물에 넣거나 손톱으로 눌러서 죽게 한다. 평소에 불쌍히 여기는 마음이 없이 마음대로 살생하니, 마음은 나찰과 같고 행동은 백정과 같다. 미물의 생명은 비록 미미하나 죽음의 고통은 다르지 않다. 성인의 가르침을 입어서 반드시 깊이 경계하기를 바란다.

『資持記』

요즘 출가자들은 인과를 알지 못해서 흔히 생명을 죽여 입과 배를 채운다. 물고기를 죽이고 날짐승을 찔러서 불에 굽고 끓인다. 단지 맛있고 기름진 것만 즐기니 어찌 고통을 생각하겠는가? 칼자루를 스스로 잡으니 사실상 괴색 옷을 입은 백정이며, 피와 살을 먹으니 머리 깎은 나찰이 틀림없다. 세속의 군자도 측은한 마음을 가지는데 세간을 벗어나 도를 닦는 사람의 흉악함이 이와 같다. 후학들은 깊이 생각하고 힘쓰기 바란다. 어찌 한 때의 즐거움을 취하여 만겁의 재앙을 초래하는가? 슬프다!

47 벌레 있는 물을 마시는 계 飮蟲水戒

비구계 제62와 같음, 대승공계, 성계 　　　　　　　　　　　　　　　　육군비구

1. 계의 조문 [戒文]

만약 비구니가 물에 벌레가 있는 줄 알고도 마시면 바일제다.

2. 계를 제정한 인연 [緣起]

『四分』

부처님께서 사위국 기수급고독원에 계실 때였다. 육군비구가 벌레 있는 물을 마시니, 거사들이 "부처님 제자가 자비한 마음이 없이 벌레의 생명을 해친다. 정법을 닦는다고 하나 이것을 보니 무슨 정법이 있겠는가?"라고 하면서 비난하였다. 비구들이 듣고서 꾸짖고 부처님께 사뢰니 꾸짖으시고 계를 제정하셨다.[122]

---

122. (大22, 677中).

3. 제정한 뜻[制意]

『四分律疏』

제정한 뜻은 앞의 '제46 축생의 목숨을 빼앗는 계'와 같다. 앞의 계는 반드시 생명을 끊는 제한된 부분에서 제정했으니, 반드시 목숨을 끊어야 비로소 범한다. 그러나 이 계는 중생의 생명을 기르고 보호하기 위해 깊이 방지하여 제정했으니, 물에 벌레가 있는 줄 알면서 마시면 바로 죄가 된다. 목숨이 끊어지도록 기다리지 않는 것이 다르다.

4. 범하는 조건[犯緣]

『行事鈔』

다섯 가지 조건을 갖추면 범함이 된다.

첫째, 벌레 있는 물이고

둘째, 벌레가 있다고 생각하면서

셋째, 거르지 않고

넷째, 마시면

다섯째, 삼킬 때마다

범한다.

5. 범하는 상황[罪相]

벌레 섞인 물 혹은 벌레가 섞인 즙·식초·맑은 낙장·보리장인 줄 알고도 마셨으면	바일제

6. 대상에 대한 생각[境想]

제19 벌레가 있는 물을 사용하는 계[用蟲水戒]와 같다.

7. 범함이 아닌 경우[開緣]

만약 먼저 알지 못했으면	
만약 벌레가 있는데 벌레가 없다고 생각했으면	범함이 아니다
만약 벌레가 커서 손을 물에 닿게 해서 벌레가 나가게 했으면	
만약 물을 걸러 마셨으면	

『行事鈔』

요즘 어리석은 사문들이 녹수낭(물을 거르는 주머니)을 가지고 다니는 것을 보고, "율학은 단지 녹수낭에 있을 뿐이다"라고 한다. 그러나 이것은 여기에 깊은 뜻이 있음을 알지 못하는 것이다. 이들은 생명을 해치는 줄도 모르고 도업을 닦음에 방해가 되는 줄도 알지 못한다. 오히려 녹수낭을 지니지 않고, 비록 지니더라도 사용하지 않고, 비록 사용하더라도 벌레를 놓아주지 않고, 비록 놓아주더라도 벌레의 생명을 해친다. 또 살생 한 가지 계도 오히려 받들어 지키지 못하니, 나머지 위의나 정견正見, 정명正命은 더 이상 말할 것도 없이 항상 훼손될 뿐이다.

영지율사의 해석

'그러나[然]' 이하는 그릇됨을 꾸짖는 것이니 가르침에 어둡기 때문이다. 그 깊은 뜻을 알지 못하고 자비심이 없어서 중생을 해치는 줄도 모르고, 삼계에서 벗어날 생각을 하지 않기 때문에 도업을 닦는 데 방해가 되는 줄 알지 못한다. 그러나 물을 거르는 방법은 지극히 미세하여 비록 그것을 행하더라도 허물을 면하는 사람은 드물다(眇의 음은 '鮮[xiǎn]'이고, '적다'는 뜻이다).『敎誡新學比丘行護律儀』의 글이 매우 자세하니 찾아보라. '또[且]' 이하는 상심하고 한탄하는 것이다. 율의 '네 가지 일[四事]'이란 계를 깨뜨리고, 위의를 깨뜨리고, 정견正見을 깨뜨리고, 정명正命을 깨뜨리는 것이다. 계상戒相은 거칠기 때문에 (계를 깨뜨리는 것은) 분명하게 드러나지만, 나머지 세 가지는 미세한 것이다. 거친 것도 오히려 깨뜨리는데 나머지 세 가지는 말할 필요가 없다. 따라서 '항상 훼손될 뿐이다'라고 하였다.

48 비구니를 의심하고 괴롭히는 계 疑惱比丘尼戒

비구계 제63과 같음, 대승공계, 성계   육군비구

1. 계의 조문 [戒文]

만약 비구니가 일부러 다른 비구니를 괴롭게 해서 잠깐 동안이라도 기분이 좋지 않게 하면 바일제다.

2. 계를 제정한 인연 [緣起]

『四分』

부처님께서 사위국 기수급고독원에 계실 때, 십칠군 비구들이 육군비구에게 "어떻게 해야 초선·2선·3선·4선에 들고, 어떻게 해야 공空·무상無常·무원無願에 들며, 어떻게 해야 수다원·사다함·아나함·아라한에 듭니까?"라고 물었다. 육군비구가 "너희들의 말은 이미 바라이를 범했으니 비구가 아니다"라고 했다. 그들이 놀라 상좌에게 물으니 범함이 아니라고 하였다. 비구들이 듣고서 꾸짖고 부처님께 사뢰니 꾸짖으시고 계를 제정하셨다.[123]

---

123. (大22, 677下).

3. 제정한 뜻[制意]

『四分律疏』

출가하여 결심한 것은 마음에 원대한 목표를 가지고 몸과 목숨을 마치도록 오롯한 마음으로 도를 숭상하는 것이다. 이제 태어난 해 등의 여섯 가지로 상대방으로 하여금 의심하고 괴롭게 만들어 마음속에 미혹을 품어서 바른 수행을 그만두게 한다. 괴롭게 하는 일이 특히 심하므로 성인께서 제정하셨다.

4. 범하는 조건[犯緣]

『行事鈔』

다섯 가지 조건을 갖추면 범함이 된다.

첫째, 상대방이 비구니이고

둘째, 일부러 괴롭히려는 마음으로

셋째, 여섯 가지 일을 낱낱이 알려서

넷째, 분명하게 말하여

다섯째, 상대방이 알아들었으면

범한다.

5. 범하는 상황[罪相]

의심하고 괴롭힌다는 것	태어난 때에 대해	"그대는 그러한 때에 태어나지 않았다"고 말하는 것이다.
	법랍에 대해	"그대는 그러한 법랍이 아니다"라고 말하는 것이다.
	수계에 대해	"그대가 계를 받을 때 나이가 스물이 되지 않았고, 또 계界 안의 별중이었다"고 말하는 것이다.

갈마에 대해	"그대가 계를 받을 때 알리기와 갈마가 이루어지지 않았다"고 하거나, "비법별중이었다"고 말하는 것이다.
범함에 대해	"그대는 바라이 내지 돌길라, 악설을 범했다"고 말하는 것이다.
법에 대해	"그대들이 물은 것은 스스로 상인법上人法을 말하는 것과 같아서 바라이를 범했으니 비구니의 행이 아니다"라고 말하는 것이다.

일부러 다른 비구니를 의심하고 괴롭혀서	말을 분명하게 했으면	바일제
	말을 분명하게 하지 않았으면	돌길라

『行事鈔』

『律』에 여섯 가지 일로 괴롭히는 것은 태어난 때, 법랍, 수계, 갈마, 6취聚를 범한 것, 성인의 법을 범한 것으로 낱낱의 경우가 모두 단타다.

『資持記』

먼저 '태어난 때'라는 것은 곧 "그대가 그러한 때에 태어나지 않았다"고 말하는 것이다. 둘째, '법랍'이라는 것은 "그대는 다른 수계자와 같은 그러한 법랍이 아니다"라고 말하는 것이다. 셋째, '수계'라는 것은 "그대가 계를 받을 때 나이가 스물이 되지 않았고, 또 계 안의 별중이었다"고 말하는 것이다. 넷째, '갈마'라는 것은 "그대가 계를 받을 때 갈마가 성립되지 않았다"고 말하는 것이다. 다섯째, '6취'라는 것은 "그대는 바라이 내지 악설을 범했다"고 말하는 것이다. 여섯째, '성인의 법'이라는 것은 "그대가 물은 법은 곧 스스로 상인법을 말하는 것으로 바라이를 범하여 비구가 아니다"라고 말하는 것이다.

6. 범함이 아닌 경우 [開緣]

만약 그 일이 사실이어서 일부러 한 것이 아니었으면, • '태어난 때'부터 '범함'의 경우까지는 그가 후에 의심하고 괴로워하는 일이 있을까 염려가 되어서이지 일부러 그의 이양을 받거나 비구니의 예경을 받으려고 하는 경우가 아니다. 이와 같이 말하여 그가 본래 자리로 돌아가서 재수계를 하고 여법한 참회법을 알게 하기 위해서였으면 • '법'의 경우는 성품이 거칠고 모자라서 언어를 이해하지 못하여 "당신은 자칭 상인법을 말한다"는 등의 말을 했으면	범함이 아니다
만약 장난으로 말한 등이었으면	

49 다른 비구니의 추악죄를 숨겨주는 계 覆他麤罪戒

비구계 제64와 같음, 대승공계, 성계　　　　　　　　　　발난타 비구

1. 계의 조문 [戒文]

만약 비구니가 다른 비구니에게 추악죄가 있는 줄 알면서 숨겨주면 바일제다.

2. 계를 제정한 인연 [緣起]

부처님께서 사위국 기수급고독원에 계실 때였다. 발난타 비구가 자주 죄를 범하고 도반에게 죄를 털어놓은 후, 다른 사람에게는 말하지 말아 달라고 부탁했다. 그러나 어느 날 그 비구가 발난타와 다투고 나서 그의 죄상을 폭로하였다. 비

구들이 듣고서 꾸짖고 부처님께 사뢰니 꾸짖으시고 계를 제정하셨다.[124]

3. 제정한 뜻[制意]

『四分律疏』

출가인이 다른 사람이 추악죄 범한 것을 보면 이치상 발로해야만 자기 마음의 청정함을 드러내고, 또한 앞사람이 뒤에 다시 범할 것을 경계하게 한다. 그와 나에게 모두 이익이 되고 대중법의 청정성이 드러나니 이치가 그러하다. 그런데 지금 고의로 서로 숨겨주니 상대방이 죄를 짓는 일이 갈수록 늘어나서 영원히 고칠 수 없게 된다. 스스로 심행을 무너뜨리고 그와 나에게 모두 이익이 없으며 대중의 규칙을 훼손하므로 성인께서 제정하셨다.

앞의 바일제 '제7 구족계를 받지 않은 사람에게 비구니의 추악죄를 말하는 계'에서 '허락하지 않는다'고 말한 것은 대외적으로 승가의 위상을 보호하기 위해서이다. 중생들이 불법을 믿지 않고 욕되게 하고 훼손할까 두렵기 때문이다. 그러나 이 계는 안으로 승가를 보호하기 위해 숨겨주는 것을 허락하지 않는다고 제정하신 것이다. 대중의 마음을 청정결백하게 하여 허물이 생기는 것을 방지하기 위해서이다.

4. 범하는 조건[犯緣]

『行事鈔』

다섯 가지 조건을 갖추면 범함이 된다.

첫째, 다른 비구니가

둘째, 2편 이상[125] 범한 줄 알고도

셋째, 숨겨주려는 마음으로

넷째, 드러내지 않고

다섯째, 다음날 날이 밝으면

범한다.

『資持記』「僧綱大綱篇」

죄를 드러내는 사람은 반드시 다섯 가지 덕행을 갖추어야 한다. 드러낼 때를 알아야 하고, 사실이어야 하고, 상대방에게 이익을 줄 수 있어야 하고, 말이 부드러워야 하며, 자비로운 마음으로 허물을 드러내야 한다.

5. 범하는 상황[罪相]

다른 비구니가	추악죄(승잔) 범한 것을	아침공양 때 알았는데 점심공양 후에 말했으면	돌길라
		점심공양 후에 알았는데 초야初夜에 말했으면	
		초야에 알았는데 중야中夜에 말했으면	
		중야에 알고 후야後夜에 말하고자 했는데 말하기 전에 날이 밝았으면	바일제
	나머지 죄 범한 것을 숨겨주었으면		돌길라
자신의 추악죄(승잔)를 숨겼으면			돌길라
나머지 사람(식차마나·사미·사미니)의 죄를 숨겨주었으면			돌길라

『資持記』

'다른 비구니가 추악죄 범한 것을 숨겨준 것'은 낮과 밤의 각 시한을 구분한 것을 기준으로 해서 안 것과 말한 것을 차례대로 밝혔다. 따라서 죄를 알게 된 시

---

124. (大22, 678下).

125. 도선율사의 『行事鈔』는 비구를 대상으로 말한 것이므로 2편 이상이라고 하였다. 비구는 2편(바라이와 승잔)을 숨겨주면 바일제(제64계)가 된다. 그러나 비구니의 경우는 바라이죄를 숨겨주면 바라이죄가 되므로, 이 계목의 '범하는 조건'에서 2편 이상이라고 하면 옳지 않다. 비구니의 경우는 승잔을 숨겨주는 경우만 바일제가 된다. 그러므로 '승잔'이라고 해야 한다.

점부터 드러낼 때의 시점이 반일半日 이내여야 한다는 것을 알 수 있다.

질문 아침공양 때 알았다가 점심공양 후에도 말하지 않았다면 다시 죄가 있는 것이 아닌가?

답 뜻을 기준하여 보면 초야나 중야에도 말하지 않은 것은 모두 돌길라이며 방편죄(前방편죄)다. 만약 바일제를 범했는가를 논한다면, 반드시 날이 밝은 것을 기준해야 한다. 위의 바일제는 앞 항목의 시간 순서에 따라서 중야와 후야를 들었을 뿐이다.

『戒本疏』

다른 이의 죄를 숨겨준 것은 죄는 무거우나 가볍게 다스리고 (영지율사 주에 "단본죄만 참회한다"고 하였다), 자신의 죄를 숨긴 것은 죄는 가벼우나 무겁게 다스린다.(승잔은 별주를 행해야 하고, 숨긴 죄를 먼저 참회해야 한다.)[126]

6. 대상에 대한 생각[境想]

제7 구족계를 받지 않은 사람에게 비구니의 추악죄를 말하는 계[向未受大戒人說麤罪戒]와 같다

7. 범함이 아닌 경우[開緣]

만약 먼저 알지 못했으면	
만약 추악죄를 추악죄가 아니라고 생각했으면	
만약 다른 비구니에게 말했으면	
만약 말할 비구니가 없었으면	범함이 아니다
만약 마음을 내어 '나는 마땅히 말하리라'고 했는데, 말하기 전에 이미 날이 밝았으면	

| 만약 말하려고 했으나 목숨이 위태롭거나 청정행이 어려워서 말할 수 없었으면 | |

『資持記』

처음에 '알지 못했다'는 것은 숨길 마음이 없었기 때문이다. '추악죄가 아니라고 생각했다'는 것은 마음의 착오로 말미암은 것이기 때문이고, '다른 비구니에게 말했다'는 것은 이미 발로했기 때문이며, '말할 비구니가 없었다'는 것은 말할 대상이 없었기 때문이고, '마음을 냈다'는 것은 숨길 뜻이 없었기 때문이다.

50 쟁사를 다시 제기하는 계 發諍戒

비구계 제66과 같음, 대승공계, 성계   육군비구

1. 계의 조문 [戒文]

만약 비구니가 쟁사諍事를 여법하게 참회한 줄 알고도 후에 다시 제기하면 바일제다.

---

126. 다른 이의 죄를 숨겨주면 바일제이고, 자신의 죄를 숨기면 돌길라다. 그러나 다른 이의 죄를 숨겨준 것은 숨겨준 죄만 참회하면 되므로 對首懺으로 참회가 된다. 그래서 가볍게 다스린다고 한 것이다. 하지만 자신의 추악죄(승잔)를 숨겼으면 숨긴 죄는 돌길라로 가벼우나, 먼저 돌길라 참회를 하고 나서 자신이 저지른 승잔죄를 참회하는 별주를 해야 한다. 그래서 무겁게 다스린다고 한 것이다.

2. 계를 제정한 인연[緣起]

『四分』

부처님께서 사위국 기수급고독원에 계실 때 육군비구들이 다투어서 법답게 쟁사를 없앴다. 그런데 후에 다시 문제를 제기하며 "그대는 잘 관하지 못해서 관이 성립되지 않았고, 잘 이해하지 못해서 이해가 성립되지 않았고, 잘 소멸하지 못해서 소멸됨이 성립되지 않았다"고 말했다. 그래서 대중에서 없던 쟁사가 생겨나고 이미 있던 쟁사는 없어지지 않았다. 비구들이 듣고서 꾸짖고 부처님께 사뢰니 꾸짖으시고 계를 제정하셨다.

그때 비구들이 쟁사가 법답게 소멸되었는지 알지 못하여 참회하는 이도 있고 걱정하는 이도 있으니, 부처님께서 알지 못한 것은 범함이 아니라고 거듭 계를 제정하셨다.[127]

3. 제정한 뜻[制意]

『四分律疏』

네 가지 쟁사가 일어나면 이치를 어그러뜨리고 화합을 깨뜨려서 대중들을 뇌롭고 어지럽게 한다. 그래서 덕을 갖춘 사람이 이치에 맞게 판단해서 쟁사를 없앴다. 그런데 이제 문득 다시 제기하여 흉흉한 불길을 일으키고 악을 부추기며 풍파를 일으켜서 오히려 널리 퍼지게 만들어, 대중을 무너뜨리고 괴롭히는 허물이 깊으므로 제정하셨다.

4. 범하는 조건[犯緣]

『行事鈔』

다섯 가지 조건을 갖추면 범함이 된다.

첫째, 네 가지 쟁사이고

---

127. （大22, 680下).

둘째, 대중들이 법답게 소멸하였고

셋째, 그 사실을 알고도

넷째, 문득 제기하여

다섯째, 말을 분명하게 하면

범한다.

5. 범하는 상황[罪相]

네 가지 쟁사	언쟁言諍, 멱쟁覓諍, 범쟁犯諍, 사쟁事諍이다.		
제기하는 말	잘 관觀하지 못해서 관이 성립되지 않았다.		
	잘 이해하지 못해서 이해가 성립되지 않았다.		
	잘 소멸하지 못해서 소멸이 성립되지 않았다.		

비구·비구니의	네 가지 쟁사가 소멸된 줄 알면서	후에 다시 제기하여	말을 분명하게 했으면	바일제
			말을 분명하게 하지 않았으면	돌길라
	(네 가지 쟁사가 아닌) 다른 다툼이나 비방이 이미 끝난 줄 알면서	후에 다시 제기하면		돌길라
자신이 이전에 제기했던 쟁사를 직접 다시 제기했으면				돌길라
나머지 사람(식차마나·사미·사미니)과 있었던 다툼이나 비방을 후에 다시 제기했으면				돌길라

『資持記』

첫째, 언쟁은 교리의 옳고 그름과 죄상의 경중을 가려내는 것이다. 둘째, 멱쟁은 3근根(보거나, 듣거나, 의심한 것)의 진실여부 및 5덕德의 옳고 그름을 가려내는 것이다. 셋째, 범쟁은 5편 7취에 대한 참회를 할 때 잘못된 점이 있었는지를 가려내는 것이다. 넷째, 사쟁은 위의 세 가지에 공통되는 것이다. 갈마법이 법에 맞는지 아닌지를 가려내는 것과 어떤 갈마법을 사용해야 될지 알지 못해 결정하지 못해서 쟁사가 일어나면 '언쟁 가운데 사쟁'이라고 한다. 다스림[治]¹²⁸과 거죄의 갈마법을 사용하여 허와 실을 증명하는 것을 '멱쟁 가운데 사쟁'이라 한다. 비법갈마나 죄의 경중을 결정하는 것을 '범쟁 가운데 사쟁'이라 한다.(覈의 음은 '核[hé]'이고, '검증하다'는 뜻이다. 일의 사실여부를 조사하는 것이다.)

『毘尼止持』

'관하고 이해한다'는 것은 어떤 갈마법을 주어야 할 것인지 잘 헤아려서 그에 해당하는 갈마법을 주는 것이다. '관과 이해가 성립되지 않았다'는 것은 갈마법이 쟁사와 상응하지 않고 비니毘尼와 서로 어긋나는 것을 말한다.

6. 대상에 대한 생각[境想]

관觀했는데	관이라고 생각했으면	바일제
	관인가 의심했으면	돌길라
관이 성립되지 않았는데	관이라고 생각했으면	
	관이 성립되지 않았는가 의심했으면	

---

128. 과청, 『講記』下, pp.2033-2036, 治는 네 가지 갈마, 즉 訶責갈마, 擯出갈마, 依止갈마, 遮不至白衣家갈마를 말한다.

7. 범함이 아닌 경우[開緣]

만약 미리 알지 못했으면	범함이 아니다
만약 관했으나 관이 성립되지 않았다고 생각했으면	
만약 사실이 그러해서 "잘 관하지 못했다"거나 "관이 성립되지 않았다"고 말한 등이었으면	
만약 장난으로 말한 등이었으면	

『資持記』

'관했으나 관이 성립되지 않았다고 생각했다'는 것은 대중이 여법하게 관해서 쟁사를 소멸했는데 "잘 관하지 못했다"고 말하는 것이다.

51 도둑과 동행하기로 약속한 계 與賊期行戒

비구계 제67과 같음, 대승공계, 성계   육군비구

1. 계의 조문[戒文]

만약 비구니가 도둑인 줄 알면서 함께 동행하여 한 길을 가거나 내지 한 마을에 이르면 바일제다.

2. 계를 제정한 인연 [緣起]

『四分』

부처님께서 사위국 기수급고독원에 계실 때 많은 비구들이 비사리에 가려고 했다. 그런데 어떤 상인이 사사로이 관문을 통과하여 왕에게 세금을 내지 않고 육군비구와 동행하여 비사리에 가려다가, 관문지기에게 붙잡혀 왕에게 끌려가서 사형 선고를 받았다. 그러나 왕은 육군비구가 부처님의 제자이기 때문에 사형시키지 않고 쫓아내기만 하였다. 이에 사람들이 비난하는 소리를 비구들이 듣고서 꾸짖고, 부처님께 사뢰니 꾸짖으시고 계를 제정하셨다.[129]

3. 제정한 뜻 [制意]

『四分律疏』

간사한 것을 끊어 없애고 법에 맞지 않는 것을 금지시키는 것이 왕의 법이다. 이미 도둑인 줄 알면서 동행하면 그 모습이 도둑과 같아서 결백을 가리기 어렵다. 그래서 세속의 비난을 초래하여 손해됨이 가볍지 않으므로 성인께서 제정하셨다.

4. 범하는 조건 [犯緣]

『行事鈔』

여섯 가지 조건을 갖추면 범함이 된다.

첫째, 도적이고

둘째, 도적인 줄 알고도

셋째, 함께 약속하여

넷째, 같이 한 길을 가면서

다섯째, 보이고 들리는 곳을 여의지 않고

---

129. （大22, 681中).

여섯째, 계界를 넘으면
범한다.

5. 범하는 상황[罪相]

	이 마을에서 저 마을로 갔으면—여러 개의 계로 이루어진 구역을 지날 때마다	낱낱이 바일제
도적인 줄 알면서 함께 길을 가기로 약속하고	마을이 아닌 공처空處에서 최소 10리까지 갔으면	바일제
	만약 한 마을에 이르지 못했거나, 10리까지 가지 않았으면	돌길라
	여러 마을 사이에 있는 동일한 계를 갔으면	돌길라
	방편으로 가고자 했다가 가지 않았으면	돌길라
	함께 가기로 약속하고 준비만 했으면	

6. 범함이 아닌 경우[開緣]

만약 먼저 알지 못했으면	
만약 함께 동행하기로 약속한 것이 아니었으면	범함이 아니다
만약 (목적지까지 도적을) 따라가는 것이 안전했으면	
만약 힘센 자에게 끌려간 등이었으면	

비구계 제68과 같음, 대승공계, 성계   아리타 비구

1. 계의 조문 [戒文]

어떤 비구니가 "나는 부처님께서 설하신 법을 아는데, 음행을 하는 것이 도법 道法에 장애되지 않는다"고 말하였다. 그래서 충고하는 비구니가 이 비구니에게, "스님! 그런 말을 하지 마시오. 세존을 비방하지 말아야 합니다. 세존을 비방하 는 것은 옳지 않으며 세존께서는 그런 말씀을 하지 않으셨습니다. 세존께서는 무 수한 방편으로 음욕이 도법에 장애가 된다고 말씀하셨으니, 음욕을 범하는 것은 도법에 장애됩니다"라고 충고하였다. 만약 충고하는 비구니가 이 비구니에게 충 고할 때 고집하고 버리지 않으면, 저 비구니는 세 번 충고해야 하니 이 일을 버리 게 하기 위함이다. 이렇게 세 번 충고해서 버리면 좋고, 버리지 않으면 바일제다.

2. 계를 제정한 인연 [緣起]

『四分』

부처님께서 사위국 기수급고독원에 계실 때였다. 아리타阿梨陀 비구가 악견惡見 으로 "나는 부처님께서 '음행을 하는 것이 도법에 장애되지 않는다'고 말씀하신 것을 안다"고 하였다. 그래서 비구들이 충고했으나 버리지 않아서 부처님께 사뢰 었다. 부처님께서는 아리타 비구를 불러서 사실을 확인하시고 나서 꾸짖고, 대중 들이 백사갈마를 하여 충고하게 하고 계를 제정하셨다.[130]

---

130. (大22, 682上).

3. 제정한 뜻[制意]

『四分律疏』

제정한 뜻에 세 가지가 있다.

1) '음욕이 도법에 장애되지 않는다'고 말하는 것을 허락하지 않은 이유

음욕은 생사의 근본이고, 음욕의 죄는 도를 장애하는 근원이기 때문이다. 이미 입으로 그런 말을 한다면, 몸으로는 그것을 즐거하여 영원히 생사에 빠져서 출리의 도를 닦음에 장애가 되기 때문에 그러하다.

2) 대중들이 반드시 충고해야 하는 뜻

잘못된 근거에 의지하기 때문이다. 재가인이 2과를 증득했음에도 여전히 음행하는 것을 보았기 때문이다. 『五分』에 비구들이 "그대들은 어떻게 이해했는가?"라고 묻자, 리타利吒가 "현재 질다質多와 수달다須達多 두 장자와 우바새들이 모두 5욕에 빠져서 마음대로 음욕을 즐기면서도 초과初果와 2과를 증득했기 때문에 나는 이렇게 이해한다"고 답하였다.

그러나 성인께서는 도를 장애하는 원인을 분류하셨으니, 번뇌에는 거칠고 미세한 것이 있다. 상품上品의 번뇌는 견제見諦를 장애하고, 하품下品의 번뇌는 사유思惟를 장애한다.[131] 수달다 등이 초과를 이루고도 여전히 음행하는 것을 보고, 이와 같은 사견에 집착하여 '음행하는 것이 장애되지 않는다'라고 말한 것이다.

이것은 말은 같은 듯하나 뜻이 다르기 때문에 이치적으로 반드시 구분해서 표시해야 한다. 성인께서 '장애되지 않는다'고 말한 것은 도(과위)마다 다스리는 것이 다르기 때문이다. 각 과위에서 다스리는 번뇌의 종류가 다르기 때문에 해당하는 번뇌만을 대적하여 없앤다. 즉 그 과위에 해당하는 장애만 제거된다. '다르다'는 것은 곧 초과에서 끊을 수 있는 것이 아니므로, 이 과위에서 장애가 되지 않는다[132]는 것이지 다른 과위에서 장애가 되지 않는다는 말은 아니다. 만약 수승

---

131. 상품의 번뇌는 見惑을 말하는데 이는 비교적 거친 번뇌이고, 하품의 번뇌는 탐욕 등 思惑을 말하는 것으로 비교적 미세한 번뇌다.

132. 과청, 『講記』下, p.2056, 初果他是斷見惑 當分的見道 他不會障礙. 초과를 이룬 성인은 견혹을 끊

한 이해를 냈다면(수도위修道位에 들어갔다면) 사혹思惑을 없앨 수 있다. 그런데 지금 치우치게 고집해서 '음욕이 도법에 장애되지 않는다'고 말한다. 삿된 것과 올바른 것은 길이 다르니 이치가 여기에 있다. 반드시 대중들이 충고해서 옳고 그름을 보여주어야 한다.

3) 죄가 되는 뜻

대중들이 이미 충고해서 미혹함을 돌이켜서 바른 것을 따르게 했는데도, 굳게 고집하고 버리지 않아서 법을 어기고 대중들을 괴롭게 하므로 죄로 제정하셨다.

4. 범하는 조건 [犯緣]

『行事鈔』

다섯 가지 조건을 갖추면 범함이 된다.

첫째, 악견이고

둘째, 병처에서 충고했는데

셋째, 받아들이지 않아서

넷째, 대중들이 여법하게 충고하여

다섯째, 세 번의 갈마설을 마치면

범한다.

었으므로 그에 해당하는 견도위에서는 장애가 되지 않는다.

5. 범하는 상황[罪相]

악견으로 남이 말하는 것을 받아들이지 않아서	대중이 충고할 때	알리기를 하고, 세 번째 갈마설을 마쳤으면		바일제
		알리기를 하고, 두 번째 갈마설을 마치고	버렸으면	3돌길라
		알리기를 하고, 첫 번째 갈마설을 마치고	버렸으면	2돌길라
		알리기를 하고 나서	버렸으면	1돌길라
		알리기를 마치기 전에	버렸으면	돌길라
	대중이 아직 충고하지 않았을 때	알리기를 하기 전에, "음행을 하는 것이 도법에 장애되지 않는다"고 말했으면		돌길라

『行宗記』

재가자에 대한 가르침은 복을 짓고 선업으로 향하게 하는 것이므로 바로 음욕을 끊게 하지는 않았다. 그러나 출가는 도를 닦아서 지혜를 발하고 번뇌를 끊어야 하니, 이치상 반드시 모두 다스려서 끊어야만 한다. 그러므로 어찌 도속道俗의 법을 하나로 섞어서 이야기할 수 있겠는가?

『行宗記』

『諸法無行經』에 "음욕이 곧 도이니, 성냄과 어리석음 또한 그러하다. 이 세 가지 법에 일체 불법이 갖추어져 있다"고 하였다. 이것은 망妄이 곧 진眞임을 가리킨 것으로, 뜻이 근본과 반대가 된다. (곧 현상에 즉해서 이치를 드러낸다는 말이다. 만약 잘못 이해하면 아비지옥에 들어갈 것이니, 대승을 배우는 자는 삼가야 한다.)

6. 함께 제정함[併制]

비구·비구니 또는 나머지 사람(식차마나·사미·사미니)이 대중스님들이 이미 충고했거나 아직 충고하지 않았을 때, 악견을 버리지 말라고 가르치는 말을 했으면	가르친 자는	돌길라

7. 범함이 아닌 경우[開緣]

만약 처음 충고했을 때 바로 버렸으면	
만약 비법별중 등으로 충고하는 갈마를 했으면	
만약 법에 맞지 않거나, 율에 맞지 않거나, 부처님의 가르침에 맞지 않게 충고하는 갈마를 했으면	범함이 아니다
만약 일체 아직 충고하기 전이었으면	

53 거죄당한 비구니를 따르는 계 隨擧戒

비구계 제69와 같음, 대승공계, 성계   육군비구

1. 계의 조문[戒文]

만약 비구니가, 이와 같이 말한[133] 사람이고 아직 (죄를 풀어주는) 갈마를 하지 않았는데, 이와 같은 사견을 버리지 않았음을 알면서도 거두어 주고 함께 갈마를 하거나 함께 숙박하면 바일제다.

2. 계를 제정한 인연[緣起]

『四分』

부처님께서 사위국 기수급고독원에 계실 때였다. 아리타 비구가 악견을 내어 대중들이 충고했으나 고의로 버리지 않았다. 비구들이 듣고서 꾸짖고 부처님께 사뢰니, 꾸짖으시고 대중이 아리타 비구에게 거죄 백사갈마를 지어주도록 하셨다. 그런데 육군비구가 아리타 비구에게 필요한 것을 공급해주고, 함께 갈마하고, 함께 숙박하고 이야기했다. 비구들이 듣고서 꾸짖고 부처님께 사뢰니 꾸짖으시고 계를 제정하셨다.[134]

3. 제정한 뜻[制意]

『四分律疏』

제정한 뜻에 세 가지가 있다.

1) 반드시 거죄해야 하는 세 가지 이유

첫째, 이 사람은 (성인의 가르침을) 잘못 집착하여 음욕이 도에 장애가 되지 않는다고 말한다. 대중이 충고해도 버리지 않고 삿된 마음을 이루어서 배움의 길에 장애가 되고 불법 가운데 이익과 증장됨이 없기 때문이다. 둘째, 이 사람은 사견이 이미 형성되어 만약 거죄하여 다스리지 않으면, 영원히 허물을 고치지 않고 참회하지 않아 선善을 따를 수 없게 된다. 반드시 대중이 거죄하고 벌하여 몸과 마음을 조복하고 반성하게 해서 허물을 고쳐야만 도에 들어가는 이익이 있다. 셋째, 음욕은 인지상정이므로 대부분 믿고 받아들인다. 이제 거죄하여 다스리는 것은 사견으로써 교화하는 것을 막기 위해서이다.

2) 따르는 것을 허락하지 않은 세 가지 이유

첫째, 만약 따르는 것을 허락하면, 그 사람이 자기의 견해가 옳다고 여기는 것이 점점 심해져서 남에게 손해를 끼치게 된다. 둘째, 이미 그를 따랐으면 반드시

---

133. 삿된 견해를 말하는 것으로 예를 들어 "음행은 도법에 장애되지 않는다"고 말하는 등이다.
134. (大22, 683上).

견해가 같아져서 음욕에 물들어 곧 스스로를 망치게 된다. 셋째, 대중이 이미 거죄하여 다스렸는데, 이제 또다시 그를 따르는 것은 대중을 어기고 괴롭히는 것이다. 그러므로 따르는 것을 허락하지 않았다.

　3) 3가지 거죄 중에 어떤 것을 따르느냐에 따라 죄의 경중輕重이 결정되는 것을 해석함

　3가지 거죄의 뜻은 같지만 악견으로 거죄당한 사람을 따르는 죄는 무겁고, 나머지 두 가지로 거죄당한 사람을 따르는 것이 가벼운 이유는 무엇인가?

　해석해서 말한다면 '음욕은 도에 장애되지 않는다'는 말은 비록 그럴 듯하지만, 성인의 가르침을 혼란스럽게 하여 정법이 멸하게 하고 다른 사람의 뜻을 무너뜨리며 스스로의 심행心行도 무너뜨려서 배움의 길에 장애가 된다. 또한 사람들이 인정人情을 즐겨 따르기 때문에 바일제죄로 제정하셨다. 나머지 두 가지 항목은 옳고 그름이 분명하여 다시 혼란을 일으키지 않으며, 법이 멸하게 하는 허물과 다른 사람의 뜻을 무너뜨림이 경미하다. 비록 수순한다는 뜻은 같으나 단지 자기 자신만 무너뜨리기 때문에 죄가 가볍다.

4. 범하는 조건 [犯緣]

『行事鈔』

네 가지 조건을 갖추면 범함이 된다.

첫째, 악견으로 거죄당한 사람인데

둘째, 이것을 알면서

셋째, 수순하여 일을 함께 하고

　　　(필요한 것을 공급하고, 함께 갈마하고, 함께 숙박하고, 함께 말하는 것이다.)

넷째, 낱낱의 일을 할 때마다

범한다.

5. 범하는 상황[罪相]

필요한 것을 공급하는 것에 두 가지가 있다.	법	증상계增上戒·증상의增上意·증상지增上智·학문·송경誦經하는 것을 가르쳐서 익히게 하는 것
	재물	의복, 음식, 평상, 와구, 의약품을 공급하는 것
함께 갈마하는 것	함께 포살하는 것이다.	
방[室]	바일제 '제4 남자와 숙박하는 계'와 같다.	

비구니가 먼저 이르렀고, 저가 뒤에 이르러서	한 방에서 자면서	옆구리가 땅에 닿을 때마다	바일제
저가 먼저 이르렀고, 비구니가 뒤에 이르러서		조금이라도 몸을 돌릴 때마다	
두 사람이 함께 이르러서			

「私記」

『律』에 "'범하는 상황'은 오직 함께 숙박하는 것만 나열했으나, 바일제죄는 네 가지를 모두 갖추어야 한다. (함께 갈마하고, 필요한 것을 공급하고, 숙박하고, 말하는 것이다)"라고 하였다. 영지율사의 『行宗記』에는 "함께 한 가지 일을 하면 한 번 함에 따라서 한 번 범함이 성립된다"고 하였으니, 네 가지 모두 갖추지 않아도 범함이 된다.

6. 범함이 아닌 경우[開緣]

제4 남자와 숙박하는 계[共男人宿戒]와 같다.
(단지 첫 번째와 두 번째의 '남자'를 '악견으로 거죄당한 사람'으로 바꾼다.)

178
바일제법

사분율 비구니 계상표해

비구계 제70과 같음, 대승공계, 성계   육군비구

1. 계의 조문[戒文]

어떤 사미니가 "나는 부처님께서 설하신 법을 아는데, 음행을 하는 것은 도법에 장애되지 않는다"고 말하였다. 그래서 충고하는 비구니가 이 사미니에게, "너는 그런 말을 하지 말라. 세존을 비방하지 말아야 한다. 세존을 비방하는 것은 옳지 않으며 세존께서는 그런 말씀을 하지 않으셨다. 사미니여! 세존께서는 무수한 방편으로 음욕이 도법에 장애가 된다고 말씀하셨으니, 음욕을 범하는 것은 도법에 장애가 된다"라고 충고하였다.

만약 충고하는 비구니가 이 사미니에게 충고했을 때 고집하고 버리지 않으면, 저 비구니는 세 번 충고해야 하니 이 일을 버리게 하기 위함이다. 이렇게 세 번 충고해서 버리면 좋고, 버리지 않으면 저 비구니는 이 사미니에게 "너는 지금부터 부처님의 제자가 아니고, 다른 비구니를 따를 수 없다. 사미니는 비구니와 이틀 밤까지 잘 수 있으나 너는 이제 이 일이 없으므로 가거라! 사라져라! 여기에 머물러서는 안 된다"라고 말해야 한다. 하지만 만약 비구니가 이와 같이 멸빈당한 사미니인 줄 알면서도 거두어주고 함께 숙박하면 바일제다.

2. 계를 제정한 인연[緣起]

부처님께서 사위국 기수급고독원에 계실 때, 발난타 비구는 갈나羯那와 마후가摩睺迦라는 두 사미를 데리고 있었다. 그들은 부끄러운 줄도 모르고 함께 부정행을 하며 "우리들은 부처님께 법을 들었는데, '음행을 해도 도법에 장애되지 않는다'고 하셨다"라고 하였다. 비구들이 들고서 꾸짖고 부처님께 사뢰니, 꾸짖으시고 대중들이 백사갈마로 충고하게 했으나 버리지 않아서 멸빈시켰다. 그런데 육

군비구들이 그들을 꾀어 데리고 가서 거두어 주었으므로 부처님께서 꾸짖으시고 계를 제정하셨다. 하지만 알지 못한 경우는 범함이 아니라고 거듭 계를 제정하셨다.[135]

3. 제정한 뜻[制意]

『四分律疏』

제정한 뜻에 3가지가 있다.

1) '멸빈'의 뜻을 풀이하는데 또 3가지가 있다. 앞의 계에서 말한 것과 같다.[136]

물음 "사미니를 멸빈이라고 한 것은 무슨 의미인가?"

답 도에 들어가려면 먼저 신심이 있어야 한다. 그런데 사미니가 아직 구족계를 받지 않고 "음욕이 도법에 장애되지 않는다"고 말하여 대중이 세 번 충고했는데도, 이를 어기면 삿된 마음이 이미 이루어진 것이다. 그래서 만약 이후에 구족계를 받으면 상황을 쉽게 고치기 어렵다. 따라서 반드시 중법重法으로 '멸빈'이란 명칭을 부여하여 그가 도를 수행하는 데 두려움을 내게 하려는 것이다. 그러나 비구는 이미 구족계를 받았기 때문에 죄의 허물을 들어서 다스릴 뿐 멸빈이란 명칭을 써서 두렵게 할 필요가 없다.

사미니가 단지 입으로 말만 하고 아직 음행의 중죄를 짓지는 않았으나, 지금 멸빈이라는 이름을 붙여서 그를 두렵게 하기 위함임을 설명하였다. '계를 제정한 인연'에서 말하는 '함께 부정행을 하였다'는 것은 제2편(승잔)을 말한다. 만약 진실로 음행의 중죄를 범했다면 (바로 멸빈이지) 어찌 충고한 후에 멸빈을 시키겠는가? 또 『多論』에서는 "멸빈을 푼 후에는 구족계를 주어야 한다"고 하였다. 그러므로 중죄를 범한 것은 아님을 알 수 있다. 『伽論』에는 "사미가 '음욕이 도법에 장애되지 않는다'고 말했을 때, 대중이 화합하여 충고하는 갈마를 한 후에 사미

---

135. (大22, 683下).

136. ①불법을 증장하고 이익 되게 한다. ②허물을 고쳐 성인의 도에 들어가게 한다. ③삿된 법을 없애고 정법을 드러낸다.

가 진심으로 참회하면 다시 섭수해야 한다"고 했다.

물음 "사미가 '알지 못한다고 하는 것[不見]'과 '참회하지 않는 것[不懺]'도 사견인데 왜 멸빈시키지 않고, 오직 '음욕이 도법에 장애되지 않는다'고 한 것만 멸빈시키는 것은 무슨 뜻인가?"

답 알지 못한다고 하는 것과 참회하지 않는 것은 옳고 그름이 분명해서 이러한 교법은 혼동되지 않는다. 그리고 대중의 충고가 없기 때문에 범하는 과실이 경미하다. 또한 후에 인정을 따라 사람을 교화함도 없다. 그래서 '거죄한다'고 하고 '멸빈'이라고 이름하지 않는 것이다. 반면 '음욕이 도에 장애되지 않는다'고 말하는 것은 교법을 혼란시키고 대중의 충고를 어길 뿐 아니라, 인정에 맞추어 교화를 하므로 멸빈이라 이름한 것이다. 따라서 앞의 경우(不見, 不懺)와 같지 않다.

2)수순하지 않는 뜻을 풀이한 것과 3)죄가 되는 뜻은 앞의 제53계에서 말한 것과 같다.

4. 범하는 조건 [犯緣]

『戒本疏』(『行事鈔』에는 빠져 있다)

네 가지 조건을 갖추면 범함이 된다.

첫째, 멸빈된 사미니이고

둘째, 이것을 알면서

셋째, 함께 일하고 같이 지내면(꾀어 데리고 가서 거두어주고 함께 생활함)

넷째, 낱낱의 일마다

범한다.

5. 범하는 상황[罪相]

꾀는 것	스스로 유도하는 것	
	남을 시켜서 유도하는 것	
거두는 것	스스로 거두는 것	
	남에게 거두게 하는 것	
방[室]	'제4 남자와 숙박하는 계'와 같다	

비구니가 먼저 이르렀고, 저가 뒤에 이르러서	한 방에서 자면서	옆구리가 땅에 닿을 때마다	바일제
저가 먼저 이르렀고, 비구니가 뒤에 이르러서		조금이라도 몸을 돌릴 때마다	
두 사람이 함께 이르러서			

「私記」

이 계는 낱낱의 일마다 범함이 된다. 오로지 함께 숙박하는 것만을 가리키는 것은 아니다.

「第二分」

대중들이 사미에게 충고할 때는 '멀리서 충고하는 갈마[遙諫羯磨]'를 해야 한다. '멀리서 충고한다[遙諫]'는 것은 대중들이 사미를 대중들 앞에 데리고 가되, 눈으로는 보이지만 귀로는 들리지 않는 곳에 세우고 가책하는 백사갈마를 하는 것이다.[137] (비구니도 같다.)

---

137. 과청, 『講記』下, p.2089, 대중이 갈마할 때 사미가 앞에 있으면 안 되기 때문이다. 하지만 눈으로는 보이지만 귀로는 들리지 않는 곳에서는 가능하다.

6. 범함이 아닌 경우[開緣]

제4 남자와 숙박하는 계[共男人宿戒]와 같다.
(단지 첫 번째와 두 번째의 '남자'를 '멸빈된 자'로 바꾼다)

55 계율을 배우도록 권하는 것을 거부하는 계 拒勸學戒
비구계 제71과 같음, 대승공계, 성계   천타비구

1. 계의 조문[戒文]

만약 비구니가 여법하게 충고할 때 이와 같이 "나는 이제 이 계를 배우지 않겠다. 지혜가 있고 계를 잘 지키는 이가 있으면 물어보겠다"라고 말하면 바일제다. 만약 알기 위해서라면 마땅히 물어야 한다.

2. 계를 제정한 인연[緣起]

부처님께서 구섬미국의 구사라동산에 계실 때였다. 비구들이 천타비구에게 법답게 충고했는데도, "나는 이제 이 계를 배우지 않겠다. 지혜 있고 계를 잘 지키는 다른 사람에게 묻겠다"라고 하였다. 비구들이 듣고서 꾸짖고 부처님께 사뢰니 꾸짖으시고 계를 제정하셨다.[138]

---

138. (大22, 685中).

3. 제정한 뜻[制意]

『四分律疏』

계행은 저절로 이루어지는 것이 아니기 때문에 반드시 가르쳐서 이끌어주고 책려해야 도에 나아가는 이익이 있다. 그러므로 선지식은 도에 들어가는 좋은 인연이다. 그런데 어리석은 마음으로 수승한 덕이 있는 이를 업신여긴다. 여법하게 충고하고 권하면 이치적으로 수순하고 받들어야 한다. 만약 다른 것을 구한다고 말하면서 받아들이지 않으면, 안으로는 정진하고 수행하려는 진실함이 없고 선善을 따르려는 뜻이 없는 것이어서 스스로를 무너뜨리고 비난을 초래하므로 성인께서 제정하셨다.

4. 범하는 조건[犯緣]

『行事鈔』

다섯 가지 조건을 갖추면 범함이 된다.

첫째, 그만두려는 마음을 내어서 계율을 배우지 않으려 하고

둘째, 앞사람이 여법하게 권했는데

셋째, 자신이 잘못되고 앞사람의 충고가 옳은 줄 알면서

넷째, 권하는 뜻을 받아들이지 않고

다섯째, 말을 분명하게 하면

범한다.

5. 범하는 상황[罪相]

충고를 거부하고 이 계를 배우지 않고 지혜 있는 다른 이에게 묻겠다고 하되	말을 분명하게 했으면	바일제
	말을 분명하게 하지 않았으면	돌길라

6. 범함이 아닌 경우[開緣]

만약 지혜가 없는 사람이 충고했을 때 "그대는 돌아가서 그대의 화상니·아사리니에게 다시 물어 보시오. 그대는 다시 학문을 배우고 송경하여 충고하는 법을 알고 나서 충고할 수 있소"라고 했으면	범함이 아니다
만약 그 일이 사실과 같았으면	
만약 장난으로 말한 등이었으면	

『戒本疏』

'그 일이 사실과 같았다'는 것은 어리석음으로 인하여 아는 지혜가 없으면서 억지로 지혜 있는 사람에게 권했기 때문에 거부하여 받아들이지 않은 것이다. 계법을 알기 위해서는 질문해야 한다.

영지율사의 해석

처음에 권하는 것을 거절할 수 있게 허용한 것은 알지 못하면서 억지로 권했기 때문이다. 다음에 질문을 허용한 것은 배워서 이해하기 위한 것이기 때문이다.

『戒本疏』

질문 8정도에 증입하는 최고의 방법은 정과 혜를 벗어나지 않는다. 그런데 어찌 정법이 오래 머물도록 함에 치우치게 율을 기준으로 하는가?

답 설명하는 뜻이 다르고 각각 범위와 용도가 있다. 이치의 깊고 얕음과 번뇌를 물리치는 공용에 근거하면, 계율은 현상[事相]을 가리키고 업을 조복받는 방편이므로 정혜定慧보다는 하열하다. 그러나 정법을 주지住持하고 삼보를 일으켜 세우는 데는 율이 수승하다. 세속제는 현상을 따라서 존재하고 율이 그로 인해 생기므로 직접 크게 쓸 수 있다. 그러므로 율문에 "대중이 화합하므로 불법이 오래 머물 수 있다"고 하였다.

또한 근본과 지말을 기준으로 하면 정과 혜는 계학戒學에 미치지 못한다. 정과 혜는 스스로 일어날 수 없으며 반드시 계를 의지하여 생긴다. 그래서 경에 "계로 인하여 정과 혜가 생긴다"고 하였다. 교법이 이러한 뜻에 근거했으므로 계학을 널리 펼쳤다. 그래서 『善見』에, 부처님께서 아난에게 "5법이 있어야 정법이 오래 머물 수 있다. 첫째, 비니는 너의 큰 스승이다. 둘째, 세상에 율을 지니는 사람이 최소한 다섯 사람 이상 있어야 한다. 셋째, 불법이 홍성한 지역에서는 열 명, 변방에서는 다섯 명만 있어도 구족계를 받을 수 있다. 넷째, 스무 명이 있으면 출죄갈마를 할 수 있다. 다섯째, 율사가 율을 지니기 때문에 불법이 5천년 동안 세상에 머문다"[139]고 하셨다. 여러 글에서도 위와 같다.

진실로 한 번 비니계법을 듣고서 믿고 받들어 지키면, 업業이 밖으로 기울어지지 않아서 정과 혜가 안에서 생겨난다. 멀리는 4과果를 얻고 가까이는 정과 혜를 얻는 두 가지 결과가 생각대로 이루어진다. 후학들을 잘 이끌어 길이 만년토록 융성하게 하므로 정법이 오래 머물 것이다.

영지율사의 해석

질문 불법이 머무는 데 다섯 사람이 필요한 이유는 무엇인가?

답 승잔죄를 풀어주는 것을 제외한 나머지 일을 모두 처리할 수 있기 때문이다. 네 명은 비록 승가의 기본 구성원이지만, 변방의 수계를 주관하지 못하고 수계법이 실행되지 못하므로 승보가 영원히 끊어지게 된다. 불도佛道는 사람을 의지하여 널리 퍼지는데 승보가 끊어졌기 때문에 불법이 의지할 곳이 없게 된다. 진실로 그런 사람이 부족하면 정법은 모두 무너지고 타락하게 될 것이다.

전후 5천년이 있다. 앞의 5천년은 1천년에 삼달지三達智[140]를 얻고 (원래 주에는

---

139. （大24, 786上).
140. 과청, 『講記』下, p.2105, 아라한의 입장에서 말하면 三明이요, 부처의 입장에서 말하면 三達이라 한다. 삼명이란 宿命明, 天眼明, 漏盡明을 말하고, 삼달이란 삼세를 다 아는 지혜를 말한다.

"삼세三世에 통하기 때문이다"라고 하였다) 2천년에는 4과를 얻는다. 3천년에는 3과를 얻고, 4천년에는 2과를 얻으며, 5천년에는 초과를 얻는 것이다. 뒤의 5천년은 배위도 도를 얻을 수 없고, 1만 년에는 경서經書가 모두 사라지며 단지 머리를 깎고 가사를 입을 뿐이다.

바라건대 후학들이여! 힘을 다해 불법을 호지하라! 단지 다섯 명만 얻을 수 있다면 이것은 불법이 머문다고 할 수 있다. 말세에는 비록 사람이 많아도 단지 체발염의 할 줄만 알고 계덕戒德은 닦지 않으니, 율의와 궤범을 어찌 알며 불법의 광명을 어떻게 드러낼 수 있겠는가! 하물며 2천년에도 오히려 4과를 얻는데, 성인께서 가신 지 멀지 않았는데도 부지런히 정진하도록 책려조차 하지 않는다. 반드시 용맹하게 나아감이 있으면 어찌 도달하지 못함을 근심하겠는가! 청컨대 성인의 논서(『善見』)를 살펴보고 잘 새겨보아야 한다.

『戒本疏』

다만 부지런히 스스로 책려하기만 해도 한 번 죽어서 어느 곳에 태어날지 알게 된다.

영지율사의 해석

'한 번 죽는다'는 말을 생각해보라고 청하는 것이다. 경에 "사람 몸에서 사람 몸을 받는 것은 마치 손톱 위의 티끌과 같고, 사람 몸을 잃는 것은 대지의 흙과 같다"고 하였다.

더군다나 몸에 작은 병만 생겨도 계를 들으려고 하지 않는데, 하물며 죽음에 당해서야 어찌 앞길을 알 수 있겠는가! 설령 바로 사람으로 돌아오더라도 20여 년을 지나야 하는데, 다른 취趣에 벗어나서 사람으로 생을 받기까지 어찌 백천만 겁만 걸리겠는가! 이미 계 받음이 장애에 빠져서 영원히 진승眞乘[141]을 등지고, 어떤 이는 세상을 마치도록 계를 듣지 못하니 중대한 장애가 아닐 수 없다. 그러나 또 어떤 이는 처음부터 끝까지 모자람이 없으니 과거의 선한 인연을 다행으로 여겨야 한다. 마땅히 스스로 깊이 생각하고 더욱 용맹하게 책려하는 마음을 증진시켜야 한다.

『戒本疏』

계행은 단박에 이루어지지 않고 반드시 가르침과 배움을 필요로 한다. 외우지 않으면 잊어버리니 장차 무엇에 의지하겠는가? 그래서 5년 동안 율을 배우라고 제정하셨고, 혹은 목숨이 다하도록 의지하게 하셨다.

영지율사의 해석

"도는 계행을 의지하여 성취되고, 계행은 가르침을 말미암아 세워진다. 만약 가르침을 근본으로 하지 않으면 계행은 헛된 것이 되니 장차 무엇을 의지하리오?"라고 하였다. 이 말은 깊은 뜻이 있다. 출가승이 되어서 어찌 계를 버리고 배우지 않을 수 있겠는가? 경전을 독송해서 이익을 구하는 일은 일심으로 하면서 피로함을 모른다. 하지만 포살하고 계법을 수행하는 것은 평생 돌보지 않아 오랜 겁을 윤회하니, 이것이 어리석음이 아니고 무엇이겠는가? 『律』에는 "비구가 어리석어서 법랍이 5년이 되어서도 송계와 갈마를 하지 못하면 목숨이 다하도록 의지사를 떠날 수 없다"고 하였다.

『資持記』

『善見』 만약 스승이 있으면 율장의 자세한 뜻과 해석을 들어야 한다. 해마다 배워야 하고 한 번만 듣고 지나쳐서는 안 된다. 외우고 독송함이 유창해져야 율을 받들어 공경하는 율사라 할 수 있다.[142]

---

141. 과청, 『講記』下, p.2110, 眞乘은 3학의 관점에서 말하면 계정혜의 3무루학이니, 진정으로 죽음을 벗어나고 고통을 여의어서 즐거움을 얻을 수 있도록 하여 장차 無上佛果를 성취하게 되는 것이다.
142. (大24, 723上).

'스승이 있다'는 것은 득계得戒화상을 말하니 좋아서 배울 수 있기 때문이다. 만약 득계화상이 열반하면 의지사를 따라야 한다. '해마다 배워야 한다'는 것은 지범持犯이 미세하여 율문대로 처리해야 하기 때문에 항상 배워야 하고 잠시도 그쳐서는 안 된다는 것이다. 도선율사도 오히려 광율을 스무 번이나 들었는데, 나머지 우매한 이들은 스스로 자만하지 말아야 한다.

『行事鈔』

'허虛'는 형상과 언어로써 쉽게 표현할 수 있지만, '계율과 규범'은 분명하게 드러내기가 어찌 어렵지 않겠는가?

영지율사의 해석

영지율사가 이『行事鈔』의 글을 다른 이의 해석을 인용해서 설명하였다.[143]

앞 구절은 '허통리성虛通理性'이니 곧 경론을 배우는 것을 말하고, 뒷구절은 궤범의 사상事相을 밝힌 것이니 곧 비니의 교법이다. 저가『高僧傳』을 인용하여 "승휴僧休법사는 홍준洪遵율사로부터『四分』을 30여 차례 듣고 난 후에 여러 제자들에게 회고하며, '나는 율장을 여러 차례 들었다. 경론은 한 번만 들으면 이해가 되었지만 율부는 들으면 들을수록 더욱 어두워진다. 그러니 어찌 이치는 쉽게 구할 수 있으나 사상事相은 회통하기 어렵다고 하지 않을 수 있겠는가!'라고 말했다"고 하였다.

이것은 모든 스승들이 경전을 말하고 이치를 설명하는 데는 정통하지 않음이 없으나, 율전의 행사行事를 궁구하는 데는 명백하게 결단할 수 없었다는 의미로 해석할 수 있다.

『戒本疏』

계법의 종지를 들어 설명하면 지범개차가 종지가 되고 그 밖의 율을 따르는 경

---

143. 홍일율사가『四分律比丘戒相表記』를 저술하면서 덧붙인 설명이다.

전들[144]은 대략 명상名相만 알 뿐이다. 모든 경론의 스승들은 스스로 종체宗體를 나누지만 오히려 계율의 형刑(지범개차)은 알지 못하니, 어찌 다른 학문을 두루 안다고 하겠는가? 출가인의 본분사인 계율도 제대로 알지 못하면서 하물며 다른 경론을 무슨 근거로 말할 수 있겠는가? 자신에게 무엇이 중요한지 알지 못한다고 하겠다. 죽음은 찰나 사이니 여러 가지 일로 낭비하지 말라.

『資持記』

요즘 세상의 어리석은 스님들은 교상教相[145]을 알지 못하여 계를 무너뜨리고 악을 지으며 세속 풍속을 익힌다. 계를 지키는 사람을 보면 자신과 다르다고 하여 지역의 풍속을 잘 따르지 않고 새로운 것을 따른다고 책망하며 꾸짖는다. 삿된 이는 많고 바른 이는 적으니 누가 말할 수 있겠는가! 정법이 멸하면 세상도 쇠퇴하는데 갈수록 점점 그러하다.

또한 동남東南의 선사와 강사는 한밤중에 죽을 먹고 정오가 지나서야 비로소 공양하며, 목발우와 실크옷 등이 외도나 세속 사람들과 다르지 않다. 명성만 쫓고 진리에는 어두우면서 그 지역 풍속을 따른다고 말한다. 배우지 않고 어리석으면 순식간에 이러한 지경에 이르니 삼가고 삼가야 한다.

『資持記』

안타깝다! 요즘 강의하는 이들은 경을 널리 배우지 않아서 그 행이 비속하고 용렬하며 세속에 아첨하고 시류를 따른다. 스승이 되어 자리를 차지하고는 4사事(방사·와구·의약·의복)를 풍부하게 받고, 무리를 모아서 5사邪[146]를 분주하게 쫓으면서 이양을 구하는 일을 주로 한다. 누가 삼보를 널리 선양할 생각을 하겠는가.

---

144. 과청,『講記』下, p.2118,『遺教經』,『涅槃經』등을 말한다.
145. 과청,『講記』下, p.2120, 教相 就是制教的開遮止犯種種的相狀. 教相은 制教의 개차지범의 갖가지 상황을 말한다.
146. 『行事鈔』1(大40, 19上), 言五邪者 一謂爲求利養改常威儀詐現異相 二謂說己功德 三者高聲現威 四

그저 헛되이 자기 한 몸 꾸밀 줄만 알고 율의律儀는 잘 알지 못하니 어찌 대중의 모범이 될 수 있겠는가!

억측으로 다스리며 마음대로 규약을 세워서 (대중이 과실을 범하면) 쌀과 향을 바치는 것으로 벌을 주고 옷을 태우고 죽비를 때린다. 그리하여 마침내 승가의 종문宗門을 혼란스럽게 하고 오염시켜서 불문을 세속화한다. 불도는 사람이 널리 펴야 하는데 누구에게 이 일을 맡기겠는가, 슬프다!

56 비니를 훼손하는 계 毁毗尼戒

비구계 제72와 같음, 대승공계, 성계   육군비구

1. 계의 조문[戒文]

만약 비구니가 계를 설할 때 이와 같이 "스님! 이 잡쇄계雜碎戒[147]를 설해서 어디에 쓰겠습니까? 이 계를 설할 때 사람들을 괴롭고 부끄럽게 하고 의심을 품게 합니다"라고 말하면, 계를 가볍게 여기고 훼손했으므로 바일제다.

者說已所得利養激動令施 五者爲求利故强占他吉凶. 5사는 ①이양을 구할 목적으로 평상시와 다르게 행동하는 것 ②자기의 공덕을 말하는 것 ③큰 소리로 위세를 부리는 것 ④자기가 얻은 이양을 말하여 시주하도록 부추기는 것 ⑤이양을 구하기 위해 억지로 다른 이의 길흉을 점치는 것이다.

147. 여서, 『淺釋』, p.136, 『四分律』의 연기를 유추해 보면, 5편 가운데 바라이와 승잔을 뺀 나머지 3편을 가리킨다. 한편, 『多論』에서는 간략히 한 게송(칠불통계, 略敎戒)만 가르치는 것을 '純─'로 보고, 광율의 가르침인 5편을 잡쇄계로 보고 있다.

2. 계를 제정한 인연 [緣起]

『四分』

부처님께서 사위국 기수급고독원에 계실 때, 비구들이 모여서 정법과 율문을 외우고 있었다. 그때 육군비구들이 서로 "비구들이 모여서 율을 외워 잘 통달하게 되면, 반드시 자주 우리의 잘못을 드러낼 것이다"라고 말하고는, 비구들에게 "잡쇄계를 설해서 어디에 쓰겠습니까? 만일 외우려면 바라이나 승가바시사까지만 외우십시오. 만약 잡쇄계를 외우면 다른 사람들에게 의심과 근심과 번뇌를 일으키게 하기 때문입니다"라고 하였다. 다른 비구들이 살펴보고 육군비구들이 법을 없애려고 고의로 하는 말인 줄을 알았다. 그래서 비구들이 꾸짖고 부처님께 사뢰니 꾸짖으시고 계를 제정하셨다.[148]

3. 제정한 뜻 [制意]

『四分律疏』

계는 모든 선의 근본이고 악을 소멸시키는 근원이며, 생사를 건너게 해주는 배와 다리이고 열반에 나아가게 하는 바른 길이다. 이치적으로 찬탄해서 사람들이 배워 익히게 하여 계법을 번성시켜야 천 년이 지나도 쇠퇴하지 않는다. 그러나 지금은 반대로 계를 훼손하고 헐뜯어서 사람들의 마음을 어그러뜨리고 멀어지게 한다. 그래서 그들이 송계하지도 않고 배우지도 않게 만드니, 정법을 더욱 멸하게 하고 무너뜨려서 손실이 가볍지 않으므로 제정하셨다.

4. 범하는 조건 [犯緣]

『比丘尼鈔』

다섯 가지 조건을 갖추면 범함이 된다.

첫째, 비니이고

---

148. （大22, 685下）.

둘째, 앞의 비구니가 계를 외울 때

셋째, 법을 멸하게 하려는 마음을 내어 정법이 오래 머무르지 못하게 하려고

넷째, 비방하는 말을 하되

다섯째, 말을 분명히 하면

범한다.

5. 범하는 상황[罪相]

만약 스스로 계를 설할 때, 다른 사람이 계를 설할 때 혹은 외울 때 계를 가볍게 여겨서 비방하되	말을 분명하게 했으면	바일제
	말을 분명하게 하지 않았으면	돌길라
비니를 헐뜯고 욕되게 했으면		바일제
아비담(논)을 헐뜯고 욕되게 했으면		돌길라
그 밖의 경[契經]을 헐뜯고 욕되게 했으면		

『資持記』

'경을 헐뜯고 욕되게 하면 돌길라'라는 것은 『戒本疏』에, "이것은 소승에 의거해서 말한 것이다. 만약 대승을 헐뜯으면 죄가 무겁다"고 하였다. 나의 생각으로는 율을 기준하면 대·소승 모두 돌길라이지만, 업의 입장에서는 반드시 죄의 경중을 구분해야 한다.

『資持記』

요즘 새로 계를 받은 이들은 계본을 잘 독송하고자 한다. 그러나 스승들이 흔히 막아서 방해하거나 비난까지 하여 바로 이 계를 범하게 된다.

『比丘尼鈔』

『僧祇』 대중이 아직 계를 설하기 전에 꾸짖거나 헐뜯으면 월비니죄고, 계를 설하고 있을 때 꾸짖거나 헐뜯으면 바일제다. 설한 후에 꾸짖으면 월비니죄가 되니 마음으로 참회해야 한다.

『五分』 사람들이 비니를 멀리 여의고 독송하지 못하게 하려는 마음으로 계를 헐뜯었으면 바일제다. 만약 바라제목차가 오래 머무르지 못하게 해야겠다는 생각으로 계를 헐뜯었으면 투란차다.

6. 범함이 아닌 경우[開緣]

만약 먼저 아비담을 독송하고 난 후에 계율을 암송하라고 했거나, 먼저 다른 경을 독송한 후에 율을 암송하라고 했으면	
만약 병이 있는 자에게 병이 나은 후에 율을 암송하라고 했으면	범함이 아니다
만약 부지런히 방편을 구해서 불법에서 사문의 네 가지 과위를 이룬 후에 계율을 암송해야 한다고 했으면	
만약 장난으로 말한 등이었으면	

『資持記』

'범함이 아닌 경우'는 모두 마음으로 기약한 후에 율을 암송하라고 말한 것이어서, 비니를 헐뜯거나 없애려고 하는 것이 아니기 때문이다. 첫 번째의 '경과 논을 익히도록 허락한 것'은 비록 범한 것은 아니지만, 배움의 차례를 어기므로 본래 가르침의 뜻은 아니다. 『淨心誡觀法』에, "순서를 뛰어넘어 공종空宗을 먼저 배우는 것을 부처님께서는 좋아하지 않으신다"고 하였다. 세 번째의 '정진수행'을 허용한 것은 직접 3학을 배워서 미혹을 깨뜨리고 사문의 과위를 성취한 후에 율을 암송하는 것을 말한 것이다. 그러므로 성인의 경지에 이르면 이 계를 어기지 않음을 알아야 한다.

『行事鈔』

『四分』 만약 계를 설하는 날에 계를 암송할 수 있는 이가 없으면 포살법과 똑같은 절차로 행주行籌[149]할 것을 대중에게 알리고 한 사람을 차출하여 설법하고 송경하게 하거나, 혹은 그 밖의 다른 것을 교계敎誡하거나『遺敎經』을 외워도 된다.[150]

그러나 만약 그것조차 할 줄 아는 사람이 아무도 없으면,『律』에 "최소한 게송 하나, 즉 '모든 악을 짓지 말고 모든 선을 받들어 행하며 스스로 그 마음을 깨끗이 하라. 이것이 모든 부처님의 가르침이다'라고 해도 된다. 이와 같이 말해야지 말을 하지 않으면 안 된다. 만약 이해하지 못하면 '근신하고 방일하지 말라'라고 말하고 흩어지라"고 하였다. 이것은 모두 부처님께서 거듭 당부하신 것이니, 깊은 까닭이 있고 뜻이 있으며 정법이 오래 머무르게 하기 위함이다. 그러나 세속 사람이 절에 머물고 있는 것과 같이 도리어 계율을 가볍게 여겨 고의로 어기고, 설계하는 것을 좋아하지 않아서 청정심이 오염되어 점점 계법에 맛을 잃는다. 이것은 곧 출가에 이익이 없는 것이다. 입으로는 부처님은 나의 스승이라고 하면서 스승의 가르침을 거부하고 어기므로 이는 외도의 제자다.

영지율사의 해석

이『律』의 뜻을 자세히 살펴보면 반드시 어리석은 자들만 여기에 이르는 것은 아니다. 불법 주지住持의 근본과 대중을 섭수하는 요체를 분명히 하려면 결코 포살을 그쳐서는 안 되기 때문에 간곡하게 그것을 보이신 것이다.

『高僧傳』에 수나라 동천東川지역에 있는 보명사寶明寺에 승운僧雲법사가 주석하였다. 4월 15일 포살할 때에 대중에게 "계의 근본은 그릇됨을 막는 것이다. 사람들이 다 읽을 수 있는데 무엇 하러 대중들을 수고롭게 자주 계를 듣게 하는

---

149. 율장에서 말하는 行籌는 대중이 다 모였는지 확인하기 위해 산가지[籌]로 숫자를 세는 행위로서, 보통 승갈마를 할 때 하는 사전작법이다. 또한 투표의 방식이기도 하다.
150. (大22, 825中).

가?"라고 말하고는, 한 스님에게 화두를 들어서 참구하게 하여 후생들을 깨닫게 하였다. 하지만 당시에 감히 반대하는 이가 없었다. 여름안거를 마칠 즈음에 이르러서는 설계하는 일을 없앴다.

7월 15일 아침에 승운법사가 법상에 올라야 하는데, 법사의 자취가 사라져서 대중들이 놀라 사방으로 나가서 찾았다. 절에서 3리쯤 떨어진 옛무덤 사이에서 그를 발견했는데 온몸에서 피를 흘리는 모습이 마치 칼에 베인 것 같았다. 그 까닭을 물으니, "어떤 대장부가 3척이나 되는 큰 칼을 들고 화가 나서 사나운 얼굴로 '어떻게 포살을 바꿀 수 있는가?' 하고는 칼로 온 몸을 얇게 뜨는데 고통을 참기 어려웠다"고 하였다. 절로 모시고 돌아오니 마음을 단정히 하여 참회하고 십 년이 지나도록 계를 설하고 포살을 하였다. 임종하는 날 기이한 향이 그를 영접하고 또한 정신과 안색이 흐트러지지 않았으며 흔연하게 죽음을 맞이하였다.

이 분은 상근기여서 신장들의 깊은 꾸짖음을 끌어내었으나, 지금의 하근기들은 이러한 영험도 없어서 결국에는 포살하는 일을 영원히 없애고 도리어 스스로 편안하게 지낸다. 법이 소멸되는 때를 당했으니 길이 탄식할 일이로다!

『資持記』

요즘은 계를 설하는 일을 대부분 가볍게 생략하고 그만두어 실행하지 않는다. 설사 포살을 해도 사실상 조석으로 예불하는 것을 싫어하는 것처럼 하기를 꺼린다. 세속의 반연은 버릴 수 있는데도 꺼리지 않고 분주히 내달리며, 정법은 마땅히 존중해야 하는데 도리어 가볍게 여긴다. 그래서 업의 밧줄이 더욱 견고해지며 고해의 시간은 길어지고 헛되이 세월만 보내니 진실로 불쌍하다.

『濟緣記』

『十誦』 비구가 부처님께 "삼세에 불법이 흥하여 오래 가겠습니까? 아니면 쇠퇴하여 얼마 안 가서 무너지겠습니까?"라고 여쭈었다. 부처님께서 "다만 포살을 하는가 안하는가에 따라서 불법의 존망을 증명할 수 있다"고 하셨다. 바야흐로 이제 천하에 이 설계하는 법을 봉행하는 자가 백 명에 한두 명도 없고, 제멋대로 행동하여 법도를 어그러뜨리니 불법이 세상에 오래 머무르지 못할 것임을 알겠다.[151]

『行宗記』

요즘 선사와 강사들이 각자 자기의 종지는 숭상하면서 도리어 계율은 잊어버린다. 하물며 가볍게 여기고 조롱하며 후학들을 미혹하게 하며 속인다. 그는 "계율을 지키는 것은 한갓 스스로를 구속하고 결박시키는 것이다. 그러나 도(定·慧·經·論)를 배우면 쓸데없이 구속하지 않아도 된다"고 말한다. 그렇다면 어찌 계단戒壇에서 목숨이 다하도록 굳게 지니겠다는 서원을 세울 생각을 했는가! 계가 아니면 무엇으로 스님이 될 것이며, 계가 아니면 장차 어떻게 시주를 받겠는가! 아비지옥의 고통은 본래 부처님의 은혜를 망각한 사람들 때문에 만들어진 것이며, 벙어리와 장님의 과보는 진실로 계법을 비방했기 때문에 받는 것이다. 그러므로 부처님께서 꾸짖고 제정하신 것은 명백히 미래를 위해서이니, 총명한 후학은 자비로운 가르침을 잘 준수하기 바란다.

『資持記』

『十誦』 모든 비구들이 계율 배우기를 그만두고 수다라(경)와 아비담(논)을 널리 독송하니 세존께서 갖가지 방편으로 꾸짖으시고 "비니가 있기 때문에 불법이 세상에 머문다"고 하셨다.

『十誦』 부처님께서 제정하시기를, "비구는 5년 이전까지는 오로지 율부를 정미롭게 익혀서 지범持犯을 통달하여 비구의 일을 판단할 수 있게 된 후에 경론을 학습할 수 있다"고 하셨다. 그러나 지금은 차례를 바꿔서 학습함으로써 수행의 순서를 잃어버려 도에 들어갈 연유가 없어진다. 그래서 부처님께서 꾸짖으셨으니 결코 헛된 것이 아니다.

---

151. (大23, 346下).

요즘은 계품에 겨우 물들자마자[152] 곧 교학을 배우거나 참선을 하니, 출가인이 되어서 행하고 지켜야 할 위의를 하나도 아는 것이 없다. 더구나 계율을 경시하고 비방하면서 계율 배우는 것을 소승이라고 폄하하고, 계율 지키는 것은 상相에 집착하는 것이라고 소홀히 하면서 세속에 빠져 방자하고 흉악하게 제멋대로 지낸다. 술과 고기를 즐기면서 스스로 사방에 통달한 사람이라고 말하며, 음행을 하고 성을 내면서 도를 통달했다고 말한다. 성인의 취지를 알지도 못하며 참된 교의를 잘못 이해한다.

게다가 계를 아주 가볍게 여길 것이면 그대는 어찌하여 계단에 올라 수계하였는가? 율을 훼손할 것이면 그대는 무엇하러 삭발염의 했는가? 이렇게 계를 경시하는 것은 온전히 자신을 가볍게 여기는 것이고, 율을 훼손하는 것은 도리어 자신을 훼손하는 것이다. 망령된 정情은 쉽게 익혀지고 바른 도는 듣기 어려운데, 세속에서 빠져나와 군중을 초월하는 이가 만 명 가운데 한 명도 없다. 청컨대 성인의 가르침을 자세히 궁구하기를 바라니, 어찌 따르지 않을 수 있는가!

『行事鈔』

『大智度論』에 어떤 사람이 "'죄와 죄 아닌 것이 따로 없다'고 했는데, '계'라고 하는 것은 무엇입니까?"라고 물었다. 답하기를, "삿된 견해와 거친 마음을 무죄라고 하는 것이 아니다. 만약 모든 법상法相에 깊이 들어가 공삼매空三昧에 들면, 혜안으로 관찰하므로 '죄가 되지 않는다'고 한 것이다. 육안으로 보는 것은 소나 양이 보는 것과 다름이 없다"라고 하였다.

요즘 대승의 말만을 외우는 이는 자신의 역량이 박약하여 이 계법을 감당하지 못하고, 스스로 비루한 행을 부끄러워하면서도 대다수가 계법을 의지하여 익히지 않는다. '죄와 죄 아닌 것이 따로 없다'는 이러한 근거를 인용하면서도 그 본뜻을 알지 못하기 때문에 자세하게 소疏를 지었다.

---

152. 수계 받은 지 얼마 되지 않음을 뜻한다.

『資持記』

요즘 어리석은 자들은 불승佛乘을 잘못 이해하여, 이치로 관하면 고요하여 번 뇌가 없고 비어서 경계가 없으며 취할 것도 버릴 것도 없고 능소能所가 다 없는 것이라고 한다. 그러면서 완연하고 고요함에 머무는 것은 곧 진여眞如이고, 방탕 하고 제멋대로 하는 것을 곧 묘용妙用이라고 한다. 이런 이유로 불상에 예를 표하 지 않고 경전을 독송하지 않으며 계법을 훼손하고 청정한 법을 무너뜨린다. 술을 마시고 고기를 먹으면서 대도大道를 행한다고 떠벌리면서 사람들을 교화한다. 악 업이 서로 맞아 떨어져서 마침내는 많은 사람들이 그를 받들고 배우게 된다.

이렇게 허망하게 억측하고 전도되어 윤회한다. 일체법이 다 진여임을 통달했 다면 어찌 악을 멸하고 선을 청정히 하는 데는 걸림이 있는가? 진여가 곧 묘용인 줄 요달했다면 왜 수행은 꺼리는가! 이런 까닭으로 이치를 깨달으면 만행을 함께 닦을 것이며, 일을 섭수한즉 한 터럭도 내세울 것이 없다. 만약 스스로 통달하지 못했다면 달리 무슨 말을 할 수 있으리오!

『行事鈔』

요즘 교법을 알지 못하는 자가 대다수 스스로 법을 훼손하면서 "이 계율에서 금지한 것은 성문의 법이다. 우리 대승법에서는 버리기를 분뇨糞土와 같이 여긴 다. 마치 황엽黃葉, 목우木牛, 목마木馬로써 어린아이를 속이듯이[153] 이 계법 또한 이와 같아서 너희 성문을 속이는 것이다"라고 한다.

영지율사의 해석

'스스로 훼손한다'는 것은 몸은 부처님의 제자이면서 도리어 부처님의 가르침 을 훼손하기 때문이고, 또 자신이 계를 받고는 도리어 계율을 훼손하기 때문이

---

153. 여서, 『淺釋』, p.1046, 『涅槃經』 卷二十中 嬰兒啼哭之時(喩小機也) 父母卽以楊樹黃葉 而語之言 莫 啼 我與汝金(喩如來實施權敎也) 嬰兒見已 生眞金想 便止不啼(謂得涅槃也) 然此黃葉實非金也(非大 涅槃也) 又如木牛 木馬 木男 木女等物 嬰兒見已 亦復生於男女等想(喩亦如想).

다. '황엽 등과 같다'는 것은 여래께서 이전에 소승을 시설하신 뜻을 따른 것이다. 열반에 이르러서 권교權教의 의심을 해결하고 다같이 상주常住에 돌아감[154]을 밝히셨는데, 어찌 다시 소승이 있겠는가? 이것이 소위 교법을 알지 못하는 것이다.

『行事鈔』

원래 대승과 소승은 이치로는 나누어짐이 없다. 다만 근기에 따라 약을 처방한 것이니 병을 제거하는 것을 우선으로 삼는다. 그러므로 녹야원에서 처음 설법하신 것은 본래 성문을 위한 것이었으나, 팔만의 여러 천신들도 곧 보리심을 일으켰다. 사라쌍수에서 입멸을 고하실 때, 마지막으로 불성을 드러내시니 듣는 무리들 가운데 어떤 청중[155]이 아라한과를 성취하였다. 이것으로 미루어 보면, 깨달음과 이해는 마음에 있는 것이지 교법의 종지에만 있는 것이 아니다.

영지율사의 해석

이것은 여래께서 한 음으로 법을 펼쳤으나 중생이 근기에 따라서 이해한 것을 말한다. 이는 단지 언교言教의 관점에서 하나이지 부처님의 마음에 이르러서는 비밀스럽게 나아가지 않음이 없으므로, 근기에 따라서 이익을 얻게 한다는 것이다. 이것은 배운 것으로 대승과 소승을 판별하는 것이 아니라, 대승을 체달하면 일체가 다 대승에 귀결됨을 밝힌 것이니 어찌 계율 배우기를 꺼리겠는가. 뜻이 좁은 사람은 하는 일이 다 작아서 스스로 경전을 궁구한다 하더라도 헛된 일이다. 그러므로 '마음에 있는 것이지 교법의 종지에만 있는 것이 아니다'라고 하였다.

---

154. 여서, 『淺釋』, p.1047, 最後皆歸一乘常住眞如法性. 최후에는 모두 일승에 돌아가 진어법성에 머문다.

155. 과청, 『講記』下, p.2150, 부처님께서 입멸하시기 전 마지막으로 출가한 수발타라 존자를 말한다.

『行事鈔』

그러므로 부처님께서 세상에 계실 때 중생의 근기를 깊이 통달하시고 시설한 교법과 행동은 반드시 위의로써 주主를 삼았다. 단지 몸과 입으로 인해 발생한 일들은 계학으로써 방지해야 한다. 삼독이 치성하게 일어남은 반드시 마음의 부림으로 이루어진 것이므로 이제 먼저 계학으로 탐진치 삼독을 잡고, 다음은 정학으로써 삼독을 붙들어 매고, 마지막으로는 혜학으로써 없애야 하니 이치적으로 차제가 그러하다. 요즘 어리석은 이가 자신의 위치를 알지 못하고 망령되이 스스로 편안하게 의탁하고는 이것이 대승이라고 하면서 진경眞經을 가볍게 여기고 희롱하면서 스스로 나의 교법을 존중한다고 말한다. 『勝鬘經』에 "비니란 대승의 학법學法이다"라고 하고 『大智度論』에는 "80부가 곧 지계바라밀이다"라고 하였다. 그런데 이와 같은 경론이 귀에 들어가지 않으니 어찌 슬프지 않겠는가!

그러므로 『摩耶經』에 "만약 나이 어린 비구가 대중에서 직접 비니를 헐뜯으면, 이는 법이 멸하는 모습인 줄 알아야 한다"고 하였다. 또 『涅槃經』에 "어떤 이가 '여래께서 돌길라를 범하면 위와 같은 세월동안 지옥에 떨어진다고 설하신 것은 방편으로 사람들을 두렵게 하려고 한 것이다'라고 했는데, 이와 같은 말은 마군이지 경율經律에서 부처님께서 말씀하신 것이 결코 아니다"라고 하였다. 이 두 글에서 증명하듯이 여래께서 미래에 이런 일이 있을 줄 미리 아시고, 미리 삿된 것과 바른 것을 가려서 혼란이 없도록 하셨다. 따라서 앞의 무리들처럼 말하면 곧 마군의 백성이라 할 수 있다.

또 『遺敎經』 등의 경전에서도 "비니로써 스승을 삼아라. 내가 만약 세상에 머물더라도 비니와 다를 것이 없다"고 하셨다. 그런데 고의로 어기고 거스르면 스스로 깊은 재앙에 빠진다. 그러므로 『百喩經』에서 "옛날에 한 법사가 두 명의 제자를 두었는데 각자 스승의 다리 한쪽을 맡아서 수시로 안마를 하였다. 사형이 사제를 싫어하여 사제가 맡았던 스승의 다리 한쪽을 부러뜨리자 사제 또한 사형을 싫어하여 사형이 맡은 스승의 다리 한 쪽을 마저 부러뜨렸다. 요즘 방등方等을 배우는 자들은 소승을 그릇되다 하고 소승을 배우는 자들 또한 방등이 그릇되다 한다. 그렇게 함으로써 위대한 성인의 법전인 대·소승 모두를 멸하게 하는 것을 비유한 것이다"라고 하였다. 이러한 예로써 알 수 있듯이 오늘날 우리가 직접 목격하는 일이다.

『行事鈔』

또한 보살[156]이 교법을 시설한 것은 도속道俗을 구제하기 위함이니, 인연이 있으면 일을 만들지만 그 풍속에는 물들지 않는다. 초발심보살도 성문의 율의와 같으니, 비난에 의해 제정된 가벼운 계법과 성죄性罪의 무거운 계법을 차별 없이 지켜야 한다. 『涅槃經』에서 나찰이 티끌만큼의 부낭浮囊[157]을 구걸했는데도 보살이 주지 않았다는 것은 돌길라계를 수호하는 것을 비유한 것이다. 또『大智度論』에 "출가보살은 계를 지키기 때문에 재물을 축적하지 않는다. 그것은 계의 공덕이 보시보다 수승하기 때문이다. 마치 내가 살생하지 않는 것이 일체 중생의 생명을 보시하는 것과 같다"라고 하였다. 이 글로써 증명하건대, 요즘 외람되게 대승을 배우는 자가 계행을 갖추지 못했으면서 말은 사실보다 과장되고, 자기가 범함을 부끄러워하면서도 그릇되게 스스로를 칭찬한다. 내가 일찍이 "계가 소승법이라면 마땅히 버려야 하지 않는가?"라고 했더니 버리려고 하지는 않았다. 그래서 "그렇다면 지켜라"라고 말했으나 또 지키려고도 하지 않았다. 어찌 번뇌와 계 합함이 아니겠는가? 끝내 일러주어도 깨우치기 어려우니 가히 슬픈 일이로다!

영진율사의 해석

'성문의 율의와 같다'는 것은 출가보살은 반드시 소승계를 겸해야 하기 때문이다. 또 삼취정계 가운데 섭율의계는 일체의 악을 끊는 것으로 대승과 소승이 다

---

156. 보살은 바로 부처님을 가리킨다.
157. 헤엄칠 때 몸이 잘 뜨게 하는 기구를 말한다.

르지 않기 때문이다. '계행을 갖추지 못했다'는 것은 행동이 용렬하다는 뜻이다. '말이 사실보다 과장되었다'는 것은 말만 번드르르하게 하는 것이다. '자기가 범함을 부끄러워한다'는 것은 다른 사람이 보고 경시할 것을 생각하는 것이다. '그릇되게 스스로를 칭찬한다'는 것은 "나는 대승인이니 소승법에는 구속되지 않는다"고 말하는 것이다. '번뇌와 계합한다'는 것은 제멋대로 방종하여 악을 행하고 욕정欲情을 따르는 것이다.

『行事鈔』

요즘 비구·비구니들은 다 성인의 가르침을 따르고 법에 의지하여 계를 받는다. 그러므로 이치상 반드시 계를 잘 지켜야 곧 계를 받은 것이 성립된다. 만약 원래 지킬 마음이 없었다면 비록 계를 받았을지라도 계 받은 것이 성립되지 않는다. 그러므로 『多論』에 "깊고 그윽하며 신중한 마음이 없이 계를 받으면 무작계체無作戒體[158]가 생기지 않는다"라고 하였다.

영지율사의 해석

요즘 선사와 강사들이 배운 것은 비록 달라도 계를 받지 않은 이는 없음을 밝혔다. 만약 본래 지키고자 했다면 계품이 감응하여 발하겠지만 이와 반대로 헛되이 받았으면 계체戒體가 결코 생길 수 없다. 장차 어떻게 승보가 되겠는가? 무엇으로 시주자들의 공양물을 녹일 수 있겠는가? 헛되이 삭발염의하고 마침내는 시주자들의 보시에 의해 타락하게 된다. 또한 방등과 대승은 마음의 심해心解만 열리면 되고 형상과 복장에는 구애 받지 않는다고 하며, 유마거사와 『華嚴經』의 선지식들은 재가자의 모습으로 인연을 따라 중생을 교화하였지 출가의 형색과

---

158. 戒體란 계를 받은 사람에게 더 이상 악을 짓지 않도록 하는 防非止惡의 지속적인 힘을 말하는데, 이 계체는 반드시 수계의식에서 스승에게 예배하는 행동이나 계를 지킬 것을 맹세하는 말 등의 身業과 語業을 통해 얻어지는 것이다. 이 때 올바르게 행하는 身·語業을 作戒라고 하며, 이를 인연으로 언어나 동작에 드러나지 않고 신체에 습관적으로 존속하며 힘을 발휘하는 것을 無作戒體라 한다.

위의를 빌리지 않았다고 말한다. 이제 이미 통달했다면 어찌 수고롭게 삭발염의 했는가? 자신을 반성하려면 마땅히 스스로 머리를 만져 보라.

『行事鈔』

설령 수계가 이루어졌더라도 형색과 위의를 갖추어 눈으로 볼 수 있어야 한다. 불법을 유지하려면 이치상 반드시 형색과 위의를 함께 수호해야 한다. 요즘 삭발 염의하고 네 명의 대중으로 갈마하고 가람을 세우고 승속을 가르치고 이끄는 데 있어서 계율 아닌 것이 없다. 만약 선법을 일으켜 이익을 얻으려면 반드시 자신의 몸을 제어해야 하는데, 입으로만 "나는 마땅히 그렇게 해야 한다"고 말한다. 계체를 더럽혀 잘못을 저지르고 교법을 어기고 범한 상황에서는 곧 "나는 대승이므로 소승의 가르침은 상관하지 않는다"고 말한다. 그러므로 『佛藏經』에서 조서鳥鼠비구의 비유와 당나귀가 사자 가죽을 쓴 일 등으로 계법을 훼손해서 꾸짖은 이야기들을 널리 예로 들었다. 그런데 어찌 이렇게 진술하여 드러내기를 기다리는가!

영지율사의 해석

'만약 선법을' 이하는 속이고 거짓됨을 꾸짖은 것으로, 처음에는 이양을 탐하여 소승법에 의탁하는 것을 서술한 것이다. '만약 계체를 더럽혀' 이하는 소승법을 거부하거나 훼범하고는 대승법에 의탁하는 것을 밝힌 것이다. '그러므로 『佛藏經』에서' 이하는 꾸짖은 것을 인용한 것이다.

『佛藏經』 제1에, 부처님께서 사리불에게 "비유하면 박쥐와 같아서 새를 잡으려 할 때는 곧 굴에 들어가 쥐로 변하고, 쥐를 잡고자 할 때는 허공을 날아 새가 된다. 하지만 실제로는 새와 쥐의 공능이 없고 몸에서 악취가 나며 단지 어두움을 좋아한다. 사리불아! 계를 범한 비구도 이와 같다. 포살과 자자에 들어가지도 않고 왕의 부역에도 참여하지 않으니, 재가자라고 할 수도 없고 출가자라고도 할 수도 없다"고 말씀하셨다.

또『十輪經』제7에, 스스로 대승의 모든 행문行門의 경계境界를 일찍이 닦고 배우지 않아서 깨달아 이해할 수 없고, 대중에서 스스로 대승이라고 칭하는 것은 명리를 위해서이다. 어리석은 중생을 꾀어내고 속여서 그들을 자신과 친하게 만들어 함께 무리를 짓는다. 비유하면 나귀가 사자의 가죽을 쓴 것과 같다. 스스로 사자가 되었다고 하지만, 멀리서 어떤 사람이 보고 진짜 사자라고 말하더라도 울음소리를 들으면 모두 나귀인 줄 안다.

『行事鈔』

후세에 무지한 초학자가 저의 피해를 입을까봐 걱정되어 간곡하게 인용하여 서술하였다. 그러나 오히려 함께 물들까 걱정이니 진실로 슬프다!

영지율사의 해석

이른바 흰 실은 물들이기 쉽지만 붉은 색과 자주색은 구분하기 어렵다. 비록 간곡하게 가르쳐 말해주어도 여전히 돌이킬 줄 모른다. 망령된 생각을 금하고 욕망을 절제하는 것이 어찌 온 세상 사람들이 어려워하는 일이 아니겠는가! 그래서 방종하게 그릇된 행위를 하는 것이 사람들이 바라는 것이다. 조사께서 계시던 세상의 풍속도 오히려 그러했으니 하물며 지금 시대에야 이상할 것도 없다.

『毘尼止持』

『善見』 만약 비니를 배운다면 첫째는 몸소 계를 지키고, 둘째는 다른 사람의 의심을 끊을 수 있고, 셋째는 대중에 들어가도 두려움이 없으며, 넷째는 다른 원수를 조복시킬 수 있고, 다섯째는 정법이 오래 머무르게 할 수 있다.

또 율을 지키면 여섯 가지 덕이 있다. 첫째는 바라제목차를 지키고 받아들이고, 둘째는 포살할 줄 알며, 셋째는 자자할 줄 알고, 넷째는 다른 사람에게 구족계 주는 법을 알고, 다섯째는 사람들의 의지사가 될 수 있으며, 여섯째는 사미를 둘 수 있다. 만약 율을 알지 못하고 단지 수다라와 아비담만 알면 사미를 득도시킬 수 없고, 다른 이의 의지사가 될 수 없다. 율사가 율을 지키므로 불법이 세상에 5천년 머문다.[159]

57 거죄될까 두려워 먼저 말하는 계 恐擧先言戒

비구계 제73과 같음, 대승공계, 성계   육군비구

1. 계의 조문[戒文]

어떤 비구니가 설계할 때 이와 같이, "스님! 나는 지금에서야 비로소 이 계가 보름마다 설계하는 계경에 있는 줄을 알았소"라고 하였다. 다른 비구니들이 이 비구니가 두 번 혹은 세 번 설계하는 자리에 앉아 있었다는 것을 아는데, 하물며 여러 번 참여한 것이겠는가! 이 비구니가 알지 못하고 이해하지 못하여 만약 죄를 범했다면, 법대로 다스려야 하고 또 법을 알지 못한 죄[無知罪][160]까지 거듭 추가해야 한다. "스님! 그대는 이익도 없고 잘못된 것입니다. 그대는 계를 설할 때 마음을 써서 잘 생각하지 않았고 일심으로 귀 기울여 법을 듣지도 않았습니다"라고 해야 한다. 저 비구니는 알지 못했으므로 바일제다.

---

159. (大24, 785下).
160. 『四分』18(大22, 686中), 不一心聽法 無知故重與波逸提 若不與者彼比丘突吉羅. 송계할 때 계법을 잘 듣지 않아서 알지 못한다면 바일제가 추가된다. 만약 작법하는 비구가 상대에게 무지죄를 주지 않으면 돌길라죄를 범한다. ; 비구는 법랍 5년(비구니는 6년)이 되었는데도 계법에 무지하면 무지죄 바일제가 추가된다.

2. 계를 제정한 인연 [緣起]

『四分』

부처님께서 사위국 기수급고독원에 계실 때, 육군비구 중 한 비구가 설계할 무렵 죄를 범했는데 스스로도 죄를 범한 줄 알았다. 그런데 죄가 들추어질까 두려워서 먼저 청정비구에게 가서 "나는 지금에서야 비로소 이 법이 계경에 있어서 보름마다 설계하는 줄 알았습니다"라고 하였다. 비구들이 듣고서 꾸짖고 부처님께 사뢰니 꾸짖으시고 계를 제정하셨다.[161]

3. 제정한 뜻 [制意]

『四分律疏』

이해는 저절로 일어나는 것이 아니라 반드시 설하는 것을 들어야 한다. 그래야 마음으로 알게 되고 삿된 것과 바른 것, 죄상의 가볍고 무거운 것을 다 알게 된다. 가르침을 따라 받들어 수행하면 세간의 길을 벗어나는 이익이 있다. 그런데 이제 도리어 어리석은 마음으로 배우기를 게을리 하고 법을 들으려 하지 않아서 성인의 가르침에 미혹하니, 일에 당하면 벽에 부딪히는 것과 같다. 행동할 때마다 장애가 되니 도에 나아갈 기약이 없고, 성인의 법을 가볍게 여기고 태만하여 도의 이익을 잃어버림이 심하므로 제정하셨다.

4. 범하는 조건 [犯緣]

『行事鈔』

네 가지 조건을 갖추면 범함이 된다.

첫째, 광율廣律을 설할 때

둘째, 대중 가운데 있으면서

셋째, 듣지 않으려는 뜻을 내고

---

161. （大22, 686上）.

넷째, 5편의 계를 다 설했는데도 "나는 처음 들었다"고 말하면 범한다.

5. 범하는 상황[罪相]

만약 자신이 계를 설하거나 다른 사람이 계를 설할 때, 혹은 계를 염송할 때 마음을 써서 잘 기억하지 않고 일심으로 귀 기울여 법을 듣지 않아서 알지 못했으면	바일제

『行宗記』

만약 실제로 오래전에 알았으면서 처음 알았다고 말했으면, 이것은 거짓말이니 저절로 앞의 계(제1 고의로 거짓말하는 계)에 속한다. 하지만 비록 설계했으나 자세히 듣지 않았기 때문에 실제로 알지 못해서 처음으로 알았다고 했으면 바로 이 계를 범한다.

『比丘尼鈔』

『僧祇』 서문부터 5편까지는 돌길라이고, 중간의 계문도 낱낱이 돌길라다. 일체를 듣지 않았으면 1바일제다. 이 바일제는 개인에게 허물을 참회할 수 없다. 대중 가운데서 계를 지키고 위의와 덕이 있어서 존경받는 사람 앞에서 참회해야 한다. 그러면 앞사람은 마땅히 꾸짖고 다스려야 한다.

6. 대상에 대한 생각[境想]

비구니(작법을 하는 자)가 법을 알지 못한 죄[無知罪]를 주지 않았으면	돌길라

7. 범함이 아닌 경우[開緣]

만약 일찍이 설계하는 것을 들은 적이 없고 지금 처음으로 들었으면	범함이 아니다
만약 일찍이 광설廣說을 들은 적이 없고 지금 처음으로 들었으면[162]	
만약 장난으로 말한 등이었으면	

『行事鈔』

불법이 동쪽으로 흘러온 후 이 법(6취 참회법)을 행하는 자는 적고, 비록 행하더라도 작은 것은 버리고 큰 것만 취하며 부처님 명호나 방등方等을 의지하여 참회한다. 이것은 나의 뜻에 맞지 않다. 마음에 좋고 싫음이 있어서 대도大道에 부합되지 않기 때문이다.

영지율사의 해석

수·당 시대에는 스님들이 매우 많아서 불법이 크게 흥했음에도 불구하고 도선율사는 오히려 '적다'고 말했는데, 하물며 지금 말법에야 말해 무엇하리오! 6취 참회법은 땅에 떨어진 지 오래되었고, 스님들이 악을 지어서 그 더러운 자취가 말할 수조차 없다. 혹 포살에 임해서는 편안히 앉아 묵연하다가 허물을 품고 생을 마치니 죽을 때조차도 오히려 뉘우침이 없다. 비록 묘약을 남겨두었으나 독기운이 깊이 들어가도 기꺼이 복용하려 하지 않으니 슬프다!

---

162. 과청, 『講記』下, p.2189, 廣說이란 계의 서문부터 끝까지 한꺼번에 설하는 것이다. 이제까지는 단지 간단히 설한 略說만 듣다가 광설은 처음 듣는 상황을 말한다.

58 함께 갈마하고 나중에 후회하는 계 同羯磨後悔戒

비구계 제74와 같음, 대승공계, 성계   육군비구

1. 계의 조문 [戒文]

만약 비구니가 함께 갈마를 마치고 나서, 후에 이와 같이 "비구니들이 친분에 따라 대중의 물건을 준다"고 말하면 바일제다.

2. 계를 제정한 인연 [緣起]

『四分』

부처님께서 라열성 기사굴산에 계실 때 어떤 신도가 대중에 값진 옷을 보시하였다. 평소 답파마라 비구는 소임을 살며 대중의 일을 처리하느라 보시가 들어와도 받으러 가지 못해서 의복이 남루하였다. 그래서 대중들이 그에게 옷을 주자고 갈마를 하였다. 그런데 갈마를 할 때 육군비구들이 "비구들이 친분에 따라 대중들의 옷을 준다"고 불평하였다. 비구들이 듣고서 꾸짖고 부처님께 사뢰니 꾸짖으시고 계를 제정하셨다.[163]

3. 제정한 뜻 [制意]

『四分律疏』

대중의 물건은 공유해야 하는 것이다. 그러나 대중의 뜻이 같지 않아서 미리 함께 화합해서 갈마하여 지사인에게 상으로 주고는, 문득 후회하며 도리어 "친분에 따라 주었다"고 대중을 비방한다. 그래서 대중들의 마음을 동요시켜 다툼이 일어나는 것을 즐기고, 번갈아 서로 고통스럽고 괴롭게 하여 안락하게 도를 닦을

---

163. （大22, 686下）.

수 없게 하므로 이 계를 제정하셨다.

4. 범하는 조건 [犯緣]

『行事鈔』

네 가지 조건을 갖추면 범함이 된다.

첫째, 대중에게 공양된 시주물[164]이고

둘째, 함께 갈마를 해서 다른 이에게 상으로 주었는데

셋째, 문득 반대하여 대중들을 비방하되

넷째, 말을 분명하게 하면

범한다.

『比丘尼鈔』

『多論』 만약 대중이 화합하여 지사인이나 대덕大德이나 가난한 비구에게 상을 주는 갈마를 마치고 나서 비난하면 바일제고, 만약 밖에서 온 사람이 비난하면 돌길라다.[165]

5. 범하는 상황 [罪相]

함께 물건을 주는 갈마를 마치고 나서 후에 대중을 비방하여	말을 분명하게 했으면	바일제
	말을 분명하게 하지 않았으면	돌길라

---

164. 『資持記』2(大40, 327上), 初緣僧物四種 如盜戒說 二種現前可以和賞 二種常住一切不開 卽衣鉢針筒尼師壇下至飮水器隨用賞之. 승물은 네 종류가 있는데 도계에서 설명한 것과 같다. 두 종류의 현전승물만 갈마를 해서 상으로 줄 수 있고, 두 종류의 상주승물은 일체 허용되지 않는다. 즉 옷·발우·바늘통·니사단 또는 최소한의 물 마시는 그릇까지는 상으로 줄 수 있다.

165. 밖에서 온 사람은 갈마에 참석하지 않았기 때문에 가벼운 죄가 된다.

6. 범함이 아닌 경우[開緣]

만약 사실이 그러하여 친분에 따라 그에게 승물을 주었으면	범함이 아니다
장난으로 말한 등이었으면	

59 위임하지 않는 계不與欲戒

비구계 제75와 같음, 대승공계, 성계   육군비구

1. 계의 조문[戒文]

만약 비구니가 대중들이 일을 결정할 때 위임하지 않고 일어나서 가면 바일제다.

2. 계를 제정한 인연[緣起]

『四分』

부처님께서 사위국 기수급고독원에 계실 때 비구들이 모여 법과 계율을 토론하고 있었다. 그런데 육군비구들이 자기들 때문에 갈마하는 줄 알고 자리에서 일어나 나가려고 하자, 비구들이 대중의 일인데 왜 가려고 하느냐며 그들을 꾸짖었다. 비구들이 이 일을 부처님께 사뢰니 꾸짖으시고 계를 제정하셨다.[166]

---

166. (大22, 687上).

3. 제정한 뜻[制意]

『四分律疏』

여법한 대중의 일은 이치적으로 함께 따라야 하니 어그러뜨리는 것을 허락하지 않는다. 지금 대중의 갈마를 막고 문득 가버리는 것은 마음으로 함께 화합하는 것이 아니다. 승사僧事를 장애하여 대중을 괴롭게 함이 가볍지 않으므로 성인께서 제정하셨다.

4. 범하는 조건[犯緣]

『行事鈔』

다섯 가지 조건을 갖추면 범함이 된다.

첫째, 여법한 대중의 일이고

둘째, 알면서

셋째, 위임하지 않고

넷째, 문득 가려고

다섯째, 문을 나가면

범한다.

5. 범하는 상황[罪相]

대중에서 결정하는 일이 끝나지 않았는데 위임하지 않고 가려고	문 밖을 나갔으면	바일제
	한 발은 문 밖에 있고, 한 발은 문 안에 있었으면	돌길라
	방편으로 가려고 했다가 가지 않았으면	돌길라
	함께 가기로 약속하고 준비했으면	

6. 범함이 아닌 경우[開緣]

만약 승가대중의 일, 탑과 절의 일, 병자를 돌보는 일이 있어서 위임했으면	범함이 아니다
만약 입에 병이 있어서 위임할 수 없었으면	
만약 법에 맞지 않거나 율에 맞지 않은 갈마를 하려고 하거나, 혹은 대중이나 탑과 절, 화상니 등에 손해를 끼치거나 이익이 없거나 머무를 곳이 없게 하는 갈마를 하려고 해서 이와 같이 위임하지 않고 나갔으면	

60 위임하고 나서 후회하는 계 與欲後悔戒

비구계 제76과 같음, 대승공계, 성계 　　　　　　　　　　　　　　육군비구

1. 계의 조문[戒文]

만약 비구니가 위임하고 나서 뒤에 다시 비난하면 바일제다.

2. 계를 제정한 인연[緣起]

『四分』

부처님께서 사위국 기수급고독원에 계실 때였다. 육군비구들 중에 죄를 범한 자가 있었는데, 대중이 죄를 들추어낼까 두려워 육군비구들이 공양할 때나 설법할 때, 계를 설할 때도 함께 하여 갈마를 할 수 없게 하였다.

그러던 어느 날 대중이 갈마를 하려고 사람을 보내서 참석하라고 하였다. 그런데 갈 수 없다고 하므로 위임을 하라고 하니 한 비구만 보내서 위임하였다. 그

비구는 대중에서 갈마를 마치고 다시 돌아가서 "대중이 갈마를 해주었으나 나에게는 이익이 없었다"고 말하였다. 그 말을 들은 육군비구들이 "우리는 저 일을 위임한 것이지 이 일을 위임한 것은 아니다"라고 하면서 무효를 주장했다. 비구들이 듣고서 꾸짖고 부처님께 사뢰니 꾸짖으시고 계를 제정하셨다.[167]

3. 제정한 뜻[制意]

『四分律疏』

여법한 대중의 일은 이치상 수순하고 인정해야 한다. 먼저 위임하고 나서 자기 도반을 다스리는 것을 보고, 사사로운 감정에 치우쳐서 문득 후회하며 도리어 갈마가 성립되지 않았다고 말한다. 서로의 친함이 법을 훼손하여 대중을 괴롭게 함이 가볍지 않으므로 제정하셨다.

4. 범하는 조건 [犯緣]

『行事鈔』

네 가지 조건을 갖추면 범함이 된다.

첫째, 여법한 갈마이고

둘째, 여법하게 위임했는데

셋째, 문득 도리어 후회하며 "성립되지 않았다"고 말하되

넷째, 분명하게 말했으면

범한다.

5. 범하는 상황[罪相]

위임하고 나서 뒤에 후회하며 "그대들이 한 갈마는 갈마가 아니어서 갈마가 이루어지지 않았다"고 말하되	말을 분명하게 했으면	바일제
	말을 분명하게 하지 않았으면	돌길라

6. 범함이 아닌 경우 [開緣]

만약 그것이 사실이어서 "갈마가 비법이므로 갈마가 이루어지지 않았다"고 말했으면	범함이 아니다
만약 장난으로 말한 등이었으면	

61 네 가지 쟁사를 엿듣는 계 屏聽四諍戒

비구계 제77과 같음, 대승공계, 성계   육군비구

1. 계의 조문 [戒文]

만약 비구니가, 비구니들이 함께 다툰 일이 있고 나서 그 이야기를 듣고 다른 사람에게 말하려고 했으면 바일제다.

2. 계를 제정한 인연 [緣起]

『四分』

부처님께서 사위국 기수급고독원에 계실 때, 육군비구가 비구들이 다툰 이야기를 엿듣고 나서 저쪽 비구에게 가서 말하여 싸움이 끊이지 않았다. 비구들이 꾸짖고 부처님께 사뢰니 꾸짖으시고 계를 제정하셨다.[168]

---

167. （大22, 687中).
168. （大22, 688上).

3. 제정한 뜻[制意]

『四分律疏』

공개적인 말은 이치를 드러내지만 숨어서 하는 말은 사사로운 감정을 따르기 쉽다. 지금 몰래 가서 다른 사람의 말을 엿듣고 이쪽저쪽에 전하니 감정이 생겨서 싸우고 어지럽게 하는 허물이 가볍지 않다. 이러한 이유로 성인께서 제정하셨다.

4. 범하는 조건[犯緣]

『行事鈔』

다섯 가지 조건을 갖추면 범함이 된다.

첫째, 이미 일어났던 네 가지 쟁사이고

둘째, 다툰 사람이 병처에서 그 일에 대해서 이런저런 평가를 하는데

셋째, 다툼과 분란을 일으키려는 마음으로

넷째, 그 곳에 몰래 들으러 가서

다섯째, 들었으면

범한다.

5. 범하는 상황[罪相]

저가 다툰 비구니의 말을 들으려고	가서 들었으면	바일제
	갔으나 듣지 않았으면	돌길라
	방편으로 가려고 했다가 가지 않았으면	돌길라
	함께 가기로 약속하고 준비만 했으면	

만약 어떤 두 사람이 함께 어두운 곳에서 얘기하는데	손가락을 튕기거나 헛기침을 하지 않아서 놀라게 했으면	돌길라
만약 어떤 두 사람이 함께 병처에서 얘기하는데		
만약 길을 갈 때 어떤 두 사람이 앞에 가면서 함께 얘기하는데		

『比丘尼鈔』

『僧祇』 만약 어떤 원수들이 서로 살해하려고 도모하는 것을 들었거나, 도적이 오는 소리를 들었거나, 법답지 않은 비구니가 대중의 물건을 훔치려고 계략을 꾸미는 것을 들었다면, 지사인은 곧바로 대중에 "마땅히 스스로 경계를 갖추어야 합니다. 저는 나쁜 소리를 들었습니다"라고 알려야 한다.

만약 스승이 해가 저문 후 몰래 와서 방사를 돌아보다가 제자가 설법하는 소리를 들었다면 그 자리에서 칭찬하거나 꾸짖으면 안 된다. 나중에는 할 수 있으니, 순찰을 마치고 돌아온 후에는 칭찬하거나 꾸짖을 수 있다.[169]

『律』 두 사람이 어두운 곳에서 이야기하거나 혹은 길을 걸어가면서 함께 이야기하고 있으면, 먼저 손가락을 튕기거나 헛기침을 해야 한다. 그렇게 하지 않으면 돌길라다.

『戒本疏』

계본에 '다른 사람에게 말하려고 한다'는 것은 듣는 사람의 뜻을 근거해서 말한 것이다. 그래서 죄를 결정할 때는 듣기만 해도 바로 범한다. 만약 듣고 나서 남에게 말을 하면 양설에 떨어진다.

---

169. (大22, 388中).

6. 범함이 아닌 경우[開緣]

만약 두 사람이 어두운 곳에서 함께 이야기하거나, 병처에서 이야기하거나, 혹은 길을 가는데 앞서 가는 이들이 이야기할 때 손가락을 튕기거나 헛기침을 했으면	범함이 아니다
만약 법에 맞지 않거나 율에 맞지 않은 갈마를 하려고 하거나, 혹은 대중·탑·절·화상니 등에게 손해를 끼치거나 이익이 없게 하거나 머물 수 없게 하는 갈마를 하려고 해서 그것을 알려고 가서 들었으면	

62 화가 나서 비구니를 때리는 계 瞋打比丘尼戒

비구계 제78과 같음, 대승공계, 성계 　　　　　　　　　　　　　　　　　　　육군비구

1. 계의 조문[戒文]

만약 비구니가 화가 나 기분이 좋지 않아서 다른 비구니를 때리면 바일제다.

2. 계를 제정한 인연[緣起]

『四分』

부처님께서 사위국 기수급고독원에 계실 때, 육군비구 중 한 비구가 화가 나서 십칠군 비구 중 한 비구를 때리자 맞은 비구가 크게 소리를 질렀다. 옆방에서 비구들이 듣고서 꾸짖고 부처님께 사뢰니 꾸짖으시고 계를 제정하셨다.[170]

---

170. (大22, 688中).

3. 제정한 뜻[制意]

『四分律疏』

출가한 사람은 이치적으로 반드시 인내심을 가지고 괴로운 인연을 감내해야 한다. 그런데 이제 안으로 성내는 마음을 품고 앞사람을 때려서 스스로 심행을 무너뜨릴 뿐만 아니라 앞사람까지 괴롭게 한다. 허물과 손해가 가볍지 않으므로 반드시 제정하셔야 했다.

4. 범하는 조건[犯緣]

『比丘尼鈔』

네 가지 조건을 갖추면 범함이 된다.

첫째, 상대방이 비구니이고

둘째, 화가 나서

셋째, 때리려는 뜻을 가지고

넷째, 때리면

범한다.

5. 범하는 상황[罪相]

비구니를	손이나 돌, 몽둥이로 때렸으면	바일제
	열쇠, 굽은 갈고리, 불자拂子 자루, 향로 자루로 쳤으면 (挃는 '친다'는 뜻이다)	돌길라

『比丘尼鈔』

『十誦』 한 움큼의 모래를 쥐어서 여러 비구에게 뿌렸으면 모래를 맞은 사람 수만큼 낱낱이 바일제다. (비구니도 같다.)

『伽論』 비구가 화난 마음이나 음욕심으로 여인을 때리면 승잔이다. (비구니가 재가 남자를 때려도 그러하다.)

6. 범함이 아닌 경우[開緣]

만약 병이 있어서 반드시 사람이 몽둥이로 때려야 했으면	
만약 음식이 걸려서 등을 쳐야 했으면	
만약 함께 얘기하는데 듣지 않아서 건드려서 듣게 했으면	범함이 아니다
만약 잠 잘 때 몸으로 다른 사람을 쳤으면	
만약 오고 가며 경행할 때 서로 부딪쳤으면	
만약 바닥을 쓸 때 잘못해서 빗자루 끝으로 부딪쳤으면	

『行事鈔』

모든 경과 율을 살펴보아도 훈계하고 다스리기 위한 이유로 비구가 다른 사람을 때리는 것을 허락한 일은 없다. 세존께서 교화하시던 때에도 없었다. 그러나 말법시대에 자주 보게 되니 이것은 법이 멸하는 모양이다.

『大集經』에, "만약 출가자나 재가자 등이 파계했거나 계가 없는[171] 비구를 때리면, 그 죄가 만억 부처님 몸에 피를 내는 것보다 무겁다. 왜냐하면 이들도 사람들에게 윤회계를 벗어날 수 있는 길이나 열반 등을 보일 수 있는 사람이기 때문이다.(비구니를 때리는 것도 그러하다)"라고 하였다.

---

171. 과청, 『講記』下, p.2262, 還有無戒也就是不得戒或者十三難十六輕遮的這些事. 계가 없다는 것은 계를 얻지 못한 것으로 13차난과 16경차와 같은 일들이다.

63 비구니를 때리는 시늉을 하는 계搏比丘尼戒

비구계 제79와 같음, 대승공계, 성계   육군비구

1. 계의 조문[戒文]

만약 비구니가 화가 나 기분이 좋지 않아서 손으로 다른 비구니를 때리는 시늉을 하면 바일제다.

2. 계를 제정한 인연[緣起]

『四分』

부처님께서 사위국 기수급고독원에 계실 때, 육군비구가 손으로 십칠군 비구를 때리는 시늉을 했다. 맞을 뻔한 비구가 크게 고함을 지르자 옆방에 있던 비구가 소리를 듣고 이유를 물었다. 비구들이 듣고서 꾸짖고 부처님께 사뢰니 꾸짖으시고 계를 제정하셨다.[172]

3. 제정한 뜻[制意]

『四分律疏』

앞의 계(제62계)는 때리는 것에 국한해서 비로소 범함이 된다. 그러나 이 계는 깊이 방지하기 위해 제정된 것으로 손으로 때리는 시늉만 해도 범함이 되며 때리기를 기다리지 않는다. 만약 때렸으면 곧 앞의 계에 속한다.

---

172. (大22, 688下).

4. 범하는 조건[犯緣]

「私記」

『行事鈔』에는 '범하는 조건'이 빠져 있다.

앞의 계(제62계)와 같으나 단지 세 번째, 네 번째에 '때리는 것'을 '때리는 시늉을 하는 것'으로 바꾸면 된다.

5. 범하는 상황[罪相]

	손으로 때리는 시늉을 했으면	바일제
비구니를	열쇠, 굽은 갈고리, 불자拂子 자루, 향로 자루로 때리는 시늉을 했으면[173]	돌길라

『毘尼止持』

'시늉하는 것[搏]'은 '흉내를 내는 것[擬]'이다. '흉내를 낸다는 것'은 때리려는 형상이니, 손을 들어 상대를 향하여 때리려는 모습을 나타냄으로써 다른 사람을 두렵게 하는 것을 말한다. 앞의 계는 본래 마음에 실제로 그를 때리려고 한 것이다. 만약 때렸으나 몸에 닿지 않은 경우는 본죄(제62계)가 될 수 없다. 이 계는 본래 마음은 때리려는 생각이 없으면서 손으로 시늉을 하는 것으로, 시늉을 했으면 곧 본죄가 된다. 두 계가 차이가 있으므로 따로 제정하셨다.

『比丘尼鈔』

『伽論』 만약 손이나 칼을 들어서 다수의 비구들에게 향하면 낱낱이 바일제다. (비구니를 향하는 것도 그러하다.)

---

173. 저본에는 '쳤으면[挃]'이라고 되어 있으나 내용상 '때리는 시늉을 했으면[搏]'이라고 해야 한다.

6. 범함이 아닌 경우[開緣]

만약 다른 사람이 때리려고 하여 손을 들어서 막았으면	범함이 아니다
만약 사나운 코끼리가 오거나, 도적이 오거나, 사나운 짐승이 오거나, 뾰족한 것을 멘 사람이 와서 손을 들어 막았으면	
만약 물을 건너거나 혹은 구덩이·도랑·진흙탕을 건너거나 지나가면서, 서로 가까운 곳에서 손을 들어 다른 비구니를 부르려고 했을 때 상대방을 건드렸으면	
만약 함께 얘기하는데 듣지 못하여 건드려서 듣게 했으면	
만약 잠을 잘 때 몸으로 다른 사람을 쳤으면	
만약 오고 가며 경행할 때 서로 부딪쳤으면	
만약 바닥을 쓸 때 잘못해서 빗자루 끝으로 부딪혔지만 일부러 한 것이 아니었으면	

64 근거 없이 승잔죄를 범했다고 비방하는 계 無根僧殘謗戒

비구계 제80과 같음, 대승공계, 성계   육군비구

1. 계의 조문[戒文]

만약 비구니가 화가 나 기분이 좋지 않아서 근거 없이 승가바시사죄를 범했다고 비방하면 바일제다.

2. 계를 제정한 인연 [緣起]

『四分』

부처님께서 사위국 기수급고독원에 계실 때, 육군비구들이 화가 나서 근거 없이 십칠군 비구들이 승가바시사죄를 범했다고 비방하였다. 비구들이 듣고서 꾸짖고 부처님께 사뢰니 꾸짖으시고 계를 제정하셨다.[174]

3. 제정한 뜻 [制意]

『四分律疏』

'제정한 뜻'은 승잔 '제2 근거 없이 바라이죄를 범했다고 비방하는 계'와 같다.

4. 범하는 조건 [犯緣]

『行事鈔』

여덟 가지 조건을 갖추면 범함이 된다.

첫째, 상대방이 비구·비구니이고

둘째, (비구·비구니임을) 아는데

셋째, 화가 나서

넷째, 3가지 근거(見·聞·疑)가 없는데도

다섯째, 최소한 한 비구니에게

여섯째, 승잔죄로써 모함하여

일곱째, 말을 분명하게 해서

여덟째, 앞사람이 알아들었으면

범한다.

---

174. (大22, 689上).

5. 범하는 상황[罪相]

화가 나서 근거 없이 승가바시사죄라고 비방하여	말을 분명하게 했으면	바일제
	말을 분명하게 하지 않았으면	돌길라

6. 범함이 아닌 경우[開緣]

만약 본 근거, 들은 근거, 의심한 근거로써 실제 사실을 말해서 고치고 뉘우치게 하려고 한 것이지 비방한 것이 아니었으면	범함이 아니다
만약 장난으로 말한 등이었으면	

65 갑자기 왕궁에 들어가는 계 突入王宮戒

비구계 제81과 같음, 대승공계, 차계 　　　　　　　　　　　　가류타이

1. 계의 조문[戒文]

만약 비구니가 찰리수刹利水를 머리에 뿌린 왕족의 왕[175]이 아직 나오지 않았고 보배(부인)를 숨기지 않았는데, 궁의 문턱을 넘어 들어가면 바일제다.

---

175. 과청, 『講記』下, p.2274, '찰리수를 머리에 뿌린 왕'이란 다음과 같은 의식을 거쳐 즉위한 왕을 말한다. 사방의 바닷물을 떠서 흰 소의 오른쪽 뿔에 가득 담아 그것을 황금가마 위에 놓는다. 왕과 왕비가 가마에 오르고 다른 작은 나라의 왕들이 그 가마를 어깨에 짊어진 상태에서 대바라문이 와서 그 물을 국왕의 정수리에 관정하면 국왕으로 옹립한다.

2. 계를 제정한 인연 [緣起]

『四分』

부처님께서 사위국 기수급고독원에 계실 때, 말리부인의 권유로 파사익왕도 신심이 증장하여 비구들이 궁에 출입하는 데 장애가 없도록 하였다. 어느 날 가류타이 비구가 궁으로 걸식하러 갔다. 그때 왕과 부인은 낮잠을 자고 있었는데, 말리부인이 급히 자리를 마련하려다가 실수로 옷을 놓쳐 몸이 드러났다. 가류타이가 절에 돌아와서 "나는 파사익왕의 제일가는 보배를 보았다"고 자랑하였다. 비구들이 듣고서 꾸짖고 부처님께 사뢰니 꾸짖으시고 계를 제정하셨다.[176]

3. 제정한 뜻 [制意]

『四分律疏』

왕은 자재하고 마음이 방탕하여 마음대로 욕구를 따름에 일정한 때가 없어서 서로 괴롭고 핍박을 당하기 쉽다. 그렇게 되면 서로에게 부끄러운 일이고 이치상으로도 마땅한 일이 아니다. 더욱이 왕궁의 여인들은 요염하고 교태한 자태로 사람의 마음을 어지럽힌다. 그래서 쉽게 염착심을 일으켜서 스스로의 심행을 무너뜨리게 하니, 허물이 가볍지 않으므로 제정하셨다.

4. 범하는 조건 [犯緣]

『行事鈔』

네 가지 조건을 갖추면 범함이 된다.

첫째, 찰리왕이고

둘째, 왕과 부인이 같은 곳에 있는데

셋째, 왕이 나오지 않았고 아직 보배를 숨기지 않았는데

넷째, 왕궁 문의 한계를 넘어서면

---

176. (大22, 689中).

범한다.

5. 범하는 상황[罪相]

	문턱을 넘었으면	바일제
찰리왕의 왕궁에 들어가되	한 발은 문 밖에 있고, 한 발은 문 안에 있었으면	돌길라
방편으로 가려고 했다가 가지 않았으면		돌길라
함께 가기로 약속하고 준비만 했으면		
좁쌀같이 흩어진 다른 소규모의 왕·부호·귀족·장자들의 집에 들어가되	문턱을 넘었으면	돌길라

『資持記』

'좁쌀같이 흩어졌다'는 것은 다른 소규모의 왕이 좁쌀같이 많음을 말한다.

6. 범함이 아닌 경우[開緣]

만약 부인이나 궁녀가 이미 나갔고, 갖고 있는 금·보물·영락을 이미 감추었으면	범함이 아니다
만약 아뢸 것이 있었으면	
만약 청함을 받았으면	
만약 힘센 자에게 잡힌 등이었으면	

1. 계의 조문[戒文]

만약 비구니가 보물 및 보물 장식을 스스로 잡거나 혹은 남을 시켜서 잡으면, 승가람 안과 숙소를 제외하고는 바일제다. 승가람 안이나 숙소에서 보물이나 보물 장식을 스스로 잡거나 혹은 남을 시켜서 잡을 때는 그 물건을 아는 자가 잡도록 해야 한다. 이와 같은 인연만 허락하고 나머지는 허락하지 않는다.

2. 계를 제정한 인연[緣起]

『四分』

부처님께서 사위국 기수급고독원에 계실 때, 외도 거사들이 길을 가다가 쉬면서 천 냥 금이 든 주머니를 두고 갔다. 길을 가던 비구들이 그것을 보고 '주인을 만나면 돌려주리라'고 생각하고 들고 가다가, 뒤늦게 돈주머니를 두고 온 것을 알고 되돌아 온 거사들에게 돌려주었다. 그런데 그들은 원래의 금보다 적다고 하면서 비구들을 관가에 고발하였다. 파사익왕이 직접 재판을 주재하여 외도들이 거짓 주장을 한 것이 밝혀지자, 돈과 함께 그들의 재산을 다 몰수하였다. 비구들이 듣고서 꾸짖고 부처님께 사뢰니 꾸짖으시고 계를 제정하셨다.[177]

3. 제정한 뜻[制意]

『四分律疏』

보물은 이익이 많아서 사람들이 크게 탐착한다. 이미 땅에 떨어진 것을 가까

177.（大22, 691中).

이 하면 상황이 어려워진다. 비록 좋은 마음으로 취해서 주인에게 돌려주려고 했어도, 오히려 그의 비난을 받게 되고 결백을 밝히기도 어려워 자신을 구제할 수 없다. 또한 이러한 물건을 얻고 나서는 도심盜心이 생기기 쉽고 일이 위기에 처했을 때는 위험해질 수 있다. 그래서 고귀한 행이라 할 수 없으며 손해가 가볍지 않으므로 제정하셨다. 만약 땅에 떨어지지 않은 것을 잡았다면 작은 죄다.

4. 범하는 조건 [犯緣]

『行事鈔』

다섯 가지 조건을 갖추면 범함이 된다.

첫째, 귀한 보물이나

둘째, 장신구를

셋째, 머무는 곳이나 자는 곳이 아닌 곳에서

넷째, 훔치려는 마음 없이 주인한테 돌려주려는 생각으로

다섯째, 잡으면

범한다.

5. 범하는 상황 [罪相]

승가람 안이나 숙소가 아닌 곳에서 보물이나 보물장식을 스스로 잡거나 남을 시켜서 잡았으면		바일제
승가람 안이나 숙소에서 스스로 잡거나 남을 시켜서 잡되	주머니의 모양이나, 싼 모양, 맨 모양을 알지 못했으면	돌길라
	만약 주머니를 풀어보지 않아서 몇 개가 묶여져 있는지, 몇 개가 묶여져 있지 않은지, 몇 개가 모가 난 것인지, 몇 개가 둥근 것인지, 몇 개가 새 것인지, 몇 개가 헌 것인지를 알지 못했으면	

6. 범함이 아닌 경우[開緣]

만약 승가람 안이나 숙소에서 스스로 잡거나 남을 시켜 잡았으면 주머니의 모양이나 싼 모양, 맨 모양을 알고, 주머니를 풀어보아서 몇 개가 묶여져 있는지, 몇 개가 묶여져 있지 않은지, 몇 개가 모가 난 것인지, 몇 개가 둥근 것인지, 몇 개가 새 것인지, 몇 개가 헌 것인지를 알아야 한다. 만일 찾으러 오는 자가 있으면 "당신의 물건 모양이 어떤가?"라고 물어서 말이 상응하면 돌려주어야 하고, 말이 상응하지 않으면 "나는 그런 물건을 보지 못했다"라고 말해야 한다. 만일 두 사람이 함께 찾으러 왔으면 "당신의 물건 모양이 어떤가?"라고 물어서 말이 상응하면 돌려주어야 하고, 말이 상응하지 않으면 "나는 그런 물건을 보지 못했다"고 해야 한다. 만약 두 사람의 말이 모두 상응하여 물건을 가져다가 앞에 놓고 "이것은 그대들의 물건이니 가져가시오"라고 말했으면	범함이 아니다
만약 탑과 절의 장엄구로 공양한 것이어서 잘 보호하기 위해서 거두어 두었으면	

『戒本疏』

'범함이 아닌 경우'의 첫 번째는 만약 자기가 줍지 않으면 다른 사람이 가지고 가버릴 수 있기 때문이다. 그렇지 않으면 후에 찾으러 온 사람이 자기 물건이 비구니에게 있는 것으로 생각하여 오히려 비방을 면하기 어렵다. 그러므로 주워서 주인을 기다렸다가 돌려주는 것을 허락하였다.

67 비시에 마을에 들어가는 계 非時入聚落戒

비구계 제83과 같음, 대승공계, 성계   발난타 비구

1. 계의 조문 [戒文]

만약 비구니가 비시非時에 마을에 들어가면서 비구니에게 부촉하지 않으면 바일제다.

2. 계를 제정한 인연 [緣起]

『四分』

부처님께서 사위국 기수급고독원에 계실 때, 발난타 비구가 비시에 마을에 들어가서 거사들과 저포놀이를 해서 이겼다. 거사들이 아깝기도 하고 시기심이 나서 "비구가 아침 일찍 마을에 들어오는 것은 걸식하기 위함인데, 비시에 마을에 들어온 것은 무엇 때문인가?"라고 하면서 비난하였다. 비구들이 듣고서 꾸짖고 부처님께 사뢰니 꾸짖으시고 계를 제정하셨다.[178]

3. 제정한 뜻 [制意]

『四分律疏』

출가하여 도를 닦는 사람은 이치상 산란하게 돌아다녀서는 안 된다. 그러나 공양 때에는 생명을 유지하기 위해서 반드시 걸식을 해야 한다. 하지만 이미 공양 때를 지나 비시非時이고 일이 없는데 마을에 들어가는 것은 도 닦는 것을 그만 두게 하고 비난을 초래하여 손해가 적지 않기 때문에 제정하셨다.

---

178. (大22, 692下).

4. 범하는 조건[犯緣]

『行事鈔』

다섯 가지 조건을 갖추면 범함이 된다.

첫째, 비시에

둘째, 알릴만한 일이나 단월이 청하여 부른 인연이 없는데

셋째, 부촉하지 않고

넷째, 재가자의 집을 향하여

다섯째, 문에 들어가면

범한다.

5. 범하는 상황[罪相]

비시에 마을에 들어가면서 다른 비구니가 있는데도 부촉하지 않고	마을의 문에 들어갔으면	바일제
	한 발은 문 안에 있고, 한 발은 문 밖에 있었으면	돌길라
방편으로 가고자 했으나 가지 않았으면		돌길라
함께 약속하고 준비만 했으면		

『比丘尼鈔』

『十誦』 아란야에 있다가 다른 비구에게 말하고 마을에 갔다가 다시 아란야로 돌아온 후에 이전에 말한 것으로써 다시 마을에 들어가면 바일제다. 또한 마을에 들어간다고 말하고 마을에 다녀와서 본래 승방僧坊에 돌아왔다가 또 다시 마을에 들어가면, 즉 먼저 말한 것으로써 다시 들어가면 바일제다. 동일한 계界 안에 청정한 비구가 있는데 말하지 않고 마을에 들어가면 바일제다. 다른 비구에게 말하지 않았으면 큰 거리, 작은 거리를 지날 때마다 돌길라고, 재가자의 집에 들

어갈 때마다 낱낱이 바일제다. 만약 아란야에 들어가거나, 가까운 마을의 승방에 들어갈 때 말하지 않고 가는 것은 무죄다. (비구니의 기준도 비구와 같다.)

6. 범함이 아닌 경우[開緣]

만약 대중의 일, 탑과 절의 일, 간병의 일이 있어서 다른 비구니에게 부촉했으면	범함이 아니다
만약 길이 마을을 통과해 있었으면	
만약 알릴 것이 있었으면	
만약 부름을 받았거나 청을 받았으면	
만약 힘센 자에게 잡힌 등이었으면	

『比丘尼鈔』

『多論』 만약 총괄적으로 마을에 들어간다고 말한 후에는 마음대로 아무 곳이나 가도 범함이 아니다.[179]

『僧祇』 만약 많은 사람이 길을 가다가 마을에 들어가고자 하면, 번갈아 서로에게 말한 후에 들어가야 한다. 이미 숙소에 도착했는데 다시 밖에 나가서 땔나무를 구하고자 할 때 만약 본래 길을 따라 나왔으면 범함이 아니고, 다른 길로 나오면서 말하지 않았으면 바일제다.[180]

『大智度論』 일체 재가자의 집을 마을이라고 한다. (이에 준하여 사원 내의 정인의 방과 집도 부촉하지 않고 들어가면 바일제다.)

---

179. (大23, 560上).
180. (大22, 389中).

68 평상 다리의 길이를 초과하는 계 過量牀足戒

비구계 제84와 같음, 대승공계, 차계 　　　　　　　　　　　　　　　　　　가류타이

1. 계의 조문[戒文]

만약 비구니가 노끈평상이나 나무평상을 만들 때 다리 높이가 부처님의 여덟 손가락 길이면 만족하게 여겨야 한다. 다리를 구멍에 끼워 넣은 길이는 빼야 한다. 만약 자르기를 마쳤는데 길이를 초과하면 바일제다.

2. 계를 제정한 인연[緣起]

『四分』

부처님께서 사위국 기수급고독원에 계실 때, 가류타이가 부처님께서 지나가실 길을 미리 알고서 그 길에 좋은 평상을 펴놓았다. 부처님께서 오시자 가류타이가 "제 평상을 보십시오!"라고 하였다. 이에 부처님께서 "이 어리석은 사람은 안으로 나쁜 마음을 품었다. 높고 넓은 평상을 깔아놓은 것은 오직 자기를 위한 것이다"라고 꾸짖으시고 계를 제정하셨다.[181]

3. 제정한 뜻[制意]

『四分律疏』

높은 평상은 교만한 마음을 증장하니 이치적으로 마땅한 일이 아니다. 반드시 법에 맞게 한도를 넘지 않아야 한다. 초과하면 곧 탐심을 증장하여 성인의 가르침에 어긋나므로 제정해서 허락하지 않으셨다.

---

181. （大22, 693上）.

4. 범하는 조건[犯緣]

『行事鈔』

다섯 가지 조건을 갖추면 범함이 된다.

첫째, 평상이고

둘째, 대중용 평상이나 자신의 평상을

셋째, 길이를 초과하여

넷째, 스스로 혹은 남을 시켜 만들어서

다섯째, 완성되면

범한다.

『比丘尼鈔』

이 『律』에서는 높이가 여래의 여덟 손가락 길이면 족하다고 하였다. 『十誦』에는 "부처님의 한 손가락은 2촌이다"라고 하였다. 즉 높이가 1척 6촌[182]이면 법다운 것이다. (평상의 넓이가 넓거나 좁은 것은 마음대로 한다.)

5. 범하는 상황[罪相]

만약 스스로 혹은 남에게 시켜서 노끈평상이나 나무평상을 만들되, 다리가 여덟 손가락을 초과해서	완성되었으면	바일제
	완성되지 않았으면	돌길라
남을 위해 만들었으면	완성되었거나 완성되지 않았거나 간에	돌길라

---

182. 『十誦』은 중국 요진시대에 번역되었는데 당시에는 姬周의 도량형 제도를 사용하였다. 희주의 1척은 19.91cm로 해석하기도 하고(과청율사), 23cm로 해석하기도 하므로(홍일율사) 1척6촌은 대략 31.9cm~36.8cm 정도이다.

6. 범함이 아닌 경우[開緣]

만약 다리의 높이가 부처님의 여덟 손가락 길이였으면	범함이 아니다
만약 여덟 손가락 길이보다 짧았으면	
만약 다른 사람이 이미 완성된 것을 보시해서 잘라서 사용했으면	
만약 다리를 뺐으면	

69 도라솜을 넣어 평상의 요나 방석을 만드는 계 兜羅貯牀褥戒

비구계 제85와 같음, 대승공계, 차계   육군비구

1. 계의 조문[戒文]

만약 비구니가 도라솜[183]을 넣어서 노끈평상이나 나무평상의 와구나 좌구를 만들면 바일제다.

2. 계를 제정한 인연[緣起]

『四分』

부처님께서 사위국 기수급고독원에 계실 때, 육군비구가 도라솜을 넣어서 노끈평상이나 나무평상의 크고 작은 요를 만드니 거사들이 "부끄러운 줄 알지 못하고 자비심도 없이 중생의 목숨을 끊는다"고 비난하였다. 비구들이 듣고서 꾸짖고 부처님께 사뢰니 꾸짖으시고 계를 제정하셨다.[184]

3. 제정한 뜻[制意]

『四分律疏』

이 도라솜 때문에 작고 미세한 벌레들이 많이 생긴다. 사용하면 중생의 목숨을 해치기 쉬워서 자비로운 법도에 어긋나므로 허락하지 않으셨다.

4. 범하는 조건[犯緣]

『行事鈔』

다섯 가지 조건을 갖추면 범함이 된다.

첫째, 도라솜이고

둘째, 평상의 요에 넣고

셋째, 자기를 위하여

넷째, 스스로 혹은 남을 시켜 만들어서

다섯째, 완성되면

범한다.

5. 범하는 상황[罪相]

만약 스스로 혹은 남에게 시켜서 도라솜을 넣어 노끈평상이나 나무평상의 크고 작은 요를 만들어서	완성되었으면	바일제
	완성되지 않았으면	돌길라
남을 위해 만들었으면	완성되었거나 완성되지 않았거나 간에	돌길라

---

183. 과청, 『講記』下, p.2305, '도라'는 범어이고, 중국어로 번역하면 '상면霜綿'이다. 『薩婆多論』에서는 "草·木·花의 솜면을 총칭하여 '도라'라고 한다"고 했다.

184. (大22, 693中).

6. 범함이 아닌 경우[開緣]

만약 구라야초鳩羅耶草, 문야초文若草,[185] 사바초娑婆草, 털, 목화솜, 헝겊을 요나 방석에 넣었으면	범함이 아니다
만약 도라솜을 어깨를 받치는 물건이나 수레 위의 방석을 만드는 데 사용했으면	

70 마늘을 먹는 계 食蒜戒

비구계 돌길라, 대승공계, 차계   투라난타

1. 계의 조문[戒文]

만약 비구니가 마늘을 먹으면 바일제다.

2. 계를 제정한 인연[緣起]

『四分』

부처님께서 비사리국 미후강변에 계실 때였다. 투라난타 비구니가 마늘을 자주 걸식하니, 마늘밭 주인이 밭을 지키는 사람에게 "비구니들에게 각각 다섯 줄기의 마늘을 주라"고 시키고는 자기는 마늘을 가지고 성에 팔러갔다. 이 말을 들은 투라난타가 절에 돌아와 비구니들에게 말하고, 식차마나와 사미니들을 데리

---

185. 文若는 산스크리트어 muñja의 음사이다. 벼와 비슷한 풀로, 앉거나 눕기 위한 자리를 만드는 데 사용한다.

고 마늘밭에 갔으나 밭을 지키는 사람이 주려고 하지 않았다. 그러자 투라난타는 사미니들을 시켜서 모두 뽑아가 버렸다. 마늘 주인이 돌아와서는 그 사실을 알고 비난하였다. 비구니들이 듣고서 꾸짖고 비구들에게 알리고, 비구들이 부처님께 사뢰니 꾸짖으시고 계를 제정하셨다.[186]

3. 제정한 뜻[制意]

『四分律疏』

출가인은 오신채를 끊어서 향을 깨끗하게 하고 도를 닦아야 한다. 그런데 이제 맛을 탐하여 마늘을 먹고 냄새를 밖으로 풍겨서 비난을 초래하고 도를 손해되게 하니, 허물이 가볍지 않으므로 성인께서 제정하셨다.

4. 범하는 조건[犯緣]

『比丘尼鈔』

세 가지 조건을 갖추면 범함이 된다.

첫째, 마늘이고

둘째, 중병의 인연이 없는데

셋째, 먹어서 삼킬 때마다

범한다.

『比丘尼鈔』

마늘을 먹는 것은 죄가 무겁고 나머지는 죄가 가볍다. 그 이유는 첫째 맛이 좋아서 비구니가 대부분 좋아하는 음식이고, 둘째 냄새가 나기 때문에 나머지 오신채보다 죄가 무겁다.

---

186. (大22, 736下).

5. 범하는 상황[罪相]

생마늘이나, 익은 마늘 혹은 마늘이 섞인 것을 먹었으면	삼킬 때마다 바일제

『比丘尼鈔』

나머지 오신채를 먹으면 돌길라다. 먹는 것을 보고도 꾸짖지 않는 자 또한 범한다.

6. 범함이 아닌 경우[開緣]

만약 이런 병이 있어서 떡으로 마늘을 싸서 먹었으면	
만약 다른 약으로는 다스릴 수 없고 오직 마늘을 복용해야만 차도가 있었으면	범함이 아니다
만약 상처에 발랐으면	

『比丘尼鈔』

『五辛報應經』에 "비구니들이 술을 마시거나 고기를 먹거나 오신채를 먹고 경론을 독송하면 바일제다. 오신채를 먹으면 무거운 돌길라다. 절 밖의 재가자의 집에서 49일 기한 동안 복용하고 향탕수에 목욕한 후에 독송하면 범함이 아니다. 따라서 더러운 것을 먹는 것을 보고도 꾸짖지 않는 자 또한 범하는 것이다"라고 하였다.

『僧祇』, 『十誦』, 『五分』 등에서 다른 치료법이 없으면 병든 비구는 마늘을 복용하도록 허용하였다. 7일을 허락했으니, 가장자리의 작은 방 안에서 지내야 하고 대중의 평상과 요에는 누울 수 없다. 대소변 하는 곳, 강당에도 모두 갈 수 없으며 공양청을 받을 수 없고 대중들 속에서 공양할 수도 없다. 부처님께 나아가 예배할 수도 없으니, 바람이 불어오는 곳에서 멀리 떨어져 예배할 수는 있다. 7일이 다 되었으면 목욕하고 옷에 연기를 쐬고 나서야 비로소 대중에 들어갈 수 있다. 만약 향을 병이 난 곳에 바르고자 하면, 먼저 부처님께 공양하고 난 후에 몸에 바르고 물러나 병처에 있으면서 앞의 법과 같이 해야 한다. (비구니도 같다.)

71 세 곳의 털을 깎는 계 剃三處毛戒

차계   투라난타 비구니

1. 계의 조문 [戒文]

만약 비구니가 몸의 세 곳의 털을 깎으면 바일제다.

2. 계를 제정한 인연 [緣起]

『四分』

부처님께서 사위국에 계실 때였다. 투라난타 비구니가 세 곳의 털을 깎고 단월의 집에 가서 부인들 앞에 앉아 있다가 잘 가리지 않아서 몸이 드러났다. 그때 부인들이 투라난타 비구니에게 함께 목욕하자고 했는데 거절하자, 강제로 옷을 벗겨서 털 깎은 것을 다 보게 되었다. 그래서 "세상 사람들이 털을 깎는 것은 음행을 하기 위해서인데, 비구니가 부끄러운 줄도 모르고 부정행을 익히니 마치 음녀와 도적녀와 같다"고 비난하였다. 비구니들이 듣고서 꾸짖고 비구들에게 알리고, 비구들이 부처님께 사뢰니 꾸짖으시고 계를 제정하셨다.[187]

3. 제정한 뜻[制意]

『四分律疏』

이 계부터 이하 네 가지 계(제71계-제74계)가 다루는 행위들은 모두가 애욕을 키우는 방편이어서 세상의 비난과 허물을 초래하고 도를 장애함이 깊으므로 성인께서 제정하셨다.

「第二分」

세 곳의 털이라는 것은 대변처, 소변처, 겨드랑이를 말한다.

4. 범하는 조건[犯緣]

『開宗記』

세 가지 조건을 갖추면 범함이 된다.

첫째, 세 곳의 털이고

둘째, 병이 있거나 힘센 자에게 잡힌 것을 제외하고

셋째, 칼을 움직일 때마다

범한다.

5. 범하는 상황[罪相]

만약 대·소변처와 겨드랑이 털을 깎았으면	칼을 움직일 때마다	낱낱이 바일제
만약 뽑거나, 자르거나, 태웠으면		일체 돌길라

『比丘尼鈔』

『母論』'체발'이라는 것은 머리카락과 수염만 제거하는 것을 말한다. 다른 곳의 털을 없애는 것은 일체 허락하지 않았다. 체발하는 이유는 교만하고 스스로

---

187. (大22, 737中).

잘났다는 마음을 제거하기 위한 것이다. 날카로운 나무칼로 털을 깎는 것도 허락하지 않았다. 만약 깎는다면 털 하나하나마다 돌길라다. 머리카락을 깎는 것은 범하지 않는다.

『五分』 만약 비구니가 보름이 넘도록 체발하지 않으면 바일제다.

『涅槃』 머리카락이 길고 손톱이 날카로우면 계를 파한 모습이다.

『律』 재가자가 요구한다고 해서 삭발해 주면 안 되니 바일제다. 출가하려는 자는 제외하니 범하지 않는다.

오늘날 다수의 비구·비구니들이 아첨하는 마음으로 이양을 구하여 세속 사람들의 부림을 받으니 선을 무너뜨리고 악을 키움이 이보다 더 할 수 없다.

『律』 머리카락은 최고로 두 달까지 기를 수 있고, 길이가 두 손가락 너비만큼 길이가 되면 깎아야 한다. 손톱은 최대로 큰 보리알갱이 한 알 만큼이면 곧 잘라야 한다. 머리카락은 가위로 자르면 안 된다. 보름에 한 번 체발하고 한 번 손톱을 깎아야 한다. 어기는 자는 돌길라다.

『比丘尼鈔』

『十誦』 머리카락은 구덩이를 파서 묻어야 한다. 만약 머리카락이 길면 삭도기와 삭도기집을 지닐 수 있도록 허락하셨다. 만약 칼이 무뎌지면 손바닥 위에 갈거나 돌 위에 간다. 그 돌은 삭도기 주머니 안에 넣어 둘 수 있다.

6. 범함이 아닌 경우[開緣]

만약 이런 병이 있었으면	
만약 부스럼이 있어서 털을 깎고 약을 발라야 했으면	범함이 아니다
만약 힘센 자에게 잡혔으면	

대승공계, 성계   투라난타 비구니

1. 계의 조문[戒文]

만약 비구니가 물로 세정할 때는 두 손가락의 각 한 마디까지 해야 한다. 만약 초과하면 바일제다.

2. 계를 제정한 인연[緣起]

『四分』

부처님께서 석시수 가유라 니구율 동산에 계실 때였다. 마하파사파제摩訶波闍波提 비구니가 부처님께 가서 여인의 몸은 냄새나고 더러워서 깨끗하지가 않다고 하였다. 이로 인하여 비구들을 모으고 "비구니들은 물로 세정하는 것을 허락한다"고 말씀하셨다. 그런데 투라난타 비구니가 물로 세정하면서 음욕심으로 손가락을 음부 깊이 넣어 상처를 내어 피가 나와 몸과 옷과 와구를 더럽혔다. 비구니들이 사실을 알게 되어 꾸짖고 비구들에게 알렸다. 비구들이 부처님께 사뢰니 꾸짖으시고 계를 제정하셨다.[188]

3. 제정한 뜻[制意]

『四分律疏』

앞의 제71계와 같다.

4. 범하는 조건[犯緣]

『開宗記』

네 가지 조건을 갖추면 범함이 된다.

첫째, 물로 세정할 때

둘째, 염욕심이 있고

셋째, 범함이 아닌 인연이 없는데

넷째, 제한을 초과하면

범한다.

5. 범하는 상황[罪相]

물로 세정할 때 두 손가락 각 한 마디를 초과하여 넣었으면	바일제

『比丘尼鈔』

『僧祇』 대소변을 본 후 물로 씻지 않고 대중의 좌구나 평상, 깔개를 쓰면 월비니다.

『十誦』 대소변처를 씻지 않으면 대중의 와구에 앉지 못한다. 앉으면 돌길라다.

『伽論』 대소변처를 씻지 않고는 예배를 하거나 예배를 받을 수 없다.

『三千威儀經』 세정하지 않고 예불하면 돌길라이고, 설사 예배를 한다 해도 공덕이 없다.

6. 범함이 아닌 경우[開緣]

만약 두 손가락의 각 한 마디까지 했으면	
만약 한 마디보다 적게 했으면	
만약 이러한 병이 있었으면	범함이 아니다
만약 풀이나 벌레가 안에 들어가서 끄집어냈으면	

---

188. (大22, 737下).

1. 계의 조문 [戒文]

만약 비구니가 아교로 남근을 만들면 바일제다.

2. 계를 제정한 인연 [緣起]

『四分』

부처님께서 사위국 기수급고독원에 계실 때, 육군비구니들이 음욕심이 치성하여 형색이 파리해졌다. 왕궁의 여인들이 보고서 아교로 남근을 만들어서 여근 안에 넣으면 음욕심을 만족시킬 수 있는데, 이를 음행이라고는 하지 않는다고 하였다. 그 얘기를 듣고 두 육군비구니가 남근을 만들어서 함께 음행을 하였다. 다른 비구니들이 보고 남자와 함께 음행을 한다고 했다가 일어나는 것을 보고는 남자가 아님을 알았다. 비구니들이 꾸짖고 비구들에게 알리고, 비구들이 부처님께 사뢰니 꾸짖으시고 계를 제정하셨다.[189]

3. 제정한 뜻 [制意]

『四分律疏』

앞의 제71계와 같다.

---

189. (大22, 738上).

4. 범하는 조건[犯緣]

『開宗記』

네 가지 조건을 갖추면 범함이 된다.

첫째, 음욕심이 있고(『尼戒會義』)

둘째, 아교 등으로 남근 모양을 만들어서

셋째, 병의 인연이 없는데

넷째, 여근 안에 넣으면

범한다.

5. 범하는 상황[罪相]

아교, 밥, 보릿가루, 밀랍으로 남근을 만들어서	여근 안에 넣었으면	바일제
	만약 만들기만 하고 여근 안에 넣지 않았으면	돌길라

6. 범함이 아닌 경우[開緣]

만약 이런 병이 있어서 과약果藥 및 환약丸藥을 넣었으면	범함이 아니다
만약 옷으로 월수月水를 막았으면	
만약 힘센 자에게 잡혔으면	

1. 계의 조문[戒文]

만약 비구니가 함께 서로 두드리면 바일제다.

2. 계를 제정한 인연[緣起]

『四分』

부처님께서 사위국 기수급고독원에 계실 때, 육군비구니들이 음욕이 치성하여 형색이 파리해졌다. 그런데 부처님께서 계를 제정하여 아교로 남근을 만들어서 사용하는 것을 금지시켰으므로 그렇게 하지 못했다. 왕궁의 여인들이 이 사실을 알고 "함께 서로 두드려서 음욕심을 채우는 것은 음행을 하는 것은 아니다"라고 하였다. 그 얘기를 듣고 두 육군비구니가 함께 서로 두드렸다. 다른 비구니들이 보고 남자와 함께 음행을 한다고 했다가 일어나는 것을 보고는 남자가 아님을 알았다. 비구니들이 꾸짖고 비구들에게 알리고, 비구들이 부처님께 사뢰니 꾸짖으시고 계를 제정하셨다.[190]

3. 제정한 뜻[制意]

『四分律疏』

앞의 제71계와 같다.

---

190. （大22, 738中).

4. 범하는 조건 [犯緣]

『尼戒會義』

세 가지 조건을 갖추면 범함이 된다.

첫째, 본래 음욕심이 있고

둘째, 병의 인연이 없는데

셋째, 두드려서 쾌락을 느끼면

범한다.

5. 범하는 상황 [罪相]

만약 여근과 여근으로 서로 두드렸으면	둘 다	바일제
만약 손이나 발로 서로 두드렸으면	두드림을 받은 자	바일제
	두드린 자	돌길라

6. 범함이 아닌 경우 [開緣]

만약 이런 병이 있었으면	
만약 오고 가거나, 경행하거나, 땅을 쓸거나, 지팡이에 닿거나 하여 일부러 한 것이 아니었으면	범함이 아니다
만약 씻을 때 손이 닿았으면	

대승공계, 차계　　　　　　　　　　　　　　　　　　출가하여 도를 닦는 장자부부

1. 계의 조문[戒文]

만약 비구니가 비구에게 병이 없는 때에 물을 공급하고 부채질을 해주면 바일제다.

2. 계를 제정한 인연[緣起]

『四分』

부처님께서 사위국 기수급고독원에 계실 때, 한 장자가 부인과 함께 출가하여 도를 닦았다. 어느 날 걸식하여 음식을 가지고 비구니 절로 돌아왔는데, 공양할 때 본래 부인이었던 비구니가 물을 가지고 앞에 서서 부채질을 해주었다. 비구가 남이 볼까 부끄러우니 그만 두라고 하자, 비구니가 화를 내면서 "본래도 이렇게 섬겼는데 왜 부끄러워하지 않았습니까?"라고 하면서 부채 자루로 치고 물을 끼얹었다. 비구니들이 듣고서 꾸짖고 비구들에게 알리고, 비구들이 부처님께 사뢰니 꾸짖으시고 계를 제정하셨다.

후에 비구니들이 계를 범할까 염려되어 병든 비구를 간호하지 못하니, 이런 경우는 허락하신다고 거듭 제정하셨다.[191]

3. 제정한 뜻[制意]

『四分律疏』

비구와 비구니는 남녀의 형상이 달라서 물과 부채질로 시중들면, 쉽게 염욕심

---

191. （大22, 738下）.

이 일어나게 되어 비난과 추함을 불러오게 되므로 바일제죄로 제정하셨다. 하지만 병든 비구를 간호하는 것은 제외하였다. 비구가 비구니를 시중드는 일은 매우 드물기 때문에 작은 허물이 된다.

4. 범하는 조건 [犯緣]

『尼戒會義』

세 가지 조건을 갖추면 범함이 된다.

첫째, 애욕심이 있고

둘째, 병이 없는 비구에게

셋째, 물을 공급하고 부채질을 해주면

범한다.

5. 범하는 상황 [罪相]

만약 비구가 병이 없는데, 공양할 때 물을 공급하고 부채질을 해주었으면	바일제

『比丘尼鈔』

『僧祇』 물과 부채를 번갈아 공급하면 월비니다. 물과 부채 둘다 공급하면 바일제다.

『十誦』 비구가 공양할 때 비구니가 서서 시중들면 바일제다. 음식을 주고 나서 자리로 돌아왔거나 다른 곳으로 갔으면 범하지 않는다.

6. 범함이 아닌 경우 [開緣]

만약 병든 비구를 간호했으면	범함이 아니다
만약 병든 비구가 물이 없어서 물어보고 공급했으면	

『開宗記』

이 죄는 한 비구와 한 비구니의 경우에 적용된다. 만약 많은 비구에게 물과 부채질을 해주었으면 범함이 아니다. 만약 대중에 부모가 있어서 부채질을 했으면 범함이 아니다.

76 날곡식을 구하는 계 _{乞生五穀戒}

대승공계, 차계   육군비구니

1. 계의 조문 [戒文]

만약 비구니가 날곡식을 구하면 바일제다.

2. 계를 제정한 인연 [緣起]

『四分』

부처님께서 사위국 기수급고독원에 계실 때 육군비구니가 날곡식인 참깨·쌀 혹은 콩·팥·보리·밀을 구하니, 거사들이 보고서 "비구니들이 걸구함에 염치가 없으니 음녀나 도적녀와 같다"고 하면서 비난하였다. 비구니들이 듣고서 꾸짖고 비구들에게 알리고, 비구들이 부처님께 사뢰니 꾸짖으시고 계를 제정하셨다.[192]

3. 제정한 뜻 [制意]

『四分律疏』

출가자는 이치상 걸식하여 몸을 유지하고 다른 일 없이 도를 닦아야 한다. 그

런데 이제 날곡식과 콩을 걸구하느라 일이 번다하여 도업 닦기를 그만둔다. 탐욕을 기르며 시주를 괴롭히고 어지럽게 하기 때문에 성인께서 제정하셨다.

4. 범하는 조건 [犯緣]

『開宗記』

네 가지 조건을 갖추면 범함이 된다.

첫째, 친척이 아닌 재가자의 집에서

둘째, 날곡식과 보리 등을

셋째, 자기를 위하여

넷째, 구하면

범한다.

5. 범하는 상황 [罪相]

날곡식인 참깨·쌀·콩·팥·보리·밀을 구했으면	일체 바일제

6. 범함이 아닌 경우 [開緣]

만약 친척에게서 구했으면	
만약 출가인에게서 구했으면	범함이 아니다
만약 남이 자기를 위해서 또는 자기가 남을 위해서 구했으면	
만약 구하지 않았는데 저절로 얻었으면	

---

192. （大22, 739上).

『比丘尼鈔』

『善見』 콩·견과류·과일 등은 구할 수 있다. 승방을 짓기 위해 오곡과 쌀을 구하는 것은 모두 범함이 아니다.

77 살아있는 풀 위에 대소변 하는 계 生草上大小便戒

대승공계, 차계   좌선하는 비구니들

1. 계의 조문[戒文]

만약 비구니가 살아있는 풀 위에 대소변 하면 바일제다.

2. 계를 제정한 인연[緣起]

『四分』

부처님께서 사위국 기수급고독원에 계실 때였다. 비구니 정사에서 멀지 않은 곳에 잘 자란 풀밭이 있었는데, 거사들이 자주 와서 그 속에서 갖가지로 유희하여 비구니들이 좌선하기가 어려웠다. 그래서 비구니들이 풀 위에 대소변을 뿌려 놓았다. 거사들이 돌아와서 놀다가 몸과 옷을 더럽히고 풀들도 오염되어 말라 죽었다. 거사들이 비난하여 비구니들이 꾸짖고 비구들에게 알리고, 비구들이 부처님께 사뢰니 꾸짖으시고 계를 제정하셨다.[193]

---

193. (大22, 739中).

3. 제정한 뜻[制意]

『四分律疏』

모든 초목은 사람이나 비인非人이 다 사용하는 것이다. 그런데 부정한 것으로 더럽혀서 비난을 초래함이 깊으므로 제정하여 허락하지 않으셨다.

4. 범하는 조건[犯緣]

『開宗記』

네 가지 조건을 갖추면 범함이 된다.

첫째, 잘 자란 풀이고

둘째, 많은 사람들이 모이는 곳에

셋째, 병 등의 인연이 없는데

넷째, 그 위에 대소변 하면

범한다.

5. 범하는 상황[罪相]

살아있는 풀 위에 대소변을 했으면	바일제
살아있는 풀 위에 대소변을 두었으면	

6. 범함이 아닌 경우[開緣]

만약 이런 병이 있었으면	범함이 아니다
만약 풀이 없는 곳에서 대소변을 했는데 흘러서 풀 위에 떨어졌으면	
만약 바람이 불었거나, 새가 물어다가 풀에 떨어뜨렸으면	

대승공계, 차계   육군비구니

1. 계의 조문[戒文]

만약 비구니가 밤에 대소변 한 용기를 낮에 살펴보지 않고 담장 밖으로 비우면 바일제다.

2. 계를 제정한 인연[緣起]

『四分』

부처님께서 라열성 기사굴산에 계실 때였다. 한 육군비구니가 밤에 대소변 한 용기를 다음날 아침에 살피지 않고 담장 밖에 버렸는데, 불법을 믿지 않는 대신이 길을 지나다가 몸과 옷을 더럽혔다. 대신이 화가 나서 재판관에게 가서 말하려고 하니, 신심이 돈독하고 상황을 아는 바라문이 "일이 이루어지지 않으면 도리어 죄를 얻을 것이다"라고 충고하여 그만두게 하고 비구니 정사에 가서 말하였다. 그래서 비구니들이 꾸짖고 비구들에게 알리고, 비구들이 부처님께 사뢰니 꾸짖으시고 계를 제정하셨다.[194]

3. 제정한 뜻[制意]

『開宗記』

어떤 행동을 하고자 하면 모두 자세히 살펴야 하는데, 하물며 대소변을 버리면서 사람이 있는지 살피지 않는가? 이 오염되고 더러운 것으로 다른 사람을 훼손하고 오염시키니, 그 상황의 허물이 가볍지 않으므로 성인께서 제정하셨다.

---

194. (大22, 739下).

4. 범하는 조건 [犯緣]

『開宗記』

세 가지 조건을 갖추면 범함이 된다.

첫째, 대소변이고

둘째, 밖을 살피지 않고

셋째, 버리면

범한다.

5. 범하는 상황 [罪相]

대소변 용기를	낮에 살피지 않고 담장 밖으로 비웠으면	바일제
	밤에 기침을 하거나 손가락을 튕기지 않고 비웠으면	돌길라

6. 범함이 아닌 경우 [開緣]

낮에 살펴보고 담장 밖으로 버렸으면	
밤에 손가락을 튕기거나 기침을 하고 버렸으면	범함이 아니다
만약 기왓장·나뭇가지·가시 등의 여러 부정한 물건이 있는 곳에 버렸으면	
만약 많은 물이 깊고 넓게 흐르는 곳[汪水]·구덩이·분뇨무더기에 버렸으면	

1. 계의 조문 [戒文]

만약 비구니가 가서 기악을 구경하면 바일제다.

2. 계를 제정한 인연 [緣起]

『四分』

부처님께서 라열성 기사굴산에 계실 때, 육군비구니가 명절에 기악과 놀이를 구경하니 거사들이 음녀와 도적녀 같다고 비난하였다. 그래서 비구니들이 꾸짖고 비구들에게 알리고, 비구들이 부처님께 사뢰니 꾸짖으시고 계를 제정하셨다.[195]

3. 제정한 뜻 [制意]

『開宗記』

출가한 사람은 생각을 고요하게 하여 마음을 가다듬어 도심을 유지해야 비로소 법도와 위의에 맞다. 그런데 이제 기악을 구경하여 바른 수행을 방해하고 그만두게 하여 비난을 초래함이 가볍지 않으므로 성인께서 제정하셨다.

4. 범하는 조건 [犯緣]

『四分律疏』

네 가지 조건을 갖추면 범함이 된다.

첫째, 갖가지 유희를

---

195. （大22, 740上).

둘째, 방편으로 가서 구경하고

셋째, 아무런 재난의 인연이 없는데

넷째, 보면

범한다.

5. 범하는 상황[罪相]

기악을 구경하려고 가는데	길에서 길에 이르러	보고 들었으면	바일제
	길에서 길 아닌 곳에 이르러		
	길 아닌 곳에서 길에 이르러	보지도 듣지도 않았으면	돌길라
	높은 곳에서 낮은 곳에 이르러		
	낮은 곳에서 높은 곳에 이르러		
만약 가려고 했다가 가지 않았으면			돌길라
만약 가기로 약속했다가 중도에 돌아왔으면			

『比丘尼鈔』

기악을 구경하여 마음을 방탕하고 방일하게 하여 도업 닦는 일을 그만둔다. 행동을 하기만 하면 위의를 무너뜨리고 대중스님들을 욕되게 하며 자신을 손해되게 함이 가볍지 않으므로, 가서 구경하면 곧 바일제를 범한다고 제정하셨다. 『善見』에, "최소한으로는 원숭이나 공작을 함께 가서 보자고 약속하는 것까지 포함되니, 만약 가서 보면 바일제가 된다"고 하였다.

6. 범함이 아닌 경우[開緣]

만약 알릴 것이 있었으면	
만약 부름을 받았거나, 길이 그 주변을 지나갔으면	
만약 비구니가 숙박하는 곳이었으면	범함이 아니다
만약 힘센 자에게 끌려갔거나 결박되었으면	
목숨이 위태롭거나 청정행이 어려웠으면	

80 남자와 병처에 들어가서 이야기하는 계 共男子入屛處共語戒

대승공계, 차계　　　　　　　　　　　　　　　　　　　　　　육군비구니

1. 계의 조문[戒文]

만약 비구니가 마을에 들어가서 남자와 함께 병처에 서서 말하면 바일제다.

2. 계를 제정한 인연[緣起]

『四分』

부처님께서 사위국 기수급고독원에 계실 때였다. 육군비구니가 마을에 들어가 남자와 함께 병처에 서서 이야기하니, 거사들이 보고서 "비구니들이 부끄러운 줄도 모르고 부정행을 하니 마치 음녀나 도적녀 같다"고 비난하였다. 비구니들이 듣고서 꾸짖고 비구들에게 알리고, 비구들이 부처님께 사뢰니 꾸짖으시고 계를 제정하셨다.[196]

3. 제정한 뜻[制意]

『四分律疏』

남녀는 형상이 달라서 이치상 서로 섞이면 안 된다. 가려지고 막힌 곳에 함께 들어가면 염심으로 우환을 일으키기 쉽고, 멀게는 큰 악惡을 짓게 되어 비난과 잘못을 초래하게 되니 결백을 가리기가 어렵다. 이러한 종류의 계문은 제정한 뜻이 모두 같다.

4. 범하는 조건[犯緣]

『四分律疏』

다섯 가지 조건을 갖추면 범함이 된다.

첫째, 사람 남자와

둘째, 보이지 않고 들리지 않는 병처에서

셋째, 제3자가 없고

넷째, 범함이 아닌 인연이 없는데

다섯째, 서서 말하면

범한다.

5. 범하는 상황[罪相]

	함께 말했으면	바일제
마을에 들어가서 남자와 병처에 서서	함께 말하지 않았으면	돌길라
만약 볼 수는 없으나 들을 수 있거나, 들을 수는 없으나 볼 수 있는 사람과 함께 있었으면		돌길라

---

196. （大22, 740中).

「第二分」

'마을'이란 재가자의 집이다. '병처'란 보이지도 않고 들리지도 않는 곳이다. '보이지 않는 곳'이란 혹 먼지나 안개가 있거나 어두운 곳이다. '들리지 않는 곳'이란 최소한 보통사람의 말소리가 들리지 않는 곳이다.

『比丘尼鈔』

만약 보이지도 들리지도 않는 병처라도 염심이 없고 함께 말하지 않았으면, 단지 돌길라를 범한다. 함께 말을 해야만 비로소 바일제를 범한다. 만약 염심이 있었으면 바라이 '제6 여덟 가지 행위를 하면 바라이가 되는 계'에 해당하므로, 이 계를 범한 것이 아니다.

6. 범함이 아닌 경우[開緣]

만약 다른 비구니가 함께 있었으면	
만약 지혜 있는 제3자가 함께 있었으면	
만약 많은 여인이 함께 서 있었거나, 제3자가 볼 수 있고 들을 수 있는 사람이었으면	
만약 지나쳐가고 머물지 않았으면	범함이 아니다
만약 병으로 땅에 쓰러졌으면	
만약 힘센 자에게 끌려갔으면	
만약 결박되어 끌려갔으면	
만약 목숨이 위태롭거나 청정행이 어려웠으면	

81 남자와 가려진 곳에 들어가는 계 共男子入屛障處戒

대승공계, 차계   육군비구니

1. 계의 조문[戒文]

만약 비구니가 남자와 함께 가려진 곳[屛障處]에 들어가면 바일제다.

2. 계를 제정한 인연[緣起]

『四分』

부처님께서 사위국 기수급고독원에 계실 때였다. 육군비구니가 남자와 가려진 곳에 들어가니, 거사들이 보고 마치 음녀와 도적녀 같다고 비난하였다. 비구니들이 듣고서 꾸짖고 비구들에게 알리고, 비구들이 부처님께 사뢰니 꾸짖으시고 계를 제정하셨다.[197]

3. 제정한 뜻[制意]

『四分律疏』

앞의 계와 같다. 다만 앞의 계는 보이지 않고 들리지 않는 병처에서 말을 해야 범하지만, 이 계는 말을 하지 않아도 범한다.

4. 범하는 조건[犯緣]

『四分律疏』

다섯 가지 조건을 갖추면 범함이 된다.

첫째, 사람 남자와

---

197. （大22, 740下).

둘째, 가려진 곳에

셋째, 제3자가 없고

넷째, 병이나 재난의 인연이 없는데

다섯째, 함께 들어가면

범한다.

5. 범하는 상황[罪相]

남자와 함께 가려진 곳에 들어갔으면	바일제
함께 하는 도반이 볼 수는 없으나 들을 수 있거나, 들을 수 없으나 볼 수 있는 사람이었으면	돌길라
만약 서 있었으면	돌길라

「第二分」

'가려진 곳'이란 나무·담·울타리·옷이나 다른 물건으로 가려진 곳이다.

『比丘尼鈔』

앞의 계는 보이지 않고 들리지 않는 병처에서 말을 하면 범한다. 하지만 이 계는 노지의 가려진 곳에서 말을 하지 않아도 범한다. 들어가지 않고 서 있었으면 돌길라라고 한 것은 병처에 들어가지 않아서 범함이 가볍기 때문이다.

6. 범함이 아닌 경우[開緣]

제80 남자와 병처에 들어가 이야기하는 계[共男子入屏處共語戒]와 같다.

82 **동행한 비구니를 멀리 보내고 남자와 병처에서 귓속말을 하는 계** 遣伴遠去與男子屏處耳語戒

대승공계, 차계   육군비구니

1. 계의 조문 [戒文]

만약 비구니가 마을 안의 길에서 동행한 비구니를 멀리 보내고 병처에서 남자와 함께 서서 귓속말을 하면 바일제다.

2. 계를 제정한 인연 [緣起]

『四分』

부처님께서 사위국 기수급고독원에 계실 때였다. 육군비구니가 마을 노지의 병처에서 남자와 함께 서서 이야기하다가, 함께 간 비구니를 멀리 보내고 혼자 남자와 귓속말을 하였다. 거사들이 보고 마치 음녀와 도적녀 같다고 비난하였다. 비구니들이 듣고서 꾸짖고 비구들에게 알리고, 비구들이 부처님께 사뢰니 꾸짖으시고 계를 제정하셨다.[198]

3. 제정한 뜻 [制意]

『四分律疏』

앞의 계와 같다. 이 계 또한 보이지 않고 들리지 않는 병처이다. 단지 동행한 사람을 멀리 보내고 귓속말을 한 것이 다르다.

---

198. （大22, 741上).

4. 범하는 조건[犯緣]

『四分律疏』

다섯 가지 조건을 갖추면 범함이 된다.

첫째, 사람 남자와

둘째, 보이지 않고 들리지 않는 병처에서

셋째, 동행한 비구니를 멀리 보내고

  (동행을 보이지 않고 들리지 않는 곳으로 보내는 것을 말한다)

넷째, 재난 등의 인연이 없는데

다섯째, 서서 귓속말을 하면

범한다.

5. 범하는 상황[罪相]

비구니가 동행한 비구니를 보이지 않고 들리지 않는 곳으로 보내고, 병처에서 남자와 함께 귓속말을 했으면		바일제
비구니가 동행한 비구니를 보냈는데	보이지는 않지만 들리는 곳으로 갔으면	돌길라
	들리지는 않지만 보이는 곳으로 갔으면	

6. 범함이 아닌 경우[開緣]

만약 두 비구니가 함께 있었으면	
만약 분별이 있는 여인[199]과 함께 있었으면	
만약 여타의 제3자가 함께 있었으면	범함이 아니다
만약 동행한 사람이 볼 수 있고 들을 수 있는 사람이었으면	
만약 병으로 땅에 쓰러졌으면	

만약 힘센 자에게 붙잡혔거나, 결박당해 끌려갔으면
만약 목숨이 위태롭거나 청정행이 어려웠으면
만약 줄 것이 있어서 동행한 사람을 멀리 보냈으면
만약 동행이 병이 났거나 위의가 없어서 "스님! 그대는 가시오. 내가 그대에게 음식을 보내주겠소"라고 했으면
만약 동행이 계를 깨뜨렸거나, 견해를 깨뜨렸거나, 위의를 깨뜨렸거나, 멸빈당했거나, 멸빈당해야 했으면
만약 이 일로 인해 목숨이 위태롭거나 청정행이 어려웠으면

83 재가자의 집에 앉아 있다가 주인에게
말하지 않고 떠나는 계 入白衣舍坐已不辭主人去戒

대승공계, 차계   어떤 비구니

1. 계의 조문 [戒文]

만약 비구니가 재가자의 집에 들어가서 앉아 있다가 주인에게 말하지 않고 떠나면 바일제다.

2. 계를 제정한 인연 [緣起]

『四分』

부처님께서 사위국 기수급고독원에 계실 때였다. 한 비구니가 어떤 거사의 집

에 갔는데 부인이 앉는 평상을 내어주어서 앉았다가 말하지 않고 나왔다. 그런데 비구니가 나오자마자 한 소년이 들어와 그 평상을 가지고 가버렸다. 부인이 나와 보니 평상도 없고 비구니도 없어서 비구니에게 사람을 보내서 물어 보았다. 그래서 평상을 되찾았으나 거사들이 "말도 하지 않고 가니, 마치 음녀와 도적녀와 같다"고 비난하였다. 비구니들이 듣고서 꾸짖고 비구들에게 알리고, 비구들이 부처님께 사뢰니 꾸짖으시고 계를 제정하셨다.[200]

3. 제정한 뜻[制意]

『開宗記』

출가인은 세속을 떠난 손님이니 재가자의 집에 왕래하거나 지나갈 때 일이 반드시 법도에 맞아야 한다. 이제 남의 집에 앉았다가 갈 때 말없이 떠나면, 자취가 도적의 행동과 같으니 어찌 손님의 예법을 갖추었다고 할 수 있겠는가? 이로 인해 집주인이 평상를 잃어버려서 상황의 번뇌로움이 가볍지 않으므로 반드시 성인께서 제정하셔야 했다.

4. 범하는 조건[犯緣]

『比丘尼鈔』

네 가지 조건을 갖추면 범함이 된다.

첫째, 재가자의 집에서

둘째, 주인이 좋은 평상을 권해서 앉았다가

셋째, 불현듯 주인에게 말하지 않고 가되

넷째, 한 발이 나갔으면

범한다.

---

199. 여서, 『淺釋』, p.1157, 남녀 간의 조악한 일을 이해하는 여인이다.
200. (大22, 741下).

5. 범하는 상황[罪相]

재가자의 집에 들어가서 앉았다가 주인에게 말하지 않고 떠나되	문을 나섰으면	바일제
	한 발은 문 안에, 한 발은 문 밖에 있었으면	일체 돌길라
	방편으로 가려고 했다가 가지 않았으면	
	함께 가기로 약속해 놓고 가지 않았으면	

6. 범함이 아닌 경우[開緣]

만약 주인에게 말하고 갔으면	범함이 아니다
만약 평상에 다시 어떤 사람이 앉았으면	
만약 갈 때 가까이 앉은 사람에게 부탁하고 떠났으면	
만약 돌·나무·벽돌·풀을 깔아 놓은 곳이나 흙 위에 앉았으면	
만약 집이 무너지려고 했거나, 불이 났거나, 독사·사나운 짐승·도적 등이 있었으면	
만약 힘센 자에게 잡혔으면	
만약 결박당했으면	
만약 목숨이 위태롭거나 청정행이 어려웠으면	

사분율 비구니 계상표해

84 제멋대로 재가자의 평상에 앉는 계 輒坐他床戒

대승공계, 차계   투라난타 비구니

1. 계의 조문 [戒文]

만약 비구니가 재가자의 집에 들어가 주인에게 말하지 않고 제멋대로 평상에 앉으면 바일제다.

2. 계를 제정한 인연 [緣起]

『四分』

부처님께서 라열성 기사굴산에 계실 때 불교를 믿지 않는 한 대신이 있었다. 그에게는 혼자 앉는 평상이 있었는데 감히 앉는 사람이 없었다. 투라난타 비구니는 자주 그 집에 드나들었는데, 어느 날 거사에게 말도 하지 않고 문득 그 평상에 앉았다. 대신이 보고 누가 이 비구니를 앉으라고 했는지 물으니, 아무도 말한 이가 없고 스스로 앉았다고 하였다. 그러자 대신이 음녀와 도적녀처럼 부끄러움이 없다고 비난하였다. 또 다른 날 투라난타 비구니가 월수가 있어서 평상을 더럽혔다. 대신이 화가 나서 음녀와 도적녀 같다고 또다시 비난하였다. 비구니들이 듣고 꾸짖고 비구들에게 알리고, 비구들이 부처님께 사뢰니 꾸짖으시고 계를 제정하셨다.[201]

3. 제정한 뜻 [制意]

『四分律疏』

주인에게 말하지 않고 제멋대로 남의 평상에 앉으면 특히 법도에 어긋나기 때문에 제정하셨다.

---

201. (大22, 742上).

4. 범하는 조건[犯緣]

『比丘尼鈔』

네 가지 조건을 갖추면 범함이 된다.

첫째, 재가자의 집에서

둘째, 좋은 평상에

셋째, 주인에게 말하지 않고

넷째, 제멋대로 앉으면

범한다.

5. 범하는 상황[罪相]

재가자의 집에 들어가 주인에게 말하지 않고 제멋대로 평상이나 깔개에 앉았으면	바일제

6. 범함이 아닌 경우[開緣]

만약 주인에게 말하고 앉았으면	
만약 평상시에 앉았던 곳이었으면	
만약 친분이 두터웠으면	
만약 친한 사람이 "앉아도 됩니다. 주인에게 말해 주겠습니다"라고 했으면	범함이 아니다
만약 돌이나 나무, 흙, 풀 등의 위에 앉았으면	
만약 간질병이 발병해서 바닥에 누웠으면	
만약 힘센 자에게 잡혔으면	
만약 목숨이 위태롭거나 청정행이 어려웠으면	

85 재가자의 집에 제멋대로 묵는 계 白衣舍輒宿戒

대승공계, 차계   여러 비구니

1. 계의 조문 [戒文]

만약 비구니가 재가자의 집에 들어가서 주인에게 말하지 않고 제멋대로 스스로 좌구를 펴고 묵으면 바일제다.

2. 계를 제정한 인연 [緣起]

『四分』

부처님께서 사위국 기수급고독원에 계실 때였다. 비구니들이 구살라국으로 길을 가다가 무주처촌에서 주인에게 말하지 않고 좌구를 펴고 잠을 잤다. 거사가 보고 누가 비구니들을 재워주었는지 물으니, 아무도 말한 이가 없고 스스로 잤을 뿐이라고 하였다. 거사가 음녀와 도적녀처럼 부끄러움이 없다고 비난하였다. 비구니들이 듣고서 꾸짖고 비구들에게 알리고, 비구들이 부처님께 사뢰니 꾸짖으시고 계를 제정하셨다.[202]

3. 제정한 뜻 [制意]

『四分律疏』

말하지 않고 제멋대로 묵으면 자취가 도적의 모습과 같아서 비방을 초래하고, 스스로 빠져나올 수 없으므로 허락하지 않는다고 제정하셨다.

4. 범하는 조건 [犯緣]

『四分律疏』

다섯 가지 조건을 갖추면 범함이 된다.

첫째, 재가자의 집에서

둘째, 주인에게 말하지 않고

셋째, 와구를 펴고

넷째, 범함이 아닌 인연이 없는데

다섯째, 몸을 뒤척일 때마다

범한다.

5. 범하는 상황[罪相]

재가자의 집에 들어가 주인에게 말하지 않고 좌구를 펴고 잠을 자되	옆구리가 땅에 닿을 때마다	바일제
	조금이라도 몸을 뒤척일 때마다 (한 번 뒤척이면 한 번 범한다)	

『四分』

'좌구를 편다'는 것은 풀을 깔거나, 나뭇잎을 깔거나 혹은 누울 때 쓰는 담요를 까는 것이다.

6. 범함이 아닌 경우[開緣]

만약 주인에게 말하고 잤으면	
만약 빈 집이었으면	
만약 복을 짓기 위한 집[203]이었으면	범함이 아니다
만약 아는 이의 집이었으면	

---

202. （大22, 742中).

203. 과청, 『講記』下, p.2553, 출가대중이나 길을 가는 사람들에게 공양하기 위해 지은 집이다.

만약 친한 사람이 묵어가라고 하면서 자신이 주인에게 말해 주겠다고 했으면
만약 힘센 자에게 잡혔으면
만약 결박당했으면
만약 목숨이 위태롭거나 청정행이 어려웠으면

86 남자와 어두운 방에 들어가는 계 與男子入闇室戒

대승공계, 차계   육군비구니

1. 계의 조문[戒文]

만약 비구니가 남자와 어두운 방에 들어가면 바일제다.

2. 계를 제정한 인연[緣起]

『四分』

부처님께서 사위국 기수급고독원에 계실 때였다. 육군비구니가 남자와 어두운 방에 들어가니, 거사들이 음녀와 도적녀 같다고 비난하였다. 비구니들이 듣고서 꾸짖고 비구들에게 알리고, 비구들이 부처님께 사뢰니 꾸짖으시고 계를 제정하셨다.[204]

---

204. (大22, 742下).

3. 제정한 뜻[制意]

『開宗記』

앞의 '제81 남자와 가려진 곳에 들어가는 계'는 가려진 곳이지만 빛이 있기 때문에 제3자가 없으면 범하고, 제3자가 있으면 범하지 않는다. 그러나 이 계는 어두운 방이므로 빛이 전혀 없어서 비록 대낮일지라도 근심을 일으킴이 심하여 여러 사람이 있더라도 범한다. 다른 죄상은 같고 이것으로 구별된다.

4. 범하는 조건[犯緣]

『四分律疏』

네 가지 조건을 갖추면 범함이 된다.

첫째, 사람 남자와

둘째, 어두운 방에

셋째, 범함이 아닌 인연이 없는데

넷째, 들어가면

범한다.

『四分』

'어두운 방'이란 등불도 없고 창문과 빛도 없는 곳이다.

5. 범하는 상황[罪相]

남자와 어두운 방에 들어갔으면	바일제

『比丘尼鈔』

『五分』에 "남자와 어두운 방에 들어가서 말을 하면 바일제다. 만약 갑자기 등불이 꺼졌으면 범함이 아니다"라고 하였다. 친척이든 친척이 아니든 관계없이 등불이나 빛이 있어야 한다.

6. 범함이 아닌 경우[開緣]

만약 등불이나 창문 혹은 빛이 있었으면	
만약 힘센 자에게 잡혀서 들어갔으면	범함이 아니다
만약 목숨이 위태롭거나 청정행이 어려웠으면	

87 말을 자세히 듣지 않고 다른 사람에게 말하는 계 不審諦受語向人說戒

대승공계, 차계   제사난타 비구니

1. 계의 조문[戒文]

만약 비구니가 말을 자세히 듣지 않고 다른 사람에게 말하면 바일제다.

2. 계를 제정한 인연[緣起]

『四分』

부처님께서 사위국 기수급고독원에 계실 때, 참마懺摩비구니가 제자인 제사난타 비구니에게 옷·발우·니사단·바늘통을 가지고 오라고 했다. 그런데 제사난타 비구니는 스승이 시키는 것을 자세히 듣지 않고 다른 비구니들에게 "스님께서 나에게 옷·발우·니사단·바늘통을 훔치라고 시켰다"고 말했다. 비구니들이 듣고

참마비구니에게 물어보니, 훔치라고 시킨 것이 아니라 가져오라고 했다는 것을 알게 되었다. 그래서 비구니들이 꾸짖고 비구들에게 알리고, 비구들이 부처님께 사뢰니 꾸짖으시고 계를 제정하셨다.[205]

3. 제정한 뜻[制意]

『四分律疏』

말을 자세히 듣지 않으면 반드시 잘못 듣는 허물과 잘못 전하는 과실이 있게 된다. 곧 이것은 안으로는 다른 사람의 말을 대충 받아들이는 것이고, 밖으로는 스승을 괴롭게 하니 옳은 행위가 아니기 때문이다.

4. 범하는 조건[犯緣]

『四分律疏』

네 가지 조건을 갖추면 범함이 된다.

첫째, 스승이 법답게 지시했으나

둘째, 말을 자세히 듣지 않고

셋째, 스승이 나에게 도둑질하라고 시켰다고 말을 하되

넷째, 분명하게 말하면

범한다.

5. 범하는 상황[罪相]

말을 자세히 듣지 않고 다른 비구니들에게	말을 분명하게 했으면	바일제
	말을 분명하게 하지 않았으면	돌길라

---

205. （大22, 743上).

6. 범함이 아닌 경우[開緣]

만약 그 일이 사실이었으면	범함이 아니다
만약 장난으로 말했으면	
만약 빨리 말하거나 혼자 말했으면	
만약 꿈속에서 말했거나, 이것을 말하려다가 착오로 저것을 말했으면	

88 악한 마음으로 저주하는 계 惡心呪詛戒

대승공계, 차계   육군비구니

1. 계의 조문[戒文]

만약 비구니가 어떤 사소한 일로 마음대로 저주하기를 "삼악도에 떨어져 불법 가운데는 태어나지 못할 것이다. 만약 내가 이와 같은 일이 있어도 삼악도에 떨어져 불법 가운데에 태어나지 못할 것이고, 만약 네가 이와 같은 일이 있어도 삼악도에 떨어져서 불법 가운데에 태어나지 못할 것이다"라고 말하면 바일제다.

2. 계를 제정한 인연[緣起]

『四分』

부처님께서 사위국 기수급고독원에 계실 때였다. 육군비구니가 사소한 일로 화를 내며 저주하기를 "나에게 만약 이런 일이 있다면 삼악도에 떨어져 불법 가운데 태어나지 못할 것이고, 만약 네가 이와 같은 일이 있어도 또한 삼악도에 떨

어져서 불법 가운데에 태어나지 못할 것이다"라고 하였다. 비구니들이 듣고서 꾸짖고 비구들에게 알리고, 비구들이 부처님께 사뢰니 꾸짖으시고 계를 제정하셨다.[206]

3. 제정한 뜻[制意]

『四分律疏』

수행하는 사람은 좋은 원을 세워서 자신을 제도하고 다른 사람도 제도해서 나와 남을 모두 이익 되게 해야 한다. 그런데 이제 삼악도에 떨어져서 불법 가운데에 태어날 수 없다고 저주하니 허물이 매우 무거우므로 제정하셨다.

4. 범하는 조건[犯緣]

『比丘尼鈔』

세 가지 조건을 갖추면 범함이 된다.

첫째, 성내는 마음을 일으키고

둘째, 악한 저주의 말을 하되 (불법 가운데 태어나지 못하고 삼악도에 떨어진다)

셋째, 말을 분명하게 하면

범한다.

5. 범하는 상황[罪相]

악한 마음으로 저주하여	말을 분명하게 했으면	바일제
	말을 분명하게 하지 않았으면	돌길라

---

206. (大22, 743中).

6. 범함이 아닌 경우[開緣]

만약 '나무불'이라고 했으면	
만약 장난으로 말했으면	범함이
만약 빨리 말하거나 혼자 말했으면	아니다
만약 꿈속에서 말했거나, 이것을 말하려다가 착오로 저것을 말했으면	

『比丘尼鈔』

『提謂經』 '남南'자는 '귀의', '무無'자는 '목숨', '불佛'자는 '깨달음'의 뜻이다. (번역하면 '깨달음에 목숨 다해 귀의한다[歸命覺]'는 뜻이 된다). 또 '남南'자는 '예배하다', '무無'자는 '수량이 많다[大]', '불佛'자는 '수명[壽]'이라는 뜻이다. (번역하면 '무량한 수명에 예배한다[禮大壽]' 뜻이 된다.)

89 화가 나서 가슴을 치며 우는 계 因嗔椎胸哭戒

대승공계, 차계   가라비구니

1. 계의 조문[戒文]

만약 비구니가 서로 다투고 나서 다툰 일을 좋지 않게 기억하고 있다가 가슴을 치고 울면 바일제다.

2. 계를 제정한 인연 [緣起]

『四分』

부처님께서 구섬미 구사라원에 계실 때였다. 가라비구니가 다른 사람과 다투고 나서 그 일을 좋지 않게 기억하고 있다가 자기 손으로 가슴을 치면서 울었다. 비구니들이 듣고서 꾸짖고 비구들에게 알리고, 비구들이 부처님께 사뢰니 꾸짖으시고 계를 제정하셨다.[207]

3. 제정한 뜻 [制意]

『四分律疏』

성난 마음으로 원한을 품으면 정업 닦는 것을 그만두게 되므로 성인께서 제정하셨다.

4. 범하는 조건 [犯緣]

『比丘尼鈔』

네 가지 조건을 갖추면 범함이 된다.

첫째, 함께 다툰 일을 좋지 않게 기억하고 있다가

둘째, 속으로 화가 나서

셋째, 가슴을 치면서 울고

넷째, 또 눈물을 흘리면

범한다.

『比丘尼鈔』

『僧祇』 만약 비구니가 스스로 가슴을 치기만 하고 울지는 않았거나, 울기만 하고 가슴을 치지 않았거나, 또는 가슴을 치고 울었거나 간에 모두 바일제다.

---

207. （大22, 744上).

5. 범하는 상황[罪相]

함께 다투고 나서 다툰 일을 좋지 않게 기억하고 있다가 가슴을 치면서 울되	한 번 가슴을 칠 때마다	낱낱이 바일제
	한 번 눈물을 흘릴 때마다	

6. 범함이 아닌 경우[開緣]

만약 때에 이런 병이 있었으면	범함이 아니다
만약 먹다가 목이 메어서 스스로 가슴을 쳤으면	
만약 대소변을 하다가 눈물이 나왔으면	
만약 감기로 인해 열이 있어서 눈물이 나왔으면	
만약 연기를 쐬어서 눈물이 나왔으면	
만약 법을 듣고 마음에 염리심이 생겨서 눈물이 나왔으면	
만약 눈병 때문에 약을 넣어서 눈물이 나왔으면	

90 각자 몸을 덮고 함께 침상에 눕는 계 覆身同牀戒[208]

대승공계, 차계   육군비구니

1. 계의 조문[戒文]

만약 비구니가 병이 없으면서 두 사람이 함께 침상에 누우면 바일제다.

2. 계를 제정한 인연 [緣起]

『四分』

부처님께서 바기타婆祇陀국에 계실 때였다. 비구니들이 육군비구니 두 사람이 함께 침상에 누워 있는 것을 보고 남자와 함께 누웠다고 생각했다가 일어나는 것을 보고 남자가 아닌 줄 알았다.

당시에 대장군이 있었는데 결혼한 지 오래지 않아 출정을 하게 되어 부인을 발제가비라跋提迦毘羅 비구니에게 부탁하였다. 가비라 비구니는 부인을 보호하기 위해 한 침상에서 잠을 잤는데, 비구니의 살결이 부드러워서 몸이 닿을 때마다 부인이 염착심을 내었다. 후에 대장군이 돌아왔으나, 부인은 비구니의 부드러운 살결을 좋아하여 비구니의 처소로 도망가 버려서 대장군이 비난하였다. 비구니들이 듣고서 꾸짖고 비구들에게 알리고, 비구들이 부처님께 사뢰니 꾸짖으시고 계를 제정하셨다.

후에 병이 나서 함께 눕는 것은 허락하시고 거듭 계를 제정하셨다.[209]

3. 제정한 뜻 [制意]

『四分律疏』

두 사람이 같은 침상에 누우면 쉽게 염욕의 습기가 생길 수 있어서 스스로 선한 마음과 계행을 무너뜨리고 도업 닦기가 어렵기 때문에 제정하셨다.

4. 범하는 조건 [犯緣]

『比丘尼鈔』

네 가지 조건을 갖추면 범함이 된다.

첫째, 같은 평상에 눕고

둘째, 각자 몸을 덮고

---

208. 여서, 『淺釋』, p.1182, 覆身은 각자 이불과 요가 있는 것이다.
209. (大22, 744上).

셋째, 병의 인연이 없으면서

넷째, 누울 때마다

범한다.

5. 범하는 상황[罪相]

병이 없으면서 두 사람이 한 평상에 누워	옆구리가 평상에 닿을 때마다	낱낱이 바일제
	옆으로 뒤척일 때마다	

6. 범함이 아닌 경우[開緣]

만약 병자와 함께 평상에 누웠으면	범함이 아니다
만약 번갈아서 앉거나 누웠으면	
만약 병으로 땅에 쓰러졌으면	
만약 힘센 자에게 잡혔으면	

■91 한 요에 한 이불을 같이 덮고 눕는 계 同被褥臥戒

대승공계, 차계   육군비구니

1. 계의 조문[戒文]

만약 비구니가 한 요에 한 이불을 같이 덮고 누우면 특별한 때[210]를 제외하고는

바일제다.

2. 계를 제정한 인연 [緣起]

『四分』

부처님께서 바기타국에 계실 때 육군비구니 중 두 사람이 한 요에 한 이불을 덮고 누웠다. 비구니들이 보고 남자와 함께 잔다고 생각했다가 일어났을 때 남자가 아님을 알았다. 비구니들이 꾸짖고 비구들에게 알리고, 비구들이 부처님께 사뢰니 꾸짖으시고 계를 제정하셨다. 후에 "추울 때 이불이 하나뿐이면 속옷을 입고 함께 눕는 것은 허락한다"고 거듭 계를 제정하셨다.[211]

3. 제정한 뜻 [制意]

『四分律疏』

'제정한 뜻'은 앞의 계와 같다.

침상은 같으나 이불과 요를 같이 쓰지 않는 것은 앞의 계에 해당하고, 이불과 요는 같으나 같은 침상이 아닌 바닥에 펴고 눕는 것은 이 계에 해당한다. 그 모습이 다르기 때문에 따로 제정하셨다. 인연은 앞의 계와 같으나 이불과 요로써 구별된다.

4. 범하는 조건 [犯緣]

『尼戒會義』

세 가지 조건을 갖추면 범함이 된다.

첫째, 마음에 염착함이 있어서

---

210. 과청, 『講記』下, p.2413, 풀이나 나뭇잎을 각각 따로 깔고 눕거나, 함께 자는 비구니가 이불이 없어서 이불이 하나뿐이라서 각각 옷을 입고 한 이불을 덮거나, 몹시 추울 때 한 이불을 덮는 것은 허락한다.

211. (大22, 744下).

둘째, 요와 이불이 없지 않은데

셋째, (요와 이불을 함께 쓰면서) 옆구리를 잠자리에 붙이면

범한다.

5. 범하는 상황[罪相]

두 사람이 한 요를 깔고 한 이불을 덮고 누워서	옆구리를 잠자리에 붙일 때마다	낱낱이 바일제
	몸을 뒤척일 때마다	
만약 한 요를 깔았으나 이불을 따로 덮었으면		돌길라
만약 한 이불을 덮었으나 요를 따로 깔았으면		

6. 범함이 아닌 경우[開緣]

만약 까는 것이 하나밖에 없어서 요 위에 풀이나 나뭇잎을 각자 따로 깔고 누웠으면	범함이 아니다
만약 추울 때 덮는 이불이 하나밖에 없어서 각각 속옷을 입고 있었으면	
만약 병으로 땅에 쓰러졌으면	
만약 힘센 자에게 잡힌 등이었으면	

『比丘尼鈔』

같은 평상에 다른 요와 다른 이불을 사용했거나, 같은 평상에 같은 요와 같은 이불을 사용했거나, 같은 이불과 같은 요를 사용하면서[212] 같은 평상이 아닌 바닥

---

212. 저본에는 "不同牀在地上臥亦犯"이라고 되어 있어서 뜻이 명확하지 않다. 『比丘尼鈔』4(卍40, 750 上)의 원문을 살펴보면 "同被褥不同牀在地上臥亦犯"이라고 되어 있어서 '同被褥'이 누락되었음을 알 수 있다.

위에 누웠어도 모두 범한다.

92 고의로 객비구니나 먼저 머물던 비구니를 괴롭히는 계 故惱客舊戒

대승공계, 차계 　　　　　　　　　　　　　　　　　　　　　　육군비구니

1. 계의 조문 [戒文]

만약 비구니가 먼저 머문 이는 뒤에 온 사람인 줄 알고, 뒤에 온 이는 먼저 머문 사람인 줄 알면서 괴롭히기 위하여 앞에서 경을 외우거나, 뜻을 묻거나, 가르치면 바일제다.

2. 계를 제정한 인연 [緣起]

『四分』

부처님께서 사위국 기수급고독원에 계실 때 육군비구니가 괴롭히기 위하여 먼저 머문 이는 뒤에 온 사람 앞에서, 뒤에 온 이는 먼저 머문 사람 앞에서 경을 외우거나, 뜻을 묻거나, 가르쳤다. 비구니들이 꾸짖고 비구들에게 알리고, 비구들이 부처님께 사뢰니 꾸짖으시고 계를 제정하셨다. 후에 알지 못한 것은 범함이 아니라고 거듭 계를 제정하셨다.[213]

---

213. （大22, 745上）.

3. 제정한 뜻[制意]

『四分律疏』

일부러 서로 괴롭히고 산란하게 하는 것은 상대방과 자신 모두를 손해되게 하니, 그 허물이 무겁고 심하므로 제정하셨다.

4. 범하는 조건[犯緣]

『比丘尼鈔』

네 가지 조건을 갖추면 범함이 된다.

첫째, 다른 비구니가 먼저 머물고 있었는지 뒤에 왔는지를 알면서

둘째, 고의로 괴롭히려는 마음으로

셋째, 앞에서 경을 읽거나 뜻을 묻고

넷째, 말을 분명하게 하면

범한다.

5. 범하는 상황[罪相]

비구니가, 다른 비구니가 먼저 머물거나 뒤에 온 줄 알면서 괴롭히려고 경을 외우거나 뜻을 묻거나 하되	말을 분명하게 했으면	바일제
	말을 분명하게 하지 않았으면	돌길라

6. 범함이 아닌 경우[開緣]

만약 알지 못했으면	
만약 먼저 허락했으면	
만약 친분이 두터웠으면	
만약 친한 사람이 "그대는 다만 가르치시오"라고 했으면	

만약 먼저 머물던 이가 뒤에 온 이에게 경전의 가르침을 받았으면	범함이 아니다
만약 뒤에 온 사람이 먼저 머물던 이에게 강講을 받았으면	
만약 두 사람이 함께 다른 사람으로부터 경전의 가르침을 받았으면	
만약 저가 묻고 이 사람이 답했으면	
만약 함께 경전을 외웠으면	
만약 장난으로 말한 등이었으면	

93 함께 사는 비구니의 병을 돌보지 않는 계 同活病不看戒

대승공계, 차계   투라난타 비구니

1. 계의 조문 [戒文]

만약 비구니가 함께 사는 비구니가 병이 있는데 돌보지 않으면 바일제다.

2. 계를 제정한 인연 [緣起]

『四分』

부처님께서 사위국 기수급고독원에 계실 때, 투라난타 비구니가 함께 사는 병든 비구니를 돌보지 않아서 결국 목숨을 잃고 말았다. 비구니들이 꾸짖고 비구들에게 알리고, 비구들이 부처님께 사뢰니 꾸짖으시고 계를 제정하셨다.[214]

---

214. (大22, 745中).

3. 제정한 뜻[制意]

『四分律疏』

병자는 고통스럽고 괴로운데 만약 돌보지 않으면 선심善心을 무너뜨리기 쉽고 도道의 그릇을 손해한다. 또한 자비행을 어기고 중생을 애민히 여기는 마음이 없기 때문에 제정하셨다.

4. 범하는 조건 [犯緣]

『比丘尼鈔』

네 가지 조건을 갖추면 범함이 된다.

첫째, 비구니가 병들었는데

둘째, 함께 살면서('함께 산다'는 것은 함께 생활하고, 이양을 함께 하고, 같은 스승을 모시는 것이다)

셋째, 범함이 아닌 인연이 없는데

넷째, 돌보지 않으면

범한다.

5. 범하는 상황[罪相]

함께 생활하는 비구니가 병이 났는데 돌보지 않았으면	바일제
만약 다른 비구니·화상니·아사리니·아사리니와 같은 이, 혹은 제자나 친분이 두터운 아는 사람이 병이 났는데 돌보지 않았으면	일체 돌길라

『比丘尼鈔』

『五分』 동학同學이 병이 났는데 돌보지 않으면 바일제다. '동학'이란 화상니나 아사리와 같은 이 및 함께 생활하는 도반이다. 만약 사는 곳이 같지 않으면 범함이 아니다.[215]

6. 범함이 아닌 경우[開緣]

함께 생활하던 이가 병이 나서 돌보았으면	범함이 아니다
만약 자신의 병 때문에 간병하는 것을 감당할 수 없었으면	
만약 이것으로 인하여 목숨이 위태롭거나 청정행이 어려워서 돌보지 못했으면	

94 안거 중에 비구니를 방 밖으로 끌어내는 계 安居中牽他出房戒

대승공계, 성계   투라난타 비구니

1. 계의 조문[戒文]

만약 비구니가 안거 중에 처음에는 다른 비구니가 자기 방의 평상에 있는 것을 허락했다가 후에 화가 나서 쫓아내면 바일제다.

2. 계를 제정한 인연[緣起]

『四分』

부처님께서 사위국 기수급고독원에 계실 때였다. 투라난타 비구니가 처음에는 다른 비구니에게 방에 자리를 펴고 지내도록 허락하였다가, 안거 중에 화가 나서 평상을 들어내고 쫓아내었다. 그러자 비구니가 부끄럽고 잘 곳을 잃을까 두려워

---

215. （大22, 92下）.

서 곧 환속하고 말았다. 비구니들이 꾸짖고 비구들에게 알리고, 비구들이 부처님께 사뢰니 꾸짖으시고 계를 제정하셨다.[216]

3. 제정한 뜻 [制意]

『四分律疏』

먼저는 방에 있도록 허락했다가 후에 화가 나서 쫓아내면, 본인은 혼자 자는 독숙계를 범하게 되고 상대방을 괴롭게 하여 환속하게 하므로 제정하셨다.

4. 범하는 조건 [犯緣]

『比丘尼鈔』

다섯 가지 조건을 갖추면 범함이 된다.

첫째, 안거 중에 자신에게 분배된 승방이고

둘째, 먼저는 상대가 그 방에 머물 수 있도록 허락하고는

셋째, 화가 나서 끌어내어

넷째, 범함이 아닌 인연이 없는데

다섯째, 상대가 문 밖을 나가면

범한다.

---

216. (大22, 745下).

5. 범하는 상황[罪相]

안거 중에 처음에는 다른 비구니가 방에 머무는 것을 허락했다가 후에 화가 나서 쫓아내어	방편을 지음에 따라-문을 나가는 대로	낱낱이 바일제
	방편으로 여러 사람을 쫓아내어-여러 문으로 나갔으면	여러 바일제
	방편으로 여러 사람을 쫓아내어-한 문으로 나갔으면	여러 바일제
	한 사람을 쫓아냈는데 여러 문으로 나갔으면	여러 바일제
	한 사람을 쫓아내어 한 문으로 나갔으면	1바일제
	만약 기타의 옷과 물건을 내보냈으면	돌길라
만약 문을 닫아서 들어올 수 없게 했으면		돌길라

『比丘尼鈔』

『僧祇』 다른 사람을 끌어내 내보내려 할 때 그가 만약 기둥을 잡거나, 문을 잡거나, 벽에 기대었다가 의지한 낱낱 장소에서 떨어지는 대로 모두 바일제를 범한다. 만약 말로 꾸짖어서 말에 의해 장소를 떠나게 하는 것도 바일제다.[217]

『律』 아래 2중(식차마나, 사미니)을 쫓아내면 돌길라다.

『僧祇』 만약 비구니가 떠날 때 방사의 평상과 요를 지사인에게 주지 않고 문을 닫고 가면 바일제다.[218]

『十誦』,『伽論』 만약 잘 때 코를 골면 일어나서 경행해야 한다. 경행할 수 없으면 일어나 병처로 가서 다른 사람을 괴롭게 하지 말아야 한다.

6. 범함이 아닌 경우[開緣]

만약 화난 마음 없이 상좌부터 차서대로 하좌를 내보냈으면	
만약 구족계를 받지 않은 사람과 함께 묵다가 2일 밤을 지나 3일째 되는 날에 내보냈으면	
만약 병자를 내보내서 대소변이 편한 곳에 있게 했으면	범함이 아니다
만약 계를 깨뜨렸거나, 견해를 깨뜨렸거나, 위의를 깨뜨렸거나, 혹은 거죄당했거나, 멸빈당했거나, 멸빈당해야 하거나, 혹은 이 일로 목숨이 위태롭거나 청정행이 어려워서 쫓아냈으면	

95 일없이 돌아다니는 계 三時無事遊行戒

대승공계, 차계   육군비구니

1. 계의 조문[戒文]

만약 비구니가 봄·여름·겨울의 일체 시時에 세간을 돌아다니면 특별한 때의 인연을 제외하고는 바일제다.

2. 계를 제정한 인연[緣起]

『四分』

부처님께서 사위국 기수급고독원에 계실 때였다. 육군비구니가 봄·여름·겨울의 일체 시에 세간을 유행하다가 폭우로 물이 범람해서 옷과 물건이 떠내려가서 잃기도 하고, 살아있는 풀을 밟아서 죽게 하였다. 거사들이 보고서 비난하니 비구니들이 꾸짖고 비구들에게 알렸다. 비구들이 부처님께 사뢰니 꾸짖으시고 계를 제정하셨다.

후에 불법승 삼보의 일이나 병든 비구니의 일이 있어서 7일 동안 다니는 법을 허락받고 나갈 수 있도록 하셨다. 그리고 특별한 때는 제외한다고 거듭 계를 제정하셨다.[219]

3. 제정한 뜻 [制意]

『四分律疏』

출가하여 도업을 닦는다는 것은 인연을 쉬고 생각을 고요하게 하는 것이다. 그런데 일없이 돌아다니면 정업 닦는 것을 방해하고 생명을 끊어서 자비의 도道를 어긴다. 비난을 초래하며 스스로에게도 손해되므로 성인께서 제정하셨다.

4. 범하는 조건 [犯緣]

『四分律疏』

세 가지 조건을 갖추면 범함이 된다.

첫째, 봄·여름·겨울에 돌아다니고

둘째, 범함이 아닌 인연이 없는데

셋째, 경계를 넘을 때마다

범한다.

---

219. (大22, 746上).

5. 범하는 상황[罪相]

봄·여름·겨울 일체 시時에 세간을 돌아다님에	마을의 경계를 들어갈 때마다	바일제
	마을의 경계가 없는 곳(아란야)에서 10리를 갔으면	바일제
	한 마을에 닿지 않았거나 10리보다 적게 갔으면	돌길라
	한 마을에서 한 경계 안을 다녔으면	돌길라
방편으로 가려고 했다가 가지 않았으면		돌길라
함께 가기로 약속했다가 가지 않았으면		

6. 범함이 아닌 경우[開緣]

만약 불법승 삼보의 일이나 병든 비구니의 일을 위하여 7일법을 받아서 경계를 나갔으면	범함이 아니다
만약 힘센 자에게 잡혔거나, 결박당했거나, 목숨이 위태롭거나, 청정행이 어려운 등으로 갔으면	

96 안거가 끝났는데 청한 기간을 알지 못하는 계 安居竟不知請戒

대승공계, 차계 참마비구니

1. 계의 조문 [戒文]

만약 비구니가 하안거가 끝났는데도 떠나지 않으면 바일제다.

2. 계를 제정한 인연 [緣起]

『四分』

부처님께서 사위국 기수급고독원에 계실 때였다. 거사들이 참마讖摩비구니에게 한 안거 동안만 공양하기로 했는데, 참마비구니가 안거가 끝나고도 떠나지 않았다. 거사들이 비난하니 비구니들이 꾸짖고 비구들에게 알렸다. 비구들이 부처님께 사뢰니 꾸짖으시고 계를 제정하셨다.[220]

3. 제정한 뜻 [制意]

『四分律疏』

신심이 돈독한 단월이 스님들께 여름안거 기간 동안 공양하기를 청하여 기한이 다 찼는데도 오래 지체하여 가지 않고 단월의 음식을 지나치게 받으면, 탐욕을 기르고 주인을 괴롭게 하며 선을 무너뜨리고 악을 증장시키므로 제정하셨다.

4. 범하는 조건 [犯緣]

『比丘尼鈔』

네 가지 조건을 갖추면 범함이 된다.

---

220. (大22, 746中).

첫째, 단월이 안거 기간 동안만 머물기를 청했는데

둘째, 하안거 기간이 다 끝났고

셋째, 범함이 아닌 인연이 없는데

넷째, 가지 않으면

범한다.

5. 범하는 상황[罪相]

만약 비구니가 단월의 집에서 안거가 끝났는데도 가지 않았으면	바일제

『四分』

만약 비구니가 안거가 끝났으면 가야 하지만 최소 하룻밤은 머물 수 있다.[221]

6. 범함이 아닌 경우[開緣]

하안거가 끝나고 갔으면	
만약 거사가 계속 더 머물기를 청했으면	
만약 집집마다 차례로 음식을 보내왔으면	
만약 친척 남녀가 공양청을 했으면	범함이 아니다
만약 병이 생겼는데 돌봐줄 도반이 없었으면	
만약 수해[水難] 등의 상황이나 청정행이 어려운 상황 등이었으면	

『比丘尼鈔』

『母論』 만약 안거가 끝났으면 다른 곳으로 옮겨가야 한다. 만약 인연이 있어

---

221. (大22, 746下).

서 가지 못했으면 범함이 아니다. 만약 인연이 없어서 안거를 마치고 대계 밖으로 하루를 나갔다가 돌아오면 범함이 아니다.[222]

『五分』 만약 기한을 정하지 않고 청을 받았거나, 다시 청을 받은 곳이면 범함이 아니다.[223]

97 변방의 위험한 곳을 돌아다니는 계 邊界恐怖處遊行戒

대승공계, 차계   육군비구니

1. 계의 조문 [戒文]

만약 비구니가 변방의 위험하다고 의심이 되는 곳에서 사람들 사이를 돌아다니면 바일제다.

2. 계를 제정한 인연 [緣起]

『四分』

부처님께서 사위국 기수급고독원에 계실 때였다. 파사익왕이 다스리는 국경지대에서 민중들이 반란을 일으켰는데 육군비구니가 변방지역을 돌아다녔다. 이것을 본 도적들이 '파사익왕이 비구니들을 우리에게 공양하였구나!'라고 생각하고 범할 생각으로 희롱하였다. 거사들이 이를 보고 "비구니들이 마치 도적녀나 음녀 같다"고 비난하였다. 비구니들이 꾸짖고 비구들에게 알리고, 비구들이 부처님

---

222. （大24, 841上).
223. （大22, 89中).

께 사뢰니 꾸짖으시고 계를 제정하셨다.[224]

3. 제정한 뜻[制意]

『四分律疏』

변방은 매우 위험하여 이유 없이 돌아다니면 목숨이 위태롭고, 쉽게 계행을 무너뜨려서 비난과 허물을 초래하므로 성인께서 제정하셨다.

4. 범하는 조건[犯緣]

『四分律疏』

네 가지 조건을 갖추면 범함이 된다.

첫째, 변방의 위험한 곳에

둘째, 청을 받았거나 재난 등의 인연이 없는데

셋째, 그 안에 가되

넷째, 경계를 넘어가면

범한다.

5. 범하는 상황[罪相]

위험한 곳을 돌아다녀서	마을에 들어가 구역을 하나하나 지날 때마다	낱낱이 바일제
	마을이 없는 곳에서 10리를 갔으면	낱낱이 바일제
	한 마을보다 못되게 혹은 10리보다 적게 갔으면	낱낱이 돌길라
	마을에서 한 구역 안을 다녔으면	돌길라
	방편으로 함께 가기로 했으나 가지 않았으면	일체 돌길라

---

224. （大22, 746下）.

6. 범함이 아닌 경우[開緣]

만약 부름을 받았거나 청을 받았으면	범함이 아니다
만약 알릴 것이 있었으면	
만약 힘센 자에게 잡힌 등이었으면	
만약 먼저 도착하고 난 후에 위험하다고 의심되는 일이 일어났으면	

98 경계 안의 위험한 곳을 돌아다니는 계 界內有疑恐怖處遊行戒

대승공계, 차계 　　　　　　　　　　　　　　　　　 육군비구니

1. 계의 조문[戒文]

만약 비구니가 경계 안(성을 둘러싼 네 변)의 위험하다고 의심되는 곳에서 사람들 사이를 돌아다니면 바일제다.

2. 계를 제정한 인연[緣起]

『四分』

부처님께서 사위국 기수급고독원에 계실 때였다. 파사익왕이 다스리는 경계 안의 민중들이 반란을 일으켰는데 육군비구니가 그 계 안을 돌아다녔다. 이것을 본 도적들이 '파사익왕이 비구니들을 우리에게 공양하였구나!'라고 생각하고 범할 생각으로 희롱하였다. 거사들이 이를 보고 "비구니들이 마치 도적녀나 음녀와 같다"고 비난하였다. 비구니들이 꾸짖고 비구들에게 알리고, 비구들이 부처님

께 사뢰니 꾸짖으시고 계를 제정하였다.[225]

3. 제정한 뜻[制意]

『四分律疏』

'제정한 뜻'은 앞의 제97계와 같다.

4. 범하는 조건[犯緣]

『四分律疏』

'범하는 조건'은 앞과 같다.

'범하는 상황'과 '범함이 아닌 경우'도 앞의 계와 같다. 단지 '계 안'인 것만 다르다.

99 친근하게 함께 머물면서 충고를 어기는 계 習近住違諫戒

대승공계, 성계   어떤 비구니

1. 계의 조문[戒文]

어떤 비구니가 거사나 거사의 아들과 친근하게 지내고 함께 머물면서 수순하지 않는 행[226]을 하였다. 다른 비구니가 이 비구니에게 "스님! 그대는 거사나 거사

---

225. (大22, 747上).
226. 과청, 『講記』下, p.2451, '수순하지 않는 행'이란 여래의 청정한 출리의 행법을 따르지 않는 것이다. 다시 말해, 애욕의 번뇌가 있어서 계법을 충분히 수순하여 행하지 못하고 재가자의 일을 함께 하여

648

의 아들과 친근하게 지내고 함께 머물면서 수순하지 않는 행을 하지 마십시오. 스님! 그대는 따로 지내는 것이 옳습니다. 만약 따로 지낸다면 불법 가운데서 더욱 이익이 있고 안락하게 머물 것입니다"라고 충고하였다. 만약 저 비구니가 이 비구니에게 충고했는데도 고집하고 버리지 않으면 세 번 충고해야 하니 이 일을 버리게 하기 위해서이다. 세 번 충고해서 이 일을 버리면 좋고, 버리지 않으면 바일제다.

2. 계를 제정한 인연 [緣起]

『四分』

부처님께서 사위국 기수급고독원에 계실 때였다. 어떤 비구니가 거사나 거사의 아들과 친근하게 지내고 함께 머물면서 수순하지 않는 행을 하여, 비구니들이 따로 머물도록 충고했으나 따르지 않았다. 비구니들이 꾸짖고 비구들에게 알리고, 비구들이 부처님께 사뢰니 꾸짖으시고 계를 제정하셨다.[227]

3. 제정한 뜻 [制意]

『四分律疏』

제정한 뜻에 3가지가 있다.

1) 친근하게 지내는 것을 허락하지 않은 뜻

남녀는 형색이 달라서 이치상 교섭이 없어야 한다. 그런데 서로 친근하게 지내면 염욕의 번뇌를 일으키기 쉬워서 장차 큰 손해(바라이)가 될 수 있으므로, 제정하여 허락하지 않으셨다. (미리 방지하려는 것이므로) 어기면 작은 죄(바일제)가 된다고 제정하셨다.

2) 충고하는 뜻

계법과는 어긋나는 것이다.

227. (大22, 747中).

『僧祇』 재가자 및 외도나 사미와 친근하게 지내면서 머물면 하루 종일이거나 혹은 잠깐이라도 바일제를 범한다. 갈마로 충고하는 법은 없다. 이『律』에 성인의 가르침을 의지하는 청정한 시주단월이나 재가자가 보고, 좋은 말로 깨우쳐 주어도 고집하여 옳다고 말하면서 따로 머무르려고 하지 않으므로, 장차 악한 일에 떨어질 것이다. 진실로 불쌍하므로 반드시 충고하여 옳고 그름을 알려주어야 한다. 옳은 것을 알고 그에 따라서 수행할 수 있도록 하고 악한 일을 깨우쳐주어 버리게 하기 위해서이다.

3) 죄가 되는 뜻

대중들이 충고하여 옳고 그름을 이미 가려주었는데, 성인의 가르침을 어기고 위반하여 기꺼이 순종하지 않으므로 바일제죄로 제정하셨다.

4. 범하는 조건 [犯緣]

『四分律疏』

여섯 가지 조건을 갖추면 범함이 된다.

첫째, 거사나 거사의 아들과 함께 친근하게 지내면서 머물러서

둘째, 비구니들이 따로 머물도록 권했는데도

셋째, 의지하고 따로 머물려고 하지 않아서

넷째, 법에 맞게 충고했는데

다섯째, 충고를 거부하여

여섯째, 세 번의 갈마설을 마치면

범한다.

5. 범하는 상황[罪相]

재가자와 친근하게 지내며 악행을 해서	대중이 충고할 때	알리기를 하고, 세 번째 갈마설을 마쳤으면	바일제
		알리기를 하고, 두 번째 갈마설을 마쳤으면	3돌길라
		알리기를 하고, 첫 번째 갈마설을 마쳤으면	2돌길라
		알리기를 마쳤으면	1돌길라
		알리기를 마치지 않았으면	돌길라
	대중이 아직 충고하지 않았을 때	알리기를 하기 전에 거사나 거사의 아들과 친근하게 지내며 수순하지 않는 행을 했으면	돌길라

6. 범하지 않는 경우[開緣]

제52 악견으로 충고를 어기는 계[惡見違諫戒]와 같다.

100 왕궁에 가서 구경하는 계 往觀王宮戒

대승공계, 차계   육군비구니

1. 계의 조문[戒文]

만약 비구니가 왕궁, 회화당,[228] 정원, 목욕하는 곳에 가서 구경하면 바일제다.

2. 계를 제정한 인연 [緣起]

『四分』

부처님께서 사위국 기수급고독원에 계실 때였다. 육군비구니가 왕궁, 회화당, 정원, 목욕하는 곳 등을 구경하니 거사들이 보고 비난하였다. 비구니들이 꾸짖고 비구들에게 알리고, 비구들이 부처님께 사뢰니 꾸짖으시고 계를 제정하셨다.[229]

3. 제정한 뜻 [制意]

『四分律疏』

왕궁은 매우 화려하고 아름다운 곳이어서 마음대로 보게 되면 방일하게 되어 정업 닦는 것을 그만두게 된다. 또한 쉽게 세상일에 물들어 스스로 선심善心과 계행을 무너뜨리게 되므로 제정하셨다.

4. 범하는 조건 [犯緣]

『四分律疏』

네 가지 조건을 갖추면 범함이 된다.

첫째, 왕궁이나 정원이나 목욕하는 곳에

둘째, 방편으로 가서 구경하고

셋째, 범함이 아닌 인연이 없는데

넷째, 보면

범한다.

---

228. 과청, 『講記』下, p.2462, 文飾畵堂은 벽화가 그려져 있고 조각이 장엄하고 장식이 화려한 왕궁 안의 건물을 말한다.

229. (大22, 748中).

5. 범하는 상황[罪相]

왕궁 등에 가서 보려고	・길에서 길에 이르러 ・길에서 길 아닌 곳에 이르러 ・길 아닌 곳에서 길에 이르러 ・높은 곳에서 낮은 곳에 이르러 ・낮은 곳에서 높은 곳에 이르러	보았으면	바일제
		보지 않았으면	돌길라
	가려고 했거나, 가기로 약속했거나, 중간에 돌아왔으면		일체 돌길라

『四分律疏』

『五分』 마음을 냈거나 방편을 취했으면 돌길라고, 만약 출발했으면 걸음마다 바일제다.

6. 범함이 아닌 경우[開緣]

만약 왕궁에 가서 아뢸 일이 있었으면	범함이 아니다
만약 지나는 길에 있었으면	
만약 숙박했으면	
만약 힘센 자에게 잡힌 등이었으면	
만약 청이 있었거나 부름이 있었으면	
만약 대중이나 탑에 관련된 일을 위하여 회화당에 가서 보고 모사模寫하기 위함이었으면	
만약 승가람 안에 있었으면	
만약 가르침을 주거나 법을 듣기 위한 것이었으면	

「第二分」

원림園林과 목욕하는 곳에 가서 구경하는 것도 위와 같다.

101 샘이나 도랑에서 몸을 드러내고 목욕하는 계 泉渠水中露身洗浴戒

대승공계, 차계   육군비구니

1. 계의 조문[戒文]

만약 비구니가 몸을 드러내고 강물이나 샘물, 흐르는 물에 들어가서 목욕하면 바일제다.

2. 계를 제정한 인연[緣起]

『四分』

부처님께서 사위국 기수급고독원에 계실 때였다. 육군비구니가 몸을 드러내고 강물이나 샘물 또는 못이나 깊은 물에 들어가 목욕하였다. 도둑여인과 음녀들이 "지금처럼 어린 나이에는 애욕을 즐기고 늙으면 청정행을 닦는 것이 옳다"고 하니, 그 중에 나이 어린 비구니들이 듣고서 도업 닦는 것을 좋아하지 않는 마음이 생겼다. 거사들이 보고 음녀나 도적녀와 다름이 없다고 비난하니 비구니들이 꾸짖고 비구들에게 알렸다. 비구들이 부처님께 사뢰니 꾸짖으시고 계를 제정하셨다.[230]

---

230. (大22, 748下).

3. 제정한 뜻[制意]

『四分律疏』

유루의 몸은 반드시 가려야 한다. 그렇지 않으면 비난을 초래하고 도법에 손해가 되기 때문이다.

4. 범하는 조건[犯緣]

『比丘尼鈔』

세 가지 조건을 갖추면 범함이 된다.

첫째, 강물이나 도랑물에서

둘째, 몸을 드러내어 목욕하되

셋째, 몸 전체를 씻으면

범함이 된다.

5. 범하는 상황[罪相]

몸을 드러내고 강물이나 샘물에서 목욕하되	몸을 다 적셨으면	바일제
	몸을 다 적시지는 않았으면	돌길라
방편으로 씻고자 했으나 씻지 않았으면		돌길라
함께 목욕하러 가기로 약속했다가 가지 않았으면		

『比丘尼鈔』

『僧祇』 비구니가 재가자의 욕실에 들어가 씻는데 어떤 젊은 사람이 들어와서 임신을 시켜 청정행이 무너졌다. 이로 인해 비구니가 재가자의 욕실에 들어가는 것을 허락하지 않는다고 제정하셨다. 만약 병자라면 방에서 불을 피우고 기름을 발라서 문지를 수 있다. 이와 같이 하지 않는 자는 월비니죄다.[231]

『十誦』 남자가 씻는 곳 앞에서 씻으면 모두 바일제다.

6. 범함이 아닌 경우[開緣]

만약 언덕으로 굽어져 물이 가려진 곳이었으면	
만약 나무 그늘로 덮인 곳이었으면	
만약 몸이 물에 완전히 잠겼으면	범함이 아니다
만약 옷으로 몸을 가렸으면	
만약 힘센 자에게 잡혔으면	

102 목욕의의 규격을 초과하는 계 過量浴衣戒

비구계(제89)는 우의雨衣,[232] 대승공계, 차계　　　　　　　　　　　　육군비구니

1. 계의 조문[戒文]

만약 비구니가 목욕의를 만들고자 하면 반드시 규격에 맞게 만들어야 한다. 규격에 맞는 것은 길이는 부처님 손으로 여섯 뼘이고, 넓이는 두 뼘 반이다. 만약 초과하면 바일제다.

---

231. (大22, 547下).
232. 과청, 『講記』下, p.2472, 비구는 비가 와서 목욕할 때 입는 雨衣이고, 비구니는 물속에서 목욕할 때 입는 浴衣이다.

2. 계를 제정한 인연 [緣起]

『四分』

부처님께서 사위국 기수급고독원에 계실 때였다. 부처님께서 비구니에게 목욕의 만드는 것을 허락하셨다는 말을 듣고, 육군비구니들이 넓고 큰 목욕의를 만들었다. 비구니들이 사실을 알게 되어 꾸짖고 비구들에게 알렸다. 비구들이 부처님께 사뢰니 꾸짖으시고 계를 제정하셨다.[233]

3. 제정한 뜻 [制意]

『四分律疏』

목욕의는 몸을 가리는 데 사용된다. 이것을 허용해주니 이제 크기를 초과하여 만들어서 자신의 탐욕을 기르고 성인의 가르침에 어긋나므로 성인께서 제정하셨다.

4. 범하는 조건 [犯緣]

『尼戒會義』

세 가지 조건을 갖추면 범함이 된다.

첫째, 스스로 자기를 위해 만들고

둘째, 부처님께서 제정하신 규격을 초과하여

셋째, 만들기를 마치면

범한다.

---

233. (大22, 749上).

5. 범하는 상황[罪相]

만약 스스로 혹은 다른 사람을 시켜 목욕의를 만들 때, 길이와 넓이 중 하나의 규격을 초과하거나 둘 다 규격을 초과하여	완성되었으면	바일제
	완성되지 않았으면	돌길라
다른 이를 위해 만들어서	완성되었거나 완성되지 않았거나	돌길라

6. 범함이 아닌 경우[開緣]

만약 규격에 맞게 만들었으면	
만약 규격보다 작게 만들었으면	범함이 아니다
만약 다른 이로부터 이미 완성된 것을 얻어서 재단하여 법답게 만들었으면	
만약 두 겹으로 만들어 규격에 맞추었으면	

103 승가리를 바느질하는데 5일을 초과하는 계 縫僧伽梨過五日戒

대승공계, 차계 　　　　　　　　　　　　　　　　　　　　투라난타 비구니

1. 계의 조문[戒文]

만약 비구니가 승가리를 바느질하는데 5일을 초과하면 승가리를 구하거나, 가

치나의를 내놓았거나, 6난難이 일어난 경우를 제외하고는 바일제다.

2. 계를 제정한 인연 [緣起]

『四分』

부처님께서 사위국 기수급고독원에 계실 때였다. 어떤 비구니가 승가리를 만들고자 하니, 투라난타 비구니가 재단하고 바느질을 해주겠다고 하였다. 하지만 투라난타 비구니는 그 비구니가 총명하고 아는 것이 많아서 교화를 잘하여 공양을 많이 받는 것을 알고는, 그 비구니로부터 오래도록 공양받기 위해 재단만 해놓고 꿰매지는 않았다. 그런데 어느 날 투라난타 비구니가 머무는 정사에 불이 나 옷감이 불에 타서 바람에 날려가 버렸다. 이것을 본 거사가 비난하니 비구니들이 꾸짖고 비구들에게 알렸다. 비구들이 부처님께 사뢰니 꾸짖으시고 "만약 비구니가 승가리를 바느질하면서 5일을 초과하면 바일제다"라고 계를 제정하셨다.

후에 비구니들이 승가리를 구하거나, 가치나의를 내놓거나, 6난이 일어나 걱정하니 그런 경우는 제외한다고 거듭 계를 제정하셨다.[234]

3. 제정한 뜻 [制意]

『四分律疏』

5사事의 이익을 탐하여 승가리 만드는 것을 지연시키며 이양을 바라고 재가자처럼 상대방이 급한 데도 힘써 만들지 않았다. 또한 옷감이 흩어져 없어지게 되어 괴롭고 손해되게 함이 가볍지 않으므로 성인께서 제정하셨다.

4. 범하는 조건 [犯緣]

『四分律疏』

다섯 가지 조건을 갖추면 범함이 된다.

---

234. （大22, 749中）.

첫째, 다른 이의 옷을 만들어 주는데

둘째, 의시衣時 중에

셋째, 승가리를 바느질하고

넷째, 범함이 아닌 인연이 없는데

다섯째, 5일이 지나도록 완성하지 않으면

범한다.

5. 범하는 상황[罪相]

6난이 일어난 경우을 제외하고[235] 승가리를 바느질하는데 5일을 초과했으면	바일제

『集要』

8난難 중에 '비인非人의 난'과 '사나운 짐승의 난'을 제외한 것을 6난이라고 한다. 비구니들은 아란야에 거주할 수 없기 때문이다. (8난이란 물, 불, 왕, 목숨이 위태로웠거나, 청정행이 어려웠거나, 결박되어 갇혔거나, 비인의 난, 사나운 짐승의 난을 말한다)

6. 범함이 아닌 경우[開緣]

만약 승가리를 구하는 중이었으면	
만약 공덕의를 내놓았으면	
만약 5일 내에 6난이 일어났으면	범함이 아니다
만약 바느질하거나 재단할 때 칼, 바늘, 실이 없었거나 옷감이 부족했으면	
만약 옷 주인이 계를 깨뜨렸거나, 견해를 깨뜨렸거나, 위의를 깨뜨렸거나, 거죄당했거나, 멸빈되었거나, 멸빈당해야 하거나, 혹이 일 때문에 목숨이 위태롭거나 청정행이 어려웠으면	

104 5일이 지나도록 승가리를
돌보지 않는 계 過五日不看僧伽梨戒

대승공계, 차계　　　　　　　　　　　　　　　　　어떤 비구니

1. 계의 조문[戒文]

만약 비구니가 5일이 지나도록 승가리를 돌보지 않으면 바일제다.

2. 계를 제정한 인연[緣起]

『四分』

부처님께서 비사리국 미후강변의 강당에 계실 때, 대중스님들이 많은 공양을 얻어서 한동안 걸식을 나가지 않았다. 그래서 어떤 비구니가 승가리를 방에 두고 돌보지 않아서 벌레가 먹고 색이 바랬다. 그런데 후에 대중에 공양이 끊어져서 승가리를 입고 마을에 걸식하러 가려다가 이 사실을 알게 되었다. 비구니들이 듣고서 꾸짖고 비구들에게 알리고, 비구들이 부처님께 사뢰니 꾸짖으시고 계를 제정하셨다.[236]

3. 제정한 뜻[制意]

『四分律疏』

승가리는 가치가 귀중하여 구해도 갖추기가 어려운데 오랫동안 살피지 않으면 사실상 손상되기 쉽다. 스님들이 갖추어야 할 물건 중에 승가리가 빠져서 상황이 괴롭게 되므로 허물이 가볍지 않다.

---

235. '계의 조문'과 비교해 보면 저본에는 '除'자가 누락되어 있다고 봐야 한다. 과청, 『講記』下, p.2482 를 살펴보면 "縫僧伽梨 過五日 除六難事起者"로 되어 있다.
236. (大22, 749下).

4. 범하는 조건[犯緣]

『比丘尼鈔』

세 가지 조건을 갖추면 범함이 된다.

첫째, 승가리이고

둘째, 보관하는 곳이 안전하지 않은데

셋째, 5일이 넘도록 돌보지 않으면

범한다.

5. 범하는 상황[罪相]

승가리를 방에 두고 5일 동안 살피지 않았으면	바일제
승가리를 제외한 다른 옷을 5일 동안 살피지 않았으면	돌길라
만약 기타 다른 물건을 잃어버렸거나, 벌레가 먹었거나, 색이 바랬으면	

『比丘尼鈔』

『十誦』 고의로 5의를 돌보지 않으면 모두 바일제다.

6. 범함이 아닌 경우[開緣]

만약 5일마다 살폈으면	범함이 아니다
만약 보관하는 곳이 안전했으면	
만약 다른 이에게 맡겼으면	
만약 맡은 이가 살폈으면	
만약 잃어버릴까 두려워서 살펴봤으면	

105 대중스님들에게 옷 보시하는 것을 말리는 계 與僧衣作留難戒

대승공계, 차계   투라난타 비구니

1. 계의 조문 [戒文]

만약 비구니가 단월이 대중스님들에게 옷 보시하는 것을 말리면 바일제다.

2. 계를 제정한 인연 [緣起]

『四分』

부처님께서 사위국 기수급고독원에 계실 때였다. 투라난타 비구니에게 오래된 친구인 단월이 있었는데, 대중스님들에게 옷과 음식을 보시하려고 하였다. 그런데 투라난타 비구니가 듣고는 가서 "대중스님들은 많은 단월이 보시하고 있고, 그대는 보시할 곳이 많으니 음식만 보시하라, 옷은 필요하지 않다"고 말하였다. 그래서 다음날 단월이 음식만 준비했는데, 가사를 수하고 발우를 들고 오는 비구니들의 위의 있는 모습을 보고 후회하는 말을 하였다. 그 말을 듣고 사실을 알게 된 비구니들이 꾸짖고 비구들에게 알리고, 비구들이 부처님께 사뢰니 꾸짖으시고 계를 제정하셨다.[237]

3. 제정한 뜻 [制意]

『四分律疏』

도업을 닦고 덕행을 쌓으려면 물건에 대해서 바라는 마음이 없어야 하고, 공경하는 마음으로 보시하고자 하면 수희찬탄해야 한다. 그런데 이제 반대로 다른 이의 재물이 아까워서 옷을 보시하지 못하게 하니, 서로에게 손해가 되고 이익을

---

237. (大22, 750上).

잃게 함이 심하므로 성인께서 제정하셨다.

4. 범하는 조건 [犯緣]

『比丘尼鈔』

네 가지 조건을 갖추면 범함이 된다.

첫째, 재가자가 옷을 보시하려 하고

둘째, 옷을 시주하려 한다는 것을 알면서

셋째, 방편으로 재가자가 옷을 시주하지 않도록 권하여

넷째, 재가자가 시주하려는 마음을 거두면

범한다.

5. 범하는 상황 [罪相]

대중스님들에게 옷을 보시하려는데	말려서 시주자가 보시하려는 마음을 거두었으면	바일제
대중이 아닌 다른 나머지 사람(1~3인의 비구니·식차마나·사미니)에게 옷을 보시하려는데		돌길라
(옷을 제외한) 다른 물건을 보시하려는데		돌길라

6. 범함이 아닌 경우 [開緣]

만약 조금만 시주하려고 했는데 많이 시주하도록 권했으면	
만약 적은 수의 사람들에게 시주하려고 했는데 많은 사람들에게 시주하도록 권했으면	범함이 아니다
만약 좋지 않은 것을 시주하려고 했는데 좋은 것을 시주하도록 권했으면	
혹 장난으로 말했거나 병처에서 말했으면	

| 혹 빨리 말했거나 꿈속에서 말했으면 |
| 혹 이것을 말하려고 했으나 착오로 저것을 말했으면 |

⬛106 마음대로 남의 옷을 입는 계 輒著他衣戒

대승공계, 차계   어떤 비구니

1. 계의 조문 [戒文]

만약 비구니가 주인에게 물어보지 않고 마음대로 남의 옷을 입으면 바일제다

2. 계를 제정한 인연 [緣起]

『四分』

부처님께서 사위국 기수급고독원에 계실 때, 어떤 비구니가 주인에게 물어보지 않고 남의 승가리를 입고 마을에 들어가서 걸식하였다. 옷 주인은 이 사실을 알지 못하고 옷을 잃어버렸다고 생각했다. 그런데 후에 그 비구니가 자신의 옷을 입고 있는 것을 보고는 훔친 것이라고 말하였다. 그러자 비구니가 "스님과는 친하다고 생각해서 말하지 않고 입었다"라고 하였다. 비구니들이 듣고서 꾸짖고 비구들에게 알리고, 비구들이 부처님께 사뢰니 꾸짖으시고 계를 제정하셨다.[238]

---

238. （大22, 750下）.

3. 제정한 뜻[制意]

『四分律疏』

마음대로 남의 옷을 입으면 도둑질과 유사해 보이므로, 결백을 가리기 어렵고 소란과 비방을 초래한다. 또한 상대방은 잃어버렸다고 생각하여 이리저리 찾게 되어 옷주인을 매우 번뇌롭게 하므로 성인께서 허락하지 않으시고 바일제라고 제정하셨다.

4. 범하는 조건[犯緣]

『比丘尼鈔』

세 가지 조건을 갖추면 범함이 된다.
첫째, 남의 옷인데
둘째, 물어보지 않고 마음대로 입고
셋째, 마을에 들어가서 걸식하면
범한다.

5. 범하는 상황[罪相]

주인에게 물어보지 않고 남의 옷을 입고 마을에 들어가서 걸식했으면	바일제

6. 범함이 아닌 경우[開緣]

만약 주인에게 물어봤으면	범함이 아니다
만약 친한 사람의 옷이었으면	
만약 친한 사람이 "입고 가라. 주인한테 말해 주겠다"라고 했으면	

107 재가자나 외도에게 옷을 주는 계 與俗人外道衣戒

대승공계, 차계   육군비구니

1. 계의 조문 [戒文]

만약 비구니가 사문의 옷을 가져다가 외도나 재가자에게 주면 바일제다.

2. 계를 제정한 인연 [緣起]

『四分』

부처님께서 사위국 기수급고독원에 계실 때, 발난타 비구에게 두 사미가 있었다. 첫째 사미의 이름은 '이耳'이고 두 번째 사미의 이름은 '밀蜜'이었다. 한 사미는 도업 닦기를 그만 두고 속가로 돌아갔고, 다른 한 사미는 가사를 입고 외도의 무리에 들어갔다. 그런데 육군비구니가 그들에게 사문의 옷을 주었다. 이 사실을 안 비구니들이 꾸짖고 비구들에게 알리고, 비구들이 부처님께 사뢰니 꾸짖으시고 계를 제정하셨다.[239]

3. 제정한 뜻 [制意]

『四分律疏』

재가자와 외도는 참된 복전福田이 아닌데, 옷과 물건을 직접 그들에게 주면 다른 사람들이 미혹과 사견을 일으켜서 "외도가 수승하고 출가인은 외도만 못하다"고 말하게 한다. 그래서 손해가 가볍지 않으므로 제정하셨다.

---

239. (大22, 750下).

4. 범하는 조건 [犯緣]

『比丘尼鈔』

네 가지 조건을 갖추면 범함이 된다.

첫째, 친척이 아닌 재가자나 외도이고

둘째, 가사를

셋째, 가지고 가서 그들에게 주어서

넷째, 상대방이 받으면

범한다.

5. 범하는 상황 [罪相]

사문의 옷을 재가자나 외도한테 주어서	그가 받았으면	바일제
	그가 받지 않았으면	돌길라
방편으로 주려고 했다가 주지 않았으면		돌길라
준다고 약속했다가 주지 않았으면		

『比丘尼鈔』

『十誦』에 "외도한테 주는 것과 재가자에게 주는 것은 모두 바일제다"라고 하였다.

요즘 비구니나 비구들이 자주 도사道士에게 가서 병을 치료하려고 사귀고 왕래하며 옷과 음식을 공급하는 것을 본다. 그로 인해 세속의 인정에 물들어 청정한 행을 무너뜨리고 세상의 비난을 초래하며 부처님과 승가를 훼손하고 욕되게한다. 스승이 기강이 없을 뿐 아니라 이런 일로 인하여 법도도 없어진다. 만약 힘있는 사람이 벌을 주어 그런 사람들을 환속하게 하면, 이 사람은 법을 보호한 인연으로 내생에는 반드시 정토의 과보를 얻게 될 것이다. (백의白衣는 재가자이고, 외도는 불법 밖에서 출가한 사람이다.)

6. 범함이 아닌 경우[開緣]

만약 부모에게 주었으면	
만약 탑을 짓는 이에게 주었으면	범함이
만약 강당이나 정사精舍를 짓는 이에게 밥값으로 계산해서 주었으면	아니다
만약 힘센 자에게 빼앗겼으면	

『比丘尼鈔』

『僧祇』 만약 비구니가 덕이 있어서 여인이 아이를 위해서 재앙을 막으려고 작은 옷 조각을 구하는 것을 허락한다면, 큰 것을 주지 말고 자기 손으로 직접 주지 말아야 한다. 반드시 사람을 보내서 주어야 한다.

108 대중이 옷 나누는 것을 막는 계遮僧分衣戒

대승공계, 차계　　　　　　　　　　　　　　　　　투라난타 비구니

1. 계의 조문[戒文]

만약 비구니가 대중들이 법답게 옷을 나눌 때 제자가 얻지 못할까 걱정되어 막으면 바일제다.[240]

---

240. 『四分』에는 "衆僧如法分衣 遮令不分 恐弟子不得者波逸提"라고 되어 있는데, 저본에는 '나누지 못하게 막았다[遮令不分]'는 부분이 빠져 있어서 보충하였다.

2. 계를 제정한 인연 [緣起]

『四分』

부처님께서 사위국 기수급고독원에 계실 때, 비구니 대중이 보시 받은 옷을 나누려고 하였다. 그런데 투라난타 비구니가 자기 제자들이 받지 못할까 걱정되어 대중들이 법답게 옷을 나누는 것을 막았다. 비구니들이 꾸짖고 비구들에게 알리고, 비구들이 부처님께 사뢰니 꾸짖으시고 계를 제정하셨다.[241]

3. 제정한 뜻 [制意]

『四分律疏』

법답게 옷을 나누면 이치적으로 따라야 하며 어기는 것을 허락하지 않는다. 그런데 제자를 위하여 대중이 옷 나누는 것을 막으니, 탐심을 더하고 대중을 번뇌롭게 함이 가볍지 않으므로 제정하셨다.

4. 범하는 조건 [犯緣]

『比丘尼鈔』

네 가지 조건을 갖추면 범함이 된다.

첫째, 대중들이 작법을 하여 옷을 나누려고 하는데

둘째, 제자가 얻지 못할까 걱정되어

셋째, 나누지 못하게 막아서

넷째, 대중들이 나누지 못하면

범한다.

5. 범하는 상황 [罪相]

대중스님들이 법답게 옷을 나눌 때 나누지 못하도록 막았으면	바일제

670

6. 범함이 아닌 경우[開緣]

만약 합당하지 않은 때에 나누었으면	
만약 비법별중 등이었으면	범함이
만약 나누고자 할 때 잃어버릴까 걱정스러웠으면	아니다
만약 훼손된 것이라서 나누지 못하도록 막았으면	

109 대중이 공덕의 내놓는 것을 잠시 중지시키는 계 停衆僧出功德衣戒

차계   육군비구니

1. 계의 조문[戒文]

만약 비구니가 '대중들이 가치나의를 지금 내놓지 못하게 하고 뒤에 내놓아 5사事[242]를 오래도록 얻고서 내놓도록 해야겠다'고 생각하면 바일제다.

2. 계를 제정한 인연[緣起]

『四分』

부처님께서 사위국 기수급고독원에 계실 때였다. 육군비구니가 '대중들이 가치

---

241. （大22, 751上).

242. 과청,『講記』下, pp.2514-2515, 가치나의를 받게 되면 얻게 되는 다섯 가지 공덕이다.

나의를 지금 내놓지 못하게 하고 뒤에 내놓아 5사를 오래도록 얻고서 내놓도록 해야겠다'고 생각하였다. 비구니들이 이 사실을 알고 꾸짖고 비구들에게 알리고, 비구들이 부처님께 사뢰니 꾸짖으시고 계를 제정하셨다.[243]

3. 제정한 뜻 [制意]

『四分律疏』

좋은 마음으로 함께 화합하여 공덕의를 내놓고 도업 닦는 것이 급한 일이니 이치적으로 따라야 한다. 그런데 다섯 가지 이익을 탐하여 내놓지 못하게 막아서 번뇌를 더하고 대중들을 괴롭게 하니, 번뇌와 허물이 깊고 무거워서 이제 성인께서 제정하셨다.

4. 범하는 조건 [犯緣]

『四分律疏』

네 가지 조건을 갖추면 범함이 된다.

첫째, 먼저 공덕의를 받았고

둘째, 때에 여법하게 내놓으려 하는데[244]

셋째, 이익을 위해 일부러 막아서

넷째, 대중들이 내놓지 못하게 하면

범한다.

5. 범하는 상황 [罪相]

5사를 위하여 대중이 공덕의를 내놓을 수 없게 중지시키고 뒤에 내놓게 했으면	바일제

243. (大22, 751中).

244. 과청, 『講記』下, p.2517, 전안거를 한 사람이 7월 16일에 공덕의를 받았으면 12월 15일 아침 날이

6. 범함이 아닌 경우[開緣]

만약 합당하지 않은 때에 나누었으면	범함이 아니다
만약 비법별중 등이었으면	
만약 내놓으려 할 때 잃어버릴까 걱정스러웠으면	
만약 잃어버리거나 훼손될까 걱정스러워서 내놓지 못하게 막았으면	

110 비구니 대중이 공덕의를 내놓지 못하게 막는 계 遮比丘尼僧不出功德衣戒

차계   육군비구니

1. 계의 조문[戒文]

만약 비구니가 이와 같이 '비구니 대중을 막아서 가치나의를 아예 내놓지 못하게 해서 5사事를 오래도록 얻도록 해야겠다'고 생각하면 바일제다.

2. 계를 제정한 인연 [緣起]

『四分』

부처님께서 사위국 기수급고독원에 계실 때였다. 육군비구니가 '대중스님들이 가치나의를 아예 내놓지 못하게 해서 5사를 오래도록 얻도록 해야겠다'고 생각하였다. 비구니들이 이 사실을 알고 꾸짖고 비구들에게 알리고, 비구들이 부처님께

밝으면 내놓아야 한다. 이것이 여법하게 내놓는 것이다.

사뢰니 꾸짖으시고 계를 제정하셨다.[245]

3. 제정한 뜻[制意]

4. 범하는 조건[犯緣]

『四分律疏』

'제정한 뜻'과 '범하는 조건'은 앞의 제109계와 같다.

앞의 계는 현시점에 대중이 내놓지 못하게 잠시 막는 것이다. 하지만 이 계는 미래에까지 막으려는 것으로 막으려고 말을 분명하게 해야만 범하는 것이다. 이러한 차이가 있기 때문에 따로 계를 제정하셨다.

5. 범하는 상황[罪相]

5사를 위하여 대중이 영원히 공덕의를 내놓을 수 없게 막으려고	말을 분명하게 했으면	바일제
	말을 분명하게 하지 않았으면	돌길라

『尼戒會義』

앞의 계는 잠시 동안 중지시키는 것이고, 이 계는 끝까지 내놓지 못하게 하는 것이다.

6. 범함이 아닌 경우[開緣]

제109 대중이 공덕의 내놓는 것을 잠시 중지시키는 계[停衆僧出功德衣戒]와 같다.

---

245. (大22, 751下).

111 다른 이의 다툼을 없애주지 않는 계 不與他滅諍戒

대승공계, 차계   투라난타 비구니

1. 계의 조문 [戒文]

만약 비구니가, 다른 비구니가 "나를 위해서 이 다툼을 없애주십시오"라고 했는데도 방편으로 다툼을 없애주지 않으면 바일제다.

2. 계를 제정한 인연 [緣起]

『四分』

부처님께서 사위국 기수급고독원에 계실 때였다. 비구니들이 서로 다툰 후 투라난타 비구니에게 와서 다툼을 그치게 해달라고 청했으나, 능력이 있으면서도 다툼을 없애주지 않았다. 그래서 그 비구니가 다툰 일 때문에 화합하지 못하고 근심하다가 마침내 환속하고 말았다. 비구니들이 듣고서 꾸짖고 비구들에게 알리고, 비구들이 부처님께 사뢰니 꾸짖으시고 계를 제정하셨다.[246]

3. 제정한 뜻 [制意]

『四分律疏』

덕행을 닦는 사람은 다툼이 있으면 없애주어야 한다. 다툼을 없애 화합하게 해야 대중법이 성립된다. 그런데 끝내 없애주지 않아서 다툼이 늘어나고 손해를 끼치며 괴롭게 만들어서 환속하게 하니 손해가 가볍지 않기 때문에 제정하셨다.

---

246. (大22, 752上).

4. 범하는 조건 [犯緣]

『四分律疏』

다섯 가지 조건을 갖추면 범함이 된다.

첫째, 네 가지 다툼이 있고

둘째, 앞사람이 다툼을 없애달라고 청하고

셋째, 다툼 없애는 방법을 알고 없앨 수 있는데도

넷째, 범함이 아닌 인연이 없는데

다섯째, 없애주지 않으면

범한다.

5. 범하는 상황 [罪相]

다른 비구니가 다툼을 없애 달라고 했는데, 방편을 써서 다툼을 없애주지 않았으면		바일제
다툼을 없애고 나서 만약 또 다른 사소한 일로 다툼이 생겼는데, 방편을 써서 없애주지 않았으면		돌길라
만약 자기 자신이 다툰 일을	방편을 써서 없애주지 않았으면	돌길라
다른 사람(식차마나·사미·사미니)이 다툰 일을		돌길라

6. 범함이 아닌 경우 [開緣]

만약 없애주었으면	
만약 병이 났으면	
만약 방편을 지어 주었으면	범함이 아니다
만약 말해주었으나 실천하지 않았으면	

만약 상대방이 계를 깨뜨렸거나 견해를 깨뜨린 등이었으면
만약 이 일 때문에 목숨이 위태롭거나 청정행이 어려운 등이었으면

112 재가자나 외도에게 음식을 주는 계 與白衣外道食戒

대승공계, 차계   육군비구니

1. 계의 조문[戒文]

만약 비구니가 자기 손으로 재가자나 외도에게 음식을 먹으라고 주면 바일제다.

2. 계를 제정한 인연[緣起]

『四分』

부처님께서 사위국 기수급고독원에 계실 때였다. 발난타 비구에게 두 사미가 있었는데, 한 사람은 환속하였고 한 사람은 가사를 입고 외도의 무리에 들어갔다. 그런데 육군비구니가 음식을 가지고 가서 그들에게 주었다. 비구니들이 보고서 꾸짖고 비구들에게 알리고, 비구들이 부처님께 사뢰니 꾸짖으시고 계를 제정하셨다.[247]

---

247. （大22, 752中）.

3. 제정한 뜻 [制意]

『四分律疏』

외도에게 음식을 주면 세 가지 허물이 있다.

첫째, 배움이 다르고 성정이 달라서 항상 다른 견해를 마음에 품으니 이치상 친하기가 어렵다. 비록 은혜를 베풀어도 은혜로 받아들이지 않고 도리어 비방을 일으킨다. 둘째, 사견을 가진 이들은 종지宗旨를 어그러뜨리므로 참된 복전이 되지 못한다. 이제 시주의 음식을 받아서 외도에게 주면 시주자에게 손해가 되니, 수승한 복전에서 복을 받을 수 없게 된다. 셋째, 손수 직접 음식을 외도에게 주면, 미혹되고 전도된 마음을 일으켜서 외도는 수승하고 비구는 그보다 못하다고 말하기 쉽다. 이러한 여러 가지 허물 때문에 주지 말라고 제정하셨다.

4. 범하는 조건 [犯緣]

『比丘尼鈔』

다섯 가지 조건을 갖추면 범함이 된다.

첫째, 재가자와 외도이고(재가외도, 출가외도 모두 범한다)

둘째, 이 사실을 알고

셋째, 음식을

넷째, 자기 손으로 주어서

다섯째, 상대방이 받으면

범한다.

5. 범하는 상황[罪相]

자기 손으로 재가자나 외도에게 음식을 주려고 했다가	상대방이 받았으면	바일제
	상대방이 받지 않았으면	돌길라
방편으로 주지 않았으면		돌길라
만약 주기로 약속했으나 후회하여 주지 않았으면		

6. 범함이 아닌 경우[開緣]

만약 바닥에 놓아서 주었으면	
만약 다른 사람을 시켜서 주었으면	
만약 부모에게 주었으면	범함이 아니다
만약 탑을 만드는 이에게 주었으면	
만약 힘센 자에게 빼앗겼으면	

『比丘尼鈔』

『五分』에 "만약 외도가 와서 걸식하면, 자기 몫에서 얼마간 따로 떼어서 한 장소에 두고 그가 스스로 가져가게 해야지 대중의 음식을 가져다 주어서는 안 된다. 재가 남자에게 자기 손으로 음식을 주면 바일제다. 만약 친척이면 범함이 아니다"[248]라고 하였다.

최근에 변방의 비구·비구니 사원에서 흔히 볼 수 있는 일이다. 스님들에게 공양 올리는 법회를 하거나 승가에 보시가 있을 때 매번 도사道士를 불러서 스님들과 함께 보시를 받게 하니, 법이 멸하는 근원이 이보다 더한 것이 없다. 스스로 잘 생각해 보라. 사문은 고매하기가 인천보다 높고 귀하기로는 금과 옥을 초월한

---

248. (大22, 55上).

다. 그런데 홀연히 삿된 무리에 떨어져 죄도 없이 스스로를 욕되게 하니 어찌 통탄하지 않겠는가!

113 재가자를 위해 갖가지 일을 하는 계 爲白衣作使戒

비구계는 정해져 있지 않음, 대승공계, 차계   육군비구니

1. 계의 조문[戒文]

만약 비구니가 재가자를 위해 갖가지 일을 하면 바일제다.

2. 계를 제정한 인연[緣起]

『四分』

부처님께서 사위국 기수급고독원에 계실 때였다. 육군비구니가 재가자를 위해 갖가지 일을 하면서 방아를 찧고, 밥을 하고, 보리를 볶고, 요리를 하고, 평상이나 와구를 펴고, 마당을 쓸고, 물을 긷고, 사람들의 심부름을 했다. 거사가 보고는 "우리 집 부인이 살림을 하면서 방아 찧고, 밥 짓고, 사람들의 심부름을 하는 것처럼 육군비구니도 이와 같구나"라고 비방하면서 함부로 여기는 마음을 내어서 공경하지 않았다. 비구니들이 듣고서 꾸짖고 비구들에게 알리고, 비구들이 부처님께 사뢰니 꾸짖으시고 계를 제정하셨다.[249]

---

249. （大22, 752下）.

3. 제정한 뜻 [制意]

『四分律疏』

출가는 존귀한 것인데 아랫사람의 부림을 받으면 그들이 가볍게 여긴다. 승가 대중을 더럽히고 욕되게 하며 수행을 방해하고 도업을 폐하게 하여 손해되는 것이 매우 심하기 때문에 제정하셨다.

4. 범하는 조건 [犯緣]

『四分律疏』

네 가지 조건을 갖추면 범함이 된다.

첫째, 상대방이 재가자이고

둘째, 법답지 않은 일을 해주고

셋째, 부모나 신심 있는 우바이가 병이 났거나, 힘센 자에게 붙잡힌 인연도 없는데

넷째, 할 때마다

범한다.

5. 범하는 상황 [罪相]

재가자를 위해 갖가지 일을 했으면	바일제

『四分』

'갖가지 일을 하는 것'이란 집안 살림을 하는 것이다. 방아를 찧거나, 밥을 하거나, 보리를 볶거나, 요리를 하거나, 평상이나 와구를 펴거나, 마당을 쓸거나, 물을 길어 주거나, 심부름을 하는 등이다.

6. 범함이 아닌 경우[開緣]

만약 부모가	병이 났거나 결박당해 갇혀 있어서 평상이나 와구를 펴거나, 마당을 쓸거나, 물을 긴거나, 심부름을 해주었으면	범함이 아니다
만약 신심 있는 우바이가		
만약 힘센 자에게 잡혔으면		

114 자기 손으로 베를 짜는 계 自手紡績戒

대승공계, 차계   육군비구니

1. 계의 조문[戒文]

만약 비구니가 자기 손으로 베를 짜면 바일제다.

2. 계를 제정한 인연[緣起]

『四分』

부처님께서 사위국 기수급고독원에 계실 때 육군비구니가 자기 손으로 베를 짰다. 거사가 보고는 마치 자신의 부인이 베를 짜는 것과 같다고 비웃고 업신여기는 마음을 내어 공경하지 않았다. 비구니들이 듣고서 꾸짖고 비구들에게 알리고, 비구들이 부처님께 사뢰니 꾸짖으시고 계를 제정하셨다.[250]

---

250. (大22, 753上).

3. 제정한 뜻[制意]

『四分律疏』

직접 실을 짜면 도에 큰 근심이 되며 비난을 초래하는 허물이 있으므로 출가인의 법도가 아니기 때문이다.

4. 범하는 상황[犯緣]

『比丘尼鈔』

세 가지 조건을 갖추면 범함이 된다.

첫째, 여러 가지 실로

둘째, 자기 손으로 베를 짜고

셋째, 손을 움직일 때마다

범한다.

5. 범하는 상황[罪相]

손으로 직접 베를 짜서	한 번 당기면 1바일제

『比丘尼鈔』

『十誦』에 "만약 실을 뽑거나, 얽거나, 잣거나, 엮거나, 나누거나, 흔들 때 손으로 잡아서 움직일 때마다 낱낱이 바일제다. 엉킨 실을 푸는 것은 범함이 아니다"라고 하였다. 『五分』에는 "비구니가 스스로 베를 짜서 옷을 지으면 바일제다. 만약 가죽신을 찔러 놓는 모양[刺鞢法]으로 옷을 펼쳐 놓고 먼저 찔러 놓은 것은 돌길라다. 옷이 어긋났거나 울어서 고치는 것은 허락한다"고 하였다.

요즘 비구니들이 도업을 흠모하는 자는 드물고, 오로지 베 짜는 일과 청소하는 일이 일상이 되어서 일 하는 데만 힘쓰고 경전의 가르침을 대부분 잊어버린다. 가난한 자가 좋은 것 탐하기를 쉬지 않다가 부유해지면 곧 온 인생이 번잡하고 산란해진다. 거듭 반복해서 모방하여 습이 되면 악법이 더욱 일어나서 덧없이 세월만 흘려보내니 법도와는 어긋나게 된다. 진실로 깊이 생각해 보라. 세속을 버리고 도업에 들어온 것은 업業의 인因을 벗어나기 위함이 아니었던가. 도에 들어와서도 오히려 얽힌 바가 되니 도리어 누추한 세속인과 같다. 이런 일을 가만히 생각해 보니 매우 슬프구나!

6. 범함이 아닌 경우[開緣]

만약 스스로 실을 구해서 합쳐서 연결했으면	범함이 아니다
만약 힘센 자에게 붙잡혔으면	

115 속인의 옷을 입고 함부로 재가자의 평상에 눕는 계 着俗服輒在白衣牀臥戒

대승공계, 차계 　　　　　　　　　　　　　　　　　　투라난타 비구니

1. 계의 조문[戒文]

만약 비구니가 재가자의 집 안에 들어가 함부로 작은 평상이나 큰 평상 위에 앉거나 누우면 바일제다.

2. 계를 제정한 인연[緣起]

『四分』

부처님께서 사위국 기수급고독원에 계실 때였다. 투라난타 비구니가 거사의 집

에 갔을 때 거사의 부인이 장신구와 옷을 벗어놓고 목욕을 하고 있었다. 투라난타 비구니가 문득 그 부인의 옷을 입고 침상 위에 누웠다. 거사가 집에 돌아와서 자기 부인인 줄 알고 곁에 누워서 손으로 만지고 입을 맞추었다. 그러다가 거사가 비구니인 줄 알아차리고 비난하였다. 비구니들이 듣고서 꾸짖고 비구들에게 알리고 비구들이 부처님께 사뢰니, 꾸짖으시고 계를 제정하셨다.[251]

3. 제정한 뜻[制意]

『四分律疏』

부부가 항상 기거하는 곳에 함부로 앉거나 누우면 염정을 일으키기 쉬워서 스스로 심행心行을 무너뜨리고, 비난과 허물이 적지 않기 때문이다.

4. 범하는 조건[犯緣]

『比丘尼鈔』

세 가지 조건을 갖추면 범함이 된다.

첫째, 재가자의 집에서

둘째, 부부가 항상 기거하고 자는 평상에

셋째, 누울 때마다

범한다.

5. 범하는 상황[罪相]

재가자의 집에 들어가 작은 평상이나 큰 평상 위에 앉거나 누워서	옆구리가 평상에 닿을 때마다	낱낱이 바일제
	뒤척일 때마다	

---

251. (大22, 753中).

6. 범함이 아닌 경우[開緣]

만약 이런 병이 있었으면	
만약 혼자 앉는 평상에 앉았으면	
만약 비구니 대중을 위하여 여러 개의 자리를 폈으면	
만약 병으로 평상에 쓰러졌으면	범함이 아니다
만약 힘센 자에게 붙잡혔으면	
만약 결박당해 갇혔으면	
만약 목숨이 위태롭거나 청정행이 어려웠으면	

116 하룻밤을 묵고 주인에게 말하지 않고 떠나는 계 經宿不辭主人去戒

대승공계, 차계   여러 명의 비구니

1. 계의 조문[戒文]

만약 비구니가 재가자의 집에 이르러 주인에게 말하고 좌구를 펴서 하룻밤을 묵고, 다음날 주인에게 말하지 않고 가면 바일제다.

2. 계를 제정한 인연[緣起]

『四分』

부처님께서 사위국 기수급고독원에 계실 때 여러 명의 비구니가 길을 나서 무주처촌에 도착하였다. 비구니들이 집주인에게 말하고 집안에 자리를 펴고 잤는데 다음날 아침 주인에게 말하지 않고 떠났다. 그 후에 집에 불이 났으나 거사가 집안에 사람이 있다고 말해서 불을 끄러 가지 않아 집이 다 타버렸다. 집이 다 타고 나서 비구니들이 떠난 줄 알게 되자 거사들이 함께 비난하였다. 비구니들이 듣고서 꾸짖고 비구들에게 알리고 비구들이 부처님께 사뢰니, 꾸짖으시고 계를 제정하셨다.[252]

3. 제정한 뜻 [制意]

『四分律疏』

'제정한 뜻'은 앞의 제83계와 같다. 앞의 계는 낮에 말하지 않은 것이고, 이 계는 하룻밤 묵은 후 주인에게 말하지 않고 떠난 것이다.

4. 범하는 조건 [犯緣]

『比丘尼鈔』

네 가지 조건을 갖추면 범함이 된다.

첫째, 주인에게 말하고 그의 집에서 하룻밤 자고

둘째, 주인에게 말하지 않고

셋째, 범함이 아닌 인연이 없는데

넷째, 문을 나서면

범한다.

---

252. (大22, 753下).

5. 범하는 상황[罪相]

주인에게 말하고 하룻밤 자고 나서 그 다음 날 말하지 않고 가되	문을 나섰으면	바일제
	한 발은 문 안에 있고, 한 발은 문 밖에 있었으면	돌길라
방편으로 가려고 했으나 가지 않았으면		
함께 가기로 약속했으나 가지 않았으면		

6. 범함이 아닌 경우[開緣]

만약 주인에게 말하고 갔으면	범함이 아니다
만약 먼저 어떤 사람이 집 안에 머물고 있었으면	
만약 이미 집이 비어 있었으면	
만약 복을 짓기 위한 집이었으면	
만약 친분이 두터운 이었으면	
만약 친분이 두터운 이가 "그대는 그냥 가십시오. 제가 주인에게 말해 주겠습니다"라고 했으면	
만약 집이 붕괴되었거나 불에 타게 되었으면	
만약 방 안에 독사나 사나운 짐승이 있었으면	
만약 도적이 들어왔으면	
만약 힘센 자에게 붙잡혔으면	
만약 결박당해 갇혔으면	
만약 목숨이 위태롭거나 청정행이 어려웠으면	

117 스스로 주술을 외우고 익히는 계 自誦呪術戒

대승공계, 차계 　　　　　　　　　　　　　　　　　　　　　　　　　　　　　육군비구니

1. 계의 조문 [戒文]

만약 비구니가 세속의 주술을 외우고 익히면 바일제다.

2. 계를 제정한 인연 [緣起]

『四分』

부처님께서 사위국 기수급고독원에 계실 때, 육군비구니가 갖가지 잡된 주술을 외우고 익혔다. 비구니들이 꾸짖고 비구들에게 알리고, 비구들이 부처님께 사뢰니 꾸짖으시고 계를 제정하셨다.[253]

3. 제정한 뜻 [制意]

『四分律疏』

도업을 닦고 덕행을 쌓는 데는 반드시 정법正法에 의지해야만 그것이 궤범이 되어 진정한 견해를 낼 수 있다. 이제 정법의 경전을 버리고 세속의 주술을 외우며 염착하기를 좋아하니 정도正道를 숭상하는 것을 방해한다.

4. 범하는 조건 [犯緣]

『四分律疏』

세 가지 조건을 갖추면 범함이 된다.

첫째, 세간의 주술을

---

253. (大22, 754上).

둘째, 범함이 아닌 인연이 없는데(스스로 병을 치료하는 것 등을 말한다.)

셋째, 말을 분명히 하면

범한다.

「第二分」

'세속의 주술'이라는 것은 여러 가지 잡다한 주술이다. 지절주支節呪, 찰리주刹利呪, 귀신주, 길흉주, 혹은 동물들 형상을 돌려 점치거나, 동물의 소리를 배우거나 이해한 후에 그 소리를 듣고 길흉화복을 아는 것 등이다.

5. 범하는 상황[罪相]

세속의 주술 내지 음성을 익히면서, 만약 입으로 전수받거나 글로써 외우되	말을 분명하게 했으면	바일제
	말을 분명하게 하지 않았으면	돌길라

6. 범함이 아닌 경우[開緣]

만약 뱃속의 기생충을 없애기 위해 주술을 외우거나, 음식이 소화가 되지 않아 다스리려고 주문을 외웠으면	범함이 아니다
만약 (외도를 항복시키려고 방편으로) 외서를 배웠으면	
만약 세속의 외도를 항복시키는 주문을 외웠으면	
만약 몸을 보호하기 위해서 독을 다스리는 주문을 외웠으면	

「第二分」

이상의 주문들은 몸을 보호하기 위해서 외웠으므로 범함이 아니다.

118 사람을 시켜서 주술을 외우고
익히게 하는 계 敎人誦習呪術戒

대승공계, 차계   육군비구니

1. 계의 조문[戒文]

만약 비구니가 사람을 시켜서 세속의 주술을 외우고 익히게 하면 바일제다.

2. 계를 제정한 인연[緣起]²⁵⁴

3. 제정한 뜻[制意]

4. 범하는 조건[犯緣]

『開宗記』

'제정한 뜻'과 '범하는 조건'은 앞의 계와 같다. 단지 자신이 한 일인지 다른 사람이 한 일인지만 다르다. 따라서 두 가지 계로 나누었다.

5. 범함이 아닌 경우[開緣]

『四分律疏』

앞의 스스로 외우는 것 중에 네 가지는 범함이 아니다. 첫째 병을 치료하기 위하여, 둘째 외서를 배우기 위하여, 셋째 외도를 항복받기 위하여, 넷째 몸을 보호하기 위한 경우이다. 하지만 다른 사람을 시켜서 외우게 하는 경우에는 어떤 인연이든지 허락하지 않았다. 그래서 두 가지 계로 나누었다.

---

254. 『四分』에는 연기가 명시되어 있지 않으나 과청, 『講記』下, p.2562에 "앞의 제117계와 같고 다른 사람에게 시키는 것만 다르다"고 하였다.

119 임신한 여인에게 구족계를 주는 계 度妊身女人戒

1. 계의 조문[戒文]

만약 비구니가 여인이 임신한 줄 알고도 제도하여 구족계를 주면 바일제다.

2. 계를 제정한 인연[緣起]

『四分』

부처님께서 사위국 기수급고독원에 계실 때였다. 바라婆羅비구니가 임신한 여인을 제도하여 구족계를 주었는데, 나중에 남자아이를 낳아서 안고 마을에 들어가 걸식하였다. 이를 보고 거사들이 비난하니 비구니들이 꾸짖고 비구들에게 알렸다. 비구들이 부처님께 사뢰니 꾸짖으시고 "만약 비구니가 임신한 여인을 제도하여 구족계를 주면 바일제다"라고 계를 제정하셨다.

후에 임신인지 아닌지 알지 못한 경우는 범함이 아니라고 거듭 계를 제정하셨다.[255]

3. 제정한 뜻[制意]

『四分律疏』

출가대중은 반드시 비난받을 수 있는 일은 피해야 한다. 그래야 재가자들의 믿음과 공경을 증장시킬 수 있고, 이치로도 마땅히 그래야 한다. 그런데 이제 임신한 줄 알고도 제도하여 구족계를 받게 해서 후에 출산을 하고 젖을 먹이니, 그 모습이 추하고 삼보에 허물이 되기 때문에 제정하셨다.

---

255. (大22, 754中).

4. 범하는 조건 [犯緣]

『比丘尼鈔』

네 가지 조건을 갖추면 범함이 된다.

첫째, 임신을 했고

둘째, 그 사실을 알면서

셋째, 구족계를 주는데

넷째, 세 번의 갈마설을 마치면

범한다.

5. 범하는 상황 [罪相]

	알리기를 하고, 세 번째 갈마설을 마쳤으면	바일제
여인이 임신한 줄 알고도 출가시켜 구족계를 주되-화상니가	알리기를 하고, 두 번째 갈마설을 마쳤으면	3돌길라
	알리기를 하고, 첫 번째 갈마설을 마쳤으면	2돌길라
	알리기를 마쳤으면	1돌길라
	알리기를 마치지 않았으면	돌길라
알리기를 하기 전에 머리를 깎아 주고, 가사를 입히고, 구족계를 주는데, 만약 대중을 소집하여 대중이 모두 모였으면		일체 돌길라

6. 범함이 아닌 경우 [開緣]

만약 알지 못해서		
만약 그 사람의 말을 믿어서	구족계를 준 후에 아이를 낳았으면	범함이 아니다
만약 믿을 수 있는 사람의 말을 믿어서		
만약 부모의 말을 믿어서		

「第二分」

위와 같이 그 사람의 말을 믿고 구족계를 주었는데 후에 아이를 낳았으면 범함이 아니다. 아이를 낳은 후 의심이 생겨서 감히 안지 못하니, 부처님께서 "만약 어머니를 떠나서 홀로 살 수 없으면 모든 어머니가 하듯 젖을 먹이고 기르는 것과 같은 일을 허락한다"고 하셨다.

후에 의심이 있어서 아이와 한 방에서 감히 잠을 자지 못하자, 부처님께서 "만약 (아이가 아직 어려서) 어머니를 떠나 잘 수 없으면 같이 한 장소에서 자는 것은 허락하니, 이는 범함이 아니다"라고 하셨다.

『比丘尼鈔』

『十誦』 굴다掘多비구니가 남자아이를 낳고는 '부처님께서 비구니는 혼자 방을 쓰고 잘 수 없도록 했는데 어떻게 해야 할까?' 생각하였다. 이 일을 부처님께 사뢰니, 부처님께서 비구니들에게 굴다비구니가 혼자 방에서 잘 수 있는 갈마를 해주라고 하셨다. 그러면 이 비구니는 대중스님들에게 세 번 청해야 하고, 대중스님들은 젖을 떼기 전까지 독방갈마를 해주어야 한다. 젖을 떼기 전까지 어머니가 아이와 접촉하는 것을 허락했으나, 다른 비구니가 접촉하면 돌길라죄를 범한다. 젖을 떼고 나서도 어머니가 자식과 접촉하면 돌길라죄를 범한다. 만약 다른 비구니들이 접촉하면 바일제죄를 범한다. 만약 젖을 떼었는데도 어머니가 아들과 함께 자면 돌길라다. 만약 떠나 보냈다가 다시 함께 자면 바일제다.

『五分』 백이갈마를 해서 한 명의 비구니를 차출하여 같이 지내도록 하는 것은 허락한다. 차출된 비구니는 갈마를 했으므로 범함이 아니다. 이제부터는 구족계를 주려면 먼저 유방의 모양을 살펴보아야 한다. 만약 아이를 가진 모습이 없으면 범함이 아니다.

『僧祇』 속가에 있을 때 임신을 했는지 알지 못한 채로 이미 출가했으면 구족계를 주어서는 안 된다. 해산하기를 기다렸다가 만약 여자아이를 낳으면 초욕草蓐을 내놓은 후에[256] 구족계를 주고, 만약 남자아이를 낳으면 아이가 젖을 뗄 때까지 기다렸다가 구족계를 주어야 한다. 만약 친척이 어린아이를 데리고 가서 양육하면 바로 구족계를 줄 수 있다.

120 젖먹이가 있는 부녀자에게 구족계를 주는 계 度乳兒婦女戒

차계   어떤 비구니

1. 계의 조문[戒文]

만약 비구니가 부녀자에게 젖먹이가 있는 줄 알고도 구족계를 주면 바일제다.

2. 계를 제정한 인연[緣起]

『四分』

부처님께서 사위국 기수급고독원에 계실 때였다. 어떤 비구니가 젖먹이 아기가 있는 부녀자를 출가시켰는데, 후에 집에서 두고 온 아기를 절로 보내왔다. 그래서 이 비구니가 아기를 안고 마을에 들어가 걸식하니, 거사들이 보고 비난하였다. 비구니들이 듣고서 꾸짖고 비구들에게 알렸다. 비구들이 부처님께 사뢰니 꾸짖으시고 "만약 비구니가 젖먹이 아기가 있는 부녀자에게 구족계를 주면 바일제다"라고 계를 제정하셨다. 후에 출산을 했는지 하지 않았는지 알지 못한 경우는 범함이 아니라고 거듭 계를 제정하셨다.[257]

---

256. 蓐는 해산할 때 까는 자리를 말한다. 그러므로 '초욕을 내놓는다'는 것은 출산이 이미 끝났다는 뜻이다.

257. (大22, 754下).

3. 제정한 뜻[制意]

4. 범하는 조건[罪相]

『四分律疏』

'제정한 뜻'과 '범하는 조건'은 앞의 제119계와 같으나, 오직 '젖먹이 아기'라는 것만 차이가 있다.

『尼戒會義』

앞의 계는 임신한 여인을 제도하여 구족계를 주는 것이다. 그러나 이 계는 이미 아이를 낳은 여인을 제도하여 구족계를 준 것으로, 후에 집에서 어린아이를 보내 와서 안고 마을에 들어가 걸식한 것이 다르다. 나머지는 모두 앞의 계와 같다.

---

121 동녀를 제도하여 나이가 차지 않았는데 구족계를 주는 계 度童女年不滿授具戒

비구계와 조금 같음,[258] 차계   비구니들

1. 계의 조문[戒文]

만약 비구니가 나이가 20세가 차지 않은 줄 알고도 구족계를 주면 바일제다.

2. 계를 제정한 인연[緣起]

『四分』

부처님께서 사위국 기수급고독원에 계실 때였다. 비구니들이 부처님께서 사람

들을 득도得度시켜도 된다는 계를 제정하셨다는 것을 듣고, 나이 어린 동녀를 득도시켰다. 하지만 그들이 음욕심이 있는지 없는지 알지 못했는데, 뒤에 보니 염오심이 있는 남자와 함께 서 있거나 이야기하거나 희롱하였다.

비구니들이 꾸짖고 비구들에게 알리고 비구들이 부처님께 사뢰니, 꾸짖으시고 비구니들에게 "절 안에서 삭발을 해주거나 출가시키고자 하면 대중들에게 알리고 난 후에 출가시켜야 한다"고 말씀하셨다. 그리고 나서 "나이가 18세인 동녀는 2년 동안 계를 배우게 한 후에 20세가 되면 구족계를 주어야 한다. 만약 비구니가 20세가 되지 않은 자에게 구족계를 주면 바일제다"라고 계를 제정하셨다. 후에 20세가 되었는지 되지 않았는지 알지 못한 경우는 범함이 아니라고 거듭 계를 제정하셨다.[259]

3. 제정한 뜻[制意]

『四分律疏』

나이가 20세가 된 사람은 입지가 분명하고 목표가 원대해서 계행 지키는 것을 감당할 수 있고 여러 가지 어려움을 참을 수 있다. 그래서 도업을 닦고 덕에 나아가 공功을 이루는 이익이 있으므로 이치적으로 출가시킬 수 있다. 그러나 나이가 차지 않은 사람은 뜻과 성품이 연약하여 많은 고통을 견딜 수 없으며, 여러 가지 경계의 인연을 만나면 물러나서 수행을 그만두게 되므로 도업에 나아갈 수 없다. 그래서 가르침을 어기고 구족계를 주면 도에 손해됨이 가볍지 않으므로 반드시 금지해야 했다.

---

258. 비구계 제65계도 이 계와 같이 20세가 되지 않았으면 구족계를 주어서는 안 된다는 조항이다. 그러나 이 계의 연기를 살펴보면, 18세인 동녀는 2년 동안 계를 배우게 한 뒤에 구족계를 주라는 부분이 있다. 즉 식차마나 과정을 거쳐야 한다는 것이다. 하지만 비구계 제65계에는 이런 내용이 없다. 그래서 비구계와 조금 같다고 한 것이다.

259. (大22, 755上).

4. 범하는 조건 [犯緣]

『比丘尼鈔』

네 가지 조건을 갖추면 범함이 된다.

첫째, 나이가 20세가 차지 않았고

둘째, 나이가 차지 않은 줄 알고도

셋째, 구족계를 주는데

넷째, 세 번의 갈마설을 마치면

범한다.

5. 범하는 상황 [罪相]

	알리기를 하고, 세 번째 갈마설을 마쳤으면	바일제
화상니가, 나이가 20세가 차지 않은 줄 알았거나 혹은 의심스러운데도 구족계를 주되	알리기를 하고, 두 번째 갈마설을 마쳤으면	3돌길라
	알리기를 하고, 첫 번째 갈마설을 마쳤으면	2돌길라
	알리기를 마쳤으면	1돌길라
	알리기를 마치지 않았으면	돌길라
	알리기를 하기 전에 방편을 지어 삭발을 해 주기 위해 대중을 모으려고 했으면	
	대중이 모였으면	
대중이 알았거나 혹은 의심을 했으면 (만약 대중에게 물었거나 묻지 않았거나 간에)		일체 돌길라

6. 범함이 아닌 경우[開緣]

만약 20세가 되었고 2년 동안 계율을 배웠으면	범함이 아니다
만약 알지 못했으면	
만약 스스로 20세가 되었다고 말했으면	
만약 믿을 수 있는 사람의 말을 믿었으면	
만약 부모의 말을 믿었으면	
만약 계를 준 뒤에 의심스러워서 뱃속에 있었던 달을 세어보거나, 윤달을 세어보거나, 14일에 설계한 날을 세어봤으면	

『比丘尼鈔』

『多論』 나이 60세가 지났으면 구족계를 받을 수 없으니 은사스님이 굳이 계를 설해서 억지로 주더라도 계를 얻을 수 없다. 그 사람은 고행도苦行道를 감당할 수 없으며, 또한 심지心智가 둔하고 약하여 사미 되는 것만 허락하였다. 7세 이하 또한 출가하는 것을 허락하지 않았다. 나이가 20세가 차지 않으면 구족계를 줄 수 없다는 것은 그들의 품행이 가볍고 추위와 고통을 참지 못하기 때문에, 만약 구족계를 주면 사람들이 많이 비난할 것이다. 그러나 단지 사미라면 사람들이 책망하지 않을 것이기 때문이다.[260]

『母論』 부처님께서 "실제로 아라한과를 얻었다면 이 계는 상법上法구족계를 받은 것이다. 만약 이런 사람이라면 비록 20세가 차지 않았더라도 구족계를 받은 것이니 범함이 아니다"[261]라고 말씀하셨다. (비구니도 같다.)

---

260. (大23, 559中).
261. (大24, 841中).

『資持記』

처음에 당사자의 말에 의거해서 구족계를 주었기 때문에 스승과 대중은 과실이 없다. 하지만 구족계를 받은 자는 계를 얻지 못한다. '범함이 아닌 경우'의 맨 마지막 '계를 준 뒤에 의심스러워서'의 부분은 계를 얻을 수 있고 허물도 없다.

『毘尼止持』

구족계를 받은 후에 의심이 있었을 때는 부처님께서 자비로 허락하여 열어두셨다. 그러나 만약 계단戒壇에 오르기 전에 먼저 위와 같이 계산하여 20세가 되었다고 했다면, 법과 유사해 보이지만 계를 주는 자와 받는 자 모두 잘못에 떨어진다.

『資持記』

요즘 구족계를 받는 사람이 대부분 나이가 차지 않았으나 10사師가 교법에 우매하여 가르치지 못하며, 계단戒壇을 내려온 후에 자주 승사僧事를 함께 하고 신시信施를 함부로 받으니 진실로 불쌍하다!

122 2세 학계 갈마를 주지 않는 계 不與二歲學戒羯磨戒

대승공계, 차계   비구니들

1. 계의 조문[戒文]

만약 비구니가 18세 동녀에게 2세 학계를 주지 않고 있다가 20세가 되자 바로 구족계를 주면 바일제다.

2. 계를 제정한 인연 [緣起]

『四分』

부처님께서 사위국 기수급고독원에 계실 때였다. 비구니들이 부처님께서 나이 18세에는 2세 학계를 주고 20세가 차면 구족계를 주라고 제정하셨다는 것을 듣고, 18세가 되지 않아서 2세 학계를 주지 않고 있다가 20세가 되자 바로 구족계를 주었다. 그래서 구족계를 받고도 어떤 계를 배워야 하는지 알지 못했다. 비구니들이 꾸짖고 비구들에게 알리고, 비구들이 부처님께 사뢰니 꾸짖으시고 계를 제정하셨다.[262]

3. 제정한 뜻 [制意]

『四分律疏』

만약 2세 학계를 주지 않으면 계상戒相을 알지 못하여 많은 허물을 일으키고 반연하는 것을 따라 청정행을 무너뜨리니, 어찌 스승의 가르침을 성취하고 섭수하는 이익이 있겠는가? 교법을 어기는 것이 가볍지 않으므로 제정하셨다.

4. 범하는 조건 [犯緣]

『比丘尼鈔』

다섯 가지 조건을 갖추면 범함이 된다.

첫째, 18세 이상 동녀에게

둘째, 학계갈마를 주지 않고

셋째, 20세가 되어

넷째, 구족계를 주는데

---

262. （大22, 756上).

다섯째, 세 번의 갈마설을 마치면
범한다.

5. 범하는 상황 [罪相]

> 제119 임신한 여인에게 구족계를 주는 계[度妊身女人戒]와 같다.
> (단지 '18세 동녀에게 2세 학계를 주지 않고 곧바로 구족계를 준 것'이라고 고치면 된다)

6. 범함이 아닌 경우 [開緣]

만약 나이가 18세인 동녀에게 2세 학계를 주고 20세가 되어서 구족계를 주었으면	범함이 아니다

123 6법의 계상을 알려주지 않는 계 不說六法名字戒

대승공계, 차계   비구니들

1. 계의 조문 [戒文]

만약 비구니가 나이가 18세인 동녀에게 2세 학계갈마를 주었으나 6법을 설명해주지 않고 있다가 나이가 20세가 되자 바로 구족계를 주면 바일제다.

2. 계를 제정한 인연 [緣起]

『四分』

부처님께서 사위국 기수급고독원에 계실 때였다. 비구니들이 부처님께서 앞의 계를 제정하셨다는 것을 듣고 학계를 주었으나 6법은 설명해주지 않고 있다가 구족계를 주었다. 그래서 계를 배울 때 부정행을 하거나, 5전을 훔치거나, 사람의 목숨을 끊거나, 스스로 상인법上人法을 얻었다고 하거나, 정오를 지나서 먹거나, 술을 마셨다. 비구니들이 꾸짖고 비구들에게 알리고, 비구들이 부처님께 사뢰니 꾸짖으시고 계를 제정하셨다.[263]

3. 제정한 뜻 [制意]

『四分律疏』

6법을 설명해주지 않았기 때문에 아직 계상戒相을 알지 못해서 행을 무너뜨리고 교법을 어기는 것이 앞의 계들과 다르지 않으므로 제정하셨다.

4. 범하는 조건 [犯緣]

『比丘尼鈔』

여섯 가지 조건을 갖추면 범함이 된다.

첫째, 18세 동녀에게

둘째, 학계갈마를 주었으나

셋째, 6법을 설명해 주지 않고

넷째, 나이가 20세가 되어서

다섯째, 구족계를 주는데

여섯째, 세 번의 갈마설을 마치면

범한다.

---

263. (大22, 756中).

「第二分」

만약 식차마나가 음행을 범했으면 멸빈시켜야 한다. 만약 염오심을 가지고 염오심이 있는 남자와 함께 몸을 서로 접촉했으면 계를 훼손한 것이므로 다시 계를 주어야 한다. 만약 5전이나 5전을 넘게 훔치면 멸빈시켜야 한다. 만약 5전보다 적게 훔쳤더라도 계를 훼손한 것이니 다시 계를 주어야 한다. 만약 사람의 목숨을 끊으면 멸빈시켜야 한다. 만약 축생의 목숨을 끊으면 계를 훼손한 것이니 다시 계를 주어야 한다. 만약 스스로 상인법을 얻었다고 말하면 멸빈이다. 만약 대중 가운데서 일부러 거짓말을 한 자는 계를 훼손한 것이니 다시 계를 주어야 한다. 만약 때 아닌 때에 먹었으면 계를 훼손한 것이니 다시 계를 주어야 한다. 만약 술을 마셨으면 계를 훼손한 것이니 다시 계를 주어야 한다.

5. 범하는 상황[罪相]

제121 동녀를 제도하여 나이가 차지 않았는데 구족계를 주는 계[度童女年不滿與授具戒]와 같다. (단지 '6법을 설하지 않았다'는 말만 더한다.)

6. 범함이 아닌 경우[開緣]

만약 나이가 18세인 동녀에게 2세 학계갈마 후 6법을 설명해 주고 구족계를 주었으면	범함이 아니다

124 여러 가지 차난이 있는 여인을 출가시켜 구족계를 주는 계 度受諸遮女戒

차계   비구니들

1. 계의 조문 [戒文]

만약 비구니가 나이가 18세인 동녀에게 2세 학계와 6법을 주고, 나이가 20세가 되었으나 대중스님들이 허락하지 않는데 구족계를 주면 바일제다.

2. 계를 제정한 인연 [緣起]

『四分』

부처님께서 사위국 기수급고독원에 계실 때였다. 비구니들이 "나이가 18세인 동녀에게 2세 학계와 6법을 주고, 20세가 되면 구족계를 주라"는 부처님의 말씀을 듣고, 여러 장애를 가진 사람들과 병자들에게 구족계를 주었다. 그래서 대중스님들을 욕되게 하니, 비구니들이 꾸짖고 비구들에게 알리고 비구들이 부처님께 사뢰었다. 부처님께서 꾸짖으시고 구족계를 줄 때 모든 차난遮難을 묻도록 계를 제정하셨다.[264]

3. 제정한 뜻 [制意]

『四分律疏』

승가대중의 청정함을 드러내고자 한다면 반드시 성인들이 모여야 불법을 빛내고 이익 되게 할 수 있다. 그러나 이제 이러한 여인은 6근根이 제대로 갖추어지지 않았는데 출가시키면, 비구니 대중을 오염시키고 불법을 추락시켜서 허물됨이 가볍지 않으므로 제정하셨다.

---

264. (大22, 756下).

4. 범하는 조건 [犯緣]

『比丘尼鈔』

네 가지 조건을 갖추면 범함이 된다.

첫째, 6근이 갖추어지지 않았고

둘째, 6근이 갖추어지지 않은 줄 알고도

셋째, 구족계를 주는데

넷째, 세 번의 갈마설을 마치면

범한다.

5. 범하는 상황 [罪相]

제119 임신한 여인에게 구족계를 주는 계[度妊身女人戒]와 같다.

(단지 '18세 동녀에게 2세 학계를 주고 6법을 주었으나, 6근을 제대로 갖추지 않아 스님들이 허락하지 않았는데 구족계를 주었다'라고 고치면 된다)

6. 범함이 아닌 경우 [開緣]

18세 동녀에게 2세 학계를 주고 나이가 20세가 되어서, 대중스님들이 허락하여 구족계를 주었으면	범함이 아니다

어린 나이에 결혼한 적이 있는
125 부녀자를 출가시켜 12세가 되지 않았는데
구족계를 주는 계 度少年曾嫁婦女知減十二授具戒
차계   비구니들

1. 계의 조문[戒文]

만약 비구니가 일찍이 결혼한 적이 있는 부녀자를 제도하면 나이 10세에 2세 학계를 주고 나이 12세가 되면 구족계 주는 것을 허락하셨다. 그러나 만약 나이가 12세보다 적은데 구족계를 주면 바일제다.

2. 계를 제정한 인연[緣起]

『四分』

부처님께서 사위국 기수급고독원에 계실 때였다. 부처님께서 다른 사람에게 구족계 주는 것을 허락하시자, 비구니들이 어린 나이에 결혼한 적이 있는 부녀자를 출가시켜 구족계를 주었다. 그런데 계를 받고 나서 남자가 염오심이 있는지 없는지 알지 못하고, 염오심이 있는 남자와 함께 서고 이야기하고 서로 희롱하였다. 비구니들이 듣고서 꾸짖고 비구들에게 알리고, 비구들이 부처님께 사뢰니 꾸짖으시고 계를 제정하셨다.[265]

3. 제정한 뜻[制意]

『四分律疏』

12세로 일찍이 결혼한 적이 있는 부녀자는 일종식을 감당할 수 있고, 고통을 참으며 계를 지킬 수 있으므로 부처님께서 허락하셨다. 그러나 나이가 12세가 차

---

265. （大22, 758下）.

지 않은 이는 의심스런 관계를 피하지 않고 쉽게 도행道行을 어그러뜨리므로 출가시키는 것을 허락하지 않으셨다.

4. 범하는 조건 [犯緣]

『四分律疏』

다섯 가지 조건을 갖추면 범함이 된다.

첫째, 나이가 12세보다 적은 부녀자이고

둘째, 그런 줄 알고도

셋째, 구족계를 주는데

넷째, 화상니가

다섯째, 세 번의 갈마설을 마치면

범한다.

5. 범하는 상황 [罪相]

제119 임신한 여인에게 구족계를 주는 계[度妊身女人戒]와 같다.
(단지 '어린 나이에 결혼한 적이 있는 여인을 제도하여 2세 학계를 주고 나이가 12세보다
적은데 구족계를 주었다'라고 고치면 된다)

6. 범함이 아닌 경우 [開緣]

만약 나이가 10세인데 제도하여 2세 학계를 주었다가 12세가 되어서 구족계를 주었으면	범함이 아니다

126 여러 가지 차난이 있고 결혼한 적이 있는
부녀자에게 구족계를 주는 계度受諸遮曾嫁婦女戒

차계   투라난타 비구니, 사루녹락 장자

1. 계의 조문[戒文]

만약 비구니가 어린 나이에 결혼한 적이 있는 부녀자를 제도하여 2세 학계를
주었다가, 나이 12세가 되자 대중들에게 알리지 않고 마음대로 구족계를 주면 바
일제다.

2. 계를 제정한 인연[緣起]

『四分』

부처님께서 사위국 기수급고독원에 계실 때였다. 부처님께서 "일찍이 결혼한
적이 있는 부녀자를 제도하면 나이 10세에 2세 학계를 주고, 12세가 되면 구족계
를 주라"고 말씀하신 것을 듣고, 여러 장애를 가진 사람들과 병자들에게 구족계
를 주었다. 그래서 대중스님들을 욕되게 하니, 비구니들이 꾸짖고 비구들에게 알
리고 비구들이 부처님께 사뢰었다. 부처님께서 꾸짖으시고 구족계를 줄 때 백사
갈마를 하고 모든 차난遮難을 묻도록 계를 제정하셨다.[266]

3. 제정한 뜻[制意]

『四分律疏』

앞의 제124계와 같다.

---

266. (大22, 759中).

4. 범하는 상황[罪相]

제119 임신한 여인을 제도하는 계[度妊身女人戒]와 같다.
(다만 '나이 12세가 된 일찍이 결혼한 적이 있는 부녀자를 제도하여 대중에 알리지도 않고
마음대로 구족계를 주었다'라고 고치면 된다)

5. 범함이 아닌 경우[開緣]

나이 12세가 되었고 일찍이 결혼한 적이 있는 부녀자를 출가시켜, 대중에 알리고 구족계를 주었으면	범함이 아니다

127 음녀를 출가시켜 구족계를 주는 계 度婬女戒

차계   투라난타 비구니, 사루녹락 장자

1. 계의 조문[戒文]

만약 비구니가 이와 같은 음녀인 줄 알면서 구족계를 주면 바일제다.

2. 계를 제정한 인연[緣起]

『四分』

부처님께서 사위국 기수급고독원에 계실 때 비구니들이 음녀인 줄 알면서 출
가시켜 구족계를 주었다. 출가 전에 이 여인과 친분이 있었던 이들이 보고서 "이
음녀는 전에 우리와 이런 일을 했다"고 수군거렸다. 그래서 그 비구니와 다른 비

구니들이 듣고서 모두 부끄러워하였다. 비구니들이 꾸짖고 비구들에게 알리고, 비구들이 부처님께 사뢰니 꾸짖으시고 계를 제정하셨다.

후에 비구니들이 음녀인지 아닌지 알지 못한 경우는 범함이 아니라고 거듭 계를 제정하셨다.[267]

3. 제정한 뜻[制意]

『四分律疏』

이 음녀는 비록 이전에 허물이 있으나 이치상 출가에 정식으로 장애가 되지는 않는다. 그러나 제도하여 구족계를 주면 사람들의 비웃음과 비난을 받게 되어 삼보의 위상을 실추시킨다. 그러므로 반드시 먼 곳으로 보내 깊이 숨어 있도록 해야 한다.

4. 범하는 조건[犯緣]

『四分律疏』

다섯 가지 조건을 갖추면 범함이 된다.

첫째, 음녀이고

둘째, 이전의 허물을 알고도

셋째, 구족계를 주고

넷째, 화상니가

다섯째, 깊이 숨기거나 멀리 보내지 않으면

범한다.

『開宗記』

음욕에 빠져 있던 여인은 비록 정식출가에 장애가 되지는 않지만, 출가하여 구

---

267. (大22, 759下).

족계를 받고 나면 사람들의 비웃음거리가 된다. 이것은 도리어 추함과 누가 됨이 가볍지 않으므로 반드시 깊이 숨어 지내도록 하거나 멀리 보내야 한다.

5. 범하는 상황[罪相]

음녀인 줄 알면서 구족계를 주었으면	바일제
먼저 알지 못해서 구족계를 주었고, 그 후에 음녀인 줄 알고도 장차 5-6 유순 떨어진 곳으로 보내거나 깊이 숨도록 하지 않았으면	

6. 범함이 아닌 경우[開緣]

만약 먼저 알지 못했으면	범함이 아니다
만약 5-6유순 되는 곳으로 보냈으면	
만약 사람을 시켜서 5-6유순 되는 곳으로 보냈으면	
만약 깊이 숨어 있도록 했으면	

128 두 가지 일로 제자를 거두지 않는 계 不與二事攝弟子戒

대승공계, 차계 　　　　　　　　　　　　　　　　　　안은비구니

1. 계의 조문[戒文]

만약 비구니가 많은 제자를 출가시켜서 2세 학계를 가르치지도 않고, 두 가지

법으로써 거두지 않으면 바일제다.

2. 계를 제정한 인연 [緣起]

『四分』

부처님께서 사위국 기수급고독원에 계실 때 안은비구니가 많은 제자를 두었다. 그러나 가르치지 않아 위의가 없고, 옷 입는 것이 단정하지 않았으며, 걸식하는 것이 법답지 않았다. 곳곳에서 청정하지 않은 음식을 받고 깨끗하지 않은 발우에 음식을 받고, 공양할 때에 큰 소리로 떠들어서 마치 바라문의 모임과 같았다. 이를 본 비구니들이 안은비구니의 제자들에게 물어보고는, 안은비구니가 제자들이 많아서 가르치지 않아서 그렇다는 것을 알게 되었다. 그래서 비구니들이 안은비구니를 꾸짖고 비구들에게 알리고, 비구들이 부처님께 사뢰니 꾸짖으시고 계를 제정하셨다.[268]

3. 제정한 뜻 [制意]

『四分律疏』

스승의 가르침은 두 가지 법으로 섭수해야 한다. 의식衣食을 공급해서 몸의 고통을 면하게 해야 하며, 법으로써 가르쳐 그 마음의 눈을 열게 해야 한다. 그래야 행을 세우고 도를 닦아서 마침내 출가의 이익을 얻을 수 있다. 그런데 오늘날 두 가지 법으로 섭수하지 않아서 제자들이 몸의 고통을 면치 못하고, 마음은 법에 미혹하여 반연하는 것을 따라 행을 무너뜨리게 한다. 그러니 어찌 스승의 가르침이 도를 섭수한다고 할 수 있겠는가? 허물이 이보다 무거운 것이 없다.

---

268. （大22, 760上）.

4. 범하는 조건[犯緣]

『比丘尼鈔』

네 가지 조건을 갖추면 범함이 된다.

첫째, 청정한 제자이고

둘째, 항상 화상니를 따르고

셋째, 스승이 법法과 의식衣食이 있는데

넷째, 두 가지 일로 섭수하지 않으면

범한다.

5. 범하는 상황[罪相]

많은 제자들을 출가시키고는 두 가지 법으로 섭수하지 않았으면	바일제

「第二分」

'두 가지 법'이란 첫째는 법이고 둘째는 의식이다. '법으로 섭수한다'는 것은 증상계增上戒, 증상심增上心, 증상혜增上慧, 학문, 송경誦經을 가르치는 것이다. '의식으로 섭수한다'는 것은 옷·음식·평상·와구·의약을 능력에 따라 갖추어 주고 필요한 것을 공급하는 것이다.

6. 범함이 아닌 경우[開緣]

만약 구족계를 받고 나서 (두 가지 법으로 섭수하지 않는) 화상니를 떠났으면	범함이 아니다
만약 두 가지 일로써 섭수했으면	
만약 계를 깨뜨렸거나, 견해를 깨뜨렸거나, 위의를 깨뜨렸거나, 거죄당했거나, 멸빈당했거나, 멸빈당해야 했으면	
만약 이 일로써 목숨이 위태롭거나 청정행이 어려웠으면	

129 2년 동안 화상니를 따르지 않는 계 不二歲隨和尙尼戒

비구계와 조금 같음,[269] 대승공계, 차계　　　　　　　　　　　　　비구니들

1. 계의 조문[戒文]

만약 비구니가 2년 동안 화상니를 따르지 않으면 바일제다.

2. 계를 제정한 인연[緣起]

『四分』

부처님께서 사위국 기수급고독원에 계실 때, 비구니들이 제자들을 많이 출가시켰는데 수계받은 후에 모두 화상니를 떠났다. 그들은 화상니의 가르침을 받지 못해 위의가 없고, 옷 입는 것이 단정하지 않았으며, 걸식하는 것이 법답지 않았다. 그래서 비구니들이 꾸짖고 비구들에게 알리고, 비구들이 부처님께 사뢰니 꾸짖으시고 계를 제정하셨다.[270]

3. 제정한 뜻[制意]

『四分律疏』

새로 계를 받은 사람은 불문에 들어온 지가 오래되지 않아서 부처님의 가르침을 잘 알지 못하므로, 스승을 따라서 가르침을 받아야만 자기의 이익을 얻을 수 있다. 그런데 마음대로 스승을 떠나서 가르침을 받지 않고 미혹에 집착해서 스스로에게 장애가 되고 교법을 어기는 허물이 깊으므로 제정하셨다.

---

269. 비구니는 2년 동안 화상니를 의지해야 하고, 비구는 5년 동안 화상을 의지해야 한다. 그래서 비구계와 조금 같다고 하였다.
270. （大22, 760中).

4. 범하는 조건 [犯緣]

『四分律疏』

여섯 가지 조건을 갖추면 범함이 된다.

첫째, 화상니가

둘째, 덕이 있어 섭수할 수 있고

　　(법도 있고 의식도 있거나, 혹은 법은 있으나 의식이 없는 것을 말한다)

셋째, 스승이 허락하지 않았으며

넷째, 6년[271]이 차지 않았고

다섯째, 인연이 없는데(목숨이 위태롭거나 청정행이 어려운 두 가지 난難)

여섯째, 떠나면

범한다.

5. 범하는 상황 [罪相]

비구니가 2년 동안 화상니를 따르지 않았으면	바일제

『集要』

『五分』 (만약 비구니가 새로 구족계를 받고 나서) 6년 동안 화상니를 따르지 않으면 바일제다.[272]

6. 범함이 아닌 경우 [開緣]

만약 화상니가 떠나는 것을 허락했으면	
만약 2년 동안 화상니를 따랐으면	범함이 아니다
만약 화상니가 계를 깨뜨린 등의 일이 있었으면	
만약 이 일로 목숨이 위태롭거나 청정행이 어려웠으면	

130 대중을 어기고 출가시켜 구족계를 주는 계 違僧度人授具戒

대승공계, 차계   비구니들

1. 계의 조문 [戒文]

만약 비구니가 대중이 허락하지 않았는데 구족계를 주면 바일제다.

2. 계를 제정한 인연 [緣起]

『四分』

부처님께서 사위국 기수급고독원에 계실 때였다. 어리석은 비구니들이 사람들을 제도했는데, 가르칠 줄 몰라서 제자들이 위의가 없고 옷 입는 것이 단정하지 않았으며 걸식하는 것이 법답지 않았다. 그래서 비구니들이 꾸짖고 비구들에게 알리고 비구들이 부처님께 사뢰니, 많은 방편으로 꾸짖으셨다. 그리고 "구족계를 주려면 대중에서 백이갈마를 하여 구족계를 주고자 하는 이가 법과 의식, 두 가지로 제자를 잘 섭수할 수 있을지를 살펴보고 허락해야 한다"고 말씀하셨다.[273]

3. 제정한 뜻 [制意]

『四分律疏』

사람은 스스로 살피지 못하니 반드시 대중들의 공론을 거쳐야 한다. 마음대로 출가시켜 교법을 어기면, 일에 많은 손해가 있고 승가대중을 가볍게 여기는 것이므로 바일제죄로 제정하셨다.

---

271. 계의 조문과 달리 6년으로 되어 있는데, 이는 『五分』의 해석을 따른 것이다.

272. （大22, 92下）.

273. （大22, 760下）.

4. 범하는 조건 [犯緣]

『四分律疏』

네 가지 조건을 갖추면 범함이 된다.

첫째, 대중이 허락하지 않았는데

둘째, 구족계를 주기 위해

셋째, 화상니가

넷째, 갈마설을 마치면[274]

범한다.

5. 범하는 상황 [罪相]

	남에게 구족계를 주었으면	바일제
대중들이 허락하지 않았는데	의지사가 되어 주었으면	돌길라
	사미니를 두었으면	
	식차마나를 두었으면	

「第二分」

만약 비구니가 다른 이를 출가시키려면 대중의 허락을 구해야 한다. 그러면 비구니 대중은 이 사람이 가르칠 수 있는지, 2세 학계를 줄 수 있는지, 법과 의식衣食 두 가지 일로 섭수할 수 있을지 없을지를 살펴보아야 한다. 만약 가르치지 못하는 자라면 반드시 "스님, 그만두십시오! 다른 이를 출가시키지 마십시오"라고 말해야 한다. 만약 지혜가 있고 가르칠 수 있으며, 2세 학계를 줄 수 있고, 두 가지 법으로 섭수할 수 있다면 대중은 이 사람에게 구족계를 줄 수 있도록 백이갈

---

274. 저본에는 '三羯磨竟'이라고 되어 있다. 그러나 여기에서는 백사갈마가 아니라 백이갈마를 하므로 이것은 옳지 않다. 그래서 과청, 『講記』下, p.2648과 여서, 『淺釋』, p.1317에 모두 '羯磨竟'이라고 하였다.

마를 해주어야 한다.

6. 범함이 아닌 경우[開緣]

대중들의 허락을 구했으면	범함이 아니다

131 법랍이 12년이 되지 않은 이가
구족계를 주는 계 未滿十二夏度人戒
대승공계, 차계   비구니들

1. 계의 조문[戒文]

만약 비구니가 법랍이 12년이 되지 않았는데 남에게 구족계를 주면 바일제다.

2. 계를 제정한 인연[緣起]

『四分』

부처님께서 사위국 기수급고독원에 계실 때였다. 갓 계를 받은 이가 남에게 구족계를 주려고 대중스님들에게 갈마를 요청했다. 그런데 가르칠 줄 몰라서 구족계를 받은 이의 위의와 의식衣食 등 여러 가지가 여법하지 않았다. 그래서 비구니들이 꾸짖고 비구들에게 알리고, 비구들이 부처님께 사뢰니 꾸짖으시고 계를 제정하셨다.[275]

---

275. (大22, 761中).

3. 제정한 뜻[制意]

『四分律疏』

'하납夏臘이 차지 않았다'는 것은 이제 불법에 들어와서 잘 알지 못하여 스승의 덕을 갖추지 못한 것이다. 그러니 어찌 섭수하고 가르칠 수 있겠는가? 그러므로 제정하여 허락하지 않았으니 뜻이 여기에 있다.

4. 범하는 조건[犯緣]

『四分律疏』

네 가지 조건을 갖추면 범함이 된다.

첫째, 하납이 차지 않았고

> (『比丘尼鈔』의 글에 "안으로 실제로 안거했수가 없는 것이다"라고 하였다.)

둘째, 구족계를 주기 위해

셋째, 화상니가 되어

넷째, 세 번의 갈마설을 마치면

범한다.

5. 범하는 상황[罪相]

	구족계를 주었으면	바일제
법랍이 12년이 되지 않았는데	의지사가 되어 주었으면	돌길라
	식차마나를 두었으면	
	사미니를 두었으면	

6. 범함이 아닌 경우[開緣]

법랍이 12년이 되었으면	범함이 아니다

132 덕이 없는 이가 구족계를 주는 계 無德度人戒

대승공계, 차계   비구니들

1. 계의 조문 [戒文]

만약 비구니가 법랍 12년이 찼으나 대중이 허락하지 않았는데, 문득 남에게 구족계를 주면 바일제다.

2. 계를 제정한 인연 [緣起]

『四分』

부처님께서 사위국 기수급고독원에 계실 때였다. 비구니들이 법랍 12년이 찼으나 아는 것이 없으면서 마음대로 구족계를 주었다. 그러나 가르칠 줄 몰라서 구족계를 받은 이의 위의와 의식衣食 등 여러 가지가 여법하지 않았다. 그래서 비구니들이 꾸짖고 비구들에게 알리고, 비구들이 부처님께 사뢰니 꾸짖으시고 계를 제정하셨다.[276]

3. 제정한 뜻 [制意]

『四分律疏』

자기의 행이 정립되지 않았는데 어찌 가르치고 인도할 수 있겠는가? 자타가 모두 손해되고 허물과 장애가 더욱 깊어지므로 제정하셨다.

---

276. （大22, 761下）.

4. 범하는 조건[犯緣]

『四分律疏』

네 가지 조건을 갖추면 범함이 된다.

첫째, 덕이 없으면서

둘째, 구족계를 주기 위해

셋째, 화상니가 되어

넷째, 세 번의 갈마설을 마치면

범한다.

5. 범하는 상황[罪相]

	구족계를 주었으면	바일제
법랍이 12년이 되었으나, 대중들이 허락하지 않았는데	의지사가 되어 주었으면	돌길라
	식차마나를 두었으면	
	사미니를 두었으면	

『開宗記』

이 계는 곧 어리석음을 가려내고 지혜를 취하는 것이며, 앞의 계는 법랍이 적은 것을 가려내고 법랍이 많은 것을 취하는 것이다. 두 가지 일로써 섭수하지 못한다는 것은 덕행이 없는 것을 가려내고 덕행이 있는 것을 취하는 것이다. 비구니에게는 허물과 손해가 많으므로 바일제의 허물이 된다. 그러나 비구들에게는 손해가 미약하므로 다만 작은 죄가 된다.

6. 범함이 아닌 경우[開緣]

법랍이 12년이 되었고 대중들이 허락했으면	범함이 아니다

133 **구족계 주는 것을 허락하지 않는다고 대중을 비방하는 계** 不聽度人謗僧戒

대승공계, 차계 비구니들

1. 계의 조문 [戒文]

만약 비구니가, 자신이 남에게 구족계 주는 것을 대중이 허락하지 않는다고 "스님들은 편애함이 있고, 성냄도 있고, 두려움도 있고, 어리석음도 있어서 허락하고 싶은 사람에게는 허락하고, 허락하고 싶지 않은 사람에게는 허락하지 않는다"라고 말하면 바일제다.

2. 계를 제정한 인연 [緣起]

『四分』

부처님께서 사위국 기수급고독원에 계실 때였다. 비구니들이 아는 것이 없어 가르칠 줄 몰라서 남에게 구족계 주는 것을 대중들이 허락하지 않자, "스님들은 편애함이 있고, 성냄도 있고, 두려움도 있고, 어리석음도 있다"라고 하였다. 비구니들이 듣고서 꾸짖고 비구들에게 알리고, 비구들이 부처님께 사뢰니 꾸짖으시고 계를 제정하셨다.[277]

3. 제정한 뜻 [制意]

『開宗記』

자신이 덕이 없음을 헤아리지 않고 이치에 맞지 않게 대중스님들을 비방하여 괴롭히고 스스로를 상하게 하므로 제정하셨다.

---

277. (大22, 762上).

4. 범하는 조건 [犯緣]

『比丘尼鈔』

네 가지 조건을 갖추면 범함이 된다.

첫째, 안으로 실제로 하납이 없으면서

둘째, 대중이 허락하지 않자

셋째, 이치에 맞지 않게 대중을 비방하고

넷째, 말을 분명하게 하면

범한다.

5. 범하는 상황 [罪相]

다른 사람을 출가시키는 것을 대중스님들이 허락하지 않는다고 "스님들이 편애함, 성냄, 두려움, 어리석음이 있다"라고 하면서	말을 분명하게 했으면	바일제
	말을 분명하게 하지 않았으면	돌길라

6. 범함이 아닌 경우 [開緣]

만약 그 일이 실제로 그러했으면	범함이 아니다
만약 장난으로 말한 등이었으면	

134 부모나 남편이 허락하지 않은 이에게 마음대로 구족계를 주는 계 父母夫主不聽輒度人戒

비구계와 조금 같음,[278] 대승공계, 차계

1. 계의 조문[戒文]

만약 비구니가 부모나 남편이 허락하지 않은 이에게 구족계를 주면 바일제다.

2. 계를 제정한 인연[緣起]

『四分』

부처님께서 사위국에 계실 때였다. 비구니들이 부모나 남편이 허락하지 않은 이를 마음대로 출가시켜 구족계를 주니, 구족계를 주고 난 후에 부모와 남편이 와서 데려 갔다. 그래서 비구니들이 꾸짖고 비구들에게 알리고, 비구들이 부처님께 사뢰니 꾸짖으시고 계를 제정하셨다.[279]

3. 제정한 뜻[制意]

『四分律疏』

여자는 이미 속한 곳이 있어서 남을 괴롭게 함이 심하다.[280] 다시 잡혀 끌려가게 되면 비구니 대중을 욕되게 하여 누가 되기 때문이다.

---

278. 과청, 『講記』下, p.2664, '경차輕遮'를 물을 때 비구 쪽에서는 "부모가 허락했는가?"라고 묻고, 비구니 쪽에서는 "부모나 남편이 허락했는가?"라고 묻는다. 그래서 비구계와 조금 같다고 하였다. 비구는 범하면 돌길라죄가 되고, 비구니는 범하면 바일제가 된다.

279. (大22, 762中).

280. 여서, 『淺釋』, p.1229, 여자는 결혼하기 전에는 부모에게 속하고 결혼 후에는 남편에게 속해 있다. 그래서 그들의 허락을 받지 않고 출가하면 부모나 남편을 괴롭게 한다는 뜻이다.

4. 범하는 조건 [犯緣]

『比丘尼鈔』

네 가지 조건을 갖추면 범함이 된다.

첫째, 부모나 남편이 있고

둘째, 허락하지 않았는데

셋째, 마음대로 구족계를 주려고

넷째, 세 번의 갈마설을 마치면

범한다.

5. 범하는 상황 [罪相]

부모나 남편이 허락하지 않았는데 구족계를 주려고	알리기를 하고, 세 번째 갈마설을 마쳤으면	바일제
	알리기를 하고, 두 번째 갈마설을 마쳤으면	3돌길라
	알리기를 하고, 첫 번째 갈마설을 마쳤으면	2돌길라
	알리기를 마쳤으면	1돌길라
	알리기를 마치지 않았으면	돌길라
알리기를 하기 전에, 방편으로 대중에 알려서 삭발해 주려고 대중을 모아서 대중이 다 모였으면		일체 돌길라

6. 범함이 아닌 경우 [開緣]

만약 부모나 남편이 허락했으면	범함이 아니다
만약 부모나 남편이 없었으면	

135 악행을 하고 화를 잘 내는 이에게
구족계를 주는 계 度惡行喜瞋者戒

대승공계, 차계

1. 계의 조문[戒文]

만약 비구니가, 여인이 남자아이나 남자와 서로 사랑하여 근심이 있고 화를
잘 내는 줄 알고도 제도하여 출가시켜 구족계를 주면 바일제다.

2. 계를 제정한 인연[緣起]

『四分』

부처님께서 사위국 기수급고독원에 계실 때였다. 비구니들이 남자아이나 남자
와 서로 사랑하여 근심이 있고 화를 잘 내는 여인을 출가시켜 구족계를 주었는
데, 그가 남자를 생각하는 까닭으로 다른 비구니들과 싸웠다. 그래서 비구니들
이 꾸짖고 비구들에게 알리고, 비구들이 부처님께 사뢰니 꾸짖으시고 계를 제정
하셨다. 후에 사랑하는 남자가 있는지 없는지 알지 못한 것은 범함이 아니라고
거듭 제정하셨다.[281]

3. 제정한 뜻[制意]

『四分律疏』

악행[282]을 하는 여인은 정서적으로 대부분 방일한데 출가시켜 구족계를 주면,
애욕이 남아 있고 버리지 않아서 대중을 욕되게 하는 행동을 한다. 성품이 방일

---

281. （大22, 762下）.

282. 여서,『淺釋』, p.1332, 이 계에서 '악행'이란 염오행을 가리킨다. 즉 남자아이나 남자와 서로 사랑
하여 함께 희롱하는 등의 행위를 하는 것이다.

한 사람은 본인도 괴롭고 남도 괴롭게 하여 도에 나아가는 이익이 없기 때문에 두 계를 합쳐서 제정하셨다.[283] 앞의 '제127 음녀를 출가시키는 계'는 공공연히 스스로 그릇된 일을 하는 것이고, 이 계에 해당하는 악행은 남몰래 몸을 방일하게 하는 것이 다르다. 그래서 따로 이 계를 제정하셨다.

4. 범하는 조건 [犯緣]

『四分律疏』

다섯 가지 조건을 갖추면 범함이 된다.

첫째, 이 도적녀가 화를 잘내는 사람이고

둘째, 그런 줄 알면서

셋째, 구족계를 주기 위해

넷째, 화상니가 되어

다섯째, 세 번의 갈마설을 마치면

범한다.

5. 범하는 상황 [罪相]

> 제134 부모나 남편이 허락하지 않은 이에게 마음대로 구족계를 주는 계
> [父母夫主不聽輒度人戒]와 같다.(단지 '남자와 서로 사랑하는 여인에게 구족계를 주는 계'라고
> 고쳤을 뿐이다.)

---

283. 여서, 『淺釋』, p.1333, 남자와 서로 사랑하는 악행을 하면 마음에 도를 생각하지 않고 방일하며, 항상 근심이 많고 일이 있어도 적절히 대응하지 못한다. 그리고 번뇌를 일으켜 화를 잘내며 다른 비구니들과 싸우게 된다. 그래서 이 계는 악행을 하는 것과 화를 잘 내는 성품, 두 가지를 합쳐서 하나의 계로 제정한 것이다.

6. 범함이 아닌 경우[開緣]

만약 먼저 알지 못했으면	
만약 믿을 만한 사람이 말해서 믿었으면	범함이 아니다
만약 부모의 말을 믿었으면	
만약 구족계를 받고 나서 병이 생겼으면	

136 식차마나에게 구족계를 주지 않는 계 不與學戒尼受具戒

대승공계, 차계   투라난타 비구니

1. 계의 조문[戒文]

만약 비구니가 식차마나에게 "식차마나여! 이것을 버리고 이것을 배워라. 내가 마땅히 너에게 구족계를 주리라"[284] 하고는 방편을 지어[285] 구족계를 주지 않으면 바일제다.

---

284. 여서, 『淺釋』, p.1336, 식차마나로서 2년간의 학법 기간을 채웠으니 6법을 다시 배울 필요가 없고, 이제 구족계를 주겠다는 뜻이다.

285. 방편을 짓는다는 것은 구족계를 주는 데 필요한 모든 준비를 하는 것을 말한다. 식차마나에게 5의·발우·니사단을 준비해주고, 수계식 때 필요한 습의를 가르치고, 10師를 모시는 등의 준비를 하는 것이다.

2. 계를 제정한 인연 [緣起]

『四分』

부처님께서 사위국 기수급고독원에 계실 때 투라난타 비구니가 한 식차마나에게 구족계를 주기로 약속하였다. 그런데 그 식차마나가 총명하고 권화勸化를 잘하는 것을 보고, 오래 공양을 받으려고 방편을 지어 구족계를 주지 않았다. 그래서 그 식차마나가 투라난타 비구니를 비방하는 소리를 듣고서 비구니들이 꾸짖고 비구들에게 알리고, 비구들이 부처님께 사뢰니 꾸짖으시고 계를 제정하셨다.[286]

3. 제정한 뜻 [制意]

『四分律疏』

식차마나 학계를 성만하고 오롯한 마음으로 구족계 받기를 갈망하고 희구하는데, 도리어 공양을 탐하여 적당한 때에 구족계를 주지 않았다. 이는 특히 스승으로서 가르치고 섭수해야 하는 방편을 어그러뜨리고, 식차마나를 괴롭게 하여 올바른 수행을 할 수 없게 만든다. 스스로를 무너뜨리고 타인에게도 손해를 주므로 성인께서 제정하셨다.

4. 범하는 조건 [犯緣]

『比丘尼鈔』

네 가지 조건을 갖추면 범함이 된다.

첫째, 식차마나가 청정하고

둘째, 2년을 채웠고

셋째, 범함이 아닌 인연이 없는데

넷째, 구족계를 주지 않기로 마음을 먹으면

---

286. (大22, 763上).

범한다.

5. 범하는 상황[罪相]

구족계를 주기로 약속해 놓고 후에 방편을 지어 구족계를 주지 않았으면	바일제

6. 범함이 아닌 경우[開緣]

만약 구족계를 주기로 허락하고 곧 구족계를 주었으면	범함이 아니다
만약 식차마나가 병이 났으면	
만약 함께 생활할 사람이 없었으면	
만약 5의衣가 없었으면	
만약 10사師가 없었으면	
만약 계가 결여되었거나, 계를 깨뜨린 등이었으면	
만약 이로 인해 목숨이 위태롭거나 청정행이 어려웠으면	

옷을 받고 나서 구족계를 주지 않는 계 受衣已不與授具足戒

대승공계, 차계 투라난타 비구니

1. 계의 조문[戒文]

만약 비구니가 식차마나에게 "옷을 가지고 와서 나에게 주면 너에게 구족계를 주겠다"라고 하고는 방편을 지어 구족계를 주지 않으면 바일제다.

2. 계를 제정한 인연[緣起]

『四分』

부처님께서 사위국 기수급고독원에 계실 때, 어떤 식차마나가 옷을 가지고 절에 와서 비구니들에게 드릴 테니 구족계를 받게 해달라고 하였다. 이때 투라난타가 약속을 하고는 옷만 받고 구족계를 주지 않았다. 그래서 식차마나가 비난하는 소리를 비구니들이 듣고서 꾸짖고 비구들에게 알리고, 비구들이 부처님께 사뢰니 꾸짖으시고 계를 제정하셨다.[287]

3. 제정한 뜻[制意]

『四分律疏』

앞에서 제정한 계에서는 화상니가 옷을 받지는 않았다. 그러나 이 계에서 제정한 것은 의지사가 식차마나에게 화상니가 되어 계를 주겠다고 허락해 놓고 계를 주지 않아서 죄가 된다. 또한 그로부터 옷을 취하였다.

---

287. (大22, 763中).

4. 범하는 조건 [犯緣]

『四分律疏』

다섯 가지 조건을 갖추면 범함이 된다.

첫째, 식차마나가 계를 배우고 청정하게 2년을 채웠고

둘째, 옷을 받고 화상니가 되어 주겠다고 허락하고

셋째, 10사師와 5의衣 및 여러 조건을 갖추어 놓고

넷째, 범함이 아닌 인연이 없는데

다섯째, 계를 주지 않으면

범한다.

5. 범하는 상황 [罪相]

앞의 제136계와 같다.

6. 범함이 아닌 경우 [開緣]

앞의 제136계와 같다.

『四分律疏』

『五分』 출가하고자 하는 재가여인으로부터 옷을 받은 후에 득도시켜주지 않
으면 범한다.

1. 계의 조문[戒文]

만약 비구니가 12개월이 차지 않았는데 다른 사람에게 구족계를 주면 바일제다.

2. 계를 제정한 인연[緣起]

『四分』

부처님께서 사위국 기수급고독원에 계실 때였다. 안은비구니가 제자들을 많이 출가시켜 구족계를 주었으나 잘 가르치지 못해서 제자들이 위의가 없고 옷 입는 것이 단정하지 않고 걸식하는 것이 법답지 못해 바라문의 무리와 같았다. 비구니들이 보고서 꾸짖고 비구들에게 알리고, 비구들이 부처님께 사뢰니 꾸짖으시고 계를 제정하셨다.[288]

3. 제정한 뜻[制意]

『四分律疏』

제자를 득도시키는 데는 제한을 두어야 한다. 많으면 가르치기가 어려워서 손해가 가볍지 않다. 따라서 1년에 한 사람만 제한적으로 득도시키게 제정하셨으니, 초과하면 곧 바일제를 범한다.

---

288. (大22, 764上).

4. 범하는 조건[犯緣]

『比丘尼鈔』

네 가지 조건을 갖추면 범함이 된다.

첫째, 이미 앞에 한 사람에게 구족계를 주었고

둘째, 12개월이 차지 않았는데

셋째, 다시 다른 사람을 득도시켜 구족계를 주되

넷째, 세 번의 갈마설을 마치면

범한다.

5. 범하는 상황[罪相]

	구족계를 주었으면	바일제
한 해가 차지 않았는데	의지사가 되어 주었으면	돌길라
	식차마나를 두었으면	
	사미니를 두었으면	

6. 범함이 아닌 경우[開緣]

만약 12개월을 채우고 다시 구족계를 주었으면	범함이 아니다

『比丘尼鈔』

『僧祇』에 "만약 해마다 제자에게 구족계를 주면 바일제다"[289]라고 하였다. 따라서 마땅히 일 년을 기다려야 한다. 만약 비구니가 제자가 많아서 한 해는 식차마나계를 주고, 그 다음 해에 구족계를 주면 비록 해마다라도 범함이 아니다. 고

---

289. （大22, 536下).

덕古德 혜광慧光율사가 "넓게 해석하면 1년 동안에 한 사람에게는 구족계를 주고, 한 사람에게는 의지사가 되고, 한 사람에게는 6법을 주고, 또 한 사람에게는 사미니계를 주어 네 사람을 득도시킬 수 있다. 만약 좁게 해석하면 한 해에 한 사람만 득도시킬 수 있다"고 하였다. 이것에 기준하면 그렇지만, 앞의 『僧祇』에 의거하면 바일제가 된다.

『母論』에는 "한 사람에게 구족계를 주고 나서, 1년 동안 모든 비구니가 행해야 할 법을 가르치고 난 후에 다시 한 사람을 득도시킬 수 있다. 사미니가 식차마나계를 받고 난 후 2년 안에는 다른 사미니를 득도시킬 수 없다. 식차마나가 구족계를 받고 나야 사미니를 득도시킬 수 있다"[290]고 하였다.

⬤139 비구대중에 바로 가서 구족계를 받도록 하지 않는 계 不卽往大僧求具戒

차계   여러 비구니

1. 계의 조문[戒文]

만약 비구니가 구족계를 주고 나서 하룻밤이 지난 후 비구대중에 가서 구족계를 받게 하면 바일제다.

2. 계를 제정한 인연[緣起]

『四分』

부처님께서 사위국 기수급고독원에 계실 때, 비구니 대중에서 구족계를 주고 나서 하룻밤을 지내고 비구대중에 가서 구족계를 받게 하였다. 그 사이에 여러 가지 장애와 병이 생겨서 대중을 욕되게 하였다. 그래서 비구니들이 꾸짖고 비구들에게 알리고, 비구들이 부처님께 사뢰니 꾸짖으시고 계를 제정하셨다.[291]

3. 제정한 뜻[制意]

『四分律疏』

당일에 바로 가면 선심善心이 유지되어 계체가 발하기 쉽다. 하지만 하룻밤 지나서 가면 차난遮難이 생기거나 선심이 퇴실되기 쉬워 계를 주어도 보존하기가 어려워서 괴롭게 함이 가볍지 않으므로 제정하셨다.

4. 범하는 조건[犯緣]

『四分律疏』

네 가지 조건을 갖추면 범함이 된다.

첫째, 이미 본법니계本法尼戒를 마쳤는데

둘째, 당일에 가지 않고

셋째, 범함이 아닌 인연이 없는데

넷째, 가지 않아서 하룻밤이 지나면(날이 밝으면)

범한다.

5. 범하는 상황[罪相]

본법니계를 주고 나서, 하룻밤 지난 후 비로소 비구들에게 가서 구족계를 받게 했으면	바일제

---

290. (大24, 844中).

291. (大22, 764中).

6. 범함이 아닌 경우[開緣]

만약 그 날 구족계를 주고 당일에 비구들에게 가서 구족계를 받게 했으면	범함이 아니다
만약 가고자 했으나 그가 병이 났으면	
만약 수로와 육로가 끊어졌으면	
만약 사나운 짐승의 난이나 도적의 난이 있거나, 물이 크게 불었으면	
만약 힘센 자에게 잡혔거나, 결박당해 갇혔으면	
만약 목숨이 위태롭거나 청정행이 어려웠으면	

140 교수하는 날에 가서 듣지 않는 계 教授日不往聽戒

대승공계, 차계   여러 비구니

1. 계의 조문[戒文]

만약 비구니가 병이 없으면서 교수教授[292]를 받으러 가지 않으면 바일제다.

2. 계를 제정한 인연[緣起]

『四分』

부처님께서 사위국 기수급고독원에 계실 때, 비구니들이 교수하는 날[293]에 가르침을 받으러 가지 않았다. 비구니들이 듣고서 꾸짖고 비구들에게 알리고, 비구들이 부처님께 사뢰니 꾸짖으시고 계를 제정하셨다. 후에 불법승과 관련된 일, 병간

호하는 일이 있을 때 다른 이에게 부촉하는 것은 허락한다고 거듭 계를 제정하셨다.[294]

3. 제정한 뜻[制意]

『四分律疏』

덕을 갖춘 사람이 자비심으로 가르치면 이치상 불법을 공경하고 가르침을 주는 사람을 존중해서 반드시 직접 가서 듣고 가르침을 받아야 한다. 그런데 반대로 불법을 경시하고 가르치는 사람을 업신여겨서 가르침을 받지 않으니, 불법의 이익을 잃어버리고 스스로 타락하는 뜻이 심하기 때문이다.

4. 범하는 조건[犯緣]

『四分律疏』

네 가지 조건을 갖추면 범함이 된다.

첫째, 교계를 하는 비구가 대중에서 여법하게 차출된 자이고

둘째, 교수하는 날에

셋째, 범함이 아닌 인연이 없는데

넷째, 가서 듣지 않으면

범한다.

5. 범하는 상황[罪相]

교수하는 날에 가서 교수를 구하지 않았으면	바일제

---

292. 여서, 『淺釋』, p.1348, 敎授者 敎授八不可違法. 교수란 8불가위법, 즉 8경법을 가르치는 것이다.

293. 여서, 『淺釋』, p.1348, 『僧祇律』卷十三云 應從四日至十三日往敎誡 準此月初四至十三日爲敎授日 餘者則非敎授日. 『僧祇律』권13에 "4일부터 13일까지 교계를 청하러 가야 한다"고 하였다. 이에 근거하여 초4일부터 13일까지가 교수일이 된다. 나머지는 교수일이 아니다.

294. (大22, 764下).

6. 범함이 아닌 경우[開緣]

만약 교수하는 날에 가서 교수를 받았으면	범함이 아니다
만약 불법승과 관련된 일이나 병든 이를 돌보게 되어서 다른 이에게 부탁했으면	

141 보름마다 교수사를 청하지 않는 계 不半月請敎授師戒

대승공계, 차계

1. 계의 조문[戒文]

만약 비구니가 보름마다 비구대중에게 가서 교수敎授를 구해야 하는데 구하지 않으면 바일제다.[295]

2. 계를 제정한 인연[緣起]

『四分』

부처님께서 사위국 기수급고독원에 계실 때였다. 비구니들이 보름마다 비구대중에 가서 교수를 구해야 한다는 것을 알고도 가지 않았다. 비구니들이 듣고서 꾸짖고 비구들에게 알리고, 비구들이 부처님께 사뢰니 꾸짖으시고 계를 제정하셨다.

후에 비구니들이 모두 가서 교수를 구하느라 대중이 소란스러워졌다. 그래서

---

295. 과청, 『講記』下, p.2705, 이 계는 8경법 중에 여섯 번째에 해당한다.

부처님께서 "모두 가지 말고 백이갈마를 해서 한 비구니를 차출하여 보내도록 하라"고 하셨다. 그런데 차출된 비구니가 혼자 가서 보호하는 이가 없으니 "두세 비구니를 함께 보내라"고 하셨다. 또한 차출된 비구니가 가서 비구대중이 설계說 戒를 마치도록 기다리고 서 있다가 피로가 심해지자, 지혜 있는 비구에게 부탁하고 가는 것을 허락하셨다. 비구[296]가 교수해 주기로 약속했으면 가야하고, 비구니는 약속한 때에 반유순을 나가서 맞이해야 한다.[297]

3. 제정한 뜻[制意]

『四分律疏』

교수를 청하지 않는 것에는 세 가지 허물이 있다. 첫째는 부처님께서 제정하신 8경법敬法을 어김이요, 둘째는 스스로 서원한 수계의 마음을 어김이요, 셋째는 계법을 경시하고 덕 있는 사람을 가볍게 여김이다. 이러한 까닭으로 법의 이익을 잃어버리고 도에 장애가 된다.

4. 범하는 조건[犯緣]

『四分律疏』

세 가지 조건을 갖추면 범함이 된다.

첫째, 비구대중과 비구니 대중의 인원수가 충족되었고[298]

---

296. 과청, 『講記』下, p.2713, 대중에서 비구니에게 교수할 비구를 차출하는데, 10法을 갖춘 이라야 한다. ①戒律具足(계율을 모두 청정하게 수지해야 한다) ②多聞(아는 것이 많아야 한다) ③誦二部戒利 (비구계와 비구니계 모두 유창하게 외울 수 있어야 한다) ④決斷無疑(율법 상의 갖가지 의심이 있을 때 결정하고 판단해서 의혹을 없앨 수 있어야 한다) ⑤善能說法(설법을 잘 할 수 있어야 한다) ⑥族 姓出家(귀족의 종성에서 출가한 사람이어야 한다) ⑦顔貌端正 尼衆見便歡喜(용모가 단정하여 비구 니 대중이 보고 환희심을 낼 수 있어야 한다) ⑧堪能與尼衆說法 勸令歡喜(비구니 대중에 설법하여 환희심을 내게 할 수 있어야 한다) ⑨不爲佛出家而被法服犯重法(불법 문중에 출가하여 법복을 입었 고, 중죄를 범하지 않은 사람이어야 한다) ⑩滿二十歲 若過(법랍 20년 이상인 사람이어야 한다)

297. (大22, 765上).

298. 과청, 『講記』下, p.2710, 비구대중과 비구니 대중이 모두 최소 5인 이상이 되어야 한다. 왜냐하면

둘째, 범함이 아닌 인연이 없는데

셋째, 차출된 사람이 가서 청하지 않으면

범한다.

5. 범하는 상황[罪相]

만약 보름마다 비구대중에 가서 교수를 구하지 않았으면		바일제
맞이하기로 약속하고는 맞이하지 않았으면		돌길라
필요한 것을 공양하지 않았으면		돌길라
만약 비구대중이	모두 병이 났거나, 별중이거나, 대중이 화합하지 않았거나, 대중의 인원수가 차지 않았을 경우에는 반드시 사람을 보내서 예배하고 문안을 해야 하는데 가지 않았으면	돌길라
만약 비구니 대중이		

6. 범함이 아닌 경우[開緣]

만약 보름마다 비구 승단에 가서 교수를 구했으면	범함이 아니다
만약 약속하고 가서 맞이했으면	
만약 사원 내에서 (교수사가) 필요한 것을 공급했으면	
만약 2부승단(비구·비구니)이 모두 병이 난 등으로 사람을 보내서 예배하고 문안했으면	
만약 수로나 육로가 끊어진 등이었으면	

네 명이 한 명의 교수사를 차출할 수 있는데 세 명으로는 한 명을 차출할 수 없기 때문이다. 비구니도 다섯 명이 있어야만 교수를 청하는 한 사람을 차출할 수 있기 때문에 대중이 다섯 명 이상이 되어야 한다.

142 비구대중에 가서 자자하지 않는 계 不詣大僧自恣戒

대승공계, 차계   비구니들

1. 계의 조문 [戒文]

만약 비구니가 대중이 하안거를 마치면 반드시 비구대중에 가서 보았거나 들었거나 의심되었던 세 가지를 묻는 자자自恣[299]를 해야 하는데, 하지 않으면 바일제다.

2. 계를 제정한 인연 [緣起]

『四分』

부처님께서 사위국 기수급고독원에 계실 때였다. 비구니들은 하안거를 마치면 비구대중에 가서 보았거나 들었거나 의심되었던 세 가지를 자자해야 한다는 것을 알면서도 하지 않았다. 비구니들이 듣고서 꾸짖고 비구들에게 알리고, 비구들이 부처님께 사뢰니 꾸짖으시고 계를 제정하셨다.

후에 비구니들이 모두 가서 자자를 하느라 대중이 소란스러워졌다. 그래서 부처님께서 "모두 가지 말고 백이갈마를 해서 한 비구니를 차출하여 보내도록 하라"고 하셨다. 그런데 차출된 비구니가 혼자 가서 보호하는 이가 없으니 "두세 비구니를 함께 보내라"고 하셨다. 또한 그들이 비구대중이 자자하는 날에 자자를 하기 위해 기다리느라 피로가 심하니, 부처님께서 "비구대중은 14일, 비구니 대중은 15일에 자자를 하라"고 하셨다.[300]

---

299. 여서, 『淺釋』, p.1359, 自言己過 任憑他人擧罪. 스스로 자기의 허물을 드러내고 다른 사람이 잘못을 지적하도록 하는 것이다.
300. (大22, 765下).

3. 제정한 뜻[制意]

『四分律疏』

세 가지 허물이 있다. 두 가지 허물은 앞의 계와 같고, 셋째는 자자를 하지 않으면 사람들이 대부분 자신에 대해 미혹해서 자기의 죄를 보지 못하고, 악업에 속박되고 장애되어 계법을 경시하고 덕 있는 사람을 가볍게 여겨서 허물이 심하므로 바일제죄로 제정하셨다.

4. 범하는 조건[犯緣]

『比丘尼鈔』

네 가지 조건을 갖추면 범함이 된다.

첫째, 하안거를 마치고

둘째, 다섯 사람 이상으로 대중을 이루었고

셋째, 범함이 아닌 인연이 없는데

넷째, 차출된 사람이 자자를 하러 가지 않으면

범한다.

5. 범하는 상황[罪相]

안거를 마쳤는데 비구대중에 가서 자자를 구하지 않았으면	바일제
만약 2부승이 모두 병이 난 등의 경우라서 사람을 보내어 예배하고 문안하지 않았으면	돌길라

『比丘尼鈔』

『五分』 비구니들이 거주하는 마을에 자자를 할 수 있는 비구스님이 없어서 청할 데가 없고, 아란야에는 비구가 있지만 길이 험난할 경우에는 아란야에 머무는 비구가 비구니를 위해 마을에 들어와서 자자를 한다. 이때 비구니는 먼저 비구니 대중에서 자자를 하고 난 후에 사람을 차출하여 비구대중에 가서 자자해야 한다. 교계敎誡하는 말은 같다.

6. 범함이 아닌 경우[開緣]

만약 안거를 마치고 자자를 구했으면	
만약 2부승이 모두 병이 난 경우 등이어서 사람을 보내어 예배하고 문안했으면	범함이 아니다
만약 수로와 육로가 끊어진 등이었으면	

143 비구대중을 의지하지 않고 안거하는 계 不依大僧安居戒

대승공계, 차계   비구니들

1. 계의 조문[戒文]

만약 비구니가 비구가 없는 곳에서 하안거를 하면 바일제다.

2. 계를 제정한 인연[緣起]

『四分』

부처님께서 사위국 기수급고독원에 계실 때 비구니들이 비구가 없는 곳에서 하안거를 하였다. 그래서 교수하는 날에 교수를 받을 곳이 없어서 의심되는 것이 있어도 물을 수가 없었다. 비구니들이 듣고서 꾸짖고 비구들에게 알리고, 비구들

이 부처님께 사뢰니 꾸짖으시고 계를 제정하셨다.[301]

3. 제정한 뜻 [制意]

『四分律疏』

세 가지 허물이 있다. 두 가지는 앞의 계와 같고, 셋째는 이미 법을 아는 사람을 의지하지 않으면 의심이 있거나 막힘이 있어도 물어보고 결정할 곳이 없다. 미혹함이 있어도 가르쳐줄 사람이 없으면 크게 이익이 손실되므로 성인께서 제정하셨다.

4. 범하는 조건 [犯緣]

『比丘尼鈔』

세 가지 조건을 갖추면 범함이 된다.

첫째, 비구가 없는 장소에서

둘째, 의지할 마음을 내지 않고

셋째, 안거를 시작하는 의식을 마치면

범한다.

5. 범하는 상황 [罪相]

비구가 없는 곳에서 하안거를 했으면	바일제

---

301. (大22, 766中).

6. 범함이 아닌 경우[開緣]

만약 비구가 있는 곳에서 하안거를 했으면	범함이 아니다
만약 비구대중을 의지하여 하안거를 했는데, 그 사이에 (비구스님이) 목숨이 다했거나, 멀리 갔거나, 환속했거나, 도적에게 잡혀갔거나, 사나운 짐승에게 해를 당했거나, 물에 떠내려갔으면	

144 비구 절에 알리지 않고 들어가는 계 不白入大僧寺戒
차계

1. 계의 조문[戒文]

만약 비구니가 비구 승가람인 줄 알면서도 알리지 않고 들어가면 바일제다.

2. 계를 제정한 인연[緣起]

『四分』

부처님께서 사위국 기수급고독원에 계실 때였다. 어떤 비구니가 사위성에 식견이 높은 비구니가 입적하자 비구가 사는 절에 탑을 세웠다. 그래서 비구니들이 자주 절에 와서 이야기하고, 장난치고, 노래를 하며 좌선하는 비구를 산란하게 했다. 늘 좌선을 하는 가비라迦毘羅 장로가 비구니들이 가고 난 후에 그 탑을 무너뜨려서 절 밖에 내다 버렸다. 비구니들이 그 소식을 듣고 칼과 몽둥이 등을 들고 와서 던지려고 하자 가비라 비구가 신족통으로 허공에 날아올랐다. 비구니들이 듣고서 꾸짖고 비구들에게 알리고, 비구들이 부처님께 사뢰니 꾸짖으시고 "만약 비구니가 비구 승가람에 들어가면 바일제다"라고 계를 제정하셨다.

후에 비구가 있는지 없는지 알지 못한 것은 범함이 아니라고 거듭 제정하셨다. 부처님께서 "비구가 있는 절인 줄 알았으면 들어갈 수 없다"고 하셔서, 비구니들이 교수를 구하거나 의심나는 것이 있어 묻고자 할 때도 비구 절에 감히 들어가지 못했다. 그래서 "알린 후에 비구 절에 들어가는 것을 허락한다"고 하셨다. 그러나 불탑이나 성문의 탑에 참배하려고 들어갈 때는 알리지 않아도 된다고 하셨다. 그리고 "만약 비구니가 비구가 있는 절인 줄 알면서도 알리지 않고 들어가면 바일제다"라고 또다시 계를 제정하셨다.[302]

3. 제정한 뜻[制意]

『四分律疏』

알리지 않고 들어가면 자취가 비난을 받게 되고 큰 허물을 일으키기 쉽다. 또한 서로를 번뇌롭게 하기 때문에 계를 제정하셨다.

4. 범하는 조건 [犯緣]

『比丘尼鈔』

네 가지 조건을 갖추면 범함이 된다.

첫째, 비구 승가람인데

둘째, 비구에게 알리지 않고

셋째, 범함이 아닌 인연이 없는데

넷째, 문 안에 들어가면

범한다.

---

302. (大22, 766下).

5. 범하는 상황[罪相]

비구가 있는 절인 줄 알면서 알리지 않고 들어가서	두 발이 모두 문 안에 들어갔으면	바일제
	(한 발은 문 안에) 한 발은 문 밖에 있었으면	돌길라
	만약 방편으로 들어가려고 했으나 들어가지 않았으면	돌길라
	만약 들어가기로 약속했으나 들어가지 않았으면	

『比丘尼鈔』

『僧祇』 비구니가 알리지 않고 비구 절에 들어갈 때 가장 먼저 들어간 자는 바일제이고, 뒤에 들어간 자는 범함이 아니다.

『五分』 만약 비구가 안 보이더라도 알리지 않고는 들어갈 수 없으니, 반드시 비구를 보고 그 앞에 가서 알려야 한다. 그러면 비구는 허락할지 허락하지 않을지를 잘 헤아려야 한다. 만약 사람이 보이지 않거나 허락하지 않았는데 들어가면 바일제다.

6. 범함이 아닌 경우[開緣]

만약 먼저 알지 못했으면	
만약 비구가 없는 곳에 들어갔으면	
만약 불탑이나 성문탑에 예배하려고 들어갔으면	
만약 알리고 나서 들어갔으면	범함이 아니다
만약 가르침을 받으려고 갔으면	
만약 법을 물으려고 들어갔으면	
만약 청을 받았으면	

만약 길 가는 도중에 지나갔으면	
만약 비구 절에서 묵었으면[303]	
만약 힘센 자에게 붙잡혀 갔으면	
만약 결박당해 붙잡혀 갔으면	
만약 목숨이 위태롭거나 청정행이 어려웠으면	

145 비구를 모욕하는 계 訶罵比丘戒

대승공계, 차계   비구니들

1. 계의 조문[戒文]

만약 비구니가 비구를 모욕하면 바일제다.

2. 계를 제정한 인연[緣起]

『四分』

부처님께서 사위국 기수급고독원에 계실 때였다. 비구니들이 가비라 비구에게 "더럽고 하천한 장인匠人종족이 우리들의 탑을 무너뜨려서 절밖에 내다버렸다"고 모욕하는 말을 했다. 비구니들이 듣고서 꾸짖고 비구에게 알리고, 비구들이

---

303. 과청,『講記』下, p.2736, 在比丘寺當中止宿 那麼應該另外結一個比丘尼戒才好 可以護別衆之過.
　　비구 절에서 묵을 경우 반드시 따로 비구니를 위한 결계를 해야만 別衆의 허물을 보호할 수 있다.

부처님께 사뢰니 꾸짖으시고 계를 제정하셨다.[304]

3. 제정한 뜻[制意]

『四分律疏』

비구승단은 출가7중 가운데 상위上位이니 존중해야 하며 이치적으로 잘 받들어야 하는데, 도리어 악한 말로 모욕하여 굴욕을 준 것이다. 이는 법을 경시하고 사람을 업신여겨서 부처님의 가르침을 어기는 것이므로 제정하셨다.

4. 범하는 인연[犯緣]

『比丘尼鈔』

세 가지 조건을 갖추면 범함이 된다.

첫째, 비구에게

둘째, 악한 말로 그를 모욕하고

셋째, 말을 분명하게 하면

범한다.

5. 범하는 상황[罪相]

갖가지 종류의 말로 비구를 모욕하거나 내지 그가 꺼려하는 것을 말하되	말을 분명하게 했으면	바일제
	말을 분명하게 하지 않았으면	돌길라

『比丘尼鈔』

『十誦』 비구를 향해 혼잣말처럼 모욕하는 말을 해도 바일제다.

---

304. (大22, 767上).

6. 범함이 아닌 경우[開緣]

만약 장난으로 말했으면	
만약 빨리 말했으면	
만약 혼자 말했으면	범함이 아니다
만약 꿈속에서 말했으면	
만약 이것을 말하려다가 착오로 저것을 말했으면	

146 비구니 대중을 비방하는 계 罵尼衆戒

대승공계, 차계   가라비구니

1. 계의 조문[戒文]

만약 비구니가 다투기를 좋아하고 싸운 일을 제대로 기억하지 못하면서, 후에 화가 나 기분이 좋지 않아서 비구니 대중을 비방하면 바일제다.

2. 계를 제정한 인연[緣起]

『四分』

부처님께서 구섬미에 계실 때였다. 가라비구니가 다투기를 좋아하고 싸운 일을 제대로 기억하지 못하면서, 후에 화가 나서 비구니 대중을 비난하였다. 비구니들이 꾸짖고 비구들에게 알리고, 비구들이 부처님께 사뢰니 꾸짖으시고 계를 제

정하셨다.[305]

3. 제정한 뜻[制意]

『四分律疏』

다툼으로 인하여 화가 나서 비구니 대중을 비방하고 모욕하면 스스로를 무너뜨리고 다른 사람도 괴롭게 하니, 이치적으로 하지 말아야 한다.

4. 범하는 조건[犯緣]

『比丘尼鈔』

네 가지 조건을 갖추면 범함이 된다.

첫째, 상대방이 비구니 대중이고

둘째, 다툰 일로 화가 나서

셋째, 나쁜 말로 비방하고 모욕하되

넷째, 말을 분명하게 하면

범한다.

5. 범하는 상황[罪相]

다투기를 좋아해서 하룻밤이 지나자 바로 비구니 대중을 비방하며	말을 분명하게 했으면	바일제
	말을 분명하게 하지 않았으면	돌길라

6. 범함이 아닌 경우[開緣]

제145 비구를 모욕하는 계[訶罵比丘戒]의 계와 같다.

---

305. (大22, 767中).

147 대중에 알리지 않고 남자를 시켜 종기를 치료하는 계 不白衆使男子治癰戒

대승공계, 차계   발타라가비라 비구니

1. 계의 조문[戒文]

만약 비구니가 몸에 종기 및 갖가지 상처가 생겨서 대중과 다른 사람(식차마나·사미니)에게 알리지 않고, 자기 마음대로 남자를 시켜서 터뜨리거나 싸매게 하면 바일제다.

2. 계를 제정한 인연[緣起]

『四分』

부처님께서 석시수 가비라국迦毘羅國 니구율 동산에 계실 때였다. 발타라가비라跋陀羅迦毘羅 비구니가 몸에 종기가 생겨서 남자에게 터뜨리게 했는데, 비구니의 몸이 천신의 몸과 같이 곱고 부드러워서 남자가 손이 비구니의 몸에 닿을 때마다 염착심을 내었다. 남자가 문득 붙들고 범하려고 하자 비구니가 크게 소리쳤다. 비구니들이 듣고서 꾸짖고 비구들에게 알리고, 비구들이 부처님께 사뢰니 꾸짖으시고 계를 제정하셨다.[306]

3. 제정한 뜻[制意]

『四分律疏』

남녀는 형상이 달라서 이치상 마주 대하면 안 된다. 그런데 가볍게 여겨 치료하게 하면 염욕심이 생기기 쉽다.

---

306. (大22, 767下).

4. 범하는 조건 [犯緣]

『開宗記』

다섯 가지 조건을 갖추면 범함이 된다.

첫째, 몸에 종기나 상처가 있는데

둘째, 남자에게 터뜨리게 하고

셋째, 비구니는 염착심이 없고

넷째, 대중에 알리지 않고

다섯째, 남자의 손이 칼에 닿을 때마다

범한다.

5. 범하는 상황 [罪相]

몸에 종기와 갖가지 상처가 생겼는데, 대중에 알리지 않고 남자에게 터뜨리게 하되	한 번 칼을 댔으면	바일제
	한 번 싸맸으면	
	한 번 감았으면	

『比丘尼鈔』

『五分』에 "만약 남자에게 병을 치료하게 하려면 건추를 쳐서 대중을 모은다. 대중이 환자 앞으로 온 후에 옷으로 몸을 싸고 오직 치료할 곳만 보이게 하여 치료해야 한다"[307]고 하였다. 나머지는 바라이 '제5 남자와 만지고 접촉하는 계'에서 자세히 서술하고 있다.

---

307. (大22, 96下).

6. 범함이 아닌 경우[開緣]

대중스님들한테 알리고, 남자에게 종기 혹은 부스럼을 터뜨리거나 싸매도록 했으면	범함이 아니다
만약 힘센 자에게 잡혀갔으면	

---

148 공양청을 어기는 계 背請戒

대승공계, 차계

1. 계의 조문[戒文]

만약 비구니가 먼저 공양청을 받아놓고 족식足食한 후에 밥, 익힌 곡물가루, 건반乾飯, 생선, 고기를 먹으면 바일제다.[308]

2. 계를 제정한 인연[緣起]

『四分』

부처님께서 사위국 기수급고독원에 계실 때였다. 어떤 거사가 갖가지 음식을 마련하여 비구니 대중을 청하였다. 그런데 그 때가 사위성의 명절날이라 거사들이 음식을 가지고 절에 와서 공양을 올렸다. 그래서 비구니들이 이 음식을 먼저 먹고 공양청을 한 거사의 집에 가서는 조금만 달라고 하였다. 거사가 사실을 알고는 비난하니 비구니들이 꾸짖고 비구들에게 알렸다. 비구들이 부처님께 사뢰니 꾸짖으시고 계를 제정하셨다.[309]

3. 제정한 뜻[制意]

『四分律疏』

음식은 몸을 보충하기 위해서 수용하는 것인데, 지나치면 탐심을 기르고 적으면 부족하게 되니 반드시 양이 적절해야 한다. 신심 있는 거사가 좋은 음식을 준비해서 스님들을 청하고 잘 공양하기를 원했는데, 먼저 허락해놓고는 나중에 어겨서 공양자가 음식을 베푼 뜻을 헛되게 하였다. 그래서 스님들에게 공양한 이익이 없게 되어 시주자에게 손해를 끼치고 괴롭게 하였다. 그 허물이 가볍지 않으므로 성인께서 제정하셨다.

4. 범하는 조건[犯緣]

『尼戒會議』

세 가지 조건을 갖추면 범함이 된다.

첫째, 미리 다른 사람의 공양청을 받았는데

둘째, 먼저 족식을 마치고 나서

셋째, (공양청을 받은 곳에서) 먹어서 삼키면

범한다.

5. 범하는 상황[罪相]

먼저 공양청을 받았는데 족식을 한 후 (공양청을 받은 곳에서) 5정식을 먹었으면	삼킬 때마다 바일제

---

308. 정식은 본래 하루에 한 번, 정오 전에 자리를 옮기지 않고 족식할 수 있다. 그러나 만약 족식하지 못했을 경우에는 여식법을 하고 더 먹을 수 있다. 그런데 이 계에서는 미리 공양청을 한 곳에서 충분히 족식할 수 있을 만큼의 정식을 준비했는데, 그 전에 정식이 생겨서 족식을 했기 때문에 원래 공양청을 한 곳에서는 조금밖에 먹지 못한 것이다.

309. (大22, 768上).

바일
제
법

사
분
율
비
구
니
계
상
요
해

6. 범함이 아닌 경우[開緣]

만약 정식正食이 아닌 공양청을 받았으면	
만약 만족스럽지 못한 공양청이었으면[310]	
만약 미리 공양청을 받지 않았으면	범함이 아니다
만약 자리에 앉아 있으면서 다시 음식을 받았으면	
만약 같은 집에서 먼저 음식(5정식)을 먹고, 그 뒤에 또 음식 (5정식)을 먹었으면	

149 재가자의 집에서 질투심을 내는 계 於家生嫉妬心戒

대승공계, 차계   제사비구니

1. 계의 조문[戒文]

만약 비구니가 재가자의 집에서 질투심을 내면 바일제다.

2. 계를 제정한 인연[緣起]

『四分』

부처님께서 사위국 기수급고독원에 계실 때였다. 제사提舍비구니가 스승인 안은비구니와 함께 오래전부터 아는 단월의 집에 가니, 안은비구니의 위의가 단정

---

310. 여서, 『淺釋』, p.1382, 거사가 5정식을 청했으나 음식에 한계가 있어서 충분히 먹을 수 없어서 먼저 5정식을 먹고 공양청에 간 것이다.

한 것을 보고 단월이 환희심을 내어 공양하였다. 그러자 제사비구니가 "스승에게만 공양하기를 좋아한다"고 말하며 질투심을 내었다. 비구니들이 듣고서 꾸짖고 비구들에게 알리고, 비구들이 부처님께 사뢰니 꾸짖으시고 계를 제정하셨다.[311]

3. 제정한 뜻 [制意]

『四分律疏』

스승이 공양을 얻으면 더욱 환희심을 내야 하는데, 도리어 질투하고 시기하여 자신의 스승을 마음으로 가볍게 여기고 남의 물건을 아까워한다. 허물과 장애가 더욱 깊으므로 성인께서 제정하셨다.

4. 범하는 조건 [犯緣]

『比丘尼鈔』

네 가지 조건을 갖추면 범함이 된다.

첫째, 시주자가 좋은 마음으로 스승에게 공양했는데

둘째, 스승이 이익 얻는 것을 보고 질투심을 내고

셋째, 스승을 질투하는 말을 하되

넷째, 말을 분명하게 하면

범한다.

5. 범하는 상황 [罪相]

질투심을 내서 질투하는 말을 하되	말을 분명하게 했으면	바일제
	말을 분명하게 하지 않았으면	돌길라

---

311. (大22, 768中).

6. 범함이 아닌 경우[開緣]

만약 그 일이 사실이었으면	범함이 아니다
만약 장난으로 말한 등이었으면	

『比丘尼鈔』

『十誦』 '다른 사람 집의 물건을 아까워한다'는 것은 어떤 사람이 필요한 물건을 구할 때 단월을 대신해서 없다고 말하는 것이다. 이것은 바일제다.[312]

『五分』 다른 사람이 이익 얻는 것을 질투해서 자기 혼자 얻고자 하면 바일제다.

150 향을 몸에 바르고 문지르는 계 用香塗摩身戒

대승공계, 차계   육군비구니

1. 계의 조문[戒文]

만약 비구니가 향을 몸에 바르고 문지르면 바일제다.

2. 계를 제정한 인연 [緣起]

『四分』

부처님께서 사위국 기수급고독원에 계실 때, 육군비구니가 향을 몸에 바르니 거사들이 보고 비난하였다. 비구니들이 꾸짖고 비구들에게 알리고 비구들이 부처님께 사뢰니, 꾸짖으시고 계를 제정하셨다.[313]

3. 제정한 뜻[制意]

『四分律疏』

출가하여 도를 닦으면 몸이 부정함을 관하여 특히 염리심을 내야 하는데, 도리어 향을 바르고 문질러서 몸을 향기롭고 깨끗하게 한다. 탐착하는 마음이 깊고 뜻을 방일한 데 두어 근심과 허물이 심한 것이 이보다 더한 것이 없다.

4. 범하는 조건[犯緣]

『開宗記』

세 가지 조건을 갖추면 범함이 된다.

첫째, 향이 들어간 것이고

둘째, 병이 없는데

셋째, 바를 때마다

범한다.

5. 범하는 상황[罪相]

비구니가 몸에 향을 바르고 문지르면	바일제

6. 범함이 아닌 경우[開緣]

만약 이런 병이 있었으면	범함이 아니다
만약 힘센 자에게 잡혔으면	

[이하 다섯 가지 계(제151계-제155계)의 '범함이 아닌 경우'는 이 계와 같다.]

---

312. （大23, 341上）.

313. （大22, 768下）.

1. 계의 조문 [戒文]

만약 비구니가 깻묵을 몸에 바르고 문지르면 바일제다.

2. 계를 제정한 인연 [緣起]

『四分』

부처님께서 사위국 기수급고독원에 계실 때였다. 육군비구니가 깻묵을 몸에 바르니, 거사들이 보고 마치 음녀와 도적녀 같다고 비난하였다. 비구니들이 듣고서 꾸짖고 비구들에게 알리고, 비구들이 부처님께 사뢰니 꾸짖으시고 계를 제정하셨다.[314]

3. 제정한 뜻 [制意]

4. 범하는 조건 [犯緣]

『四分律疏』

이 계부터 이하 다섯 가지 계(제152계, 153계, 154계, 155계, 178계)는 '제정한 뜻'과 '범하는 조건' 등이 모두 앞의 제150계와 같다.

『四分律疏』

이 계부터 이하는 남을 시켜서 몸에 바르게 하는 것으로 다섯 가지 계를 세웠다. 한 계(제178계)만 뒤에 떨어져 있고, 지금부터 차례로 네 가지(제152계-155계)가 있다.

152 비구니를 시켜서 몸에 바르고 문지르게 하는 계 使比丘尼塗摩身戒

대승공계, 차계   육군비구니

1. 계의 조문 [戒文]

만약 비구니가 비구니를 시켜서 몸에 바르고 문지르게 하면 바일제다.

2. 계를 제정한 인연 [緣起]

『四分』

부처님께서 사위국 기수급고독원에 계실 때엿다. 육군비구니가 비구니를 시켜서 몸에 바르고 문지르게 하니, 거사들이 보고 마치 음녀와 도적녀 같다고 비난하였다. 비구니들이 듣고서 꾸짖고 비구들에게 알리고, 비구들이 부처님께 사뢰니 꾸짖으시고 계를 제정하셨다.[315]

---

314. (大22, 768下).

315. (大22, 769上).

153

식차마나를 시켜서 몸에 바르고 문지르게 하는 계 使式叉摩那塗摩身戒

대승공계, 차계   육군비구니

1. 계의 조문 [戒文]

만약 비구니가 식차마나를 시켜서 몸에 바르고 문지르게 하면 바일제다.

2. 계를 제정한 인연 [緣起]

『四分』

부처님께서 사위국 기수급고독원에 계실 때였다. 육군비구니가 식차마나를 시켜서 몸에 바르고 문지르게 하니, 거사들이 보고 마치 음녀와 도적녀 같다고 비난하였다. 비구니들이 듣고서 꾸짖고 비구들에게 알리고, 비구들이 부처님께 사뢰니 꾸짖으시고 계를 제정하셨다.[316]

사미니를 시켜서 몸에 바르고 문지르게 하는 계 使沙彌尼塗摩身戒

대승공계, 차계   육군비구니

1. 계의 조문 [戒文]

만약 비구니가 사미니를 시켜서 몸에 바르고 문지르게 하면 바일제다.

2. 계를 제정한 인연 [緣起]

『四分』

부처님께서 사위국 기수급고독원에 계실 때였다. 육군비구니가 사미니를 시켜서 몸에 바르고 문지르게 하니, 거사들이 보고 마치 음녀와 도적녀 같다고 비난하였다. 비구니들이 듣고서 꾸짖고 비구들에게 알리고, 비구들이 부처님께 사뢰니 꾸짖으시고 계를 제정하셨다.[317]

155 재가자인 부녀자를 시켜서
몸에 바르고 문지르게 하는 계 使白衣婦女塗摩身戒

대승공계, 차계   육군비구니

1. 계의 조문 [戒文]

만약 비구니가 재가자인 부녀자를 시켜서 몸에 바르고 문지르게 하면 바일제다.

2. 계를 제정한 인연 [緣起]

『四分』

부처님께서 사위국 기수급고독원에 계실 때였다. 육군비구니가 재가자인 부녀자를 시켜서 몸에 바르고 문지르게 하니, 거사들이 보고 마치 음녀와 도적녀 같

---

316. （大22, 769中).

317. （大22, 769下).

다고 비난하였다. 비구니들이 듣고서 꾸짖고 비구들에게 알리고, 비구들이 부처 님께 사뢰니 꾸짖으시고 계를 제정하셨다.[318]

156 저과의를 입는 계 著貯跨衣戒

대승공계, 차계　　　　　　　　　　　　　　　　　　　　　　　　투라난타 비구니

1. 계의 조문 [戒文]

만약 비구니가 저과의[319]를 입으면 바일제다.

2. 계를 제정한 인연 [緣起]

『四分』

부처님께서 사위국 기수급고독원에 계실 때였다. 투라난타 비구니가 저과의를 입어서 하체가 풍만하게 보이도록 만드니, 거사들이 보고 마치 음녀와 도적녀 같 다고 비난하였다. 비구니들이 듣고서 꾸짖고 비구들에게 알리고, 비구들이 부처 님께 사뢰니 꾸짖으시고 계를 제정하셨다.

3. 제정한 뜻 [制意]

『四分律疏』

출가자의 위의는 중생들에게 좋은 마음을 내게 해야 하는데, 이렇게 추하고

---

318. （大22, 769下）.
319. 여서, 『淺釋』, p.1396, 저과의란 천을 여러 번 겹쳐서 엉덩이 부분은 커보이게 하고, 허리는 천으

장애되는 것을 입으니 법식을 특히 어그러뜨린다.

4. 범하는 조건[犯緣]

『尼戒會義』

두 가지 조건을 갖추면 범함이 된다.

첫째, 마음에 음욕심을 가지고 저과의를 입되

둘째, 몸에 감아서 입으면

범한다.

5. 범하는 상황[罪相]

만약 비구니가 저과의를 입었으면	바일제

「第二分」

저과의는 털, 목화솜[劫貝], 구차라俱遮羅, 유엽초乳葉草, 추마芻摩, 야잠면野蠶綿을 사용한 것으로 일체 바일제다.

6. 범함이 아닌 경우[開緣]

만약 이런 병이 있어서 안에 병의病衣를 입고, 밖에 열반승을 입고, 다음에 가사를 입었으면	범함이 아니다
만약 힘센 자에게 잡혔으면	

로 졸라매서 가늘게 보이게 하는 것이다.

157 **부녀자의 장신구를 모아두는 계**畜婦女嚴身具戒

대승공계, 차계　　　　　　　　　　　　　　　　　　　　　　　　육군비구니

1. 계의 조문[戒文]

만약 비구니가 부녀자의 장신구를 모아두면, 때의 인연을 제외하고는 바일제다.

2. 계를 제정한 인연[緣起]

『四分』

부처님께서 사위국 기수급고독원에 계실 때였다. 육군비구니가 부녀자들의 몸을 치장하는 도구인 팔찌와 발찌 등을 모아두니, 거사들이 보고 마치 음녀와 도적녀 같다고 비난하였다. 비구니들이 듣고서 꾸짖고 비구들에게 알리고, 비구들이 부처님께 사뢰니 꾸짖으시고 계를 제정하셨다.

후에 부처님께서 "목숨이 위태롭거나 청정행이 어려운 두 가지 난으로 인하여 착용하는 것은 범함이 아니다"라고 거듭 제정하셨다.[320]

3. 제정한 뜻[制意]

『四分律疏』

재가자들의 장신구를 모아두면 대부분 염욕의 습기가 일어나서 도를 장애함이 심하므로 성인께서 제정하셔야 했다.

---

320. （大22, 770中）.

4. 범하는 조건[犯緣]

『尼戒會義』

두 가지 조건을 갖추면 범함이 된다.

첫째, 모아두려는 마음을 가지고

둘째, 이미 부녀자용으로 만들어진 장신구를 모아두었으면

범한다.

5. 범하는 상황[罪相]

비구니가 부녀자의 장신구를 모아두었으면	바일제

「第二分」

'장신구'라는 것은 팔찌나 발찌 및 신체의 하부[猥處]를 장식하는 도구 내지 나무껍질로 가발을 만드는 것 등이니 모두 바일제다.

6. 범함이 아닌 경우[開緣]

만약 이런 병이 있었으면	
만약 목숨이 위태롭거나 청정행이 어려워서 장식하는 도구를 착용하고 도망쳤으면	범함이 아니다
만약 힘센 자에게 잡혔으면	

158 가죽신을 신고 일산을 가지고 다니는 계 著革屣持蓋行戒

대승공계, 차계   육군비구니

1. 계의 조문[戒文]

만약 비구니가 가죽신을 신고 일산을 가지고 다니면, 때의 인연을 제외하고는 바일제다.

2. 계를 제정한 인연[緣起]

『四分』

부처님께서 사위국 기수급고독원에 계실 때였다. 육군비구니가 가죽신을 신고 일산을 들고 가니, 거사들이 보고 마치 음녀와 도적녀 같다고 비난하였다. 비구니들이 듣고서 꾸짖고 비구들에게 알리고 비구들이 부처님께 사뢰었다. 부처님께서 꾸짖으시고 "만약 비구니가 가죽신을 신고 일산을 가지고 다니면 바일제다"라고 계를 제정하셨다.

후에 비구니들이 공양할 때 모이거나 계를 설할 때, 비를 만나 새로 물들인 옷이 얼룩졌다. 그래서 부처님께서 "몸과 옷과 와구를 보호하기 위해 절 안에서 나무껍질, 잎사귀, 대나무로 만든 일산을 사용하는 것은 허락한다"고 말씀하셨다. 또 어떤 비구니가 비가 올 때 진흙길을 가다가 다리와 옷과 좌구가 더러워졌다. 그래서 부처님께서 절 안에서 나막신을 신는 것을 허락하셨다. 그래도 여전히 옷과 몸과 좌구가 더러워지므로 나막신 밑바닥에 나무껍질을 붙이는 것을 허락하시고, 껍질이 떨어지면 실로 꿰매고 실이 떨어지면 힘줄이나 털로 매도록 하셨다. 그리고 "만약 비구니가 가죽신을 신고 일산을 가지고 다니면, 때의 인연을 제외하고는 바일제다"라고 거듭 계를 제정하셨다.[321]

3. 제정한 뜻 [制意]

『四分律疏』

가죽신을 신고 일산을 가지고 다니면서 자기의 오만함을 기르고 비난을 초래하여 도에 손해가 되므로 성인께서 제정하셨다.

4. 범하는 조건 [犯緣]

『開宗記』

네 가지 조건을 갖추면 범함이 된다.

첫째, 가죽신을 신고 일산을 가지고

둘째, 절 안을 제외한 길을 가되

셋째, 범함이 아닌 인연이 없는데

넷째, 계를 벗어날 때마다

범한다.

5. 범하는 상황 [罪相]

비구니가 가죽신을 신고 일산을 가지고 다니되	한 마을에서 다른 한 마을에 이르렀으면 ─마을의 경계를 갈 때마다	낱낱이 바일제
	마을이 없는 아란야에서 10리를 갔으면	바일제
	한 마을의 경계에 못 미쳤거나 10리가 못 되게 갔으면	돌길라
	여러 마을 사이의 동일한 계를 갔으면	돌길라
방편으로 가고자 했으나 가지 않았으면		돌길라
함께 가기로 약속했다가 가지 않았으면		

---

321. (大22, 770下).

6. 범함이 아닌 경우[開緣]

만약 이런 병이 있었으면	범함이 아니다
만약 몸을 보호하거나, 옷을 보호하거나, 와구를 보호하려고 승가람 안에 있으면서 나무껍질 일산·잎사귀 일산·대나무 일산을 만들었으면	
만약 몸·옷·와구를 보호하려고 승가람 안에서 가죽신을 만들어 신었으면	
만약 힘센 자에게 잡혔으면	
만약 결박되어 갇혔으면	
만약 목숨이 위태롭거나 청정행이 어려웠으면	

159 병이 없는데 탈 것을 타고 다니는 계無病乘乘行戒

대승공계, 차계 　　　　　　　　　　　　　　　　　　　　　　　육군비구니

1. 계의 조문[戒文]

만약 비구니가 병이 없는데 탈 것을 타고 다니면, 때의 인연을 제외하고는 바일제다.

2. 계를 제정한 인연 [緣起]

『四分』

부처님께서 사위국 기수급고독원에 계실 때였다. 육군비구니가 탈 것을 타고 길을 가니, 거사들이 보고 마치 음녀와 도적녀 같다고 비난하였다. 비구니들이 듣고서 꾸짖고 비구들에게 알리고 비구들이 부처님께 사뢰었다. 부처님께서 꾸짖으시고 "만약 비구니가 탈 것을 타고 다니면 바일제다"라고 계를 제정하셨다.

후에 늙거나 쇠약하고 병들어서 기력이 없을 때는 인력거[步挽乘]나 일체 암컷이 끄는 것을 탈 수 있도록 허락하셨다. 또 목숨이 위태롭거나 청정행이 어려울 때는 탈 것을 타고 달아나도 된다고 하셨다. 그리고 "만약 비구니가 병이 없는데 탈 것을 타고 다니면, 때의 인연을 제외하고는 바일제다"라고 거듭 계를 제정하셨다.[322]

3. 제정한 뜻 [制意]

『開宗記』

출가자는 이치적으로 자비를 닦아서 중생을 제도해야 한다. 그런데 함부로 탈 것을 타면 앞의 대상을 힘들게 하고 위의가 아니며, 비난을 초래하고 도를 손해되게 한다. 이러한 허물로 인하여 바일제죄를 준다고 제정하셨다.

4. 범하는 조건 [犯緣]

『四分律疏』

네 가지 조건을 갖추면 범함이 된다.

첫째, 탈 것을 타고

둘째, 길을 가서

셋째, 범함이 아닌 인연이 없는데

---

322. (大22, 771中).

넷째, 계界를 넘을 때마다
범한다.

5. 범하는 상황[罪相]

> 앞의 '제158 가죽신을 신고 일산을 가지고 다니는 계'와 같다.
> (단지 '비구니가 인연 없이 탈 것을 타는 것'으로 고치면 된다.)

「第二分」

탈 것에는 네 종류가 있으니 코끼리, 말, 수레, 인력거이다.

6. 범함이 아닌 경우[開緣]

만약 때에 이런 병이 있어서 갖가지 암컷이나 암컷이 끄는 수레를 탔으면	범함이 아니다
만약 목숨이 위태롭거나 청정행이 어려워서 수레를 타고 도망갔으면	
만약 힘센 자에게 잡혀서 끌려갔으면	

『比丘尼鈔』

『五分』'탈 것을 타고 다니는 계'에서 수레, 코끼리, 말을 타는 것 내지 나막신을 신는 것까지 모두 '탈 것'이라고 한다. 만약 나이가 들었거나, 병이 들었거나, 혹은 길을 가거나 발가락에 통증이 있었으면 범함이 아니다.

『僧祇』병이 있어서 갈 수가 없어 암컷이나 암컷이 끄는 것을 타는 것은 죄가 없다.

160 승기지를 입지 않고 마을에 들어가는 계 不著僧祇支入村戒

대승공계, 차계   육군비구니

1. 계의 조문 [戒文]

만약 비구니가 승기지[323]를 입지 않고 마을에 들어가면 바일제다.

3. 계를 제정한 인연 [緣起]

『四分』

부처님께서 사위국 기수급고독원에 계실 때였다. 육군비구니가 승기지를 입지 않고 마을에 들어가서 가슴과 겨드랑이, 허리가 드러나니 거사들이 보고 마치 음녀와 도적녀 같다고 비난하였다. 비구니들이 듣고서 꾸짖고 비구들에게 알리고, 비구들이 부처님께 사뢰니 꾸짖으시고 계를 제정하셨다.[324]

4. 제정한 뜻 [制意]

『開宗記』

여자의 몸은 가리지 않으면 추한 모습이 밖으로 드러나며, 또한 다른 사람이 염오심을 일으켜서 비방하는 허물을 초래한다.

5. 범하는 조건 [犯緣]

『比丘尼鈔』

세 가지 조건을 갖추면 범함이 된다.

첫째, 승기지가 있는데

---

323. 범어로는 saṁkasikā, 왼쪽 어깨 및 양 겨드랑이를 덮는 속옷을 말한다.
324. （大22, 771下）.

둘째, 입지 않고

셋째, 마을에 들어가면

범한다.

6. 범하는 상황[罪相]

비구니가 승기지를 입지 않고 마을에 들어가되	마을의 문에 이르렀으면[325]	바일제
	한 다리는 문 안에 있고, 한 다리는 문 밖에 있었으면	돌길라
방편으로 들어가고자 했다가 들어가지 않았으면		돌길라
들어가기로 약속해놓고 들어가지 않았으면		

7. 범함이 아닌 경우[開緣]

만약 이런 병이 있었으면	
만약 겨드랑이에 상처가 있었으면	
만약 승기지가 없었으면	
만약 방편으로 만들려고 했으면	범함이 아니다
만약 더러워서 빨았는데 아직 마르지 않았으면	
만약 만들었는데 잃어버렸거나 깊숙한 곳에 두었으면	
만약 힘센 자에게 잡혔으면	
만약 목숨이 위태롭거나 청정행이 어려웠으면	

---

325. 저본에는 "마을의 문에 이르렀으면[所至村門]"이라고 되어 있으나, 두 발 모두 마을의 문 안에 들어가야 바일제를 범하는 것이므로 이는 맞지 않다. 그래서 여서, 『淺釋』, p.1410에는 "마을의 문에 들어갔으면[入村門]"이라고 하였다.

161 해질 무렵에 재가자의 집에 가는 계 向暮至白衣家戒

대승공계, 차계 　　　　　　　　　　　　　　　　　　　　투라난타 비구니

1. 계의 조문[戒文]

만약 비구니가 해질 무렵에 미리 부름을 받지 않았는데 재가자의 집에 가면 바일제다.

2. 계를 제정한 인연[緣起]

『四分』

부처님께서 사위국 기수급고독원에 계실 때였다. 투라난타 비구니가 해질 무렵에 거사의 집에 가서 앉아 있다가 주인에게 말을 하지 않고 나왔다. 그 때 평소에 그 집을 염탐하던 도적이 문이 열려있는 것을 보고 재물을 훔쳐 달아났다. 거사가 집안사람들에게 물어보니, 투라난타 비구니가 문을 열어 놓고 나갔다고 하였다. 거사가 "이 비구니는 부끄러움도 없이 주지 않은 것을 취한다. 도적과 공모해서 나의 재물을 훔쳐가니 도적녀나 음녀와 같다"고 비난하였다. 비구니들이 듣고서 꾸짖고 비구들에게 알리고 비구들이 부처님께 사뢰었다. 부처님께서 꾸짖으시고 "만약 비구니가 해질 무렵에 재가자의 집에 가면 바일제다"라고 계를 제정하셨다.

후에 불법승의 일이나 아픈 사람을 돌봐야 하는 일이 있을 때, 혹은 단월이 청했을 때도 의심이 되어 가지 못했다. 그래서 부처님께서 "만약 비구니가 해질 무렵에 미리 부름을 받지 않고 재가자의 집에 가면 바일제다"라고 거듭 계를 제정하셨다.[326]

---

326. （大22, 772上）.

3. 제정한 뜻[制意]

『四分律疏』

이미 날이 저물면 재물의 손실이 있기 쉽다. 도둑을 맞는 일이 생기면 결백을 밝히기가 어려우므로, 반드시 주인에게 알려야 비로소 범하는 허물이 없다. 그런데 이제 마음대로 들어왔다가 마음대로 나가니 근심과 누가 됨이 심하므로 제정하셨다.

4. 범하는 조건[犯緣]

『開宗記』

다섯 가지 조건을 갖추면 범함이 된다.

첫째, 해질 무렵이고

둘째, 재가자의 집에

셋째, 삼보의 일이나 청하여 부른 등의 인연이 없는데

넷째, 주인에게 말하지 않고

다섯째, 문 안에 들어가면

범한다.

5. 범하는 상황[罪相]

비구니가 날이 저물 때 재가자의 집에 이르러	문에 들어갔으면	바일제
	한 다리는 문 안에 있고, 한 다리는 문 밖에 있었으면	돌길라
방편으로 가고자 했다가 가지 않았으면		돌길라
함께 가기로 약속했다가 가지 않았으면		돌길라

6. 함께 제정함[倂制]

비구	
식차마나	돌길라
사미·사미니	

7. 범함이 아닌 경우[開緣]

만약 삼보의 일로	재가자의 집에 들어갔으면	범함이 아니다
만약 간병하는 일로		
만약 청하거나 부름을 받아서		
만약 힘센 자에게 잡혀서		
만약 결박되어 끌려가서		
만약 목숨이 위태롭거나 청정행이 어려워 부르지 않았으나 가서		
만약 주인에게 말하고 나서	재가자의 집에서 나왔으면	
만약 그의 집이 불에 탔거나 무너져서		
만약 독사가 있어서		
만약 도적이 있어서		
만약 사나운 짐승이 있어서		
만약 힘센 자에게 잡혀가거나 결박되어 끌려가서		
만약 목숨이 위태롭거나 청정행이 어려운 두 가지 난으로 말하지 못하고 떠나게 되어		

1. 계의 조문 [戒文]

만약 비구니가 해질 무렵에 승가람 문을 열고, 다른 비구니에게 부촉하지 않고 나가면 바일제다.

2. 계를 제정한 인연 [緣起]

『四分』

부처님께서 사위국 기수급고독원에 계실 때였다. 육군비구니 중에 한 비구니가 해질 무렵에 다른 비구니에게 말하지 않고 승가람의 문을 열어 놓고 나갔다. 그러자 도적이 '이것은 우리에게 재물을 훔쳐가라는 뜻이다'라고 생각하고 절에 들어와서 재물을 훔쳐갔다. 비구니들이 이 사실을 알고 꾸짖고 비구들에게 알리고, 비구들이 부처님께 사뢰니 꾸짖으시고 계를 제정하셨다.

후에 비구니들이 불법승의 일이나 아픈 사람을 돌봐야 하는 일이 있을 때도 의심이 되어 가지 못했다. 그래서 부처님께서 다른 비구니에게 부촉하는 것을 허락하시고, "만약 비구니가 해질 무렵에 승가람 문을 열고, 다른 비구니에게 부촉하지 않고 나가면 바일제다"라고 거듭 계를 제정하셨다.[327]

3. 제정한 뜻 [制意]

『四分律疏』

해질 무렵에 함부로 문을 열어두면 쉽게 간악한 도둑질을 부추기고, 출입에 절

---

327. (大22, 772中).

도가 없어서 대중의 규칙을 어김이 심하므로 제정하셨다.

4. 범하는 조건 [犯緣]

『四分律疏』

다섯 가지 조건을 갖추면 범함이 된다.

첫째, 해질 무렵이고

둘째, 승가람의 문을 열어두고

셋째, 부촉하지 않고

넷째, 범함이 아닌 인연이 없는데(화재, 도적 등 여러 가지 재난)

다섯째, 문을 나가면

범한다.

5. 범하는 상황 [罪相]

다른 비구니에게 부촉하지 않고 해질 무렵에 승가람 문을 열고	문을 나갔으면	바일제
	한 다리가 문 밖에 있었으면	돌길라
방편으로 가려고 했다가 가지 않았으면		돌길라
함께 가기로 약속했다가 가지 않았으면		

6. 범함이 아닌 경우[開緣]

		범함이 아니다
만약 불법승의 일을 위해 부촉하고 나갔으면		
만약 간병하는 일을 위해 부촉하고 나갔으면		
만약 사원이 파괴되었거나 불에 타버려서	부촉하지 못하고 나갔으면	
만약 독사, 사나운 짐승, 도적이 있어서		
만약 힘센 자에게 잡혔거나 결박되어서 끌려가서		
만약 목숨이 위태롭거나 청정행이 어려워서		

163 해가 지고 나서 승가람 문을
열고 나가는 계 日沒開僧伽藍門戒

대승공계, 차계   육군비구니

1. 계의 조문[戒文]

만약 비구니가 해가 지고 나서 승가람 문을 열고 부촉하지 않고 나가면 바일
제다.

2. 계를 제정한 인연[緣起]

『四分』

부처님께서 사위국 기수급고독원에 계실 때였다. 육군비구니 중에 한 비구니
가 해가 지고 나서 부촉하지 않고 승가람의 문을 열어 놓고 나갔다. 그때 절도

범이 탈옥해서 승가람 문이 열려 있는 것을 보고 안으로 들어왔다. 간수가 뒤쫓아 와서 비구니들에게 죄수를 보았는지 물었으나 모른다고 대답했는데, 그가 곳곳을 뒤져서 도적을 찾아내었다. 이를 본 거사들이 "도적을 보고도 보지 못했다고 하니 무슨 바른 법이 있겠는가!"라고 하면서 비난하였다. 비구니들이 듣고서 꾸짖고 비구들에게 알리고, 비구들이 부처님께 사뢰니 꾸짖으시고 계를 제정하셨다.

후에 비구니들이 불법승의 일이나 아픈 사람을 돌봐야 하는 일이 있을 때도 의심이 되어 가지 못했다. 그래서 부처님께서 다른 비구니에게 부촉하는 것을 허락하시고, "만약 비구니가 해가 지고 나서 승가람 문을 열고 부촉하지 않고 나가면 바일제다"라고 거듭 계를 제정하셨다.[328]

3. 제정한 뜻[制意]

『四分律疏』

앞의 계는 아직 해가 지지 않았으므로 '해질 무렵'이라고 하였고, 이 계는 해가 지고 난 후에 문을 여는 것이기 때문에 차이가 있다. 조건을 갖추는 것은 앞의 계와 같지만 해가 진 것을 기준하여 구분한 것이다.

『集要』

앞의 계는 도적이 들어와서 물건을 훔쳐간 것으로 인하여 제정되었고, 이 계는 탈옥수가 절에 들어온 것으로 인하여 제정되었다. 따라서 결국에는 본래 두 법이 아닌데 두 계로 나누어 제정되었다. 율장을 결집하는 사람들이[329] 점검하는 것을 빠뜨렸기 때문이다.

---

328. （大22, 772下).
329. 저본에는 '結業者'라고 되어 있으나 여서, 『淺釋』, p.1421에 따르면 '結集者'라고 해야 문맥상 뜻이 통한다.

164 안거하지 않는 계 不安居戒

비구계 돌길라, 대승공계, 차계 　　　　　　　　　　　　　　　　　육군비구니

1. 계의 조문[戒文]

만약 비구니가 전안거[330]도 하지 않고 후안거도 하지 않으면 바일제다.

2. 계를 제정한 인연[緣起]

『四分』

부처님께서 사위국 기수급고독원에 계실 때 어떤 비구니가 하안거를 하지 않았다. 비구니들이 꾸짖고 비구들에게 알리고, 비구들이 부처님께 사뢰니 꾸짖으시고 계를 제정하셨다. 후에 불법승의 일이나 간병하는 일 때문에 안거를 하지 못해서 걱정하니 후안거를 하도록 허락하셨다. 그리고 "만약 비구니가 전안거도 하지 않고 후안거도 하지 않으면 바일제다"라고 거듭 계를 제정하셨다.[331]

3. 제정한 뜻[制意]

『四分律疏』

여름에 유행하다가 안거를 하지 못해 가르침을 어기고 수행에 방해가 되어서 비난과 욕됨을 초래하였다.

---

330. 과청, 『講記』下, pp.2821-2822, 안거는 전안거, 중안거, 후안거로 나뉘어진다. 전안거일은 4월 16일이고, 중안거일은 4월 17일에서 5월 15일까지이고, 후안거일은 5월 16일이다. 안거 기간은 각 안거일(안거를 시작하는 날)로부터 3개월이다.
331. （大22, 773上）.

4. 범하는 조건[犯緣]

『比丘尼鈔』

세 가지 조건을 갖추면 범함이 된다.

첫째, 후안거하는 날이고

둘째, 안거에 들어가지 않고

셋째, 후안거하는 날이 지나면

범한다.

5. 범하는 상황[罪相]

비구니가	전안거를 하지 않았으면	돌길라
	(전안거도 하지 않고) 후안거도 하지 않았으면	바일제

6. 범함이 아닌 경우[開緣]

만약 전안거를 했으면	범함이 아니다
만약 삼보의 일, 간병하는 일로 후안거를 했으면	

165 병이 있는 여인에게 구족계를 주는 계 度有病女受具戒

1. 계의 조문 [戒文]

만약 비구니가 어떤 여인이 항상 대소변이 새거나, 눈물과 콧물과 침을 흘리는 줄 알면서 구족계를 주면 바일제다.

2. 계를 제정한 인연 [緣起]

『四分』

부처님께서 사위국 기수급고독원에 계실 때였다. 비구니들이 항상 대소변이 새거나 눈물과 콧물과 침을 흘리는 이를 출가시켜서 구족계를 주니, 몸과 옷과 와구를 더럽혔다. 비구니들이 듣고서 꾸짖고 비구들에게 알리고, 비구들이 부처님께 사뢰니 꾸짖으시고 계를 제정하셨다. 후에 비구니들이 알지 못하고 출가시켜 구족계를 준 것은 범함이 아니라고 거듭 제정하셨다.[332]

3. 제정한 뜻 [制意]

『四分律疏』

병이 있는 자에게 구족계를 주면 삼보에 허물이 되고 누를 끼치기 때문이다.

4. 범하는 조건 [犯緣]

『四分律疏』

다섯 가지 조건을 갖추면 범함이 된다.

---

332. (大22, 773中).

첫째, 병이 있고

둘째, 병이 있는 줄 알고도

셋째, 구족계를 주기 위해

넷째, 화상니가

다섯째, 세 번의 갈마설을 마쳤으면

범한다.

5. 범하는 상황[罪相]

	알리기를 하고, 세 번째 갈마설을 마쳤으면	바일제
병이 있는 여인을 제도하여 구족계를 주되, 화상니가	알리기를 하고, 두 번째 갈마설을 마쳤으면	3돌길라
	알리기를 하고, 첫 번째 갈마설을 마쳤으면	2돌길라
	알리기를 마쳤으면	1돌길라
	알리기를 마치지 않았으면	돌길라
	알리기를 하기 전에 삭발을 해 주었거나, 계를 주기 위해 대중을 모아 대중이 찼으면	일체 돌길라

6. 범함이 아닌 경우[開緣]

만약 알지 못했으면	
만약 믿을 만한 사람의 말을 믿었으면	범함이 아니다
만약 부모의 말을 믿었으면	
만약 구족계를 주고 난 후에 병이 생겼으면	

차계   어떤 비구니

1. 계의 조문 [戒文]

만약 비구니가 이형인二形人인 줄 알면서 구족계를 주면 바일제다.

2. 계를 제정한 인연 [緣起]

『四分』

부처님께서 사위국 기수급고독원에 계실 때였다. 어떤 비구니가 이형인에게 구족계를 주니, 대소변을 할 때 어떤 비구니가 보고서 대중에 알렸다. 비구니들이 꾸짖고 비구들에게 알리고, 비구들이 부처님께 사뢰니 꾸짖으시고 계를 제정하셨다. 뒤에 이형인인지 알지 못한 것은 범함이 아니라고 거듭 제정하셨다.[333]

3. 제정한 뜻 [制意]

『四分律疏』

형상이 두 가지 경계를 이루어서 장애가 되어 계체를 발할 수가 없고, (비구처소와 비구니 처소 중에) 어디에서 지내게 해야 할지 알 수 없으므로 제정하여 허락하지 않았다.

4. 범하는 상황 [罪相]

『四分律疏』

앞의 제165계와 같고 '범하는 상황'에서 '이형인'이라고 고치면 된다.

---

333. （大22, 773下）.

두 길이 합해진 사람에게 구족계를 주는 계 與二道合人受具戒

차계   비구니들

1. 계의 조문[戒文]

만약 비구니가 두 길이 합해진 사람인 줄 알면서 구족계를 주면 바일제다.

2. 계를 제정한 인연[緣起]

『四分』

부처님께서 사위국 기수급고독원에 계실 때 어떤 비구니가 대소변 길이 합해진 사람에게 구족계를 주니, 대소변을 할 때 어떤 비구니가 보고서 대중에 알렸다. 비구니들이 꾸짖고 비구들에게 알리고, 비구들이 부처님께 사뢰니 꾸짖으시고 계를 제정하셨다. 후에 두 길이 합해진 사람인지 아닌지 알지 못한 것은 범함이 아니라고 거듭 제정하셨다.[334]

3. 범하는 상황[罪相]

『四分律疏』

앞의 제165계와 같고 '범하는 상황'에서 '두 길이 합해진 사람'이라고 고쳤을 뿐이다.

---

334. (大22, 774上).

빛이 있거나 병이 있는 사람에게 구족계를 주는 계 與負債難病難人受具戒

차계   비구니들

1. 계의 조문[戒文]

만약 비구니가 빛이 있거나 병이 있는 사람인 줄 알면서 구족계를 주면 바일제다.

2. 계를 제정한 인연[緣起]

『四分』

부처님께서 사위국 기수급고독원에 계실 때였다. 비구니들이 빛이 있거나 병이 있는 사람에게 구족계를 주니 빚쟁이가 와서 끌어내기도 하고, 병자는 항상 사람이 지켜보아야 해서 멀리 떠날 수가 없었다. 비구니들이 꾸짖고 비구들에게 알리고, 비구들이 부처님께 사뢰니 꾸짖으시고 계를 제정하셨다. 후에 이러한 사실을 알지 못한 것은 범함이 아니라고 거듭 제정하셨다.[335]

3. 범하는 상황[罪相]

앞의 제165계와 같고 '범하는 상황'에서 '빛이 있거나 병이 있는 사람'이라고 고쳤을 뿐이다.

「第二分」

'빛을 졌다'는 것은 1전錢의 16분의 1이라도 빛을 진 것이고, '병이 있다'는 것은 머리가 항상 아픈 것까지도 병이 있다고 한다.

---

335. （大22, 774中）.

4. 범함이 아닌 경우[開緣]

『尼戒會義』

'범함이 아닌 경우' 중에 구족계를 준 후에 빚을 졌거나 병이 생긴 것만 다르다. 『五分』에는 "만약 출가한 후에 빚을 갚았다고 말했으면 범함이 아니다"[336]라고 하였다.

●169 주문을 외우는 것으로 생활하는 계 誦呪爲活命戒

대승공계, 차계   육군비구니

1. 계의 조문[戒文]

만약 비구니가 세속의 기술을 배워서 생활수단으로 삼으면 바일제다.

2. 계를 제정한 인연[緣起]

『四分』

부처님께서 사위국 기수급고독원에 계실 때 육군비구니가 주술을 배워서 생활하였다. 비구니들이 꾸짖고 비구들에게 알리고, 비구들이 부처님께 사뢰니 꾸짖으시고 계를 제정하셨다.

---

336. (大22, 93上).

3. 제정한 뜻[制意]

『四分律疏』

앞의 계(제117 스스로 주술을 외우는 계)는 바른 법을 버리고 세속의 주술을 외우나 이것으로 생활하는 것은 아니다. 하지만 이 계는 생활을 영위하기 위한 것이므로 다르다.

4. 범하는 조건[犯緣]

『比丘尼鈔』

세 가지 조건을 갖추면 범함이 된다.

첫째, 세간의 주술이고

둘째, 생활을 영위하기 위해서

셋째, 말을 분명하게 하면

범한다.

5. 범하는 상황[罪相]

비구니가 세간의 주술을 익히거나 내지 새소리를 아는 것 등으로 생활수단을 삼아서	말을 분명하게 했으면	바일제
	말을 분명하게 하지 않았으면	돌길라

『比丘尼鈔』

『十誦』 외도의 책 읽는 음성으로 불경을 독송하면 돌길라다.

『五分』 남을 미혹시키는 주술이나 죽은 사람을 살리는 주술을 배우면 투란차고, 비구니가 직접 또는 남을 시켜서 점을 보면 바일제다.

6. 범함이 아닌 경우[開緣]

만약 뱃속의 기생충 때문에 주술을 배웠으면	범함이 아니다
만약 이전에 먹은 음식이 소화되지 않아서 치료했으면	
만약 외서를 배우거나, 독송하는 것을 배우거나, 세속의 논論을 배워서 외도를 항복시키려고 했으면	
만약 주독呪毒을 배운 것이 스스로를 보호하기 위한 것이지 생활을 영위하려는 것이 아니었으면	

170 세속의 기술을 재가자에게 가르치는 계 以世俗伎術教授白衣戒

대승공계, 차계 　　　　　　　　　　　　　　　　　　육군비구니

1. 계의 조문[戒文]

만약 비구니가 세속의 기술을 재가자에게 가르치면 바일제다.

2. 계를 제정한 인연[緣起]

『四分』

부처님께서 사위국 기수급고독원에 계실 때 육군비구니가 세속의 기술을 재가자들에게 가르쳤다. 비구니들이 꾸짖고 비구들에게 알리고, 비구들이 부처님께 사뢰니 꾸짖으시고 계를 제정하셨다.[337]

3. 제정한 뜻[制意]

『四分律疏』

앞의 계는 주술을 외우고 익히는 것이고, 이 계는 음양과 길흉을 재가자에게 가르치는 것이다. 또 앞의 계에서는 네 가지 종류 ①병을 치료하는 것 ②말을 배우는 것 ③외도를 항복시키는 것 ④몸을 보호하는 것은 허용하였다. 그러나 여기에서 재가자를 가르치는 것을 허용한 경우는 전혀 없다.

4. 범하는 조건[犯緣]

『四分律疏』

세 가지 조건을 갖추면 범함이 된다.

첫째, 음양과 길흉 등의 일을

둘째, 재가자에게 가르쳐서

셋째, 말을 분명하게 하면

범한다.

5. 범하는 상황[罪相]

세속의 기술을 재가자에게 가르쳐서	말을 분명하게 했으면	바일제
	말을 분명하게 하지 않았으면	돌길라

「第二分」

'세속의 기술'이라는 것은 재가자들에게 "해나 달이나 신에게 제사 지내는 사당을 향하여 대소변 하지 말고, 분뇨나 쓰레기나 여러 탕기의 깨끗하지 못한 물을 버리지 말라. 해나 달이나 신에게 제사 지내는 사당을 향하여 다리를 뻗지 말라.

---

337. （大22, 775上）.

만약 방사를 짓거나 밭을 경작하거나 파종할 때는 해나 달을 향하고 신에게 제사 지내는 사당을 향하도록 해야 한다"라고 가르치는 것이다.

또한 "오늘 누구의 별자리 운세[星宿日]가 좋으니 씨를 뿌려라, 집을 지어라, 일꾼에게 시켜라, 어린아이를 삭발해 주어라, 머리를 길러라, 수염을 깎아라, 재물을 취하라, 멀리 가도 좋다"고 가르치는 것이다.

6. 범함이 아닌 경우[開緣]

만약 여래의 탑을 향하라고 가르쳤으면	범함이 아니다
만약 장난으로 말했으면	
만약 빨리 말했거나, 혼자 말했거나, 꿈속에서 말했으면	
만약 이것을 말하려다가 착오로 저것을 말했으면	

「第二分」

"여래의 탑이나 성문의 탑을 향하여 대소변 하지 말고, 분뇨·쓰레기·여러 탕기의 깨끗하지 않은 물을 버리지 말라. 또 여래의 탑이나 성문의 탑을 향하여 다리를 뻗지 말라. 만약 방사를 짓거나 밭을 경작하거나 파종할 때는 여래의 탑 및 성문탑을 향해야 한다"라고 가르쳐야 한다. 그리고 "탑사에 들어가서 비구스님들에게 공양해야 하고, 8일·14일·15일의 변화가 나타나는 날[338]에는 팔관재계를 받아야 한다"고 말해야 한다.

▌171▐ 구빈을 당하고도 떠나지 않는 계 被擯不去戒

대승공계, 차계   육군비구니

1. 계의 조문 [戒文]

만약 비구니가 구빈驅擯[339]을 당하고도 떠나지 않으면 바일제다.

2. 계를 제정한 인연 [緣起]

『四分』

부처님께서 주나치라국周那絺羅國에 계실 때, 육군비구니가 구빈갈마를 당하고도 떠나지 않았다. 비구니들이 꾸짖고 비구들에게 알리고, 비구들이 부처님께 사뢰니 꾸짖으시고 계를 제정하셨다.[340]

3. 제정한 뜻 [制意]

『四分律疏』

이미 구빈갈마로 다스려져서 명령을 받으면 바로 나가야 하는데, 고의로 가지 않아서 법을 어기고 스님들을 괴롭게 하므로 제정하셨다.

4. 범하는 조건 [犯緣]

『四分律疏』

네 가지 조건을 갖추면 범함이 된다.

첫째, 구빈갈마로 다스려졌고

---

339. 여서, 『淺釋』, p.1441, 구빈(쫓겨남)에 세 종류가 있다. 不見擯, 不懺擯, 惡邪不除擯이다.
340. (大22, 775中).

둘째, 하심하여 구빈을 풀어주기를 구하지 않고

셋째, 범함이 아닌 인연이 없는데

넷째, 떠나지 않으려고 생각하면

범한다.

5. 범하는 상황[罪相]

비구니가 구빈을 당하고도 떠나지 않았으면	바일제

6. 범함이 아닌 경우[開緣]

만약 구빈을 당하고 바로 떠났으면	
만약 수순하여 어기지 않고 하심하여 허물을 참회하고 구빈을 풀어주기를 구했으면	범함이 아니다
만약 함께 갈 사람이 없었거나 병을 얻었으면	
만약 수로나 육로가 끊어진 경우 등이었으면	

비구에게 먼저 허락받지 않고
갑자기 질문하는 계 先不請比丘輒問義戒[341]

대승공계, 차계   안은비구니

1. 계의 조문[戒文]

만약 비구니가 비구에게 뜻을 묻고자 할 때 먼저 허락을 구하지 않고 질문하면 바일제다.

2. 계를 제정한 인연[緣起]

『四分』

부처님께서 사위국 기수급고독원에 계실 때였다. 안은비구니가 뛰어난 지혜로 비구들에게 뜻을 물으니 대답을 하지 못해 모두 부끄러워하였다. 비구니들이 꾸짖고 비구들에게 알리고, 비구들이 부처님께 사뢰니 꾸짖으시고 계를 제정하셨다. 후에 누구에게 가르침을 구해야 할지, 의심이 있을 때 누구에게 물어야 할지 알지 못하므로 허락을 구하고 질문하도록 거듭 제정하셨다.[342]

3. 제정한 뜻[制意]

『四分律疏』

대덕비구에게 자문을 구할 때는 먼저 알려야 하는데 이제 청하지도 않고 갑자기 질문하니, 곧 법을 경시하고 상대를 가볍게 여기는 것이다. 추가로 질문을 계속해서 상대방의 번뇌를 더하게 하므로 제정하셨다.

---

341. 저본에는 계목에 '比丘尼'라고 되어 있다. 그러나 '계의 조문'을 살펴보면 '比丘'라고 해야 한다.
342. (大22, 775下).

4. 범하는 조건 [犯緣]

『四分律疏』

다섯 가지 조건을 갖추면 범함이 된다.

첫째, 대덕비구이고

둘째, 먼저 허락을 구하지 않고

셋째, 항상 질문하도록 허락받지 않았거나, 친분이 없거나, 서로 가르침을 받는 관계가 아니면서

넷째, 뜻을 물어서 (장난으로 한 것 등은 제외한다)

다섯째, 말을 분명하게 하면

범한다.

5. 범하는 상황 [罪相]

비구에게 먼저 허락을 구하지 않고 뜻을 물어서	말을 분명하게 했으면	바일제
	말을 분명하게 하지 않았으면	돌길라

『比丘尼鈔』

갑자기 질문하는 것은 법을 경시하고 상대를 가볍게 여기는 것이다. 추가로 질문을 계속해서 그에게 번뇌를 내게 하는 것이 특히 옳지 않으므로 제정하셨다. 만약 두 사람이 같은 경전을 익혔는데 이해하지 못해서 계속 번갈아 가며 묻는 것은 범함이 아니다.

6. 범함이 아닌 경우[開緣]

만약 먼저 허락을 구하고 뒤에 질문했으면	
만약 평소에 질문하는 것을 허락받았으면	
만약 전부터 친분이 두터웠으면	
만약 친분이 두터운 이가 "내가 너를 위해 허락을 구해주겠다"라고 했으면	
만약 이 사람으로부터 가르침을 받는 사이였으면	범함이 아니다
만약 두 사람 모두 그로부터 가르침을 받았으면	
만약 저가 물어서 이쪽에서 대답했으면	
만약 두 사람이 함께 독송했으면	
만약 장난으로 말한 등이었으면	

173 신업으로 다른 사람을 괴롭히는 계 身業惱他戒

대승공계, 차계 　　　　　　　　　　　　　　　　　　　　　육군비구니

1. 계의 조문[戒文]

만약 비구니가 먼저 있던 이로서 뒤에 온 사람인 줄 알고, 뒤에 온 이로서 먼저 있던 사람인 줄 알면서, 괴롭히려고 앞에서 경행하거나 서 있거나 앉거나 누우면 바일제다.

2. 계를 제정한 인연 [緣起]

『四分』

부처님께서 사위국 기수급고독원에 계실 때였다. 육군비구니가 먼저 머문 이는 상대방이 뒤에 온 사람인 줄 알고, 뒤에 온 이는 상대방이 먼저 머문 사람인 줄 알면서 상대를 괴롭히려고 앞에서 경행하거나, 서 있거나, 앉거나, 눕거나 하였다. 비구니들이 듣고서 꾸짖고 비구들에게 알리고, 비구들이 부처님께 사뢰니 꾸짖으시고 계를 제정하셨다. 뒤에 알지 못한 것은 범함이 아니라고 거듭 제정하셨다.[343]

3. 제정한 뜻 [制意]

『四分律疏』

'제정한 뜻'은 위의 '제92 구업으로 괴롭히는 계'와 같고, 오직 신업으로 괴롭히는 것이 다르다.

4. 범하는 조건 [犯緣]

『四分律疏』

네 가지 조건을 갖추면 범함이 된다.

첫째, 다른 비구니가 먼저 머물렀고 자신은 뒤에 온 줄 알고도

둘째, 일부러 괴롭히려는 마음을 내어서

셋째, 앞에서 경을 읽거나, 경행하거나, 질문하거나, 서 있거나, 앉거나, 눕고

넷째, 말을 분명하게 하면[344]

범한다.

---

343. (大22, 776上).

344. 이 계는 身業으로 상대방을 괴롭히는 것이기 때문에 말을 분명하게 한다는 조건은 적절하지 않다. 그래서 여서스님은 『淺釋』, p.1449에서 네 번째 조건을 '걷고, 서고, 앉고, 누울 때마다'라고 하였다.

5. 범하는 상황[罪相]

상대방을 괴롭히려고 앞에서 걷거나 서 있거나 앉거나 누웠으면	바일제

6. 범함이 아닌 경우[開緣]

만약 먼저 알지 못했으면	
만약 물어 보았으면	
만약 먼저 경행하기를 허락했으면	
만약 상좌上座였으면	
만약 서로 번갈아 경행했으면	범함이 아니다
만약 경행하려고 했으면	
만약 친분이 두터웠으면	
만약 친분이 두터운 사람이 말해주었으면	
만약 병으로 땅에 쓰러졌으면	
만약 힘센 자에게 잡힌 등이었으면	

174 비구가 있는 절에 탑을 세우는 계 在有比丘寺內起塔戒

대승공계, 차계   비구니들

1. 계의 조문 [戒文]

만약 비구니가 비구가 있는 절 안에 탑을 세우면 바일제다.

2. 계를 제정한 인연 [緣起]

『四分』

부처님께서 사위국 기수급고독원에 계실 때였다. 비구니들이 식견이 높은 비구니가 죽자, 비구의 절 안에 비구들의 발 씻는 돌을 모아서 탑을 쌓았다. 어떤 객비구가 와서 비구니의 탑인 줄 모르고 탑을 향해 예배하였다. 비구니들이 듣고서 꾸짖고 비구들에게 알리고, 비구들이 부처님께 사뢰니 꾸짖으시고 계를 제정하셨다.

후에 옛날에 파괴되어서 비구가 없는 승가람에 탑을 세워도 되는가 의심하니, "비구가 없는 승가람이면 범함이 아니다"라고 거듭 제정하셨다. 또 알지 못하고 탑을 세운 것은 범함이 아니라고 세 번째로 제정하셨다.[345]

3. 제정한 뜻 [制意]

『開宗記』

비구와 비구니는 위位가 달라서 거처하는 곳도 다르다. 그런데 섞여서 왕래하면 서로 접촉하여 괴롭게 되고, 객비구는 비구니 탑인 줄 알지 못해서 예배하게 되니 예법에 어긋난다. 이러한 정황의 허물 때문에 바일제죄로 제정하셨다.

---

345. （大22, 776中).

4. 범하는 조건 [犯緣]

『四分律疏』

네 가지 조건을 갖추면 범함이 된다.

첫째, 비구가 있는 가람이고

둘째, 비구가 있는 줄 알고

셋째, 비구니탑을 조성하면서

넷째, 벽돌 등을 사용할 때마다

범한다.

5. 범하는 상황 [罪相]

비구가 있는 절에 탑을 세우되, 발 씻는 돌·진흙 덩어리·풀무더기를 취할 때마다	낱낱이 바일제

6. 범함이 아닌 경우 [開緣]

만약 먼저 알지 못했으면	
만약 옛날에 무너진 승가람이었으면	범함이 아니다
만약 먼저 탑을 세웠는데, 후에 승가람이 지어졌으면	

175 100세 비구니가 비구를 공경하지 않는 계 百歲尼不敬比丘戒

대승공계, 차계   비구니들

1. 계의 조문[戒文]

만약 비구니가 새로 계를 받은 비구를 보면 일어나 맞이하고, 공경히 예배하고, 문안하고, 청하여 자리를 내주어야 하는데 그렇게 하지 않으면 때의 인연을 제외하고는 바일제다.

2. 계를 제정한 인연[緣起]

『四分』

부처님께서 사위국 기수급고독원에 계실 때, 부처님께서 "100세 비구니라도 새로 계 받은 비구를 보면 일어나서 맞이하고, 공경히 예배하고, 문안하고, 자리를 권해야 한다"고 하셨는데 그렇게 하지 않는 비구니들이 있었다. 비구니들이 듣고서 꾸짖고 비구들에게 알리고, 비구들이 부처님께 사뢰니 꾸짖으시고 계를 제정하셨다.

후에 일좌식一坐食을 하거나, 여식법餘食法을 짓지 않고 공양 중이거나, 병이 있거나, 족식足食을 하는 사람으로 인하여, "대덕이시여! 참회합니다. 저는 이와 같은 인연이 있어서 일어나 맞이하지 못합니다"라고 말하는 것을 허락하셨다. 이러한 특별한 경우는 제외한다고 거듭 계를 제정하셨다.[346]

---

346. (大22, 776下)

3. 제정한 뜻[制意]

『四分律疏』

세 가지 허물이 있다. 첫째, 8경법의 가르침을 어기는 것이다. 둘째, 본래 수계할 때 받들어 잘 행하겠다고 한 봉행의 마음을 어기는 것이다. 셋째, 법을 경시하고 비구를 가볍게 여기기 때문이다.

4. 범하는 조건 [犯緣]

『開宗記』

네 가지 조건을 갖추면 범함이 된다.

첫째, 상대방이 비구이고

둘째, 비구임을 알면서

셋째, 병이 없는데

넷째, 일어나서 맞이하고 예배하지 않으면

범한다.

5. 범하는 상황[罪相]

비구를 보고 일어나서 맞이하고 예배하지 않았으면	바일제

6. 범함이 아닌 경우[開緣]

만약 일어나서 맞이했으면		
만약 일좌식 중이어서	"대덕은 허락하소서! 제게 이와 같은 인연이 있습니다"라고 말했으면	범함이 아니다
만약 여식법을 짓지 않고 공양 중이어서		
만약 병으로		
만약 족식하느라고		
만약 병으로 땅에 쓰러졌으면		
만약 힘센 자에게 잡혔거나, 목숨이 위태롭거나, 청정행이 어려웠으면		

「第二分」

'범함이 아닌 경우' 중에 두 번째, 세 번째, 네 번째, 다섯 번째는 비구에게 "대덕이시여, 참회합니다. 제가 이러이러한 인연이 있어서 일어나 맞이할 수 없습니다"라고 말해야 한다.

『開宗記』

『僧祇』 비구니가 비구의 절에 들어갈 때는 시선은 땅을 향해야 하고, 모든 비구들의 발에 낱낱이 예배해야 한다. 만약 늙고 병들어서 할 수 없으면 힘닿는 대로 예배해야 한다. 모든 스님들마다 예배할 수 없다면 한꺼번에 할 수 있다. "저 비구니 아무개는 모든 비구스님의 발에 머리를 조아려 예배합니다"라고 말해야 한다. 만약 비구가 비구니의 절에 이르렀을 때에도 비구니는 똑같이 공경해야 한다.

『五分』 비구니가 비구를 보고도 일어나지 않고, 예배하지 않고, 자리를 권하지 않으면 모두 바일제다.

대승공계, 차계   육군비구니

1. 계의 조문[戒文]

만약 비구니가 잘 보이기 위해 몸을 흔들면서 가면 바일제다.

2. 계를 제정한 인연[緣起]

『四分』

부처님께서 사위국 기수급고독원에 계실 때였다. 육군비구니들이 잘 보이려고 옷을 입고 몸을 흔들면서 걸으니, 거사들이 보고 마치 음녀와 도적녀 같다고 비난하였다. 비구니들이 듣고서 꾸짖고 비구들에게 알리고, 비구들이 부처님께 사뢰니 꾸짖으시고 계를 제정하셨다.[347]

3. 제정한 뜻[制意]

『開宗記』

위의와 용모, 행동거지는 반드시 법에 합당해야 한다. 안으로는 스스로를 엄숙하고 깨끗이 하고 밖으로는 중생의 선심善心을 일으켜야 하는데, 지금 몸을 흔들면서 빨리 가는 것은 모습이 천박하고 염오심이 있는 것처럼 보인다. 손해되고 무너짐이 가볍지 않으므로 성인께서 제정하셨다.

4. 범하는 조건[犯緣]

『尼戒會義』

세 가지 조건을 갖추면 범함이 된다.

첫째, 절 밖에서

둘째, 잘 보이려는 마음으로

셋째, 발을 내딛으면서 몸을 흔들면

범한다.

5. 범하는 상황[罪相]

비구니가 잘 보이기 위해 몸을 흔들면서 갔으면	바일제

6. 범함이 아닌 경우[開緣]

만약 이런 병이 있었으면	
만약 몽둥이로 때리려고 해서 피했으면	
만약 사나운 코끼리가 왔으면	
만약 도적을 만났으면	
만약 사나운 짐승을 만났으면	
만약 가시덤불이 있어서 손으로 막으면서 왔으면	범함이 아니다
만약 하천을 건넜으면	
만약 도랑이나 넓은 물을 건넜으면	
만약 진흙탕을 건넜으면	
만약 때에 옷을 가지런히 하려고 이와 같이 좌우로 돌아보느라 몸을 흔들며 보았으면	

---

347. (大22, 777上).

1. 계의 조문[戒文]

만약 비구니가 부녀자처럼 치장하고 몸에 향을 바르고 문지르면 바일제다.

2. 계를 제정한 인연[緣起]

『四分』

부처님께서 사위국 기수급고독원에 계실 때였다. 육군비구니가 스스로 몸을 치장하느라 머리를 빗고 몸에 향을 바르니, 거사들이 보고 "우리들 부인처럼 몸을 치장한다"고 하면서 조롱하고 업신여기는 마음을 내어 공경하지 않았다. 비구니들이 듣고서 꾸짖고 비구들에게 알리고, 비구들이 부처님께 사뢰니 꾸짖으시고 계를 제정하셨다.[348]

3. 제정한 뜻[制意]

『開宗記』

출가하여 도에 나아가려면 반드시 삿된 마음을 끊어야 한다. 그런데 문득 부녀자처럼 치장하고 몸에 향을 바르면, 존경하는 마음을 잃게 하고 비난을 부르며 도를 손해한다. 더럽히고 욕되게 함이 가볍지 않으므로 바일제죄로 제정하였다.

---

348. （大22, 777中）.

4. 범하는 조건 [犯緣]

『尼戒會義』

두 가지 조건을 갖추면 범함이 된다.

첫째, 세속의 마음을 일으켜서

둘째, 세속의 장엄을 하면

범한다.

5. 범하는 상황 [罪相]

부녀자처럼 치장하고 몸에 향을 바르고 문지르되, 한 점이라도 찍었으면	바일제

6. 범함이 아닌 경우 [開緣]

만약 이런 병이 있었으면	
만약 부모나 신심이 돈독한 우바이가 병이 났거나 갇혀 있어서 목욕을 시켜주고 머리를 빗겨주었으면	범함이 아니다
만약 힘센 자에게 잡혔으면	

외도 여자를 시켜서 몸에 향을 바르게 하는 계 使外道女香塗身戒

대승공계, 차계   가라전타수나 비구니

1. 계의 조문 [戒文]

만약 비구니가 외도의 여자를 시켜서 몸에 향을 바르고 문지르게 하면 바일제다.

2. 계를 제정한 인연 [緣起]

『四分』

부처님께서 사위국 기수급고독원에 계실 때였다. 가라전타수나伽羅旃陀輸那 비구니가 외도인 여동생을 시켜서 몸에 향을 바르고 문지르게 하니, 거사들이 보고 마치 음녀와 도적녀 같다고 비난하였다. 비구니들이 듣고서 꾸짖고 비구들에게 알리고, 비구들이 부처님께 사뢰니 꾸짖으시고 계를 제정하셨다.[349]

3. 제정한 뜻 [制意]

앞의 제150계와 같다.

4. 범하는 조건 [犯緣]

『尼戒會義』

두 가지 조건을 갖추면 범함이 된다.

첫째, 외도의 여자를 시켜서

---

349. （大22, 777下）.

둘째, 몸에 향을 바르고 문지르게 하면
범한다.

5. 범하는 상황[罪相]

외도 여인을 시켜서 몸에 향을 바르고 문지르게 했으면	바일제

『集要』

『五分』 머리카락을 기르면 바일제다. 보름에 한 번 삭발해야 한다. 이것을 넘기는 것을 머리카락을 기르는 것이라고 한다. 만약 삭발해 줄 사람이 없었거나, 힘센 자에게 잡혀서 삭발할 수 없었으면 범함이 아니다.

6. 범함이 아닌 경우[開緣]

만약 이런 병이 있었으면	범함이 아니다
만약 힘센 자에게 잡혔으면	

대중스님들이여! 제가 이미 178바일제법을 설했습니다.

이제 대중스님들에게 묻습니다.

"이 가운데 청정합니까?"(이와 같이 세 번 묻는다.)

대중스님들이여! 여기에 청정하여 묵연하므로 이 일은 이와 같이 지녀야 합니다.

8
바라제제사니법

대중스님들이여!

이 8바라제제사니법[1]을 보름보름마다 설해야 하니 계경에 있는 것입니다

바라제제사니 흑승黑繩지옥에 떨어져서 인간 수명으로 3천6백만 년 동안 머문다.

소를 구해서 먹는 계 乞酥食戒

비구계 돌길라, 대승공계, 차계   육군비구니

1. 계의 조문 [戒文]

만약 비구니가 병이 없는데 소酥를 구하여 먹으면, 참회하고 가책 받아야 할 법을 범한 것이다. 다른 비구니에게 "스님, 저는 가책 받아야 할 법을 범했으니, 마땅히 해서는 안 되는 일입니다. 저는 지금 스님에게 참회합니다"라고 해야 한다. 이것을 회과법悔過法이라 한다.

2. 계를 제정한 인연 [緣起]

『四分』

부처님께서 사위국 기수급고독원에 계실 때, 육군비구니가 소酥를 구해서 먹으니 거사들이 보고 비난하였다. 비구니가 꾸짖고 비구들에게 알리고 비구들이 부처님께 사뢰니, 꾸짖으시고 계를 제정하셨다. 뒤에 병이 있어 스스로 구하거나, 병자를 위하여 구하거나, 다른 사람이 자기를 위해 구해 준 것을 먹는 것은 허락한다고 거듭 제정하셨다.[2]

3. 제정한 뜻 [制意]

『開宗記』

처음 계가 '소酥를 구하여 먹는 계'인 것은 세속을 떠나서 수행에 나아가면 반

---

1. 『名義標釋』8(卍44, 463下), 波羅提提舍尼 義翻向彼悔 … 僧祇律云此罪應發露也. 바라제제사니는 뜻을 번역하면 한 사람을 향해 참회하는 것이다. 『僧祇律』에 "이 죄는 응당 발로해야 한다"고 하였다. ; 바라제제사니는 잘못을 범했을 때 한 명의 청정한 비구니에게 참회한다.
2. (大22, 778上).

드시 범부와 격을 달리해야 하기 때문이다. 蘇酥는 고급의 맛있는 음식이어서 구하면 탐하는 욕구가 점점 커져서 안으로는 청렴함을 잃고, 밖으로는 신의를 잃게 되어 허물이 가볍지 않으므로 성인께서 제정하셔야 했다. 이하 7계(제2계-제8계)는 뜻은 같지만 일이 달라서 따로 제정하셨다.

4. 범하는 조건 [犯緣]

『行事鈔』

네 가지 조건을 갖추면 범함이 된다.

첫째, 맛있는 음식을

둘째, 병이 없는데

셋째, 스스로 자기를 위하여

넷째, 먹어서 삼킬 때마다

범한다.(아래 7계도 같다.)

5. 범하는 상황 [罪相]

비구니가 병이 없는데, 자기를 위해 좋은 음식을 구해서 먹으면	삼킬 때마다 바라제제사니

『集要』

『僧祇』에 "만약 스스로 '나는 어느 때에 항상 병이 일어난다'는 것을 알아서, 이러한 때에 약을 반드시 얻기는 어려우므로 미리 구해두는 것은 죄가 없다. 만약 병이 나지 않았을 때 구해서 병이 있을 때 먹으면 월비니죄다"[3]라고 하였다. 병이 있을 때 구해서 병이 없을 때 먹으면 죄가 없다. 병이 있을 때 구해서 병이 있

3. (大22, 544中).

을 때 먹으면 죄가 없다. 병이 없을 때 구해서 병이 없을 때 먹으면 바라제제사니다.

『集要』

『根本律』에 11가지가 있다. ①우유 ②락酪 ③생소生酥 ④숙소熟酥 ⑤기름 ⑥당糖 ⑦꿀 ⑧생선 ⑨고기 ⑩말린 고기 ⑪학가學家다. 우유, 락, 생선, 고기, 말린 고기는 비구의 경우는 바일제고, 생소·숙소·기름·당·꿀은 비구의 경우 돌길라다. 학가는 비구계도 같다.

6. 범함이 아닌 경우[開緣]

만약 병든 사람이 스스로 구했으면	
만약 병자를 위해서 구했는데, 그가 음식을 나누어 주었으면	
만약 자기가 다른 사람을 위하여 구했거나, 다른 사람이 자기를 위해서 구했으면	범함이 아니다
만약 구하지 않았는데 저절로 얻었으면	

『資持記』

세 번째, 자신과 다른 사람이 번갈아 구한 것은 다른 사람을 위해서 구한 것이다.

---

4. 과청, 『講記』下, pp.2903-2904, '學家'는 이미 초과 이상을 증득한 거사를 말한다. 초과는 見惑은 끊었으나 思惑은 끊지 못했으므로 더 배워야 하기 때문에 '學家'라 한다. 또 2과·3과는 사혹을 비록 끊기 시작했으나 아직 완전히 다 끊지 못했으므로 여전히 더 배워야 한다. 그래서 초과·2과·3과를 증득한 이들을 '學家'라 한다. 이렇게 과위를 증득한 재가불자가 불법승 삼보에 그들의 모든 힘을 기울여 공양을 올리느라 의식이 궁핍해지는 것을 염려하여 부처님께서 學家에게는 걸구하지 못하게 제정하셨다.

2 기름을 구해서 먹는 계 乞油食戒

비구계 돌길라, 대승공계, 차계   육군비구니

1. 계의 조문[戒文]

만약 비구니가 병이 없는데 기름을 구해서 먹으면, 참회하고 가책 받아야 할 법을 범한 것이다. 다른 비구니에게 "스님, 저는 가책 받아야 할 법을 범했으니, 마땅히 해서는 안 되는 일입니다. 저는 지금 스님에게 참회합니다"라고 해야 한다. 이것을 회과법이라 한다.

3 꿀을 구해서 먹는 계 乞石蜜食戒

비구계 돌길라, 대승공계, 차계   육군비구니

1. 계의 조문[戒文]

만약 비구니가 병이 없는데 꿀을 구해서 먹으면, 참회하고 가책 받아야 할 법을 범한 것이다. 다른 비구니에게 "스님, 저는 가책 받아야 할 법을 범했으니, 마땅히 해서는 안 되는 일입니다. 저는 지금 스님에게 참회합니다"라고 해야 한다. 이것을 회과법이라 한다.

4 흑석밀을 구해서 먹는 계 乞黑石蜜食戒

비구계 돌길라, 대승공계, 차계   육군비구니

1. 계의 조문[戒文]

만약 비구니가 병이 없는데 흑석밀을 구해서 먹으면, 참회하고 가책 받아야 할 법을 범한 것이다. 다른 비구니에게 "스님, 저는 가책 받아야 할 법을 범했으니, 마땅히 해서는 안 되는 일입니다. 저는 지금 스님에게 참회합니다"라고 해야 한다. 이것을 회과법이라 한다.

5 우유를 구해서 먹는 계 乞乳食戒

비구계 바일제, 대승공계, 차계   육군비구니

1. 계의 조문[戒文]

만약 비구니가 병이 없는데 우유를 구해서 먹으면, 참회하고 가책 받아야 할 법을 범한 것이다. 다른 비구니에게 "스님, 저는 가책 받아야 할 법을 범했으니, 마땅히 해서는 안 되는 일입니다. 저는 지금 스님에게 참회합니다"라고 해야 한다. 이것을 회과법이라 한다.

6 락을 구해서 먹는 계 乞酪食戒[6]

비구계 바일제, 대승공계, 차계   육군비구니

1. 계의 조문[戒文]

만약 비구니가 병이 없는데 락을 구해서 먹으면, 참회하고 가책 받아야 할 법을 범한 것이다. 다른 비구니에게 "스님, 저는 가책 받아야 할 법을 범했으니, 마땅히 해서는 안 되는 일입니다. 저는 지금 스님에게 참회합니다"라고 해야 한다. 이것을 회과법이라 한다.

7 생선을 구해서 먹는 계 乞魚食戒

비구계 바일제, 대승공계, 차계   육군비구니

1. 계의 조문[戒文]

만약 비구니가 병이 없는데 생선을 구해서 먹으면, 참회하고 가책 받아야 할 법을 범한 것이다. 다른 비구니에게 "스님, 저는 가책 받아야 할 법을 범했으니, 마땅히 해서는 안 되는 일입니다. 저는 지금 스님에게 참회합니다"라고 해야 한다. 이것을 회과법이라 한다.

---

6. 저본에는 酥라고 되어 있으나 酪이라고 해야 한다. 1번 계목과 중복되기 때문이다.

고기를 구해서 먹는 계 乞肉食戒

비구계 바일제, 대승공계, 차계   육군비구니

1. 계의 조문[戒文]

만약 비구니가 병이 없는데 고기를 구해서 먹으면, 참회하고 가책 받아야 할 법을 범한 것이다. 다른 비구니에게 "스님, 저는 가책 받아야 할 법을 범했으니, 마땅히 해서는 안 되는 일입니다. 저는 지금 스님에게 참회합니다"라고 해야 한다. 이것을 회과법이라 한다.

『行事鈔』

모든 율에 생선과 고기는 "때에 먹는 음식[時食]"이라고 밝히고 있으나, 이것은 더 이상 유효하지 않은 지나간 가르침이다. 『涅槃經』에 "오늘 이후로 제자들이 고기 먹는 것을 허락하지 않으니, 자식의 살이라고 생각하고 관해야 한다. 고기를 먹으면 자비의 종자가 끊어진다"고 하였다.

물과 육지와 허공의 생명 있는 것은 원결이 되므로 먹지 말아야 하니 저 경전에 널리 설한 것과 같다. 그런데 이제 범부가 어리석어서 흔히 고기를 즐겨 먹으니 죄 가운데 이보다 심한 것이 없다. 백정이 고기를 파는 것은 고기 먹는 사람을 위한 것이니, 먹는 자가 없다면 반드시 도살하지 않을 것이다. 그러므로 먹는 자도 백정과 똑같은 업을 지어서 살생의 업을 더한다는 것을 알아야 한다. 그러니 어찌 경계하지 않을 수 있겠는가!

『行事鈔』

대승의 말만을 배우는 자는 술을 마시고 고기를 먹는 것으로 행해行解를 삼으며, 대소승의 두 가르침을 섭수하지 못하고 스스로 백정의 행동 속으로 들어간

다. 천마天魔와 외도도 오히려 술과 고기를 먹지 않는데 그들보다 못한 이러한 무리들은 염라대왕의 옥졸일 따름이다.

대중스님들이여! 제가 이미 8바라제제사니법을 설했습니다.

이제 대중스님들에게 묻습니다.

"이 가운데 청정합니까?" (이와 같이 세 번 묻는다.)

대중스님들이여! 여기에 청정하여 묵연하므로 이 일은 이와 같이 지녀야 합니다.

100
중학법

대중스님들이여!

이 중학계법[1]을 보름보름마다 설해야 하니 계경에 있는 것입니다

중학법 등활等活지옥에 떨어져서 인간 수명으로 9백만 년 동안 머문다.

1 속옷을 단정하게 입는 계 齊整著涅槃僧戒

1. 계의 조문 [戒文]

속옷(열반승)을 단정하게 입어야 하니, 마땅히 배워야 한다.

『四分律疏』

중학법의 내용은 네 부분으로 나뉜다.

첫째, 처음부터 51계까지는 스님들이 지켜야 할 공경받을 만한 위의 있는 행동에 관한 조항이다. 둘째, '공경하지 않는 사람에게 설법하지 말아야 한다'는 이하의 8계(제52계-제59계)는 법을 공경하는 위의 있는 행동에 관한 조항이다. 셋째, '불탑 속에서 자지 말아야 한다'는 계부터 26계(제60계-제85계)는 부처님을 공경하는 위의 있는 행동에 관한 조항이다. 넷째, '앉아 있는 사람에게 서서 설법하지 말아야 한다'는 계부터 15계(제86계-제100계)는 공경하는 사람이 행주좌와 4위의 가운데에 삼보를 공경하는 내용이 섞여 있다. 스님들을 공경하는 계를 먼저 설명한 것은 주지삼보住持三寶에 근거하여 그런 것이다.

2. 계를 제정한 인연 [緣起]

『四分』

부처님께서 사위국 기수급고독원에 계실 때였다. 육군비구가 열반승을 어떤 때는 내려서 입고 어떤 때는 올려서 입고, 혹은 코끼리코를 만들기도 하고, 다라

---

1. 衆學法은 여러 가지 배워야 할 법을 말한다. 그래서 '應當學'이라고도 하고, 음사하여 '식차가라니式又迦羅尼'라고도 한다. 이 법을 범하면 돌길라죄가 된다. 만약 그것이 행위와 관련된 것이면 '惡作'이라 하고, 말과 관련된 것이면 '惡說'이라 한다.

수잎을 만들거나[2] 많은 주름을 만들어서 단정하게 입지 않았다. 거사들이 보고 마치 왕이나 대신과 같고 축제일의 광대와 같다고 비난하였다. 비구들이 듣고서 꾸짖고 부처님께 사뢰니 꾸짖으시고 계를 제정하셨다.[3]

3. 범하는 조건[犯緣]

『資持記』

앞의 모든 계는 '범하는 조건'을 열거했으나 오직 중학법에만 없는 것은, 모두 고의이거나 잘못된 생각으로 말미암아 제정되었으므로 행동하기만 하면 바로 범하기 때문이다. 굳이 세워서 말하자면 다섯 가지 조건이 있으니 아래와 같다.

첫째, 속옷이고

둘째, 속옷인 줄 알면서

셋째, 범함이 아닌 인연이 없는데

넷째, 단정하지 않게 하여

다섯째, 입을 때마다

범한다.

나머지는 이 예로 알 수 있을 것이다.

4. 범하는 상황[罪相]

고의로 한 것	2돌길라(1應懺, 1非威儀)
고의가 아닌 것	돌길라

---

2. 『四分』19(大22, 698下), 코끼리코를 만들었다는 것은 앞으로 하나의 각을 낸 것이고, 다라수잎을 만들었다는 것은 앞으로 두 개의 각을 낸 것이다.

3. (大22, 698上).

『戒本疏』

고의로 한 것은 응당 참회를 해야 하는 '응참應懺돌길라'를 범한다. 즉 근본돌길라니 사람을 마주 보고 한 번 참회의 말을 하는 '대수참회對首懺悔'를 해야 한다. 그리고 고의로 하여 '비위의非威儀돌길라'를 범했기 때문에 근본죄 외에 다시 위의를 잃은 죄까지 더해야 하니, 이것은 스스로 마음으로 뉘우치는 '책심참회責心懺悔'를 해야 한다. 만약 고의로 한 것이 아니라 일을 알고 했으면, 고의로 부처님의 가르침을 어긴 것은 아니다. 그러므로 단지 근본돌길라만 범하고 위의를 잃은 죄는 없다. (만약 고의로 한 것이 아니면 근본돌길라만 범하고 위의를 잃은 죄는 없기 때문에 책심돌길라이므로 대수참회를 해야 하는 것은 아니다.)

「私記」

중학법의 '범하는 상황'은 모두 같다. 이하는 이것을 기준하여 알 수 있으므로 다시 언급하지 않았다. 비구니 100법 가운데 98법은 모두 비구와 같지만, 오직 '몸을 흔들면서 가는 계'와 '살아있는 풀 위에 대소변 하는 계'만 비구니는 바일제다.

5. 범함이 아닌 경우[開緣]

만약 때에 이런 병이 있었으면	범함이 아니다
만약 배꼽에 종기가 나서 내려서 입었으면	
만약 다리나 종아리에 종기가 나서 올려서 입었으면	
만약 승가람 안이나 마을 밖이거나, 일할 때나 길을 갈 때였으면	

『行事鈔』

잘못한 행동을 참회하는 것(돌길라죄)은 마음에 정념이 없어서 경계를 만났을 때 그릇됨이 일어나서 겉으로 위의를 벗어나니, 이치적으로 반드시 허물을 고치고 참회해야 한다. 예를 들어 3의(비구니는 5의)를 입을 때 반드시 모든 모양새가 가지런하고 단정한지를 살펴보고 길에 나가야 한다. 또한 장난하고 허망한 말을 하는 것은 모두 법다운 모습이 아니니, 먼저 정념으로 섭수하지 못해서 허물을 일으킨 것이다.

율장에 "부처님께서 위의를 잘 지키도록 제정하셨다. 비구가 들어오고 나갈 때, 구부리고 펴고, 고개를 숙이거나 들고, 의발을 가지고, 옷을 입거나, 먹거나, 약을 복용하거나, 대소변을 할 때, 쉬거나 자거나 깨어있을 때, 혹은 오거나 갈 때, 앉거나 누울 때, 말하거나 침묵할 때 항상 일심으로 그렇게 해야 한다"고 하였다. 만약 이 제정한 것을 어기면 모두 범함이 된다. (비구니도 같다.)

영지율사의 해석

이것을 기준해서 범함이 있으면 모두 책심참회를 해야 한다. 그러므로 참된 출가자는 항상 망념이 없어야 한다는 것을 알아야 한다. 이 중학법은 미세한 부분을 규정했는데 상근기를 인도하기 위한 것이다. 그러나 말세의 어리석은 사람은 그 역량에 따라야 한다. 『母論』에 기준하면, 옷과 음식을 관할 때 근기가 수승한 사람은 입을 때마다 (정념으로) 관하고 먹을 때마다 (정념으로) 관하지만, 근기가 하열한 이는 옷과 음식을 처음 받았을 때만 총체적으로 한 번 (정념으로) 관한다. 그러나 하근기도 책려해서 상근기를 따라 더욱 힘써 닦아야 한다. 스스로 하근기라고 굴복하여 바로 방일하고 나태해지지 말아야 하니 부지런히 책려해야 한다. 이 중학법을 근거하여 섭수해야 하니, 이렇게 하면 출가가 헛되지 않으리라.

5의를 단정하게 입는 계 齊整著五衣戒

차계   육군비구

1. 계의 [戒文]

5의를 단정하게 입어야 하니, 마땅히 배워야 한다.

2. 계를 제정한 인연 [緣起]

부처님께서 사위국 기수급고독원에 계실 때였다. 육군비구가 3의를 어떤 때는 내려서 입고 어떤 때는 올려서 입고, 혹은 코끼리코를 만들기도 하고, 다라수잎을 만들거나 많은 주름을 만들어서 단정하게 입지 않았다. 거사들이 보고 마치 왕이나 대신과 같다고 비난하였다. 비구들이 듣고서 꾸짖고 부처님께 사뢰니 꾸짖으시고 계를 제정하셨다.[4]

3. 범하는 상황 [罪相]

『四分如釋』

『律攝』 만약 비구가 부처님의 가르침을 의지하지 않고 부끄러움을 돌아보지 않으며, 옷을 단정하게 입지 않으려는 마음을 가지고 옷을 입기 위해 펼쳤으면 책심악작責心惡作이다. 만약 몸에 걸치면 대수악작對首惡作이 된다. 만약 비구가 부처님의 가르침에 수순하고 받드는 마음은 있으나, 어떤 때는 잊어버리고 어떤 때는 알지 못해서 옷 입은 것이 여법하지 않은 것은 단지 책심악작을 범한다.

---

4. (大22, 698中).

4. 범함이 아닌 경우[開緣]

만약 때에 이런 병이 있었으면	
만약 때에 어깨나 팔에 종기가 나서 내려서 입었으면	범함이 아니다
만약 때에 다리나 종아리에 종기가 나서 올려서 입었으면	
만약 승가람 안 등이었으면	

「私記」

'만약 승가람 안 등'을 구체적으로 말하면 '만약 승가람 안이거나, 마을 밖이거나, 일할 때, 길을 갈 때'이다. 이하는 모두 같으며 이를 기준하면 알 수 있을 것이다.

『尼戒會義』

『僧祇』 만약 진흙이 있거나 일할 때는 손으로 걷어 올릴 수 있다.

3 옷을 뒤집어 말아 올리는 계 反抄衣戒

차계	편단偏袒일 때는 왼쪽을 말아 올리고, 통견通肩일 때는 오른쪽을 말아 올려서 몸이 드러나게 함[5]

1. 계의 조문[戒文]

옷을 뒤집어 말아 올리고 재가자의 집에 들어가지 말아야 하니, 마땅히 배워야 한다.

---

5. 여서, 『淺釋』, p.1503, 편단우견으로 옷을 입은 상태에서 왼쪽 옷자락을 뒤집어 말아 올려서 어깨 위에 걸치거나, 통견으로 옷을 입은 상태에서 오른쪽 옷자락을 뒤집어 말아 올려서 어깨 위에 걸쳐

2. 계를 제정한 인연[緣起]

『四分』

부처님께서 사위국 기수급고독원에 계실 때 육군비구가 3의를 걷어 올리고 재가자의 집에 들어갔다. 거사들이 보고 마치 왕이나 대신과 같다고 비난하였다. 비구들이 듣고서 꾸짖고 부처님께 사뢰니 꾸짖으시고 계를 제정하셨다.[6]

3. 범함이 아님[開緣]

만약 때에 이러한 병이 있었으면	
만약 옆구리 주변에 종기가 있었으면	범함이 아니다
만약 승가람 안 등이었으면	

4 옷을 뒤집어 말아 올리고 앉는 계 反抄衣坐戒

차계 　　　　　　　　　　　　　　　　　　　　　　　　　　육군비구

1. 계의 조문[戒文]

옷을 뒤집어 말아 올리고 재가자의 집에 들어가 앉지 말아야 하니, 마땅히 배워야 한다.

서 신체가 드러나게 하는 것을 말한다.

6. (大22, 698下).

이 계는 '제3 옷을 뒤집어 말아 올리는 계[反抄衣戒]'와 같다.

5 옷을 목에 두르는 계 衣纏頸戒

차계	육군비구, 거사·장자와 같음

1. 계의 조문[戒文]

옷을 목에 두르고 재가자의 집에 들어가지 말아야 하니, 마땅히 배워야 한다.

2. 계를 제정한 인연[緣起]

『四分』

부처님께서 사위국 기수급고독원에 계실 때 육군비구가 옷을 목에 두르고 재가자의 집에 들어갔다. 거사들이 보고 마치 왕·대신·장자·거사와 같다고 비난하였다. 비구들이 듣고서 꾸짖고 부처님께 사뢰니 꾸짖으시고 계를 제정하셨다.[7]

3. 범함이 아닌 경우[開緣]

만약 때에 이러한 병이 있었으면	
만약 어깨에 종기가 있었으면	범함이 아니다
만약 승가람 안 등이었으면	

---

7. (大22, 699上).

6 옷을 목에 두르고 앉아 있는 계衣纏頸坐戒

차계 육군비구

1. 계의 조문[戒文]

옷을 목에 두르고 재가자의 집에 앉지 말아야 하니, 마땅히 배워야 한다.

「私記」

이 계는 '제5 옷을 목에 두르는 계[衣纏頸戒]'와 같다.

7 머리를 덮어쓰는 계覆頭戒

차계 육군비구, 도적과 같음

1. 계의 조문[戒文]

머리를 덮어쓰고 재가자의 집에 들어가지 말아야 하니, 마땅히 배워야 한다.

2. 계를 제정한 인연[緣起]

『四分』

부처님께서 사위국 기수급고독원에 계실 때 육군비구가 옷으로 머리를 덮고 재가자의 집에 들어갔다. 거사들이 보고 마치 도적과 같다고 비난하였다. 비구들이 듣고서 꾸짖고 부처님께 사뢰니 꾸짖으시고 계를 제정하셨다.[8]

---

8. (大22, 699中).

3. 범함이 아닌 경우[開緣]

만약 때에 이런 병이 있었으면	
만약 때에 감기가 들었으면	범함이
만약 머리에 종기가 났으면	아니다
만약 목숨이 위태롭거나 청정행이 어려워서 머리를 덮고 갔으면	

『資持記』

요즘 모자를 쓰는데 재가자의 집에 들어갈 때는 벗어야 한다. 부처님께 예배할 때나 윗사람을 모실 때 모자를 벗지 않으면 모두 가볍게 여기는 것이다. 그러나 감기로 인해 병이 있었으면 '범함이 아닌 경우'의 예를 기준하여 허락한다.

8 머리를 덮어쓰고 앉는 계覆頭坐戒

차계   육군비구

1. 계의 조문[戒文]

머리를 덮어쓰고 재가자의 집에 들어가 앉지 말아야 하니, 마땅히 배워야 한다.

「私記」

이 계는 '제7 머리를 덮어쓰는 계[覆頭戒]'와 같다.

1. 계의 조문[戒文]

재가자의 집에 뛰어서 들어가지 말아야 하니, 마땅히 배워야 한다.

2. 계를 제정한 인연[緣起]

『四分』

부처님께서 사위국 기수급고독원에 계실 때 육군비구가 재가자의 집에 뛰어서 들어갔다. 거사들이 보고 마치 참새와 같다고 비난하였다. 비구들이 듣고서 꾸짖고 부처님께 사뢰니 꾸짖으시고 계를 제정하셨다.[9]

3. 범함이 아닌 경우[開緣]

만약 때에 이런 병이 있었으면	
만약 다른 사람이 때렸으면	범함이 아니다
만약 도적이 오거나, 사나운 짐승이 오거나, 뾰족한 것을 멘 사람이 왔으면	
만약 웅덩이·도랑·진흙탕을 건너려고 뛰어넘었으면	

---

9. (大22, 699下).

10 뛰어가서 앉는 계跳行坐戒

차계 　　　　　　　　　　　　　　　　　　　　　　　　　　　　　　　　　　　　육군비구

1. 계의 조문[戒文]

재가자의 집에 뛰어 들어가서 앉지 말아야 하니, 마땅히 배워야 한다.

「私記」

이 계는 '제9 뛰어가는 계[跳行戒]'와 같다.

11 쭈그리고 앉는 계蹲坐戒

차계 　　　　　　　　　　　　　　　　　　　　　　　　　　　　육군비구, 나형외도와 같음

1. 계의 조문[戒文]

재가자의 집에서 쭈그리고 앉지 말아야 하니, 마땅히 배워야 한다.

2. 계를 제정한 인연[緣起]

『四分』

부처님께서 사위국 기수급고독원에 계실 때 어떤 거사가 대중에 공양을 청하여 음식을 베풀었다. 공양 때가 되어 대중들이 거사의 집에 가서 앉았는데, 육군비구가 쭈그리고 앉아 있다가 곁에 있던 비구가 밀어서 넘어지는 바람에 몸이 드러났다. 거사들이 보고 마치 나형裸形외도와 같다고 비방하였다. 비구들이 듣고

서 꾸짖고 부처님께 사뢰니 꾸짖으시고 계를 제정하셨다.[10]

3. 범함이 아닌 경우[開緣]

만약 때에 이런 병이 있었으면	
만약 엉덩이 주변에 종기가 났으면	
만약 줄 것이 있었으면	범함이 아니다
만약 절할 때였으면	
만약 참회할 때였으면	
만약 가르침을 받을 때였으면	

12 허리에 손을 얹는 계 叉腰戒

차계	육군비구, 새신랑처럼 의기양양함

1. 계의 조문[戒文]

허리에 손을 얹고 재가자의 집에 들어가지 말아야 하니, 마땅히 배워야 한다.

2. 계를 제정한 인연[緣起]

『四分』

부처님께서 사위국 기수급고독원에 계실 때 육군비구가 허리에 손을 얹고 재

---

10. （大22, 700上）.

가자의 집에 들어갔다. 거사들이 보고 마치 새신랑같이 의기양양하다고 비난하였다. 비구들이 듣고서 꾸짖고 부처님께 사뢰니 꾸짖으시고 계를 제정하셨다.[11]

3. 범함이 아닌 경우[開緣]

만약 때에 이러한 병이 있었으면	범함이 아니다
만약 옆구리 아래에 종기가 났으면	
만약 승가람 안 등이었으면	

『尼戒會義』

『僧祇』 만약 늙고 병들었거나, 바람이 불거나, 허리가 아파서 허리에 손을 얹는 것은 죄가 없다. 만약 엉덩이에 부스럼과 종기가 있어서 그 곳에 약을 발라 옷이 더러워질까 염려되어 허리에 손을 얹는 것도 죄가 없다.

13 허리에 손을 얹고 앉는 계 叉腰坐戒

차계   육군비구

1. 계의 조문[戒文]

허리에 손을 얹고 재가자의 집에 들어가 앉지 말아야 하니, 마땅히 배워야 한다.

---

11. （大22, 700中）.

「私記」

이 계는 '제12 허리에 손을 얹는 계[叉腰戒]'와 같다.

14 몸을 흔드는 계 搖身戒

차계	육군비구, 국왕이나 대신이 다니면서 유세하는 것과 같음

1. 계의 조문[戒文]

몸을 흔들면서 재가자의 집에 들어가지 말아야 하니, 마땅히 배워야 한다.

『尼戒會義』

앞의 제3편 가운데 '제176 몸을 흔들면서 가는 계'는 좋게 보이려는 것이므로 바일제가 된다. 하지만 이 계는 단지 몸을 흔들 뿐 좋게 보이려는 마음은 없고, 다만 위의가 없으므로 돌길라를 범한다. 죄는 마음에 의해 결정되기 때문에 앞의 바일제 제176계와 혼동되지 않는다.

2. 계를 제정한 인연[緣起]

『四分』

부처님께서 사위국 기수급고독원에 계실 때 육군비구가 몸을 좌우로 흔들면서 재가자의 집에 들어갔다. 거사들이 보고 마치 국왕과 대신들 같다고 비난하였다. 비구들이 듣고서 꾸짖고 부처님께 사뢰니 꾸짖으시고 계를 제정하셨다.[12]

---

12. (大22, 700下).

3. 범함이 아닌 경우[開緣]

만약 때에 이런 병이 있었으면	
만약 다른 사람이 때려서 몸을 돌려 몽둥이를 피했으면	
만약 사나운 코끼리가 오는 등으로 몸을 돌려 피했으면	범함이 아니다
만약 구덩이·도랑·진흙탕을 건널 때 몸을 흔들면서 지나갔으면	
만약 옷을 입을 때 몸을 돌려서 옷이 단정한지 살펴봤으면	

「私記」

'만약 사나운 코끼리가 오는 등'을 구체적으로 말하면 '사나운 코끼리가 오거나, 도적이 오거나, 사나운 짐승이 오거나, 뾰족한 것을 멘 사람이 오는 것'이다. 이하는 모두 같으므로 이것을 기준하여 알 수 있다.

15 몸을 흔들면서 앉는 계搖身坐戒

차계   육군비구

1. 계의 조문[戒文]

몸을 흔들면서 재가자의 집에 들어가서 앉지 말아야 하니, 마땅히 배워야 한다.

「私記」

이 계는 '제14 몸을 흔드는 계[搖身戒]'와 같다.

16 팔을 흔드는 계 掉臂戒

차계   육군비구

1. 계의 조문[戒文]

팔을 흔들면서 재가자의 집에 들어가지 말아야 하니, 마땅히 배워야 한다.

2. 계를 제정한 인연[緣起]

『四分』

부처님께서 사위국 기수급고독원에 계실 때 육군비구가 팔을 흔들면서 재가자의 집에 들어갔다. 거사들이 이를 보고 마치 국왕과 대신과 장자와 거사들 같다고 비난하였다. 비구들이 듣고서 꾸짖고 부처님께 사뢰니 꾸짖으시고 계를 제정하셨다.[13]

3. 범함이 아닌 경우[開緣]

만약 때에 이런 병이 있었으면	
만약 다른 사람이 때려서 손을 들어 막았으면	범함이 아니다
만약 사나운 코끼리가 오는 등으로 손을 들어 막았으면	
만약 물을 건너거나, 구덩이·도랑·진흙탕을 건너거나, 혹은 도반과 함께 가다가 따라가지 못해서 손으로 불렀으면	

---

13. （大22, 701上）.

17 팔을 흔들면서 앉는 계 掉臂坐戒

차계   육군비구

1. 계의 조문[戒文]

팔을 흔들면서 재가자의 집에 들어가서 앉지 말아야 하니, 마땅히 배워야 한다.

「私記」

이 계는 '제16 팔을 흔드는 계[掉臂戒]'와 같다.

18 몸을 가리는 계 覆身戒

차계   육군비구, 외도와 같음

1. 계의 조문[戒文]

몸을 잘 가리고 재가자의 집에 들어가야 하니, 마땅히 배워야 한다.

2. 계를 제정한 인연[緣起]

『四分』

부처님께서 사위국 기수급고독원에 계실 때 육군비구가 몸을 잘 가리지 않고 재가자의 집에 들어갔다. 거사들이 보고 마치 바라문과 같다고 비난하였다. 비구들이 듣고서 꾸짖고 부처님께 사뢰니 꾸짖으시고 계를 제정하셨다.[14]

3. 범함이 아닌 경우[開緣]

만약 때에 이런 병이 있었으면	
만약 때에 결박당했으면	범함이 아니다
만약 바람이 불어 옷이 몸에서 벗겨졌으면	

19 몸을 가리고 앉는 계 覆身坐戒

차계   육군비구

1. 계의 조문[戒文]

몸을 잘 가리고 재가자의 집에 들어가서 앉아야 하니, 마땅히 배워야 한다.

「私記」

이 계는 '제18 몸을 가리는 계[覆身戒]'와 같다.

---

14. (大22, 701中).

20 좌우로 두리번거리는 계 左右顧視戒

차계   육군비구, 도적과 같음

1. 계의 조문 [戒文]

좌우로 두리번거리면서 재가자의 집에 들어가지 말아야 하니, 마땅히 배워야 한다.

2. 계를 제정한 인연 [緣起]

『四分』

부처님께서 사위국 기수급고독원에 계실 때 육군비구가 좌우를 두리번거리면서 재가자의 집에 들어갔다. 거사들이 보고 마치 도적이 사방을 살피면서 들어가는 것과 같다고 비난하였다. 비구들이 듣고서 꾸짖고 부처님께 사뢰니 꾸짖으시고 계를 제정하셨다.[15]

3. 범함이 아닌 경우 [開緣]

만약 때에 이런 병이 있었으면	
만약 시간을 알기 위해 해를 올려다보았으면	범함이 아니다
만약 목숨이 위태롭거나 청정행이 어려워서 좌우로 방편으로 길을 찾아서 도망가고자 했으면	

---

15. （大22, 701下）.

21 좌우로 두리번거리면서 앉는 계 左右顧視坐戒

차계	육군비구

1. 계의 조문 [戒文]

좌우로 두리번거리면서 재가자의 집에 들어가 앉지 말아야 하니, 마땅히 배워야 한다.

「私記」

이 계는 '제20 좌우로 두리번거리는 계[左右顧視戒]'와 같다.

22 조용히 하는 계 靜默戒

차계	육군비구, 큰소리로 부르는 것이 외도와 같음

1. 계의 조문 [戒文]

조용히 재가자의 집에 들어가야 하니, 마땅히 배워야 한다.

2. 계를 제정한 인연 [緣起]

『四分』

부처님께서 사위국 기수급고독원에 계실 때 육군비구가 큰소리로 떠들면서 재가자의 집에 들어갔다. 거사들이 이를 보고 마치 바라문들과 같다고 비난하였다. 비구들이 듣고서 꾸짖고 부처님께 사뢰니 꾸짖으시고 계를 제정하셨다.[16]

3. 범함이 아닌 경우[開緣]

만약 때에 이런 병이 있어서 큰소리로 불러야 했으면	범함이 아니다
만약 청각장애인이어서 소리를 듣지 못했으면	
만약 큰소리로 부탁했으면	
만약 큰소리로 시식施食을 했으면	
만약 목숨이 위태롭거나 청정행이 어려워서 큰소리를 내고 달아났으면	

『資持記』

'시식施食'이라는 것은 예를 들면 성인께 공양을 올리고 축원하는 등이다.

---

23 조용히 앉는 계 靜默坐戒

차계   육군비구

1. 계의 조문[戒文]

조용히 재가자의 집에 들어가서 앉아야 하니, 마땅히 배워야 한다.

「私記」

이 계는 '제22 조용히 하는 계[靜默戒]'와 같다.

---

16. （大22, 702上）.

1. 계의 조문[戒文]

히히덕거리며 재가자의 집에 들어가지 말아야 하니, 마땅히 배워야 한다.

『尼戒會義』

『伽論』에 "하품할 때 입을 가리지 않으면 돌길라다"라고 하였다.

2. 계를 제정한 인연[緣起]

『四分』

부처님께서 사위국 기수급고독원에 계실 때, 육군비구가 히히덕거리며 재가자의 집에 들어갔다. 거사들이 이를 보고 "부처님 제자가 히히덕거리며 재가자의 집에 들어가니 마치 원숭이와 같다"고 비난하였다. 비구들이 듣고서 꾸짖고 부처님께 사뢰니, 꾸짖으시고 계를 제정하셨다.[17]

3. 범함이 아닌 경우[開緣]

만약 때에 이런 병이 있었으면	
만약 입술이 아파서 치아를 덮지 못했으면	범함이 아니다
만약 법을 생각하며 환희로워서 웃었으면	

---

17. (大22, 702中).

25 히히덕거리며 앉아 있는 계 戱笑坐戒

차계 육군비구

1. 계의 조문[戒文]

히히덕거리면서 재가자의 집에 가서 앉아 있지 말아야 하니, 마땅히 배워야 한다.

「私記」

이 계는 '제24 히히덕거리는 계[戱笑戒]'와 같다.

『資持記』

앞의 모든 계는 마을에 들어가 위의를 어그러뜨려서 세속사람들에게 좋은 마음을 내지 못하게 함을 말한다. 사원에 있다고 해서 어찌 그렇지 않겠는가? 다만 '계를 제정한 인연'이 세속에서 비롯되었기 때문에 계를 제정하실 때 사찰 안에서는 허용하는 인연이 되었을 뿐 일반적인 일은 아니다. 어찌 사원 안이라고 해서 방종함을 용납하겠는가? 『敎誡新學比丘行護律儀』에 사원 안에서의 위의 있는 행을 모두 밝히고 있다. 모든 계를 기준해 보면 사원의 안과 밖에서 모두 범함이 된다. 그러므로 배우는 이들은 이것을 잘 고려하여 허물이 없다고 말하지 말아야 한다.

26 주의하여 음식을 받는 계 用意受食戒

차계	육군비구, 음식을 흘리는 것이 굶주린 사람과 같음

1. 계의 조문[戒文]

주의하여 음식을 받아야 하니, 마땅히 배워야 한다.

2. 계를 제정한 인연[緣起]

『四分』

부처님께서 사위국 기수급고독원에 계실 때였다. 어떤 거사가 스님들을 청하여 음식을 마련하여 손수 음식을 나누어 주었는데, 육군비구가 음식을 받을 때 주의하지 않아서 밥과 국을 흘렸다. 거사가 보고 "부처님 제자가 부끄러움도 모르고 받는데 싫어함이 없다. 어찌 정신 차려 밥을 받지 않고 탐심으로 많이 받는가? 마치 곡식이 귀한 때 같다"고 비난하였다. 비구들이 듣고서 꾸짖고 부처님께 사뢰니 꾸짖으시고 계를 제정하셨다.[18]

3. 범함이 아닌 경우[開緣]

만약 때에 이런 병이 있었으면	
만약 발우가 작아서 공양할 때 밥을 흘렸으면	범함이 아니다
만약 탁자 위에 떨어졌으면	

---

18. （大22, 702中).

발우에 넘치지 않게 음식을 받는 계 平鉢受食戒

차계   육군비구

1. 계의 조문[戒文]

발우에 넘치지 않게 음식을 받아야 하니, 마땅히 배워야 한다.

2. 계를 제정한 인연[緣起]

『四分』

부처님께서 사위국 기수급고독원에 계실 때였다. 어떤 거사가 스님들을 청하여 음식을 마련하여 손수 음식을 나누어 주었는데, 육군비구가 발우에 넘치도록 음식을 받아서 밥과 국이 넘쳐흘렀다. 거사가 보고 "부처님 제자가 부끄러움도 모르고 받는 것에 싫어함이 없다. 발우에 넘치게 음식을 받는 것이 마치 굶주린 사람이 많이 탐하는 것과 같다"고 비방하였다. 비구들이 듣고서 꾸짖고 부처님께 사뢰니 꾸짖으시고 계를 제정하셨다.[19]

3. 범함이 아닌 경우[開緣]

「私記」

'범함이 아닌 경우'는 '제26 주의하여 음식을 받는 계[用意受食戒]'와 같다.

---

19. (大22, 702下).

100 중학법

사분율 비구니 계상표해

발우에 넘치지 않게 국을 받는 계 平鉢受羹戒

육군비구

1. 계의 조문[戒文]

발우에 넘치지 않게 국을 받아야 하니, 마땅히 배워야 한다.

2. 계를 제정한 인연 [緣起]

부처님께서 사위국 기수급고독원에 계실 때였다. 어떤 거사가 스님들을 청하여 음식을 마련하여 손수 음식을 나누어 주었는데, 육군비구가 밥을 너무 많이 받아 국을 받을 수가 없었다. 거사가 보고 "부처님 제자가 부끄러움도 모르고 받는 것에 싫어함이 없다. 밥을 많이 받아 국을 받지 못하니 마치 굶주려서 음식을 탐하는 사람 같다"고 비난하였다. 비구들이 듣고서 꾸짖고 부처님께 사뢰니, 꾸짖으시고 계를 제정하셨다.[20]

3. 범함이 아닌 경우[開緣]

만약 때에 이런 병이 있었으면	
만약 때에 발우가 작아서 음식이 탁자 위에 떨어졌으면	범함이 아니다
만약 넘치지 않게 받았으면	

---

20. （大22. 703上）.

29 국과 밥을 함께 먹는 계 羹飯等食戒

차계   육군비구

1. 계의 조문 [戒文]

국과 밥을 함께 먹어야 하니, 마땅히 배워야 한다.

2. 계를 제정한 인연 [緣起]

『四分』

부처님께서 사위국 기수급고독원에 계실 때였다. 어떤 거사가 스님들을 청하여 음식을 마련하여 손수 음식을 나누어 주었는데, 밥을 다 나누어주고 다시 국을 나누어 줄 때 육군비구는 이미 밥을 다 먹어버렸다. 그래서 거사가 국을 주고 나서 다시 밥을 가지고 와서 주려고 보니, 이번에는 국을 다 먹고 없었다. 거사가 보고 마치 굶주린 거지와 같다고 비난하였다. 비구들이 듣고서 꾸짖고 부처님께 사뢰니 꾸짖으시고 계를 제정하셨다.[21]

3. 범함이 아닌 경우 [開緣]

만약 때에 이런 병이 있었으면	
만약 때에 바로 밥은 필요했으나 국은 필요하지 않았으면	
만약 때에 바로 국은 필요했으나 밥은 필요하지 않았으면	범함이 아니다
만약 정오가 지나려고 했으면	
만약 목숨이 위태로웠거나 청정행이 어려워서 빨리 먹었으면	

---

21. (大22, 703中).

『資持記』

'바로 필요하다'는 것은 음식을 다 먹고 나서 다시 음식을 받아야 하는 경우를 말한다. 탐욕으로 빨리 먹은 것이 아니기 때문이다.

30 차곡차곡 먹지 않는 계 不次食戒

차계	육군비구, 새와 짐승과 같음

1. 계의 조문 [戒文]

차곡차곡 먹어야 하니, 마땅히 배워야 한다.

2. 계를 제정한 인연 [緣起]

『四分』

부처님께서 사위국 기수급고독원에 계실 때, 어떤 거사가 스님들을 청하여 공양을 베풀었다. 그런데 육군비구가 밥을 차곡차곡 먹지 않으니, 마치 돼지·개·소·나귀·까마귀·새들과 같다고 비난하였다. 비구들이 듣고서 꾸짖고 부처님께 사뢰니 꾸짖으시고 계를 제정하셨다.[22]

---

22. (大22, 703下).

3. 범함이 아닌 경우[開緣]

만약 때에 이런 병이 있었으면	범함이 아니다
만약 때에 밥이 뜨거울까봐 식은 부분을 골라서 먹었으면	
만약 정오가 지나려고 했으면	
만약 목숨이 위태로웠거나 청정행이 어려워서 빨리 먹었으면	

31 발우의 한가운데를 파서 먹지 말라는 계 不挑鉢中央食戒

차계   육군비구, 발우 가운데가 비어서 바닥이 드러남

1. 계의 조문[戒文]

발우의 한 가운데를 파서 먹지 말아야 하니, 마땅히 배워야 한다.

2. 계를 제정한 인연[緣起]

『四分』

부처님께서 사위국 기수급고독원에 계실 때였다. 어떤 거사가 스님들을 청하여 음식을 마련하여 손수 음식을 나누어 주었는데, 육군비구가 밥을 받아 발우의 한 가운데를 파서 먹어 바닥이 드러나게 되었다. 거사가 보고서 마치 소·나귀·낙타·돼지·개·새가 먹는 것 같다고 비난하였다. 비구들이 듣고서 꾸짖고 부처님께 사뢰니 꾸짖으시고 계를 제정하셨다.[23]

---

23. (大22, 704上).

3. 범함이 아닌 경우[開緣]

만약 때에 이런 병이 있었으면	범함이 아니다
만약 때에 밥이 뜨거울까봐 가운데를 파서 식혔으면	
만약 정오가 지나려고 했으면	
만약 목숨이 위태롭거나 청정행이 어려워서 발우 가운데를 파서 빨리 먹었으면	

32 국과 밥을 요구하는 계 索羹飯戒

차계   육군비구

1. 계의 조문[戒文]

병이 없으면서 스스로 자기를 위하여 국과 밥을 요구하지 말아야 하니, 마땅히 배워야 한다.

2. 계를 제정한 인연[緣起]

『四分』

부처님께서 사위국 기수급고독원에 계실 때였다. 어떤 거사가 스님들을 청하여 음식을 마련하여 손수 음식을 나누어 주었는데, 육군비구가 자기를 위하여 음식을 요구하는 것이 마치 굶주린 사람 같았다. 거사가 보고 "부처님 제자가 부끄러움도 없이 받는 것에 만족할 줄 모른다. 겉으로는 스스로 정법을 안다고 하나 무슨 정법이 있겠는가?"라고 하며 비난하였다. 비구들이 듣고서 꾸짖고 부처

님께 사뢰니 꾸짖으시고 계를 제정하셨다.[24]

3. 범함이 아닌 경우[開緣]

만약 병이 있어서 스스로 구했으면	
만약 남을 위해서 구했으면	범함이 아니다
만약 남이 자기를 위해서 구했으면	
만약 구하지 않았는데 얻었으면	

33 밥으로 국을 덮는 계 飯覆羹戒

차계　　　　　　　　　　　　　　　　　　　　　　　　　　육군비구

1. 계의 조문[戒文]

밥으로 국을 덮어놓고 다시 얻기를 바라지 말아야 하니, 마땅히 배워야 한다.

2. 계를 제정한 인연[緣起]

『四分』

부처님께서 사위국 기수급고독원에 계실 때였다. 어떤 거사가 스님들을 청하여 음식을 마련하여 손수 음식을 나누어 주었는데, 육군비구가 국을 받아서 밥으로 국을 덮었다. 차례대로 국을 준 것을 알고 있던 거사가 돌아와서 비구에게 국이 어디 있는지 물었으나, 비구는 대답을 하지 못하고 잠자코 있었다. 거사가

---

24. （大22, 704中）.

보고 마치 굶주린 사람과 같다고 비난하였다. 비구들이 듣고서 꾸짖고 부처님께 사뢰니 꾸짖으시고 계를 제정하셨다.[25]

3. 범함이 아닌 경우[開緣]

만약 때에 이런 병이 있었으면	
만약 공양청이었으면	범함이 아니다
만약 때에 바로 국이 필요했으면	
만약 때에 바로 밥이 필요했으면	

34 옆 사람의 발우를 보는 계 視比坐鉢戒

| 차계 | 육군비구 중 한 사람, 남에게 편애함이 있다고 말함 |

1. 계의 조문[戒文]

옆 사람의 발우 속을 보고 의심을 일으키지 말아야 하니, 마땅히 배워야 한다.

2. 계를 제정한 인연[緣起]

『四分』

부처님께서 사위국 기수급고독원에 계실 때, 어떤 거사가 스님들을 청하여 음식을 마련하여 손수 음식을 나누어 주었다. 그런데 한 육군비구가 자기 몫은 적고 옆 사람은 많아 보여서 거사에게 편애함이 있다고 하였다. 그러자 거사는 평

---

25. （大22, 704下）.

등하게 주었다고 대답하였다. 비구들이 듣고서 꾸짖고 부처님께 사뢰니 꾸짖으시고 계를 제정하셨다.[26]

3. 범함이 아닌 경우[開緣]

만약 때에 이런 병이 있었으면	범함이 아니다
만약 옆자리 비구니가 병이 있거나 눈이 어두워서 음식을 얻었는지, 깨끗한지, 받았는지 봐 주었으면	

『尼戒會義』

『僧祇』 만약 음식을 관리하는 사람이 음식을 어느 곳에서 얻을 수 있고, 어느 곳에서 얻을 수 없는지 살펴보는 것은 범함이 아니다. 만약 함께 간 제자, 혹은 자신에게 의지하는 제자가 병이 있어서 발우 속 음식이 먹어도 되는지 보는 것은 죄가 없다. 만약 상좌가 음식을 받았는지 받지 않았는지 보는 것도 죄가 없다.

35 발우에 마음을 두고 먹는 계繫鉢想食戒

차계   육군비구, 좌우를 보다가 국을 잃어버림

1. 계의 조문[戒文]

발우에 마음을 두어야 하니, 마땅히 배워야 한다.

---

26. (大22, 705上).

2. 계를 제정한 인연[緣起]

『四分』

부처님께서 사위국 기수급고독원에 계실 때였다. 어떤 거사가 스님들을 청하여 음식을 마련하여 손수 음식을 나누어 주었는데, 한 육군비구가 국을 받고 나서 좌우로 돌아보는 사이에 옆자리의 비구가 국을 감추었다. 육군비구가 "국을 앞에 두었는데 좌우로 돌아보는 사이에 없어졌다"고 말하는 것을 비구들이 듣고서 꾸짖고, 부처님께 사뢰니 꾸짖으시고 계를 제정하셨다.[27]

3. 범함이 아닌 경우[開緣]

만약 때에 이런 병이 있었으면	
만약 옆자리의 비구니가 병들었거나 눈이 어두워서 대신 받아 주었거나, 얻었는지 깨끗한지 받았는지 봐 주었으면	범함이 아니다
만약 정오인지 고개를 들어 쳐다봤으면	
만약 목숨이 위태롭거나 청정행이 어려워서 도망가려고 좌우를 살펴보았으면	

36 크게 뭉쳐서 먹는 계 大搏食戒

차계	육군비구, 입에 넣지 못하니 축생과 같음

1. 계의 조문[戒文]

밥을 크게 뭉쳐서 먹지 말아야 하니, 마땅히 배워야 한다.

2. 계를 제정한 인연 [緣起]

『四分』

부처님께서 사위국 기수급고독원에 계실 때였다. 어떤 거사가 스님들을 청하여 음식을 마련하여 손수 음식을 나누어 주었는데, 육군비구가 밥을 받아 크게 뭉쳐서 입에 넣어서 들어가지 않았다. 거사가 보고 마치 돼지·개·낙타·소·새·까마귀가 먹는 것 같다고 비난하였다. 비구들이 듣고서 꾸짖고 부처님께 사뢰니 꾸짖으시고 계를 제정하셨다.[28]

3. 범함이 아닌 경우 [開緣]

만약 때에 이런 병이 있었으면	
만약 정오가 지나려고 했으면	범함이 아니다
만약 목숨이 위태롭거나 청정행이 어려워서 빨리 먹었으면	

37 입을 크게 벌리고 음식을 기다리는 계 張口待食戒

차계   육군비구, 축생과 같음

1. 계의 조문 [戒文]

입을 크게 벌리고 밥을 기다리지 말아야 하니, 마땅히 배워야 한다.

---

27. (大22, 705中).
28. (大22, 705下).

2. 계를 제정한 인연[緣起]

『四分』

부처님께서 사위국 기수급고독원에 계실 때였다. 어떤 거사가 스님들을 청하여 음식을 마련하여 손수 음식을 나누어 주었는데, 육군비구가 입을 크게 벌리고 기다리고 있었다. 거사가 보고 마치 돼지·개·낙타·소·새·까마귀가 먹는 것 같다고 비난하였다. 비구들이 듣고서 꾸짖고 부처님께 사뢰니 꾸짖으시고 계를 제정하셨다.[29]

3. 범함이 아닌 경우[開緣]

「私記」

'범함이 아닌 경우'는 '제36 크게 뭉쳐서 먹는 계[大搏食戒]'와 같다.

38 밥을 입에 물고 말하는 계 含飯語戒

차계	육군비구, 분명하지 않게 말하는 것이 축생과 같음

1. 계의 조문[戒文]

밥을 입에 물고 말하지 말아야 하니, 마땅히 배워야 한다.

2. 계를 제정한 인연[緣起]

『四分』

부처님께서 사위국 기수급고독원에 계실 때였다. 어떤 거사가 스님들을 청하

---

29. （大22, 706上）.

여 음식을 마련하여 손수 음식을 나누어 주었는데, 육군비구가 밥을 입에 물고 말하였다. 거사가 보고 마치 돼지·개·낙타·새·까마귀가 먹는 것 같다고 비난하였다. 비구들이 듣고서 꾸짖고 부처님께 사뢰니 꾸짖으시고 계를 제정하셨다.[30]

3. 범함이 아닌 경우[開緣]

만약 때에 이런 병이 있었으면	
만약 때에 목이 메어 물을 찾았으면	범함이 아니다
만약 목숨이 위태롭거나 청정행이 어려워서 소리내어 먹었으면	

39 멀리서 입에 던져서 먹는 계遙擲口中戒

차계 　　　　　　　　　　　　　　　　　　　　　　　육군비구, 마술사와 같음

1. 계의 조문[戒文]

밥을 뭉쳐서 멀리서 입에 던지지 말아야 하니, 마땅히 배워야 한다.

2. 계를 제정한 인연[緣起]

『四分』

부처님께서 사위국 기수급고독원에 계실 때였다. 어떤 거사가 스님들을 청하여 음식을 마련하여 손수 음식을 나누어 주었는데, 육군비구가 밥을 뭉쳐서 멀리서 입에 던져 넣었다. 거사가 보고 마치 마술사와 같다고 비난하였다. 비구들

---

30. （大22, 706中).

이 듣고서 꾸짖고 부처님께 사뢰니 꾸짖으시고 계를 제정하셨다.[31]

3. 범함이 아닌 경우 [開緣]

만약 때에 이런 병이 있었으면	범함이 아니다
만약 묶여 있어서 입에 음식을 던져 넣었으면	

40 밥을 베어먹는 계 遺落食戒

차계	육군비구, 축생과 같음

1. 계의 조문 [戒文]

밥을 베어서 먹지 말아야 하니, 마땅히 배워야 한다.

2. 계를 제정한 인연 [緣起]

『四分』

부처님께서 사위국 기수급고독원에 계실 때였다. 어떤 거사가 스님들을 청하여 음식을 마련하여 손수 음식을 나누어 주었는데, 육군비구가 밥을 받아 여법하지 못하게 손으로 잡고 뭉쳐서 반을 베어 먹었다. 거사가 보고 마치 돼지·개·낙타·소·새·까마귀와 같다고 비난하였다. 비구들이 듣고서 꾸짖고 부처님께 사뢰니 꾸짖으시고 계를 제정하셨다.[32]

---

31. (大22, 706下).
32. (大22, 707上).

3. 범함이 아닌 경우[開緣]

만약 때에 이런 병이 있었으면	범함이 아니다
만약 얇은 과자, 누룽지, 고기, 껍질이 있는 견과류, 사탕수수, 채소, 암바라과庵婆羅果, 배, 염부과閻葡果, 포도, 꽃술 등을 먹었으면	

⬤41 볼을 불룩거리면서 먹는 계頰食戒

차계 육군비구, 원숭이와 같음

1. 계의 조문[戒文]

볼을 불룩거리면서 먹지 말아야 하니, 마땅히 배워야 한다.

2. 계를 제정한 인연 [緣起]

『四分』

부처님께서 사위국 기수급고독원에 계실 때였다. 어떤 거사가 스님들을 청하여 음식을 마련하여 손수 음식을 나누어 주었는데, 육군비구가 볼을 불룩거리면서 먹었다. 거사가 보고 마치 원숭이처럼 먹는다고 비난하였다. 비구들이 듣고서 꾸짖고 부처님께 사뢰니 꾸짖으시고 계를 제정하셨다.[33]

---

33. 〔大22, 707中〕.

3. 범함이 아닌 경우[開緣]

「私記」

'범함이 아닌 경우'는 '제36 크게 뭉쳐서 먹는 계[大摶食戒]'와 같다.

42 밥을 소리내서 먹는 계 嚼飯作聲戒

차계   육군비구, 돼지와 같음

1. 계의 조문[戒文]

밥을 소리내서 먹지 말아야 하니, 마땅히 배워야 한다.

2. 계를 제정한 인연 [緣起]

『四分』

부처님께서 사위국 기수급고독원에 계실 때였다. 어떤 거사가 스님들을 청하여 음식을 마련하여 손수 음식을 나누어 주는데, 육군비구가 소리를 내며 밥을 먹었다. 거사가 보고 마치 돼지·개·낙타·소·당나귀·까마귀·새같이 먹는다고 비난하였다. 비구들이 듣고서 꾸짖고 부처님께 사뢰니 꾸짖으시고 계를 제정하셨다.[34]

3. 범함이 아닌 경우[開緣]

「私記」

'범함이 아닌 경우'는 '제40 밥을 베어먹는 계[遺落食戒]'와 같다.

---

34. (大22, 707中).

43 밥을 빨아들이듯이 먹는 계 嚙飯食戒

차계   육군비구, 크게 소리를 냄

1. 계의 조문[戒文]

큰소리로 밥을 빨아들이듯이 먹지 말아야 하니, 마땅히 배워야 한다.

2. 계를 제정한 인연[緣起]

『四分』

부처님께서 사위국 기수급고독원에 계실 때였다. 어떤 거사가 스님들을 청하여 음식을 마련하여 손수 음식을 나누어 주었는데, 육군비구가 밥을 빨아들이듯이 먹었다. 거사가 보고 마치 돼지·개·낙타·소·당나귀·까마귀·새같이 먹는다고 비난하였다. 비구들이 듣고서 꾸짖고 부처님께 사뢰니 꾸짖으시고 계를 제정하셨다.[35]

3. 범함이 아닌 경우[開緣]

만약 때에 이런 병이 있었으면	
만약 입이 아팠으면	범함이 아니다
만약 국, 락酪, 낙장酪漿, 소비라장酥毗羅漿,[36] 식초를 먹었으면	

---

35. (大22, 707下).

36. 과청, 『講記』下, p.3027, 소비라장은 『毘尼母經』에 근거하면 "풍병을 치료할 때 소비라장을 사용해야 한다"고 하였다. 소비라장은 보리를 빨아서 용기에 넣어 물을 뿌리고 3일이 경과한 후, 식초를 조금 넣고 발효시켜 걸러서 마시는 것이다.

차계   육군비구, 혀를 드러내 보임

1. 계의 조문 [戒文]

혀로 핥아서 먹지 말아야 하니, 마땅히 배워야 한다.

2. 계를 제정한 인연 [緣起]

『四分』

부처님께서 사위국 기수급고독원에 계실 때였다. 어떤 거사가 스님들을 청하여 음식을 마련하여 손수 음식을 나누어 주었는데, 육군비구가 혀로 밥을 핥아서 먹었다. 거사가 보고 마치 돼지·개·낙타·소·당나귀·까마귀 같다고 비난하였다. 비구들이 듣고서 꾸짖고 부처님께 사뢰니 꾸짖으시고 계를 제정하셨다.[37]

3. 범함이 아닌 경우 [開緣]

만약 때에 이런 병이 있었으면	
만약 때에 결박당했으면	범함이 아니다
만약 손에 진흙이 묻었거나 손이 더러워서 혀로 핥아 먹었으면	

---

37. (大22, 707上).

45 손을 털면서 먹는 계 振手食戒

차계   육군비구, 왕이나 대신과 같음

1. 계의 조문[戒文]

손을 털면서 먹지 말아야 하니, 마땅히 배워야 한다.

2. 계를 제정한 인연[緣起]

『四分』

부처님께서 사위국 기수급고독원에 계실 때였다. 어떤 거사가 스님들을 청하여 음식을 마련하여 손수 음식을 나누어 주었는데, 육군비구가 손을 털면서 먹었다. 거사가 보고 마치 왕이나 대신과 같다고 비난하였다. 비구들이 듣고서 꾸짖고 부처님께 사뢰니 꾸짖으시고 계를 제정하셨다.[38]

3. 범함이 아닌 경우[開緣]

만약 때에 이런 병이 있었으면	범함이 아니다
만약 음식 속에 풀이나 벌레가 있었으면	
만약 때에 손에 깨끗하지 않은 것이 있어서 그것을 털려고 했으면	
만약 음식을 받기 전에 수식법受食法을 하지 않는 음식에 손을 대어 악촉惡觸이 되어서 손을 털었으면	

---

38. (大22, 708中).

음식을 흘리면서 먹는 계 把散飯戒

차계   육군비구

1. 계의 조문[戒文]

음식을 흘리면서 먹지 말아야 하니, 마땅히 배워야 한다.

『資持記』

이것은 손에 쥐었다가 흘리는 것을 말한다. 앞의 '베어 먹는 것'과 '손을 털면서 먹는 것'과는 반드시 모양을 구분해야 한다. 남은 음식이 손에 있는 것은 '베어 먹는 것'이라 하고, 좌우로 흩는 것은 '손을 턴다'고 한다. 손으로 쥐었다가 조금씩 떨어뜨리는 것을 '음식을 흘리면서 먹는다'고 한다.

2. 계를 제정한 인연[緣起]

『四分』

부처님께서 사위국 기수급고독원에 계실 때였다. 어떤 거사가 스님들을 청하여 음식을 마련하여 손수 음식을 나누어 주었는데, 육군비구가 손으로 쥐었다가 흘리면서 먹었다. 거사가 보고 마치 닭이나 새 같다고 비난하였다. 비구들이 듣고서 꾸짖고 부처님께 사뢰니 꾸짖으시고 계를 제정하셨다.[39]

---

39. (大22, 708中).

3. 범함이 아닌 경우 [開緣]

만약 이런 병이 있었으면	
만약 음식 속에 풀이나 벌레가 있었으면	범함이 아니다
만약 깨끗하지 않은 것으로 더러워졌으면	
만약 수식법受食法을 하지 않은 음식이 있어서 놓아버렸으면	

47 더러운 손으로 그릇을 잡는 계 汚手捉食器戒

차계   육군비구

1. 계의 조문 [戒文]

더러운 손으로 그릇을 잡지 말아야 하니, 마땅히 배워야 한다.

2. 계를 제정한 인연 [緣起]

『四分』

부처님께서 사위국 기수급고독원에 계실 때였다. 어떤 거사가 스님들을 청하여 음식을 마련하여 손수 음식을 나누어 주었는데, 육군비구가 깨끗하지 않은 손으로 그릇을 잡았다. 거사가 보고 마치 왕과 대신 같다고 비난하였다. 비구들이 듣고서 꾸짖고 부처님께 사뢰니 꾸짖으시고 계를 제정하셨다.[40]

---

40. （大22, 708下）.

3. 범함이 아닌 경우[開緣]

만약 때에 이런 병이 있었으면	범함이 아니다
만약 풀 위에 받았거나, 잎사귀 위에 받았거나, 손을 씻고 받았으면	

『資持記』

'풀이나 잎사귀 위에 받았다'는 것은 구법口法으로 받은 것이지 손으로 잡은 것은 아니기 때문이다.

48 발우 씻은 물을 함부로 버리는 계 棄洗鉢水戒

차계   육군비구

1. 계의 조문[戒文]

발우 씻은 물을 재가자의 집 안에 버리지 말아야 하니, 마땅히 배워야 한다.

2. 계를 제정한 인연[緣起]

『四分』

부처님께서 사위국 기수급고독원에 계실 때였다. 육군비구가 거사의 집에서 공양을 마치고 발우를 씻은 물과 남은 음식을 땅에 버려서 지저분하였다. 거사들이 보고 "많이 받아서 먹는 모습이 마치 굶주린 사람 같고, 버린 것이 낭자하니 왕과 대신 같다"고 비난하였다. 비구들이 듣고서 꾸짖고 부처님께 사뢰니 꾸짖으시고 계를 제정하셨다.[41]

3. 범함이 아닌 경우[開緣]

만약 때에 이런 병이 있었으면	범함이 아니다
만약 때에 그릇이나 씻는 용도의 쟁반에 발우 씻은 물을 받아서 집밖에 버렸으면	

---

49 살아있는 풀 위에 대소변 하는 계 生草上大小便戒

차계   육군비구

1. 계의 조문[戒文]

살아있는 풀 위에 대소변 하거나 코 풀거나 침뱉지 말아야 한다. 병이 있는 경우는 제외하니, 마땅히 배워야 한다.

『尼戒會議』

앞의 제3편(바일제) 중 '제77 살아있는 풀 위에 대소변 하는 계'는 잘 자란 풀에 거사들이 앉고 눕고 유희하여 좌선하는 비구니들을 산란하게 했기 때문에 비구니들이 그 위에 대소변을 버렸다. 그런데 거사들이 알지 못하고 거기에 와서 몸과 옷이 더러워져서 비난했기 때문에 계를 제정하셨다.

하지만 이 계는 단지 살아있는 풀 위에 대소변 한 것이지 마음을 산란하게 한 것은 아니므로, 위의계威儀戒에 속하여 돌길라를 범한다.[42]

---

41. (大22, 709上).
42. (大22, 709上).

2. 계를 제정한 인연 [緣起]

『四分』

부처님께서 사위국 기수급고독원에 계실 때 육군비구가 살아있는 풀 위에 대소변 하고 코 풀고 침을 뱉었다. 거사들이 보고 마치 돼지·개·낙타·소·나귀 같다고 비난하였다. 비구들이 듣고서 꾸짖고 부처님께 사뢰니 꾸짖으시고 계를 제정하셨다. 후에 병든 비구가 살아있는 풀을 피하느라 매우 힘들어 하니, 병이 있는 경우는 범함이 아니라고 거듭 제정하셨다.

3. 범함이 아닌 경우 [開緣]

만약 때에 이런 병이 있었으면	
만약 풀이 없는 곳에서 대소변을 했는데 흘러서 살아있는 풀 위에 떨어졌으면	범함이 아니다
만약 때에 바람이 불거나, 새가 물고 가서 풀 위에 떨어졌으면	

▨50 물에 대소변 하는 계 水中大小便戒

차계   육군비구

1. 계의 조문 [戒文]

깨끗한 물에 대소변 하거나 코 풀거나 침뱉지 말아야 한다. 병이 있는 경우는 제외하니, 마땅히 배워야 한다.

2. 계를 제정한 인연[緣起]

『四分』

부처님께서 사위국 기수급고독원에 계실 때 육군비구가 물에 대소변 하거나 코풀거나 침을 뱉었다. 거사들이 보고 마치 돼지·개·소·당나귀·낙타 같다고 비난하였다. 비구들이 듣고서 꾸짖고 부처님께 사뢰니 꾸짖으시고 계를 제정하셨다. 후에 병든 비구가 물 있는 곳을 피하느라 매우 힘들어 하니, 병이 있는 경우는 범함이 아니라고 거듭 제정하셨다.[43]

3. 범함이 아닌 경우[開緣]

만약 때에 이런 병이 있었으면	범함이 아니다
만약 때에 언덕 위에서 대소변을 했는데 흘러서 물속에 들어갔으면	
만약 때에 바람이 불거나, 새가 물고 가서 물속에 떨어졌으면	

51 서서 대소변 하는 계 立大小便戒

차계   육군비구

1. 계의 조문[戒文]

서서 대소변을 하지 말아야 한다. 병이 있는 경우는 제외하니, 마땅히 배워야 한다.

---

43. (大22, 709中).

2. 계를 제정한 인연[緣起]

『四分』

부처님께서 사위국 기수급고독원에 계실 때였다. 육군비구들이 서서 대소변을 하니, 거사들이 마치 소·말·돼지·염소·낙타 같다고 비난하였다. 비구들이 듣고서 꾸짖고 부처님께 사뢰니 꾸짖으시고 계를 제정하셨다.[44]

3. 범함이 아닌 경우[開緣]

만약 때에 이런 병이 있었으면	범함이 아니다
만약 묶여 있었으면	
만약 때에 종아리에 더러운 기름때가 묻었거나, 진흙으로 더러워졌으면	

52 옷을 뒤집어 말아 올린 사람에게 설법하는 계 爲反抄衣者說法戒
차계   육군비구

1. 계의 조문[戒文]

옷을 뒤집어 말아 올린 사람에게 설법하지 말아야 한다. 병이 있는 경우는 제외하니, 마땅히 배워야 한다.

---

44. (大22, 709下).

2. 계를 제정한 인연 [緣起]

『四分』

부처님께서 사위국 기수급고독원에 계실 때, 육군비구들이 공경심이 없이 옷을 반대로 걸어 올린 사람에게 설법하였다. 비구들이 듣고서 꾸짖고 부처님께 사뢰니 꾸짖으시고 계를 제정하셨다.[45]

3. 범함이 아닌 경우 [開緣]

만약 때에 이런 병이 있었으면	범함이 아니다
만약 왕이나 최고대신[王大臣]을 위한 것이었으면	

■53■ 옷을 목에 두른 사람에게 설법하는 계 爲衣纏頸者說法戒

차계   육군비구

1. 계의 조문 [戒文]

옷을 목에 두른 사람에게 설법하지 말아야 한다. 병이 있는 경우는 제외하니, 마땅히 배워야 한다.

---

45. (大22, 710上).

머리를 덮은 사람에게 설법하는 계 爲覆頭者說法戒

차계 　　　　　　　　　　　　　　　　　　　　　　　　　　　　육군비구

1. 계의 조문[戒文]

머리를 덮은 사람에게 설법하지 말아야 한다. 병이 있는 경우는 제외하니, 마땅히 배워야 한다.

55 머리를 싸맨 사람에게 설법하는 계 爲裹頭者說法戒

차계 　　　　　　　　　　　　　　　　　　　　　　　　　　　　육군비구

1. 계의 조문[戒文]

머리를 싸맨 사람에게 설법하지 말아야 한다. 병이 있는 경우는 제외하니, 마땅히 배워야 한다.

56 허리에 손을 올린 사람에게 설법하는 계 爲又腰者說法戒

차계 　　　　　　　　　　　　　　　　　　　　　　　　　　　　육군비구

1. 계의 조문[戒文]

허리에 손을 올린 사람에게 설법하지 말아야 한다. 병이 있는 경우는 제외하

니, 마땅히 배워야 한다.

57 가죽신을 신은 사람에게 설법하는 계 爲著革屣者說法戒
차계 　　　　　　　　　　　　　　　　　　　　　　　육군비구

1. 계의 조문[戒文]
가죽신을 신은 사람에게 설법하지 말아야 한다. 병이 있는 경우는 제외하니, 마땅히 배워야 한다.

58 나막신을 신은 사람에게 설법하는 계 爲著木屐者說法戒
차계 　　　　　　　　　　　　　　　　　　　　　　　육군비구

1. 계의 조문[戒文]
나막신을 신은 사람에게 설법하지 말아야 한다. 병이 있는 경우는 제외하니, 마땅히 배워야 한다.

59

탈 것에 타고 있는 사람에게 설법하는 계 爲騎乘者說法戒

차계   육군비구

1. 계의 조문[戒文]

탈 것에 타고 있는 사람에게 설법하지 말아야 한다. 병이 있는 경우는 제외하
니, 마땅히 배워야 한다.

「私記」

이상의 모든 계(제53계-제59계)는 '제52 옷을 뒤집어 말아 올린 사람에게 설법
하는 계[爲反抄衣者說法戒]'와 같다.

불탑 속에서 자는 계 佛塔中宿戒

차계   육군비구

1. 계의 조문[戒文]

불탑 속에서 자지 말아야 한다. 수호하기 위한 것은 제외하니, 마땅히 배워야
한다.

2. 계를 제정한 인연[緣起]

『四分』

부처님께서 사위국 기수급고독원에 계실 때 육군비구들이 불탑 속에서 잤다.

비구들이 꾸짖고 부처님께 사뢰니 꾸짖으시고 계를 제정하셨다.[46]

3. 범함이 아닌 경우[開緣]

만약 때에 이런 병이 있었으면	
만약 수호하기 위해서 잤으면	범함이 아니다
만약 힘센 자에게 잡힌 등이었으면	

『行事鈔』

불상과 경전은 불법을 주지住持하는 신령스러운 것이다. 둘 다 우리들이 공경해야 할 대상이니 실제로 마주한 것처럼 우러러 보아야 한다. 그런데 요즘 세속적인 비구·비구니는 대부분 불법을 받들지 않고 교법에 우매하여, 안으로는 바른 믿음이 없고 식견이 높고 원대하지 못하여 예법을 크게 무너뜨린다. 혹 불상 앞에 있으면서도 서로 희롱하고 법답지 않은 말을 내뱉는다. 눈을 치뜨고 팔을 걷어 부치고 손가락으로 성인의 형상을 가리킨다. 또 거만하게 앉아서 조심하고 삼가는 것이 없으며 경전과 불상을 보더라도 일어나 맞이하지 않으니, 재가자의 비웃음을 사고 손해를 끼쳐서 정법을 멸하게 한다.

그러므로 『僧祇』에, "불상과 경전 앞에서 다른 사람에게 절을 해서는 안 되고, 번과 일산을 달 때도 불상을 밟고 올라서서는 안 된다. 따로 사다리나 층계를 두어야 한다"고 했다. 이 글에 공경해야 할 대상을 특별히 밝혔으니, 이미 많은 허물이 있음을 알았다면 더욱 조심해야 한다. 당堂, 전殿, 탑묘塔廟에서는 마치 살얼음을 밟듯이 깊은 물에 들어가듯이 해야 하고, 불상과 경전을 보면 반드시 숙연하고 공경해야 한다. 이렇게 출가자와 재가자가 모두 불법을 받들고 공경할 줄 안다면 현성賢聖께 그 신심이 도달할 것이다. 또한 왕과 신하 혹은 관료들

---

46. (大22, 710中).

을 대하듯 해야 할 것이다. 범부의 뜻은 믿기 어렵고 방종하기 쉬우니 반드시 성
인의 법을 따라야 한다.

『行事鈔』

또 도리어 스스로 밟고 오르는 것을 마치 자기 집에서와 같이 하고, 대중 승방
과 강당에 세속인들을 수용하여 훼손하고 욕되게 하면서도 마음에 부끄러움이
없다. 도(출가인)를 굽히고 세속을 받드는 것이 마치 노비가 주인을 섬기는 것과
같이 하니, 이것을 '사원의 법도가 멸하는 것'이라고 한다. (원래 주註에, "그보다 심
한 것은 대중스님들을 때리고 욕하는 것이다. 갖가지 법답지 않은 것이 있으나 요점만 말해
보면 강제로 빼앗고, 재물을 빌리고 요구하며, 시체를 승방에 두고 장례식을 거행하고, 절 안
에 묘지를 만들고, 시체를 목욕시키는 등이 모두 법이 아니다"라고 하였다.)

영지율사의 해석

이 과에서 작은 글자는 『寺誥』[47]를 인용한 것을 주로써 보충했다. '요구한다[乞
請]'는 것은 곧 구하고 찾는 것이다. 여러 일을 다 봐주도록 청하는 것이다. 그때
도 오히려 그러했는데 오늘날의 기괴함이야 말할 것도 없다. 곧 불전과 설법당에
서 먹고 마시며, 스님들이 주방에서 살생을 하고, 잡다한 물건을 맡아 두며, 양
식을 쌓아둔다. 혹 나라의 임시 관사, 인재를 등용하는 고시장, 혼인이나 출산하
는 장소로 사용하기도 하니 잡스럽고 더러운 것이 이루 말할 수 없다. 이는 도 닦
는 무리 가운데 인재가 없기 때문이지 어찌 오직 세속 선비들이 무지한 탓이겠는
가? 매양 법의 문門이 뒤집히고 멸하는 것을 한탄하니, 누가 바르게 붙들어서 지
키겠는가? 또 지옥의 과보가 어렵고 매서움을 탄식하니, 누가 마땅히 구제하겠는
가? 반드시 깊은 식견을 가져야 하니, 어찌 다시 생각하지 않을 수 있겠는가! 화

---

47. 저본에는 큰 글자라고 되어 있지만 여기에는 작은 글자로 표기했기 때문에 다르게 번역하였다. 『寺
誥』는 여서, 『淺釋』, p.1580에 따르면 靈裕법사가 지은 것으로 모두 10편으로 구성되어 있고 절을 짓
는 법에 대해 설명한 책이라고 한다.

복禍福에는 정해진 문이 없으며 오직 사람이 불러들이는 것임을 알아야 한다. 힘이 있으면 구할 수 있으니 정법을 전함에 힘써야 할 것이다.

61 불탑 속에 재물을 감추어 두는 계藏物塔中戒

차계   육군비구

1. 계의 조문[戒文]

불탑 속에 재물을 감추어 두지 말아야 한다. 굳게 지키기 위한 것은 제외하니, 마땅히 배워야 한다.

2. 계를 제정한 인연[緣起]

『四分』

부처님께서 사위국 기수급고독원에 계실 때 육군비구들이 불탑 속에 재물을 감추어 두었다. 비구들이 꾸짖고 부처님께 사뢰니 꾸짖으시고 계를 제정하셨다.[48]

3. 범함이 아닌 경우[開緣]

만약 때에 이런 병이 있었으면	
만약 굳게 지키기 위해서 불탑 속에 재물을 감추어 두었으면	범함이 아니다
만약 힘센 자에게 잡힌 등이었으면	

---

48. (大22, 710中).

『毘尼止持』

‘재물’이란 옷과 와구, 그릇 등을 말한다. (계본에 "불탑 속에 재물 등을 두지 말라"고 하였다) 만약 탐욕으로 불탑 속에 쌓아두고 감추어 두면 안 된다. 자기의 물건은 중시하고 불탑은 경시하는 것이기 때문이다. 만약 탑이나 불상에 공양된 물건이나, 대중의 물건을 수호하여 굳게 지키거나 잃어버리지 않게 하려는 경우는 방편으로 감추어 둘 수 있다.

62 가죽신을 신고 불탑 안에 들어가는 계 著革屣入塔戒

차계   육군비구

1. 계의 조문 [戒文]

가죽신을 신고 불탑 안에 들어가지 말아야 하니, 마땅히 배워야 한다.

2. 계를 제정한 인연 [緣起]

『四分』

부처님께서 사위국 기수급고독원에 계실 때 육군비구가 가죽신을 신고 불탑 안에 들어갔다. 비구들이 꾸짖고 부처님께 사뢰니 꾸짖으시고 계를 제정하셨다.[49]

---

49. (大22, 710下).

3. 범함이 아닌 경우[開緣]

만약 때에 이런 병이 있었으면	범함이 아니다
만약 힘센 자에게 잡혀서 끌려가 탑 안에 들어가게 되었으면	

63 가죽신을 들고 불탑 안에 들어가는 계 捉革屣入塔戒

차계   육군비구

1. 계의 조문[戒文]

가죽신을 들고 불탑 안에 들어가지 말아야 하니, 마땅히 배워야 한다.

64 가죽신을 신고 불탑을 도는 계 著革屣繞塔行戒

차계   육군비구

1. 계의 조문[戒文]

가죽신을 신고 불탑을 돌지 말아야 하니, 마땅히 배워야 한다.

65 부라신발을 신고 불탑 안에 들어가는 계 著富羅入塔戒

차계   육군비구

1. 계의 조문[戒文]

부라신발[50]을 신고 불탑 안에 들어가지 말아야 하니, 마땅히 배워야 한다.

66 부라신발을 들고 불탑 안에 들어가는 계 捉富羅入塔戒

차계   육군비구

1. 계의 조문[戒文]

손에 부라신발을 들고 불탑 안에 들어가지 말아야 하니, 마땅히 배워야 한다.

『私記』

이상의 모든 계(제63계-제66계)는 '제62 가죽신을 신고 불탑 안에 들어가는 계[著革屣入塔戒]'와 같다.

---

50. 과청, 『講記』下, p.3065, 부라는 범어이고 중국어로 번역하면 짧은 가죽신으로 장식이 있는 것이다. 『開宗記』의 설명에 따르면, 목면이나 여러 가지 장식물 또는 가죽을 덧대어 꿰매서 가운데가 볼록하게 솟아나도록 만든 신발이다.

67 탑 아래 앉아서 먹고 땅을 더럽히는 계 塔下坐食戒

차계   육군비구

1. 계의 조문[戒文]

탑 아래 앉아서 먹고 풀과 음식을 남겨서 땅을 더럽히지 말아야 하니, 마땅히 배워야 한다.

2. 계를 제정한 인연[緣起]

『四分』

부처님께서 사위국 기수급고독원에 계실 때, 육군비구들이 탑 아래서 먹고 나서 음식과 풀을 버리고 가서 땅이 더러워졌다. 비구들이 꾸짖고 부처님께 사뢰니 꾸짖으시고 '탑 아래에서 음식을 먹지 말라'는 계를 제정하셨다. 후에 탑이나 방사를 짓거나, 연못과 우물을 파고나서 음식을 보시하거나, 혹은 대중이 많이 모여서 앉을 자리가 협소한 그와 같은 경우에도 탑 아래에서 음식을 먹지 말라는 계를 범할까 걱정하였다. 그래서 부처님께서 '탑 아래 앉아서 먹되, 풀이나 음식으로 땅을 더럽히지는 말라'고 거듭 계를 제정하셨다.[51]

3. 범함이 아닌 경우[開緣]

만약 때에 이런 병이 있었으면	범함이 아니다
만약 때에 한 곳에 모아두었다가 나올 때 가지고 나와서 버렸으면 (계본에 "풀과 음식을 남겨서 더럽히지 말라"고 하였다)	

---

51. (大22, 711上).

『資持記』

근래에 보니 많은 사람들이 불전에서 공양을 베풀 때 불상을 등지고 편안히 앉아서 먹고, 과일이나 야채를 버려두고 가서 땅을 여기저기 더럽힌다. 어기면 비록 가벼운 죄를 범한다고 제정했으나 악업은 더욱 무겁다. 식견이 있는 고매한 사람이라면 허물을 속히 고치기 바란다. 그러나 어리석은 사람이라면 어떤 말을 해도 소용이 없을 것이다.

68 시체를 메고 탑 아래로 지나가는 계 塔下擔死屍戒

차계　　　　　　　　　　　　　　　　　　　　　　　　　　　　육군비구

1. 계의 조문 [戒文]

시체를 메고 탑 아래로 지나가지 말아야 하니, 마땅히 배워야 한다.

2. 계를 제정한 인연 [緣起]

『四分』

부처님께서 사위국 기수급고독원에 계실 때였다. 육군비구가 시체를 메고 탑 아래로 지나가니, 탑을 지키는 신이 화를 내었다. 비구들이 꾸짖고 부처님께 사뢰니 꾸짖으시고 계를 제정하셨다.[52]

---

52. 〔大22, 711中〕.

3. 범함이 아닌 경우[開緣]

만약 때에 이런 병이 있었으면	
만약 때에 이 길을 가야 했으면	범함이 아니다
만약 힘센 자에게 끌려갔으면	

69 탑 아래에 시체를 묻는 계 塔下埋死屍戒

차계   육군비구

1. 계의 조문[戒文]

탑 아래에 시체를 묻지 말아야 하니, 마땅히 배워야 한다.

70 탑 아래에서 시체를 태우는 계 塔下燒死屍戒

차계   육군비구

1. 계의 조문[戒文]

탑 아래에서 시체를 태우지 말아야 하니, 마땅히 배워야 한다.

탑을 향하여 시체를 태우는 계向塔燒死屍戒

차계   육군비구

1. 계의 조문[戒文]

탑을 향하여 시체를 태우지 말아야 하니, 마땅히 배워야 한다.

탑 사방 주위에서 시체를 태우는 계塔四邊燒死屍戒

차계   육군비구

1. 계의 조문[戒文]

탑 사방 주위에서 시체를 태우지 말아야 한다. 그 냄새가 들어오게 하지 말아
야 하니 마땅히 배워야 한다.

『私記』

이상의 모든 계(제69계–제72계)는 '제68 시체를 메고 탑 아래로 지나가는 계[塔
下擔死屍戒]'와 같다.

죽은 사람의 옷과 평상을 가지고 탑 아래로 지나가는 계持死人衣及床塔下過戒

차계   육군비구

1. 계의 조문[戒文]

죽은 사람의 옷과 평상을 가지고 탑 아래로 지나가지 말아야 한다. 빨고 물들이고 향을 쐰 것은 제외하니, 마땅히 배워야 한다.

2. 계를 제정한 인연 [緣起]

『四分』

부처님께서 사위국 기수급고독원에 계실 때였다. 육군비구가 죽은 사람의 옷과 평상을 가지고 탑 아래로 지나가니, 그 곳에 머무는 신이 화를 내었다. 비구들이 꾸짖고 부처님께 사뢰니 꾸짖으시고 계를 제정하셨다.[53]

3. 범함이 아닌 경우[開緣]

만약 때에 이런 병이 있었으면	범함이 아니다
만약 빨고 물들이고 향을 쐬었으면	

『尼戒會義』

『母論』 분소의를 얻으면 물속에 오래 담가 두었다가 순수한 재를 사용하여 빨아서 깨끗하게 하고, 향을 위에 바른 후에야 입고 탑에 들어갈 수 있다.

---

53. (大22, 711下).

74 탑 아래에서 대소변 하는 계 塔下大小便戒

차계   육군비구

1. 계의 조문 [戒文]

탑 아래에서 대소변 하지 말아야 하니, 마땅히 배워야 한다.

75 탑을 향하여 대소변 하는 계 向塔大小便戒

차계   육군비구

1. 계의 조문 [戒文]

탑을 향하여 대소변 하지 말아야 하니, 마땅히 배워야 한다.

76 탑 사방 주위에서 대소변 하는 계 繞塔四邊大小便戒

차계   육군비구

1. 계의 조문 [戒文]

탑 사방 주위에서 대소변 하여 냄새가 탑에 들어가게 하지 말아야 하니, 마땅히 배워야 한다.

불상을 지니고 대소변 하는 곳에
이르는 계 持佛像至大小便處戒
차계   육군비구

1. 계의 조문[戒文]

불상을 지니고 대소변 하는 곳에 가지 말아야 하니, 마땅히 배워야 한다.

2. 범함이 아닌 경우[開緣]

「私記」

'범함이 아닌 경우'는 '제68 시체를 메고 탑 아래로 지나가는 계[塔下擔死屍戒]'
와 같다.

78 탑 아래에서 양치질하는 계 塔下嚼楊枝戒
차계   육군비구

1. 계의 조문[戒文]

불탑 아래에서 양치질하지 말아야 하니, 마땅히 배워야 한다.

탑을 향하여 양치질하는 계 向塔嚼楊枝戒

차계   육군비구

1. 계의 조문[戒文]

탑을 향하여 양치질하지 말아야 하니, 마땅히 배워야 한다.

---

80 탑 사방 주위에서 양치질하는 계 塔四邊嚼楊枝戒

차계   육군비구

1. 계의 조문[戒文]

탑 사방 주위에서 양치질하지 말아야 하니, 마땅히 배워야 한다.

---

81 탑 아래에서 코 풀고 침 뱉는 계 塔下涕唾戒

차계   육군비구

1. 계의 조문[戒文]

탑 아래에서 코 풀고 침뱉지 말아야 하니, 마땅히 배워야 한다.

82

불탑을 향하여 코 풀고 침 뱉는 계_{向塔涕唾戒}

차계   육군비구

1. 계의 조문[戒文]

불탑을 향하여 코 풀고 침뱉지 말아야 하니, 마땅히 배워야 한다.

「私記」

이상의 모든 계(제78계~82계)는 '제77 불상을 지니고 대소변 하는 곳에 가는 계[持佛像至大小便處戒]'와 같다.

탑 사방 주위에서 코 풀고 침 뱉는 계_{塔四邊涕唾戒}

차계   육군비구

1. 계의 조문[戒文]

탑 사방 주위에서 코 풀고 침 뱉지 말아야 하니, 마땅히 배워야 한다.

2. 계를 제정한 인연[緣起]

『四分』

부처님께서 사위국 기수급고독원에 계실 때, 육군비구가 불탑 사방 주위에서 코를 풀고 침을 뱉었다. 비구들이 보고서 꾸짖고 부처님께 사뢰니 꾸짖으시고 계를 제정하셨다.[54]

3. 범함이 아닌 경우[開緣]

만약 때에 이런 병이 있었으면	범함이
만약 큰 새가 물어다 탑 주위에 두었거나, 바람이 불어서 날아갔으면	아니다

84 탑을 향하여 다리를 뻗고 앉는 계 向塔舒脚坐戒

차계   육군비구

1. 계의 조문[戒文]

탑을 향하여 다리를 뻗고 앉지 말아야 하니, 마땅히 배워야 한다.

2. 계를 제정한 인연[緣起]

『四分』

부처님께서 사위국 기수급고독원에 계실 때 육군비구가 탑을 향하여 다리를 뻗고 앉았다. 비구들이 꾸짖고 부처님께 사뢰니 꾸짖으시고 계를 제정하셨다.[55]

3. 범함이 아닌 경우[開緣]

만약 때에 이런 병이 있었으면	
만약 자신과 탑 사이가 가려져 있었으면	범함이 아니다
만약 힘센 자에게 잡혔으면	

---

54. (大22, 712上).

불탑을 아래층에 두는 계 安塔在下房戒

차계   육군비구

1. 계의 조문[戒文]

불탑을 아래층에 두고 자기는 위층에 머물지 말아야 하니, 마땅히 배워야 한다.

2. 계를 제정한 인연[緣起]

『四分』

부처님께서 사위국 기수급고독원에 계실 때, 육군비구가 불탑은 아래층에 두고 자기는 위층에 머물렀다. 비구들이 꾸짖고 부처님께 사뢰니 꾸짖으시고 계를 제정하셨다.[56]

3. 범함이 아닌 경우[開緣]

만약 때에 이런 병이 있어서 불탑을 아래층에 두고 자기는 위층에 머물렀으면	범함이 아니다
만약 목숨이 위태롭거나 청정행이 어려웠으면	

---

55. (大22, 712上).
56. (大22, 712中).

86 앉아 있는 사람에게 서서 설법하는 계 人坐己立說法戒

차계   육군비구

1. 계의 조문[戒文]

앉아 있는 사람에게 서서 설법하지 말아야 한다. 병이 있는 경우는 제외하니, 마땅히 배워야 한다.

2. 범함이 아닌 경우[開緣]

만약 때에 이런 병이 있었으면	범함이 아니다
만약 왕이나 최고대신[王大臣]이 붙들어 세웠으면	

『戒本疏』

『律』에서 허용한 것은 오직 왕과 최고대신이 듣는 경우이다. 어찌 법이 사람으로 인해 홍포됨이 아니겠는가? 우선 기쁘게 하고 보기에 좋게 하여 일이 형통하게 해서 마음으로 받아들이게 되면, 승가 스스로 여일한 표준을 두어야 한다.

영지율사의 해석

'우선 기쁘게 하고 보기에 좋게 한다'는 것은 처음에 법을 널리 펴서 교화하기 위해 방편으로 잠깐 대접하는 것을 말한다. '일이 형통하게 해서 마음으로 받아들이게 한다'는 것은 왕과 최고대신들이 후에 믿고 불법을 좋아하게 되면, 승가가 스스로를 가볍게 여기지 말고 본래 법으로 제정한 것을 따라야 한다는 것이다. 그래서 '스스로 여일한 표준을 두어야 한다'고 하였다.

87 누워 있는 사람에게 앉아서 설법하는 계 人臥己坐說法戒

차계   육군비구

1. 계의 조문[戒文]

누워 있는 사람에게 앉아서 설법하지 말아야 한다. 병이 있는 경우는 제외하니, 마땅히 배워야 한다.

88 정좌에 있는 사람에게 정좌가 아닌 자리에서 설법하는 계 人在座己在非座說法戒

차계   육군비구

1. 계의 조문[戒文]

정좌正座에 있는 사람에게 정좌가 아닌 자리[非座]에서 설법하지 말아야 한다.[57] 병이 있는 경우는 제외하니, 마땅히 배워야 한다.

---

57. 여서, 『淺釋』, p.1604, 座는 높고 넓은 큰 자리를 가리키며, 正座라고도 한다. 非座는 正座가 아닌 자리를 가리킨다.

높은 자리에 앉아 있는 사람에게
낮은 자리에 앉아서 설법하는 계 人在高坐己在下坐說法戒
차계   육군비구

1. 계의 조문[戒文]

높은 자리에 앉아 있는 사람에게 낮은 자리에 앉아서 설법하지 말아야 한다.
병이 있는 경우는 제외하니, 마땅히 배워야 한다.

앞에 가는 사람에게 뒤따라가면서
설법하는 계 人在前行己在後說法戒
차계   육군비구

1. 계의 조문[戒文]

앞에 가는 사람에게 뒤따라가면서 설법하지 말아야 한다. 병이 있는 경우는
제외하니, 마땅히 배워야 한다.

91 높은 경행처에 있는 사람에게 낮은 경행처에서
설법하는 계 人在高經行處己在下經行處說法戒

차계　　　　　　　　　　　　　　　　　　　　　육군비구

1. 계의 조문[戒文]

높은 경행처에 있는 사람에게 낮은 경행처에 있으면서 설법하지 말아야 한다.
병이 있는 경우는 제외하니, 마땅히 배워야 한다.

92 길에 있는 사람에게 길 아닌 곳에서
설법하는 계 人在道己在非道說法戒

차계　　　　　　　　　　　　　　　　　　　　　육군비구

1. 계의 조문[戒文]

길에 있는 사람에게 길 아닌 곳에서 설법하지 말아야 한다. 병이 있는 경우는
제외하니, 마땅히 배워야 한다.

「私記」

이상의 모든 계(제87계–제92계)는 '제86 앉아 있는 사람에게 서서 설법하는 계
[人坐己立說法戒]'와 같다.

93 손을 잡고 길에 다니는 계 携手在道行戒

1. 계의 조문[戒文]

손을 잡고 길에 다니지 말아야 하니, 마땅히 배워야 한다.

2. 계를 제정한 인연[緣起]

『四分』

부처님께서 사위국 기수급고독원에 계실 때, 육군비구들이 손을 잡고 길에 다니며 다른 사람들을 막아서 길을 가는데 지장을 주었다. 거사들이 보고 마치 국왕이나 대신, 부귀한 장자와 같다고 비난하였다. 비구들이 듣고서 꾸짖고 부처님께 사뢰니 꾸짖으시고 계를 제정하셨다.[58]

3. 범함이 아닌 경우[開緣]

만약 때에 이런 병이 있었으면	범함이 아니다
만약 때에 비구니가 병으로 눈이 어두워서 붙잡아 주어야 했으면	

---

58. (大22, 712下).

94

나무에 올라가는 계 上樹戒

1. 계의 조문[戒文]

사람의 키보다 높은 나무에 올라가지 말아야 한다. 때의 인연은 제외하니, 마땅히 배워야 한다.

2. 계를 제정한 인연 [緣起]

『四分』

부처님께서 사위국 기수급고독원에 계실 때였다. 어떤 비구가 큰 나무 위에서 하안거를 지내면서 대소변을 하니, 나무를 지키는 신이 화가 나서 비구를 죽이려고 기회를 엿보았다. 비구들이 듣고서 꾸짖고 부처님께 사뢰니 꾸짖으시고 계를 제정하셨다.[59]

3. 범함이 아닌 경우[開緣]

만약 때에 이런 병이 있었으면	범함이 아니다
만약 목숨이 위태롭거나 청정행이 어려워서 사람의 키보다 높은 나무에 올라갔으면	

100 중학법

사분율 비구니 계상표해

---

59. (大22, 713上).

95 지팡이에 발우를 묶어서 메는 계 杖絡囊戒

차계   발난타 비구

1. 계의 조문[戒文]

발우를 넣은 주머니를 묶어서 지팡이에 매달아 어깨에 메고 다니지 말아야 하니, 마땅히 배워야 한다.

2. 계를 제정한 인연[緣起]

『四分』

부처님께서 사위국 기수급고독원에 계실 때였다. 발난타 비구가 주머니 속에 발우를 넣어서 지팡이에 매달아 어깨에 메고 다녔다. 거사들이 관인인 줄 알고 모두 아랫길의 병처로 피했다가 발난타 비구인 줄 알고는 비난하였다. 비구들이 듣고서 꾸짖고 부처님께 사뢰니 꾸짖으시고 계를 제정하셨다.[60]

3. 범함이 아닌 경우[開緣]

만약 때에 이런 병이 있었으면	범함이 아니다
만약 힘센 자에게 잡힌 등이었으면	

---

60. (大22, 713中).

96 지팡이를 가진 사람에게 설법하는 계 爲持杖人說法戒

차계   육군비구

1. 계의 조문[戒文]

지팡이를 가진 공경하지 않는 사람에게는 설법하지 말아야 한다. 병이 있는 경우는 제외하니, 마땅히 배워야 한다.

2. 계를 제정한 인연[緣起]

『四分』

부처님께서 사위국 기수급고독원에 계실 때, 육군비구가 지팡이를 가진 공손하지 않는 사람에게 설법했다. 비구들이 듣고서 꾸짖고 부처님께 사뢰니 꾸짖으시고 계를 제정하셨다.[61]

3. 범함이 아닌 경우[開緣]

만약 때에 이런 병이 있었으면	범함이 아니다
만약 왕이나 최고대신[王大臣]을 위해서 였으면	

---

61. （大22, 713中）.

97 검을 가진 사람에게 설법하는 계 爲持劍人說法戒
차계 　　　　　　　　　　　　　　　　　　　　　　　　　　　　　　육군비구

1. 계의 조문 [戒文]

검을 가진 사람에게 설법하지 말아야 한다. 병이 있는 경우는 제외하니, 마땅히 배워야 한다.

98 창을 가진 사람에게 설법하는 계 爲持鉾人說法戒
차계 　　　　　　　　　　　　　　　　　　　　　　　　　　　　　　육군비구

1. 계의 조문 [戒文]

창을 가진 사람에게 설법하지 말아야 한다. 병이 있는 경우는 제외하니, 마땅히 배워야 한다.

99 칼을 가진 사람에게 설법하는 계 爲持刀人說法戒
차계 　　　　　　　　　　　　　　　　　　　　　　　　　　　　　　육군비구

1. 계의 조문 [戒文]

칼을 가진 사람에게 설법하지 말아야 한다. 병이 있는 경우는 제외하니, 마땅

히 배워야 한다.

100 일산을 쓰고 있는 사람에게 설법하는 계爲持蓋人說法戒

1. 계의 조문[戒文]

일산을 쓰고 있는 사람에게 설법하지 말아야 한다. 병이 있는 경우는 제외하니, 마땅히 배워야 한다.

「私記」

이상의 모든 계(제97계~제100계)는 '제96 지팡이를 가진 사람에게 설법하는 계[持杖人說法戒]'와 같다.

대중스님들이여! 제가 이미 중학계법을 설했습니다.

이제 대중스님들에게 묻습니다.

"이 가운데 청정합니까?"(이와 같이 세 번 묻는다.)

대중스님들이여! 여기에 청정하여 묵연하므로 이 일은 이와 같이 지녀야 합니다.

7
멸쟁법

대중스님들이여!

이 7멸쟁법을 보름보름마다 설해야 하니 계경에 있는 것입니다

1. 계의 조문[戒文]

만약 비구니가 다툼이 일어났으면 곧 없애야 하니, 현전비니를 써야 하면 마땅히 현전비니를 주어야 한다.

2. 계를 제정한 인연 [緣起]

『四分』

부처님께서 사위국에 계실 때였다. 가류타이와 육군비구가 아이라발제阿夷羅跋提강에서 목욕을 했는데, 가류타이가 잘못하여 그의 옷을 입고 가버렸다. 육군비구가 목욕을 마치고 나와 보니 옷이 보이지 않자, 가류타이가 훔쳤다고 하면서 앞에 있지도 않는데 멸빈갈마를 주었다. 가류타이가 사실을 부처님께 사뢰니, "훔치려는 마음으로 한 것이 아니므로 죄를 범하지 않는다. 그러나 옷을 살펴보지 않고 입어서는 안 된다. 당사자가 앞에 없는데 갈마하면 안 되니, 지금부터 현전비니멸쟁법을 제정한다"고 하셨다.[1]

---

1. (大22, 913下). ; 멸쟁법의 緣起는 『四分』 제47권 '滅諍犍度'에서 보충하였다.

2 억념법 憶念法

답파마라 비구

---

1. 계의 조문 [戒文]

억념비니를 써야 하면 마땅히 억념비니를 주어야 한다.

2. 계를 제정한 인연 [緣起]

『四分』

부처님께서 왕사성에 계실 때였다. 답파마라가 중죄인 바라이·승가바시사·투란차를 범하지 않았는데, 비구들이 모두 중죄를 범했다고 하면서 죄를 범한 것을 기억하지 못하는지 물었다. 그러자 답파마라 비구는 그런 죄를 범한 기억이 없다고 하였다. 하지만 비구들이 일부러 계속 물으니 비구들에게 알렸다. 비구들이 부처님께 사뢰니 "억념비니 백사갈마를 해주라"고 하셨다.[2]

3 불치법 不痴法

난제 비구

---

1. 계의 조문 [戒文]

불치비니를 써야 하면 마땅히 불치비니를 주어야 한다.

2. 계를 제정한 인연 [緣起]

『四分』

부처님께서 왕사성에 계실 때였다. 난제難提비구가 미쳐서 마음이 어지러워 많은 중죄를 범하고, 사문법이 아닌 행동을 하고, 말에 제한이 없고, 오고 가고 출입하는 데 위의가 없었다. 나중에 정신이 돌아왔을 때 비구들이 중죄를 범한 것을 기억하지 못하는지 물었다. 그러자 난제비구는 "먼저는 미쳐서 마음이 어지러워서 그랬던 것이지 고의가 아니었습니다. 자꾸 힐난하지 마십시오"라고 하였다. 그러나 비구들이 여전히 그치지 않으니 비구들에게 알렸다. 비구들이 부처님께 사뢰니 "불치비니 백사갈마를 해주라"고 하셨다.[3]

4 자언치법 自言治法

1. 계의 조문 [戒文]

자언치비니를 써야 하면 마땅히 자언치비니를 주어야 한다.

2. 계를 제정한 인연 [緣起]

『四分』

부처님께서 첨파성瞻婆城 가거伽渠못가에 계실 때였다. 15일 포살날에 부처님

---

2. (大22, 914上).
3. (大22, 914中).

께서 대중 앞에 앉아 계시면서 계를 설하지 않으셨다. 초야가 지나려고 하여 아난이 설계하실 것을 청했으나 부처님께서는 잠자코 계셨다. 중야·후야가 지나고 날이 밝을 때까지도 그대로 계시므로 아난이 다시 청하였다. 그러자 부처님께서 "여래에게 청정하지 않은 대중에서 갈마설계를 하도록 하는 것은 옳지 않다"고 말씀하셨다. 그래서 목련이 천안으로 대중을 관찰하여 청정하지 않은 비구를 찾아 끌어내고 다시 설계하실 것을 청하였다. 그러나 부처님께는 옳지 않다고 하시면서 "스스로 죄를 자백하게 하고 나서 죄를 주어야지, 자백하지 않았는데 죄를 주면 안 된다. 지금부터 자언치멸쟁법을 제정한다"고 하셨다.[4]

5 다인어법 多人語法

1. 계의 조문 [戒文]

다인어비니를 써야 하면 마땅히 다인어비니를 주어야 한다.

2. 계를 제정한 인연 [緣起]

『四分』

부처님께서 사위국에 계실 때였다. 비구들이 다툼이 있었는데, 대중이 죄를 조사하여 법과 율과 부처님의 가르침에 맞게 하였다. 부처님께서 "여러 사람이 죄

---

4. (大22, 914下).

를 조사하여 다수의 법을 아는 자의 말을 사용하라. 지금부터 다인어멸쟁법을 사용하도록 제정한다"고 하셨다.[5]

6 멱죄상법 覓罪相法
상력비구

1. 계의 조문 [戒文]
멱죄상비니를 써야 하면 마땅히 멱죄상비니를 주어야 한다.

2. 계를 제정한 인연 [緣起]
『四分』

부처님께서 석시수에 계실 때였다. 상력비구가 외도와 토론하기를 좋아했는데, 외도의 절박한 질문을 당하면 말이 앞뒤가 맞지 않고 대중에서도 앞뒤 말이 서로 어긋나고 고의로 거짓말도 하였다. 외도들이 "부처님의 제자가 부끄러움도 모르고 거짓말을 하면서 정법을 안다고 한다. 그러나 무슨 정법이 있겠는가?"라고 하면서 비난하였다. 비구들이 듣고서 꾸짖고 부처님께 사뢰니 "죄처소罪處所 백사갈마를 하라"고 하셨다.[6]

---

5. (大22, 915上).
6. (大22, 915中).

1. 계의 조문 [戒文]

초부지비니를 써야 하면 마땅히 초부지비니를 주어야 한다.

2. 계를 제정한 인연 [緣起]

『四分』

부처님께서 사위국에 계실 때였다. 비구들이 함께 다투고 또한 많은 비구들이 여러 계를 범하고 사문이 해서는 안 될 일을 하면서 말과 행동에 제한이 없었다. 비구들이 '우리들이 이 일을 서로 묻기 시작하면 다툼이 점점 깊어져 달이 지나고 해가 지나도 끝이 없을 것이다. 이 일을 법과 율과 부처님의 가르침에 맞게 없애지 못해서 대중들이 안락하지 못할 것이다'라고 생각했다. 그래서 비구들이 부처님께 사뢰니 부처님께서 "풀로 땅을 덮듯이 하여 죄를 없애라. 지금부터 여초부지멸쟁법을 제정한다"고 하셨다.[7]

7
멸쟁법

사분율 비구니 계상표해

---

7. （大22, 915下）.

『戒本疏』7멸쟁법
(이하는 홍일율사가 『戒本疏』의 내용을 정리한 것이다)

앞에 밝힌 4가지 쟁사는 병을 일으키는 근원이고, 뒤의 7가지 약은 병을 제거하는 방법이다.

1. 용어의 해석
쟁사에 4종류가 있는데 1)언쟁言諍 2)멱쟁覓諍 3)범쟁犯諍 4)사쟁事諍이다.

1)언쟁－법상法相의 옳고 그름을 평하는 것이다. 반드시 삿된 것과 바른 것을 알아야 한다. 각자 자기의 견해를 고집하여 다툼이 일어나는 것이며, 다툼이 말로 인하여 일어나므로 언쟁이라 한다.

2)멱쟁－비구가 잘못을 범한 것이니 이치상 반드시 없애야 한다. 부처님께서 "3근根(보거나, 듣거나, 의심한 것)이 있으면 5덕德을 갖춘 사람이 거죄하여 대중 앞에 나아가 해당하는 죄를 조사하여 소멸시켜야 한다"고 하셨다. 죄를 드러내어 범했는지를 가리는 데서 쟁론이 일어난다. 다툼이 찾음[覓]으로 인해 일어나므로 멱쟁이라 한다.

3)범쟁－허물을 마음에 담고 있는 것을 말하니, 마땅히 참회하여 없애야 한다. 죄상을 알기 어려워서 각각 이론이 분분하므로 쟁사가 일어난다. 다툼이 범한 것으로 인하여 일어나므로 범쟁이라 한다.

4)사쟁－갈마법을 승사僧事에 적용하는 것을 말하니, 이치적으로 법도에 수순하고 분명하게 드러내야 한다. 조금이라도 어김이 있으면 성립되지 못한다. 그러나 인정상 용납하기는 쉬워도 함께 화합하는 것은 이치상 어려워서, 각자의 견해를 고집하여 일[僧事]의 법도를 어그러뜨리기 때문에 쟁사가 일어난다. 다툼이 일로 인해 일어나므로 사쟁이라 한다.

2. 각 쟁사의 분류

1) 언쟁─만약 교리의 옳고 그름이나 죄상의 경중을 가린다면 이것을 '언쟁'이라 한다. 만약 갈마법의 옳고 그름에 대해 평가하는 것과 어떤 갈마법을 사용해야 될지 알지 못해서 결정하지 못하는 것 때문에 분쟁이 일어나면, 이것은 '언쟁 가운데 사쟁'이라 한다.

2) 멱쟁─만약 3근이 사실인지 아닌지, 5덕을 갖추었는지 갖추지 못했는지를 가린다면 이것을 '멱쟁'이라 한다. 작법을 써서 죄를 드러내어 다스리는 것을 평하여 허와 실을 가리는 것을 '멱쟁 가운데 사쟁'이라 한다.

3) 범쟁─5편 7취에 대한 참회법을 가리는데 의견이 분분한 것을 '범쟁'이라 한다. 죄의 경중을 결정하는 데 사용한 갈마법이 적법한 것인지를 가리다가 다툼이 일어나는 것을 '범쟁 가운데 사쟁'이라 한다.

4) 사쟁─본래의 쟁사(언쟁·멱쟁·범쟁)를 따라 상·중·하가 다르게 나뉘므로 9품이 되었다.

3. 쟁사를 다스려서 없애는 법

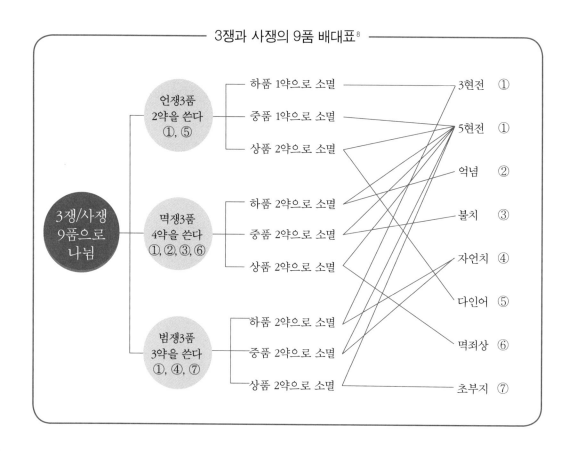

3쟁과 사쟁의 9품 배대표[8]

---

8. 저본에 범쟁의 하품이 5현전과 배대된 것은 잘못된 것이다. 내용상 3현전에 배대되므로 고쳐서 실었다.

*저본에는 비니의 종류에 대한 설명이 먼저 나와 있고 그 뒤에 3쟁에 대한 설명이 있다. 하지만 『戒本疏』에 근거하면 반대로 되어야 한다. 표에서도 3쟁이 앞에 위치하므로 편역하면서 순서를 고쳐서 실었다.

1) 언쟁

3법 현전	(1) 인현전人現前–양측이 함께 모여서 각각 교리를 설명하는 것
	(2) 법현전法現前–삼장의 교리로 판단하는 것
	(3) 비니현전毘尼現前–교지敎旨를 명백히 해서 의심스럽고 분명하지 않은 것을 스스로 떨쳐버리는 것

5법 현전	(1) 인현전–각각 쟁사의 뜻을 진술해야 한다.
	(2) 법현전–승가가 갈마를 해서 공평한 판단을 해야 한다.
	(3) 비니현전–단백갈마를 해서 갈마사가 덕을 갖추었으면 함께 판결을 하고, 덕을 갖추지 못했으면 물리쳐야 한다.
	(4) 승현전僧現前–계戒·견見·리利 및 3업에 어그러짐이 없는[9] 4인 이상이 함께 모여야 한다.
	(5) 계현전界現前–작법을 한 경계선에 국한하여 계 안에 있는 스님들은 모두 모여야 하고 숨어 있으면 안 된다.

영지율사의 해석

3법 현전과 5법 현전에서 앞의 세 가지(인현전·법현전·비니현전)는 이름은 같지만 실제 내용은 다르다. 대략 아래와 같이 구별된다.

---

9. 六和를 말한다. 대중생활에서 여섯 가지로 화합하는 것이다. ①戒和(같은 계율을 가짐으로써 서로 和同하고 愛敬하는 것) ②見和(의견을 같이 하는 것. 오직 正法에 의한 正見만을 같이 해야 한다) ③利和(이익을 균등하게 나누어 가지는 것) ④身和(부드럽게 행동하는 것) ⑤口和(자비롭게 말하는 것) ⑥意和(남의 뜻을 존중하는 것).

| 인人 | 3현전 | 다스리는 사람과 다스려야 할 사람이 함께 토론하는데 모두 별인別人(3인 이하)이다. |
| | 5현전 | 다만 양쪽의 쟁론거리를 받아들이되, 다스리는 사람은 뒤의 승현전에 속한다. |

| 법法 | 3현전 | 교문敎文 |
| | 5현전 | 갈마 |

| 비니毘尼 | 3현전 | 미혹하고 어리석음을 이끌어주는 것에 의해 쟁론을 없애는 작법이다. |
| | 5현전 | 지혜와 덕을 갖춘 비구를 차출할 때 단백갈마로 차출하는 작법이다. |

2) 멱쟁과 3) 범쟁은 앞의 표에서 나열한 것과 같다.

4) 사쟁은 달리 다른 약이 없고 3품品에 의거하여 위에서 사용한 약과 같다. 각각 똑같이 없애준다.

■현전비니는 세 가지 쟁사에 다 통하여 9품에 배대된다. 하품의 언쟁과 하품의 범쟁은 갈마로 처리하지 않고 다만 3현전비니를 사용한다. 나머지 7품은 모두 갈마를 더하여 5법 현전비니를 갖춘다.

■자언치비니는 범쟁에 국한해서 2품(하품과 중품)[10]을 다스린다. 나머지 다섯 종류(억념·불치·다인어·멱죄상·초부지)는 오직 1품만 대한다.

---

10. 저본에는 '3품'으로 되어 있는데, 2품이라고 해야 내용과 맞다.

■위에 말한 7약 4쟁은 각각 9품으로 나뉜다. 쟁사는 위에서 구분한 것과 같다. 약의 9품은 언쟁의 현전·다인어, 멱쟁의 현전·억념·불치·멱죄상, 범쟁의 현전·자언치·초부지, 즉 아홉이 된다.

비니의 종류	연기緣起	쟁사의 종류
① 현전비니	가류타이 비구	하품 언쟁
② 억념비니	답파마라 비구	하품 멱쟁
③ 불치비니	난제 비구	중품 멱쟁
④ 자언치 비니	침묵하고 거짓말 한 인연	하품 범쟁
⑤ 다인어 비니[11]	5덕을 갖춘 이가 행주行籌를 함	상품 언쟁
⑥ 멱죄상 비니	상력 비구의 멱죄	상품 멱쟁
⑦ 초부지비니		상품 범쟁

① 현전비니

다툼을 없애는 데는 두 가지 여법한 현전비니가 있다. 첫째, 여법한 사람이 여법한 사람을 시켜서 당사자를 절복하게 하는 것이다. 둘째, 여법한 사람이 여법하지 않은 사람을 시켜서 절복하게 하는 것이다. 이 두 경우에는 마땅히 현전비니를 주어야 하고, 이와 반대의 경우에는 현전비니를 주어서는 안 된다.

② 억념비니

억념비니에는 3가지 여법한 경우가 있다.

---

11. 저본에는 다인어와 멱죄상의 순서가 바뀌어 있다. 내용상 다인어가 5번, 멱죄상이 6번이 되어야 한다.

비구가	비방을 당했거나	어떤 이가 그가 계를 범했다고 말하면, 억념비니를 주어야 한다.
	이미 참회했거나	
	장차 범하려 하는데	

비구가	바라이를 범하고 승잔을 범했다고 말하면	멸빈해야 하므로	억념비니를 주면 비법이다
	비구가 미쳤다가 마음이 돌아왔으면	불치비니를 주어야 하는데	
	먼저는 범했다고 말했다가 후에 범하지 않았다고 하면	멱죄상비니를 주어야 하는데	

③ 불치비니

4가지 여법한 불치비니가 있다.

비구가 실제로 미쳐서 전도되어서 (당신이 미쳤을 때 한 일을 지금 기억하느냐고) 물었을 때	다른 사람이 나를 시킨 것	이러한 일을 "기억하지 못한다"고 답한 사람이 만약 불치비니를 달라고 해서 준 것은 여법하다.
	잠결에 이러한 일을 한 것	
	벌거벗고 돌아다닌 것	
	서서 대소변한 것	

어떤 비구가 미치지 않았는데 미친 행동을 보여서 물었을 때, "내가 그때는 미쳤기 때문에 죄를 범한 것을 기억한다. 그리고 다른 이가 시켜서 한 것을 기억하고, 잠결에 한 것을 기억하고, 벌거벗고 돌아다닌 것을 기억하고, 서서 대소변 한 것을 기억한다"고 대답한 사람이 불치비니를 달라고 해서 불치비니를 주면 비법이다.

④ 자언치

범한 것은 스스로 범했다고 말하고 범하지 않은 것은 범하지 않았다고 말하는 이에게는 자언치비니를 주어야 한다. 그렇지 않으면 자언치비니를 주지 말아야 한다.

⑤ 다인어

5덕을 갖춘 이가 행주行籌를 하여 여법한 표를 많이 얻어서 여법함이 성립되면 다인어비니를 주어야 한다. 그렇지 않으면 다인어비니를 주지 말아야 한다.

⑥ 멱죄상

먼저 범했다고 말하고 후에 범하지 않았다고 하면 멱죄상비니를 주어야 한다. 그렇지 않으면 멱죄상비니를 주지 말아야 한다.

⑦ 초부지

만약 바일제 이하의 죄에 대해 죄상을 알면서 범한 자가 많을 경우 혹은 쌍방이 스스로 화합하기를 원하여 각자 초부지법을 구할 경우에는 초부지비니를 주어야 한다. 그렇지 않으면 초부지비니를 주지 말아야 한다.

■ **범하는 상황**[罪相]

대중이	마땅히 주어야 하는데 주지 않았으면	일체 돌길라
	마땅히 주지 않아야 하는데 주었으면	

『十誦』

6가지 다툼의 근본이 있다. ①화난 마음으로 말을 하지 않는 것 ②나쁜 마음으로 해를 입히고자 하는 것 ③탐내고 질투하는 것 ④아첨하고 왜곡하는 것 ⑤부끄러움이 없는 것 ⑥나쁜 욕망과 삿된 견해이다.

『僧祇』

5덕이 있으면 없애 줄 수 있다. ①쟁사가 일어난 일에 진실을 아는 것 ②대중에게 이익이 되는 것 ③여법한 도반이 있는 것 ④평등심을 가진 도반을 얻은 것 ⑤적당한 시기이다.

『十誦』

쟁사를 없애기 어려운 5가지가 있다. ①대중에 쟁사를 없애달라고 요청하지 않는 것 ②부처님 말씀을 따르지 않는 것 ③여법하게 알리기를 하지 않는 것 ④다투는 마음을 쉬지 않는 것 ⑤청정함을 구하지 않는 것이다.

대중스님들이여! 제가 이미 7멸쟁법을 설했습니다.

이제 대중스님들에게 묻습니다.

"이 가운데 청정합니까?"(이와 같이 세 번 묻는다.)

대중스님들이여! 여기에 청정하여 묵연하므로 이 일은 이와 같이 지녀야 합니다.

대중스님들이여! 제가 이미 계경의 서문을 설하였고, 8바라이법을 설하였고, 17 승가바시사법을 설하였고, 30니살기바일제법을 설하였고, 178바일제법을 설하였고, 8바라제제사니법을 설하였고, 중학법을 설했으며, 7멸쟁법을 설했습니다. 이것은 부처님께서 설하신 것이고, 보름보름마다 설해야 하니 계경에 있는 것입니다. 만약 이외에도 부처님 가르침이 남아 있다면 이 가운데 모두 화합하여 마땅히 배워야합니다.

일곱 부처님께서 간략히 설하신 계경 七佛略說戒經

욕되는 일 참는 것이 제일 가는 수행이며
법문 중에 무위법이 으뜸이라 하느니라.
출가하여 다른 이를 괴롭히면
사문이라 이름하지 못하리.
이것은 비바시 여래 무소착無所着 등정각께서 설하신 계경입니다.

비유컨대 눈 밝은 이 험난한 길 피해가고
세간의 출가사문 능히 모든 악을 여의리라.
이것은 시기 여래 무소착 등정각께서 설하신 계경입니다.

비방도 하지 말고 시기도 하지 말며
마땅히 이 계법 받들어 행할지니,
적당히 음식 먹고 적정처에 머물길 즐겨하면
마음이 고요하여 기쁘게 정진하리.
이것이 모든 부처님의 가르침이니라.
이것은 비바시 여래 무소착 등정각께서 설하신 계경입니다.

비유컨대 벌이 꽃에서 꿀을 따매
빛과 향기 그냥 두고 단맛만 가져가듯
비구가 마을에서 걸식함도 그리하라.
대중일 위배 말고 간섭도 하지 말며
나의 행동 옳은지를 스스로 살필지라.

이것은 구루손 여래 무소착 등정각께서 설하신 계경입니다.

도 닦는 이 내 마음 방일하게 하지 말고
부처님의 가르침 부지런히 배울지니,
이렇게 수행하여 근심 걱정 없어지면
이 마음 고요하여 열반락에 들어가리.
이것은 구나함모니 여래 무소착 등정각께서 설하신 계경입니다.

일체 악을 짓지 말며
모든 선행 받들어 행하여서
스스로 그 마음 깨끗이 할지니
이것이 모든 부처님의 가르침이니라.
이것은 가섭 여래 무소착 등정각께서 설하신 계경입니다.

구업을 잘 다스려 그 마음 청정하고
몸으로는 모든 악업 짓지 않아
신구의로 짓는 업을 모두 다 맑힐지니
이렇게 닦는 것이 부처의 길이라네.
이것은 석가모니 여래 무소착 등정각께서
12년 동안 범한 일 없는 대중을 위하여 설하신 계경입니다.

그 이후로 널리 분별하여 설하셨으니, 모든 비구니들이여!
사문이 되어 법을 배우지 않는 자는 부끄럽고 부끄러운 일이니 계를 배우고자
하는 자는 마땅히 그 가운데 배워야 하느니라.

회향게 結頌廻向

두 가지 인과를 이룸
지혜가 밝은 사람 계법을 잘 지키면
세 가지 복락을 얻으리라.
명예와 이익 얻고, 죽어서 천상에 나니
마땅히 이와 같이 관찰하여
지혜로써 부지런히 계법을 수호하라.
계행이 청정하면 지혜가 밝아지니
제일 가는 무상보리 얻게 되리.

계법을 강조하여 권함
과거·현재·미래의 부처님들께서
일체 근심 이겨냄은
한결같이 계법을 존경하심이니
이것이 모든 부처님의 법이니라.
만약 스스로 불도를 구하고자 하면
마땅히 정법을 존중해야 하리니
이것이 모든 부처님의 가르침이니라.

법에 의지하여 과를 얻음
과거 칠불 세존께서 모든 번뇌 끊으라고
7계경을 말씀하여 해탈을 얻게 하니
무명 결박 벗어나서 열반에 들어가고
사바세계 희론명상戱論名相 영원히 없어지리.

부처님 말씀하고 성현들 칭찬하신
계법을 호지해야 적멸열반 들어가리.

은근히 부촉함
부처님께서 열반하실 때 자비하신 마음으로
비구들을 모아 놓고 마지막 하신 말씀,
내가 열반에 들어갔다 생각 말고
청정행이 보호받지 못한다고 말하지 말라.
내가 계경과 비니를 법답게 설했으니
나는 비록 열반에 들지만 계법 존중하기를
세존과 같이 여겨야 하느니라.
이 계법이 세상에 오래 머물면 불법이 창성하리니,
불법이 창성하므로 열반에 들어갈 수 있으리라.
만약 이 계를 지니잖고 포살하지 않으면
마치 해가 져서 세상이 모두 어두워진 것과 같느니라.

교계教誡를 굳게 계승함
마땅히 계법 호지하기를 얼룩소가 꼬리를 아끼듯이 보호하고,
대중이 화합하여 함께 포살하기를 부처님 말씀대로 하라.

전체회향
제가 이미 계경을 설하여서 대중이 포살을 마칩니다. 제가 이제 계경을 설해 마쳤으니 설한 모든 공덕을 일체 중생에게 베풀어서 다함께 성불하여지이다.

■ 찾아보기

【인명】

5비구 415
가라비구 136, 149, 431
가라비구니 331, 334, 626, 752
가라전타수나 비구니 812
가류타이 비구 371, 423, 444, 448, 450, 495, 571, 910
견월見月율사 148
나가파라 비구 478
난제비구 911
난타비구 423
남산율사 230, 284, 406, 407, 409, 467
단니가 비구 53
답파마라 비구 911
도선율사 199, 354, 429, 534, 554
마사비구 189
마하남 455
만숙비구 189
문달 186
물력가난제 비구 95
바가타 비구 465
바라비구니 692
바파이 비구니 206
발난타 비구 245, 262, 273, 423, 441, 452, 505, 577
발사자 비구 43
발타가비라 비구니 331, 334
발타라가비라 비구니 754
상력비구 338, 914
소마비구니 206

수제나 비구 42
승운僧雲법사 540
승휴僧休법사 534
십칠군 비구 391, 398, 401, 470, 472, 487
아나율 존자 181, 351
아리타 비구 516
안은비구니 316, 712, 734, 759, 798
영지율사 52, 93, 239, 267, 429, 437, 530
위차비구니 126, 160
육군비구 224, 232, 240, 249, 343, 472, 592
육군비구니 171, 177, 214, 640, 768, 816
자주慈舟율사 49, 62
자지비구 143, 388
전단수나 비구니 323
제바달다 180, 415
제사난타 비구니 173, 622
제사비구니 758
지사난타 비구니 122
차마비구니 167, 169
참마비구니 643
천타비구 126, 384, 407, 410, 475, 528
투라난타 비구니 110, 122, 160, 177, 310, 584, 777
필릉가바차 292
혜광慧光율사 736
혜원慧遠법사 297
홍일율사 916
흑비구니 217

12세 707, 709

13중난重難 147, 151

2세 학계 700, 701, 702, 705, 707, 709, 712

3근根 512, 916

3의衣 224, 225, 233, 242, 250, 283

3현전現前 918, 920

4사事 199, 535

4식食 446

4약藥 432, 438

4의법依法 182, 264

5덕德 512, 916

5사邪 535

5사事 659, 673

5어語 121, 371

5역죄 180, 186

5의衣 224, 232, 240, 246, 283, 314

5전錢 54, 72, 87, 263, 290, 305, 306

5정식正食 175, 177, 416, 757, 758

5편 7취 512, 917

5현전現前 918, 920

6법法 702, 705

6어語 120, 371

7일약 276, 292, 424, 432, 438

8경법 128, 739, 741, 806

8사事 23, 117, 436

【가】

가려진 곳[屛障處] 609, 610, 621

가사 233, 234, 236

가죽신 770, 879, 884, 885

가치나의 224, 232, 240, 302, 327, 671, 673

갈마 126, 132, 160, 182, 192, 219, 384, 512

갈마설 184, 188, 194, 204, 208, 213, 216, 220

거죄擧罪 126, 160, 512, 521, 551

거짓말 39, 104, 338, 339, 553, 704, 714

건반乾飯 175, 276, 293, 756

견사살遣使殺 97

경의輕衣 334, 493

계계 60, 160, 182, 235, 327, 417, 515, 578

계체戒體 51, 112, 267, 548, 737

계현전界現前 919

고기 181, 187, 248, 263, 586, 756, 818, 822

공덕의 301, 660, 671, 673

공양청 143, 303, 388, 417, 441, 487, 756

과인법過人法 103, 369

교살敎殺 97

교수敎授 738, 740, 745

구경하다 423, 458, 462, 604, 651

구법口法 294, 424, 433, 872

구빈갈마 796

구빈驅擯 796

구족계 156, 356, 695, 709, 710, 717, 721, 723, 725, 727, 732, 786, 788, 789, 790

국 852, 853, 857

군진軍陣 458, 463

귀신촌鬼神村 379

그릇 322, 871

근본돌길라 828

금전 271, 305

급시의急施衣 298, 301

기름 292, 819

꿀 292, 819

【나】

남자 110, 351, 371, 448, 450, 606, 609, 611, 620

내숙內宿 433
니살기바일제 224, 232, 241, 249, 262, 292

【다】
다섯 가지 삿된 생활방편[五邪] 231
다인어多人語비니 913, 921, 923
단백갈마 385, 919
대계大界 63, 165, 235, 326, 395
대살계大殺戒 96
대소변 591, 600, 602, 789, 873, 874, 875, 892,
　893
대수對首참회 828
대수악작對首惡作 830
대승공계 42, 136, 224, 338, 816
독방갈마 694
돈 73, 228, 262, 271, 573
돌길라 48, 49, 87, 100, 106, 113
동녀 696, 700, 702, 705
때 아닌 때[非時] 59, 293, 423, 428, 704
때[時] 59, 228, 293, 416, 424, 426
때[正時] 177

【라】
락酪 292, 818, 821, 867

【마】
마나타 221, 364
마늘 584
막다 669, 672, 673
망어妄語 105, 338, 342
먹쟁覓諍 511, 916, 921
먹죄상覓罪相비니 914, 921
멸빈 49, 524, 525,
멸쟁 14, 218, 675, 910, 916

명상明相 123
모욕 343, 750
모직 331, 333, 334
목욕 481, 482, 654
목욕의 75, 656
몸 760, 762, 763, 764, 808, 810, 812, 840,
　841, 843, 844
무작계체無作戒體 548
무주처촌無住處村 273, 351, 398, 618

【바】
바라이 42, 47, 53, 87, 95, 100
바라제제사니 816, 818
바일제 338, 348, 351, 502, 707, 818
발우 63, 239, 265, 270, 278, 280, 317, 319,
　321, 419, 422, 434, 439, 465, 471, 487,
　535, 729, 850, 851, 852, 855, 858, 859,
　872, 904
밥 175, 276, 416, 445, 850－857, 860, 862,
　864, 866
방 352, 357
방편 45, 97, 168, 175, 340, 341, 508
백白 184
백사갈마 132, 187, 201, 516, 521, 524, 527,
　709, 911
백이갈마 140, 233, 694, 717, 741
범쟁犯諍 916, 920
법별중法別衆 131, 185
법상사별중法相似別衆 185
법상사화합중法相似和合衆 185
법현전法現前 919
별중갈마 416
별중別衆 131, 228, 327, 417, 503, 742
별중식 224, 415

별청別請 416

병의病衣 323, 325

병처屛處 117, 209, 262, 271, 393, 446, 448, 518, 605, 608, 610

보물 90, 262, 267, 270, 271, 573, 574

보배 64, 228, 444, 448, 571

부녀자 695, 707, 709, 766, 810

부부 141, 444, 448

부정식不正食 175

부정행 42, 587, 606, 525, 703

부촉 59, 441, 577, 739, 780, 782

불공주不共住 43

불수식不受食 437

불치不痴비니 911, 922

불탑 880-886

비구 750, 798, 803, 805

비구대중 736, 743, 745

비니현전毘尼現前 919

비방 143, 149, 189, 210, 217, 388, 569, 723, 752

비법별중非法別衆 131, 185, 189, 197, 204, 221, 504, 520, 671, 673

비법非法 131, 205, 561, 922

비법화합중非法和合衆 131, 185

비시非時 240, 327, 423, 432, 439, 577

비시식非時食 423

비시약非時藥 276, 424

비시의非時衣 228, 326

비위의非威儀돌길라 828

비인非人 46, 70, 96, 101, 107, 115, 141, 438

【사】

사계捨戒 44

사독계四獨戒 163

사미니 48, 111, 120, 147, 294, 357, 359, 490, 524, 584, 718, 720, 722, 764

사방승 41, 314, 315, 391, 401

사법별중似法別衆 131

사법邪法 181

사법화합중似法和合衆 131

사쟁事諍 218, 511, 916

사타 226, 227, 275, 293, 299, 323

삼보 28, 56, 214

상인법上人法 104, 370, 387, 504, 703

상주상주常主常主 58, 59, 61, 64

생상금生像金 175

생선 187, 757

생종生種 379, 436, 485

석밀 75, 292

설계說戒 312, 540, 551, 741

설법 120, 371, 876-880

성계性戒 42, 53, 95, 103, 110, 117, 126

세분勢分 236

세속의 기술 791, 793, 794

소망어小妄語 105, 338, 342

소살계小殺戒 96

소소酥 187, 276, 277, 292, 296, 308

소임자 62, 92, 143, 388

속옷 631, 772

수법手法 294, 424

수수법手受法 433

숙박 169, 232, 351, 356

습근주習近住 206, 210, 648

승가람 780, 782

승가리 233, 241, 330, 658, 661

승가바시사 136, 143, 163, 173, 180, 181

승기지 775

승물 58, 61, 64, 92, 306, 313, 391, 395

승방 316, 638, 401
승잔 110, 120, 124, 126, 138, 161, 179
승차청僧次請 416
승현전僧現前 919
시방상주十方常主 58, 64
시방현전十方現前 59, 64
시時 59, 228, 293, 327, 423, 424, 426
시식時食 424
시약時藥 276, 426
시의時衣 228, 326
식가食家 447
식食 447
식차마나 704, 729, 730, 732, 764
십구의十句義 43

【아】
아사리니 159, 185, 205
아사리니와 같은 이 185, 636
악작죄 176
악촉惡觸 296, 433, 436
악행 176, 189, 194, 206, 210, 727
안거 104, 245, 298, 637, 643, 784
안거승 327, 328
알리기 184, 188, 194, 204, 208, 213, 216, 220
양설 348
억념법憶念法 219
억념憶念비니 911, 921
언쟁言諍 511, 916
여덟 가지 부적절한 생활[八穢] 225
여덟 가지 행위 117
여분의 옷 224, 300
여식법餘食法 386, 435
열반승涅槃僧 325

염심染心 174, 178, 206, 212
염애染礙 235
염오심染汚心 48, 110, 117, 173, 177, 808
옷 173, 177, 224, 253, 256, 288, 328, 732, 832, 833, 834
옷감 240, 245, 283
옷값 253, 256, 258
와구臥具 58, 64, 129, 226, 391, 395, 398
왕궁 571, 651
왕래사往來使 97
용기 320
우유 818, 820
우의雨衣 656
월비니 79, 159, 229, 304, 331
음녀 351, 587, 598, 604, 606, 609, 710
음식 643, 677, 714, 756, 850, 851, 861, 870
음욕 42, 113, 176, 196, 516, 590, 592, 594, 711, 767
음행 45, 516, 524, 587, 592, 704
응참應懺돌길라 828
의계衣界 236
의시衣時 298, 301 326, 660
의식衣食 129, 713, 717, 721
의지사 534, 550, 718, 732
이간질 348, 349
이부승 221
이체삼보理體三寶 56, 61
이형二形 46, 114, 139, 147, 788
인현전人現前 919
일산 770, 907
일좌식一坐食 386, 805, 807
일중식日中食 430
임신 101, 423, 655, 692

【자】

자살自殺 95, 102
자언치自言治비니 912, 918, 920, 923
자자自恣 251, 300, 301, 743
자자청自恣請 249, 251, 253, 256, 285, 332
작범作犯 476
작법 127, 232, 234, 266, 294, 323, 327, 367,
　917, 919
잔숙殘宿 296, 431, 433, 435, 467
잡쇄계 536
잡쇄의雜碎衣 229, 276
장신구 575, 768, 810
장의長衣 224
장漿 424
재가자 오염 189, 193
쟁사諍事 217, 218, 509, 511, 561, 916
저과의貯跨衣 766
전안거前安居 326, 784
전전사展轉使 98
전전정시輾轉淨施 225, 276, 313, 491
정법淨法 376, 377, 382, 493, 494
정시법 265, 294, 490
정시淨施 224, 265, 295, 318, 321
정시주淨施主 225, 260, 490, 491
정식正食 175, 276
정인淨人 265, 275, 381, 435, 451
제자 622, 669, 712, 734
조서鳥鼠비구 549
조신의助身衣 230, 493
족식足食 436, 756, 805
죄처소罪處所갈마 219, 914
주문 69, 690, 791
주술 69, 101, 689, 690, 691, 791
주지삼보住持三寶 56, 61, 826

중각重閣 404
중매 136, 138
중사重使 97
중의重衣 331, 333
중학법 826, 827, 828
증상만增上慢 103
지범持犯 92, 476, 534
지사인知事人 56, 393, 396, 555, 639
지팡이 226, 378, 382, 904, 905
진실정시眞實淨施 225, 490, 491
진형수약 276, 292, 424
진형청盡形請 310
질투 758, 760, 923

【차】

차계遮戒 42, 122, 136, 152, 156
차난遮難 566, 705, 709, 737
참회 338, 797, 805, 816, 828, 916
책심돌길라 304, 828
책심악작責心惡作 830
책심責心참회 828
체발 588
초부지草覆地비니 915, 918, 921, 923
초麨 175
추악죄 364, 366, 505, 507, 509
축생 42, 70, 96, 344, 495, 704
출죄갈마 221, 531
충고 181, 186, 189, 201, 206, 210, 214, 217
치목[楊枝] 85, 437
친척 245, 249, 282, 287, 309, 599
친근 206, 210, 648

【타】

탈 것 772, 880

탑 747, 803, 887-896
투란차 47, 57, 58, 60, 71, 76, 89, 113, 792
특별한 때[餘時] 245, 415, 441, 481, 484, 630

【파】
파리가라의 229, 262, 276
파리바사 364
파승 147, 180, 182, 185, 186
판매 273, 277
평상 391, 404, 580, 582, 616, 628, 684
포살 38, 341, 523, 540, 550, 912, 928

【하】
하안거 298, 402, 643, 743, 745, 784
학가學家 818
학계갈마 700, 701, 702, 705, 707, 709, 712

행발법行鉢法 280
행주行籌 540, 921, 923
향 761, 810, 812, 891
현전대중 326, 327
현전승 304, 312, 314, 316, 328
현전비니現前毘尼 910, 920, 921
현전현전現前現前 58, 64
호용互用 56, 57, 311, 312, 315, 316
화상니 159, 185, 205, 693, 715, 733, 787
화상니와 같은 이 185
화합승 180, 186
화합중 185, 131
황문黃門 46, 139, 147, 353
회과법悔過法 132, 816, 819, 820
후안거後安居 784
흑석밀 175, 425, 426, 820

사분율 비구니 계상표해

초판 1쇄 발행   2015년 12월 17일
초판 2쇄 발행   2016년 2월 24일

편 저   승우
감 수   중산혜남
지 도   심인적연
편 역   봉녕사 금강율학승가대학원
         설오·원광·혜원·정원·성담·우담·초은
편집·제작 도서출판 지영사

발행인   자연(이옥자)
발행처   봉녕사출판사
         경기도 수원시 팔달구 창룡대로 236-54
         등록번호 경기 사50043
         전화 (031) 256-4127 / 팩스 (031) 258-0715
         이메일 sangwa258@hanmail.net

ISBN 979-11-951789-1-9 93220

값 80,000원